Management à l'ère de la société du savoir

MICHEL G. BÉDARD
Département de management et technologie
École des sciences de la gestion, UQAM

MEHRAN EBRAHIMI
Département de management et technologie
École des sciences de la gestion, UQAM

ANNE-LAURE SAIVES
Département de management et technologie
École des sciences de la gestion, UQAM

Achetez
en ligne
En tout temps,
simple et rapide !
www.cheneliere.ca

CHENELIÈRE
ÉDUCATION

Management à l'ère de la société du savoir

Michel G. Bédard, Mehran Ebrahimi, Anne-Laure Saives

© 2011 Chenelière Éducation inc.

Conception éditoriale : Mélanie Bergeron
Édition : Éric Monarque
Coordination : Johanne Lessard
Révision linguistique : Jean-Pierre Leroux
Correction d'épreuves : Christine Langevin
Conception graphique et infographie : Interscript
Conception de la couverture : Tatou communication visuelle
Impression : Imprimeries Transcontinental

**Catalogage avant publication
de Bibliothèque et Archives nationales du Québec
et Bibliothèque et Archives Canada**

Bédard, Michel G.

   Management à l'ère de la société du savoir

   Comprend des réf. bibliogr. et un index.

   ISBN 978-2-7650-3194-9

   1. Gestion.   2. Gestion de l'information.   3. Planification stratégique.
4. Design organisationnel.   5. Société informatisée.   I. Ebrahimi, Mehran.
II. Saives, Anne-Laure.   III. Titre.

HD33.B42 2010   658   C2010-941090-4

5800, rue Saint-Denis, bureau 900
Montréal (Québec) H2S 3L5 Canada
Téléphone : 514 273-1066
Télécopieur : 514 276-0324 ou 1 888 460-3834
info@cheneliere.ca

ISBN 978-2-7650-3194-9

Dépôt légal : 1er trimestre 2011
Bibliothèque et Archives nationales du Québec
Bibliothèque et Archives Canada

Imprimé au Canada

2   3   4   5   6   ITG   16   15   14   13   12

Nous reconnaissons l'aide financière du gouvernement du Canada par
l'entremise du Fonds du livre du Canada (FLC) pour nos activités d'édition.

Gouvernement du Québec – Programme de crédit d'impôt pour l'édition de
livres – Gestion SODEC.

Table des matières

Remerciements 1

Introduction 2

■ Partie I : Les fondements et le contexte du management 5

　■ Chapitre I : L'état des lieux et les fondements du management 7

　　Section I : L'état des lieux :
　　le management à l'ère du capitalisme financier 10
　　1.1 Le système managérial dans le système économique
　　　à l'intérieur du système sociopolitique 10
　　1.2 L'évolution du système capitaliste anglo-américain et de sa gouvernance ... 11
　　1.3 Du capitalisme financier à la gouvernance financière 17

　　Section II : Les écoles classiques de la pensée administrative 27
　　1.4 Le courant de pensée formel ou rationnel 29
　　1.5 Le courant de pensée behavioriste 51

　　Section III : La pensée systémique au service du management 69
　　1.6 Une caractéristique du mode de pensée systémique
　　　et une définition de la notion de système 71
　　1.7 Les principales composantes d'un système 75
　　1.8 Le management en tant que système 79

　　Section IV : Conclusion : le management d'un système technique
　　fermé à un système social ouvert 81

■ Partie II : Le management : les concepts clés (héritage des classiques) 85

　■ Chapitre 2 : La pensée et la pratique stratégiques :
　de la planification formelle à la stratégie émergente 87

　　Section I : La pensée stratégique : les concepts de base 89
　　2.1 La « prévoyance », la planification, la pensée stratégique :
　　　petit détour terminologique sur l'origine des verbes
　　　« prévoir » et « pouvoir » 89
　　2.2 Les écoles de pensée en stratégie 91
　　2.3 La stratégie, un processus dialogique 100
　　2.4 L'essence concrète de la pensée stratégique 102
　　2.5 Qui est le stratège ? 111
　　2.6 La stratégie : pour quoi ? 112
　　2.7 La stratégie : comment ? Le processus de planification stratégique ... 120

　　Section II : Quelques outils d'analyse stratégique 121
　　2.8 Des remarques préliminaires sur l'intelligence stratégique 121
　　2.9 Le modèle d'analyse stratégique de l'environnement 124
　　2.10 Les intervenants dans l'environnement PESTEL 127

2.11 Les types d'environnements... 133

2.12 L'évolution dynamique de l'environnement........................ 134

2.13 Une définition de l'industrie.. 147

2.14 La caractérisation de l'industrie..................................... 150

Section III : L'innovation stratégique : formulation de la stratégie,
établissement et évaluation des choix stratégiques..................... 161

2.15 La formulation de la stratégie et des choix critiques............ 162

2.16 L'évaluation continue de la stratégie............................... 166

2.17 Les performances et les surplus de l'entreprise................... 169

Section IV : Conclusion : les limites et les conditions de succès
de l'exercice émergeant de la pensée stratégique...................... 172

Chapitre 3 : L'organisation : de la hiérarchie à l'auto-organisation........... 175

Section I : Les caractéristiques du design organisationnel............ 177

3.1 L'influence de l'environnement sur les formes d'organisation........ 178

3.2 La diversité des acteurs... 181

3.3 Le processus de design organisationnel........................... 182

Section II : Les instruments du design organisationnel............... 186

3.4 Des composantes de l'organisation aux instruments organisationnels....... 187

3.5 La détermination des tâches clés.................................... 191

3.6 La création des structures... 196

3.7 Les mécanismes structurels et opératoires de coordination....... 206

Section III : Les formes organisationnelles génériques.............. 215

3.8 La forme entrepreneuriale.. 215

3.9 La forme fonctionnelle.. 217

3.10 La forme divisionnaire... 219

3.11 La forme professionnelle.. 222

3.12 La forme innovatrice (ou adhocratie)............................ 223

Section IV : Les forces dynamiques de l'organisation
face aux enjeux contemporains.. 228

3.13 Les forces dynamiques et contradictoires de l'organisation..... 228

3.14 L'efficience à l'échelle planétaire à l'heure de la mondialisation..... 230

3.15 L'apprentissage et la collaboration en réseau
à l'heure de l'économie du savoir.................................... 233

Section V : Conclusion : de la réorganisation à l'auto-organisation..... 240

ANNEXE : Les facteurs internes de contingence...................... 244

I La genèse, l'histoire, l'âge et la taille de l'entreprise.............. 244

II Les modes de production... 248

III Le mode de propriété et les considérations juridiques............ 254

IV La qualification, les motivations des membres et le style de direction..... 265

Chapitre 4 : La décision et la direction : de l'autocratie à la participation... 267

Section I : Les activités de décision : s'informer et arbitrer.......... 269

4.1 La définition et les caractéristiques de la décision............... 269

4.2 Les méthodes de prise de décisions . . . . :   272

Section II : La direction : informer et stimuler   281
4.3 La motivation   283
4.4 Le changement organisationnel : adhésion ou résistance   301
4.5 Le leadership   308

Section III : Les rôles et les compétences des gestionnaires à l'œuvre   323
4.6 L'évolution de la conception de la direction   323
4.7 Les trois grands types de rôles du gestionnaire   324

Section IV : Conclusion : le gestionnaire-magicien n'est pas encore né !   327

Chapitre 5 : Le contrôle : de l'inspection à la responsabilisation   331

Section I : Le contrôle   333
5.1 Les origines et les conceptions du contrôle   334
5.2 Le processus de contrôle   341
5.3 Les types génériques de contrôle   345
5.4 Les principaux outils de contrôle   351
5.5 Les effets pervers du contrôle   361
5.6 Les propriétés des contrôles adéquats   364

Section II : Les conditions humaines d'un contrôle adéquat   366
5.7 La motivation   367
5.8 La satisfaction   368
5.9 Le leadership et le pouvoir   369
5.10 Le climat organisationnel   370
5.11 Des leviers pour accroître l'engagement et la responsabilisation   370

Section III : Conclusion : du contrôle à l'autoresponsabilisation   380

Partie III : La pratique du management à l'ère de la société du savoir   383

Chapitre 6 : Le management de l'innovation :
création, invention, exploitation des idées nouvelles   385
6.1 Une définition de l'innovation : les concepts classiques   388
6.2 Le processus de gestion de l'innovation   399
6.3 Les conditions de l'innovation et de la création de connaissances   407
6.4 Conclusion : l'innovation, de la génération d'idées
à la création de connaissances   421

Chapitre 7 : De l'économie industrielle à l'économie du savoir :
le management des connaissances   423

Section I : De l'économie industrielle à l'économie du savoir   425
7.1 Les trois périodes de l'évolution économique des sociétés industrielles   425
7.2 La nouvelle économie, un concept contesté   428

Section II : Du management au management des connaissances   434
7.3 Un détour dans l'histoire récente de la gestion de connaissances   434
7.4 La gestion des connaissances : concepts et définition   437

Section III : Les principaux modèles de la gestion des connaissances 450

7.5 Les modèles économiques de gestion des connaissances 450

7.6 Les modèles technologiques de gestion des connaissances.................. 452

7.7 Les modèles sociotechniques de gestion des connaissances 455

7.8 Les modèles humains de gestion des connaissances......................... 456

Section IV : Conclusion : le management est management
des connaissances 463

Conclusion 465

Bibliographie 469

Index 485

Remerciements

Nous tenons à remercier nos nombreux interlocuteurs de l'École des sciences de la gestion (ESG) de l'UQAM qui ont directement ou indirectement contribué à la réalisation de cet ouvrage, en partageant avec nous leurs écrits, leurs idées, leurs lectures, ou leurs critiques sur le cours de gestion des organisations, et ce, depuis plusieurs années maintenant. Nous pensons à nos collègues enseignants au Département de management et technologie, parmi lesquels les professeurs Magda Fusaro, William D. Holford, Roderick Macdonald, Dan Seni, Majlinda Zhegu, Marc Banik, Jocelyn Desroches, Olga Navarro-Florès, et les chargés de cours Michel Devost, Jean-François Mourieras, Jacques Gélinas, Manon Lacharité, Anne-Marie Saurette et Bernard Specht; nous pensons également aux étudiants de doctorat Guillaume Blum, Kerstin Kuyken, Lelo Matundu et Chiraz Guedda, ainsi qu'aux étudiants de maîtrise Mireille Patoine et Zineb Abbadi, et à Christian Fisette, analyste de l'informatique. Nous remercions aussi Yvon Bigras, directeur du Département de management et technologie, pour son soutien.

Nous remercions tout particulièrement certains de nos collègues des autres départements de l'ESG qui nous ont permis d'établir des ponts, dans cet ouvrage, entre le management et leurs disciplines. Nous songeons, entre autres, au professeur Robert H. Desmarteau, du Département de stratégie, responsabilité sociale et environnementale, et aux professeurs Pierre Cossette et Jean-Claude Forcuit[†] du Département d'organisation et ressources humaines.

Nous remercions également ceux de nos collègues de la communauté franco-phone d'enseignement et de recherche qui se reconnaîtront et qui, en différentes occasions appréciées, alimentent régulièrement nos réflexions sur le management et dont les écrits de certains seulement, faute d'espace, sont cités dans cet ouvrage.

Nous remercions spécialement notre collègue Alain Dupuis, professeur de management à la Télé-université, pour sa contribution à la conception initiale du projet d'ouvrage.

Nous remercions aussi les auteurs (Yvan Allaire, Pierre D'Aragon, Mihaëla-Ermina Firsirotu, Roger Miller, Jorge Niosi, Jean Pasquero et Gilles E. St-Amant) qui ont rédigé, en 2003, différents chapitres de l'ouvrage *La direction des entreprises* dirigé par Michel G. Bédard et Roger Miller, dont s'inspire en partie ce livre.

Enfin, bien entendu, nous remercions très sincèrement toute l'équipe d'édition, de révision et de production ayant travaillé avec diligence à la préparation de cet ouvrage chez Chenelière Éducation, notamment Sylvain Ménard, Éric Monarque, Johanne Lessard et Mélanie Bergeron.

Anne-Laure Saives, Michel G. Bédard et Mehran Ebrahimi

Montréal, avril 2010

Introduction

Les gestionnaires sont souvent discrédités aujourd'hui. Le désordre économique inhérent au système capitaliste financier actuel n'est pourtant pas une fatalité. Si les outils du management ne semblent pas pouvoir régler les problèmes des entreprises, c'est parce qu'on a dérivé vers une approche instrumentale et inappropriée du management, parce qu'on s'est laissé aveugler par une appréciation réductrice ou erronée de l'environnement de l'entreprise, en particulier dans les économies dites « développées » et désormais fondées sur les connaissances.

La société du savoir, c'est celle de la création, de la gestion et du partage des connaissances au service du développement humain et durable[1]. Un gestionnaire d'un géant des télécommunications confiait il y a quelques années que sa plus grande angoisse venait du fait qu'il devait espérer chaque jour que tout son capital, qui partait chaque soir, reviendrait le lendemain matin. Il est temps d'aborder le management à la lumière de cette réalité.

Pour cela, il faut revenir sur les fondements qui permettent de saisir les dyades entreprise-société, croissance-pérennité et connaissance-progrès, et de se dégager des mythes et des idées reçues en matière de gestion pour envisager le management des entreprises dans l'économie fondée sur le savoir. Au lieu d'apporter hâtivement des réponses instrumentales, il s'agit de s'attarder sur l'art de comprendre les questions qui se posent aux gestionnaires d'aujourd'hui et aux entreprises. Aussi, après avoir retracé les origines (partie I) et les concepts traditionnels (partie II) de la gestion des organisations en lien avec l'évolution du capitalisme (industriel, financier, cognitif), cet ouvrage explore les théories récentes de l'innovation et de la gestion des connaissances (partie III) qui établissent une nouvelle approche du management pour la prospérité économique et la pérennité de la société, de l'environnement de même que pour le bien-être des personnes (*voir la figure A, p. 3*).

En rupture avec les ouvrages classiques de gestion des organisations, souvent consacrés à des « comment » (faire, gérer, etc.), les auteurs insistent sur l'analyse des fins poursuivies en sondant systématiquement les « pourquoi » des outils du management. Ce faisant, ils fournissent des éléments de compréhension de celui-ci, de son contexte et des contradictions auxquelles le gestionnaire doit faire face actuellement.

---

1. UNESCO (Organisation des Nations Unies pour l'éducation, la science et la culture), *Vers les sociétés du savoir*, rapport mondial, Paris, Éditions UNESCO, 2005.

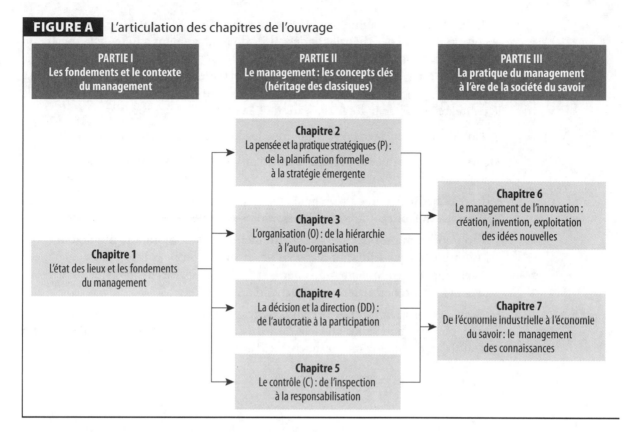

FIGURE A   L'articulation des chapitres de l'ouvrage

L'ouvrage, qui s'articule en sept chapitres (*voir la figure A*), propose :

- une mise en contexte macroéconomique et historique des approches du management (chapitre 1);

- une description du passage récent du capitalisme industriel au double capitalisme financier et cognitif (chapitre 1);

- un exposé des fondements classiques du management replacés dans leur contexte historique, économique et scientifique (chapitre 1);

- une intégration des différentes approches de la responsabilité sociale de l'entreprise (chapitre 2);

- une description du processus systémique classique d'administration (chapitre 1) et de ses composantes contemporaines que sont la planification (chapitre 2), l'organisation (chapitre 3), la décision et la direction (chapitre 4) ainsi que le contrôle (chapitre 5);

- une intégration des approches récentes de la gestion de l'innovation (chapitre 6) et du management des connaissances (chapitre 7) dans la société du savoir et l'économie fondée sur les connaissances.

Il s'agit de revenir à une perspective humaine du management et de renouveler la compréhension des théories et des outils du management à l'ère de la société du savoir. Le but est ainsi de sortir le management de l'impasse de son instrumentalisation au rang d'outil de légitimation du système en place pour lui restituer sa portée analytique en tant qu'organe créateur de solutions face aux lacunes que révèle le contexte actuel de la financiarisation de la gestion des entreprises.

L'objectif de cet ouvrage pédagogique est ainsi de permettre au lecteur :

- d'apprendre à situer le management dans son contexte global (rôle et impact sociétal) ;
- de se constituer une culture générale et synthétique du management et de ses ancrages (historiques, économiques, philosophiques) ;
- d'apprendre à raisonner sur son environnement en gestionnaire intelligent (« qui lit entre » et « qui relie ») et responsable, et sur les outils utilisés en management en abordant la complexité du système qu'est l'entreprise : la diversité des acteurs, de leurs attentes et de leurs interdépendances ;
- d'« apprendre à comprendre » en interrogeant les « pourquoi » des « comment » du management, pour aller au-delà du rôle de technicien de gestion, d'utilisateur d'outils, et d'acquérir une compétence d'analyste.

Partie I
Les fondements et le contexte du management

Chapitre 1
L'état des lieux et les fondements du management

Chapitre 1

L'état des lieux et les fondements du management

Section I : L'état des lieux : le management à l'ère du capitalisme financier 10

Section II : Les écoles classiques de la pensée administrative 27

Section III : La pensée systémique au service du management 69

Section IV : Conclusion : le management, d'un système technique fermé à un système social ouvert 81

« *Une scène de renvoi. On me renvoie d'une usine où j'ai travaillé un mois, sans qu'on m'ait jamais fait aucune observation. Et pourtant on embauche tous les jours. Qu'est-ce qu'on a contre moi ? On n'a pas daigné me le dire. Je reviens à l'heure de la sortie. Voilà le chef d'atelier. Je lui demande bien poliment une explication. Je reçois comme réponse : "Je n'ai pas de comptes à vous rendre" et aussitôt il s'en va. Que faire ? Un scandale ? Je risquerais de ne trouver d'embauche nulle part. Non, m'en aller bien sagement, recommencer à arpenter les rues, à stationner devant les bureaux d'embauche, et, à mesure que les semaines s'écoulent, sentir croître, au creux de l'estomac, une sensation qui s'installe en permanence et dont il est impossible de dire dans quelle mesure c'est de l'angoisse et dans quelle mesure de la faim.* »

(Weil, 2002, p. 268)

Q u'est-ce que le **management**[1] ? Si l'on s'en tient à la seule définition linguistique qu'en donne *Le Petit Robert*, le management « recouvre l'ensemble des techniques de gestion et d'organisation d'une affaire, d'une entreprise ». Pourtant, **ce n'est pas seulement une technique.**

Si l'on se penche sur sa définition fonctionnelle (qu'est-ce que ça fait ?) – « [la] fonction [du management] consiste à produire un système reliant et combinant des éléments aussi disparates que le capital, le travail, les matières premières, la technologie, les règles, les normes, les procédures » (Gaulejac, 2005, p. 25) – et sur les conséquences de cette fonction (*voir la citation de Weil en exergue à la page précédente*), on comprend que c'est une activité complexe, à la fois technique et sociale, teintée d'une idéologie.

D'entrée de jeu, nous adopterons la définition suivante : « **[...] il s'agit d'une activité ou, plus précisément, d'une série d'activités intégrées et interdépendantes, destinées à faire en sorte qu'une certaine combinaison de moyens (financiers, humains, matériels, etc.) puisse générer une production de biens ou de services économiquement et socialement utiles et si possible, pour l'entreprise à but lucratif, rentables** » (Aktouf *et al.*, 2006, p. 1).

Cette définition est très intéressante, mais, comme toute définition, elle n'est pas en mesure de dévoiler toute la complexité de ce concept. Nous ne pouvons pas prétendre devenir manager sur la base de cette définition. **Le management est à la fois un concept** (une représentation mentale abstraite), **un métier** (un travail qui requiert la maîtrise d'un ensemble de techniques spécialisées), **une discipline** (un domaine de connaissances) **et une idéologie** (un système de croyances qui guident l'action). Nous ne pouvons le comprendre que si nous nous attardons plus en profondeur sur toutes ces dimensions. À titre d'exemple, si nous avions à définir le concept de « conduire », nous présenterions une définition générale qui ressemblerait à la définition proposée ci-dessus. Mais la manière de conduire une voiture, par exemple, dépend également d'autres éléments, comme l'état d'esprit du conducteur, les règles en vigueur, l'état du réseau routier, le civisme du conducteur et, étrangement, la culture d'une région. Une des premières choses que nous remarquons lorsque nous sommes en contact avec un autre pays, c'est le style de conduite. Nous ne pouvons inclure tous ces éléments dans la définition de « conduire », mais ils jouent un rôle déterminant dans la façon dont on conduit.

En management, nous sommes dans une situation semblable. Nombreux sont ceux qui considèrent le management comme un ensemble de règles et de procédures accompagnées d'**instruments de gestion.** On qualifie cette vision d'instrumentale. Le rôle du manager, c'est alors de faire fonctionner ces règles et d'évaluer la performance de l'organisation avec des instruments d'évaluation en fonction du rendement financier, de la productivité, du niveau de

> Gérer : « s'occuper de (qqn, qqch), de manière suivie »

> Le management est à la fois un concept, un métier, une discipline et une idéologie.

---

1. Gérer : emprunt au latin *gerere*, « porter (sur soi) », milieu du xve siècle, « prendre sur soi, administrer », prend en français au xviie siècle le sens juridique d'« administrer une affaire, des intérêts », et, au milieu du xxe, « s'occuper de (qqn, qqch), de manière suivie » (*Le Robert, Dictionnaire historique de la langue française,* 2000, tome II, p. 1581-1582).
   Manager : emprunt à l'anglais, « celui qui s'occupe de qqch » (1785), « qui conduit », probablement emprunté à l'italien *maneggiare* (*maneggio* = manège). Introduit en français « en parlant d'un maître de cérémonie, d'un organisateur, dans un contexte anglo-américain », en relation avec *management*, réemprunté en 1961 pour s'appliquer au dirigeant d'une entreprise. Initialement employé dans le domaine du sport (entraîner) (*Ibid.*, p. 2113).
   Management : emprunté en 1921 à l'anglais, « action de conduire, de diriger, d'entraîner » (fin xvie siècle), ménagement (en français) (*Ibid.*, p. 2113).

qualité, etc. D'autres voient dans le management un **système idéologique** qui sert à réaliser et à assurer les intérêts d'une catégorie d'acteurs en particulier, en l'occurrence les actionnaires. Enfin, certains envisagent l'organisation comme un **système social** ; le rôle du management est alors défini par sa capacité à mobiliser l'ensemble des membres de l'organisation dans une direction souhaitée dans l'intérêt de tous.

De plus, nous ne pouvons pas aborder le management sans faire un détour par son contexte général. Dans cet ouvrage, nous croyons qu'il est primordial de comprendre ce contexte général qui influe sur la pensée managériale. Pour ne pas être emprisonnés dans une vision instrumentale du management, nous devons nous demander non seulement « **comment** faire » – cela est certes important et nous consacrons une partie importante de ce manuel à cette question – mais également « **pourquoi** » nous gérons de telle ou telle manière. C'est peut-être là le point essentiel. Si nous cherchons à comprendre les « pourquoi » de nos gestes, nous pourrons alors donner un sens à nos actions et choisir de façon plus judicieuse nos approches managériales et nos instruments de gestion.

> Interroger autant les « pourquoi » que les « comment » gérer

Une vision managériale n'est pas une chose qui se crée toute seule sans lien avec notre perception socioéconomique. Nous gérons une entreprise à l'image de la culture et des valeurs d'une société. Quand nous parlons de culture et de valeurs, nous ne sommes pas dans l'univers des sciences exactes et des théories universelles, mais dans le relatif, le particulier et l'imprévisible, ce qui rend l'action et la prise de décisions plus difficiles. C'est pourquoi certains chercheurs, pour réduire l'incertitude inhérente à la complexité des systèmes économique et sociopolitique où s'insère l'entreprise, veulent élever le management ou les instruments de gestion au rang des sciences exactes en établissant des règles pseudo-objectives et des approches universalistes. Cette dimension toujours relative, mouvante, imprévisible et quelque peu subjective du management est en effet très déstabilisante aussi bien pour les gestionnaires que pour les chercheurs, les universitaires et les consultants. Il n'y a pas de recettes pratiques magiques ou universelles. C'est là une vision erronée du management, dans la mesure où les organisations sont constituées avant tout d'êtres humains, qui, eux, sont porteurs de subjectivité. Nous sommes ici au cœur d'une contradiction fondamentale du management d'aujourd'hui qui cherche à concilier l'inconciliable : objectiver la subjectivité de la personne.

Les théories et les modèles conceptuels en administration servent donc d'appui aux gestionnaires dans leurs décisions, voire alimentent leurs pratiques de gestion et transforment leurs organisations et parfois la société tout entière. Dans le présent chapitre, nous verrons en quoi le système managérial (et la discipline du management) s'est lui-même transformé. Dans la première section, nous proposons un état des lieux du management à l'ère de l'économie financière contemporaine. Nous montrerons que le management s'inscrit ainsi plus globalement dans un **système économique capitaliste (devenu de plus en plus financier)** et un système sociopolitique qui le façonnent et qu'il façonne en retour. Dans la deuxième section, nous étudions les fondements historiques du management, et notamment les **deux grands courants formel et behavioriste,** pour comprendre l'origine des techniques et des théories qui ont conduit à ce que le management est aujourd'hui (un processus de planification-organisation-décision-direction-contrôle [PODDC], tel que nous le décrivons en détail dans la deuxième partie de cet ouvrage). Enfin, la troisième section se penche plus avant sur le concept de **système,** que nous utilisons largement aujourd'hui pour mieux penser la complexité en général et celle de l'activité managériale en particulier.

◼ Section I
L'état des lieux :
le management à l'ère du capitalisme financier

Dans cette première section, nous proposons donc de réfléchir à la place qu'occupe le système managérial dans l'économie et dans la société. Nous montrerons que le système managérial anglo-américain, qui est plus précisément l'objet de cet ouvrage, a évolué au fil du xxᵉ siècle en même temps que le système économique était mû par une dynamique contradictoire : celle d'un capitalisme financier et celle d'un capitalisme cognitif à l'heure de la nouvelle économie.

1.1 Le système managérial dans le système économique à l'intérieur du système sociopolitique

Dans cet ouvrage, nous défendons l'idée selon laquelle le management émerge d'un système plus large, qui est le **système économique** en vigueur dans un pays. Cela signifie qu'il n'existe pas un **système managérial** universel. Par exemple, quand nous parlons du management japonais, nous faisons référence à une approche managériale qui trouve tout son sens dans le système économique japonais. Toute tentative pour isoler le management japonais de son origine économique japonaise peut s'avérer un échec. D'ailleurs, dans les dernières années, face aux succès industriels des Japonais, certaines entreprises, mais aussi des chercheurs et des consultants, ont tenté d'instaurer des approches japonaises de production, comme la qualité totale, le juste-à-temps ou la production optimisée (*lean production*). Un bon nombre de ces tentatives se sont soldées par des échecs importants. Le succès dés Japonais s'explique par l'adéquation qui existe entre le fonctionnement de leur système économique et le fonctionnement de leur système managérial. Cela ne veut pas dire que nous ne pouvons pas nous inspirer des autres pratiques comme source d'enseignement afin de réfléchir sur nos propres pratiques. Nous reviendrons sur cette question dans le chapitre 7 portant sur la gestion des connaissances.

> Le succès socioéconomique dépend de l'adéquation du système managérial au système économique et au système sociopolitique.

C'est donc dire que le management est toujours plongé dans une société donnée à un moment très précis de son histoire. Corrélativement, par cette inscription dans la trame caractéristique de son temps, le management transforme son espace et fait l'histoire. Le management est donc un système d'action inextricablement lié à un espace social et historique. Connaître celui-ci éclaire alors forcément celui-là (Déry, 2009, p. 8).

Comme nous pouvons le voir dans la figure 1.1, le système économique aussi émerge d'un système encore plus important et plus englobant qui est le **système sociopolitique.** Autrement dit, nous concevons un système économique à l'image de notre histoire, de notre culture et de nos valeurs. Par exemple, si, pour des raisons historiques ou culturelles, les valeurs collectivistes ou égalitaires sont très présentes dans une société, on constate que l'infrastructure de l'économie ainsi que son mode de fonctionnement tiennent compte de ces valeurs en ce qui a trait à la redistribution et au partage de la richesse. Plusieurs auteurs (Boyer, 2004; Amable, 2005) ont ainsi montré qu'il existait plusieurs configurations économiques entre le capitalisme anglo-saxon fondé sur le marché (Australie, Canada, États-Unis, Nouvelle-Zélande, Royaume-Uni), le capitalisme asiatique mésocorporatiste (Corée du Sud, Japon), le capitalisme social-démocrate (en Scandinavie: Danemark, Finlande, Suède), le capitalisme européen continental à impulsion étatique (Allemagne, Autriche, Belgique, France, Irlande, Norvège, Pays-Bas, Suisse) et le capitalisme méditerranéen (Espagne, Grèce, Italie, Portugal). Le système politique intervient afin de maintenir la cohésion de la société en fonction de ses choix et de ses souhaits, de la même manière que, dans des sociétés valorisant l'individualité, la maximisation des intérêts personnels va établir un système économique basé sur l'affrontement des acteurs dans une logique de concurrence à une grande échelle. Nous présentons évidemment ici un portrait dichotomique de cette réalité, afin de faciliter la compréhension, alors que la réalité est plus nuancée.

FIGURE 1.1 L'imbrication gigogne des systèmes managérial, économique et sociopolitique

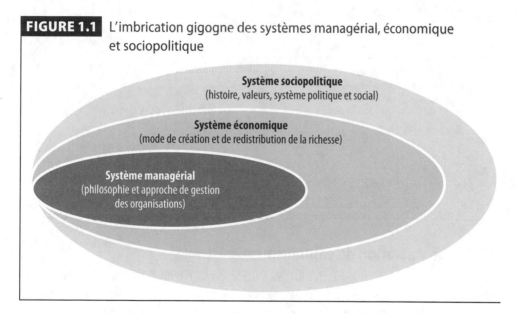

Il faut retenir qu'il existe différents systèmes capitalistes qui donnent naissance à plusieurs approches en management. Pour mieux comprendre l'univers managérial dans lequel nous nous trouvons, nous explorerons maintenant l'évolution du système économique et social qui nous est proche: le système anglo-américain.

1.2 L'évolution du système capitaliste anglo-américain et de sa gouvernance

La description de l'évolution du système économique et social anglo-américain suppose une réflexion sur l'articulation des formes de capitalisme à l'œuvre depuis la première révolution industrielle avec les dispositifs de gouvernance des entreprises et des institutions, c'est-à-dire les rapports et les influences mutuelles entre les dirigeants et les autres parties prenantes de l'organisation. Nous décrirons ici l'évolution du système économique d'un capitalisme industriel à un capitalisme financier (*voir la figure 1.2*). Par la suite, nous décrirons les contradictions inhérentes au double capitalisme financier et cognitif actuel.

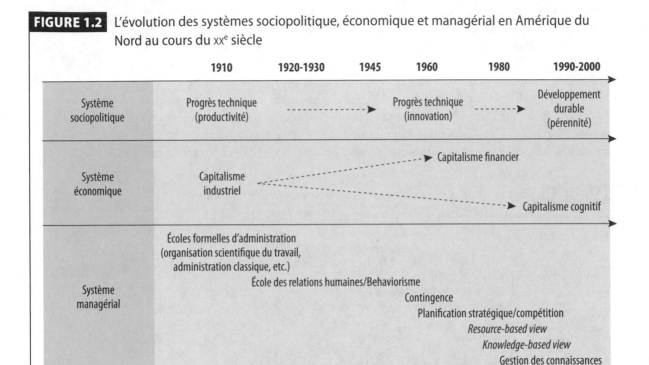

FIGURE 1.2 L'évolution des systèmes sociopolitique, économique et managérial en Amérique du Nord au cours du xxᵉ siècle

1.2.1 L'instauration du capitalisme industriel

La révolution industrielle qui débute au milieu du xviiiᵉ siècle influe très largement sur l'organisation du système économique et le système managérial qui lui est associé. L'économie basée sur l'agriculture, dominée par les grands propriétaires terriens, et l'artisanat disparaissent petit à petit au profit des fabriques et, plus tard, des usines très organisées. Le centre de gravité du système économique se déplace ainsi vers un **capitalisme industriel.** À l'extérieur de l'entreprise, le système s'efforce d'encourager et de consolider le capitalisme naissant. D'une part, le système politique, par l'entremise des nouvelles lois, prépare le terrain à un fonctionnement plus harmonieux de l'industrie comportant moins d'entraves et, d'autre part, les marchés financiers s'organisent afin de fournir les capitaux nécessaires au développement de l'industrie. Les progrès technologiques, la maîtrise des énergies, la mécanisation et l'automatisation progressive de la production augmentent les besoins des industriels en capital financier. Il est important de souligner que, durant cette période qui a duré plus de deux siècles, la raison d'être des marchés financiers était de fournir à l'industrie les capitaux dont elle avait besoin pour se développer. Des penseurs comme Smith (que nous verrons dans la section II de ce chapitre) et

Le management classique axé sur la productivité est né du capitalisme industriel.

Ricardo théorisent les fondements de ce système prônant la concurrence, la maximisation des intérêts individuels, l'affrontement des égoïsmes, etc. Ainsi, on voit apparaître les bases d'une économie où la finance prend de l'importance, tout en valorisant la réalisation des profits à court terme.

Évidemment, cette transformation du capitalisme se matérialise à l'intérieur des entreprises aussi. L'organisation du travail et celle de la production connaissent des changements importants. Avant la révolution industrielle, la production des biens de consommation se faisait essentiellement dans les ateliers d'artisans. L'artisan et ses apprentis produisaient un objet en assumant toutes les étapes de la production. À la fin du xixᵉ siècle, Taylor (*voir la section 1.4.3, p. 35*) bouleverse cette logique de production. Dans la foulée de Smith, il promeut et pousse encore plus loin la logique de la division du travail. Désormais, il y a une rupture entre l'objet produit et la personne qui le produit. Chaque personne sur la chaîne de montage ne fait qu'une partie de l'ensemble, et ce, de façon répétitive.

Durant cette période, on est témoin de progrès scientifiques et techniques majeurs. La notion même de **progrès** prend une place importante dans le discours des politiciens, des industriels, des scientifiques, des penseurs et dans la population. Elle envahit l'imaginaire collectif de façon fulgurante. Les découvertes dans les différents domaines de la science conduisent à l'invention des machines et des outils qui influent aussi grandement sur l'univers de la production et sur la vie quotidienne. La période qui suit est fortement marquée par ce qu'on appellera le taylorisme et le fordisme. Ce dernier mouvement fait référence à Ford, qui a abondamment employé les méthodes de production tayloriste basées sur la division du travail et la simplification des tâches afin de réduire au maximum les coûts de production. Cela lui a permis de produire une voiture à un prix modeste à la portée d'un grand nombre de personnes. Ford a réussi à augmenter la productivité à un niveau jusque-là inégalé et, en même temps, à faire fortune. Ces deux éléments ont cautionné la légitimité de sa démarche d'une manière significative.

Pendant les trois premières décennies du xxᵉ siècle, l'euphorie s'empare des économies américaine et européenne, dans lesquelles la croissance génère beaucoup de richesse. De nombreux industriels, comme Ford, font fortune durant cette période. Une partie de cette richesse sert à stimuler et à relancer d'autres activités industrielles, l'autre partie étant investie sur les marchés financiers dans un but de spéculation. Durant la présidence de Cleveland, à la fin du xixᵉ siècle, les règles régissant les activités économiques et notamment financières étaient très limitées afin de laisser la voie libre aux industriels et aux financiers. Au cours de cette période, la pensée libérale de l'économie était dominante. Dans la continuité de la pensée de Smith (1776), on considérait qu'il fallait réduire le plus possible les règles et l'intervention de l'État, et laisser la concurrence faire émerger un équilibre entre les acteurs économiques.

La Grande Dépression de 1929, et ses conséquences néfastes à une partie importante de l'économie capitaliste mondiale, a poussé certains pays, notamment les États-Unis, à tirer des leçons de cette crise et à intervenir pour réglementer les marchés financiers afin d'éviter les crises majeures comme celle de 1929. Dans le sillon de cette crise, la Seconde Guerre mondiale est considérée comme un tournant dans la gouvernance des États dans la mesure où, immédiatement après la guerre, face aux défis gigantesques que doivent relever les marchés et à l'incapacité de ceux-ci d'établir seuls l'équilibre économique, la vision libérale de l'économie laisse la place à une autre vision capitaliste qu'on a qualifiée de keynésienne. Cela fait référence à la pensée de Keynes, un grand économiste britannique, qui affirme que, en période de crise ou de ralentissement économique, le marché n'est pas capable à lui seul d'établir l'équilibre. En effet, Keynes soutient l'idée selon laquelle un ralentissement économique fait que les consommateurs ne peuvent consommer autant (en raison de la perte de leur emploi ou de la diminution de leurs revenus), ce qui entraîne une diminution de la production des entreprises. Cette diminution engendre à son tour une réduction de la main-d'œuvre nécessaire pour produire, et donc du nombre de personnes aptes à consommer. Il se crée alors un cercle vicieux où la demande générale diminue. Pour Keynes, le marché est incapable de faire face à cette descente aux enfers et une intervention de l'État s'avère nécessaire. Les gouvernements peuvent s'engager dans de grands projets d'infrastructures ou autres, ce qui a comme conséquence l'augmentation du niveau de la demande permettant aux entreprises de maintenir leur niveau de production, et même éventuellement d'investir dans leur modernisation. Comme ces projets sont limités dans le temps, une fois un certain équilibre établi, les gouvernements peuvent cesser de jouer le rôle d'acteur majeur de l'économie. Après la Seconde Guerre mondiale, cette approche a permis aux économies américaine et européenne de s'engager dans de grands projets d'infrastructures, renforçant par la même occasion le capitalisme industriel. Ces grands projets (routes, ponts, aéroports, écoles, universités, centres de recherche, etc.) ont contribué au développement du système capitaliste industriel. Jusqu'au début des années 1970, le capitalisme d'après-guerre continue sa croissance. Le modèle managérial associé à ce système économique, avant et après la guerre, est essentiellement celui de l'**école formelle d'administration** (*voir la section II*). Le modèle fordiste est largement dominant. L'organisation scientifique du travail (OST) constitue le modèle par excellence de l'organisation du travail et de la production. Il faut ajouter à cela que ce modèle anglo-américain devient le modèle dominant un peu partout au fur et à mesure que les différents pays s'engagent sur la voie de l'industrialisation. Une des raisons qui explique ce phénomène, c'est bien sûr le succès économique des États-Unis durant ces années avant et après la Seconde Guerre mondiale. On attribue généralement ce succès à la manière dont les entreprises américaines sont gérées. « D'où la tautologie/le syllogisme qui a transcendé les montages théoriques de l'époque, voulant que pour atteindre la même performance que celle des firmes américaines, il fallait adopter leurs mêmes façons de gouverner, à savoir faire faire, organiser, décider, diriger » (Ebrahimi, 2002, p. 53).

La **productivité,** qui permet de faire face à la demande croissante nationale et mondiale au moindre coût, est devenue le mot d'ordre de cette période du capitalisme. Bien sûr, on cherche à peaufiner le modèle fordiste, à l'adapter à l'évolution de l'industrie et de la société, mais, de fait, malgré les ajustements de surface et de forme, on reste profondément fidèle à ce modèle.

1.2.2 De la gouvernance du système économique capitaliste industriel

Ce faisant, au fil des ans, depuis le début du XXᵉ siècle jusqu'à aujourd'hui, le système de gouvernance des entreprises a considérablement changé. Le terme **gouvernance** « renvoie à toutes les influences touchant les processus de sélection des administrateurs et des dirigeants dans le cadre de l'organisation de la production des biens et des services, de même qu'à toutes les influences externes touchant les opérations ou les administrateurs. Ainsi, la gouvernance d'entreprises concerne toutes les firmes, qu'elles soient constituées en vertu du droit civil ou de la *common law*, qu'elles appartiennent au gouvernement, à une institution ou à un individu, et qu'elles soient privées ou inscrites à la Bourse » (Turnbull, 2000, p. 11-12 ; traduction libre).

La gouvernance d'une organisation détermine la nature des rapports existant entre les dirigeants d'une entreprise et différentes parties prenantes, à savoir les actionnaires, puis les employés, les clients, les fournisseurs, etc. Les changements dans les modes de production, la place de la technologie, le rapport avec le marché financier et enfin les modèles idéologiques dominants exercent une influence sur le système de gouvernance des organisations.

Au début du capitalisme industriel, les dirigeants des entreprises étaient également les propriétaires de leurs entreprises. Le capitaine d'industrie (c'est ainsi qu'on appelait l'industriel de l'époque) était à la fois le propriétaire, le gestionnaire et l'actionnaire de l'entreprise. Autrement dit, l'entrepreneur-actionnaire majoritaire avait tous les pouvoirs dans son organisation. Ce modèle commence à changer au cours des années 1940-1950. Voici comment en 1957, Berle décrit la situation :

> Statutairement l'entreprise appartient toujours à l'actionnaire, mais ce n'est plus lui qui effectivement la dirige, et même, à vérité, la possède. Il demeure sans doute une préoccupation de la gestion, mais de plus en plus secondaire : on lui concède un dividende, un peu à la façon d'une aumône, mais la direction effective se concentre entre quelques mains et, à vrai dire, l'entreprise s'appartient de plus en plus à elle-même (Berle, 1957, p. VIII).

Ce changement est expliqué en partie en raison des progrès techniques, de l'augmentation de la complexité de la gestion des industries modernes, du rôle grandissant de la planification et de l'élaboration de la stratégie, de la présence accrue sur les marchés extérieurs qui nécessitent des expertises poussées et multiples que les entrepreneurs ne pouvaient pas tous posséder. Pour le grand économiste américain Galbraith, la complexification grandissante de la gestion exige que celle-ci soit pratiquée par des groupes composés « d'individus détenteurs de savoir hautement spécialisés, de sorte que ce ne sont pas les dirigeants qui décident : le pouvoir effectif de décision se situe en profondeur, parmi les techniciens, les équipes de planification et autres personnels spécialisés » (Galbraith, 1992, p. 7). Il est très important de comprendre que, dans cette logique de la gouvernance, les gestionnaires assurent aux actionnaires un niveau acceptable et continu de profit au moyen des dividendes ; cependant, leur but premier n'est pas la maximisation des capitaux des actionnaires, mais la croissance de l'entreprise et sa pérennité économique. Ainsi, les gestionnaires ne sont pas directement dépendants des marchés

La gouvernance de l'entreprise est le « management du management ». Elle reflète la nature des relations entre la direction de l'entreprise et ses parties prenantes (dont les actionnaires).

Dans les années 1940-1950, l'actionnaire-propriétaire n'est plus forcément le dirigeant de l'entreprise. La direction devient l'affaire de gestionnaires-spécialistes dont le but est d'assurer la pérennité économique de l'entreprise.

financiers, sur lesquels la valeur des actions de l'entreprise se négocie. Cette indépendance leur procure une certaine autonomie leur permettant d'envisager des plans à long terme pour l'entreprise.

1.2.3 L'émergence de la nouvelle économie

Les années 1970 ont vu naître une crise importante du système capitaliste américain dont les causes sont multiples. Tout d'abord, le premier véritable choc pétrolier vient porter un dur coup à l'économie mondiale, notamment américaine. L'augmentation fulgurante du prix du pétrole met fin à l'ère de l'énergie à bon marché. Certains auteurs attribuent le formidable essor économique américain avant les années 1970 au bas prix de l'énergie, plus particulièrement du pétrole. Durant les années d'après-guerre (dites « les Trente Glorieuses »), le capitalisme américain a pu faire face à une production de masse pour satisfaire une demande d'une très grande ampleur à un coût relativement faible associé au faible coût de l'énergie. Le choc pétrolier venait brusquement mettre fin à cette situation. Un deuxième élément susceptible d'expliquer cette crise réside dans les limites de la production de masse fordiste. Avec l'augmentation du niveau de vie des citoyens dans les pays industrialisés, les clients exigeaient de plus en plus des produits de qualité, variés et correspondant davantage à leur situation. L'arrivée en force sur le marché des produits provenant des pays asiatiques, avant tout du Japon ainsi que des pays scandinaves, qui assuraient une meilleure qualité et répondaient plus précisément à la demande des clients nord-américains a accentué la crise. Ce phénomène force les théoriciens à se poser des questions sur les méthodes de gestion des entreprises de ces nouveaux concurrents. On compare les méthodes occidentales avec les méthodes japonaises pour redécouvrir certains enseignements transmis par des penseurs d'avant-garde, dès les années 1930, sur les méthodes de contrôle de la qualité. Un auteur américain, Deming, a essayé d'intéresser des entreprises américaines à ses idées dès 1946. Ignorées aux États-Unis, celles-ci furent reprises par des industriels japonais qui les ont mises à profit. Trois auteurs japonais marquent l'après-guerre : Ueno, Ohno et Shingo. En particulier, Shingo a travaillé activement, à partir de 1960, sur les méthodes de contrôle et les défauts de production. Ces travaux ont mené aux concepts de « zéro défaut = zéro contrôle » et de « gestion de la qualité totale », qui commencent à se répandre parmi les entreprises occidentales dans la seconde moitié des années 1980. Fondamentalement, ces approches prônent la confiance envers les personnes qui exécutent le travail à la base et qui sont capables de participer au processus d'amélioration de l'entreprise sous tous ses aspects.

Parallèlement à ce phénomène, on assiste à une intégration grandissante des nouvelles technologies de l'information et de la communication (NTIC). Ce phénomène a une double conséquence. Premièrement, les technologies de l'information entrent massivement dans le processus de production, ce qui crée des bouleversements importants : la chaîne de production devient ainsi plus flexible et peut répondre aux exigences des clients de façon quasi personnalisée. Cela a abouti à créer un nombre grandissant d'emplois se penchant désormais sur la conception et le design de la chaîne de production et de nouveaux produits plutôt que de s'occuper directement de la production. On voit apparaître de plus en plus le travail immatériel axé sur l'intangible. Deuxièmement, l'essor des technologies de l'information permet d'accumuler une grande quantité d'informations pertinentes sur les clients afin de leur proposer des produits sur mesure.

Au début des années 1980 en Amérique du Nord, on constate donc une rupture avec le capitalisme fordiste et la crise qu'il a engendrée. Une **nouvelle économie** voit le jour, laquelle est basée sur la connaissance, soutenue formidablement par les technologies de l'information et financée par les marchés financiers mondiaux. Les entreprises phares de ce secteur augmentent considérablement leurs investissements en recherche et développement, en formation des employés, en acquisition de technologies et de logiciels. Durant les années 1990, les secteurs traditionnels perdent des emplois alors que les secteurs technologiques en gagnent massivement. Comme l'a fait l'imprimerie au début de la Renaissance, l'utilisation généralisée du réseau Internet révolutionne le nouveau millénaire. L'explosion des NTIC bouleverse tous les aspects de la vie : l'administration publique (*e-government*), l'éducation (*e-education*), les activités bancaires (*e-banking*), les affaires (*e-business, e-commerce, e-marketing, e-procurement,* etc.), le courrier (*e-mail*), etc. Les entreprises émergentes (*start-ups*) de la haute technologie improvisent de nouveaux modèles d'affaires (*business models*) financés par les marchés boursiers. Déjà en 1992, aux États-Unis :

> [...] l'industrie aérospatiale compte plus d'employés que celles, toutes réunies, de l'automobile, incluant leurs vastes réseaux de fournisseurs. L'industrie de l'ordinateur (matériel, semi-conducteurs, services informatiques) compte plus d'employés que celles, toutes confondues, de l'automobile, des pièces, de la sidérurgie, de l'extraction et du raffinage du pétrole. Les Américains travaillent plus nombreux dans les semi-conducteurs que dans la machinerie de construction, plus nombreux dans l'informatique que dans le raffinage du pétrole (Beck, 1994, p. 95-96).

Nous sommes indéniablement entrés dans une nouvelle ère où le fonctionnement de l'économie a profondément changé. Ce capitalisme, dont le moteur est l'**innovation,** devient très rapidement un animal à deux têtes. En fait, le capitalisme de la nouvelle économie est un **capitalisme cognitif et financier.** Le capitalisme cognitif se fonde essentiellement sur la mobilisation des connaissances dans les processus de production tangibles et intangibles, sur l'apprentissage et la formation, sur la mobilisation massive des technologies (cet aspect sera développé dans les chapitres 6 et 7). L'autre particularité du capitalisme de la nouvelle économie, c'est qu'il est profondément financier. « Le développement de la finance est endogène au fonctionnement du capitalisme contemporain. Plus précisément la finance moderne est étroitement liée aux besoins spécifiques de l'économie de la connaissance » (El Mouhoub et Plihon, 2009, p. 52).

Les NTIC et les marchés financiers contribuent à l'émergence de la « nouvelle économie » dans les années 1980, qui repose à la fois sur un capitalisme financier et sur un capitalisme cognitif.

1.3 Du capitalisme financier à la gouvernance financière

Que signifie le **capitalisme financier** ? Comment influe-t-il sur la gouvernance et le management des organisations ?

1.3.1 Une définition du capitalisme financier

Comme nous l'avons dit précédemment, le capitalisme a besoin du secteur financier pour se développer. Dans le passé, ce secteur servait surtout à fournir des capitaux pour appuyer des activités économiques, l'expansion des entreprises, financer le commerce international et la balance des paiements. La finance, par le truchement des échanges de titres entre les acteurs économiques, permettait de financer les activités économiques. Depuis les années 1980, cette discipline a connu une évolution extraordinaire. Elle n'est plus un instrument au service des activités économiques dans la production des biens et des services, mais elle a une logique propre, n'ayant plus qu'un rapport indirect avec l'économie réelle (*voir l'encadré 1.1*). Quand nous achetons un titre financier, par exemple l'action d'une entreprise – titre de propriété de l'entreprise –, nous avons entre nos mains un produit financier qui a sa propre vie ; et son rapport avec l'entreprise est secondaire. Autrement dit, nous pouvons acheter le titre de propriété d'une entreprise sans la connaître, ni savoir dans quel domaine d'activité elle se trouve. Ce qui nous intéresse, c'est d'acheter ce titre au prix le plus bas et de le vendre au prix le plus élevé, le plus rapidement possible. Cela s'appelle la **spéculation.** Voilà ce qui caractérise aujourd'hui l'essentiel des activités financières internationales. **Le capitalisme financier désigne l'ensemble d'activités spéculatives entre agents qui vise à maximiser les gains dans le délai le plus court possible.** Plus de 90 % des capitaux disponibles sur les marchés mondiaux sont consacrés aux activités spéculatives plutôt qu'aux activités de production de biens et de services. En d'autres termes, le centre de gravité du capitalisme actuel se trouve au cœur des marchés financiers. **L'accumulation de capital est désormais assurée par la rentabilité des placements financiers, meilleure que celle des investissements industriels.**

> Le capitalisme financier désigne un système économique fondé sur des activités de spéculation financière.

ENCADRÉ 1.1 À propos de spéculation

Frederick Smith, le président fondateur de FedEx (une entreprise de transport comptant près de 300 000 employés dans le monde), a émis, en 2009, dans le sillon de la crise financière, des réserves sur la contribution de la finance à la croissance et sur la part des richesses qu'elle accapare :

« C'était largement un rideau de fumée […] En 1983, le secteur financier représentait 15 % des profits de l'économie américaine. En 2008, le dernier exercice avant la crise, sa part dans les profits a grimpé à environ un tiers !

Entre ces deux dates, la finance n'a rien inventé qui justifie l'appropriation d'une telle part des profits de l'ensemble de l'économie […] Tout ce que les financiers ont inventé, c'est un système dans lequel ils découpaient en tranches des actifs et les diffusaient dans l'ensemble de l'économie à la vitesse des marchés électroniques. Ils prétendaient que cela créait de la valeur et permettait de diversifier les risques. En fait, c'était le contraire : cela n'ajoutait pas de vraie valeur et ne faisait que concentrer les risques » (*Les Échos*, n° 20454, 29 juin 2009, p. 15).

1.3.2 Le rapport entre le capitalisme financier et le capitalisme cognitif

Pourquoi la finance et l'économie de la connaissance ont-elles besoin l'une de l'autre ? Pour répondre à cette question, nous devons distinguer deux catégories de connaissance. Une première catégorie consiste dans une connaissance « désintéressée ». Les personnes sont porteuses de ce type de connaissance pour leur propre satisfaction. Elles veulent apprendre pour en savoir davantage sur un sujet, servir la science et comprendre les phénomènes qui les entourent. On ne peut s'approprier ce savoir et il n'a pas de contrepartie ; il est mis à la disposition des autres par les articles publiés dans les revues spécialisées, les conférences, les blogues, etc. Un bon exemple de ce phénomène est le développement des logiciels libres. Chaque personne à l'intérieur d'une communauté virtuelle contribue au développement et à l'amélioration de ces logiciels, sans s'attendre à être rémunérée ou à posséder le produit qui évolue constamment par la force du groupe. La seconde catégorie est la connaissance qu'on peut s'approprier et marchandiser. Dans l'économie capitaliste, une connaissance commence à exister dès qu'il est possible de la capter et de l'intégrer dans un processus de création de valeur, bref, dès qu'on peut se l'approprier et la marchandiser (*voir le tableau 1.1*). Comment fait-on pour reconnaître le savoir qui a le potentiel d'être approprié et marchandisé ? Autrement dit, comment déterminer s'il vaut la peine d'investir des montants importants dans une connaissance précise en vue d'un rendement de l'investissement important et rapide ? La finance joue ce rôle. C'est pour cette raison que, depuis deux ou trois décennies, le phénomène du droit de propriété intellectuelle a pris une telle importance :

> Finance et droits de propriétés intellectuelles constituent bel et bien les deux mamelles institutionnelles de l'économie de la connaissance. Ainsi, les actifs immatériels représentent de 75 % à 90 % de la capitalisation boursière des grandes entreprises cotées, voire plus de 90 % dans le cas d'entreprises telles que Microsoft et Amazon. On a donc bien une relation triangulaire entre connaissance, marché et finance (El Mouhoub et Plihon, 2009, p. 59).

TABLEAU 1.1 Les deux sphères de la connaissance et de l'information

	Sphère 1 Existence en soi du savoir Activité intellectuelle désintéressée	Sphère 2 Activité cognitive réalisée pour la production capitaliste et le marché, sanctionnée par la finance de marché
Information	Information gratuite ou accessible (par Internet à coût quasi nul)	Information correspondant à des savoirs codifiés
Connaissance	Connaissances tacites et informelles pour des échanges interindividuels La finance permet la réalisation de l'innovation et la transformation de l'information en nouvelles connaissances	Connaissances codifiées Brevet, licence, droit de propriété intellectuelle Marchandisation et financement aux sources de la diffusion de l'économie de la connaissance
Compétence ou travail immatériel	Accumulation de savoir désintéressé ou dans le cadre de relations non marchandes	Compétence spécifique rémunérée dans le cadre d'un rapport de production

Source : Dardot, Laval et El Mouhoub (2007, p. 226).

Toutefois, il ne faut pas oublier que le chemin entre une idée (une connaissance) et un produit peut être parfois très long et très risqué. Par exemple, dans le domaine pharmaceutique, entre le moment où un chercheur découvre une molécule active pouvant éventuellement combattre une maladie et celui où le médicament élaboré sur la base de cette molécule arrive sur le marché, il peut s'écouler plus d'une dizaine d'années et s'investir plusieurs centaines de millions de dollars ; cela, c'est sans compter le coût des milliers de molécules qui ne deviendront jamais un médicament. Seule une infime partie des molécules découvertes deviendront un jour un médicament. Par conséquent, dans le domaine de la haute technologie, c'est-à-dire les secteurs d'activité où un niveau de connaissance très élevé est exigé, le niveau du risque aussi est très élevé. Dans la mesure où il est difficile pour le marché d'établir une valeur pécuniaire pour l'activité de la création de connaissances, c'est la finance qui entre en scène pour assumer ce rôle. Le droit de propriété intellectuelle et les brevets servent de garantie pour les investisseurs qui espèrent récupérer leur investissement rapidement avec la plus-value la plus élevée.

> La marchandisation consiste alors à transformer une partie des savoirs acquis par l'intelligence humaine en compétences ou qualifications répertoriées et rémunérées […] L'économie de la connaissance, par l'intermédiaire de la finance de marché, est ce qui permet de rendre rentable et appropriable le processus de mise en œuvre du savoir dans des rapports sociaux (El Mouhoub et Plihon, 2009, p. 59).

> Le droit de propriété intellectuelle et les brevets sont les moyens de marchandisation de la connaissance et les leviers de l'économie financière.

1.3.3 La gouvernance financière et le management : les contradictions fondamentales

Nous nous trouvons ainsi au cœur d'une **contradiction fondamentale de notre système économique.** Il nous arrive souvent de voir dans l'actualité économique qu'une entreprise est obligée de procéder à des mises à pied ou à des licenciements de son personnel parce qu'elle éprouve des difficultés économiques. Ce phénomène s'accentue souvent en période de crise économique. Cela peut se comprendre et peut-être même se justifier. L'argument principal est dans bien des cas le suivant : l'entreprise fait face à des problèmes, elle manque de trésorerie, les ventes s'effritent, sa production diminue, alors elle est obligée de congédier une partie de son personnel pour réduire ses coûts variables. Que peut-on dire, par contre, des entreprises qui procèdent à des congédiements alors qu'elles ne se trouvent pas en situation de détresse économique ? Pourquoi une entreprise cherche-t-elle à réduire ses coûts de main-d'œuvre alors qu'elle n'a pas de difficultés particulières ? Les dirigeants utilisent dans ce cas des termes comme « restructuration de l'entreprise », « optimisation des ressources » ou « réingénierie des processus ».

Pour répondre à ces questions et comprendre ce phénomène, il faut s'intéresser aux bouleversements qu'a connus le concept de gouvernance à l'ère de la financiarisation de l'économie. Au début des années 1980 se produit un double phénomène politique et économique important. L'élection de Reagan à la présidence des États-Unis et, presque à la même époque, celle de Thatcher en Grande-Bretagne marquent une rupture avec les périodes précédentes. C'est le début d'un libéralisme qui tente de réduire le rôle de l'État autant que possible tout en éliminant un grand nombre de réglementations afin de stimuler le secteur privé en lui assurant un environnement propice et sans entraves. On remet alors en cause le principe de l'État providence établi dans la plupart des pays industrialisés après la Seconde Guerre mondiale. Ce dispositif de gouvernance au niveau de l'État (*voir l'encadré 1.2*) est très libéral et encourage la libéralisation non seulement sur le plan macro-économique mais aussi sur le plan microéconomique, c'est-à-dire celui de la gestion des entreprises.

ENCADRÉ 1.2 L'encastrement du système de management et des systèmes de gouvernance

Par « gouvernance », on entend en général l'ensemble des mécanismes organisationnels ayant pour effet de délimiter les pouvoirs administratifs, d'orienter la conduite des dirigeants et de définir leur cadre discrétionnaire. Il s'agit d'encadrer le travail de la direction de l'entreprise par une gouvernance de l'entreprise (souvent incarnée par le conseil d'administration et ses comités). En procédant selon le même raisonnement, et de façon gigogne, on peut considérer que cinq niveaux de gouvernance (de l'entreprise et de la gouvernance elle-même) s'encastrent les uns dans les autres pour assurer la régulation de l'entreprise et de la société elle-même.

« L'encastrement des systèmes de management et de gouvernance

À la manière des "poupées russes", les systèmes de management des organisations sont encastrés successivement *via* leurs dispositifs de gouvernance et de régulation.

Ainsi, la gouvernance a-t-elle été définie comme un second degré du management : après celui de l'entreprise par ses managers, celui des managers par le système de GE, soit le "management du management".

De même, les dispositifs de régulation renvoient à un troisième degré du management : celui du système de gouvernance par ces dispositifs de régulation, soit le "management de la gouvernance".

On peut continuer l'exercice et envisager un quatrième degré, concernant l'harmonisation des dispositifs de régulation, que l'on pourrait appeler la "gouvernance de la gouvernance", voire un cinquième, se référant aux principes fondamentaux régissant l'organisation de la vie collective, au sein des États (Constitutions et instances du type Conseil constitutionnel) ou au plan international (traités internationaux et instances du type Cour des droits de l'homme), niveau ultime que l'on pourrait qualifier de "métagouvernance" ; au-delà duquel on quitte le domaine des organisations pour entrer dans celui de la philosophie politique (*cf.* schéma de synthèse). »

Source : Pérez (2003, p. 29).

« Schéma récapitulatif
Organisation des systèmes de management et articulation des dispositifs de gouvernance

Niveau 1

Management des organisations par leurs dirigeants.

Niveau 2

Gouvernance ou "management du management" par les instances propres à chaque organisation (*cf.* statuts ; par exemple conseil d'administration, assemblée générale…).

Niveau 3

Régulation ou "management de la gouvernance" par des dispositifs spécifiques :

– organisations professionnelles (ordres),

– autorités administratives (autorités dédiées),

– instances juridictionnelles.

Niveau 4

Harmonisation des dispositifs de régulation ou "gouvernance de la gouvernance" :

– par la voie politique (lois et règlements),

– par la voie juridictionnelle (instances d'appel).

Niveau 5

"Métagouvernance" : principes fondamentaux concernant l'organisation de la vie collective :

– au niveau des États : *cf.* Constitutions,

– au niveau international : *cf.* traités internationaux. »

Source : Pérez (2003, p. 29).

C'est aussi au début des années 1980 que les penseurs de l'école de Chicago, très actifs dans l'élaboration des théories libérales et néolibérales, proposent une théorie qui prendra rapidement une place très importante dans la conception de la gouvernance financière. Il s'agit de la «théorie économique du marché du contrôle des entreprises» (*market for corporate control*). Pour cette école, le contrôle des entreprises – ce qui, en pratique, nous ramène à une notion squelettique de la gouvernance – est «tout simplement un marché, sur lequel s'affronte des concurrents, des équipes rivales, prêtes à payer plus ou moins cher pour acquérir le droit de prendre le contrôle» (Gadrey, 2000, p. 202). Les titres de propriété des entreprises deviennent des produits financiers qui se négocient sur un marché indépendamment de la réalité et de la vie des entreprises. Cette théorie devient la justification théorique et idéologique d'une série de lois qui préparent le terrain à ce qu'on qualifie aujourd'hui de nouvelle gouvernance financière des entreprises. Nous entamons ainsi une troisième période de la gouvernance dans l'histoire du capitalisme moderne. La **gouvernance managériale** laisse la place à la **gouvernance financière** de l'entreprise et modifiera fondamentalement le rôle des managers (*voir le tableau 1.2*). C'est le retour en force de l'actionnaire qui impose sa volonté à toutes les autres parties prenantes de l'entreprise. La priorité des gestionnaires est désormais de veiller à ce que les intérêts des actionnaires soient assurés, même si cela va parfois à l'encontre des intérêts de l'entreprise. Les gestionnaires sont alors mandatés pour maximiser la valeur des actions, et leur stratégie managériale doit être orientée dans ce sens. Pour faire en sorte que les gestionnaires ne négligent pas cela, on modifiera leur système de rémunération. Dorénavant, une partie importante de leur rémunération se fait par actions (*stock options*). Ainsi, le gestionnaire qui a réussi à augmenter la valeur des actions voit sa rémunération s'accroître de façon substantielle. De cette manière, l'obsession du gestionnaire devient également la maximisation de la valeur de l'action.

> Des indicateurs traditionnels de la performance de l'entreprise cèdent la place à un nouveau langage où les intérêts de l'actionnaire deviennent, dit-on, le centre de toutes les décisions […] On constate alors l'apparition graduelle d'autres indices comme «le bénéfice par action», le PER (*Price Earning Ratio*), le ROA (*Return on Asset*) ou ROE (*Return on Equity*) qui participent aujourd'hui pleinement du langage des gestionnaires. On pousse même cette logique jusqu'à l'invention de nouvelles formules comme l'EVA (*Economic Value Added*) qui permet d'aller jusqu'à isoler, portion par portion, la contribution des différents niveaux, paliers, sections… de l'entreprise, ou partie de l'entreprise, à la création de la valeur pour l'actionnaire (Ebrahimi, 2002, p. 65).

Pour revenir aux questions posées précédemment, à savoir pourquoi une entreprise qui n'est pas en difficulté procède à des licenciements, la réponse se trouve dans cette logique de la gouvernance financière de l'entreprise. Il faut en tout temps maximiser la valeur des actions pour les actionnaires, même si cela va à l'encontre des intérêts des autres parties prenantes, en l'occurrence les employés. Pourtant, cette gouvernance financière apporte un avantage de taille à l'entreprise en lui fournissant une disponibilité de capitaux importants, ce qui en théorie est une très bonne chose dans la mesure où cela lui permet de financer son expansion et ses projets futurs. Mais en même temps, cette gouvernance financière place le management d'aujourd'hui face à trois contradictions importantes : le court-termisme, le maximalisme et l'immatérialité des profits au détriment de l'économie réelle.

TABLEAU 1.2 Du capitalisme financier à l'économie financiarisée

Capitalisme industriel	Capitalisme financier
• Investissement matériel dans les moyens de production	• Investissement immatériel spéculatif (immatérialité)
• Optimisation de la production	• Maximisation des profits (maximalisme)
• Rendement des investissements à moyen et à long terme	• Rendement des investissements à (très) court terme (immédiateté)
Économie industrielle	**Économie financière**
• Contexte : économie de reconstruction (après-guerre, pénurie) (= satisfaction de besoins)	• Contexte : économie « d'abondance », mais métaphore de la guerre économique en temps réel (NTIC) (= satisfaction de désirs imaginaires et sans limites)
• Rôle régulateur de l'État-nation (providence)	• Contestation du rôle de l'État (mondialisation : coupure entre le pouvoir économique et le pouvoir politique)
• Grand nombre de personnes engagées dans la création de valeur (logique de production)	• Faible nombre de personnes engagées dans la création de valeur (logique d'obsolescence)
• Capital local, personnalisé	• Capital aterritorial
• Destin commun entre propriétaires des moyens de production et employés	• Dissociation entre l'entreprise et les actionnaires
• Lien (créer une société)	• Bien (exploiter les ressources)
• Finalité de l'entreprise négociée avec les membres de l'entreprise et partagée entre eux	• Finalité imposée de l'extérieur (taux de rendement financier)
• Satisfaction du client	• Valeur pour l'actionnaire

Source : d'après Gaulejac (2005).

1.3.3.1 Le court-termisme

Comme le précise Kuttner (1999), cette vision de la gouvernance a renforcé un défaut majeur du capitalisme américain : son **court-termisme.** Comme nous l'avons signalé auparavant, les investisseurs financiers cherchent à maximiser leurs intérêts de la façon la plus rapide possible. La première contradiction se trouve entre la perspective temporelle de l'investisseur-actionnaire et celle de l'entreprise. Le temps de l'actionnaire est souvent court – quelques jours, quelques semaines, quelques mois ou, rarement, quelques années –, alors que le temps de l'entreprise est toujours le long terme. Une entreprise élabore un plan stratégique sur 5 ou 10 ans. Dans ces conditions, comment concilier l'intérêt de l'actionnaire maximaliste et pressé avec l'intérêt de l'entreprise dans le temps ? D'autant plus que, dans cette approche, les gestionnaires doivent d'abord assurer les intérêts des actionnaires. Obligatoirement, dans cette situation, la logique managériale devient, elle aussi, une logique court-termiste : on s'intéresse aux projets qui rapportent rapidement ; on évite des plans qui ont un coût dans l'immédiat, mais qui rapportent dans le temps, comme la formation des employés ou les investissements d'envergure en R et D.

1.3.3.2 Le maximalisme

La deuxième contradiction fait référence à la logique **maximaliste** de la finance. En effet, l'investisseur, individuel ou institutionnel, veut obtenir le rendement maximal pour son investissement, alors que l'entreprise en tant qu'entité sociale et économique ne peut pas fonctionner dans une logique maximaliste. Il n'est pas rare de voir les marchés financiers espérer un rendement du capital de 15 % quand l'économie réelle de la plupart des économies occidentales croît à raison de 1 % à 2 % par an en moyenne[2]. L'entreprise doit tenir compte de l'ensemble des acteurs qui gravitent autour d'elle, c'est-à-dire les employés, les clients, les fournisseurs, les institutions, la société, etc., et bien sûr les actionnaires. Elle doit chercher constamment la façon optimale de composer avec l'ensemble de ses parties prenantes. Si l'un de ces acteurs, en l'occurrence l'actionnaire, cherche à se rémunérer de façon maximale, alors il n'est plus possible pour l'entreprise de maintenir un équilibre. Si le gestionnaire doit congédier un certain nombre d'employés afin de réduire les coûts pour augmenter la rémunération de l'actionnaire, il désavantage l'employé au profit de l'actionnaire et par la même occasion prive l'entreprise de la compétence des personnes congédiées. Il est évident que l'entreprise souffrira de cette situation dans la mesure où l'équilibre est rompu. Cette logique maximaliste se traduit dans l'entreprise par un culte de la **performance** qui devient paradoxalement préjudiciable aux gestionnaires eux-mêmes (*voir l'encadré 1.3*).

1.3.3.3 L'immatérialité ou la négation de l'économie réelle

La troisième contradiction, qui est d'une certaine manière plus importante à nos yeux, consiste dans la négation de la place à accorder à l'humain dans l'entreprise de l'économie du savoir. Mettons les choses en perspective pour mieux comprendre. Nous sommes à l'ère du capitalisme cognitif et de l'économie de la connaissance. Le moteur créateur de la richesse de l'économie, c'est la connaissance. Celle-ci servira idéalement à encourager des innovations dans le processus organisationnel (*voir le chapitre 6*). La capacité d'innovation d'une entreprise lui assure une position concurrentielle avantageuse de même que sa pérennité. Nous pensons que cet enchaînement des idées n'est valable que si l'humain se trouve au centre des projets organisationnels. Tout commence par le savoir acquis par les personnes et la mobilisation de celui-ci dans l'entreprise (*voir le chapitre 7*). Le seul créateur et porteur des connaissances nouvelles, c'est l'humain. Logiquement, si l'on cherche à améliorer le niveau des connaissances de l'entreprise, il devient primordial de motiver les personnes à acquérir de nouvelles connaissances et à les mettre au service de l'entreprise. Cela nécessite une relation à long terme entre l'entreprise et l'employé basée sur la confiance mutuelle. Or, le marché financier cherche autre chose.

---

2. Nous n'entrerons pas dans le débat sur la nature même des indicateurs réducteurs de mesure de la croissance économique, qui sont souvent axés sur le seul produit intérieur brut (PIB) d'un pays.

ENCADRÉ 1.3 De l'économie financiarisée au management à l'ère spéculative

Les lois implicites des marchés financiers (immatérialité, immédiateté et maximisation des profits) se répercutent immanquablement dans l'entreprise par les exigences posées par les actionnaires et les gestionnaires à leurs employés. Gaulejac (2005) et Aubert et Gaulejac (2007), entre autres sociologues du travail, ont proposé une analyse de ce phénomène (*voir le tableau A*) dans plusieurs ouvrages critiques où ils dénoncent le management maximaliste qui contribue un peu plus à l'aliénation des employés et des gestionnaires eux-mêmes du fait d'un culte nouveau, non plus de la productivité mais de la **performance.**

« L'aliénation dans le toujours plus touche les élites dirigeantes plus que les travailleurs de base. Des hommes et des femmes se mettent au service du pouvoir qu'ils croient posséder alors que c'est lui qui les possède. Dans cet univers, la satisfaction est toujours différée dans le temps. On accumule, on court, on se défonce pour des résultats à venir. L'aliénation, c'est l'hallucination permanente du désir » (Gaulejac, 2005, p. 142).

TABLEAU A Du système managérial industriel au système managérial spéculatif

Management à l'ère industrielle	Management à l'ère spéculative
• Travail comme moyen de subsistance	• Travail comme finalité de l'existence
• Rentabilité et compétitivité (moyen terme et long terme) • Excellence	• Rendement et compétition financière • Performance
• Logique de changement social progressif • Histoire, patrimoine industriel, profession • Lien expertise-fonction, carrière (« ménagement ») • Lieu physique de travail • Temps de travail délimité	• Logique de mutation permanente (événement) • Peu de sentiment d'appartenance • Lien faible/fonction (flexibilité, mobilité) : insécurité, jetabilité • Bureau virtuel • Temps de travail illimité
• Inscription durable de la personne dans un collectif de travail (milieu) • Luttes collectives (syndicales) • Solidarité de classe, « lutte des classes »	• Individualisation et isolement de l'employé • Lutte individuelle pour les intérêts personnels • Lutte « des places »
• Mesures de productivité • Lien entre « comment faire ? » et « pour quoi faire ? » • Évaluation du rendement	• « Quantophrénie » (évaluation de l'intangible) • Lien indirect : tertiarisation des activités • Évaluation déconnectée du travail réel
• **Valeurs pour guider l'action**	• **Action comme valeur**

Source : inspiré de Gaulejac (2005).

La finance tente de s'approprier la connaissance pour réduire les risques de son investissement, d'où son intérêt pour les brevets. Comment s'approprier la connaissance enfouie dans les personnes ? N'oublions pas au passage que l'employé type de l'économie de la connaissance, c'est un employé instruit et compétent qui peut offrir son expertise à une multitude d'entreprises. Comment investir dans une personne qui peut à tout moment quitter l'entreprise ? Comment concilier le court-termisme du marché financier avec la vision à long terme nécessaire pour créer un milieu social permettant aux personnes de s'épanouir ? La logique maximaliste

La logique du
capitalisme financier
repose sur trois
règles :
l'immatérialité,
l'immédiateté et la
maximisation des
profits.

de la gouvernance financière oblige souvent le management à prendre des décisions qui ne sont dans l'intérêt ni de l'entreprise, ni des employés (*voir l'encadré 1.3, p. 25*), ni de la société, ni, finalement, du marché financier lui-même. La crise financière des années 2008-2009, connue sous le nom de la crise des *subprimes*, a bien démontré cette réalité.

La gouvernance financière consacre un système économique qui **repose sur le postulat néoclassique de l'*Homo œconomicus*, selon lequel l'être humain est un agent rationnel, amoral, asocial et opportuniste, dont le seul et unique but est de maximiser ses intérêts sur un marché, ce dernier devenant la figure centrale du système économique et sociopolitique au détriment de la société elle-même.** Que ce soit à l'intérieur de l'organisation ou à l'intérieur de la société (collectivité), la relation sociale est réduite à une transaction contractuelle et devient la scène de l'affrontement d'intérêts divergents. Si aujourd'hui la pensée économique néoclassique est dominante dans le capitalisme anglo-saxon, il importe de souligner que cette conception de l'humain et de sa rationalité est contestée et différente dans d'autres écoles de pensée. L'école keynésienne, l'école institutionnaliste, l'école évolutionniste, etc., conçoivent différemment le rapport entre la création et la distribution de la richesse, le développement humain et le développement de la société. Keynes prône le rôle régulateur de l'État. Les écoles institutionnalistes démontrent le rôle et l'apport des institutions (structures sociales d'éducation, de formation, de soins de santé, de financement, de défense, etc.) dans l'établissement d'un équilibre sociétal. Les évolutionnistes considèrent que le processus d'apprentissage et les compétences des personnes et de la collectivité sont au cœur du développement économique des sociétés.

Le capitalisme
financier encourage
un management axé
sur la performance
maximaliste.

Comment en sommes-nous arrivés à cette forme de management maximaliste ? Quels choix ont faits les praticiens à travers l'histoire pour entériner ce mode de gestion aux accents néofordistes ? L'organisation du travail a évolué, mais la division du travail (entre ceux qui savent et ceux qui ne savent pas, entre ceux qui possèdent et ceux qui ne possèdent pas) demeure aliénante. Quelles théories ont jalonné l'histoire des entreprises pour façonner le cadre de la pensée gestionnaire dominante aujourd'hui ? Et quelles sont les solutions de rechange ? La deuxième section de ce chapitre est consacrée à la présentation des deux grandes écoles (formelle et humaine) qui constituent les piliers classiques de la pensée managériale et de leur contexte d'émergence. Si nous nous intéressons à cette histoire, c'est évidemment pour mieux comprendre l'origine des idées qui sont largement en vigueur encore aujourd'hui. Nous avons aussi décrit dans cette première section la nouvelle économie marquée par une double dynamique : celle de la logique du capitalisme financier et celle de la logique du capitalisme cognitif. Nous y reviendrons en détail dans les chapitres 6 et 7 consacrés aux nouvelles théories managériales pour aborder l'entreprise innovante et créatrice de connaissances.

Section II
Les écoles classiques de la pensée administrative

Kurt Lewin argued that "nothing is as practical as a good theory" (1947: 129). The obverse is also true: Nothing is as dangerous as a bad theory.

(Ghoshal, 2005, p. 86)

Le management, cet ensemble de pratiques de conduite des affaires, n'est pas nouveau. Ces pratiques ne peuvent néanmoins être dissociées du contexte qui les a vues naître et se transformer. Aussi convient-il de se pencher sur les éléments qui expliquent l'origine des systèmes managériaux et qui façonnent le bon sens (Mintzberg, 2004, p. 637) qu'est censé être le management à l'œuvre. C'est pourquoi nous aborderons ici les principales théories managériales qui ont modelé la conception dominante du management d'aujourd'hui (*voir la figure 1.3, p. 28*) en relation avec les caractéristiques principales des époques historico-économiques où elles sont apparues[3].

Parce qu'il implique d'abord des personnes, puis des moyens financiers et matériels, le management et ses théorisations s'abreuvent des connaissances tirées de nombreuses disciplines en sciences sociales et en sciences exactes : sciences économiques, psychologie, mathématiques, génie, informatique de gestion, sociologie, science politique, sciences juridiques, éthique, communication, anthropologie et écologie. La complémentarité de ces diverses disciplines utiles à la pratique comme à la théorie du management explique pourquoi on parle souvent de « sciences de la gestion » au pluriel lorsqu'il est question de l'administration.

C'est donc d'emblée avec beaucoup de curiosité et une grande ouverture à une multitude de disciplines que le gestionnaire peut prétendre aborder la problématique de la gestion des entreprises. Historiquement, et après Smith (philosophe moral de la perspective libérale classique), ce sont d'abord des **technologues** (Babbage, Taylor, Fayol) qui se sont emparés après la première révolution industrielle de la problématique de la productivité. Vers la fin des années 1920, les **sciences sociales** (Weber) et les **sciences humaines,** avec le mouvement des relations humaines (Mayo) et behavioriste, investiront l'usine. C'est aussi dans cet ordre que nous présenterons les deux grandes écoles qui constituent les deux piliers de la pensée managériale classique (*voir la figure 1.3*) : le courant de pensée formel ou rationnel et le courant de pensée behavioriste. Nous n'évoquerons que dans la suite de l'ouvrage et au fil des chapitres les théorisations plus récentes qui viendront peu à peu les compléter.

---

3. Précisons que nous nous en tenons aux idées principales avancées par des auteurs clés. Nous ne prétendons pas aborder toutes les théories que comporte le champ de l'administration des affaires. Loin de nous l'intention de transformer ce chapitre en un traité sur la pensée administrative et d'en relever toutes les subtilités.

FIGURE 1.3 Une chronologie des principaux courants de la pensée managériale abordés dans l'ouvrage

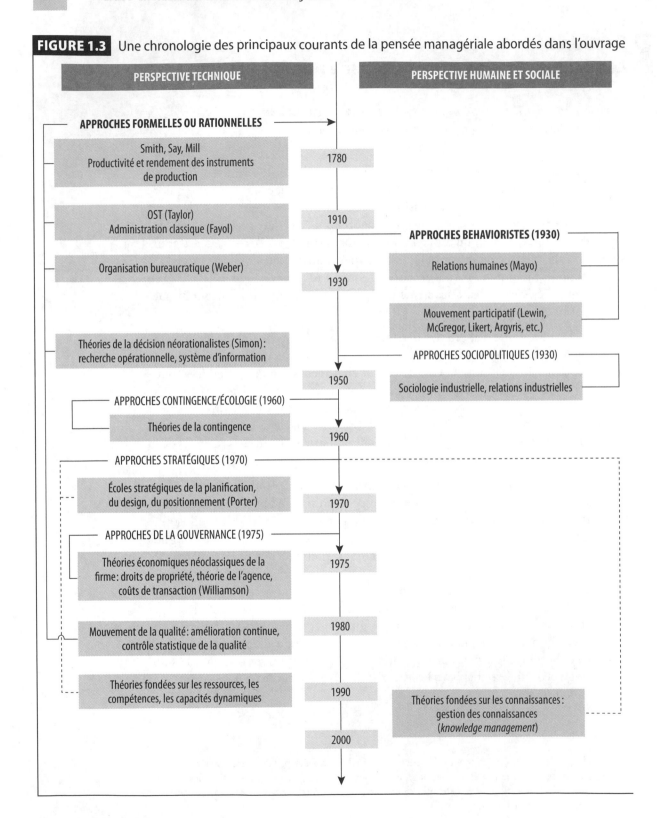

1.4 Le courant de pensée formel ou rationnel

L'idée de la **rationalité** (et de la rationalisation) constitue le paradigme fondamental de l'administration. À ce jour, elle exerce une forte emprise sur les organisations. Déjà, en 1776, **Smith,** défenseur de l'économie libérale, suggérait l'intervention de la main invisible et de l'autorégulation des marchés, et vantait les mérites de la **division du travail** dans son ouvrage intitulé *Recherches sur la nature et les causes de la richesse des nations*, un des piliers de la pensée rationnelle.

> Le courant de pensée formel est un projet de rationalisation de l'entreprise en quête de productivité dans un système économique libéral.

1.4.1 La perspective libérale classique

Étant donné que le système managérial est indissociable du système économique et du système sociopolitique auxquels il appartient, il est indispensable de s'attarder d'abord sur la nature du système capitaliste de l'époque et sur les conditions de son émergence. Pour simplifier, on peut considérer que la société féodale fut essentiellement gouvernée par l'Église et la tradition :

> À coup sûr, le capital au sens de richesse privée existait dans le monde précapitaliste. Mais nul ne brûlait d'en faire un usage nouveau et agressif. Bien plus que le risque et le changement, la devise était la **sécurité** d'abord. On préférait les techniques de production les plus longues et consommant le plus de main-d'œuvre plutôt que les techniques courtes et efficaces. La publicité était interdite et l'idée qu'un maître de corporation pût fabriquer un meilleur produit que ses collègues était considérée comme infamante. [...] Le monde médiéval ne pouvait concevoir le système de marché, car il n'avait pas conçu les éléments abstraits de la production elle-même. Ignorant les notions de terre, de travail et de capital, le Moyen Âge ignorait le marché ; sans marché (en dépit des marchés locaux hauts en couleur et des foires itinérantes), la société fonctionnait par la **coutume** et la **tradition** (Heilbroner, 2001, p. 27).

Une série de révolutions politique (émergence des grandes nations), philosophique (cartésianisme, scepticisme), scientifique (héliocentrisme, etc.), technique (imprimerie), religieuse (protestantisme), commerciale (uniformisation des systèmes de mesure), etc., transforment néanmoins le rapport de l'homme à lui-même (capable de raison), aux autres (droit fondamental à la liberté) et à l'argent (moralité de l'accumulation de richesses). L'invention de l'imprimerie, au xve siècle, permet entre autres la diffusion des connaissances à la fois scientifiques et techniques que les esprits universels et encyclopédistes tentent peu à peu de constituer pour comprendre le monde au-delà de la soumission au dogme religieux (par exemple, Copernic puis Galilée ont bravé l'Église et son tribunal de l'Inquisition avec leur thèse de l'héliocentrisme). La Renaissance (xvie siècle) accélère ce processus d'**évolution rationaliste** (scepticisme, dénonciation du providentialisme) des hommes et de la société. La **Réforme** (protestantisme) (*voir l'encadré 1.4, p. 30*) attaque le monopole idéologique de l'Église catholique en Occident en faisant la promotion des idéaux individualistes orientés vers le progrès matériel. C'est aussi une période de développement du commerce international et de grandes découvertes, puis les premiers empires coloniaux se constituent autour de nations fortes : longtemps après l'Empire romain se développent des États marchands comme l'Espagne, puis la Grande-Bretagne,

> C'est un ensemble de révolutions, dont la Réforme protestante, qui a fait le lit du capitalisme libéral classique.

la France et l'Autriche. La société économique est jusqu'ici souvent organisée autour d'un État morcelé, d'une Église forte et de corporations de métiers avec le trio artisans-compagnons-apprentis. Il existe peu d'entreprises commerciales privées. C'est principalement le mécénat d'État qui finance la société. Alors que l'agriculture dominait, l'importance croissante des marchands se profile avec l'édification des grandes nations et la nécessité de les équiper.

ENCADRÉ 1.4 À propos de l'éthique protestante et de l'origine du capitalisme

Au XVIe siècle, en Europe, certains chrétiens sont déçus de l'Église catholique. Ils vivent dans la présence obsédante de la mort (guerres féodales, épidémies foudroyantes, etc.) et dans le besoin de dominer et de donner un sens à la peur constante qui l'accompagne. Ils dénoncent les abus des pratiques de l'Église (attribution de privilèges et perception des indulgences) alors que le développement de l'imprimerie permet la diffusion de la Bible et de nouvelles interprétations proposées par des théologiens allemand (Luther) et français (Calvin). C'est là le terreau de la rupture que constitue la **Réforme** entre l'Église catholique et les différentes Églises protestantes (luthérienne, calviniste et anglicane) qui s'éloignent du catholicisme dans leur conception du travail, de la richesse et du salut. Pour le catholicisme, l'ascèse monastique et la prière ainsi que le refus de la richesse matérielle sont fortement valorisés comme des voies menant au salut. À l'inverse, pour Luther, le travail (l'exercice d'une profession) est une vocation (*Beruf*) divine, en ce sens qu'il est un devoir voulu par Dieu. Surtout, le dogme calviniste de la prédestination (selon lequel Dieu aurait choisi de toute éternité ceux qui seront graciés et auront droit à la vie éternelle, les élus, par rapport à ceux qui seront condamnés à l'enfer) transforme le rapport à la richesse. Réussir au moyen de l'accumulation des richesses par le travail (la profession) est, pour Calvin, un signe d'élection divine. Selon Weber, c'est le calvinisme, et le comportement ascétique

et puritain d'accumulation qu'il favorise, qui sert de fondement à l'esprit du capitalisme et à la conception de l'*Homo œconomicus* :

« En effet, en accord avec l'Ancien Testament et par analogie avec l'évaluation éthique des bonnes œuvres, l'ascétisme voyait le *summum* du répréhensible dans la poursuite de la richesse en tant que fin en elle-même, et en même temps il tenait pour un signe de la bénédiction divine la richesse comme *fruit* du travail professionnel. Plus important encore, l'évaluation religieuse du travail sans relâche, continu, systématique, dans une profession séculière, comme moyen ascétique le plus élevé et à la fois preuve la plus sûre, la plus évidente de régénération et de foi authentique, a pu constituer le plus puissant levier qui se puisse imaginer de l'expansion de cette conception de la vie que nous avons appelée, ici, l'esprit du capitalisme » (Weber, 1904-1905, p. 133).

« On peut dire qu'aussi loin que s'est étendue l'influence de la conception puritaine de l'existence – et cela est autrement important que le simple encouragement à l'accumulation du capital – cette conception a favorisé la tendance à une vie bourgeoise, économiquement plus rationnelle ; elle en fut le facteur le plus important et, surtout, le seul qui fût conséquent. Bref, elle a veillé sur le berceau de l'homo œconomicus moderne » (Weber, 1904-1905, p. 135-136).

La **première révolution technologique,** marquée par l'invention du métier à tisser mécanique (1733) et de la machine à vapeur (autour de 1780) et par le perfectionnement de l'outillage grâce à la métallurgie du fer et de la fonte, transforme l'économie des pays occidentaux sous l'influence du capitalisme libéral d'inspiration protestante (*voir l'encadré 1.5, p. 32-33*). L'école préclassique, introduite par les physiocrates, amorce une réflexion sérieuse sur le fonctionnement des moyens de production. Des auteurs tels que Smith, Ricardo, Say et Mill élaborent les premières théories sur la **productivité** et le rendement des instruments de production. Cette époque se caractérise par les premières concentrations d'êtres humains dans des lieux de travail comportant des machines : les **usines.**

C'est cependant à Smith qu'on prête la paternité de la description du système philosophique régulateur de la société qui vient supplanter la coutume et la tradition incarnées par l'Église à la fin du XVIIIe siècle, à savoir le **capitalisme libéral.** Professeur de philosophie morale à l'université de Glasgow, Smith tente d'énoncer dans un premier ouvrage (*La théorie des sentiments moraux*, 1759) les principes de la nature humaine (la sympathie) et les vertus (la prudence, la maîtrise de soi, la justice) qui permettraient aux êtres humains d'établir un lien social et de créer une société. Ce principe de sympathie suppose que les jugements individuels qui guident les conduites humaines sont conformes à ceux d'un hypothétique spectateur impartial de ces conduites. L'être humain serait en quelque sorte un observateur avisé de lui-même. La difficulté réside dans le fait que cette capacité de décentrement ne serait pas donnée à tous, et son ouvrage majeur (*Recherches sur la nature et les causes de la richesse des nations*, 1776) trouve dans le concept de la main invisible de la concurrence (le marché) l'incarnation idéale de ce tiers impartial externe auquel se référer. Sa doctrine économique est souvent interprétée pour fonder la perspective libérale classique comme reposant sur deux postulats : premièrement, l'existence d'un ordre et de lois économiques conformes à la nature de l'être humain, parmi lesquelles la liberté d'entreprendre ; deuxièmement, la recherche de l'intérêt individuel ou du profit comme moteur conduisant infailliblement à l'intérêt général grâce à la « main invisible de la concurrence » selon l'interprétation commune de cet extrait célèbre de son œuvre : « *It is not from the benevolence of the butcher, the brewer, or the baker that we expect our dinner, but from their regard to their own interest. We address ourselves, not to their humanity, but to their self-love, and never talk to them of our own necessities, but of their advantages*[4] » (Smith, 1937, p. 14).

> C'est autour de la première révolution technologique (fin du XVIIIe siècle) qu'on situe la théorisation d'un capitalisme libéral par A. Smith en Occident.

> La pensée économique libérale qui supplante celle de la tradition artisanale au XVIIIe siècle repose sur deux lois naturelles : la libre entreprise et la main invisible de la concurrence.

Walras complète plus tard cette théorisation du marché avec les hypothèses de la concurrence « pure et parfaite » (atomicité du marché, homogénéité des produits, information transparente, rationalité des personnes, libre entrée sur le marché, libre circulation des facteurs de production).

Certains auteurs (Vergara, 2001 ; Sen, 2008) contestent néanmoins l'interprétation (et la traduction) réductrice de la pensée smithienne en rappelant que, selon ses dires, « la prudence dépasse largement la maximisation de l'intérêt personnel » (Sen, 2008, p. 24) et procède de « l'amour de soi » (*self-love*, inclination naturelle et légitime à améliorer son sort) encadré par les règles d'une morale incarnée par un système de justice (prônant le respect de la propriété et des possessions, le respect de la vie des personnes ainsi que le respect des promesses faites à autrui) et non d'un égoïsme (*selfishness*) systématique et aveugle.

---

4. Cette citation est souvent traduite ainsi en français : « Nous n'attendons pas notre dîner de la bienveillance du boucher, du marchand de bière, ni du boulanger, dit Smith, mais bien de la considération qu'ils ont de leur propre intérêt. Nous nous adressons non pas à leur humanité, mais à leur égoïsme, nous ne leur parlons pas de nos besoins mais de leur intérêt » (Heilbroner, 2001, p. 55).

ENCADRÉ 1.5 La pensée libérale classique

« La pensée libérale classique forme le socle des économies de marché actuelles. Elle est née au milieu du XVIIIᵉ siècle, au moment où en Europe se mettait en place ce que nous appelons aujourd'hui le premier capitalisme industriel. En 1776, l'économiste et philosophe écossais Adam Smith publiait ce que beaucoup, surtout dans les pays anglo-saxons, considèrent encore aujourd'hui comme le livre fondateur du libéralisme économique, *Recherches sur la nature et les causes de la richesse des nations* (Smith, 1976). La question fondamentale à laquelle Smith, comme plusieurs autres avant lui, essaie de répondre est la suivante : quelle forme faut-il donner à l'appareil productif d'une "nation" pour créer un enrichissement général qui puisse profiter à toute la population ?

De sa réponse devait naître l'une des justifications les plus solides du libéralisme économique. Deux arguments sont invoqués. L'argument économique est exprimé en fonction de l'efficacité. L'argument de nature morale prend plusieurs formes. Dans tous les cas, le système libéral est présenté comme apportant "naturellement" la solution aux problèmes qui se posent à lui.

L'argument économique : l'efficacité

Pour les économistes libéraux, et en particulier pour les "classiques", le marché libre rend inéluctable la croissance économique. Un marché libre est un ensemble d'échanges volontaires entre producteurs et consommateurs, où chacun ne cherche qu'à maximiser ses intérêts individuels. Une "main invisible" – la concurrence – coordonne "naturellement" la poursuite de ces intérêts pour le bénéfice de tous. Plus les agents sont libres de faire les choix économiques qu'ils entendent, plus le système est efficace, c'est-à-dire plus il satisfait le plus grand nombre au moindre coût. Comme on le voit, c'est le consommateur qui intéresse avant tout la pensée économique libérale. C'est donc au marché que l'entreprise est prioritairement redevable. Dans cette pensée, le rôle de l'État est limité à maintenir l'ordre public. En intervenant dans les choix individuels, l'État ne pourrait que les rendre improductifs. Les acteurs sociaux autres que les actionnaires et les consommateurs n'occupent, par conséquent, qu'une place très secondaire dans le système libéral.

L'argument moral : l'intérêt public

Comme la plupart des fondateurs du libéralisme économique, Adam Smith est avant tout un philosophe et un moraliste. Le système économique qu'il esquisse peut paraître incompatible avec les préoccupations habituelles d'un moraliste, car il est fondé sur la poursuite "égoïste" de l'intérêt individuel. Ce paradoxe n'est qu'apparent.

L'intérêt individuel n'y est conçu que comme un moyen, et non comme une fin. S'il constitue le moteur le plus efficace du progrès économique, il ne saurait être proposé comme une valeur. Smith est au contraire très critique face au penchant naturel des humains à ne penser qu'à soi. Loin de glorifier l'égoïsme, et encore moins les pratiques des producteurs de son temps, Smith et l'ensemble des tenants du libéralisme classique comptent en fait sur la discipline du marché pour moraliser les affaires. Voyant dans la concurrence une force impitoyable à laquelle aucun producteur ne peut se soustraire impunément, ils en viennent à lui prêter plusieurs vertus morales :

- La libre concurrence garantit la liberté individuelle. Dans un régime de libre concurrence, fournisseurs et clients sont si nombreux que chacun est libre de choisir au mieux de ses intérêts avec qui il veut faire affaire. Toute insatisfaction se résout automatiquement par un changement de partenaires. Cette opération est d'autant plus facile que la concurrence est plus forte. Une vraie concurrence préserve donc "naturellement" la liberté individuelle contre les abus de pouvoir. Cet avantage vaut pour tous les acteurs sociaux, producteurs, consommateurs, fournisseurs de ressources matérielles ou de travail. Toute intervention de l'État limitant cette liberté est une atteinte à des droits fondamentaux.

- La libre concurrence garantit la justice sociale. Pour la pensée classique, dans un système économique où les désirs sont illimités alors que les ressources sont limitées, il est juste que les producteurs plus efficaces soient récompensés et que les moins efficaces soient évincés. Un producteur n'est socialement utile que s'il conserve la confiance des consommateurs et s'il utilise efficacement les ressources humaines et techniques disponibles. Sinon, il sera "naturellement" éliminé par le marché. Cette juste sanction se produira sans qu'aucune intervention de l'État ou d'autres forces sociales ne soit nécessaire.

- La libre concurrence garantit la probité des pratiques commerciales. Smith s'indigne, par exemple, que les "marchands" aient une tendance naturelle à s'entendre aux dépens des consommateurs. Toutefois, si le marché est réellement concurrentiel, les ententes illicites entre concurrents seront trahies dès que l'un d'eux trouvera son profit à ne plus les respecter. De même, un vendeur qui abuserait de la crédulité de ses clients finirait par être puni par l'effondrement de sa clientèle. La concurrence limite "naturellement" les excès de l'égoïsme individuel, et la morale y trouve son compte.

▶

▶ **ENCADRÉ 1.5 La pensée libérale classique** (*suite*)

Les prolongements actuels

Les deux justifications du système d'économie libérale exposées par Adam Smith illustrent la conception de l'entreprise-contrat. Elles sont encore largement invoquées par les penseurs "néolibéraux" d'aujourd'hui et par les gens d'affaires qui les suivent. Elles ne sont cependant pas sorties indemnes des réalités de l'histoire du capitalisme. La justification économique est celle qui s'est avérée la plus robuste, même si l'optimisme de Smith sur l'efficacité naturelle du système de libre concurrence sera tempéré par les générations futures. Les économistes découvriront en effet des cas où la concurrence est source d'inefficacité (ce sera la théorie des imperfections du marché). À ces exceptions près, la libre entreprise en régime de concurrence reste toutefois le fondement de notre système économique. Depuis le début des années 1980, on assiste même à un retour de cette pensée, qui se traduit par une certaine libéralisation des marchés (déréglementation et privatisation d'entreprises publiques).

La justification d'ordre moral a connu un sort inégal au cours de l'histoire. La vertu de garantie de liberté est celle qui a le plus résisté au temps. C'est à elle que les défenseurs du libéralisme économique sont encore le plus attachés. En revanche, la vertu de garantie de justice sociale n'est plus guère invoquée que par quelques idéologues. L'expérience a montré que le marché libre, s'il joue correctement son rôle d'épurateur des producteurs inefficaces, n'en est pas moins la source de nombreuses, et parfois difficilement tolérables, injustices sociales. Quant à la vertu de garantie de probité, elle n'a jamais que partiellement tenu ses promesses. La concurrence à elle seule ne saurait assurer la probité des opérateurs. Des lois sont nécessaires pour réprimer les abus. Elles sont toutefois insuffisantes. Il est devenu de plus en plus évident qu'un marché libre n'est viable que s'il est fondé sur des principes éthiques de bon comportement.

Quoi qu'il en soit, la pensée libérale classique a donc, dès ses débuts, jeté les bases de la problématique des relations entre l'entreprise et la société. Les pensées qui la suivront ne feront que réagir à ses insuffisances. Le principal reproche qui lui sera fait est que, en se concentrant sur l'efficacité plus que sur la morale, elle servira souvent d'alibi aux entreprises qui commettent des abus. C'est contre ces manques que s'élèveront tout d'abord la réaction socialiste, puis l'avènement de l'économie mixte, et plus récemment les nouvelles exigences d'éthique des affaires. »

Source : extrait de Pasquero (2003, p. 174-176).

La théorisation du capitalisme libéral classique par Smith reposait sur une question clé : comment organiser la production d'une nation pour créer un enrichissement général qui profite à toute sa population ? Les réponses économique et morale à cette question tiennent donc dans les concepts de libre entreprise et de libre concurrence (*voir l'encadré 1.5*). La réponse technique à cette question constitue la première pierre de la réflexion managériale : la division du travail.

1.4.2 L'origine du principe de la division du travail : la quête de la productivité

L'histoire de la pensée administrative attribue aussi à Smith la paternité de l'analyse du premier principe de management : celui de la division et de la spécialisation du travail. L'idée ne serait guère nouvelle. Aristote, Platon, Xénophon à l'époque de l'Antiquité grecque, de même que Hume au XVIIIᵉ siècle, font de la division du travail à l'échelle d'une société un mécanisme d'interdépendance et de lien social. Mandeville (1714)[5] parmi d'autres philosophes, puis Diderot et d'Alembert, dans l'*Encyclopédie*,

> La réflexion sur la productivité mène au premier principe de management dans l'histoire : la division du travail.

5. Philosophe et médecin hollandais, célèbre pour avoir publié en 1714 le pamphlet satirique *La fable des abeilles ou les fripons devenus honnêtes gens*. Voir [En ligne], http://gallica.bnf.fr/ark:/12148/bpt6k822239.image.f2 (Page consultée le 26 mars 2010)

auraient pour leur part décrit à leur époque la division du travail comme le principe d'organisation de l'entreprise. Ce principe serait né, dans l'esprit de Smith, de l'étude de l'exemple d'une manufacture d'épingles :

> Un homme tire le fil, un autre le tend, un troisième le coupe, un quatrième l'ajuste, un cinquième en affûte le bout pour qu'il puisse recevoir la tête ; la fabrication de la tête requiert deux ou trois opérations distinctes ; l'ajustage de la tête est un métier à part ; l'étamage en est un autre ; c'est même un métier en soi que de les emballer […] J'ai vu une manufacture de cette espèce, qui employait seulement dix hommes, dont quelques-uns accomplissaient donc deux ou trois opérations distinctes. Quoique très pauvres, donc peu familiarisés avec les machines, ils étaient capables, en produisant un effort, de fabriquer à eux seuls jusqu'à douze livres d'aiguilles par jour […] mais s'ils les avaient forgées chacun indépendamment l'un de l'autre, aucun n'aurait pu en fabriquer vingt et peut-être même pas une par jour (Smith, cité par Heilbroner, 2001, p. 62).

La division du travail pour Smith découle de la dynamique de l'échange. Elle vise à satisfaire une demande (un marché), en réduisant les prix des produits fabriqués en volume, et, ce faisant, permet la redistribution de la richesse entre ceux qui possèdent les outils de production et les usines et ceux qui y travaillent comme salariés et indirectement au sein de la société tout entière, au moyen du mécanisme de la consommation que rend possible cette rémunération du travail. Smith observe donc que, dans la manufacture d'épingles, le travail de fabrication comporte 18 opérations différentes et que la **division** et la **spécialisation** des tâches ont pour effet d'accroître le rythme de fabrication, de rendre les ouvriers plus habiles à la réalisation d'une tâche donnée et de leur permettre d'inventer de nouvelles façons de travailler.

La division et la spécialisation du travail permettent l'accélération de la production, l'augmentation des habiletés et l'accroissement de la capacité de chacun à innover et à améliorer son poste de travail.

Un peu plus tard, **Babbage** (1832) publiait un traité qui préconisait l'approche scientifique de l'organisation et de la gestion, tout en mettant l'accent sur la planification et la division du travail. Un de ses principaux soucis était la recherche de moyens d'abaisser les coûts et, dans la foulée, la rémunération consentie aux travailleurs. Selon Babbage, il importe, pour le propriétaire d'une usine, d'obtenir la quantité et la qualité exactes de travail nécessaire pour chaque tâche que permet une plus grande subdivision du travail, puisque, dans certaines tâches, la précision sera requise, alors que dans d'autres, ce sera la force physique, la dextérité, etc., qui le seront.

Pour Babbage, il est aussi possible de réduire la valeur du travail une fois celui-ci divisé et spécialisé.

Là où Smith voyait dans la division du travail un moyen d'augmenter la productivité (accroissement des volumes produits et indirectement de la richesse redistribuée par la rémunération du travail), Babbage va plus loin et entrevoit la possibilité même de réduire la valeur économique du travail en le confiant à des personnes différentes (ouvriers qualifiés ou non qualifiés, adultes ou enfants), différemment rémunérées selon la difficulté du travail ainsi parcellisé (réduction des coûts des volumes produits par la diminution de la valeur du travail humain). Il est préoccupé par le souci d'améliorer les décisions prises en entreprise, et ce principe de la stricte rémunération du travail selon la valeur de la tâche conduira, par exemple, à privilégier la recherche de la productivité davantage dans les postes ouvriers payés plus cher que dans les postes occupés par les femmes et les enfants (dont le salaire est moindre).

Smith et Babbage ont en quelque sorte posé les fondements des approches classique et scientifique, que nous verrons plus loin dans ce chapitre. C'est cependant au début du xxᵉ siècle que sont vraiment intégrées les idées en cette matière et que s'élaborent les théories à l'origine du courant de pensée formel ou rationnel.

Les théories formelles, axées sur la rationalité, ont le mérite de mettre l'accent sur les problèmes fondamentaux de l'administration des entreprises, soit la réalisation des buts et des objectifs (l'atteinte d'une **productivité**) dans les conditions optimales, grâce à la mise en place de mécanismes formels comme la division des tâches, le contrôle et la hiérarchisation des fonctions. Depuis quelques décennies, la prise de décisions est devenue la préoccupation première des théories rationnelles. Nous passerons donc en revue trois des principales contributions théoriques de la perspective rationnelle : le modèle de l'organisation scientifique, l'administration classique et l'organisation bureaucratique. Ces théories, tout en ayant plusieurs traits en commun, ont l'avantage d'aborder l'idée de rationalité sous différentes facettes. À la fin de la section sont présentées des approches plus contemporaines (néorationalistes) qui s'inspirent des perspectives citées précédemment, notamment du modèle scientifique.

1.4.3 Le modèle de l'organisation scientifique du travail

Le modèle de l'**organisation scientifique** est une approche qui a vu le jour au début du xxᵉ siècle aux États-Unis et qui vise à favoriser la production de masse. Soit dit en passant, il ne faut pas confondre le taylorisme et le fordisme. La production de masse a été inventée par Ford entre 1908, alors que la technologie lui permettait de produire des pièces parfaitement usinées en fonction de normes strictes, et 1913, année de l'invention de la chaîne de montage automobile. Le fondateur du mouvement de l'organisation scientifique est **Taylor,** ingénieur en sidérurgie, qui publie, en 1911, un traité intitulé *Principles of Scientific Management*. Taylor postule que le principal but de l'administration est la prospérité de l'employeur comme des ouvriers. Pour lui, le caractère artisanal du travail des ouvriers ou des patrons nuit à la prospérité générale. Une direction scientifique et la division systématique des tâches seront plus efficaces. En conséquence, Taylor préfère une démarche microscientifique de l'administration du travail plutôt que de nouvelles formes de structures ou de nouvelles approches pour intéresser les travailleurs.

> L'organisation scientifique du travail (OST), basée sur des normes loyales de rendement, est l'œuvre de Taylor.

1.4.3.1 Les principes de l'organisation scientifique du travail

Le taylorisme représente une des premières véritables manifestations de l'idée de la rationalité dans le monde industriel. Dans l'optique de Taylor, le travail artisanal du patron ou de l'ouvrier est inefficace, même s'il contribue à la satisfaction de besoins psychologiques. Taylor, en raison de sa propre expérience d'ouvrier (car il a

L'intention première de Taylor était de concilier les intérêts économiques des patrons avec ceux des employés pour la prospérité de tous.

gravi tous les échelons de la Midvale Steel Company où il fut embauché très jeune avant d'y devenir ingénieur en chef, puis d'entrer à la Bethlehem Steel), déplore autant la flânerie ouvrière qu'une flânerie des patrons. Rappelons que nous sommes au début du XXe siècle, en des temps difficiles où les ouvriers sont nombreux à frapper aux portes des usines pour quémander du travail après leur expropriation des campagnes en pleine révolution agricole et après les vagues d'immigration successives aux États-Unis qui ont alimenté une « armée industrielle de réserve » (Coriat, 1979, p. 53). D'un côté, donc, les ouvriers ralentissent le travail, persuadés qu'un accroissement de la production les mènera droit au chômage. De plus, ils ne sont pas convaincus que l'augmentation de leur rythme de travail (payé à l'heure ou à la pièce) sera gratifiée d'une augmentation véritable de salaire, soit par le fait d'une diminution du prix par unité produite et finalement du prix du travail lui-même, soit par le fait que les records individuels de certains ne tardent jamais à devenir la nouvelle norme de rendement pour tous les autres plutôt qu'une source de rémunération supplémentaire pour le travailleur plus efficace. Enfin, la fatigue, naturelle, les porte à limiter leurs efforts pour tenir sur la durée. Du côté des patrons, Taylor constate que les ouvriers, peu aidés ou conseillés dans leur tâche par les dirigeants, gaspillent leurs efforts. Pour réconcilier les intérêts des patrons avec ceux des travailleurs, il faut, selon lui, repenser le management. Il s'agit de garantir la prospérité des deux parties : de l'employeur, d'une part, qui, en développant la productivité et la stabilité de son entreprise, s'assure de profits à long terme et non plus seulement à court terme ; des employés, d'autre part, qui, en développant leurs aptitudes au travail efficace et de qualité, s'assurent, au-delà de salaires ponctuels, d'un gagne-pain à long terme. Pour Taylor, la « source de la richesse n'est pas constituée par l'argent mais par le travail » et la « richesse provient de deux sources : tout d'abord du sol et de ce qui se trouve dans le sol et ensuite du travail de l'homme » (cité par Coriat, 1979, p. 59).

La question que pose Taylor pour réconcilier l'employeur avec les employés : « Qu'est-ce qu'une journée loyale de travail ? »

Selon Taylor, le travail devrait être dépouillé de toutes les activités inutiles, de façon à procurer des revenus élevés aux ouvriers et aux dirigeants. À la suite d'une analyse scientifique[6] des tâches, les ouvriers, tout comme les cadres, perdent le contrôle effectif de leur travail. La démarche préconisée par Taylor repose sur une analyse empirique du travail faite au moyen d'observations et de mesures psychomotrices de façon à établir des normes de rendement et ce qu'on peut considérer comme « une journée loyale de travail », c'est-à-dire la somme de travail journalier qu'un dirigeant est en droit d'exiger d'un travailleur en contrepartie d'un salaire donné. Elle a engendré l'organisation scientifique du travail (études des temps et des mouvements, par exemple) et les techniques du génie industriel (Gantt, 1934).

En vue d'une organisation optimale du travail dans l'usine, Taylor a élaboré les grands principes suivants (*voir aussi l'encadré 1.6*) :

---

6. L'analyse n'a de scientifique que le fait d'utiliser une méthode précise de calcul des temps nécessaires à l'exécution des tâches à l'aide d'un chronomètre.

ENCADRÉ 1.6 Les principes de l'organisation scientifique du travail (Taylor)

Le système de Taylor s'appuie sur cinq propositions pour organiser le travail dans les ateliers de production :

«• la recherche de la meilleure méthode pour réaliser une tâche, à partir de la détermination scientifique des temps et des modes opératoires et de leur prescription par l'encadrement (planification du travail au moins un jour à l'avance, instructions écrites complètes…) ;

• le recrutement de l'individu le plus apte à accomplir la tâche par une étude volontaire du caractère, tempérament et rendement de chaque ouvrier ;

• la formation, le suivi et le contrôle permanents du personnel ;

• la mise en place d'un système de salaires proportionnel au rendement ;

• la séparation rigoureuse des tâches entre ceux qui conçoivent (dans les bureaux de planification et d'organisation) et ceux qui exécutent (dans les ateliers)» (Meier, 2002, p. 55).

La figure A illustre la double division du travail.

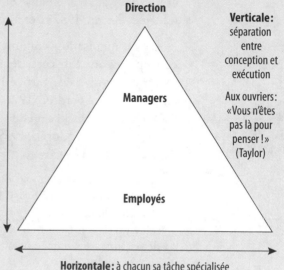

FIGURE A La double division du travail

Direction

Managers

Employés

Verticale: séparation entre conception et exécution

Aux ouvriers: «Vous n'êtes pas là pour penser !» (Taylor)

Horizontale: à chacun sa tâche spécialisée

• Le travail mérite d'être soumis à une analyse et à une décomposition systématiques. Le système artisanal, qui laisse à l'ouvrier la responsabilité de planifier et d'exécuter son travail, est inefficace. Il incombe donc à la direction de réaliser la microanalyse des tâches et d'accroître l'efficacité du travail grâce à la planification.

• La division du travail entre la direction et les ouvriers est claire. La direction planifie, analyse et systématise les tâches. Elle choisit les ouvriers et établit les systèmes de rémunération. Les ouvriers, de leur côté, exécutent les tâches de manière à atteindre les revenus les plus élevés. Le travail de gestion lui-même doit être analysé et spécifié de façon à éviter les styles de direction artisanaux qui se fondent sur l'intuition.

> La pensée taylorienne repose, entre autres principes, sur la division verticale du travail entre les personnes qui le conçoivent et celles qui l'exécutent.

• La sélection et la rémunération des ouvriers méritent d'être faites d'une manière scientifique. La responsabilité de la direction est d'établir une adéquation entre les exigences des tâches et les capacités des ouvriers.

• L'ouvrier est d'abord un agent économique qui répond aux stimuli et aux choix de la direction. En conséquence, les systèmes de récompense et de rémunération au rendement s'avèrent les plus efficaces, étant donné l'intérêt économique des ouvriers. Rappelons que le système de rémunération prôné par Taylor consiste en une augmentation des salaires proportionnelle au rendement obtenu par l'employé au-delà d'une norme loyale calculée et fixée conjointement avec un bon ouvrier moyen.

1.4.3.2 Une critique du modèle scientifique

Le taylorisme a eu de multiples adeptes, notamment Le Chatelier, en France, et Gilbreth (1911), aux États-Unis. Aujourd'hui, on s'aperçoit que l'échec relatif de l'organisation scientifique est imputable à ses conséquences sur la nature du travail et le climat qui règne dans l'entreprise (Knights, Willmott et Collison, 1985 ; Wall, Clegg et Kemp, 1987 ; Scarbrough et Corbett, 1992 ; Shostak, 1996).

La rationalisation conduit à dépecer le travail pour en confier les éléments conceptuels aux élites et à déposséder le travailleur de toute intelligence ou de tout savoir ou savoir-faire particulier pour en faire un quasi-automate. Ainsi, 43 % des employés chez Ford en 1926 recevaient une formation de moins d'une journée, 36 % étaient formés pendant une période d'un jour à une semaine maximum, 99 % en moins d'un an (Coriat, 1979, p. 77). Appliquant ces principes de **rationalisation du travail,** Ford décrira son usine au début du XXᵉ siècle :

> À la fonderie, par exemple, où autrefois tout le travail se faisait à la main et où il y avait des ouvriers qualifiés, il n'y a plus, après rationalisation, que 5 % de modeleurs et de fondeurs réellement spécialisés. Les 95 % restants sont « spécialisés » dans une seule opération que l'individu le plus stupide peut se rendre à même d'exécuter en deux jours. Le montage se fait entièrement à la machine [...] (Ford, 1927, p. 115).

Comme Smith ou Tocqueville l'avaient déjà observé en leur temps, la séparation de la planification et de l'exécution des tâches et le déplacement des savoirs vers la direction contribuent à l'**aliénation** et à la **monotonie** du travail ; en outre, ils sont contraires à l'esprit démocratique de contrôle, en ce sens qu'ils ne permettent pas d'associer les travailleurs aux objectifs de la direction et d'évaluer leur rendement en fonction de ceux-ci (Ellul, 1954 ; Crozier, 1963 ; Sainsaulieu, 1973).

Pire encore, de l'organisation du travail prônée par Taylor, le **fordisme** – du nom du système d'organisation du travail fondé sur la chaîne de montage inventé par Ford, le constructeur automobile, en 1908 – renforce les phénomènes aliénants en ajoutant deux contraintes majeures pour l'ouvrier : la **mécanisation** (le recours systématique aux machines pour économiser sur la main-d'œuvre de manutention[7]) et la fixation autoritaire d'une **cadence** de travail (et non d'une norme individuelle comme chez Taylor).

L'ouvrier devient un instrument de l'entreprise au même titre que sa machine. Il est mis au service de sa machine au moyen de réflexes conditionnés tel un automate. La conception du travail est en effet très sommaire et essentiellement physiologique (calcul de normes de rendement sur la base de l'apparition de la fatigue physique) ; elle néglige les composantes psychologiques (aliénation) et sociologiques (individualisation) du travail. D'une part, l'ouvrier abruti par la quantité et la vitesse de son travail n'a pas le temps ni l'énergie de penser. D'autre part, le travailleur, obsédé par le rythme de sa machine, tend à s'isoler des autres dans la

Le taylorisme dépossède le travailleur de son savoir spécialisé.

Le taylorisme contribue à l'aliénation des hommes au travail. Le fordisme les conditionne en automates.

---

7. Le nombre de machines utilisées chez Renault, constructeur automobile français contemporain de Ford, est passé de 400 en 1905 à 2 250 en 1914 (Coriat, 1979, p. 77).

quête de sa propre norme de rendement (norme souvent inaccessible pour qui n'est pas un homme costaud à l'époque) pour ne pas être renvoyé (Weil, 2002).

La démarche de Taylor (*voir le tableau 1.3*) est très déterministe alors qu'il cherche à démontrer le meilleur moyen d'organiser le travail productif dans l'usine. Rappelons cependant que cette approche n'a de scientifique que la méthode de mesure des temps d'exécution des tâches avec le chronomètre et qu'elle ne peut prétendre à l'universalité, puisque l'expérience de Taylor s'est limitée à quelques entreprises (la Midvale et la Bethlehem Steel). Il est difficile de proposer ces pratiques comme étant le meilleur mode d'organisation (*one best way*) de la manufacture, car l'histoire a démontré, au grand désespoir de Taylor lui-même, que le système taylorien a été appliqué plus souvent au profit des patrons qu'au profit des employés. Aktouf *et al.* (2006, p. 42) rappellent ainsi que, en plus des économies de salaires que le renvoi de 400 à 450 ouvriers sur 600 a permis de faire après la réorganisation scientifique du travail dans l'usine, des gains de 800 % que la Bethlehem Steel a réalisés, les travailleurs n'ont reçu que 60 % d'augmentations de salaires.

Le cas étudié par Taylor ne peut être généralisé de même que ses principes ne peuvent être considérés comme optimaux ou universels.

TABLEAU 1.3 Une présentation sommaire du modèle scientifique

Principales contributions	• Démarcation nette entre les prérogatives des gestionnaires (conception des tâches) et les obligations des travailleurs (exécution) • Analyse et découpage du travail sur une base scientifique • Adéquation entre les exigences des tâches et les capacités réelles des travailleurs • Reconnaissance de liens entre l'engagement des travailleurs et les récompenses économiques • Accroissement de la productivité
Points faibles	• Perception des travailleurs en tant qu'automates ; conception du travail comme devenant quasi indépendant de tout savoir-faire particulier ou aptitude particulière • Aliénation et désintéressement des travailleurs • Absence de prise en compte des besoins sociaux des personnes • Avantages pour les entreprises au détriment des membres

Le recours à la démarche taylorienne a notoirement permis d'accroître l'efficacité et la productivité des manufactures. Mais l'être humain n'est pas uniquement un agent économique, il s'inscrit dans une dimension sociale. Dès lors, l'organisation du travail en fonction d'objectifs économiques est incomplète. C'est d'ailleurs en réaction au taylorisme que sont apparues les notions d'élargissement des tâches mises en relief par les théories behavioristes, que nous aborderons un peu plus loin. Néanmoins, le taylorisme a proposé une démarche de rationalisation du travail encore utilisée fréquemment de nos jours dans nombre d'entreprises et de secteurs industriels (par exemple, la construction automobile, l'industrie du textile) et désignée par des noms modernes tels que l'analyse de système, la recherche opérationnelle ou la direction scientifique. Le tableau 1.4 (*voir p. 40*) donne un aperçu de quelques méthodes de gestion utilisées dans les entreprises contemporaines et héritées de l'influence de cette vision taylorienne du travail.

Certaines méthodes de gestion actuelles sont encore largement inspirées de la vision taylorienne de l'organisation.

TABLEAU 1.4	L'influence de Taylor sur les entreprises contemporaines : quelques héritages actuels

Outils de gestion	Manifestations
Prise de décisions rationnelle, scientifique	Systèmes d'information, recherche opérationnelle, comptabilisation des coûts, etc.
Étude des temps et des mouvements	Usages étendus, modèles standards
Normalisation	Méthodes normalisées dans plusieurs sphères d'activité, robotisation, etc.
Tâches	Établissement des objectifs, gestion par objectifs, rétroaction
Primes, gratifications	Prolifération des systèmes de récompenses, programmes de participation aux actions, etc.
Formation et apprentissage	Responsabilisation de la direction dans la formation du personnel
Sélection scientifique	Développement de la psychologie industrielle et de la gestion des ressources humaines
Horaire de travail plus court, pauses, etc.	Semaine de 40 heures ou moins, respect des pauses, etc.

1.4.4 Fayol et l'administration classique

L'administration classique est l'œuvre de Fayol qui réfléchit sur son expérience de dirigeant et sur le rôle du chef.

L'administration classique a des origines européennes. Son principal instigateur est Fayol. Après une carrière fructueuse[8], cet ingénieur et chef d'entreprise paternaliste apprécié décida de réfléchir sur son expérience de direction et d'en dégager des principes de gestion afin d'aider à mieux former les ingénieurs appelés à diriger des personnes et des entreprises. Ses idées ont été développées par d'autres auteurs néoclassiques tels que Mooney et Reiley (1931), Gulick et Urwick (1937) de même que Drucker (1954).

L'objectif fondamental des réflexions de Fayol (1916) était, d'une part, d'établir des principes d'organisation qui permettraient d'élaborer des structures génériques assurant une efficacité maximale, compte tenu des buts établis par la direction, et, d'autre part, de repérer les principales fonctions du processus d'administration.

1.4.4.1 Les principes généraux d'organisation

Fayol propose 14 principes généraux d'administration paternalistes.

Les principes d'organisation de l'entreprise selon Fayol et les auteurs classiques sont d'ordre structurel et ils sont nombreux. Fayol insiste sur le fait qu'il ne s'agit en rien de principes rigides ou absolus ; de même, leur nombre n'est pas limité. Ils font par contre appel à un art de la **mesure** qui s'appuie à la fois sur l'intelligence, l'expérience et la capacité de décision.

- **La division du travail.** Il importe que les travailleurs soient spécialisés ; de cette façon, ils deviennent sans cesse plus expérimentés et plus productifs. La division du travail permet de produire davantage, avec des efforts comparables. Selon Fayol (1962, p. 21) : « [...] elle a pour conséquences la spécialisation des fonctions et la séparation des pouvoirs. »

---

8. Fayol, brillant ingénieur des mines et personnalité affable, fut promu en 1888 directeur général de la Commanbault après une carrière de 28 ans au sein de cette société, notamment comme directeur des mines de Commentry. Il réussit à restaurer la rentabilité de la Commanbault, jusqu'à en faire un fleuron de la métallurgie très utile durant la Première Guerre mondiale, contrairement au mandat initial que lui conférèrent les actionnaires lors de sa nomination, à savoir liquider définitivement les activités de l'entreprise après plusieurs années de difficultés financières (Aktouf *et al.*, 2006).

- **L'autorité et la responsabilité.** Ce principe correspond au droit de donner des ordres et au pouvoir de les faire exécuter. On distingue ici l'autorité statutaire, liée à la fonction, de l'autorité personnelle, « faite d'intelligence, de savoir, d'expérience, de valeur morale, de don de commandement, de services rendus, etc. » (Fayol, 1962, p. 21) ; les deux agissent en complémentarité. De plus, si l'autorité est recherchée, la responsabilité l'est beaucoup moins ; pourtant, selon Fayol, il n'est point d'autorité sans responsabilité, c'est-à-dire sans une sanction (récompense ou pénalité) des conséquences des actes. La sanction découle de la responsabilité et doit exister à tous les niveaux de l'échelle hiérarchique. Elle encourage de fait « les actions utiles et décourage les autres » (Fayol, 1962, p. 22).

- **La discipline.** Les membres doivent se plier aux conventions explicites ou tacites établies dans l'entreprise en matière d'obéissance, d'assiduité, d'activité et de marques extérieures de respect (tenue). Il est intéressant de relever cette remarque de Fayol (1962, p. 23) : « Lorsqu'un défaut de discipline se manifeste ou lorsque l'entente entre chefs et subordonnés laisse à désirer, il ne faut point se borner à en rejeter négligemment la responsabilité sur le mauvais état de la troupe ; la plupart du temps, le mal résulte de l'incapacité des chefs. »

- **L'unité de commandement.** Chaque personne ne doit dépendre que d'un seul chef. Le fait que les membres doivent dépendre de plusieurs dirigeants explique de nombreux conflits.

- **L'unité de direction.** Les personnes qui travaillent dans un même but doivent relever d'un seul patron, mais aussi d'un seul programme.

- **La subordination de l'intérêt individuel à l'intérêt général.** Les buts de l'entreprise doivent primer les intérêts individuels.

- **La rémunération.** La rémunération doit être établie en fonction des efforts que les membres consentent à faire pour l'entreprise. Il n'y a pas de meilleur système de rémunération pour Fayol, qui en a analysé plusieurs (paiement à la journée, à la tâche, aux pièces, supplément sous forme de primes, participation aux bénéfices et subsides en nature) ; il faut par contre qu'elle soit équitable et que l'employeur comme les employés, que l'entreprise comme le personnel, soient satisfaits de leur rémunération.

- **Le degré de centralisation.** « Tout ce qui augmente l'importance du rôle des subordonnés est de la décentralisation ; tout ce qui diminue l'importance de ce rôle est la centralisation » (Fayol, 1962, p. 37). Selon Fayol, la centralisation résulte de lois naturelles telle la centralisation des sensations vers le cerveau dans l'organisme humain ; elle n'est pas nécessairement bonne ni nécessairement mauvaise. Le degré de centralisation va de pair avec le type d'activité et le profil des personnes. Il s'agit d'en trouver la juste mesure.

- **La hiérarchie.** La hiérarchie est un mécanisme nécessaire au bon fonctionnement de l'entreprise en vertu du besoin de transmission nécessaire de l'information et du principe d'unité de commandement. « La voix hiérarchique est le chemin que suivent en passant par tous les degrés de la hiérarchie les communications qui partent de l'autorité supérieure ou qui lui sont adressées » (Fayol,

1962, p. 37). Néanmoins, cette voie n'est pas forcément la plus rapide. Aussi, l'utilisation des communications latérales par le principe de la passerelle d'une fonction à l'autre peut parfois mieux servir l'intérêt général, pourvu que les « chefs » concernés autorisent ces relations horizontales entre leurs services et fonctions et soient informés de leur contenu.

- **L'ordre.** Fayol évoque ici à la fois l'ordre matériel (une place pour chaque chose et chaque chose à sa place) et l'ordre social (« Une place pour chaque personne et chaque personne à sa place » [Fayol, 1962, p. 40]). Cependant, l'ordre social est difficile à appliquer, car il exige une connaissance exacte des besoins et des ressources sociales de l'entreprise ainsi qu'un équilibre constant entre ces besoins et ces ressources. Seuls une saine organisation et un bon recrutement permettent d'atteindre cet équilibre.

- **L'équité.** La justice découle de l'application rigoureuse des conventions établies au sein de l'entreprise. Elle est cependant insuffisante, car les conventions ne prévoient pas toutes les situations possibles. Fayol, en bon dirigeant paternaliste[9], considère plutôt que l'équité, c'est-à-dire la combinaison de la justice avec la bienveillance, est la solution pour pallier les insuffisances des règles établies.

- **La stabilité du personnel.** La stabilité est un facteur de succès pour les entreprises, car il faut du temps et de l'expérience pour bien remplir une fonction.

- **L'initiative.** L'initiative consiste en la possibilité donnée à une personne de concevoir des plans et de faire en sorte qu'ils soient menés à terme avec succès. Elle contribue à stimuler les membres. De même, Fayol considère que la liberté de proposer et la liberté d'exécuter sont aussi partie intégrante de l'initiative. Un gestionnaire habile doit savoir laisser son personnel prendre des initiatives, dans les limites imposées par les principes d'autorité et de discipline.

- **L'union du personnel.** L'union fait la force et la direction contribue à la promouvoir en faisant appel à l'unité de commandement, en évitant les discordes entre les membres du personnel et en privilégiant les communications verbales plutôt qu'écrites, les premières étant plus rapides, plus claires et plus saines que les secondes.

L'autorité légitime prend sa source au sommet de la hiérarchie ; elle peut cependant être déléguée. Ce faisant, Fayol s'écarte de Taylor en reconnaissant aux subordonnés une valeur intrinsèque, là où Taylor tente de rendre au maximum le travail

9. Le paternalisme est une conception patriarcale ou paternelle du rôle du chef d'entreprise. À l'époque de Fayol, c'est une conception de la responsabilité de l'exploitant (le patron) envers ses salariés, fidèle à l'élitisme aristocratique européen. Certains patrons dits éclairés, souvent chrétiens ou libéraux, jugeaient utile de prendre soin de « leurs » ouvriers pour s'assurer de leur productivité au travail et de leur fidélité à l'employeur.

La philosophie saint-simonienne est plus radicale et socialisante. L'idée existait dans les sphères industrielles de tradition saint-simonienne qu'il était du devoir des capitalistes industriels et philanthropes de travailler à l'élévation matérielle et morale du peuple prolétaire. Saint-Simon, économiste et philosophe français (1760-1825), fut en effet l'auteur d'une doctrine critiquant la propriété privée et l'exploitation du prolétariat par les nobles. Il appelait plutôt à une révolution industrielle progressiste pilotée par les élites bourgeoises renversant l'aristocratie. Cet industrialisme progressiste prônait l'égalitarisme, le collectivisme et la planification sociale.

indépendant de toute aptitude ou de tout savoir-faire particuliers. Cependant, la délégation d'autorité implique *de facto* une «imputabilité» (**responsabilité**) du subordonné à l'égard du supérieur. La délégation doit se conformer au principe de l'unité de commandement: l'entreprise n'a qu'un seul chef et un seul programme d'action pour l'ensemble des opérations, qui sont toutes axées sur la réalisation des mêmes buts. La coordination des activités est la responsabilité de la direction supérieure, qui doit également planifier et diriger.

Toujours selon Fayol et les protagonistes du modèle classique, les travailleurs sont des «instruments rationnels» guidés par des motifs économiques et éthiques. Ils font partie d'une société qui met l'accent sur les responsabilités juridiques et sur l'obligation des employés de collaborer à l'entreprise. Les membres effectuent donc spontanément les tâches qui leur sont confiées et se comportent d'une manière prévisible grâce à une rémunération équitable. Ils subordonnent aussi leurs intérêts particuliers à l'intérêt général, en raison du style de gestion du chef qui se doit d'être efficace, ferme, attentif et mesuré. Cette insistance sur l'importance de puiser dans l'expérience pragmatique un sens de la mesure en toute chose est caractéristique de Fayol et de sa préoccupation humaine à l'égard de l'harmonisation du corps social de l'entreprise. Il s'agit là d'une préoccupation moins prégnante chez Taylor, qui est centré davantage sur les activités de production et la productivité du corps technique de l'entreprise[10]. Les membres de l'entreprise réagissent aux stimuli économiques. Les tâches doivent être établies avec précision afin qu'il n'y ait pas de chevauchements dans leur exécution.

Les auteurs classiques reconnaissent la dimension humaine et sociale de l'entreprise, mais ils considèrent que les dirigeants ne devraient pas s'attarder outre mesure à cette dimension. Ceux-ci devraient définir des paramètres formels tels que les tâches, la hiérarchie, les règles, les méthodes et les critères de sélection; les aspects non structurés aussi bien qu'informels seront dès lors infléchis et conditionnés par les caractéristiques formelles établies. Les problèmes personnels n'ont pas leur place dans un cadre impersonnel comme l'entreprise, axée essentiellement sur la réalisation d'objectifs. Toutefois, l'impersonnalité des conventions de travail doit être tempérée par les normes d'équité des dirigeants.

1.4.4.2 Les principales opérations de la fonction d'administration

Fayol est aussi le père de la fonction d'administration. Il recense en effet l'ensemble des fonctions de l'entreprise, à savoir (Fayol, 1962, p. 1):

- les opérations techniques (production, fabrication, transformation);
- les opérations commerciales (achats, ventes, échanges);
- les opérations financières (recherche et gestion de capitaux);
- les opérations de sécurité (protection des biens et des personnes);

---

10. Taylor évoque simplement la nécessaire collaboration cordiale entre dirigeants et employés, mais dans la perspective d'un contrôle du travail exécuté conformément aux principes de la science qui l'a prescrit.

- les opérations de comptabilité (inventaire, bilan, prix de revient, statistiques, etc.);
- et il ajoute une sixième fonction, qui a moins trait à la gestion du corps matériel de l'entreprise (biens, matières, machines, ressources financières, etc.) qu'à la gestion du corps social: les **opérations administratives.** «Administrer, c'est prévoir, organiser, commander, coordonner et contrôler», écrit Fayol (1962, p. 5).

Fayol est le père de la fonction d'administration (POCCC): «Administrer, c'est prévoir, organiser, commander, coordonner et contrôler», dit-il.

Notons que Fayol insiste déjà (1962, p. 5) sur le fait que la fonction d'administration ainsi définie n'est pas l'apanage d'un seul chef, mais une fonction qui doit être répartie entre le chef et les membres de l'entreprise[11]. Cela étant, Fayol et les auteurs classiques décrivent aussi cette fonction d'administration comme un processus analysable. Ainsi, pour Fayol (1962, p. 5), administrer, c'est:

Prévoir, c'est-à-dire scruter l'avenir et dresser le programme d'action;

Organiser, c'est-à-dire constituer le double organisme, matériel et social, de l'entreprise;

Commander, c'est-à-dire faire fonctionner le personnel;

Coordonner, c'est-à-dire relier, unir, harmoniser tous les actes et tous les efforts;

Contrôler, c'est-à-dire veiller à ce que tout se passe conformément aux règles établies et aux ordres donnés.

Les opérations d'administration initialement conçues et décrites par Fayol sont aujourd'hui désignées par de multiples auteurs sous le sigle PODDC (ou PODC), pour «planification, organisation, décision et direction, et contrôle».

La prévoyance correspond, selon Fayol, à la préparation du programme d'action général (programme d'ensemble) et de ses parties (programmes pour chacune des fonctions), et ce, à moyen (programme annuel) et à long terme (programme décennal révisé tous les cinq ans). Celui-ci devra être aussi précis que possible selon les «bornes de la perspicacité humaine» (Fayol, 1962, p. 50), mais aussi suffisamment souple et adaptable aux modifications jugées nécessaires pour réagir continuellement à l'inconnu. Ces tâches s'apparentent aujourd'hui à l'activité de diagnostic stratégique ou de **planification** telle que nous la verrons dans le chapitre 2. La planification permet, selon une conception contemporaine, d'établir des objectifs et de préparer des plans à la suite de prévisions. L'**organisation** traite de la conception des structures et des règles formelles de l'entreprise, de façon à permettre le fonctionnement harmonieux du corps social en cohérence avec les objectifs prévus. Nous décrirons dans le chapitre 3 la vision contemporaine du design organisationnel. Celle-ci intègre l'organisation et l'activité de coordination pensée par Fayol en ce qu'elle consiste à «adapter les moyens aux buts» et à agencer la communication entre membres du corps social et entre activités. Il convient aussi, de nos jours, de réfléchir aux activités de **décision** (*voir l'encadré 1.7*) qui mènent à ces plans, prévisions, structures, règles, etc. (*voir le chapitre 4*) et de remettre en perspective le rôle de «chef» hors du modèle

La fonction d'administration contemporaine, qui est inspirée des travaux de Fayol, comprend la planification, l'organisation, la décision-direction et le contrôle (PODDC).

---

11. Notons aussi que Fayol dissocie la fonction d'administration de la fonction de «gouvernement», proche de l'idée contemporaine de gouvernance, à savoir «assurer la marche des six fonctions essentielles» (Fayol, 1962, p. 5).

hiérarchique prôné par les classiques. L'activité de « commandement » visant à s'assurer de l'exécution des plans et l'activité de coordination des activités pensée par Fayol consistant à créer l'harmonie nécessaire pour faciliter le fonctionnement de l'entreprise relèvent aujourd'hui des activités de **direction** (*voir le chapitre 4*). Enfin, le **contrôle** a pour objet, selon Fayol, de vérifier le rendement ; nous en verrons la conception contemporaine dans le chapitre 5. La figure 1.4 (*voir p. 46*) présente les principales activités liées aux cinq fonctions de l'administration.

ENCADRÉ 1.7 Les approches décisionnelles néorationalistes

Les approches formelles portent en elles un vaste projet de rationalisation du travail et d'optimisation de la productivité des entreprises. Au moins deux types de critiques à partir des années 1940 et 1950 se penchent sur leurs limites. Les premières, formulées par la sociologie, se penchent sur les dysfonctionnements organisationnels qu'occasionne un fonctionnement bureaucratique (*voir, par exemple, le cercle vicieux bureaucratique dans la section 1.4.5.2, p. 49*) et sur les limites radicales de la seule rationalité formelle.

À l'inverse, les **approches décisionnelles néorationalistes** visent à repousser les limites de la rationalité individuelle dans le projet de rationalisation formel de l'entreprise. Ces approches, soutenues par des économistes formés à la psychosociologie et aux sciences politiques (Simon, Cyert, March), partent de l'idée qu'il faut s'attarder autant sur la façon dont l'entreprise doit s'organiser pour produire (donc sur les principes efficaces d'organisation) que sur les principes d'organisation et d'optimisation en amont du processus même de décision qui mène à faire les bons choix dans l'action. Simon, Prix Nobel d'économie, père de l'intelligence artificielle et l'un des plus illustres auteurs dit « néorationalistes », est le fondateur de cette approche décisionnelle de l'entreprise. Ainsi, la personne doit être considérée comme un **décideur** à la fois rationnel et affectif dont les capacités d'analyse et d'action sont limitées (*voir le chapitre 4*), quelle que soit sa position hiérarchique (Cohen, March et Olsen, 1972 ; Hedberg, Nyström et Starbuck, 1976). La préoccupation fondamentale de Simon (1957) est alors la création de formes d'organisation les plus objectives possibles, qui assurent des comportements individuels prévisibles, des décisions cohérentes et des actions empreintes d'un haut degré de régularité qui contribuent à la réalisation des buts établis par la direction.

Selon Rouleau (2007, p. 35), les fondements de l'approche de la prise de décisions sont les suivants :

« • L'activité administrative s'exerce dans des organisations formelles.

- Ces organisations se composent d'individus qui prennent des décisions en vue d'atteindre des objectifs.
- L'étude du processus administratif doit privilégier la logique des choix humains.
- Les raisons pour lesquelles les organisations formelles ne sont pas tout à fait rationnelles relèvent de la structure cognitive des individus et non de la logique des systèmes.
- Les individus prennent des décisions en fonction d'une rationalité limitée et prennent des décisions satisfaisantes plutôt qu'optimales.
- L'automation et la rationalisation des décisions rend plus facile le travail de tous parce qu'elles favorisent l'objectivité des comportements.
- Une décision peut être isolée, décortiquée et reconstruite de manière rationnelle. »

Ainsi, selon Simon, les principes d'organisation efficaces (dans la filiation taylorienne) consistent en :

- la division et la spécialisation du travail, qui permettent aux membres d'exercer leur compétence dans des domaines particuliers ;
- l'établissement de méthodes et de règles pour la transmission des informations et l'exécution des tâches ;
- l'établissement d'une structure d'autorité dans le but de transmettre vers le bas les actions à prendre, les prémisses des décisions et les informations ;
- la mise en place de réseaux de communication assurant la transmission des informations nécessaires à la prise de décisions ;
- la formation et l'endoctrinement des membres en fonction de leur adhésion à certaines valeurs de rationalité et de leurs capacités d'apprentissage ;
- l'établissement de mécanismes de coordination (règles, plans ou rétroactions sur l'information) ;
- **l'intervention, si possible, d'outils mathématiques ou scientifiques afin de réduire les aléas des activités humaines.**

1.4.4.3 Une critique de l'administration classique

Les théories classiques résument les expériences et la pratique essentiellement de cadres supérieurs quant à l'organisation et à la motivation de leur personnel. En conséquence, ces principes constituent non pas des lois scientifiques vérifiables et éprouvées mais des guides empiriques. Fayol estimait pour sa part que l'administration était une doctrine et non une science. Ces théories classiques non seulement présentent des solutions pratiques aux problèmes de structures et de méthodes d'organisation éprouvés dans des contextes particuliers mais elles reflètent aussi une vision sociale conservatrice propre à l'époque. Malheureusement, comme ce fut le cas pour les théories formelles, certains auteurs ont fait l'erreur de considérer ces opinions comme des lois universelles, valables dans toutes les situations, alors que ce n'est pas le cas[12].

> L'administration n'est pas une science exacte recouvrant une théorie universelle, mais une doctrine, selon Fayol.

FIGURE 1.4 Les activités liées aux principales fonctions du processus d'administration (PODDC)

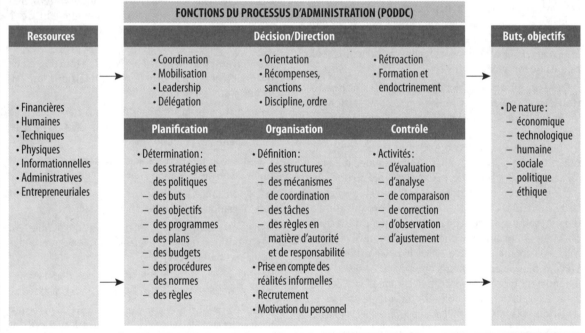

Les théories préconisées par les auteurs classiques (*voir le tableau 1.5*) consistent donc à mettre en place des structures et des règles de façon que les personnes, guidées par leurs motivations économiques, se comportent de manière prévisible et travaillent à la réalisation des buts de l'entreprise. Les préoccupations des auteurs de l'administration classique ont trait à la saine délégation de l'autorité et à la responsabilité des cadres et des membres de l'organisation. Par contre, en s'intéressant surtout à des facteurs d'ordre structurel, les théories éliminent de leur schéma conceptuel

---

12. C'est en particulier l'objet des écoles de la **contingence** de montrer que des contraintes comme la taille, l'âge, l'histoire ou l'environnement influent sur les comportements des entreprises et différencient leurs modes d'organisation. Nous y reviendrons dans le chapitre 3.

les comportements réels, les interactions humaines, les relations de pouvoir, les motivations et les besoins psychologiques d'identification à l'entreprise. Les auteurs des théories behavioristes que nous décrirons plus loin se chargeront de rectifier le tir.

TABLEAU 1.5	Une présentation sommaire de l'administration classique
Principales contributions	• Administration décomposée sur la base de fonctions clés (POCCC) • Principes d'administration qui guident la gestion du corps social dans un souci d'efficacité • Considération des besoins économiques et éthiques qui amènent les membres de l'entreprise à collaborer • Subordination des intérêts individuels aux intérêts collectifs
Points faibles	• Principes difficilement généralisables : les situations varient trop d'une entreprise à l'autre • Prise en compte trop sommaire des considérations humaines (psychologiques et sociales), ces considérations s'appuyant seulement sur le sens éthique des dirigeants : une vision utopique

1.4.5 L'organisation bureaucratique

Le modèle bureaucratique est le fruit des analyses sociohistoriques de l'économiste et sociologue Weber (1864-1920). Peu préoccupé par l'administration des entreprises, Weber essayait surtout de comprendre la régularité des comportements et les formes de structures adoptées par les grandes organisations. Il tenta entre autres de saisir les rapports de domination dans ces structures. Pourquoi les personnes obéissent-elles à des ordres ? Qu'est-ce qui légitime les rapports de domination ?

> Sur quoi repose l'ordre dans les grandes organisations ?
> Sur la domination rationnelle bureaucratique qui a remplacé la tradition, observe Weber.

Weber (1995, p. 55-56) distingue d'abord quatre déterminants de l'activité sociale : 1) le comportement **traditionnel,** de l'ordre du réflexe coutumier ; 2) le comportement **affectuel,** guidé par les passions et les émotions ; 3) l'action **rationnelle en valeur,** déterminée par « la croyance en la valeur intrinsèque inconditionnelle – d'ordre éthique, esthétique, religieux ou autre – d'un comportement déterminé qui vaut pour lui-même et indépendamment de son résultat » (Weber, 1995, p. 55) (par exemple, en cas de naufrage, un capitaine ne quitte son navire qu'en dernier) ; 4) enfin, et surtout, l'**action rationnelle en finalité** où les moyens comme les buts et les conséquences de l'action sont logiquement évalués et décidés par la personne.

Selon Weber, les membres d'une société sont mus à la fois par des objectifs matériels et par la mise en pratique de valeurs. La société étant hiérarchisée, les relations d'autorité et de subordination ont une certaine stabilité en raison des normes partagées par les supérieurs et les subordonnés. Or, le sociologue constate dans les sociétés occidentales qu'avec le capitalisme industriel moderne un processus de **rationalisation**[13] (en finalité) irréversible est à l'œuvre. Pour Weber, l'**ordre** s'appuie non plus sur la tradition ou le charisme mais sur les conventions formelles

---

13. Pour Weber, le capitalisme occidental moderne est un système d'organisation économique dont l'apparition coïncide, à la fin du Moyen Âge en Occident, avec l'avènement de l'éthique protestante de travail et d'accumulation de biens. Ce système émerge dans un monde occidental « désenchanté », de plus en plus porté, par le progrès scientifique, au contrôle et à la domination de la nature, et à la rationalisation « en finalité » des activités (par exemple, la production de biens) et des êtres humains.

et l'organisation bureaucratique du travail. Ainsi, grâce à l'observation historique des phénomènes sociaux, Weber (1925) a déduit les caractéristiques typiques de la forme d'organisation la plus efficace dans les sociétés occidentales, qui était, selon lui, **la forme rationnelle-légale ou encore la bureaucratie.**

1.4.5.1 Les caractéristiques de l'organisation bureaucratique

Le tableau 1.6 compare les trois types d'autorité observés par Weber. Celui-ci reconnaît que les trois types n'existent pas vraiment à l'état pur, et l'intervention combinée des différentes formes d'autorité au sein de l'organisation peut aussi donner lieu à des tensions et à des conflits. Il n'est pas rare, en effet, de constater, en certaines occasions, l'apparition de frictions entre les visions de certains qui se réclament de la tradition, d'autres qui font appel à la séduction pour rassembler les forces vives et, enfin, de ceux qui ont une fonction d'autorité en vertu du poste qu'ils occupent dans l'organisation.

Les caractéristiques structurelles et fonctionnelles de l'organisation bureaucratique découlent d'un ensemble de buts établis par la direction (*voir l'encadré 1.8*). Des règles administratives, des méthodes de coordination et des plans servent, dans un cadre rigide d'autorité, à intégrer les diverses tâches. Les communications suivent la voie hiérarchique, et les rôles individuels sont décrits en détail de façon à assurer la précision et la régularité des actions routinières.

TABLEAU 1.6 Les types d'autorité selon Weber

Domination charismatique	Domination traditionnelle	Domination rationnelle-légale (bureaucratique)
• Sur la base des qualités personnelles • Foi des subordonnés en celui qui dirige, perçu comme une personne rassembleuse (exemple : prophète) • Appareil administratif souple, peu structuré, instable, géré par des disciples	• Sur la base de la tradition, des coutumes • Pouvoir transmis par héritage (exemples : succession familiale, monarchie) • Appareil administratif comportant des attachés à la personne du chef (serviteurs, favoris) • Indépendance relative des subordonnés et autonomie à l'intérieur d'une sphère d'influence restreinte • Engagement exclusif à l'endroit du chef	• Sur la base des lois, des règles et des procédures • Détention par le chef d'un pouvoir qui découle d'une nomination légale • Délimitation du pouvoir par des règles • Appareil administratif = bureaucratie • Cadre de référence rationnel et légitime au sein duquel l'autorité est concentrée au sommet de l'organisation • Démarcation entre engagement envers l'organisation et engagement à l'extérieur de celle-ci

Les ressources humaines, recrutées en fonction de leurs compétences et de leur formation, obéissent aux règles établies par l'autorité légitime. Ces règles et des normes impersonnelles dictent le comportement des personnes. Les systèmes de récompense et de contrôle renforcent les comportements désirés. L'autorité des cadres supérieurs supprime les conflits et les discussions au sujet des buts à atteindre ou des moyens à employer.

ENCADRÉ 1.8 Les caractéristiques de la forme bureaucratique

Selon le sociologue Weber (1995, p. 294), « le type le plus pur de domination légale est la domination par le moyen de *la direction administrative bureaucratique* », où :

« 1. Les membres sont personnellement libres et soumis à une autorité seulement pour l'accomplissement de leurs fonctions officielles ;

2. Ils sont organisés dans une hiérarchie d'emplois claire et bien définie ;

3. Chaque emploi a une sphère de compétence légale bien définie ;

4. Tout emploi est occupé sur la base d'une relation contractuelle ;

5. Les candidats à l'emploi sont sélectionnés d'après leurs qualifications techniques ;

6. Les membres sont rémunérés par un salaire fixe, en monnaie : le salaire varie selon l'échelon hiérarchique ;

7. L'emploi dans l'organisation est la seule occupation professionnelle de ses membres ;

8. L'emploi constitue une carrière : la promotion se fait par le jugement des supérieurs ;

9. L'employé n'est ni propriétaire des moyens de l'organisation, ni propriétaire de son poste ; **il y a séparation entre la fonction et l'homme qui l'occupe** ;

10. L'employé est soumis à une discipline stricte dans son travail » (Scheid, 1999, p. 13 ; d'après Weber, 1995, p. 294-295).

Pour Weber, le terme « bureaucratique » n'est pas péjoratif, c'est au contraire une forme d'organisation efficace. Cette efficacité tient essentiellement :

« • au rejet des préférences personnelles du leader, des coutumes et des traditions ;

• à la stricte définition du travail et de l'autorité de chacun ;

• à la structure hiérarchique qui contrôle tout ;

• aux règles écrites qui prévoient tout (la forme écrite étant nécessaire pour l'efficacité) ;

• aux experts qui connaissent bien leur travail » (Scheid, 1999, p. 14).

1.4.5.2 Une critique de l'organisation bureaucratique

L'organisation bureaucratique est caractérisée par un engagement total dans la rationalité, par l'impersonnalité des relations humaines et la régularité des comportements (*voir le tableau 1.7, p. 51*). Dans l'hypothèse où l'environnement est stable et où la stratégie économique est bien adaptée à l'environnement, les entreprises de type bureaucratique atteignent d'excellents résultats. Cependant, leur rendement élevé est souvent obtenu au détriment de la satisfaction des membres, qui éprouvent des difficultés à évoluer au sein de milieux de travail si impersonnels et si formalistes (Argyris, 1957). Néanmoins, en raison de l'utilisation de plus en plus poussée des ordinateurs et des systèmes modernes de gestion, l'organisation de type bureaucratique n'a cessé de se répandre.

Dans la théorie de Weber, l'entreprise apparaît comme isolée des influences sociales et humaines. Or, l'environnement économique, social ou technique est devenu au fil du temps une source de variations et d'incertitudes qui ont incontestablement des effets sur le plan humain. De plus, le modèle bureaucratique suscite des problèmes internes importants. Chaque échelon hiérarchique poursuit des objectifs qui, dans une perspective organisationnelle globale, deviennent en quelque sorte des moyens d'atteindre des fins communes (chaîne de fins et de moyens). Toutefois, le caractère permanent des objectifs adoptés à chacun des niveaux de même que la régularité des actions à laquelle donnent lieu ces objectifs ont pour effet de restreindre leur fonction de soutien organisationnel. Ceux-ci deviennent,

La bureaucratie trop impersonnelle peut devenir dysfonctionnelle et enclencher un cercle vicieux bureaucratique.	d'une certaine manière, des fins en soi auxquelles les personnes se rallient, parfois aveuglément, même si les outils en question ont perdu leur raison d'être (Merton, 1949 ; March et Simon, 1958). Ce déplacement des moyens vers les fins incite les travailleurs à s'en tenir aux tâches qui leur ont été désignées et contribue à accroître leur résistance aux changements qui peuvent parfois s'imposer. Cette dysfonction se juxtapose à d'autres pour former le « **cercle vicieux bureaucratique** » décrit par Crozier (*voir la figure A de l'encadré 1.9*).

ENCADRÉ 1.9 Le cercle vicieux bureaucratique

Les dysfonctionnements des organisations bureaucratiques ont fait l'objet de nombreuses études de cas, notamment par les sociologues de l'organisation (Selznick, Gouldner, Crozier, Friedberg, etc.). Selon Crozier (1963), ces organisations sont en effet marquées par quatre caractéristiques liées entre elles (*voir la figure A*) qui les rendent intrinsèquement dysfonctionnelles :

« • Le développement de règles impersonnelles de fonctionnement : elles protègent les membres de l'organisation contre tout débordement arbitraire tout en les privant d'initiatives personnelles ;

• La centralisation des décisions : elle conduit à une distanciation entre prise de décision et exécution des tâches dans la firme, ce qui renforce la rigidité du fonctionnement interne de la firme ;

• L'isolement de chaque catégorie hiérarchique : l'organisation est découpée en de multiples sous-groupes aux intérêts divergents qui s'opposent tout en faisant pression sur leurs propres membres pour maintenir un degré d'homogénéité élevé, afin de subsister dans les luttes internes pour la maîtrise de la détermination des règles ou le maintien, voire l'élargissement de leur zone de liberté ;

• Le développement de relations de pouvoir : le maintien de situations de dépendance entre les catégories laisse subsister des phénomènes d'influence visant à contraindre le partenaire tout en élargissant l'incertitude entourant sa propre action » (Grima, 2002, p. 236).

FIGURE A Le cercle vicieux bureaucratique

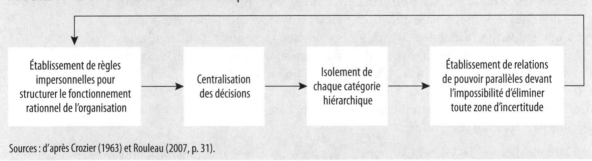

Sources : d'après Crozier (1963) et Rouleau (2007, p. 31).

1.4.6 Résumé : le courant de la pensée formelle ou rationnelle

Avec les approches formelles, l'organisation est un instrument servant à la réalisation des buts établis par la direction. Les structures d'autorité, les définitions de tâches et les mécanismes de coordination sont les manifestations de la **rationalité** organisationnelle. L'organisation est une structure manipulable, qui peut s'articuler de façon à accroître l'efficience de l'ensemble. Les comportements sont infléchis et administrés d'une manière rationnelle par des règles, des incitations économiques et un recrutement planifié.

TABLEAU 1.7	Une présentation sommaire de l'organisation bureaucratique
Principales contributions	• Gestion fondée sur la rationalité, l'impersonnalisation et la régularité des comportements • Autorité et subordination dans les entreprises, des valeurs intériorisées par les membres dans la société • Recrutement des personnes en fonction de l'expertise et non sur la base des relations personnelles • Accent mis sur les postes plutôt que sur les personnes • Définition précise des tâches et élimination des actes subjectifs • Recours aux structures hiérarchisées, aux règles, aux normes et aux conventions formelles pour l'intégration des membres et la transmission des informations
Points faibles	• Inflexibilité des règles et des normes • Fonctionnement dans un contexte de stabilité • Ralentissement du processus décisionnel • Structures organisationnelles plutôt rigides • Style de gestion autoritaire et concentration du pouvoir au sommet de l'entreprise • Incompatibilité avec la créativité et l'innovation

Si la tentative de réconciliation entre employeurs et employés par l'entremise de la rationalisation du travail, de la clarification et de l'instauration de règles et de procédures formelles est louable, rappelons que ce courant de pensée n'a pas atteint cet objectif, et nombre de critiques ont été formulées à son encontre. On lui reproche ainsi :

> Le courant formel considère le management comme une technique. Ce projet de rationalisation formel est encore bien vivant dans l'économie contemporaine financiarisée.

- son déterminisme ;
- la rationalisation abusive, où la personne devient un automate au service de l'entreprise, et non l'inverse ;
- la généralisation abusive, ces lois n'étant pas applicables à toutes les situations ;
- la domination de l'autorité, qui risque d'occasionner des conflits ;
- l'engagement total dans la rationalité, l'impersonnalité et la régularité du fait d'une gestion technocratique ;
- la domination du contrôle, de la centralisation et des communications à sens unique (et d'un style de gestion autocratique) au détriment de l'autonomie et de l'épanouissement individuel (aliénation, retrait des employés) ;
- la priorité accordée aux objectifs économiques de l'entreprise (efficience et efficacité) et la minimisation de la prise en compte des influences sociales et humaines (progrès social).

1.5 Le courant de pensée behavioriste

Les approches behavioristes sont nées en réaction aux courants centrés sur la rationalité. Elles se veulent scientifiques et empiriques. Or, l'analyse de leurs schémas théoriques indique que la prétention scientifique cache, la plupart du temps, des options idéologiques faciles à dégager. Il faut toutefois distinguer deux modèles dans ce courant behavioriste. Nous examinerons d'abord le modèle des relations humaines, qui ne remet pas fondamentalement en cause l'approche taylorienne du travail, mais tente de comprendre l'articulation entre la dimension humaine du travail et la productivité. Nous verrons ensuite le modèle de la gestion axée sur la participation, qui met véritablement l'accent sur **la dimension humaine et l'idéal démocratique,** souvent aux dépens de structures et de systèmes formels orientés vers la réalisation des buts.

1.5.1 Le mouvement des relations humaines

Le courant des relations humaines tente de comprendre la dimension humaine de la productivité, alors que le courant participatif met l'accent sur la dimension sociale et démocratique du management.

Selon le mouvement des relations humaines, l'entreprise forme un organisme social que la direction doit gérer grâce à un style de commandement associatif. Les principaux chefs de file sont Roethlisberger et Dickson (1939), Mayo (1945), Homans (1950) et Whyte (1955).

La préoccupation de ces auteurs à l'endroit de la réalité humaine témoigne, d'une part, de leur **volonté d'humaniser la condition ouvrière** de façon à contrer l'isolement des travailleurs par une amélioration du climat social et de la productivité, et, d'autre part, de leur désir de modifier les modèles formels. Le mouvement des relations humaines emprunte ses bases théoriques au fonctionnalisme de Durkheim et aux enseignements de Pareto sur les rôles des élites. En lien avec la vision de Durkheim prenant appui sur l'organisation rationnelle de la société, le champ d'analyse du mouvement des relations humaines apparaît comme étant le milieu social de l'usine, dont le cadre organisationnel est défini par la hiérarchie, les règles et les plans émanant de la direction. Quant à la vision de Pareto, les tenants de cette école de pensée se rallient à l'idée que les dirigeants ont la responsabilité de gérer les relations sociales, de façon à créer des milieux de travail harmonieux et intégrés, et à permettre aux travailleurs d'y retirer des satisfactions.

Les deux objets d'étude du courant behavioriste sont le groupe de travail et la personne au travail.

Deux orientations complémentaires caractérisent le mouvement des relations humaines. La première consiste à concevoir le système humain de l'entreprise comme un ensemble complexe de **groupes** formant un organisme social autoéquilibré. La seconde définit la **personne** comme un être affectif dont le comportement et les attitudes peuvent s'adapter ou ne pas s'adapter au milieu social de l'usine.

1.5.1.1 Les expériences de Hawthorne

Le mouvement des relations humaines émane de recherches empiriques réalisées à l'usine de Hawthorne de la Western Electric (fabrication de matériel téléphonique), dans la région de Chicago, au cours des années 1920 et 1930. Avant de procéder à l'analyse du mouvement, il convient de décrire en détail les expériences de Hawthorne, qui en ont été le point de départ. Dirigées par Mayo (1945) de la Harvard Business School, ces recherches, qui ont été conduites de 1927 à 1932, ont fourni les données et les modèles théoriques sur lesquels l'approche des relations humaines s'est élaborée.

La première série d'expériences, inspirée de l'administration scientifique, avait comme objectif de mesurer la relation entre l'éclairage (facteur indépendant) et la productivité (facteur dépendant). Or, quel que soit le changement d'éclairage introduit, les groupes modifiés ou témoins augmentaient tous leur productivité. Les chercheurs conclurent que l'éclairage n'était qu'une des variables modifiant la productivité et qu'il fallait entreprendre d'autres expériences afin de mieux connaître le rôle des facteurs humains.

La deuxième série d'expériences consista à isoler un petit groupe de six ouvrières affectées à des tâches routinières et à observer systématiquement leurs comportements. Au cours de 23 périodes d'une durée de quelques semaines chacune, les chercheurs modifièrent systématiquement des facteurs physiques (tels que le nombre et la durée des pauses, l'humidité, la température des lieux, le nombre d'heures de travail par jour) ou financiers (la méthode de rémunération). Ils observèrent que, peu importe le changement introduit, la production augmentait, pour ensuite se stabiliser à un niveau élevé.

La conclusion fondamentale des chercheurs, à la suite de ces deux séries d'expériences, a été que **la satisfaction des personnes pendant le travail en groupe exerce une influence plus grande sur leur comportement au travail et sur leur niveau de production que les dimensions physiques ou économiques.** Les chercheurs proposèrent alors l'explication suivante quant à la hausse sensible de la productivité : grâce à la présence du groupe, le travail est devenu satisfaisant. En raison du climat amical, les ouvrières ont eu le sentiment d'appartenir à un groupe privilégié, et les liens se sont renforcés. Du même coup, le groupe s'est donné un objectif commun, soit de hausser le niveau de production. En bref, **l'amélioration des relations humaines a permis d'accroître la productivité.**

La troisième série d'expériences visait à connaître les attitudes des employés à l'égard du système de gestion de l'entreprise et à approfondir les notions psychosociologiques de « moral » et de « satisfaction ». Ainsi, les chercheurs effectuèrent plus de 20 000 entrevues sur l'emplacement industriel de Hawthorne. Plus de la moitié du personnel des usines fut ainsi interrogée. Ce vaste effort a permis de mettre au jour le fait que les mêmes conditions de travail et de supervision n'étaient pas perçues de la même façon par les employés et ne provoquaient pas le même niveau de satisfaction chez les différentes personnes interviewées. En fait, les attitudes et les comportements des membres dépendent non seulement de leur personnalité mais surtout de leurs positions, de leurs attentes quant à la reconnaissance et de leurs représentations de leur travail dans l'organisation sociale au sein de l'usine.

La dernière série d'expériences, menée par l'observation minutieuse des comportements d'un groupe de 14 ouvriers d'un atelier de montage pendant un laps de temps assez long, a mis en évidence la dynamique de l'organisation informelle. S'inspirant du taylorisme, la direction avait élaboré un système complexe de rémunération afin de motiver les ouvriers à accroître leur productivité. Or, les chercheurs observèrent que les employés décidaient du niveau approprié de productivité de leur groupe de travail par l'intermédiaire de l'organisation informelle, différemment du niveau imposé par la direction. L'autonomie du groupe s'exprime donc par l'intermédiaire de l'organisation informelle issue de la structure formelle. Au cours de l'expérience, la productivité est demeurée constante. Les ouvriers étaient en effet convaincus que si leur productivité augmentait, la direction diminuerait la rémunération à la pièce. Cette expérience éclaire le processus de constitution des « cliques » et les mécanismes de freinage élaborés par le groupe pour contrôler le niveau de production. Enfin et surtout, les chercheurs ont constaté que la **dynamique du groupe** est régie par des normes implicites : il ne faut produire ni trop ni trop peu ; il ne faut ni être un délateur auprès de la direction, ni déroger aux ordres du groupe.

À la suite des expériences de Hawthorne, on retiendra, entre autres, que :

> Les expériences de Hawthorne sont emblématiques du mouvement des relations humaines, qui établit le lien entre la productivité et la satisfaction sociale.

- L'être humain n'est pas qu'un animal économique : la rémunération non économique, c'est-à-dire la satisfaction de besoins psychologiques que sont les sentiments d'estime et de reconnaissance, joue un rôle capital dans la motivation du travailleur.
- La vie au travail produit une organisation sociale, faite de relations informelles et affectives (d'affinités ou de rivalités) ainsi que de groupes informels, qui se superpose à l'organisation rationnelle.
- La productivité du travailleur n'est pas déterminée par sa capacité physique, mais par sa capacité sociale, c'est-à-dire sa propension ou non à s'intégrer au groupe de travail et à se conformer à la norme informelle décidée par le groupe.
- Les travailleurs ne réagissent pas aux normes, aux directives et aux récompenses de la direction de l'organisation formelle en tant que personnes isolées, mais en tant que membres d'un groupe. Ce groupe possède sa dynamique propre d'organisation informelle et n'est fonctionnel, en cas de modification, qu'une fois sa vie affective stabilisée.

1.5.1.2 Les postulats et les conclusions du mouvement des relations humaines

Les instigateurs du mouvement des relations humaines se sont inspirés d'un certain nombre de postulats de base. Ces postulats peuvent être regroupés en cinq thèmes :

a) La **division du travail** entre dirigeants et ouvriers, et entre corps de métiers, différencie les tâches, mais ne crée pas de conflits d'intérêts irrémédiables. En effet, les diverses parties d'une entreprise ont des fonctions distinctes mais **complémentaires** ; leur rôle est de contribuer à la réalisation des objectifs de l'ensemble.

b) L'**administration,** en tant que science appliquée, traite surtout de la mise en pratique, par les dirigeants, des principes de rationalité économique et technique propres à susciter des comportements rationnels chez les membres, et ce, afin de réaliser les buts de l'entreprise. Or, la centralisation de l'autorité au moyen de directives et de règles **freine les communications.** Les plans rationnels de la direction sont souvent mis en échec par les réactions des membres. La formalisation administrative rompt les liens de solidarité des groupes et isole les membres.

c) Les **styles technocratiques** ou analytiques de gestion ont ainsi rendu calculateurs les membres de l'entreprise. En réaction à la rationalité administrative, le syndicalisme et les groupes de pression sont apparus. L'organisation formelle, parce qu'elle brise les traditions et les solidarités, **rend difficile la collaboration** efficace et harmonieuse entre dirigeants et ouvriers. L'État, organisme impersonnel, ne peut combler ces lacunes.

d) La fonction première de l'entreprise est de **satisfaire les besoins sociaux** des membres au sein même des milieux de travail, de façon à contrecarrer les effets néfastes de la gestion technocratique et impersonnelle. Les décisions d'ordre technique et économique de la direction modifient en effet l'organisation sociale et rendent la coopération difficile.

e) L'être humain est un **animal social** et non rationnel qui préfère la sécurité. Seule **l'intégration dans un groupe** lui fournira les satisfactions qu'il recherche. L'être humain de la société industrielle désire à la fois des satisfactions créées par le contact humain et la participation à un **objectif commun.** Il préfère une entreprise ordonnée dont la cohérence est assurée par des coutumes et par la loyauté. Les employés ne sont pas des êtres rationnels liés par des contrats impersonnels ; l'affectivité joue chez eux un rôle clé. Ainsi, la fonction de l'administrateur dépasse la recherche de l'efficacité pour comprendre la promotion de la stabilité sociale et de la collaboration dans les milieux de travail.

> Selon le mouvement des relations humaines, la productivité dépend de la satisfaction de besoins humains sociaux.

Le **groupe primaire** devient donc la cellule de base de l'organisation. Les membres d'un groupe partagent des coutumes, des normes implicites et informelles ou des croyances et retirent des satisfactions de leur appartenance au groupe. En bref, les comportements individuels résultent surtout de la culture des groupes et des interactions des membres. Les normes produites par la vie de groupe permettent aux employés de contrôler en partie leur environnement et de diminuer leur dépendance à l'égard de la direction. La productivité dépend du moral et de la satisfaction des membres au sein du groupe. Le rôle de la direction (*voir le chapitre 4*) est donc de modifier, d'une manière avisée et grâce à des techniques appropriées, l'équilibre du système social en vue d'en assurer l'harmonie. Elle doit régler les problèmes de communication et utiliser cette **organisation informelle.** Elle doit le faire de façon que les normes du groupe s'accordent avec les buts de l'entreprise. Afin de susciter la participation des employés et de contrecarrer les forces déstabilisantes telles que la parcellisation du travail, les conflits et le syndicalisme, la direction doit aller au-devant des situations et prendre des mesures qui tiendront compte de la dimension affective du travail.

> Le défi du gestionnaire est d'harmoniser l'organisation formelle du travail avec l'organisation informelle en utilisant un style de direction plus associatif.

1.5.1.3 Une critique du mouvement des relations humaines

Nous concluons cette analyse en formulant certaines critiques à l'endroit du mouvement des relations humaines (*voir le tableau 1.8, p. 56*). Dans la foulée des expériences de Hawthorne, de nombreux dirigeants ont accepté les conceptions de ce courant de pensée. Le mouvement des relations humaines ne résulte pas d'un complot de la part du patronat et de certains universitaires, mais simplement de la reconnaissance du fait que les styles de commandement associatifs se sont avérés plus efficaces que les styles autoritaires.

TABLEAU 1.8	Une présentation sommaire du mouvement des relations humaines
Principales contributions	• Influence des processus sociaux sur la productivité et l'efficacité ; préoccupation pour la satisfaction des besoins sociaux des membres • Besoin d'harmonisation des organisations formelle et informelle • Reconnaissance d'une réalité informelle au sein des organisations ; le groupe comme facteur de confiance et d'intégration des membres • Évolution vers une gestion associative ou démocratique et consultative face à la centralisation et à la gestion autocratique rendant les personnes calculatrices
Points faibles	• Minimisation des aspects économiques et techniques • Épanouissement des personnes qui n'est pas assuré uniquement au sein des groupes • Direction présentée comme une autorité bienveillante • Vision trompeuse du syndicalisme envisagé comme un phénomène passager • Vision partielle de la réalité organisationnelle ; absence des relations de pouvoir et des conflits

Les expériences de Hawthorne ont exercé une influence sur la pensée administrative en mettant l'accent sur les facteurs sociaux. Il est certes difficile de reprocher aux chercheurs qui ont pris part à ces expériences de s'être intéressés à l'analyse des aspects du comportement des personnes et des groupes qui contribuent à l'harmonie. Cependant, il est impossible de prétendre que leur analyse est une description complète de la réalité organisationnelle. En effet, la dynamique organisationnelle est davantage empreinte de relations de pouvoir, de contradictions et de conflits que ne semble le suggérer le mouvement des relations humaines. C'est ce que s'emploieront à démontrer les approches sociopolitiques (revendiquer, c'est participer !). Les auteurs du mouvement des relations humaines ont en effet oublié d'analyser l'effet possible de la cohésion sur la résistance du groupe envers la direction ; la cohésion, nous le savons, peut aussi aboutir à l'émergence de groupes d'intérêts opposés à la direction.

> Le mouvement des relations humaines repose sur une conception simpliste des conflits et des jeux de pouvoir dans l'entreprise.

Les faiblesses fondamentales de l'approche des relations humaines sont aussi, d'une part, qu'elle minimise l'importance des décisions techniques, structurelles et économiques, qui plus est dans une vision très statique de l'entreprise, et, d'autre part, qu'elle exagère le rôle des rapports sociaux et de l'affectivité. Cette théorie a accordé une importance démesurée à la dimension grégaire de la personne, les ouvriers ne pouvant s'épanouir que dans un groupe de travail, pensait-on. De plus, le système social pris en compte constitue une partie incomplète de la réalité des entreprises. L'approche du **système ouvert** sur les réalités externes, que nous aborderons plus loin dans ce chapitre, vient en quelque sorte combler ce vide.

La direction de l'entreprise a été présentée comme l'autorité bienveillante à laquelle les subordonnés confient, dans leur intérêt, l'organisation des relations humaines. Les notions de conflits d'intérêts et de relations de pouvoir qui ont servi à l'élaboration des lois du travail ne sont pas entrées dans le champ de préoccupations des chercheurs de Hawthorne. Le mouvement des relations humaines récuse donc les notions libérales d'individualisme, de concurrence et de conflits d'intérêts pour se préoccuper de relations interpersonnelles harmonieuses. Il accorde trop d'importance aux besoins de prestige social, négligeant ainsi les réalités du pouvoir et des récompenses pécuniaires.

D'un point de vue méthodologique, les expériences de Hawthorne ont suscité aussi de vives critiques. Selon certains, les conclusions des chercheurs ne sont absolument pas fondées, car les données recueillies confirment aussi bien l'hypothèse selon laquelle les récompenses matérielles sont les déterminants principaux du moral et des comportements au travail que l'inverse. En effet, au cours des expériences, la productivité s'est mise à augmenter lorsque les deux ouvrières les moins productives ont été soustraites du groupe. Une des remplaçantes, en raison de sa situation familiale, avait besoin de revenus; l'expérience lui permettait d'accroître ses gains. Le climat amical de supervision serait aussi l'effet et non la cause de la productivité. Enfin, selon plusieurs détracteurs, l'étude d'un cas, limitée à quelques phénomènes précis, rend difficile la généralisation des observations et des conclusions à l'ensemble du monde industriel.

Malgré leurs faiblesses méthodologiques, les expériences de Hawthorne et le mouvement des relations humaines ont fait progresser la pensée administrative. Ils ont souligné l'importance de la dimension sociale dans la motivation au travail et montré, par rapport au taylorisme, que les facteurs économiques et physiques ne constituent pas les seuls éléments influant sur le comportement des travailleurs. La motivation du travailleur devenait ainsi un phénomène à la fois économique et psychosocial. Ce mouvement révélait donc que le rôle essentiel du dirigeant consiste à satisfaire les besoins psychosociologiques des employés. Plus leur satisfaction est élevée, meilleure est leur productivité.

> Le mouvement des relations humaines ne remet pas en cause la vision hiérarchique taylorienne et formelle.

Le dirigeant n'est donc plus confiné dans son rôle d'entrepreneur autoritaire; il joue aussi un rôle social. Il doit améliorer ses relations interpersonnelles, conseiller les membres, encourager la participation et susciter le fonctionnement harmonieux des équipes de travail. Selon Follet (1918), le style autoritaire est inefficace et les situations de travail nécessitent la modification des styles de commandement de façon à tenir compte des différences et des besoins individuels. L'administrateur a donc intérêt à faire l'apprentissage d'un style de gestion plus associatif; il doit interagir avec les ouvriers et devenir plus compréhensif, sans pour cela abandonner ses fonctions fondamentales de planification et de contrôle. **Envisagée sous cet angle, la vision qui émane du mouvement des relations humaines apparaît comme étant beaucoup moins flexible que celle dont nous ferons maintenant état. Il y a ouverture sur les personnes, certes, mais pas au point de les faire participer au processus décisionnel et de recourir à des formes de stimulation des performances telles que l'autocontrôle.**

1.5.2 Le modèle participatif

Le mouvement des relations humaines s'est modifié graduellement pour faire place à une vision plus conforme à l'idéal démocratique: l'organisation axée sur la participation. Le modèle participatif proposé aux dirigeants et aux membres des entreprises est le fruit des recherches empiriques et des spéculations sur les sources de

Le modèle participatif s'interroge sur les sources de la motivation individuelle.

motivation (*voir le chapitre 4*). D'abord, nous examinerons quelques-uns des fondements et des spéculations psychosociologiques qui ont servi d'inspiration aux chercheurs. Ensuite, nous décrirons le corpus théorique du modèle axé sur la participation.

1.5.2.1 Un aperçu des fondements psychosociologiques

Le modèle de l'organisation participative est associé de très près à l'évolution de la psychologie organisationnelle depuis les expériences de Hawthorne. En effet, grâce aux efforts d'Argyris (1957), de McGregor (1960) et de Likert (1967), diverses notions de psychologie sociale ont été regroupées en un corpus théorique, formant le modèle de gestion orienté vers la **participation.** Pour les psychologues des organisations, les recherches doivent servir à l'action ; il faut passer à l'action, même si la validité des recherches et des concepts peut être mise en doute.

Avant de décrire ce modèle, examinons les trois courants théoriques qui en constituent les fondements : les groupes et le leadership, l'hypothèse de « l'être humain autoactualisé » et le conflit inévitable entre les personnes et l'organisation.

Le mouvement participatif examine la dynamique du groupe comme un élément central de l'organisation.

a) **Les groupes et la notion de leadership**

La psychologie sociale, après les études de Hawthorne, est devenue hautement empirique et a limité ses constructions théoriques au phénomène des petits groupes. L'objet d'analyse n'a été ni la personne ni l'organisation, mais le **groupe,** défini comme l'élément constitutif des organisations ou de la société.

L'influence du groupe sur la personne a été examinée au cours de plusieurs recherches. Les travaux de Lewin (1947) au sujet de l'influence du groupe sur les attitudes des membres en constituent le point de départ. Lewin constate que **la discussion et la décision du groupe sont efficaces non seulement pour modifier les attitudes mais aussi pour assimiler de nouvelles orientations.** De même, Cartwright et Zander (1968) conçoivent le groupe comme un levier efficace pour réaliser des modifications de comportement. Newcomb (1950), quant à lui, observe que la cohésion du groupe établit des relations de soutien mutuel qui, à leur tour, permettent de changer les attitudes et les comportements individuels. Le groupe semble ainsi jouir d'un certain nombre d'avantages contribuant à sa supériorité pour ce qui est de la prise de décisions, de la motivation et des influences sociales. Toutefois, il est un instrument de gestion dispendieux.

Le prix de la participation à un groupe est l'obligation, pour la personne, de se conformer aux exigences et aux normes du groupe. Lorsqu'un comportement déviant fait son apparition, l'énergie du groupe tend à exercer des pressions sur la personne afin qu'elle modifie son comportement. Dans l'éventualité où le comportement déviant persiste, le membre se trouvera exclu et isolé.

La supériorité et l'efficacité potentielles du groupe ne sont réalisées qu'à la condition qu'il dépasse le stade nocif des relations interpersonnelles de concurrence pour atteindre ce qu'il est convenu d'appeler « l'effet de groupe ». Cet effet découle du cheminement du groupe, passant d'une situation de conflit à un état d'harmonie, par l'intermédiaire d'un processus rythmique d'apprentissage. L'idée de **l'effet de groupe,** grâce auquel le groupe stabilise ses tensions et influence ses membres, a surtout été abordée par Bales (1958).

Le processus rythmique d'apprentissage vers l'efficacité peut être décrit de la façon suivante : la nécessité d'exécuter des tâches et de résoudre des problèmes en groupe crée des tensions qui ont tendance à détruire la cohésion. Ces tensions se caractérisent par des « ordres du jour » informels et par de l'agressivité chez les membres ; il en résulte une situation concurrentielle empreinte de tension. À ce stade, le groupe est politique ; il progresse difficilement vers la cohésion susceptible de permettre la résolution de problèmes. La structure d'autorité au sein d'un groupe peut créer des blocages qui freinent la capacité de résolution de problèmes. C'est alors que le leadership se différencie et que deux types de chefs apparaissent spontanément : le leader orienté vers la tâche et le leader socioémotif.

Le chef **orienté vers la tâche** mise sur des actions conciliatrices, désamorce les conflits et établit un climat de soutien mutuel. L'effet combiné des deux types de leadership fait que le groupe est plus efficace et mieux disposé à résoudre des problèmes. Certaines données empiriques permettent de croire qu'il est possible, par la formation, de faire passer un groupe de la phase politique, caractérisée par des conflits, à la phase socioémotive, durant laquelle apparaissent les normes de collaboration, le double leadership et l'appartenance au groupe.

Le leadership ne dépend pas des traits personnels, mais du phénomène des petits groupes. Il ne découle pas de la nomination formelle à un poste, mais constitue, au contraire, un rôle qui émane de la vie du groupe. Dans cette veine, Fleishman *et al.* (1955) ont relevé deux types de leadership chez les cadres. Le premier, fondé sur la notion de considération sociale, se préoccupe de la dimension socioémotive de la communication et du soutien mutuel ; le second, basé sur la notion de structure, s'intéresse à l'organisation et à la définition des responsabilités en vue d'assurer la productivité.

Les sociologues des groupes ont tenté de comprendre non seulement la **dynamique interne des groupes** mais aussi les facteurs contextuels qui influent sur leur fonctionnement et leur rendement. Ces études ont mis en lumière le rôle des facteurs contextuels tels que la technologie, la nature des tâches, les règles formelles de prise de décisions ou les arrangements administratifs. Dès lors, le rendement d'un groupe (défini par la productivité, la satisfaction des membres et le développement individuel) ne dépendait plus simplement des facteurs informels et spontanés de la vie interne du groupe, mais aussi des variables contextuelles.

Le tableau 1.9 (*voir p. 60*) donne un aperçu des principaux types de groupes présents dans les organisations : les groupes de commande (par exemple, les intervenants issus des différentes fonctions de l'entreprise chargés de fixer les buts et les objectifs stratégiques), les groupes de tâches (par exemple, un groupe de personnes chargées de réfléchir sur la faisabilité d'un projet), les groupes d'intérêts et les groupes fondés sur l'amitié.

TABLEAU 1.9   Les types de groupes présents dans les organisations

Durée de vie	Degré de formalisation	
	Groupes plutôt formels	Groupes plutôt informels
Groupes plutôt permanents	Groupes de commande	Groupes d'amis
Groupes plutôt temporaires	Groupes de tâches	Groupes d'intérêts

b) L'autoactualisation

Au fil du temps, les protagonistes du modèle participatif n'ont pas retenu la vision sociale de l'être humain qui sous-tendait les expériences de Hawthorne et les recherches sur les petits groupes. Au contraire, ils ont largement accepté l'hypothèse humaniste de l'actualisation du moi. À leurs yeux, les membres d'une organisation désirent négocier des contrats psychologiques qui leur permettent de réaliser leurs besoins.

Cette conception anthropologique de l'être humain peut être résumée de la façon suivante : les personnes ont des besoins liés à leur personnalité et organisés de manière hiérarchique. Ils vont des besoins inférieurs de sécurité aux besoins supérieurs d'actualisation du moi. Ces besoins et la situation organisationnelle exercent une influence directe sur le comportement des personnes. Il existe un conflit entre les besoins individuels et les exigences de l'organisation rationnelle. La solution n'est pas dans des relations plus humaines, mais dans des formes d'organisation qui permettent l'actualisation du moi. Le mode d'organisation qui concilie le mieux les besoins individuels et les besoins organisationnels est le modèle participatif.

> Le modèle participatif concilie les besoins individuels, notamment le besoin supérieur d'actualisation de soi, et les besoins organisationnels.

Pour Maslow (1943), par exemple, l'être humain est mû par la satisfaction de besoins qui s'inscrivent dans une hiérarchie (*voir la figure 1.5*) : besoins physiologiques, de sécurité, d'affiliation, d'estime et d'actualisation de soi. Au fur et à mesure que les besoins inférieurs sont satisfaits, ils cessent d'être des facteurs de motivation ; des besoins d'un ordre supérieur sont alors déclenchés. Selon Argyris (1957), la personne s'inscrit dans une démarche de développement personnel, allant d'un état infantile de dépendance, de soumission et de courte vision temporelle à un état adulte, caractérisé par la recherche du contrôle et de l'autonomie.

Herzberg *et al.* (1959) ont aussi proposé une théorie indiquant que la personne serait motivée différemment selon qu'elle est soumise à des facteurs intrinsèques ou à des facteurs extrinsèques (*voir le tableau 1.10*). Selon eux, les facteurs extrinsèques ne contribuent qu'à réduire l'insatisfaction, alors que les facteurs intrinsèques accroissent la satisfaction et la motivation. Il est à noter que les modèles de Maslow et de Herzberg sont également abordés dans le chapitre 4. D'autres modèles semblables y sont également décrits.

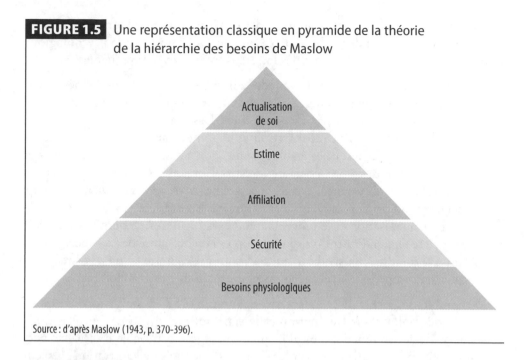

FIGURE 1.5 Une représentation classique en pyramide de la théorie de la hiérarchie des besoins de Maslow

Actualisation de soi

Estime

Affiliation

Sécurité

Besoins physiologiques

Source : d'après Maslow (1943, p. 370-396).

TABLEAU 1.10 Deux groupes de facteurs de motivation

Facteurs d'hygiène (extrinsèques, de soutien ou d'entretien)	Facteurs de motivation (intrinsèques au travail)
Conditions générales de travail	Travail en soi
Politiques et pratiques administratives	Succès : réalisation des aptitudes personnelles
Supervision	Considération : appréciation des capacités
Relations entre collègues	Responsabilité
Salaire	Avancement

Source : traduit de Herzberg *et al.* (1959).

c) **Les relations entre les personnes et l'organisation**

Selon la vision des défenseurs de l'approche participative, les personnes sont activement engagées dans un processus de **développement qui les conduit vers des phases successives de croissance.** Au fil des étapes de la vie, les buts et les besoins changent. En ce qui a trait à la motivation individuelle, les psychologues des organisations croient aux incitations personnelles et psychiques plutôt qu'aux incitations de nature économique. Dans leur optique, ces stimulants sont des composantes essentielles de l'organisation, notamment l'élargissement des tâches, les plans de carrière, le prestige de la fonction et la possibilité de réalisation de soi au travail.

La personne désire exercer son autonomie et accroître ses compétences. Or, les incitations et les contrôles formels créent des tensions régressives qui freinent son évolution vers une plus grande marge de manœuvre. La satisfaction des besoins inférieurs la laisse insatisfaite. L'évolution à long terme de sa carrière devrait la préoccuper plus que sa situation immédiate. Motivée par un besoin d'indépendance et d'un certain degré de contrôle sur son avenir, sa relation psychologique avec son employeur deviendrait, dès lors, plus intense et plus prenante.

Selon Argyris (1957), il existe souvent des conflits entre les besoins des personnes et les mécanismes organisationnels. Ces conflits ont des effets néfastes sur la santé mentale et l'engagement affectif des membres. Les organisations pyramidales et rationnelles centralisent l'information et le pouvoir aux échelons supérieurs et spécialisent les tâches. Elles établissent des normes, évaluent le rendement et suscitent des styles de commandement directifs. L'organisation réduit les occasions d'action et le contrôle que peut exercer la personne sur son univers. Du même coup, elle accroît sa dépendance. Dans la situation où il y a discordance entre les exigences de l'organisation et le progrès d'un de ses membres, ce dernier peut avoir tendance à se replier. Frustré, il risque d'adopter l'un ou l'autre des comportements suivants : se joindre à un syndicat, quitter l'entreprise, limiter son engagement ou accepter, en compensation, des récompenses matérielles ou symboliques.

> Le modèle participatif réduirait les situations d'aliénation en permettant à l'employé de contrôler sa tâche et de participer à l'établissement de ses objectifs.

De nombreuses recherches tendent, selon Argyris (1957), à confirmer cette thèse. Les études portant sur **l'aliénation** et **la satisfaction** au travail font état de la situation de **dépendance** et d'**impuissance** de nombreux travailleurs. Plus les personnes ont l'occasion de contrôler les éléments essentiels de leur travail, plus leur satisfaction est élevée. Ainsi, les cadres supérieurs et les médecins sont plus satisfaits au travail que les ouvriers non spécialisés. La solution à cette situation est la mise sur pied d'organisations axées sur la **participation,** de sorte que la personne puisse obtenir des **satisfactions intrinsèques.** Malheureusement, selon Argyris, le monde des organisations est caractérisé par la méfiance, la conformité et le repli sur soi, alors qu'il devrait être celui de la confiance et de l'expression du moi.

1.5.2.2 Les éléments constitutifs du modèle participatif

> Le modèle participatif considère que les gestionnaires utilisent souvent mal leurs « ressources » humaines.

Les recherches empiriques de l'Institute for Social Research de l'université du Michigan ont suscité, chez Likert et ses collègues, l'idée que les entreprises n'utilisent qu'en partie, et mal, les ressources humaines dont elles disposent. Likert (1967) s'est fait le défenseur de l'organisation axée sur la participation et la comptabilisation des ressources humaines. Il fait état de recherches empiriques qui indiquent la supériorité de cette forme d'organisation (*voir le tableau 1.11*). Ce modèle a pour objet d'utiliser pleinement la motivation de la personne en modifiant les systèmes de gestion de façon à l'intégrer aux exigences techniques et économiques de l'entreprise. Le système de gestion basé sur la participation semble, selon les chercheurs de l'Institute for Social Research, être plus efficace dans les milieux de travail, car il stimule les échanges d'information, l'influence des subordonnés et la prise de décisions en groupe. Le corpus théorique qui étaie cette forme d'organisation est composé des trois éléments suivants :

– La cellule de base de l'organisation est le groupe formé par le superviseur et ses subordonnés. L'organisation est elle-même formée de groupes unis par des agents de liaison et compose ainsi une pyramide de groupes.

– Les groupes situés au sommet de la pyramide ont une grande influence sur les autres. Ils décident des politiques, des méthodes et des objectifs qui concernent le fonctionnement des autres groupes.

– Le style de gestion du dirigeant à l'égard du groupe détermine les comportements et le rendement. Un dirigeant efficace utilise la décision prise en groupe et fait en sorte que les interactions se produisent dans un climat de soutien mutuel. Par contre, le dirigeant autoritaire adopte un style inefficace, peu enclin à favoriser le rendement.

Cette forme d'organisation permet à la personne de se contrôler elle-même et de participer à l'établissement des buts ; elle améliore les attitudes et la productivité. Les formes d'organisation autoritaires peuvent certes, à court terme, générer de hauts niveaux de productivité, mais, à long terme, elles ont des effets négatifs sur la collaboration des employés, leurs comportements et leur satisfaction. L'organisation participative s'oppose à la gestion autoritaire, bienveillante ou consultative.

a) **Le système de gestion participatif par groupe**

Comme nous l'indiquons dans le tableau 1.11, la direction qui a déjà une stratégie économique et un système de production efficace peut choisir un des quatre systèmes de gestion suivants : l'autoritarisme, le paternalisme, la consultation ou la participation.

TABLEAU 1.11 Les quatre systèmes de gestion selon Likert

Système autoritaire	Système paternaliste	Système consultatif	Système participatif (par groupe)
• Utilisation par les dirigeants de la crainte, des menaces et des sanctions • Communications peu nombreuses, du haut vers le bas, avec de grandes déformations • Chefs et subordonnés psychologiquement très éloignés • Esprit d'équipe inexistant • Décisions autocratiques prises au sommet • Grande centralisation	• Utilisation par les dirigeants des récompenses et des sanctions • Attitude soumise des subordonnés avec une faible conscience de leurs responsabilités • Filtrage de l'information montante vers le chef pour refléter ce qu'il souhaite entendre • Quelques décisions peu importantes prises aux niveaux inférieurs • Peu d'encouragement au travail en équipe • Organisation informelle partiellement hostile à la poursuite des objectifs de l'organisation officielle	• Participation des subordonnés aux décisions sans qu'ils aient une influence réelle • Communications à la fois ascendantes et descendantes et transmises avec fidélité • Rapports latéraux de coopération • Motivation certaine des employés • Travail d'équipe encouragé	• Utilisation régulière des groupes pour la prise de décisions, la gestion des conflits et l'établissement des objectifs • Communication bidirectionnelle • Cohésion de l'organisation résultant de la participation de chacun à plusieurs groupes • Contrôles largement décentralisés

Sources : d'après Scheid (1999, p. 197), inspiré de Likert (1967, p. 197-211).

Le modèle axé sur la participation va au-delà de la simple délégation de l'autorité ou de la consultation systématique qui caractérisent l'organisation décentralisée ; il favorise la participation des subordonnés aux décisions et à la formulation des politiques. Au lieu de relever uniquement de la direction, la prise de décisions et l'élaboration des politiques s'effectuent de manière que le sommet tienne compte des contributions des membres subalternes. **En résumé, il s'agit d'un mode d'organisation qui étend le pouvoir aux employés grâce à la mise en place de groupes, de comités ou de commissions *ad hoc*.**

> Le courant participatif prône une délégation de l'autorité et un mode d'organisation par groupes de travail.

Les systèmes de gestion fondés sur l'autoritarisme ou le paternalisme font appel, selon Likert (1967), à des motivations inférieures : l'insécurité économique, la peur des punitions ou les récompenses pécuniaires. Par contre, le système de participation s'articule autour des motivations d'actualisation de soi, exprimées au sein des groupes. Les récompenses financières, bien qu'importantes, vont de pair avec la participation au travail de groupe et à l'élaboration des buts. En conséquence, les membres se sentent responsables de la réalisation des buts de l'entreprise. Les communications, dans l'organisation autocratique ou paternaliste, prennent leur source au sommet de la hiérarchie. Dans l'organisation axée sur la participation, elles émanent de tous les niveaux de la hiérarchie et s'effectuent dans toutes les directions. L'interaction et l'influence entre supérieurs et subordonnés se caractérisent, dans les systèmes autoritaire et paternaliste, par la méfiance et les conflits latents. Au contraire, il existe un haut niveau de confiance et de soutien mutuel dans le système de participation. Les membres, peu importe leur échelon, ont le sentiment que les rapports interpersonnels contribuent à leur développement personnel.

b) **Une conception renouvelée de l'être humain**

Cette conception participative de l'organisation suppose **une conception de l'être humain renouvelée.** McGregor (1960) propose deux théories du leadership, connues sous les noms de théorie X et de théorie Y (*voir le tableau 1.12*). Celles-ci correspondent à deux perceptions de la personne, l'une apparentant celle-ci à un être paresseux et non motivé, l'autre la percevant comme un être essentiellement bon et motivé. Partant de ces deux conceptions, McGregor définit le leadership autoritaire (associé à la théorie X) et le leadership démocratique (associé à la théorie Y), plutôt axé sur la consultation et la participation. **Il préconise un leadership démocratique, plus proche selon lui de la véritable nature humaine** et plus souple en vue de la réalisation de la finalité organisationnelle.

c) **Les effets positifs de la participation**

Les chercheurs de l'Institute for Social Research sont aussi d'avis que le système de gestion axé sur la participation réduit les frustrations des subalternes. La participation leur permet d'accroître leur autorité et d'élargir le champ de leurs activités. Les règles de l'entreprise leur apparaîtront comme moins arbitraires en raison de leur collaboration aux décisions. Ainsi, la participation fait du subalterne un décideur et accroît non seulement sa satisfaction mais aussi sa motivation au travail.

La participation donne différents types de satisfactions. Le premier type est de nature symbolique ou psychologique ; il provient de la réalisation des besoins d'autonomie, d'indépendance et de contrôle de l'environnement. La participation peut aussi donner des résultats matériels importants. Ainsi, les employés sont susceptibles d'infléchir les politiques de l'organisation en fonction de leurs intérêts personnels. La participation offre des récompenses personnelles considérables, car les participants des groupes de décision discutent de sujets qui les préoccupent et, de plus, ils prennent des décisions importantes. Les activités de participation font appel aux capacités intellectuelles, techniques et humaines qui, autrement, resteraient inutilisées. Le système axé sur la participation se définit donc par rapport à l'influence qu'exercent les personnes sur la prise de décisions.

TABLEAU 1.12 Deux conceptions opposées de la nature humaine

Théorie X (théorie conventionnelle pessimiste) Leadership autoritaire	Théorie Y (théorie moderne optimiste) Leadership démocratique
1. L'être moyen a un dégoût inné du travail	1. L'effort mental est aussi naturel que le jeu ou le repos
2. Il préfère être dirigé afin d'éviter les responsabilités	2. L'être normal est capable de se contrôler
3. Il a peu d'ambition	3. Dans des conditions normales, l'être non seulement assume les responsabilités mais il les recherche
4. Il est centré sur lui-même et est indifférent aux besoins de l'organisation	4. L'exercice, l'imagination et l'ingéniosité sont mis au service de la résolution des problèmes par tous les employés

Source : inspiré de McGregor (1960).

L'avantage fondamental de la décision en groupe n'est pas tant la qualité des décisions que leur **acceptation** et l'**adhésion** des personnes qui les ont prises. Ce type de système s'accompagne d'une forme de commandement d'autant plus démocratique que la participation est élevée. La direction laisse plus de liberté aux personnes à l'intérieur de limites compatibles avec les buts de l'organisation. Le contrôle appartient aux personnes et aux groupes, plutôt que de procéder du système officiel de règles, d'évaluation et de sanctions. Au lieu d'être réservée aux supérieurs et transmise par la hiérarchie, l'autorité est largement partagée avec les subordonnés ; ceux-ci sont alors capables d'exercer une influence sur leur supérieur hiérarchique.

> Le modèle participatif facilite l'adhésion aux décisions.

L'autorité cesse d'être un pouvoir réservé au départ à la direction et cédé morceau par morceau aux subordonnés. Elle représente au contraire une influence qui s'exerce dans tous les sens, de bas en haut, de haut en bas et latéralement. Selon les expériences de Likert et de ses collègues, l'autorité conçue comme une influence peut s'accroître en fonction de la manière dont l'organisation est régie, c'est-à-dire en fonction du système de gestion choisi (Tannenbaum, 1966). Grâce à la participation, les dirigeants augmentent leur «contrôle», et les membres ont aussi la certitude de mieux contrôler leur travail. Les subordonnés ont l'impression que leurs suggestions sont écoutées. Les tentatives d'influence des subordonnés ne sont pas perçues par les administrateurs comme des menaces, mais comme des contributions à l'organisation, faites en vue d'en accroître l'efficacité.

d) Les réaménagements de structures

L'application du système de gestion orienté vers la participation suppose des aménagements de structures, c'est-à-dire la création de groupes ayant des pouvoirs collégiaux et liés entre eux. Les groupes se chevauchent, car ils sont réunis par des dirigeants de chaque groupe, qui jouent le rôle d'agents de liaison. Chaque dirigeant remplit une triple fonction: il est à la fois subordonné, chef et collègue. Les dirigeants agissent donc comme cheville ouvrière; ils transmettent l'information d'un groupe à l'autre et exercent une influence de façon à réaliser l'intégration des membres et des groupes.

Les groupes correspondent aux cellules hiérarchiques, mais ils peuvent aussi comporter des comités temporaires, des équipes de projets ou des chargés de missions spéciales. Les groupes temporaires rassemblent, en vue d'un but déterminé, des personnes de différents niveaux hiérarchiques; ils se composent de membres de divers secteurs, placés temporairement sous la direction d'un responsable. Les comités *ad hoc* et les groupes de travail, composés de conseillers et de cadres, facilitent les communications verticales et horizontales et font en sorte que les décisions soient prises à la lumière de l'information disponible.

1.5.2.3 Une critique du modèle participatif

L'effet prévu de l'organisation axée sur la participation est de faciliter la mise en œuvre des décisions et d'accroître l'adhésion des membres aux décisions. En raison de leur participation, les membres sont plus disposés à accepter et à exécuter les décisions dont ils sont les coauteurs. La participation motive les membres en leur donnant le sens de leurs responsabilités, accroît leur degré de satisfaction et leur rendement, et réduit l'absentéisme.

Toutefois, la mise en place de l'organisation participative ne produit pas toujours les effets escomptés (*voir le tableau 1.13*). Ce fonctionnement présuppose des modifications structurelles et des styles de direction qui ne peuvent être établis rapidement. Certains considèrent que le style de gestion participatif ne peut avoir de résultats positifs que lorsque les employés sont instruits et correspondent à la vision anthropologique humaniste. Par contre, il peut s'avérer inefficace lorsque les ouvriers choisissent l'action revendicatrice, conflictuelle ou syndicale. Plusieurs auteurs ont mis en évidence les dysfonctions de la participation et ont même mis en doute son efficacité.

Le travail de groupe peut lui aussi susciter de nouveaux problèmes. Par exemple, il est possible que les membres dont les opinions sont rejetées se sentent aliénés. La participation est aussi de nature à conduire à une cohésion contre l'administration et à créer des attentes que la direction ne pourra pas satisfaire en raison de contraintes économiques. De plus, la participation exige un investissement de temps et d'énergie qui suscite des frustrations, surtout par rapport à la qualité des décisions prises. En outre, en dépit de leurs bonnes intentions, les dirigeants ne possèdent pas forcément les aptitudes nécessaires. Enfin, l'entreprise peut être en difficulté financière et se trouver incapable de consacrer les dépenses et les énergies voulues aux exigences du modèle participatif.

> Participer prend du temps. Or, le temps devient une denrée rare.

TABLEAU 1.13 Une présentation sommaire du modèle de la participation	
Principales contributions	• Prise de conscience du fait qu'un style de gestion démocratique participatif favorisant la participation des travailleurs contribue à accroître l'efficacité et la créativité • Vision conforme à l'idéal démocratique et au besoin d'accomplissement des membres • Motivation des personnes lorsqu'on leur confie des responsabilités • Accroissement de l'adhésion des membres • Structuration de l'organisation par un chevauchement de groupes interactifs
Points faibles	• Difficulté dans certains cas à appliquer rapidement • Possibilité que les membres dont les idées sont rejetées se sentent aliénés • Nécessité d'accorder beaucoup de temps et d'énergie et apparition possible de frustrations • Application difficile lorsque les ressources financières sont restreintes

1.5.3 Résumé : le courant de pensée behavioriste

Les théories behavioristes ont pris naissance avec le mouvement des relations humaines (*voir la figure 1.6, p. 68*), qui voulait donner aux personnes des satisfactions sociales au travail et a donc tenté d'intégrer à la pensée managériale des considérations humaines et sociales. **Par la suite, le modèle axé sur la participation a remis en cause la répartition du pouvoir et proposé des styles de gestion qui laissent une large place aux groupes et à l'actualisation du moi.**

Or, la participation aux décisions et le partage du pouvoir ne s'effectuent pas toujours dans l'harmonie et ne contribuent pas nécessairement à accroître la productivité. Au contraire, le conflit et l'affrontement sont des phénomènes organisationnels auxquels la direction des entreprises doit de plus en plus faire face. D'ailleurs, dans certains milieux, les conflits ont contribué largement à la mauvaise réputation du modèle participatif et au regain de popularité des modèles bureaucratiques. Les déboires du modèle participatif sont imputables en large partie à sa conception anthropologique humaniste partiellement fausse et très limitée. Il ne faut cependant pas oublier que le mouvement participatif date d'une période marquée par la Seconde Guerre mondiale puis par la guerre froide et que les chercheurs de l'époque (dont certains étaient des immigrants installés aux États-Unis après avoir fui l'Europe) avaient pour parti pris idéologique la recherche de la paix sociale et la défense de modèles d'organisation voulant remplacer les mouvements autoritaristes de l'époque (communisme, etc.) (Aktouf *et al.*, 2006).

Les défenseurs des théories behavioristes, en particulier les auteurs du mouvement des relations humaines, ont aussi fait part de leurs perceptions à l'égard du

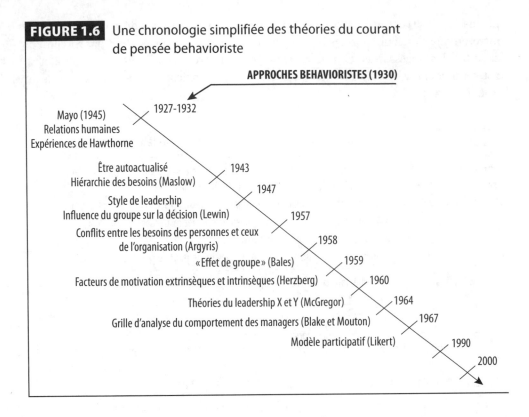

FIGURE 1.6 Une chronologie simplifiée des théories du courant de pensée behavioriste

APPROCHES BEHAVIORISTES (1930)

1927-1932

Mayo (1945)
Relations humaines
Expériences de Hawthorne

Être autoactualisé
Hiérarchie des besoins (Maslow) — 1943

1947

Style de leadership
Influence du groupe sur la décision (Lewin) — 1957

Conflits entre les besoins des personnes et ceux
de l'organisation (Argyris) — 1958

«Effet de groupe» (Bales) — 1959

Facteurs de motivation extrinsèques et intrinsèques (Herzberg) — 1960

Théories du leadership X et Y (McGregor) — 1964

Grille d'analyse du comportement des managers (Blake et Mouton) — 1967

Modèle participatif (Likert) — 1990

2000

syndicalisme. Ils l'ont vu comme un phénomène qui allait disparaître à mesure que les dirigeants adopteraient les styles de commandement axés sur la participation. Ainsi, Whyte (1955) estime que les relations industrielles passent par trois phases avant d'atteindre un degré optimal de collaboration. Dans une première étape, les conflits industriels ne donnent pas lieu à des règlements : la direction communique d'une manière unidirectionnelle avec ses employés par la voie hiérarchique, alors que les syndicats militants suscitent les communications vers le haut. L'adoption des lois régissant les conflits industriels constitue la deuxième étape : elle a pour conséquence éventuelle de conduire à la bureaucratisation des syndicats. En même temps, les directions d'entreprise apprennent à multiplier les communications dans tous les sens avec les ouvriers et à élaborer des programmes favorisant la fidélité et l'identification des employés à l'entreprise. Par la suite, et c'est là la troisième étape, le conflit fait place à une collaboration organisée grâce au leadership des cadres et des contremaîtres. Mayo (1945) et plusieurs autres ont aussi partagé l'idée que le syndicalisme est en quelque sorte une résistance vaine dont les conséquences sont le désordre, l'absence de collaboration et la réduction de la participation individuelle à l'organisation sociale.

Le syndicalisme existe, selon le mouvement des relations humaines, en raison de l'isolement des ouvriers provoqué par la technologie et les styles de gestion autoritaires. Or, dès l'instant où la direction prend en charge l'organisation sociale de l'entreprise, le syndicalisme perd sa fonction. Avec le recul, on s'aperçoit que ce n'est pas toujours le cas. Les membres trouvent des satisfactions et des occasions de croissance personnelle au travail. Selon l'approche des relations humaines, les syndicats pourraient apporter une contribution sociale importante en acceptant les buts de l'entreprise. Au lieu de s'opposer, les parties patronale et syndicale formeraient ainsi une élite responsable du maintien de l'harmonie dans la société.

On reproche donc souvent aux théories behavioristes, d'une part, l'exclusion des conflits d'intérêts et des relations de pouvoir en raison d'une conception anthropologique humaniste limitée, et, d'autre part, le fait que le modèle participatif ne peut être établi rapidement et représente un coût important en ressources, en temps et en énergie.

Au-delà de ces critiques pragmatiques, certains penseurs critiques radicaux vont jusqu'à s'interroger sur l'utilisation faite de ces avancées théoriques qui prônaient le rapprochement entre direction et employés, et constatent qu'elles ont parfois plutôt servi à réadapter les principes rationalistes des écoles formelles à la vocation productiviste de l'entreprise industrielle (analyse des profils psychosociologiques du personnel à des fins de recrutement, d'endoctrinement, etc.) :

> Le courant behavioriste a-t-il humanisé le travail et l'industrie ou contribué un peu plus à industrialiser l'humain ?

> La nature humaine « sentimentale » et « irrationnelle » redécouverte à Hawthorne devra, bon gré mal gré, se « couler » dans le moule rationnel et économique de l'organisation industrielle et n'y avoir droit de cité que si la productivité s'en trouve améliorée […] Le mouvement a été dénommé « humanisation » du travail et de l'industrie, mais on a plutôt assisté à une industrialisation de l'humain (Aktouf *et al.*, 2006, p. 176).

Section III
La pensée systémique au service du management

Le projet rationaliste des écoles formelles (Babbage, Taylor, Fayol, etc.) fut souvent le projet de technologues, d'ingénieurs ou de mathématiciens. L'analogie qui ressort de leurs écrits est celle de l'entreprise vue comme une **machine** parfaitement maîtrisée. Fayol décrit aussi certains principes d'administration (la division du travail et surtout la centralisation) comme étant « d'ordre naturel » (Fayol, 1962, p. 20 et 36), s'appuyant ainsi sur une analogie biologique rudimentaire pour comparer l'entreprise à un **organisme.** Au fil du temps, nombre de notions, comme celles de cycle de vie (de l'entreprise, de l'industrie, du produit, de la technologie), de cellules de travail ou de crise, ou encore de systèmes d'organisation, empruntent largement à cette vision organique de l'entreprise. Celle-ci est vue comme un organisme vivant composé de sous-éléments, puisant dans son **environnement** naturel des ressources pour réaliser ses activités et survivre à un processus continu de transformation pouvant aller jusqu'à la disparition (la mort). Les théoriciens néorationalistes, pour leur part, se sont inspirés en leur temps des avancées de la cybernétique pour raffiner la prise de décisions dans l'entreprise, au point d'en faire un automate intelligent mimant toutes les capacités décisionnelles d'un **cerveau.**

| Les courants formels et behavioristes s'appuient sur plusieurs métaphores pour penser l'organisation. La métaphore la plus répandue aujourd'hui est l'idée de système. |

Bref, diverses analogies ou métaphores peuvent aider à comprendre la réalité des entreprises et celle de leur gestion (Morgan, 1989). Le tableau 1.14 fait état des grandes analogies mécanique, organique et cybernétique utilisées dans les écoles pionnières décrites jusqu'ici ainsi que de leurs principales caractéristiques. Les trois analogies[14] sont certes utiles, mais il est évident que les entreprises ne sont ni des machines mécaniques, ni des organismes vivants, ni des automatismes. Ces perspectives réductionnistes manquent évidemment de réalisme. Mais elles traduisent toutes le besoin de penser la complexité de l'entreprise, de ses composantes et de ses relations avec son environnement externe alors qu'elle est avant tout un **système social.** C'est là tout l'intérêt de l'approche **systémique,** qui transparaît des visions organique et cybernétique et que nous décrirons dans cette troisième section.

TABLEAU 1.14 Les analogies principales utilisées pour l'étude de l'administration et des organisations

Vers 1900	Vers 1920-1930	Vers 1940-1950…
Analogie mécanique (MACHINE)	**Analogie organique (ORGANISME)**	**Analogie cybernétique (CERVEAU)**
• L'entreprise apparaît comme fermée aux influences extérieures • Elle a une structure formelle • Elle est stable et présente peu d'incertitude • Elle est facilement manipulable par les gestionnaires	• L'entreprise est assimilable à un organisme biologique • L'organisme maintient sa structure et s'adapte aux variations extrêmes • Il échange énergie et fonction avec les environnements interne et externe • Il vieillit et disparaît un jour	• L'entreprise est un réseau d'information et de contrôle • L'adaptation à des variations externes s'effectue par des décisions informées • Le système maintient sa structure et son fonctionnement dans des limites précises • La rétroaction de l'information est considérable

Conception systémique (RÉGULATION)

• L'entreprise est un système (surtout social) ouvert mais géré
• L'énergie et les décisions viennent des membres comme des dirigeants
• L'adaptation et le maintien de la structure viennent des décisions des membres
• Les décisions d'adaptation et de participation ne sont pas automatiques

Dans cette section, nous aborderons en effet les aspects suivants : une définition de la notion de système à l'aide d'une comparaison du mode de raisonnement systémique avec le mode analytique rationnel cartésien (Bruyne, 1966) ; les

---

14. Morgan (2007) a proposé une série de huit images pour penser l'organisation : en plus des trois images citées précédemment, il évoque l'entreprise comme une culture, un système politique, un espace psychique (donnant la place à l'inconscient), un ensemble de flux et de transformations ainsi qu'un instrument de domination.

principales composantes d'un système ; et l'intérêt de l'approche systémique pour décortiquer le processus d'administration de l'entreprise, comme nous le ferons dans cet ouvrage.

1.6 Une caractéristique du mode de pensée systémique et une définition de la notion de système

Le concept de « système » n'est pas nouveau. Le mot est tiré du grec ancien σύστημα (*sustêma*), qui signifie « assemblage, ensemble », et dérivé du verbe *sunistanai*, « placer ensemble, grouper, unir ». Le mot (écrit aussi *sistème*) est, entre autres, utilisé à partir du milieu du XVIe siècle pour désigner, en sciences, un « ensemble de propositions ordonnées pour constituer une doctrine cohérente du monde[15] ». Il y a déjà longtemps qu'on parle de système juridique (l'ensemble des structures et des modes de fonctionnement des instances chargées d'appliquer les règles de droit), de système biologique (Von Bertalanffy, 1951), de système axiomatique (un ensemble de vérités évidentes et indémontrables), de système politique (l'ensemble des structures et le mode d'organisation d'un État), etc. (Barel, 1973). Durant les dernières décennies sont apparus les systèmes automatisés, les systèmes informatisés, les systèmes experts, les systèmes de transport, etc. Le terme **système** représente généralement à la fois un ensemble d'éléments et une réalité complexe, difficile à cerner ou à décrire, c'est-à-dire un ensemble dont le tout (la globalité) n'est pas réductible à la somme de ses parties. Cette référence à la complexité est associée à la notion **d'interdépendance.**

> Un système est un ensemble complexe d'éléments interdépendants qui n'est pas réductible à la somme de ses parties.

En effet, le schéma de causalité linéaire (à chaque cause correspond un effet) ne permet pas de rendre compte du fonctionnement d'un ensemble complexe comme un système de commande électronique ou un être vivant, ou d'un phénomène complexe comme le développement d'une société humaine, etc. Comprendre leur **complexité** impose de faire appel à une **causalité circulaire** ou récursive selon laquelle un effet peut rétroagir sur sa cause et la transformer. Par exemple, selon l'analyse linéaire, un effet comme le refus de manger chez l'enfant peut avoir plusieurs causes comme l'absence de faim, son caractère difficile ou la volonté de désobéir pour attirer l'attention de sa mère. Selon la logique circulaire, le refus de manger de l'enfant entraîne une insistance du parent qui provoque lui-même une persistance de l'enfant qui renforce le parent dans son comportement, etc., dans un cercle vicieux sans fin. Aucune des raisons premières ne suffit à expliquer le cœur du problème qui se trouve dans la relation entre l'enfant et la mère (entre autres personnes) au sein d'un contexte donné.

> Réfléchir de façon systémique, c'est utiliser une logique de causalité circulaire pour comprendre les interactions entre les éléments d'une réalité.

L'approche systémique (et sa méthode : l'analyse systémique) (*voir le tableau 1.15, p. 72*) conduit donc à une approche interdisciplinaire et globale des objets complexes réfractaires aux approches analytiques classiques. Elle est complémentaire de l'approche analytique en ce qu'elle se concentre sur les interactions à la fois entre

---

15. *Le Robert, Dictionnaire historique de la langue française* (2000), tome III, p. 3732.

les éléments du système et entre le système et son environnement, et sur leurs effets dans le temps plutôt que sur leur nature. Par exemple, un transformateur qui flanche à un endroit donné peut signifier une panne du système de distribution d'énergie électrique pour tout un territoire. Quand on parle de l'appareil cardiovasculaire dans une perspective systémique, on évoque la relation étroite qui existe entre les fonctions cardiaques et la circulation sanguine chez l'être humain ou chez les espèces animales. Les apprentissages que font les élèves au primaire et au secondaire jouent un rôle primordial dans le système d'éducation : ils sont gages de leur succès ou de leur échec au stade des études supérieures.

TABLEAU 1.15   Une comparaison de l'approche analytique et de l'approche systémique

Approche analytique	Approche systémique
• Isole : se concentre sur les éléments (*le tout [totalité] est la somme des parties*)	• Lie : se concentre sur les interactions entre les éléments (*le tout [globalité] n'est pas réductible à la somme des parties*)
• Considère la nature des interactions : insiste sur les composantes du système	• Considère les effets des interactions : insiste sur l'interaction système-environnement
• S'appuie sur la précision des détails	• S'appuie sur une perception globale
• Est indépendante de la durée : les phénomènes considérés sont réversibles	• Intègre la durée et l'irréversibilité
• Utilise la causalité linéaire cause/effet	• Utilise la causalité circulaire (rétroaction)
• Adopte une vision par discipline	• Adopte une vision pluridisciplinaire
• Conduit à une action programmée dans ses détails	• Conduit à une action par objectifs

Sources : d'après Rosnay (1975, p. 119) et Livian (2001, p. 34).

Le transfert du concept de « système » s'est fait naturellement dans le domaine de la gestion. Il a été amplifié, notamment, par le développement extraordinaire des ordinateurs et des modèles mathématiques utilisés à de nombreuses fins. Ce transfert s'est opéré à la lumière de l'utilité de la méthodologie systémique et des résultats des expériences tentées dans des domaines aussi différents que la technologie, la biologie, la cybernétique, l'informatique, etc. (Bunge, 1981).

Des secteurs clés tels que l'aérospatiale ou la défense ont en effet considérablement évolué en mettant au point de nouveaux systèmes technologiques, c'est-à-dire en concevant des ensembles « hommes-machines » capables d'effectuer des missions complexes, comme celles qui consistent à poser un engin sur une autre planète ou encore à reconnaître les systèmes de défense en territoire ennemi. De son côté, la biologie utilise largement le concept de système pour explorer les notions fondamentales d'adaptation, d'apprentissage, de contrôle et de régulation. En cybernétique[16], le système constitue une notion clé pour la programmation d'automates intelligents guidés par des rétroactions (*feedback*) constantes (Mélèse, 1980). Les informaticiens conçoivent également beaucoup de systèmes : systèmes d'exploitation, systèmes en temps réel, etc.

Du domaine de la biologie vient le besoin de connaître le comportement d'un organisme (Von Bertalanffy, 1951). Similairement, on peut transposer à la gestion la méthode d'analyse et de définition des fonctions de chaque partie, propre aux systèmes technologiques ; il en est de même des procédures d'information et de contrôle. D'autre part, les systèmes de gestion présentent des caractères (par exemple, la propension à remettre en question des choix ou des orientations préalablement établis) que la cybernétique définit comme nécessaires à la survie et à l'évolution d'un organisme (Beers, 1972). Enfin, les caractéristiques des systèmes informatiques influent sur les systèmes de gestion qui les englobent. Par exemple, les systèmes informatiques mis en place par le ministère du Revenu pour débusquer les fraudeurs font que cette entité, pour être efficace, n'a d'autre choix que de recourir à des systèmes de gestion qui fonctionnent en parallèle avec ceux d'autres ministères.

Un système se définit donc comme un ensemble d'éléments interdépendants et en interaction constante, agencés selon un ordre et en fonction de buts et de résultats à atteindre. Il opère dans un contexte avec lequel il entretient des relations d'échange et d'influence.

> Les mots clés de la définition d'un système : ensemble d'éléments ordonnés selon un but ; complexité et interdépendance ; relation d'influence réciproque avec le contexte (environnement)

Un système est **complexe** (du latin *complexus*, « ce qui est tissé ensemble ») parce qu'on ne peut prédire son comportement uniquement à partir de notre connaissance des éléments ou sous-systèmes qui le forment. Un système organisationnel est très complexe et constitué de composantes interdépendantes (par exemple, les fonctions d'approvisionnement, de production, de marketing ou des ventes). Le comportement d'un système ne peut être entièrement expliqué par l'addition des comportements de ses composantes. Vu l'effet de la **synergie** de ses composantes interdépendantes, on dit d'un système qu'il est plus que la somme de chacune des composantes. Ainsi, la connaissance approfondie d'un des sous-systèmes de l'entreprise ne suffit pas à expliquer le fonctionnement de cette dernière dans sa globalité (Kler, 1969).

---

16. En 1942, Wiener, le père de la cybernétique, et ses collaborateurs devaient, par exemple, résoudre un problème crucial : celui de la programmation des canons de la « Défense contre aéronefs » (DCA) destinée à décimer la flotte aérienne ennemie durant la Seconde Guerre mondiale. Ils y parvinrent en prévoyant la trajectoire possible d'un avion visé à partir de la modélisation du comportement d'un pilote se sentant pourchassé.

La structure d'un système est l'ensemble des relations de cause à effet entre ses variables. Le fait d'illustrer un réseau de causalité sous forme de **modèle** permet de saisir du premier coup d'œil les principales relations d'influence du système[17]. On entend par «modèle» une représentation d'une réalité quelconque. Une maquette d'avion est un modèle réduit. Un projet pilote est un modèle de ce qui sera éventuellement adapté sur une plus grande échelle. Un modèle est constitué d'un ensemble de relations entre divers facteurs ou diverses variables. De cette façon, il est plus facile de remonter aux causes premières d'un problème et de prévoir les effets qu'une décision aura sur le réseau de causalité.

La meilleure façon de comprendre la structure systémique d'un problème est de déterminer les relations de cause à effet qu'elle comporte. Une relation de causalité explique pourquoi un type d'événement se transforme en un autre. Par exemple, un gestionnaire peut déterminer que l'accroissement des ventes est la résultante des trois conditions suivantes : 1) la capacité de la firme à produire sur une grande échelle ; 2) le dynamisme de sa force de vente ; 3) la publicité et la promotion qu'elle déploie. Cette description est juste en soi, mais plutôt simpliste. Le gestionnaire en question doit en effet s'intéresser également aux effets possibles de ses décisions. S'il opte pour une production sur une grande échelle, il devra examiner les effets de cette décision sur le système de production et sur les ressources humaines en particulier. Il n'est pas du tout certain que les travailleurs acceptent d'emblée d'accroître leur productivité, ni que le système actuel de production puisse répondre à la demande. Le décideur a des raisons de croire qu'un type d'événements pourra être suivi par un autre type d'événements, pas nécessairement en accord avec les objectifs de départ.

Ce concept de complexité est important pour le gestionnaire, qui se voit confier la direction d'un système ouvert complexe, et qui doit donc se méfier des solutions rapides et simples (Pattee, 1974). Il est important de modéliser correctement un problème (Zadeh et Polak, 1969) en s'appuyant sur la logique de la causalité circulaire et pas seulement linéaire. Elle révélera souvent que de multiples voies peuvent résoudre un problème complexe.

Il importe aussi de bien définir le système sur lequel porte l'analyse du gestionnaire (l'entreprise au complet, un de ses services seulement, une fonction, etc.). Les **frontières** du système départagent les variables internes (l'environnement interne pour le système qu'est l'entreprise) et les variables contextuelles ou exogènes (l'environnement externe pour l'entreprise). Divers processus se déroulent au sein d'un système, notamment la rétroaction de l'information, la transformation des intrants en extrants ainsi que la recherche de l'équilibre.

---

17. L'outil de la modélisation systémique est beaucoup utilisé par les théoriciens néorationalistes de la décision et de la dynamique des systèmes (dont le pionnier fut Forrester), qui tentent de modéliser des phénomènes complexes pour optimiser la prise de décisions.

1.7 Les principales composantes d'un système

L'approche systémique appliquée au management consiste donc à penser l'entreprise comme un système en équilibre. Un système qui fonctionne atteint en général une stabilité relative. Il est par contre constamment soumis à des changements, et son état peut alors se modifier. Pour retrouver son équilibre, un système peut s'autoréguler automatiquement (c'est le cas, par exemple, de la température du corps humain régulée par le processus de l'homéostasie). Dans le cas de systèmes artificiels (non vivants) comme une entreprise, il faut délibérément mettre en place des processus de régulation pour ramener le système à l'équilibre. Un processus transforme alors des intrants en extrants. Un processus de régulation systémique rétroagit de plus sur ces intrants à partir de l'information mesurant ses extrants (rétroaction).

> L'approche systémique en administration consiste à penser l'entreprise comme un système capable de s'autoréguler par l'entremise de son système managérial.

Tout système peut donc être représenté par un schéma tel que la figure 1.7. Celui-ci représente une entreprise à vocation industrielle et commerciale, du secteur privé (par exemple, une multinationale, une petite ou moyenne entreprise) ou du secteur public (par exemple, une entreprise d'État).

FIGURE 1.7 Un système représentant une entreprise à vocation industrielle et commerciale

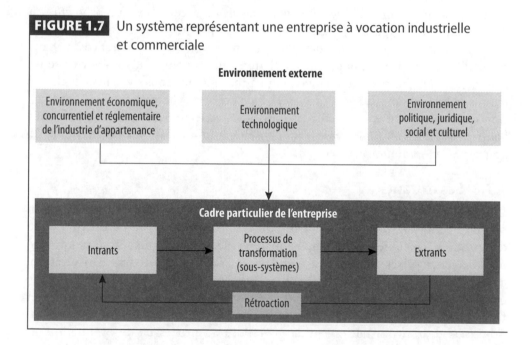

1.7.1 Les intrants

Les intrants correspondent aux ressources nécessaires à la production des extrants. Dans le cas de l'entreprise, on les groupe en diverses catégories : ressources humaines, ressources physiques et technologiques, ressources informationnelles, ressources financières, ressources en savoir, ressources administratives, ressources entrepreneuriales, etc.

1.7.2 Le processus de transformation et les sous-systèmes de l'organisation

Le processus de transformation d'un système comprend d'abord toutes les activités nécessaires à la transformation des intrants en extrants : en premier lieu, des **opérations** telles que le financement, les achats, la fabrication, la distribution et le marketing (concourant à la production des biens et des services) et, en second lieu, des **activités administratives** liées à la coordination, à l'adaptation et à l'innovation (concourant à l'établissement et à la mise en œuvre de buts et d'objectifs stratégiques pertinents). Un peu comme le cerveau humain allie le système reptilien (siège des instincts et des réflexes innés), le système limbique (siège des émotions) et le néocortex (siège de l'intellect), l'entreprise conjugue des opérations pour mener à bien ses activités. Ces opérations constituent en elles-mêmes des sous-systèmes de l'entreprise et possèdent par conséquent les caractéristiques du système dans lequel elles sont incluses.

Lorsqu'une organisation est en état d'équilibre relatif, on observe une relation d'**équilibre** et de **synergie** étroite entre toutes ses composantes, ses opérations, sa structure, son organisation informelle, sa technologie, sa stratégie, etc. Par conséquent, le gestionnaire ne peut avoir une vision acceptable d'un problème ou d'un phénomène organisationnel sans tenir compte de tous ces éléments. S'il entend modifier un de ces facteurs, il devra s'interroger sur la cohérence du changement avec l'environnement, sur les changements requis dans les autres sous-systèmes et sur l'impact du changement sur ces mêmes sous-systèmes. Enfin, si le rôle de la direction (du gestionnaire) est de créer la synergie, donc la coordination efficiente entre les moyens, les personnes et les objectifs que s'est donné l'entreprise, il est alors du ressort du conseil d'administration et du système de gouvernance d'orienter la direction.

1.7.3 Les extrants

Les extrants représentent ce que le système **produit ou offre comme biens ou services (tangibles ou intangibles).** Ainsi, une entreprise de fabrication offre des produits (meubles, vêtements, appareils électroménagers, etc.), tandis que d'autres entreprises offrent des services aux consommateurs (consultation, conseils juridiques, génie-conseil, soins médicaux, traiteur, etc.), grâce à un processus de transformation mobilisant des ressources matérielles, humaines et financières (intrants). Par ailleurs, le processus d'administration est aussi un processus de transformation qui se juxtapose au processus de production : **il transforme également des intrants intangibles (informations, savoirs) en extrants (décisions, buts et objectifs stratégiques, organisation, engagement des employés, climat organisationnel).**

Nous présentons dans le tableau 1.16 de la page suivante quelques exemples d'intrants et d'extrants.

TABLEAU 1.16 Quelques exemples d'intrants et d'extrants

Organisation	Intrants		Extrants
Bijouterie	• Marchandises • Établissement, boutique • Vendeurs	• Actifs financiers • Bijoutiers • Clients	Ventes aux clients
Bureau de poste	• Lettres et colis • Équipements de tri • Camions	• Postiers, facteurs • Maître de poste	Livraison du courrier
Hôpital	• Médecins, infirmières • Employés • Bâtiments	• Lits, équipements • Fournitures • Patients	Patients quéris
Manufacture de fabrication	• Machinerie • Usine • Matières premières • Travailleurs	• Dirigeants • Concepteurs • Machines et appareils	Produit fini ou semi-fini (destiné aux consommateurs ou à des clients commerciaux)
Université ou collège	• Facultés • Employés • Locaux	• Bibliothèque • Fournitures • Étudiants	• Diplômés • Recherche et service à la collectivité

1.7.4 La rétroaction

Le concept de rétroaction est l'un des éléments fondamentaux du contrôle de tout système. Les **systèmes ouverts,** par définition, ne sont pas dans un état statique ; ils évoluent avec le temps. La rétroaction représente le mécanisme par lequel la direction de l'entreprise s'informe de l'évolution du système dans le but d'apporter des correctifs au besoin (Van Gigch, 1974).

Certains systèmes ont la propriété de s'autoréguler. Ainsi le corps humain maintient-il sa température à 37,2 °C, malgré les variations climatiques, par un système complexe de processus biochimiques de stabilisation. Les systèmes sociaux, et en particulier les systèmes organisationnels, n'ont pas de tels mécanismes d'autorégulation. C'est la direction qui doit accomplir cette fonction. Pour ce faire, cette dernière doit mettre en place des mécanismes d'écoute afin d'évaluer l'état du système qu'est l'organisation.

Il est possible que les gestionnaires doivent réévaluer en permanence les objectifs du système. Les conséquences d'une modification locale d'un élément du système peuvent, par ailleurs, se répercuter à d'autres niveaux et agir en retour sur cette modification. De telles constatations confirment l'importance de la rétroaction. L'entreprise peut, par exemple, désirer se lancer à la conquête d'un marché grâce à la création d'un nouveau produit. À la suite d'études de marché et de faisabilité, elle conclura éventuellement que certains critères sont trop contraignants pour qu'elle soit compétitive dans ce nouveau domaine. Il lui faut alors retourner à la case départ. L'entreprise doit réviser son objectif parce qu'elle risque la perte de ses marchés établis, un accroissement excessif de ses coûts d'exploitation ou encore la charge d'un programme d'investissement trop onéreux.

1.7.5 L'environnement et les conditions particulières

L'**environnement** ou le contexte d'un système comporte deux volets : les considérations externes (*voir le chapitre 2*) et les considérations particulières au système (*voir le chapitre 3*). Dans le premier cas, on fait allusion à tout ce qui se trouve à l'extérieur des frontières du système (environnement concurrentiel, économique, réglementaire de l'industrie d'appartenance, technologique, politique, social, juridique et culturel) (Lorsch et Lawrence, 1967). Le système importe ses intrants de l'environnement externe et y exporte ses produits et ses services. Cet environnement est lui-même composé de sous-systèmes, chacun d'eux ayant des relations particulières avec le système. Ces sous-systèmes sont interdépendants. Ainsi, une entreprise aura des relations avec les clients, les fournisseurs, l'État, les syndicats, les consommateurs, les concurrents, etc.

Les systèmes comportent par ailleurs des caractéristiques qui leur sont propres et avec lesquelles ils doivent composer. Par exemple, une entreprise peut se distinguer par des caractéristiques telles que la taille, l'âge, le mode de propriété ou les ressources humaines qui la composent. Les conditions propres à un système sont étroitement liées à l'environnement externe (*voir l'encadré 1.10*). Ainsi, la grande taille d'une entreprise peut s'expliquer par le fait qu'elle évolue dans une industrie où seules les entreprises de taille respectable peuvent subsister (par exemple, les compagnies d'aluminium, les constructeurs automobiles).

ENCADRÉ 1.10 De l'ouverture à la contingence

Les **approches contingentes,** fondées sur des recherches empiriques, indiquent l'inefficacité des solutions universelles comme celles qui sont préconisées par les protagonistes des modèles rationnels ou des approches behavioristes. Elles mettent en relief l'influence circonstancielle des facteurs contextuels sur les formes d'organisation et l'obligation des gestionnaires d'effectuer des choix en conséquence (Miles, 1980). Le modèle de la contingence envisage l'organisation comme un **système ouvert** (composé de sous-systèmes : structurel, technique, stratégique, psychosocial et managérial) ne se suffisant pas à lui-même et étant dès lors exposé aux pressions, aux influences et aux incertitudes de son environnement externe (Rice, 1963). Cet environnement apparaît dans les théories comme un phénomène extérieur

contraignant qui influe sur la structure et le fonctionnement de l'organisation. Ce même environnement est conçu comme une source d'informations qui influent sur la prise de décisions et qui conduisent l'organisation à adapter ses structures, ses activités, ses politiques et ses stratégies (Aldrich, 1979). L'entreprise est agitée par une foule de forces extérieures en constante évolution. Tout est en mouvement : les fins, les moyens et les forces extérieures (Scott, 1981).

S'inspirant de la loi de la « sélection naturelle », le **courant écologique** (Boulding, 1956 ; Hawley, 1968 ; Campbell, 1969 ; Trist, 1976 ; Hannan et Freeman, 1977 ; Aldrich, 1979 ; Freeman, J., 1982 ; McKelvey et Aldrich, 1983) considère que c'est plutôt l'environnement qui est somme toute à l'origine de la survie ou de la disparition des

> **ENCADRÉ 1.10 De l'ouverture à la contingence** (*suite*)

entreprises en sélectionnant les plus adaptées d'entre elles. Les organisations, comme les différentes espèces qu'on trouve dans la nature, ne peuvent survivre, selon les tenants de l'approche écologique, que si elles peuvent compter sur une quantité suffisante de ressources essentielles. Seules les entreprises adaptées y parviennent. La quantité, la nature et la répartition des organisations sont proportionnelles à la disponibilité des ressources et à la compétition entre « espèces », d'où l'importance de l'environnement dans la détermination des organisations qui peuvent croître et de celles qui sont appelées à disparaître. L'accent ne porte plus sur la façon dont les organisations s'adaptent individuellement à l'environnement, mais sur les facteurs qui font que les différentes espèces prennent de l'ampleur, puis périclitent. On est également préoccupé par les raisons qui expliquent la présence de différents genres d'espèces, leur nombre et leur répartition, et par la capacité qu'a telle ou telle population à accumuler des ressources. Selon les théoriciens de

l'approche écologique, l'élément primordial, pour une firme, consiste à occuper un créneau au sein duquel il est possible de s'approprier plus de ressources que les concurrents. Cette capacité est caractéristique de certaines « populations » d'organisations proactives.

Certains détracteurs estiment cependant que le modèle prend une allure trop déterministe. Si l'on accepte, par exemple, l'idée que l'environnement sélectionne les entreprises, on peut se demander à quoi servent les stratégies, les buts ou les objectifs mis en avant par les dirigeants. D'autre part, si l'on prête foi au principe de l'inertie, on minimise la possibilité que des firmes puissent, malgré tout, se réajuster ou se transformer. Les grandes firmes, par exemple, peuvent souvent compter sur une grande quantité de ressources de qualité ; elles sont donc en meilleure posture pour faire face aux menaces qui s'exercent sur elles et qui pourraient éliminer des entreprises plus faibles.

Pour un gestionnaire, adopter la perspective du **système ouvert** sur l'environnement (interne ou externe) comporte plusieurs exigences : par exemple, avoir une vision d'ensemble ; minimiser les biais relatifs à la personnalité, à la profession ; considérer le contexte dans l'analyse des diverses situations ; tenir compte des effets de ses actions sur les environnements interne et externe à la lumière de la rétroaction ou de l'équilibre du système qui l'englobe (Emery, F. E., 1969).

1.8 Le management en tant que système

Les systèmes sociaux ont un comportement plutôt instable. Le degré de prévisibilité d'un système est très variable suivant sa nature. L'être humain est généralement très imprévisible et ses objectifs changent avec le temps. Il en est de même pour les systèmes sociaux ; ils sont imprévisibles, puisqu'ils sont justement composés d'humains, et leur finalité est changeante. Cette réalité a de profondes implications pour le gestionnaire d'un système social. Le gestionnaire doit être capable, dans une certaine mesure, de gérer le comportement de l'entreprise malgré son imprévisibilité et de le modifier lorsque surviennent des impératifs de nature économique, sociale ou autre. En d'autres termes, il doit assurer la stabilité et l'adaptation du système organisationnel à son environnement par des mécanismes appropriés.

Là où Fayol suggérait plusieurs activités à la fonction d'administration (POCCC), la perspective systémique en fait les composantes du système de management de l'entreprise.

Le système managérial comporte cinq composantes liées entre elles dans le processus d'administration : la planification, l'organisation, la décision, la direction et le contrôle.

Ainsi, parce que l'approche systémique est le mode d'intégration des connaissances que nous avons retenu et appliqué à l'objet de cet ouvrage qu'est la fonction d'administration, nous considérerons **le management comme un système (PODDC) à cinq composantes liées entre elles** (*voir la figure 1.8*) – **planification stratégique, organisation, décision, direction, contrôle** –, chaque composante étant elle-même à la fois un sous-système et un processus.

Le processus d'administration porte sur des décisions critiques (extrants) prises en vue d'assurer le maintien et le progrès de l'entreprise. Ces choix critiques correspondent : à la formulation d'une stratégie (*voir le chapitre 2*) ; au design et au changement organisationnels (*voir le chapitre 3*) ; à la stimulation des personnes et des performances (*voir le chapitre 4*) ; et à l'évaluation et au contrôle des résultats (*voir le chapitre 5*). Ces activités (qui sont aussi des processus, comme nous le verrons dans les chapitres correspondants dans la suite de l'ouvrage) sont indissociables. Pour que la firme puisse s'adapter aux exigences concurrentielles de l'**environnement** externe, la conception d'une **stratégie** est nécessaire. Une fois la stratégie arrêtée à l'aide de processus de **décision** plus ou moins rationnels et plus ou moins collectifs (*voir le chapitre 4*), il s'agit de créer une **organisation** (*voir le chapitre 3*) propice à la réalisation des tâches découlant de la stratégie. Au-delà de ressources matérielles, techniques et financières, la mise en œuvre de la stratégie exige surtout

FIGURE 1.8 La corrélation entre l'approche systémique et le PODDC

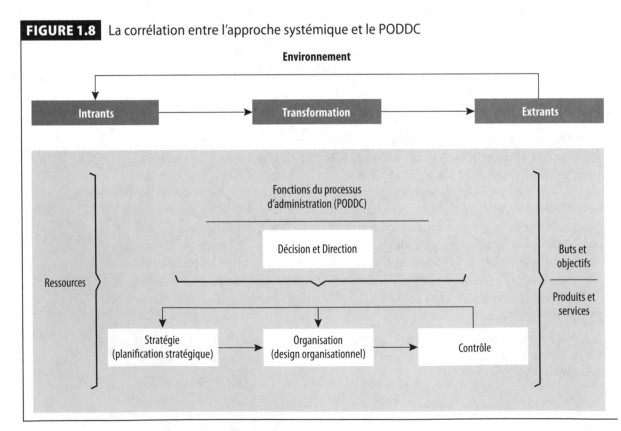

la mobilisation de ressources humaines et la **direction** (*voir le chapitre 4*) des personnes vers un engagement synergique. Le système ainsi organisé doit enfin être **contrôlé** (*voir le chapitre 5*) de façon continue pour s'assurer de sa stabilité relative et corriger ses dysfonctionnements.

Penser une entreprise en tant que système, c'est en fait reconnaître que celle-ci est composée de multiples parties liées entre elles d'une manière complexe, en évolution permanente sous l'action d'un suprasystème (économique et sociopolitique), et qu'elle doit être orientée vers la réalisation de sa finalité. Les fins des sous-systèmes qui la composent sont par contre souvent contradictoires ou divergentes par rapport aux objectifs de l'entreprise, et l'art managérial se traduit par la capacité de l'entreprise à coordonner des activités et à réguler des intérêts pour atteindre un équilibre orienté et viable (Ackoff, 1972).

Section IV
Conclusion : le management, d'un système technique fermé à un système social ouvert

Le management tel qu'on le connaît aujourd'hui est le fruit de nombreuses transformations à travers l'histoire. Les écoles formelles et behavioristes constituent les deux piliers de cette histoire managériale que nous avons ici simplifiée. Le management s'inscrit dans un système capitaliste qui a connu de profondes transformations depuis la première révolution technologique de la fin du XVIIIe siècle. Sérieyx (1999) résume de façon éclairante ces grandes phases de l'avant et de l'après-capitalisme industriel (*voir le tableau 1.17, p. 82*). D'un capitalisme industriel, notre système économique anglo-américain s'est doublé depuis la seconde moitié du XXe siècle d'un capitalisme financier et cognitif. Nous décrirons dans la deuxième partie de cet ouvrage le management classique (PODDC) hérité du capitalisme industriel et, dans la troisième partie, les théories managériales plus récentes qui sont plus propices pour aborder la nouvelle économie actuelle fondée sur la connaissance et l'innovation.

Les théories classiques nous enseignent que les entreprises sont à la fois des systèmes technico-économiques et des systèmes sociaux. En tant que système d'action, l'entreprise est souvent conçue d'abord comme un système de relations techniques et économiques analysables, d'une manière objective, et maniables par des décisions des dirigeants. C'est là l'héritage, encore bien vivant, des écoles formelles d'administration qui ont eu tendance à considérer l'entreprise comme un système technique stable et plutôt fermé. Mais l'entreprise est aussi et surtout formée de personnes dotées de savoirs multiples et animées par des intentions et des volontés, dont la mise en œuvre a un impact sur l'économie et la société. Ces personnes sont la cause des événements qui forment l'entreprise en tant que système d'action. La vitalité d'une entreprise ne peut venir que des intentions, des décisions et des actions des personnes qui la constituent. Ignorer ou oublier ce fait d'évidence revient souvent à mal définir l'origine des dysfonctionnements dans l'entreprise et donc à mal en déterminer les solutions.

TABLEAU 1.17 Les trois grandes périodes occidentales

Éléments caractéristiques de l'organisation de la cité	3 périodes de la vie occidentale		
	XIIe siècle	XVIIIe-XIXe siècles-première partie du XXe siècle	Depuis la seconde moitié du XXe siècle
La production d'énergie	Le moulin à eau	La combustion	Le nucléaire et la maîtrise des énergies douces
La maîtrise de la vie	La sélection des semences	La microbiologie	Le génie génétique
Les matériaux de base	Le fer	Le béton et l'acier	L'hyperchoix, y compris les matériaux nouveaux
La mesure du temps	La cloche qui mesure l'heure	Le chronomètre qui mesure la seconde	L'électronique qui mesure la microseconde
L'homme performant	Le serf	L'homme taylorisé	Le créateur
Le but de l'activité économique	La subsistance	La quantité	La qualité, l'innovation
Le levier de l'économie	La terre	Les finances	L'intelligence et l'information
Les paradigmes explicateurs de l'univers	Dieu	• Newton, Descartes, Kant • La raison, la logique • L'organisation mécaniste • Les cycles économiques • La réversibilité des phénomènes • La matière réductible à des éléments simples • La complication	• Prigogine, Reeves, Morin • Le désordre créateur • Les bifurcations aléatoires • L'irréversibilité • Le point d'interrogation sur la matière : particules ou vibrations ? • La complexité

Source : Sérieyx (1999, p. 70).

La perspective systémique force à reconnaître que les dirigeants et les membres s'appuient sur des théories ou des schémas conceptuels imparfaits pour prendre des décisions faute d'embrasser toute la complexité de l'entreprise. Elle permet aussi de dégager une philosophie du management dont les mots clés sont « évolution », « adaptation », « apprentissage », « contrôle » et « régulation ». Elle ne prétend donc pas que la pratique de l'administration soit l'application de lois universelles et scientifiques valables en toutes circonstances. **Le management n'est ni un art ni une science exacte ; il est plutôt une pratique où les dirigeants font appel à un ensemble croissant de théories et de techniques. L'administrateur efficace est celui qui a développé son jugement professionnel et qui a appris quand et comment utiliser les connaissances théoriques et les schémas conceptuels.** Car, plus globalement, le système managérial est autant le produit du système économique et du système sociétal dans lesquels il s'insère que le générateur de transformations économiques et sociétales. Il impose de fait et plus que jamais une réflexion sur la **responsabilité** du gestionnaire en situation d'autorité, ainsi que Fayol l'a énoncé il y a maintenant un siècle.

Partie II
Le management : les concepts clés (héritage des classiques)

Chapitre 2
La pensée et la pratique stratégiques : de la planification
formelle à la stratégie émergente

Chapitre 3
L'organisation : de la hiérarchie à l'auto-organisation

Chapitre 4
La décision et la direction : de l'autocratie à la participation

Chapitre 5
Le contrôle : de l'inspection à la responsabilisation

Chapitre 2

La pensée et la pratique stratégiques : de la planification formelle à la stratégie émergente

Section I : La pensée stratégique : les concepts de base 89

Section II : Quelques outils d'analyse stratégique 121

Section III : L'innovation stratégique : formulation de la stratégie, établissement et évaluation des choix stratégiques 161

Section IV : Conclusion : les limites et les conditions de succès de l'exercice émergeant de la pensée stratégique 172

« *La complexité appelle la stratégie. Il n'y a que la stratégie pour s'avancer dans l'incertain et l'aléatoire [...] [Elle] est l'art d'utiliser les informations qui surviennent dans l'action, de les intégrer, de formuler soudain des schémas d'action et d'être apte à rassembler le maximum de certitudes pour affronter l'incertain.* »

(Morin, 1990b, p. 178)

« **L**es plus belles stratégies s'écrivent au passé », a écrit le journaliste et humoriste Alphonse Allais à la fin du XIXᵉ siècle. Pourtant, certaines personnes, quand elles partent en voyage, sont assez prévoyantes, préférant le « voyage organisé », donc planifié, alors que d'autres choisissent l'aventure (l'auto-stop), le présent. Certains voyageurs s'appuient sur un plan détaillé ; d'autres se fient à leur sens de l'orientation. Ce plan peut être précis (« C'est à droite, puis la deuxième à gauche, puis 500 mètres tout droit ») ou simplement directionnel (« C'est par là »). Bref, les uns s'appuient sur une connaissance fine et préalable d'un ordre des lieux (la carte), tandis que les autres apprennent d'un parcours (ensemble de mouvements *in situ*) des lieux[1].

« Les plus belles stratégies » s'écrivent-elles ? Pour certains, elles se planifient mûrement et se formulent dans des plans, telles des cartes au trésor. Pour d'autres, elles s'établissent au présent, chemin faisant (Avenier, 1997), de façon plus ou moins intuitive (Mintzberg, 1973). Pour les premiers, qui sont des technocrates, les stratégies sont établies de façon analytique et rationnelle. Si l'on se replace dans le contexte de l'entreprise, planifier, c'est établir la mission de l'entreprise, qui précède les buts, qui précèdent eux-mêmes les objectifs stratégiques. Ces objectifs sont définis clairement et les ressources pour les atteindre sont planifiées et mesurées. Pour les seconds, dans un mode entrepreneurial, la formulation de la stratégie est émergente et s'appuie sur les expériences préalables des gestionnaires-entrepreneurs. Les entrepreneurs se lancent en affaires sans toujours disposer dans l'immédiat des ressources nécessaires. Leur démarche est un va-et-vient continuel entre les résultats obtenus et la poursuite des activités.

Pour certains, « les plus belles stratégies » consistent à choisir le meilleur positionnement de marché possible par rapport aux concurrents ; pour d'autres, elles sont le fruit de l'exploitation ou de l'activation ciblée des ressources et des forces particulières de l'entreprise.

De façon générale, **l'élaboration de la stratégie, c'est l'action de penser l'action pour l'action et en passant à l'action ; c'est à la fois penser pour agir et agir pour penser.** Selon Marchesnay (2007, p. 49), la stratégie doit éclairer la prise de décisions sur un double plan : celui de l'action, c'est-à-dire de la cohérence entre les fins poursuivies et les moyens (les activités) pour y parvenir, et celui de la faisabilité de l'action. Il s'agit donc de répondre aux questions « **pourquoi (faire) ?** » et « **quoi faire des compétences et des savoirs de l'entreprise ?** ».

Aussi, dans ce chapitre consacré à la « prévoyance », selon le terme initial de Fayol, en 1916, qui est devenue la « planification » puis la « stratégie » dans le vocabulaire actuel, nous nous pencherons sur les différentes questions qui découlent des précédentes : qu'est-ce que la prévoyance ? Quoi penser et faire (voir, prévoir et pourvoir) ? Qui est le grand stratège ou fait la stratégie ? Pourquoi penser stratégique, et quelles sont les limites de la pensée stratégique ? Pour qui ? Comment (quels outils pour planifier ou penser la stratégie) ? Quand (voir, prévoir, pourvoir et prévenir) ? Répondre à ces questions nous conduit à aborder les différentes écoles de pensée en matière de stratégie, puis à donner une définition du vocabulaire classique de l'analyse stratégique, et ensuite à proposer une explication des étapes courantes du processus de planification et à présenter les outils de l'analyse stratégique communément utilisés (analyse stratégique de l'environnement, de l'industrie, formulation de choix stratégiques). Ce chapitre se termine par une analyse des limites de la planification stratégique dans l'univers de la société du savoir.

---

1. Nous empruntons le vocabulaire de l'ordre et du parcours des lieux à Certeau (1990, p. 176).

Section I
La pensée stratégique : les concepts de base

By strategy, I mean a cohesive response to a challenge. A real strategy is neither a document nor a forecast but rather an overall approach based on a diagnosis of a challenge. The most important element of a strategy is a coherent viewpoint about the forces at work, not a plan.

(Rumelt, 2009, p. 35)

2.1 La « prévoyance », la planification, la pensée stratégique : petit détour terminologique sur l'origine des verbes « prévoir » et « pourvoir »

Pour Fayol (1962), la composante première de la fonction d'administration, c'est « prévoir ». Le verbe « prévoir » est une réfection (1265) d'après « voir » de « previr » (1219), qui signifie au sens propre « voir auparavant, apercevoir d'avance[2] ». Le verbe aurait eu du mal à s'imposer en ancien et en moyen français, la préférence étant accordée à « pourvoir ». Après le partage des sens entre les deux verbes, c'est « prévoir » qui a gardé le sens devenu courant, celui « d'envisager les événements en prenant les mesures, précautions nécessaires » (1537). Par extension, l'accent étant mis sur la préparation du lendemain, le verbe exprime le fait de décider pour l'avenir, d'organiser d'avance (1669). Le verbe « pourvoir », quant à lui, à la fin du XIIe siècle, signifie « procurer (quelque chose) à quelqu'un », et, avec la préposition « à », « parer » et « subvenir à ». Des extensions de sens sont apparues au XVIIe siècle avec « pourvoir quelqu'un », « le mettre en possession d'un avantage » (avant 1615), « pouvoir quelque chose », « munir » (1690)[3]. Si l'on reprend le terme utilisé par Fayol, la « prévoyance », devenue depuis, dans la plupart des manuels de stratégie, la « planification », renvoie donc à un exercice de conception de l'avenir, à court, à moyen et à long terme, au double sens de **prévoir pour pourvoir** (et réciproquement pourvoir pour prévoir), bref, la prévoyance par et pour la clairvoyance, ou encore « anticiper pour mieux agir » (Lesca, Pasquet et Pellissier-Tanon, 2007, p. 253).

Le mot « planification » (dérivé de « plan[4] ») est apparu plus tard, dans l'usage français, vers le milieu du XXe siècle, alors que s'opérait une transformation radicale du paysage politique national dans les économies dites « planifiées » par l'État. Selon *Le Petit Robert* (2007), la « planification », c'est l'« organisation selon un plan », qui « consiste à déterminer des objectifs précis et à mettre en œuvre les moyens propres à les atteindre dans les délais prévus ». Traduire « prévoir » par « planifier » teinte très fortement la conception de ce qu'est la pensée stratégique qui prédomine

---

2. *Le Robert, Dictionnaire historique de la langue française* (2000), tome III, p. 2934.

3. *Le Robert, Dictionnaire historique de la langue française* (2000), tome II, p. 2888.

4. Le plan est un « projet élaboré, comportant une suite ordonnée d'opérations, de moyens, destinés à atteindre un but » (*Le Nouveau Petit Robert*, 2007, p. 1922).

depuis longtemps. Pour beaucoup, l'exercice de la pensée stratégique est une activité rationnelle de conception d'un avenir prévisible et contrôlable. Cependant, la linguistique l'a prévu : les choses peuvent aussi « être laissées en plan » ou « rester en plan » ! Nous verrons qu'il y a de nombreuses limites à la planification dans ce sens formel et que les outils disponibles pour analyser l'environnement ne réussissent qu'imparfaitement à mesurer l'impossible : les certitudes de l'avenir.

Trois niveaux de planification

Il est aussi possible de distinguer plusieurs niveaux de planification, soit le **niveau général** des grandes orientations de l'entreprise, souvent qualifié de « stratégique », le **niveau structurel** (qui correspond à la structure, c'est-à-dire à l'organisation des moyens, des personnes et des rôles dans l'entreprise pour arriver à ses fins) et le **niveau opérationnel** (qui correspond à la préparation des opérations concrètes et quotidiennes sur le terrain). La pensée stratégique relève souvent du niveau général, et c'est essentiellement de ce niveau qu'il est question dans ce chapitre. Les deux autres niveaux sont évidemment liés au premier ; nous y reviendrons dans ce chapitre et dans les chapitres ultérieurs portant sur l'organisation, la direction et le contrôle.

Le terme « stratégique », lui-même issu de « stratégie », est d'usage assez récent ; le mot est habituellement considéré comme dérivant du grec στρατηγία, *strategia* (lui-même dérivé de *stratos*, « armée », et *agein*, « conduire »), qui signifiait « gouvernement militaire d'une province, aptitude à commander une armée » (1562)[5]. La métaphore de la guerre a d'ailleurs souvent été utilisée pour décrire l'exercice stratégique comme celui de penser la survie de l'entreprise par un positionnement et des manœuvres judicieuses dans une arène de concurrents. Pourtant, l'*Encyclopédie* de Diderot et d'Alembert (1751-1772)[6] souligne que l'étymologie de *stratos*, dont dérive « stratège », ne signifiait pas toujours « armée », mais pouvait aussi désigner une « assemblée de personnes ». Le mot στρατηγός (« stratège ») en vint à désigner tout chef, tout supérieur qui exerçait des charges purement civiles ou sacrées. Il ne renvoyait donc pas seulement à une signification militaire, mais aussi à une signification civile, pour désigner notamment la charge de l'édilité (magistrature municipale) ou de l'intendance des grains dans les cités grecques. Aujourd'hui, dans cette perspective civile, on retient de cette racine étymologique l'« envergure » de cet art de la « conduite » des affaires (qu'elles soient publiques ou privées) (Aktouf *et al.*, 2006) : **on désigne ainsi par la stratégie l'ensemble des choix (requérant des capacités de conception et de décision) d'objectifs et de moyens qui orientent à moyen et à long terme les activités d'une organisation, dans un environnement donné. Ces choix visent à établir et à entretenir une vision pertinente et actualisée de l'avenir de l'entreprise.**

---

5. *Le Robert, Dictionnaire historique de la langue française*, tome III, 2000, p. 3650.

6. Article « Stratège », dans *Encyclopédie ou Dictionnaire raisonné des sciences, des arts et des métiers*, dirigée par Diderot et d'Alembert (1751-1772), vol. 15, p. 541.

La planification stratégique au sens large (pensée et pratique stratégiques) consiste donc **à trouver et à actualiser en permanence l'adéquation entre ce que l'entreprise peut spécifiquement faire (selon ce que demande le marché ou la société et selon les moyens qu'elle possède) et ce qu'elle veut faire (le produit ou le service projeté), étant donné les possibilités et les contraintes d'un environnement donné.**

2.2 Les écoles de pensée en stratégie

Comment s'opère cet ensemble de choix stratégiques d'objectifs et de moyens orientant l'entreprise et son avenir ? L'exercice de la pensée stratégique, la « prévoyance » dont parlait Fayol, comporte des activités et des processus bien différents selon les écoles de pensée (Hax et Majluf, 1988 ; Mintzberg, 1990a ; Mintzberg, Ahlstrand et Lampel, 1998 ; Whittington, 2006). À travers les époques et selon les auteurs, l'élaboration de la stratégie peut être un exercice de design, de planification, de positionnement ; mais il peut aussi être un processus entrepreneurial, cognitif, d'apprentissage, politique, culturel, d'adaptation environnementale ou encore un processus épisodique de configuration (Mintzberg, 1990a) (*voir le tableau 2.1, p. 92-93*). Les écoles de pensée, selon Mintzberg (1990a ; Mintzberg, Ahlstrand et Lampel, 1998) – en tout cas les écoles de pensée essentiellement américaines –, peuvent être regroupées en deux grandes catégories : d'une part, les écoles classiques **prescriptives** (design, planification, positionnement), axées surtout sur le résultat de la réflexion stratégique qui prend la forme de la prescription d'un chemin à suivre, et, d'autre part, les écoles **descriptives** (entrepreneuriale, cognitive, de l'apprentissage, politique, culturelle, environnementale, configurationnelle), qui se centrent plutôt sur la description des pratiques d'élaboration de la stratégie de l'entreprise en action. Que nous apprennent ces écoles de pensée sur ce qu'est la prévoyance, autrement dit sur ce qu'est le processus d'élaboration de la stratégie ?

Dix écoles de pensée en stratégie

Selon l'**école du design** (ou de la conception), l'élaboration de la stratégie est un processus conceptuel centré sur la découverte de la meilleure correspondance (*fit*) entre, d'un côté, les capacités internes et les compétences distinctives (forces et faiblesses de l'entreprise) et, de l'autre, les possibilités externes (occasions d'affaires et menaces de son environnement)[7].

Selon l'**école de la planification,** la stratégie est un processus formel qui peut se décliner par étapes en plans d'action à tous les niveaux de l'entreprise (que nous décrirons par la suite, à savoir le niveau corporatif [groupe, holding], le niveau de chaque champ stratégique ou domaine d'activité stratégique, le niveau fonctionnel, etc.).

---

7. On doit à cette école l'outil le plus connu de la stratégie : la *SWOT Analysis* (*Strengths, Weaknesses, Opportunities, Threats*) ou analyse MOFF (Menaces, Occasions d'affaires, Forces et Faiblesses potentielles).

TABLEAU 2.1   Quelques caractéristiques des 10 écoles de pensée en stratégie selon Mintzberg

École de pensée / Dimensions sous-jacentes	École du design	École de la planification (*planning*)	École du positionnement	École entrepre-neuriale	École cognitive	
Sources d'influence	Selznick (1957) (et travaux précédents probablement), Andrews (1965)	Ansoff (1965 et après)	Travaux de l'université Purdue (Schendel, Cooper, Hatten), milieu des années 1970, puis Porter (1980)	Schumpeter (1950), Cole (1959) et autres auteurs en économie	Simon (1947, 1957), March et Simon (1958)	
Disciplines de base	Aucune (métaphore de l'architecture)	(Quelques liens avec la planifi-cation urbaine, la théorie des systèmes et la cybernétique)	Économie (organi-sation industrielle), histoire militaire	Aucune	Psychologie (cognitive)	
Message affiché	**Ajuster** (*fit*), **correspondre**	**Formaliser** (décomposer)	**Analyser** (créneau)	**Imaginer**	**Faire face (cadrer)**	
Stratégie	**Perspective** explicite, unique	**Plans** explicites, décomposés en sous-stratégies et programmes	**Positions** géné-riques explicites (économique et compétitive), ainsi que **stratagèmes**	**Perspective** impli-cite (vision), per-sonnelle et unique (niche)	**Perspective** mentale (concept individuel)	
Processus fondamental	Cérébral, simple et informel, critique, délibéré (**prescriptif**)	Formel, décom-posé, par étapes, délibéré (**prescriptif**)	Analytique, systé-matique, délibéré (**descriptif**)	Visionnaire, intuitif, largement délibéré (**descriptif**)	Mental, irrésistible, émergent (**descriptif**)	
Acteurs centraux	Directeur (« architecte »)	Planificateurs	Analystes	Leader (chef)	Cerveau (esprit)	

Sources : traduit et adapté de Mintzberg (1990a, p. 192-197) et de Mintzberg, Ahlstrand et Lampel (1999, p. 360-367).

Selon l'**école du positionnement**, l'élaboration de la stratégie est un processus analytique qui se concentre sur le calcul des meilleures positions dans le marché, accessibles à l'aide de stratégies concurrentielles génériques.

Bien que ces écoles de pensée aient proposé et diffusé des outils d'analyse aujourd'hui largement répandus et utilisés (la majorité des outils présentés dans les pages qui suivent sont hérités de ces écoles prescriptives), plusieurs reproches sont formulés à leur encontre :

	École de l'apprentissage	École politique	École culturelle	École environnementale	École configurationnelle
	Lindblom (1959, 1968), Cyert et March (1963), Weick (1969), Quinn (1980), Prahalad et Hamel, début des années 1990	Allison (1971) (micro), Perrow (1970), Pfeffer et Salancik (1978), Astley (1984) (macro)	Rhenman et Normann (fin des années 1960 en Suède), pas de sources évidentes ailleurs	Hannan et Freeman (1977), théoriciens de la contingence	Chandler (1962), groupe de McGill (Mintzberg, Miller, etc.), fin des années 1970 ; Miles et Snow (1978)
	Aucune (peut-être quelques liens périphériques avec la théorie de l'apprentissage en psychologie et en éducation)	Science politique	Anthropologie	Biologie	Histoire
	Apprendre (évoluer)	**Promouvoir** (s'emparer)	**S'unir**	**Réagir**	**Intégrer**
	Comportements (*patterns*) implicites, souvent collectifs	**Comportements** (*patterns*) et **positions** politiques et coopératives et **stratagèmes** (*ploys*), à découvert et cachés	**Perspective** collective, unique et généralement implicite	**Positions** spécifiques (niche en écologie des populations)	**L'une ou l'autre des propositions** des colonnes de gauche, **selon le contexte**
	Émergent, informel, confus (**descriptif**)	Conflictuel, agressif, confus ; émergent (micro), délibéré (macro) (**descriptif**)	Idéologique, contraint, collectif, délibéré (**descriptif**)	Passif, émergent (**descriptif**)	Intégrateur, épisodique, séquencé, et toutes les caractéristiques des colonnes de gauche, selon le contexte
	Quiconque peut apprendre	Quiconque a du pouvoir	Collectivité	Environnement	L'un des acteurs à gauche, selon le contexte

- Elles proposent une conception dichotomique (la pensée s'arrête une fois le plan établi et quand commence l'action) et une conception « statique » de la pensée stratégique, en ce sens qu'une solution est préconisée en un temps donné, alors que la réalité de l'entreprise est dynamique et appelle le changement en permanence.
- Certaines entreprises ne savent pas nécessairement reconnaître leurs compétences distinctives à l'avance et de façon consciente, les découvrant plutôt dans l'action (la stratégie n'est donc pas obligatoirement un exercice de conception

préalable à l'action). De plus, ces compétences peuvent être propres à un temps et à une application donnés, mais elles ne sont pas forcément distinctives ailleurs ou autrement.

- La planification (élaboration de multiples plans stratégiques précis et mesurables à tous les niveaux de l'organisation) est utile pour établir la direction à prendre, mais elle l'est beaucoup moins lorsqu'il s'agit d'encourager le changement. Pire, elle pousse à une forme d'inflexibilité qui peut s'établir au détriment de l'engagement des membres du personnel de l'entreprise.

- Ces écoles conçoivent l'exercice de la pensée stratégique comme un exercice délibéré, qui revient au sommet stratégique de l'entreprise (c'est-à-dire au directeur ou à ses analystes et planificateurs stratégiques) ; elles négligent les processus d'apprentissage qui peuvent avoir lieu dans l'action, partout ailleurs et à tous les niveaux de l'entreprise, et qui sont susceptibles de modifier au quotidien les choix réalisés par le « haut » de la pyramide.

Bref, l'élaboration de la stratégie est difficile à formaliser et l'avenir n'est jamais totalement prévisible : toutes sortes d'imprévus peuvent forcer à modifier les choix effectués ; les informations dont peut disposer le stratège sont toujours limitées, et la séparation de l'entreprise en ses composantes (chacun de ses champs stratégiques ou couples produits-marchés, par exemple) forme une image imparfaite du tout complexe et changeant qu'elle est en réalité.

Que nous apprennent les approches descriptives sur le processus d'élaboration de la stratégie qui, par nature, se penchent plutôt sur la stratégie en cours de déploiement, c'est-à-dire sur la stratégie « chemin faisant », dans l'action ?

Pour l'**école entrepreneuriale,** l'élaboration de la stratégie est d'abord issue d'une vision personnelle à long terme de l'avenir de l'entreprise par l'entrepreneur. Dans l'esprit des travaux de Schumpeter sur l'innovation (*voir le chapitre 6*), l'entrepreneur est un personnage singulier et visionnaire qui aime prendre tous les risques pour porter ses idées dans le marché et transformer des inventions en des innovations commerciales. Ce personnage singulier agit souvent par intuition, sur la base du jugement et de la sagesse tirés d'expériences antérieures et avec une grande perspicacité. De fait, le processus d'élaboration de la stratégie est à demi conscientisé seulement, et exclusivement sous le contrôle de ce dirigeant, qui souvent imaginera et créera des niches spécifiques de marché.

Pour l'**école cognitive,** il faut saisir ce qui se passe dans le cerveau des stratèges pour comprendre le processus d'élaboration de la stratégie. En particulier, ce processus, puisqu'il est mental, est forcément imparfait :

- L'information utilisée par les stratèges n'est pas la réalité, mais une perception seulement, et la rationalité des plans comme celle des décisions stratégiques prises sont toujours limitées.

- Les personnes diffèrent entre elles dans leur manière de penser et d'accéder à des concepts (qu'y a-t-il derrière la boîte noire de l'intuition ?), dans leur manière de créer des idées nouvelles et enfin dans leurs capacités à s'ouvrir à d'autres idées. Cette école de pensée tente de comprendre comment et avec quelle diversité se forment les concepts stratégiques dans l'esprit humain faisant face à la complexité du monde qui l'entoure.

Dans l'**approche de l'apprentissage** («l'organisation apprenante», Argyris et Schön, 1978 ; Senge, 1990), la décision stratégique est peu planifiée, car elle émerge («chemin faisant», Avenier, 1997) en permanence des enseignements de l'expérience individuelle et collective passée. L'apprentissage (et le retour critique sur soi et ses actions) est le support de l'innovation, de l'adaptation et de la performance. Le rôle du dirigeant consiste alors à faciliter l'apprentissage. Non seulement le dirigeant et le sommet stratégique mais bien des personnes dans l'entreprise peuvent ainsi interagir en partageant des connaissances et des rétroactions sur les faits quotidiens, et élaborer ainsi une sorte de modèle – guide d'action, qui devient pour tous et *a posteriori* une stratégie qui prend tout son sens. Ces stratégies ne sont pas délibérées, mais elles émergent des actions menées au jour le jour. Nous y reviendrons dans les chapitres 6 et 7 consacrés à l'innovation et à la gestion des connaissances.

À cette école, certains auteurs (Mintzberg, Ahlstrand et Lampel, 1998 ; Allaire et Firsirotu, 2003) proposent d'associer l'approche récente de la stratégie par les capacités organisationnelles, où les compétences stratégiques de l'entreprise sont acquises collectivement dans l'interaction et le partage de savoirs. Selon cette approche, l'avantage concurrentiel d'une entreprise repose «sur sa capacité d'identifier, de développer et de maintenir un noyau de compétences distinctives pour atteindre un haut niveau de performance» (Desmarteau, 1997, p. 146). Les **compétences distinctives** (Selznick, 1957) ou compétences «fondamentales» (*core competencies*, Prahalad et Hamel, 1990) font référence aux activités et aux processus par lesquels les entreprises déploient leurs ressources[8] pour obtenir un avantage concurrentiel difficilement imitable par les concurrents. Hamel et Prahalad (1994) expliquent en effet la suprématie des firmes par leur clairvoyance et leur portefeuille de compétences. Une «compétence fondamentale» est ainsi un «ensemble de plusieurs savoirs et de technologies. C'est la somme de ce qui a été appris, par-delà les savoirs individuels et les unités de l'entreprise. Son corollaire évident est qu'un seul individu ou une petite équipe ne peuvent guère posséder à eux seuls une compétence fondamentale» (Hamel et Prahalad, 1994, p. 215 ; traduction libre). L'essence de l'inimitabilité de l'entreprise repose alors sur ses capacités à organiser ses activités en coordonnant les compétences individuelles de ses membres.

Pour utiliser une métaphore issue de la botanique, les compétences distinctives sont en quelque sorte les racines et la sève qui alimentent tout l'arbre qu'est l'entreprise, et en particulier ses branches et ses feuilles qui correspondraient aux produits commercialisés. Il y a souvent un danger pour l'analyste de prendre la feuille pour l'arbre, et de se méprendre sur la force de la concurrence en examinant les produits

---

8. La théorie fondée sur les ressources (RBV ou *Resource Based View* en anglais) stipule que l'entreprise est moins le résultat d'un positionnement sur le marché qu'une combinaison de ressources spécifiques.

finis de l'entreprise concurrente plutôt que les compétences qui les nourrissent. Les compétences distinctives sont finalement, pour Andrews, « **bien plus que ce que l'entreprise peut bien faire, c'est ce qu'elle peut faire particulièrement bien** » (Andrews, 1971, p. 97, cité par Côté *et al.*, 2008, p. 133).

L'**approche politique** de la stratégie se comprend bien dans l'affirmation suivante : **Tout changement important de structure nécessite presque d'être précédé d'un changement de décideurs stratégiques** (Chandler, 1962 ; traduction libre). En effet, selon cette école de pensée, une décision choisie (à l'interne ou vis-à-vis de l'externe) est d'abord et avant tout politique, c'est-à-dire qu'elle est adoptée en fonction du pouvoir et de la légitimité reconnus au décideur. La formulation de la stratégie est alors une négociation permanente et une conciliation complexe entre des aspects plus analytiques « positionnels » (positions économiques et rationnelles) et des aspects plus comportementaux de management (behavioristes, sociopolitiques et intuitifs). L'organisation est une sorte d'arène politique où s'élaborent des stratagèmes fondés sur des intérêts individuels, où se disputent des joutes de pouvoir (fondé sur l'accès à l'information, la position hiérarchique, l'expertise et le capital politique) pour remporter les choix stratégiques.

Dans l'**approche culturelle** de la stratégie, il s'agit moins de comprendre les processus politiques par lesquels peut s'opérer le changement stratégique, comme le fait l'approche politique, que de comprendre en quoi la culture de l'entreprise participe ou non du changement stratégique. La culture est un ensemble de valeurs, de significations, d'évidences et de croyances partagées par les membres d'une collectivité en une sorte d'esprit collectif ou d'identité collective qui régule les comportements des personnes. Elle se traduit par l'existence dans l'organisation de héros (individus-modèles qui personnifient les valeurs de l'entreprise), de rituels, de symboles, de langages, de mythes, de façons de faire, etc. Comme l'affirment Peters et Waterman (1983), les employés savent ce qu'ils ont à faire, car ils disposent de valeurs-guides claires. Selon cette école, l'élaboration de la stratégie est un processus idéologique basé sur un ensemble de croyances foncièrement partagées par les membres de l'entreprise, et ce, de façon distincte de toute autre entreprise. La stratégie prend la forme d'une perspective cohérente avec la culture qu'est l'entreprise (et non qu'a l'entreprise). La question clé demeure : une culture peut-elle changer (et comment ?) pour qu'évolue la stratégie avec l'environnement ?

L'**approche environnementale** se situe en marge des approches précédentes. Sur la base d'une analogie avec la théorie darwinienne de l'évolution des espèces, la théorie fondée sur l'écologie des populations pose d'emblée que l'organisation et le leader sont totalement passifs dans le processus d'évolution de la stratégie de l'entreprise et que celle-ci ne résulte que d'une sorte de « sélection naturelle » par les conditions qu'impose l'environnement. Dans cette école, il n'y a pas plus de stratège que d'élaboration de la stratégie, puisque cette dernière est dictée par l'environnement. Le choix du stratège est limité à certaines niches. Les théoriciens de la contingence, aussi apparentés à cette école, se sont pour leur part penchés sur les conditions qui limitent ce choix : le stratège doit en effet réagir et s'adapter aux contraintes imposées par l'environnement interne (âge, taille, technologie utilisée par l'entreprise, relations de pouvoir dans l'organisation) ou l'environnement externe de l'entreprise qui peut être complexe, dynamique, hostile, diversifié, etc. Il est de fait indispensable de s'outiller pour analyser cet environnement. Nous y reviendrons.

Selon l'**approche configurationnelle** de Mintzberg, la prédominance de l'une ou l'autre des écoles précédentes pour appréhender la stratégie dépend à la fois de la période et du contexte dans lesquels se trouve l'organisation et de sa configuration. Mintzberg (1982, 1990a) a relevé plusieurs configurations d'entreprises, dont l'organisation professionnelle, l'organisation mécanique, l'organisation entrepreneuriale, l'organisation innovante (adhocratie) et l'organisation divisionnalisée (*ces différentes configurations sont décrites dans le chapitre 3*). Retenons ici que, selon cette école, l'une ou l'autre des approches de la stratégie se justifie selon le stade d'évolution ou de maturité de l'entreprise, sa forme organisationnelle, sa taille, etc. Par exemple, une entreprise en démarrage (*start-up*) adoptera une approche entrepreneuriale d'élaboration de sa stratégie au stade initial de son développement, tout comme une grande entreprise innovante qui aurait besoin d'un leader visionnaire pour penser sa réorientation ; par ailleurs, une configuration mécanique d'organisation se soumettra mieux à une approche par le design pour une nouvelle conception de sa stratégie en phase de maturité, etc.

Ces différentes écoles de la pensée stratégique s'appuient sur plusieurs logiques sous-jacentes (Martinet, 1997, 2000), représentées dans la figure 2.1 (*voir p. 98*) :

> Cinq logiques sous-jacentes au diagnostic stratégique

- La **téléo-logique** (du grec τέλος, *telos*, au sens de « fin, but »), où l'entreprise est vue « comme un système que les dirigeants peuvent et doivent gouverner » (Martinet, 1997, p. 68). C'est le cas des écoles du design et de la planification qui envisagent la stratégie comme la détermination de positions à établir ou à modifier, de trajectoires à imaginer, de manœuvres à opérer, de décisions majeures à prendre.

- L'**éco-logique,** où prédomine le rôle de l'environnement (écologie) ou du marché (économie) de l'entreprise vus comme compétitifs, sélectifs, voire déterministes dans la mesure où l'on n'accorde qu'une faible marge de manœuvre aux dirigeants. « L'accent est mis sur l'aptitude des firmes à satisfaire aux "exigences" de leur environnement censé sanctionner les moins habiles et les moins efficientes » (Martinet, 1997, p. 69).

- La **socio-logique** (dont relèvent notamment les écoles politique, culturelle, de l'apprentissage et entrepreneuriale) privilégie « les relations et les jeux d'acteurs, les rapports de pouvoir, le rôle des normes culturelles et des règles […] S'agissant de la stratégie, l'accent est mis sur son caractère résultant, sur le pattern qui se dégage progressivement des actions, négociations, tâtonnements » (Martinet, 1997, p. 69).

- La **techno-logique** (dont relèvent en partie les écoles des compétences, de l'apprentissage) gouverne « les démarches fondées sur les ressources, les compétences, le savoir-faire, le métier, le patrimoine technique, la plateforme sur lesquels la stratégie doit se construire, par capitalisation, dans la durée » (Martinet, 2000, p. 118).

- La **noo-logique** ou l'**idéo-logique** (du grec *noos* ou *nous*, au sens d'« intelligence » ; *idea*, « idées » ; *logos*, au sens de « raison ») met l'accent sur les schémas cognitifs, les représentations sociales, les discours, bref, les « processus mentaux, cognitifs et langagiers par lesquels se forment, s'explicitent ou sont élues les stratégies que certains acteurs parviennent à faire accepter. La "réalité stratégique" est ainsi construite, mise en scène (*enactment*), renforcée par des processus symboliques et langagiers » (Martinet, 1997, p. 69).

FIGURE 2.1 Les composantes logiques du diagnostic stratégique

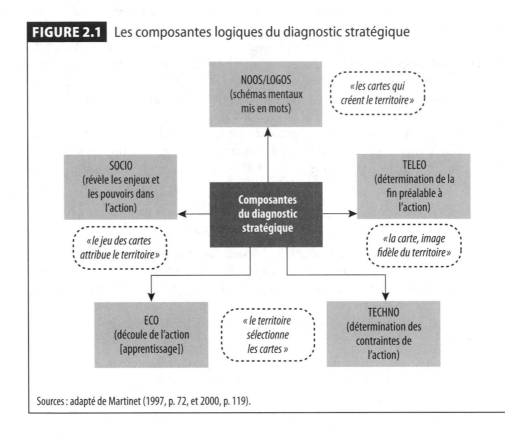

Sources : adapté de Martinet (1997, p. 72, et 2000, p. 119).

Ces écoles de pensée sont tantôt **déterministes,** tantôt **volontaristes,** parfois les deux. Les approches classiques du processus de conception de la stratégie (planification, positionnement), par exemple, sont dites « déterministes » dans la mesure où une série de conditions données prédéterminent les choix stratégiques (comme des « recettes » existantes) à faire. D'autres écoles (entrepreneuriale, de l'apprentissage, politique, par exemple) sont plus volontaristes, puisqu'on y prête au stratège (qu'il soit directeur, entrepreneur, analyste, etc.), ou plus généralement aux acteurs de l'entreprise, un pouvoir sur le cours de l'organisation et sa stratégie. Néanmoins, si les clivages établis entre ces visions déterministe et volontariste, prescriptive et descriptive, objective et subjective de la stratégie sont éclairants pour brosser le tableau de l'évolution historique du champ disciplinaire de la pensée stratégique et de sa richesse, ils s'avèrent aujourd'hui insuffisants pour penser l'entreprise stratégique comme un tout, multidimensionnel.

De plus se pose la question inéluctable de la création de la nouveauté : comment les stratèges inventent-ils de nouvelles positions ou entrevoient-ils les nouvelles compétences à acquérir ?

> *Both theoretical approaches [positioning school and RBV] can explain why firms are able to extract and protect above-average returns from their markets, but they can't explain how firms find or create new opportunities, new markets, or new technologies to gain such returns* (Nonaka et Toyama, 2007, p. 374).

Peut-on penser alors une école de la stratégie qui fasse une synthèse des écoles précédentes et intègre la créativité et l'innovation (Desmarteau, 1997, p. 144) ? C'est l'idée de l'école systémique proposée par Allaire et Firsirotu (1993, 2004), selon laquelle la pensée stratégique est :

- […] innovatrice : fondée sur l'analyse et l'expérience, la pensée stratégique n'est pas emprisonnée par celles-ci. Elle s'alimente à de multiples sources d'information et elle cherche les liens ainsi que les relations, inaperçus jusque-là, entre des idées disparates et des concepts étrangers. […]

- systémique : la pensée stratégique s'attache aux relations fondamentales entre les phénomènes et est capable d'embrasser l'entreprise dans toutes ses relations internes et externes. Elle se méfie des explications unidimensionnelles et des schémas de causalité trop simples. Elle procède d'une compréhension «holistique» de l'entreprise et de l'organisation. L'intensité de l'expérience et la passion pour son objet qui l'alimentent donnent souvent à la pensée stratégique un caractère trompeur de «flair» et «d'intuition».

- pratique : la pensée stratégique n'est pas faite de sauts périlleux dans les conjectures. Ouverte et libre de préjugés et de conventions, la pensée stratégique se distingue de la futurologie échevelée par un ancrage dans le possible et par le dur «test de la réalité» qu'elle s'impose (Allaire et Firsirotu, 2004, p. 7-8).

Pour Allaire et Firsirotu (1993, p. 3), «amalgame d'intuition et de calcul, fruit du hasard et de la volonté, la stratégie se manifeste dans la prestation du jugement affiné par l'expérience. Elle traduit pour un fugace moment l'équilibre délicat entre les déterminismes qui pèsent sur l'action humaine et la marge de volontarisme que leurs ressources et leurs compétences confèrent aux individus et aux institutions ».

Pour Martinet (2007, p. 101), sise sur les deux dispositions de la ***mètis*** et de la ***phronèsis*** grecques (*voir l'encadré 2.1, p. 100*), la stratégie «consiste essentiellement à concevoir, réunir et manœuvrer des forces-énergies de façon délibérée, pour introduire des changements jugés avantageux dans une situation conflictuelle (concurrentielle, disputée) afin de réaliser efficacement le projet politique de l'entité considérée ».

ENCADRÉ 2.1   La *mètis* et la *phronèsis* grecques

La *mètis* grecque (Μητις, « conseil, ruse ») est la « ruse de l'intelligence », qui consiste à se mettre dans la peau de l'autre pour comprendre sa vision du monde et imaginer ce qui pourrait lui échapper. Le personnage d'Ulysse (dans *L'Odyssée* d'Homère) est célèbre pour son usage de la *mètis* pour échapper au Cyclope, à Calypso, ou encore gagner la guerre contre les Troyens (à l'aide du stratagème du cheval de Troie).

La *phronèsis*, pour Aristote (dans *Éthique à Nicomaque*), désigne une vertu intellectuelle souvent traduite par « sagesse pratique » ou « prudence ». Ce n'est ni l'intelligence (νους, *nous* grec), ni la raison (λογος, *logos*), ni la tempérance (*sôphrosunè*, qualité de celui qui est sain d'esprit), ni la sagesse (σοφια, *sophia*). Elle se distingue de la sagesse qui désigne la capacité à penser correctement le monde, à discerner les pourquoi du monde, à délibérer de vérités universelles. La *phronèsis* est plutôt de l'ordre de la capacité à considérer les modes d'action adéquats, selon les situations, pour préserver le bien commun. « Souvent assimilée à la prudence, à l'éthique, à la sagesse pragmatique ou à la rationalité pratique, la "*phronesis*" est généralement comprise comme l'aptitude

à déterminer et à entreprendre la meilleure action dans une situation précise pour servir le bien commun. C'est en quelque sorte un savoir tacite de très haute qualité acquis de l'expérience qui permet à quelqu'un de prendre des décisions prudentes et de faire des actions appropriées à chaque situation, guidé par des valeurs morales et des principes éthiques » (Nonaka et Toyama, 2007, p. 378 ; traduction libre).

Sur le plan étymologique, *phronèsis* (φρόνησις) dérive du mot *phrèn* (φρήν), qui désigne aussi bien le cœur, en tant que siège des passions, que l'esprit, siège de la pensée ou encore de la volonté. Du nom *phrèn* dérive le verbe *phronein*, qui signifie « avoir la faculté de sentir et de penser », ou encore « être dans son bon sens, penser, être avisé, prudent ». La *phronèsis*, c'est donc l'acte de la personne qui est capable de *phronein*. C'est une connaissance pratique, capable de diriger l'action, indépendamment d'une référence à un savoir transcendant. C'est une capacité à agir de façon adéquate selon les circonstances en appliquant les principes universels aux situations particulières. Celui qui agit avec *phronèsis* est reconnu à son action délibérée et juste, et non à son savoir purement théorique.

2.3   La stratégie, un processus dialogique

À l'ère de la société du savoir, la pensée stratégique est à la fois un processus cognitif, qui permet la compréhension (l'interprétation) de l'environnement de l'entreprise et de ses ressources, un processus organisationnel et social de recherche de l'engagement de tous les membres de l'organisation ainsi qu'un processus politique de distribution de pouvoir au sein de l'entreprise (Hax, 1990). Elle articule à la fois une **perspective** d'activité (par exemple, la perspective du développement durable s'ajoute peu à peu aujourd'hui à la perspective de l'innovation), des **positionnements** dans un environnement concurrentiel, des **plans** à tous les niveaux hiérarchiques de l'organisation, des ***patterns,*** sortes de logiques dominantes d'action collective se dégageant de l'apprentissage des pratiques, et des **pièges** (ou ensemble de stratagèmes) pour dégager le chemin de développement choisi (Mintzberg, 1987 ; Marchesnay, 2007 ; Côté *et al.*, 2008).

L'élaboration de la stratégie apparaît, tantôt, dans la plupart des **écoles prescriptives** (planification, positionnement), comme un processus formel et maîtrisable, tantôt, dans les **écoles descriptives** (entrepreneuriale, cognitive, de l'apprentissage, politique, culturelle, configurationnelle), comme une activité non ordonnée et partiellement maîtrisée seulement. On tend aujourd'hui à considérer l'exercice de la pensée stratégique comme fondamentalement dialogique dans la mesure où coexistent, en pratique, plusieurs réalités en tension[9] :

> Si la complexité appelle la stratégie comme aime à le dire Edgar Morin[10], la stratégie n'en appelle pas moins la dialogique[11] et ses diverses modalités : paradoxe[12], dialectique[13], ago-antagonisme[14], raison contradictionnelle [...] la moindre situation pratique amène le stratège à ne pouvoir penser une chose sans son contraire – vision/circonstances, délibéré/émergent, lutte/coopération, raison/émotion, etc. – mais il faut franchir un pas supplémentaire et laisser coexister les deux pôles en tension (Martinet, 2007, p. 105).

La pensée et la pratique stratégiques, qui sont avant tout un processus intellectuel et humain, individuel et collectif, une démarche d'interprétation et de décision, constituent un processus dialogique susceptible d'être plus ou moins intentionnel, planifié et formel. Ce processus peut requérir l'intuition comme le calcul, faire intervenir l'entendement d'un plus ou moins grand nombre de personnes, être façonné en partie par des conditions extérieures. Il s'agit d'appréhender l'incertitude (*a priori, a posteriori* ou chemin faisant) à partir de savoirs phronétiques d'anticipation fondés sur l'expérience, de composer avec la complexité de l'entreprise et « de tirer parti des ago-antagonismes irréductibles de la stratégie » (Martinet, 2007, p. 105) : prévision/réaction, vision/opportunisme, plan/apprentissage, préservation/changement, analyse/expérience, téléologie/écologie, autonomie/hétéronomie[15], compétition/coopération, centralisation/décentralisation, imposition/négociation, etc. On pourrait y ajouter objectivité/subjectivité, car l'exercice requiert autant un travail d'analyse objective qu'un travail de création et de décodage d'un ensemble de perceptions et de représentations subjectives :

> *Strategy is not created from the logical analysis of environment and a firm's resources. It is created out of one's existential belief or commitment to a vision of the future, the ability to interpret one's environment and resources subjectively, and the interaction between subjectivity and objectivity. And these abilities need to be distributed among organizational members rather than just held by a selected few in top management* (Nonaka et Toyama, 2007, p. 391).

La stratégie est un processus dialogique.

---

9. « *Paradox is a way of life at Canon.* [...]. *Facing a paradox, we embrace it and go ahead coping with it. We are constantly on the move.* » Fujio Mitarai, président-directeur général, cité par Ikujiro Nonaka, lors d'une conférence intitulée « *Strategy as distributed phronesis* », à Berkeley (Californie), le 7 décembre 2006.

10. Un des penseurs éminents associés à la théorie systémique de la complexité.

11. Dialogique : « Qui est en forme de dialogue » (*Le Petit Robert*, 2000).

12. Paradoxe : « Se dit d'une proposition à la fois vraie et fausse » ; « Être, chose ou fait qui heurte le bon sens » (*Le Petit Robert*, 2000).

13. Dialectique : « Art de la discussion en vue de démontrer, de réfuter ou d'emporter la conviction » ; d'après Hegel, « marche de la pensée reconnaissant le caractère inséparable des propositions contradictoires (thèse et antithèse), que l'on peut unir dans une catégorie supérieure (synthèse) » (*Le Petit Robert*, 2000).

14. Ago-antagonisme : combine à la fois « agonisme » (lorsqu'une action va dans le même sens ou concourt à l'exécution de quelque chose) et « antagonisme » (opposition).

15. Hétéronomie : « État de la volonté qui puise hors d'elle-même, dans les impulsions ou dans les règles sociales, le principe de son action » (*Le Petit Robert*, 2000).

L'exercice de la pensée stratégique repose donc sur la canalisation des efforts de tous les membres de l'entreprise pour établir des objectifs communs et élaborer une vision partagée. Ce faisant, elle permet d'accroître la qualité de l'information, incite à l'innovation, facilite les activités de conception, de coordination et d'implantation des plans d'action opérationnels (Allaire et Firsirotu, 1993, 2004). L'essentiel est de créer les conditions de la planification pour apprendre et les conditions de l'apprentissage pour planifier (« *planning to learn and learning to plan* », Brews et Hunt, 1999, cités par Martinet, 2007, p. 106), et ce, pour une gestion dialogique permanente des incertitudes.

2.4 L'essence concrète de la pensée stratégique

L'entrepreneur ou le dirigeant (ou la haute direction) – et ses employés –, qu'il le formule ou non, qu'il l'explicite ou non, partage un **projet de création de valeur** (*voir l'encadré 2.2*) qui se situe dans un espace, un temps et un environnement donnés. Cet espace est à la fois géographique, social, économique, etc., et il évolue constamment. Un projet représente un effort d'intelligibilité et de construction de l'action fondé sur l'anticipation (Bréchet et Desreumaux, 2004, 2005). Si l'entreprise résulte de la mise en œuvre d'un projet ou d'un dessein

---

ENCADRÉ 2.2 La notion de valeur en sciences de gestion

Dans le domaine de l'économie, on distingue la **valeur d'usage** (qualité d'un bien ou d'un service fondée sur son utilité), la **valeur d'échange** (fondée sur la rareté relative de ce bien ou de ce service ou encore sur le rapport entre l'offre et la demande) et la **valeur travail** (mesurant la quantité de facteurs nécessaires à la production). La valeur est souvent en économie néoclassique une quantité mesurable à maximiser.

Le thème de la valeur traverse pour sa part toutes les disciplines des sciences de gestion. Mais chaque discipline est porteuse d'un point de vue singulier sur la valeur, qu'il s'agisse de créer, de capter et de partager :

« […] dans le cas de l'entreprise, la **valeur pour l'actionnaire** (point de vue privilégié de la finance), et **d'autres parties prenantes** plus généralement, est conditionnée par la création de **valeur pour les clients** (points de vue de la stratégie et du marketing), elle-même fonction de la **valeur des ressources et de leur combinaison** (point de vue des autres disciplines et de la stratégie). Mais le problème de cette articulation, qui exprime une certaine hiérarchie des préoccupations et des parties prenantes, réside dans les arbitrages entre acteurs et dans le temps que les gouvernants de l'entreprise sont censés réaliser. La complexité de ces arbitrages, et c'est certainement l'un des apports des sciences de gestion au thème de la valeur de contribuer à les analyser et à les traiter, peut nourrir le développement d'un certain type d'entreprises, celui où

le souci de la durabilité du processus de création de valeur (pour l'entreprise et pour la Société) cède le pas aux manœuvres opportunistes guidées par la recherche de gains à court terme » (Bréchet et Desreumaux, 1998, p. 32).

La valeur est une réalité à la fois donnée (par le marché) et construite (par l'entreprise) : elle est façonnée par le marché et les régulations marchandes, les contingences technico-économiques de l'environnement, les attentes des consommateurs, les données caractéristiques des marchés disputés de ressources, les jeux de pouvoir et les rapports de force entre entreprises, ou, au-delà des marchés, par les systèmes de valeurs et de normes de la société ; mais elle est également construite par l'entreprise elle-même (Bréchet et Desreumaux, 1998).

La valeur est ainsi difficilement mesurable dans l'entièreté de ses acceptions. Aussi, en matière de stratégie, il est souvent question de création d'un **différentiel de valeur** comparativement aux concurrents. Dans une vision systémique et globale, les notions de création, de captation et de partage de valeur entre les acteurs de l'entreprise trouvent leur essence dans le **dépassement des attentes des parties prenantes** sur quatre volets : 1) la création de valeur économique pour les actionnaires ; 2) le jugement des clients à partir des bénéfices reçus ; 3) l'appréciation des employés envers leur organisation ; 4) l'évaluation de l'organisation envers ses responsabilités sociales (Desmarteau et Saives, 2009).

(Bréchet et Desreumaux, 2004, 2005, 2006), la stratégie consiste à anticiper la place de ce projet dans l'espace et le temps (et les risques associés au projet), bref dans un environnement.

Aussi, l'exercice de la pensée stratégique, qui articule constamment des pourquoi (faire) et des quoi (faire)[16], consiste concrètement à atteindre deux objectifs (Côté *et al.*, 2008, p. 6) :

- clarifier le projet en jeu en concevant tous les éléments clés d'une chaîne de raisonnement moyens-fins[17], depuis la **mission** et la **vision** de l'entreprise qui le porte jusqu'aux **objectifs stratégiques** poursuivis et aux **stratégies d'entreprise** ainsi qu'aux **stratégies concurrentielles** utilisées ;

- s'assurer de la cohérence de ce projet et des choix critiques qu'il suppose, selon les **valeurs,** les **ressources** et les **compétences** de l'entreprise et de l'entrepreneur, et selon son acceptabilité dans l'**environnement** sociétal, c'est-à-dire auprès des **parties prenantes**[18] de l'entreprise.

Précisons d'emblée le contenu du vocabulaire classique de la pensée stratégique (*voir la figure 2.2, p. 104, pour une visualisation de l'articulation des concepts stratégiques classiques*) :

- La **vision** est une représentation subjective de l'avenir souhaité pour l'entreprise de nature à recueillir l'adhésion de tous les membres de l'organisation. Elle fonde l'énoncé de sa mission et guide les savoirs à construire dans l'entreprise. À l'ère de l'économie du savoir, c'est la capacité à concevoir une vision de l'avenir en interprétant son environnement qui différencie majoritairement les firmes les unes des autres plus que tout autre facteur de compétitivité (*voir l'encadré 2.3, p. 104*).

- La **mission** est l'énoncé général de la « raison d'être » de l'entreprise qui sert à communiquer « qui elle est, ce qu'elle fait et vers quoi elle se dirige » (Dessler, Starke et Cyr, 2004, p. 190). Elle constitue la projection au présent de la vision de l'entreprise. Elle est la conjonction des activités pour lesquelles l'entreprise existe spécifiquement : des produits et des services particuliers qu'elle offre pour satisfaire des besoins précis. Pour Allaire et Firsirotu (1993, 2004), s'inspirant de Buzzell (1987), la mission se dégage de la description du **champ stratégique** de l'entreprise, c'est-à-dire d'un trio comprenant : 1) les produits et les services ; 2) les technologies, les ressources et les compétences distinctives ; et 3) les marchés (segments, territoires et circuits de distribution) ciblés par l'entreprise. Elle reflète en général les valeurs et la vision partagées par les membres de l'entreprise, et se veut en phase avec les attentes des principales parties prenantes de l'entreprise.

Les objets clés de la stratégie

---

16. Les comment (faire) relèvent pour leur part de la tactique.

17. Une chaîne de raisonnement moyens-fins est une cascade de raisonnements reliant des causes à des effets potentiels, et visant à partir de pourquoi ? à établir des comment (faire) ?

18. On appelle « partie prenante » de l'entreprise tout groupe d'acteurs potentiellement touché par les décisions et les orientations de l'entreprise ou susceptible d'influer lui-même sur ces décisions et orientations (Freeman, 1984).

FIGURE 2.2 Les concepts stratégiques classiques et leur articulation

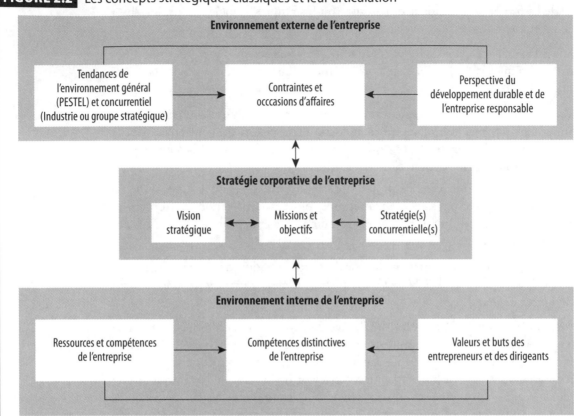

ENCADRÉ 2.3 L'importance de la vision dans la théorie de la gestion des connaissances

« Firms differ not only because of factors like mobility barriers, or the cost of acquiring resources, which prevent one firm from imitating the successful strategies of another, **but also because they envision different futures based on their unique views of the world, their values, or their ideals.** Not only do firms differ in their ability to foresee the future, and to sense and seize new opportunities, but they also differ in their ability to envision the future, and to create new opportunities, **thereby realizing their own vision of future.** Not only do firms own and utilize different resources, but also they create and accumulate different resources to realize different visions of the future » *(Nonaka et Toyama, 2007, p. 375).*

« The knowledge vision of a firm arises from confronting the fundamental question :

"Why do we exist?" By going beyond profits and asking "Why do we do what we do?" the mission and domain of the firm becomes defined. This knowledge vision gives a direction to knowledge creation.

It also gives the firm direction with respect to the knowledge to be created beyond the firms' existing capabilities and therefore determines how the firm evolves in the long term. While the strategy of a firm can change as the situation unfolds and uncertainty about the future decreases, the knowledge vision does not change so easily since it stems from the fundamental ontological question of the firm's *raison d'être.*

The firm's knowledge vision also inspires the intellectual passion of organizational members so that they are encouraged to create knowledge. It also defines a consistent value system to evaluate and justify the knowledge created in the organization. The organization needs a value system to define what is truth, goodness and beauty for it. Therefore, the firm's knowledge vision needs to be based on an absolute value which goes beyond financial matrices (Collins, 2001) » *(Nonaka et Toyama, 2005, p. 424).*

- L'**objectif stratégique** est un résultat final spécifique et escompté en fonction d'un horizon temporel déterminé. C'est un but précis que se propose l'action. Il doit être, autant que possible, concret, mesurable, datable et quantifiable. Il faut ainsi distinguer les buts généraux des objectifs stratégiques. Les **buts** de l'entreprise sont des idéaux, des intentions cohérentes avec la mission de l'entreprise et des normes stables qui ne changent que dans les moments de crise ou de réorientation, tandis que les **objectifs** sont des cibles quantifiables dont la réalisation peut être mesurée à la fin d'une période précise (année ou trimestre).

> L'objectif stratégique est concret et mesurable.

Dans les écoles prescriptives de la stratégie, les buts peuvent être déterminés d'une manière rationnelle par le conseil d'administration, raffinés par les dirigeants et traduits en objectifs au moyen de programmes et de politiques. Dans les petites et moyennes entreprises (PME), les buts ne découlent pas toujours de froides analyses, mais d'un processus itératif intimement lié aux valeurs, aux préférences et aux aspirations des propriétaires et des dirigeants. Dans les écoles plus descriptives fondées sur la culture ou l'apprentissage, nombreuses peuvent être les parties prenantes de ce processus de définition des objectifs.

Nous avons vu que le vocable « stratégie » fait référence aux choix stratégiques d'orientation à moyen et à long terme d'une organisation. Ce mot peut néanmoins recouvrir différentes significations selon le niveau auquel il correspond :

- La **stratégie d'entreprise** ou **corporative** correspond au niveau global des activités (holding et filiales) de l'entreprise (*voir la figure 2.3, p. 106, pour l'illustration du niveau corporatif*). Elle consiste en la caractérisation du dessein et du périmètre de l'organisation dans son ensemble et de la manière dont elle ajoute de la valeur à ses différentes activités. L'entreprise peut choisir de croître, de se maintenir ou de se retirer de certains champs stratégiques. Pour Ansoff (1989), il existe quatre grandes orientations stratégiques possibles au niveau corporatif : 1) la pénétration et la consolidation (augmentation ou maintien de la diffusion de produits existants dans un marché existant) ; 2) la création de nouveaux produits et services dans un marché existant ; 3) la création de nouveaux marchés pour des produits existants ; 4) la diversification, liée ou non (*voir l'encadré 2.4, p. 106-107*). Si l'entreprise comprend plusieurs domaines d'activité ou champs stratégiques, cette stratégie corporative comprend un faisceau de stratégies concurrentielles correspondant à chacun de ses domaines d'activité.

> Distinguer stratégie corporative et stratégie concurrentielle

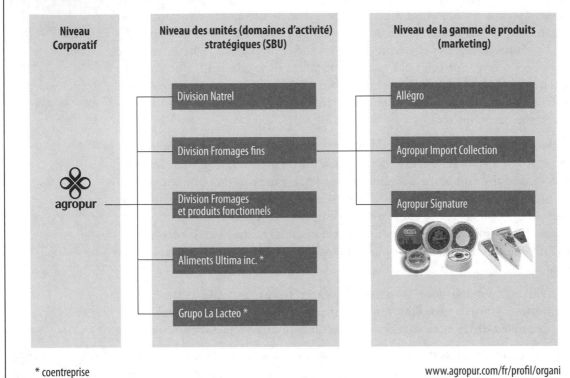

FIGURE 2.3   Les niveaux stratégiques dans la firme Agropur

* coentreprise

www.agropur.com/fr/profil/organi

Source : [En ligne], www.agropur.com, 2010 (Page consultée le 13 janvier 2010)

ENCADRÉ 2.4   La diversification au niveau corporatif

On parle de **diversification** lorsqu'une entreprise s'engage « dans des domaines d'activité (ou des champs stratégiques) dans lesquels elle n'est pas encore présente » (Johnson *et al.*, 2008, p. 320).

La diversification comporte en particulier le double avantage d'accroître l'efficience de l'entreprise en utilisant les ressources et les compétences existantes dans de nouveaux marchés ou pour de nouvelles offres, générant ainsi des économies d'envergure et d'apprentissage, et d'accroître le pouvoir de marché et de soutenir les divisions moins rentables en répartissant les surplus qui sont dégagés ailleurs.

La **diversification liée** correspond au développement de nouveaux champs stratégiques « qui présentent des points communs avec les activités existantes » (Johnson *et al.*, 2008, p. 324). Elle peut consister en une

intégration verticale ou horizontale d'activités dans la filière à laquelle l'entreprise appartient.

Une **filière** est « l'ensemble des liens interorganisationnels et des activités qui sont nécessaires à la création d'un produit ou d'un service » (Johnson *et al.*, 2008, p. 136), depuis les activités de conception et d'approvisionnement en matières premières jusqu'aux activités en aval de logistique, de distribution, de service après-vente (SAV), etc.

La **diversification non liée** ou conglomérale correspond au développement de nouveaux champs stratégiques « qui ne présentent aucun point commun avec les activités existantes » (Johnson *et al.*, 2008, p. 327). Elle peut s'opérer grâce à des développements internes ou au moyen des fusions et acquisitions d'entreprises ou des alliances stratégiques (*voir la figure A*).

▶

▶ **ENCADRÉ 2.4** La diversification au niveau corporatif (*suite*)

FIGURE A Les formes de diversification

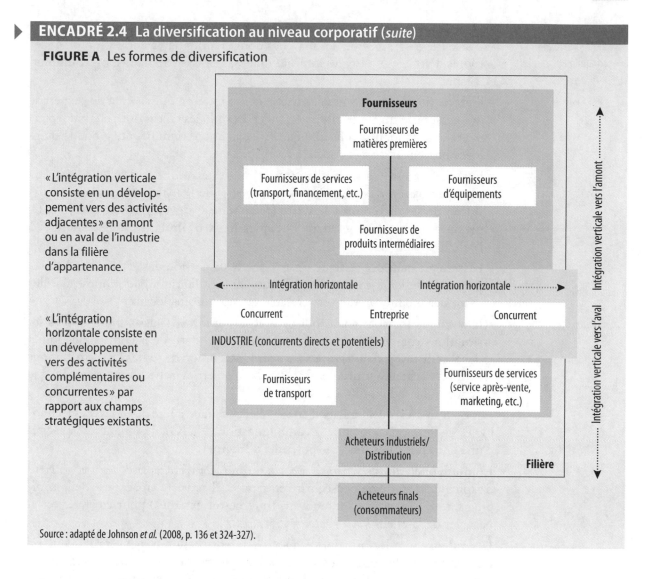

«L'intégration verticale consiste en un développement vers des activités adjacentes» en amont ou en aval de l'industrie dans la filière d'appartenance.

«L'intégration horizontale consiste en un développement vers des activités complémentaires ou concurrentes» par rapport aux champs stratégiques existants.

Source : adapté de Johnson *et al.* (2008, p. 136 et 324-327).

- La **stratégie d'affaires** ou **concurrentielle**[19] (dans un champ stratégique ou un domaine d'activité stratégique) consiste à repérer les facteurs clés de succès sur un marché particulier. Il s'agit de dégager un avantage concurrentiel ou de renforcer à long terme une position donnée dans un marché par l'entremise de choix entre plusieurs stratégies génériques qui s'appuient sur l'avantage par les coûts[20], la différenciation (distinction) ou la focalisation (niche) (Porter, 1980). Nous reviendrons dans la section 2.15, intitulée «La formulation de la stratégie et des choix critiques», sur les stratégies de marché génériques.

---

19. On parle aussi de «stratégie par domaine d'activité stratégique» ou de «stratégie de marché».

20. Voir les économies d'échelle et d'envergure, entre autres dans le tableau 2.9 (*p. 145*) portant sur les principaux types de coûts.

- Les **stratégies internationales** désignent la façon dont l'entreprise exploite l'envergure géographique des marchés pour créer de la valeur ou renforcer ses activités. Parmi les stratégies internationales, il faut distinguer (Dess, Lumpkin et Eisner, 2007) :
  - l'internationalisation, soit la diffusion et l'adaptation du savoir et de l'expertise de l'entreprise sur un territoire étranger. Les filiales créées ont peu d'indépendance et d'autonomie et ne font que des adaptations minimes des produits et des idées provenant du siège social ;
  - la globalisation[21], à savoir l'optimisation des économies d'échelle liées à la standardisation des produits et des services de l'entreprise et à la centralisation de ses différentes activités (recherche et développement ou R et D, production, marketing) dans quelques lieux d'implantation spécialisés à l'échelle planétaire ;
  - la stratégie multidomestique, c'est-à-dire la dispersion des activités de l'entreprise sur plusieurs zones géographiques où sont fabriqués ou proposés localement des produits et des services adaptés aux besoins locaux ;
  - la stratégie transnationale, qui permet de renforcer l'adaptation à toutes les situations compétitives et la flexibilité en tirant parti de la communication et des flux de savoir dans l'entreprise pour l'intégration de toutes les contributions propres à chaque unité d'affaires et la mise en marché d'une offre flexible et adaptable à de multiples marchés.
- Les **e-stratégies,** ou stratégies d'affaires électroniques, à l'ère des nouvelles technologies de l'information et de la communication (NTIC), désignent les capacités d'une entreprise à exploiter le potentiel d'Internet.
- Le **modèle d'affaires** (*business model*), ou modèle d'entreprise, permet souvent d'expliciter la stratégie pensée par l'entreprise. Il consiste en l'exposé de la combinaison des facteurs et des moyens (internes et externes) pour créer, capter et partager de la valeur (*voir l'encadré 2.5, p. 110*).
- Les **valeurs** sont les principes qui sous-tendent l'action et peuvent lui conférer une légitimité plus ou moins grande selon que ces principes correspondent aux normes sociétales en vigueur. Elles traduisent ce qui est vrai, beau ou bien, selon un jugement personnel plus ou moins en accord avec celui de la société en général.
- Les **ressources** et les **compétences** consistent dans les éléments matériels (machines, personnel) et immatériels (aptitudes, information, savoir), tangibles et intangibles (propriété intellectuelle de brevets et de marques de commerce, secrets de fabrication, contrats, bases de données, réseaux personnels et professionnels, savoir-faire des employés, des fournisseurs et des distributeurs, réputation des produits et de l'entreprise, culture de l'organisation, etc.) que

---

21. Ce terme emprunté à l'anglais est synonyme de mondialisation.

l'entreprise peut mobiliser pour atteindre ses objectifs[22]. Il s'agit de tous les actifs et aptitudes que constitue le capital financier (flux de trésorerie, capacité d'endettement), physique (usines, équipements, terrains, stocks de matières premières, de produits finis, localisation, technologie), humain (travail qualifié ou non, personnel administratif, financier, juridique, technique, scientifique, etc.), organisationnel (savoir-faire, processus, systèmes de contrôle de la qualité, culture collective, relations, etc.) et technologique (production de haute qualité, production à faible coût) de l'entreprise.

Les capacités organisationnelles sont donc l'habileté à mettre en application les ressources, à activer leur potentiel et à en tirer la meilleure productivité. Ces capacités sont de deux ordres (Nanda, 1996, p. 105-106 ; Teece, Pisano et Shuen, 1997, p. 516) :

> Distinguer ressources, compétences et capacités dynamiques au fondement de la mission de l'entreprise

– Les **compétences** participent à la mise en œuvre et à l'accumulation des ressources. Durand (2000)[23] propose de définir les compétences par leurs trois dimensions : la connaissance (savoir), la pratique (savoir-faire) et les attitudes (savoir-être) de la personne et d'un collectif humain.

– Les **capacités dynamiques** (Teece, Pisano et Shuen, 1997 ; Teece, 2007) participent au renouvellement des compétences de la firme. Elles peuvent consister en des capacités d'apprentissage, d'innovation, de détermination des compétences clés, de préservation des compétences stratégiques de l'entreprise, etc. (Arrègle, 1995, p. 27).

Les ressources et les compétences peuvent être individuelles mais aussi et surtout collectives. Les ressources doivent faire l'objet d'une planification aux niveaux structurel et opérationnel qui fera en sorte qu'à chaque tâche prévue dans un plan stratégique correspondent les moyens nécessaires (Aktouf *et al.*, 2006, p. 93). Ces aptitudes doivent être dynamiques (Teece, Pisano et Shuen, 1997 ; Teece, 2007), c'est-à-dire s'actualiser en permanence pour permettre à la firme d'innover à partir de savoirs sans cesse renouvelés et d'entretenir ainsi sa vision de l'avenir.

---

22. Parmi les pionniers des théories de la firme fondées sur les ressources et les compétences, citons Penrose (1959), Hofer et Schendel (1978), Wernerfelt (1984), Barney (1991), Grant (1991), Hall (1992, 1993), Peteraf (1993), et pour ce qui est des capacités dynamiques, mentionnons Teece, Pisano et Shuen (1997), Adner et Helfat (2003), Helfat et Peteraf (2003, 2009), Helfat (2007) et Teece (2007).

23. « La connaissance correspond à l'ensemble structuré des informations assimilées et intégrées dans des cadres de références […] La pratique a trait à la capacité à agir d'une façon concrète selon un processus ou des objectifs prédéfinis […] Les attitudes nous semblent avoir été trop négligées dans la perspective fondée sur la ressource […] la question du comportement et plus encore de la volonté constitue pour nous un aspect essentiel de la capacité d'un individu ou d'une organisation à accomplir quoi que ce soit » (Durand, 2000, p. 95).

ENCADRÉ 2.5 La notion de modèle d'affaires (ou modèle d'entreprise)

La prolifération des entreprises en démarrage durant la bulle financière des années 2000 a popularisé le terme « modèle d'affaires », plutôt oublié depuis sa première utilisation en 1957 (Bellman *et al.*, 1957). Pour convaincre des investisseurs, il faut leur proposer continuellement une représentation convaincante de l'entreprise qui réponde à leurs questions fondamentales : qui sont vos clients ? Quelle valeur leur proposez-vous ? Quelle est votre rentabilité ? Quelle est votre logique d'affaires ? (Magretta, 2002).

L'utilité du modèle d'affaires se trouve là. Pour Lecocq et ses collaborateurs (2006, p. 99), le modèle d'affaires se définit comme étant « les choix qu'une entreprise effectue pour générer des revenus ». Selon Chesbrough (2007, p. 22), il comprend deux grandes fonctions : « *It creates value, and it captures a portion of that value.* »

Le modèle d'affaires est ainsi « un instrument qui traduit des choix stratégiques en illustrant comment une firme entend créer, capter partiellement et partager de la valeur » (Desmarteau et Saives, 2009). C'est un « *blueprint* » (Osterwalder, 2004), un plan d'architecte en quelque sorte, qui dessine le modèle d'existence d'une entreprise selon quatre logiques :

1. La proposition de création de valeur pour le client. Il y a création de valeur pour le client lorsque ce dernier juge que les bénéfices (économiques, techniques, politiques ou symboliques) d'un produit ou d'un service excèdent les coûts d'acquisition, c'est-à-dire lorsqu'il y a dépassement de ses attentes (Horovitz, 2000).

2. La maîtrise de ressources, de processus et de compétences clés (Johnson, Christensen et Kagermann, 2008) nécessaires à la proposition de création et de captation de valeur (Chesbrough, 2007). Ce sont principalement les actifs intangibles qui sont porteurs de succès durables. Parmi eux, mentionnons la réputation, les effets de réseaux et les ressources humaines compétentes, expérimentées et dévouées. Les ressources, les processus et les compétences clés dépendent du choix des activités de l'entreprise ou, autrement dit, du choix entre l'internalisation ou la quasi-intégration et l'externalisation dans son réseau de valeur (la question du faire ou du faire-faire) (Williamson, 1985).

3. La création d'un réseau de partenaires. Il s'agit de mettre en relief le potentiel d'un réseau de partenaires (fournisseurs, clients, partenaires d'alliances et de collaboration) pour saisir des occasions conjointes de création et de partage de valeur (Chesbrough, 2006). Jouison-Laffitte et Verstraete (2008) et Verstraete et Jouison-Laffitte (2009) défendent en ce sens l'idée que le modèle d'affaires est une convention qui interpelle un collectif d'acteurs et sous-tend une conception partenariale de la valeur comprise comme valeur échangée entre l'ensemble des parties prenantes du projet d'entreprendre.

4. La génération de revenus. Comment l'entreprise gagnera-t-elle de l'argent (Lecocq, Demil et Warnier, 2006) ou encore comment financera-t-elle ses activités ? Il s'agit ici de spécifier les mécanismes générateurs de revenus, la structure des coûts des ressources utilisées et les prévisions de rentabilité.

Sources : adapté de Desmarteau et Saives (2008, 2009).

Dans la perspective de la contingence, il faut ajuster en permanence la stratégie de l'entreprise et son environnement.

- **L'environnement général** est défini comme l'ensemble des faits (différences culturelles, niveau de scolarité, etc.), des dispositions (lois et règlements), des circonstances (climat politique), des conditions (climat écologique, avancées technologiques, etc.) et des acteurs (clients, fournisseurs, investisseurs, main-d'œuvre, etc.), réels ou perçus, pouvant toucher directement ou indirectement les activités d'une entreprise et réciproquement (Aktouf *et al.*, 2006 ; Dess, Lumpkin et Eisner, 2007). L'étude détaillée de cet environnement constitue souvent une bonne part des études de marché en marketing ou des études sectorielles et autres diagnostics industriels en analyse stratégique. On peut distinguer l'environnement interne (état des ressources et aptitudes internes, relations interpersonnelles, structures, etc., de l'entreprise) et l'environnement externe.

- **L'environnement externe,** ou macroenvironnement, est l'ensemble des conditions extérieures dites « PESTEL[24] » (politiques, économiques et concurrentielles, sociologiques et culturelles, technologiques, écologiques, légales et réglementaires) perçues comme étant susceptibles d'agir sur les capacités de l'entreprise à exister et à se développer, en suscitant des contraintes ou des imprévus, en favorisant des innovations ou en lui offrant des occasions d'expansion. Ces conditions, qui sont complexes et liées entre elles, échappent souvent à la maîtrise des gestionnaires. Ces derniers doivent néanmoins en faire l'analyse pour mieux orienter leur entreprise (*voir l'outil d'analyse stratégique des tendances de l'environnement PESTEL à partir de la section 2.9*).

- **L'environnement concurrentiel** de l'entreprise, ou microenvironnement, renvoie souvent à son **industrie** (ou plus étroitement à son groupe stratégique) d'appartenance, composée d'un ensemble d'entreprises qui se livrent une concurrence, car elles fabriquent des produits ou des services plus ou moins similaires avec des méthodes plus ou moins similaires. Au sein de l'industrie s'exercent des forces de concurrence que nous décrirons plus loin (*voir l'encadré 2.12, p. 153-154, sur l'analyse dynamique de la concurrence avec les cinq forces de Porter*).

2.5 Qui est le stratège ?

Dans le domaine de la stratégie, on parle parfois du stratège comme du législateur en droit : à la troisième personne, de façon impersonnelle. Et pourtant, le stratège est bien souvent, implicitement ou non, le dirigeant ou la haute direction composée d'un ensemble de cadres fonctionnels qui gèrent l'entreprise. En effet, héritage de la vision tayloriste verticale du travail, la pensée stratégique est souvent perçue, dans les écoles de pensée formelles, comme étant l'apanage du sommet de la hiérarchie, de décideurs en haut lieu, armés pour penser quand d'autres exécutent.

La haute direction, ou encore le « sommet hiérarchique » (Mintzberg, 1982), c'est le collège de dirigeants qui se situent au sommet de la hiérarchie de l'entreprise. Ce peut être « le(s) propriétaire(s), ou leurs représentants, le président-directeur général, le directeur général, le conseil d'administration, le conseil de direction, etc. C'est à ce niveau qu'on a toujours placé le rôle de penser et d'élaborer la mission, la stratégie et les orientations générales » (Aktouf *et al.*, 2006, p. 92-93). Dans le paradigme de la financiarisation de l'économie (Martinet, 2007 ; Denis, 2008 ; Hafsi et Youssofzai, 2008), la haute direction comprend les deux cellules de direction dissociées que sont, d'une part, les cadres fonctionnels dirigeants travaillant sous une étroite surveillance et, d'autre part, le conseil d'administrateurs, où prédomine souvent la voix des actionnaires principaux de l'entreprise.

> Héritage des écoles classiques d'administration, la stratégie est souvent pensée comme l'affaire des dirigeants seulement.

---

24. Le lecteur rencontrera plusieurs acronymes (PEST, PESTEL, PESTLIED, STEEPLE, SPELT) pour désigner les différentes composantes sociopolitiques, démographiques, économiques, écologiques, internationales, légales (réglementaires) et technologiques à prendre en compte dans une analyse du macroenvironnement de l'entreprise.

Pourtant, à l'ère de la société du savoir, personne n'ignore que les connaissances s'acquièrent dans le partage aussi bien vertical qu'horizontal. C'est pourquoi on a tendance à considérer aujourd'hui que la stratégie **émerge** des interactions constantes entre le haut et le bas de la pyramide, plutôt que d'être planifiée uniquement par le haut. Plus encore, l'élaboration de la stratégie est perméable à l'expression d'autres points de vue extérieurs à l'entreprise, à savoir ceux de ses principales parties prenantes. Nous verrons dans les prochains chapitres les mécanismes par lesquels l'ensemble de ces points de vue internes comme externes peuvent être suscités et pris en compte.

2.6 La stratégie : pour quoi ?

Les buts et les objectifs que sont susceptibles d'adopter les dirigeants ou les propriétaires – et leurs employés – selon leur système de valeurs sont multiples (*voir le tableau 2.2*). Certains buts et objectifs peuvent viser la croissance des marchés, ou plus largement la pérennité, le maintien d'une autonomie de décision ou d'une indépendance financière[25], le profit, le rendement, le leadership technologique, la qualité du produit, etc. L'ensemble des buts et des objectifs choisis façonnera des types d'entreprises tout à fait différents.

TABLEAU 2.2   Quelques exemples de buts et d'objectifs de l'entreprise vis-à-vis de ses parties prenantes

Exemples de buts et d'objectifs poursuivis par une entreprise	Exemples de parties prenantes bénéficiaires
• Pérenniser les activités en obtenant un certain taux de profit et de rendement des investissements • Se financer prioritairement par le réinvestissement des bénéfices et par la dette bancaire • Mettre l'accent sur la recherche pour créer ses propres produits ou services • Instaurer une forme de propriété par actions • Distribuer les produits dans les marchés étrangers • S'assurer des prix compétitifs pour des produits de qualité supérieure • Atteindre une position dominante dans l'industrie • Adhérer aux valeurs de la société dans laquelle elle exerce ses activités	• Actionnaires (bénéfices par actions, croissance du chiffre d'affaires, accroissement des ventes) • Clients (réponse aux attentes, aux goûts, rapport qualité-prix) • Employés (réputation de l'entreprise comme employeur, valorisation des compétences, formation et développement du personnel, etc.) • Collectivité (fiabilité, participation citoyenne, progrès technique, création de connaissances scientifiques, etc.)

---

25. Voir dans Julien et Marchesnay (1996) la typologie des chefs d'entreprise entre logique d'action patrimoniale PIC (Pérennité, Indépendance financière, Croissance réactive) et logique entrepreneuriale CAP (Croissance forte, Autonomie de décision, Pérennité).

Rappelons qu'il est aujourd'hui indéniable que la gestion n'est pas amorale (Gaulejac, 2005) et que le devenir des sociétés humaines et de la planète tout entière dépend directement et largement des activités économiques et des décisions des entreprises (Martinet, 2007, p. 97). « Le management façonne comme jamais, pour le meilleur et pour le pire, la plupart des phénomènes macroscopiques, qu'on nomme économiques, sociaux, culturels et politiques » (Martinet, 2007, p. 108). En effet, le management stratégique engendre des comportements d'entreprises qui sont souvent le creuset de mutations idéologiques profondes de l'ensemble de la société sur les plans économique, sociologique, politique, etc. La gestion, jusqu'ici le bras armé de l'économie, est devenue une arme de mutations qui vont au-delà de l'aspect économique :

> [...] au-delà de la rentabilité du capital, de la profitabilité, de l'efficience, de l'efficacité, (dont il faut sans relâche interroger les critères de mesure), le management stratégique doit pleinement s'emparer des questions de pertinence, de justice, d'équité, d'éthique [...] puisque la récursivité est désormais massive : les énoncés des sciences de gestion infiltrent tôt ou tard les terrains auxquels ils s'adressent et deviennent ainsi *de facto* objets eux-mêmes (Martinet, 2007, p. 107).

Dans le contexte actuel, il semble alors très pertinent de s'imprégner de la définition de la stratégie proposée par Martinet (1984), à savoir qu'elle est « la création des conditions de congruence – économiques, techniques, sociales et politiques – entre l'environnement et l'entreprise de sorte que celle-ci dispose d'un potentiel maximum de performances », et de son objectif, qui consiste à **« maintenir, sur la durée, la viabilité de l'entité** [nous soulignons] dont [le dirigeant] a la charge, et, plus généralement, pour réaliser son projet politique » (Martinet, 1997, p. 70).

La stratégie consiste donc à composer un **équilibre viable et pérenne** entre les forces internes et les forces externes s'exerçant sur l'entreprise.

Aujourd'hui, avec les nombreux débats engagés sur le thème de la responsabilité sociale des entreprises (RSE), certains considèrent que l'objectif de l'entreprise va au-delà de la création d'un **avantage concurrentiel** (Johnson *et al.*, 2008, p. 6) pour dégager durablement de la valeur et consiste à répondre plus largement aux attentes de l'ensemble de ses parties prenantes dans une approche globale du **développement durable** (*voir les encadrés 2.6 et 2.7, p. 114-115, respectivement*). Revenons sur ces deux perspectives :

- Selon l'école classique du positionnement, l'entreprise dégage une valeur économique sur un marché donné dès lors qu'elle se crée des **avantages concurrentiels** (Porter, 1985). Un avantage concurrentiel provient du différentiel de valeur perçu dans le rapport qualité-coûts entre deux offres concurrentes. C'est en quelque sorte une force avec laquelle une entreprise établit temporairement sa spécificité par rapport à ses concurrents. L'avantage concurrentiel est durable lorsqu'il provient d'une offre et de ressources et de compétences rares ou inimitables. Nombre d'outils proposés en particulier par l'école du positionnement visent à découvrir les sources de cet avantage et les moyens de protéger celui-ci par l'érection de barrières stratégiques (*voir plus loin les notions de barrières à l'entrée de l'industrie et de barrières à la mobilité des facteurs de production*).

Le management n'est pas amoral, ni sans incidence sur la société tout entière.

La finalité de la stratégie et de l'entreprise : la pérennité

ENCADRÉ 2.6 « La responsabilité s'oriente vers une conception pluridimensionnelle ou globale »

Les trois dimensions de la RSE

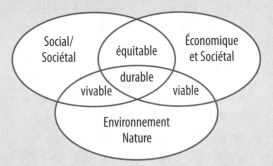

« Ce schéma exprime l'idée que l'entreprise responsable se doit de réaliser l'équilibre le plus harmonieux possible entre ces trois dimensions [économique, social, environnement] de telle sorte qu'elle conjugue trois objectifs : prospérité économique, justice sociale et qualité environnementale. Les intersections entre ces trois cercles représentent des zones de collision ou de tension (*shear zones*) qui constituent des risques ou des opportunités pour l'entreprise[a]. L'intersection entre l'économique et l'environnement recouvre des questions ayant trait à la viabilité de l'activité humaine ; elle a notamment un critère de référence avec l'éco-efficience, c'est-à-dire la fourniture de biens et services à prix compétitifs permettant de satisfaire des besoins humains et d'apporter une qualité de vie, tout en réduisant progressivement les impacts écologiques et l'intensité d'utilisation des ressources sur le cycle de vie jusqu'à un niveau au moins compatible avec la capacité estimée de ce que peut supporter la Terre[b].

L'intersection entre l'environnemental et le social touche aux conditions permettant de rendre vivable l'activité humaine et recouvre des préoccupations telles que l'hygiène, la sécurité et, au-dessus de tout, la santé des populations ; elle intègre les notions d'équité intragénérationnelle (réduction de la pauvreté, relations Nord-Sud) et intergénérationnelle (retraites, préservation de la biodiversité, stabilité climatique). L'intersection entre le social et l'économique prend en compte l'équité ou la justice sociale à partir des apports des salariés à l'entreprise (questions de productivité), de même que les apports à l'entreprise, à ses salariés (rétributions, valorisation du capital humain) mais aussi aux communautés

de proximité et à la société tout entière. Le cœur de l'intersection entre les trois cercles est censé représenter la durabilité (ou soutenabilité), avec toutes les ambiguïtés que recouvre ce concept et la difficulté à la traduire en actes.

L'articulation entre les dimensions est une question essentielle : en utilisant la métaphore des plaques tectoniques, on peut imaginer qu'elles peuvent bouger dans différentes directions ; une plaque qui s'éloigne des autres rend difficile l'atteinte simultanée des différents objectifs ; à l'inverse, une plaque qui se dirige vers les autres augmente la tendance à la subduction[c] et génère des risques de chocs frontaux.

Chaque dimension peut faire l'objet d'évaluations propres et de mesures particulières : elles sont anciennes dans le domaine économique avec la comptabilité d'entreprise et plus récentes dans les deux autres domaines. Les modes d'évaluation dans les zones d'intersection sont encore assez embryonnaires. Les entreprises peuvent être enclines à ne s'intéresser qu'à certains objectifs et à ne pas chercher à réaliser simultanément tous les objectifs. D'ailleurs, les évaluations qui s'inspirent de la conception *"triple bottom line"* (triple résultat) peuvent inciter les entreprises à compenser un mauvais résultat dans un domaine par un bon résultat dans un autre.

Une véritable approche holistique suppose de mêler étroitement les trois dimensions dans une perspective globale et intégrée de la responsabilité. C'est la raison pour laquelle on s'intéresse de plus en plus à la notion de performance globale et non à la simple addition de trois résultats. »

a. J. Elkington (1999).
b. Business Council for Sustainable Development, Antwerp Eco-efficiency Workshop, 1993, cité par Elkington (1999).
c. Friction entre deux plaques tectoniques alors que l'une des plaques plonge sous l'autre.

Source : Capron et Quairel-Lanoizelée (2004, p. 116-117).

ENCADRÉ 2.7 Les trois conceptions de la responsabilité sociale des entreprises

« Ces théories [de la RSE en sciences de gestion] peuvent être regroupées selon trois niveaux de lecture : le premier, centré sur l'entreprise, est fondé sur une approche classique, économique et libérale ; le deuxième place l'entreprise au cœur d'un réseau de relations avec un ensemble de parties prenantes et élargit la vision contractuelle de la responsabilité d'entreprise ; le troisième réinsère l'entreprise au sein d'un champ social qui inscrit les décisions stratégiques dans une recherche de légitimité et de conformité aux valeurs dominantes de la société. »

Trois conceptions de la RSE	Critique des trois conceptions
Approche néoclassique : l'exercice de la RSE au profit des actionnaires « Pour Milton Friedman et les économistes de l'école de Chicago, la RSE, au-delà de ses responsabilités pénales, ne s'exerce que par les seules décisions destinées à améliorer la rentabilité pour les actionnaires. C'est le marché qui assure la meilleure allocation des ressources et c'est seulement quand il s'avère inefficace qu'il revient à l'État d'en corriger les conséquences par des incitations directes ou indirectes » (p. 94).	Qui a la légitimité pour définir ce que doit être une bonne performance, et peut-on mesurer celle-ci ?
Approche des parties prenantes L'entreprise est au cœur d'un réseau de relations non seulement avec ses actionnaires (*shareholders*) mais aussi avec un ensemble d'intérêts légitimes (ou parties prenantes, *stakeholders*) qui influent sur les activités et les décisions de l'entreprise ou sont influencés par elles. Il s'agit alors de hiérarchiser les attentes des parties prenantes primaires et secondaires selon leur pouvoir, leur légitimité, l'urgence des pressions, les problèmes ou les enjeux soulevés.	Qu'en est-il des parties prenantes « muettes », comme la faune et la flore, et des tiers absents, comme les générations futures ? La responsabilité sociale est réduite à la responsabilité envers les parties prenantes et à la perception qu'ont les dirigeants de leurs attentes. Les fins des différents acteurs (entreprises et parties prenantes) sont difficilement conciliables et souvent conflictuelles : « […] l'entreprise ne peut pourtant être isolée de la société dans laquelle elle s'insère » (p. 104).
Approche sociologique néo-institutionnelle de la responsabilité sociale des entreprises L'entreprise est au sein d'un champ social qui inscrit les décisions stratégiques dans une recherche de légitimité et de conformité aux valeurs dominantes de la société. En ce sens, « un comportement socialement responsable et une éthique minimale ne peuvent se réduire à une stratégie rationnelle ; ils existent parce qu'il serait impensable de faire autrement » (p. 105-106).	Les entreprises responsables se conforment aux règles, aux normes et aux valeurs de leur environnement. Mais la légitimité est aussi symbolique. Elle peut alors masquer des comportements d'évitement (déguiser la non-conformité en une image de conformité) ou de manipulation (lobbying).

Source : adapté de Capron et Quairel-Lanoizelée (2004, p. 92 et suivantes).

- Selon les tenants de la **responsabilité sociale des entreprises** (*voir l'encadré 2.8, p. 116*), il est crucial de comprendre les attentes des différents acteurs de son environnement, c'est-à-dire les souhaits de ses parties prenantes face au comportement et aux activités de l'entreprise, pour comprendre l'élaboration de la stratégie qui tend à formuler et à réaliser des objectifs acceptables économiquement et socialement. Pérenniser l'entreprise, c'est-à-dire assurer sa viabilité et sa durabilité, c'est globalement combler, voire dépasser **les attentes de ses parties prenantes,** qu'elles s'expriment explicitement ou non. En effet, l'entreprise, en tant qu'acteur socioéconomique, joue plusieurs rôles importants vis-à-vis des acteurs de son environnement interne et externe (*voir le tableau 2.3*). Elle est un patrimoine immobilier devant fructifier et fournir un rendement satisfaisant à ses propriétaires ou à ses actionnaires. Elle constitue un outil de production, qui vise évidemment à satisfaire les besoins des consommateurs, voire à dépasser les attentes[26] des usagers des produits et des services commercialisés dans le respect des normes sociales de sécurité, de qualité et d'un juste prix. Elle est aussi un lieu de production de savoirs qui participe aux progrès du patrimoine de connaissances de l'humanité. Comme milieu de travail, l'entreprise doit répondre aux aspirations des employés ou de leur représentant (syndicat) ; comme personne morale, elle doit respecter les lois en vigueur dans les États où elle exerce des activités ; et comme citoyenne, on attend d'elle un bon comportement social. Qu'est-ce qu'un bon comportement social ? Pour répondre à une telle question, il faut s'interroger sur les attentes sociales ou encore sur les exigences de responsabilisation que nourrit la société envers l'entreprise (*voir l'encadré 2.8*).

ENCADRÉ 2.8 Les controverses sur la responsabilité sociale des entreprises

« La notion de responsabilité sociale des entreprises ne fait [...] pas l'unanimité. Trois camps s'affrontent. Leurs arguments trouvent leur source aussi bien dans des considérations de nature idéologique que dans des motifs pratiques de gestion.

Les partisans. Les partisans de la responsabilité sociale sont surtout pragmatiques. Leur préoccupation est d'adapter le capitalisme aux exigences sociales modernes tout en préservant ses fondements libéraux (M. Anshen, 1974). Selon eux, assumer des responsabilités sociales est à la fois légitime (parce que demandé par les populations) et utile (parce que conforme aux intérêts de l'entreprise). C'est en faisant preuve de responsabilité que les entreprises pourront à la fois assurer l'environnement de qualité dont leur prospérité à long terme dépend et respecter les obligations éthiques qui leur incombent en tant que centres de pouvoir.

L'opposition néo-libérale. L'opposition néo-libérale est avant tout idéologique. Dans l'ensemble, elle puise ses arguments dans l'économie politique classique, héritière des théoriciens libéraux du XVIIIe siècle (M. Friedman, 1970). Pour les "néo-libéraux", la seule responsabilité "sociale" de l'entreprise est la création de richesses toujours plus abondantes au moindre coût. Assumer des responsabilités sociales non imposées par l'État est illégitime (car non demandé par les actionnaires) et inefficace (car hors du champ des compétences des dirigeants).

L'opposition radicale. À l'autre extrême du spectre idéologique, les "radicaux", héritiers des traditions socialistes du XIXe siècle, font également une critique fondamentale de la notion de responsabilité sociale de l'entreprise. Pour eux, il ne s'agit que d'un mythe légitimateur par lequel les capitalistes cherchent à se donner bonne conscience. La notion est totalement contradictoire avec la logique implacable de maximisation du profit imposée par le système capitaliste. Seule l'intervention d'un État puissant peut contraindre l'entreprise privée à poursuivre des objectifs qui dépassent ses intérêts économiques étroits. »

Source : extrait de Pasquero (2003, p. 182-183).

---

26. « *Customers receive value when the benefits from a product or service exceed what it cost to acquire and use it* [...] *That is the fundamental equation* » (Horovitz, 2000, p. 19-40).

TABLEAU 2.3   Les différents rôles de l'entreprise et les attentes de ses parties prenantes

Rôle de l'entreprise	Attentes sociales	Parties prenantes
Patrimoine	Résultats financiers et rendement suffisant pour les propriétaires	Actionnaires et propriétaires
Unité de production	Satisfaction des besoins économiques des consommateurs (qualitatifs et quantitatifs)	Usagers, consommateurs
Concurrent – partenaire commercial	Transmission d'une information loyale et transparente	Clients, fournisseurs, investisseurs
Centre technique	Progrès du patrimoine de connaissances de l'humanité	Société
Milieu de travail	Réponse aux aspirations des employés (qualité de vie au travail)	Employés, syndicats
Personne morale	Respect des lois	État
Acteur médiatique	Communication d'une information fiable et commercialisable	Médias
Citoyenne	Bon comportement social : protection des droits, redistribution de la richesse et contribution à la richesse nationale et locale, engagement local, respect des valeurs, écologie	Citoyens, communautés civiques, locales et territoriales Groupes de pression Observateurs sociaux Écosystème (faune et flore)

Sources : adapté de Pasquero (2003, 2005).

Dans la société du savoir et la perspective de la gestion des connaissances, il s'agit alors de penser les buts de l'entreprise de façon systémique, épistémique (impliquant un questionnement sur les connaissances en jeu), pragmatique (impliquant une réflexion sur les actions exécutées) et éthique (impliquant une conscience à l'œuvre). Quelle est la philosophie de la stratégie ? Pour Nonaka et ses partisans, le but premier de l'entreprise innovante doit résider dans la création et le partage de connaissances (dans et par-delà les frontières des organisations) pour innover, dans la quête d'une **pérennité** et l'exercice d'une sagesse **phronétique**.

> L'exercice de la stratégie requiert une sagesse phronétique.

Comme l'affirment Martinet et Payaud (2007), la stratégie est alors moins la maximisation d'une dimension (un avantage) que l'exercice d'une sagesse de base pour atteindre une performance (un équilibre) économique et sociale, sagesse de base qu'expriment bien, selon eux, les quatre vertus cardinales de l'héritage gréco-latin :

- La tempérance (« savoir respecter les limites, ne pas aller trop loin »).
- La justice (« avoir le sens de ce qui est bien »).
- La fortitude (« savoir tenir compte du contexte et du long terme »).
- La prudence (« poursuivre des objectifs raisonnables et pratiques ») (Paquet, 2005, cité par Martinet et Payaud, 2007, p. 12).

La stratégie est donc **un effort individuel et collectif d'intelligibilité et de communication d'un avenir possible et partagé.** Elle requiert pour cela un «modèle de l'Homme» (Martinet, 2009) ainsi qu'une conception de la collectivité renouvelés (*voir le chapitre 1*) de même que des activités et des aptitudes spécifiques (*voir l'encadré 2.9*).

ENCADRÉ 2.9 Les exigences nouvelles de responsabilisation envers l'entreprise

Selon Pasquero (2005, p. 95-96), le concept de responsabilité sociale des entreprises (RSE) se mondialise aujourd'hui sous la pression de trois phénomènes amplificateurs :

a) une «poussée libertaire qui se manifeste par un certain retrait de l'État et un accent sur les valeurs d'initiative individuelle, mais qui ne peut se justifier que si elle s'accompagne d'un sens accru des responsabilités» ;

b) une «poussée technologique, dont le rythme s'accélère, mais dont les bénéfices évidents s'accompagnent aussi de plus en plus de nouveaux défis sociétaux, que ce soit dans le domaine éthique (biogénétique), environnemental (effet de serre), social (accès au Web), ou politique (propriété de l'espace)» ;

c) une «poussée mondialiste, qui a généré des problèmes qui transcendent les frontières politiques et ne peuvent, en l'absence d'une réglementation mondiale encore bien illusoire, trouver des solutions que si tous les acteurs majeurs, parmi lesquels les entreprises, acceptent la responsabilité des conséquences de leurs actions».

Dans ce contexte, la responsabilité sociale des entreprises est interpellée par le truchement de nombreuses questions (Pasquero, 2005) qui reflètent (*voir le tableau A*) :

a) des besoins sociaux nouveaux de **crédibilité** dans un monde de plus en plus **complexe à comprendre et incertain** sous l'effet des poussées individualistes et technologiques notamment, où les liens sociaux remodelés, érodés, voire virtualisés appellent à une plus grande transparence pour re-fonder la confiance entre personnes ;

b) des besoins de **signification** ou encore de sens face à un monde **équivoque** où la légitimité des valeurs est constamment remise en question ;

c) des besoins d'**identité** dans un monde de plus en plus **ouvert,** mondialisé et menacé d'uniformisation ;

d) et des besoins de **coordination** de la résolution de problèmes dans un monde de plus en plus **pragmatique,** axé sur des résultats.

Concrètement, il s'agit de formuler des réponses acceptables aux questions essentielles suivantes :

a) Qui croire ? (Par exemple, quelles informations doivent être diffusées pour assurer le devoir de transparence des entreprises ?)

b) Quelles valeurs sont prônées ? (Quelles sont les prises de position éthiques de l'entreprise ?)

c) Comment l'entreprise entend-elle mener ses activités dans le respect de sa communauté ? (Par exemple, la gestion de la diversité.)

d) Comment penser et organiser l'efficacité socioéconomique et écologique des entreprises ? (Quel partage des responsabilités faut-il en matière, notamment, de protection de l'environnement ?)

TABLEAU A Le changement social et les exigences de responsabilisation

Conditions nouvelles : Un monde...	Besoins sociaux nouveaux	Question posée	Nouvelles exigences de responsabilisation	La responsabilité sociale interpellée (exemples)
... plus complexe	Crédibilité	Qui croire ?	Transparence	Divulgation de l'information
... plus équivoque	Signification	Quelles valeurs ?	Leadership moral	Prise de position éthique
... plus ouvert	Identité	Comment être soi ?	Respect d'autrui	Gestion de la diversité
... plus pragmatique	Coordination	Quelle efficacité ?	Responsabilités partagées	Protection de l'environnement

Source : Pasquero (2005, p. 97).

ENCADRÉ 2.9 Les exigences nouvelles de responsabilisation envers l'entreprise (*suite*)

Selon Pasquero (2005, p. 80), la **responsabilité sociale des entreprises** est «**l'ensemble des obligations, légales ou volontaires, qu'une entreprise doit assumer afin de passer pour un modèle imitable de bonne citoyenneté dans un milieu donné**». Elle recouvre dès lors diverses composantes héritées de différentes époques. Toutes font partie intégrante d'une gestion responsable (*voir le tableau B*).

TABLEAU B Les éléments de la RSE moderne

La RSE comme...	Origines	Expression actuelle (exemples)
... gestion efficiente : Existence de profits sous conditions : 1. Maintien durable des acquis 2. Gestion compétente : effort permanent d'utilisation au mieux des connaissances afin de gérer les ressources collectivement disponibles (investissement dans la formation, l'appareil productif, l'innovation, etc.)	Économie classique	Compétence technique
... philanthropie : Attitude de partage avec l'environnement proche Donne à l'entreprise et à son environnement le sens d'une identité commune	Tradition-nelle (xixe siècle)	Dons et mécénat d'entreprise
... sollicitude : Gestion humaniste des employés, considérés non seulement comme des moyens d'atteindre les objectifs stratégiques fixés par l'entreprise, mais aussi comme des fins en soi (respect de la dignité des êtres humains libres et auto-nomes au-delà de leur utilité productive)	Début du xxe siècle	Besoins des employés (protection contre les risques professionnels évitables, assurance de conditions de travail décentes, reclassement en cas de fermeture, etc.)
... limitation des nuisances : Limitation de la totalité des nuisances (externalités négatives, c'est-à-dire des effets externes non désirés) que peuvent générer les activités de l'entreprise, et pas seulement les nuisances naturelles	Années 1960	Priorité à l'environnement
... réceptivité sociale : Se doter délibérément de structures, de systèmes et d'une culture de gestion appropriés pour anticiper, détecter ou absorber loyalement les changements sociopolitiques de l'environnement	Années 1970	Système de gestion sociétale
... rectitude éthique : Au-delà du respect des lois, respect des normes sociales que la société recon-naît comme des biens moraux supérieurs, et culture organisationnelle orientée vers l'excellence dans tous les domaines	Années 1990	Codes de bonne conduite
... reddition de comptes : Transparence de l'entreprise (obligation de rendre des comptes) et information abondante, compréhensible, juste, vérifiable et utile à la société et facile à interpréter sur ses activités (et potentielles externalités négatives)	Années 2000	Triple bilan
... participation citoyenne : Au-delà de la prise en compte des attentes des parties prenantes, engagement citoyen proactif de l'entreprise envers le bien commun	Années 2000	Engagement proactif

Source : Pasquero (2005, p. 118-127).

2.7 La stratégie : comment ? Le processus de planification stratégique

La stratégie est un processus d'adaptation continue.

La pensée stratégique, ou planification stratégique, peut être vue comme **un processus d'adaptation continue de l'entreprise (et des perceptions de ses membres) à son environnement,** où les résultats obtenus sont sans cesse confrontés avec les objectifs fixés, de façon à pouvoir apporter au fur et à mesure les correctifs nécessaires.

Pour les écoles les plus formelles de la pensée stratégique, on peut décomposer ce processus en plusieurs étapes (Aktouf *et al.*, 2006 ; Côté *et al.*, 2008) : 1) établir la mission et les buts de l'entreprise ; 2) définir et évaluer l'environnement général et concurrentiel pour déterminer les occasions d'affaires et les menaces devant lesquelles est placée l'entreprise ; 3) évaluer les ressources, les compétences, les forces et les faiblesses de l'entreprise ; 4) élaborer un programme d'action composé d'une hiérarchie cohérente de plans (stratégiques, structurels, opérationnels) ; 5) mettre en œuvre la stratégie retenue. Dans une perspective dynamique, ce processus est continu et suppose une dernière étape, qui consiste en l'actualisation de la stratégie retenue au moyen du recommencement périodique du processus.

Dans une perspective systémique, le processus de planification stratégique est moins une séquence établie et ponctuelle d'activités qu'un cycle continu de réflexion où plusieurs activités s'alimentent les unes les autres (*voir le tableau 2.4*). Pour Allaire et Firsirotu (1993, 2004), comme pour Johnson *et al.* (2008), la stratégie se conçoit en trois activités liées entre elles (les trois « i » de la stratégie chez Allaire et Firsirotu, 1993, 2004) :

L'information : une culture de la veille et de l'intelligence stratégiques

a) Une activité d'**information** (ou **diagnostic stratégique**), qui requiert des compétences informationnelles et cognitives. Cette activité repose sur la mise sur pied de systèmes formels et informels de collecte (*voir la section 2.8.1 sur l'intelligence stratégique et la veille*), de tri et d'analyse de données stratégiques à partir d'outils d'analyse existants, que nous verrons plus loin, que sont l'analyse PESTEL de l'environnement, l'analyse de l'industrie, l'analyse des groupes stratégiques et l'analyse des forces de la concurrence de Porter. Elle permet l'évaluation des tendances de l'évolution de l'environnement externe ainsi que des ressources et des compétences internes ; elle concourt à l'élaboration des objectifs et des plans d'action (*voir la figure 2.1, p. 98*).

Innover au moment de faire des choix stratégiques

b) Une activité d'**innovation** (ou d'établissement de **choix stratégiques**), qui demande des habiletés décisionnelles. Il s'agit de « l'utilisation imaginative de l'information disponible » (Allaire et Firsirotu, 2003, p. 622) pour définir des options stratégiques, à partir de stratégies génériques (*voir la section 2.15.2 sur les stratégies corporatives et concurrentielles*) et de nouveaux modèles d'affaires, et une nouvelle configuration stratégique ou une nouvelle forme organisationnelle, à partir de formes organisationnelles adaptées (*présentées dans le chapitre 3 portant sur l'organisation*).

Implanter la stratégie : penser et conduire une organisation

c) Une activité d'**implantation** (ou de **déploiement stratégique** interne et externe), qui nécessite des aptitudes à la communication interpersonnelle. Durant cette phase, selon Allaire et Firsirotu (1993, 2004), les membres de l'entreprise, à travers sa structure, introduisent, légitiment et adoptent les plans d'action, et ce, à partir d'un modèle de l'organisation ; nous y reviendrons dans les chapitres 3 et 4 consacrés respectivement aux formes organisationnelles (organisation) et à la résistance au changement (direction).

TABLEAU 2.4 Les trois activités du processus stratégique et les habiletés requises

Composantes du processus stratégique	Activités	Habiletés (compétences)
Information	Diagnostic stratégique	Informationnelles, cognitives
Innovation	Choix stratégiques	Décisionnelles
Implantation	Déploiement stratégique interne et externe	Interpersonnelles

Il n'est pas approprié de distinguer ces étapes de façon linéaire dans la perspective systémique (Johnson *et al.*, 2008, p. 696) de la complexité, où les idées émergent à l'intérieur et autour de l'organisation et de façon continue dans l'interaction entre les trois activités. Dans la perspective de la création de connaissances (Nonaka et Toyama, 2007), l'essentiel du processus réside dans l'établissement de structures favorables à l'apprentissage organisationnel, de sorte que la stratégie ne précède pas la structure de l'entreprise (Chandler, 1962), mais, au contraire, se dégage de la pratique « phronétique » des acteurs de cette structure.

> *Strategy as distributed phronesis emerges from practice to pursue "common goodness" in each particular situation. A firm is not merely a profit-pursuing entity, but an entity that pursues universal ideal and particular reality at the same time.* [...]

> *To build and practice such a strategy, one has to know what is "good" (ideal), and make judgments in particular situations (practice) to realize such goodness. Such phronetic capability has to be shared collectively with organizational members, not just by one phronetic leader in order for strategy to be implemented* (Nonaka et Toyama, 2007, p. 391).

Section II
Quelques outils d'analyse stratégique

2.8 Des remarques préliminaires sur l'intelligence stratégique

À qui sait être attentif, le futur est déjà inscrit dans le présent.
(R. Salmon, L'Oréal, cité par Besson et Possin, 2001)

Qu'est-ce que l'intelligence stratégique et sur quoi porte-t-elle ?

2.8.1 Une définition de l'intelligence stratégique et de la veille

L'information stratégique requiert une activité continue d'**intelligence stratégique, c'est-à-dire une activité de collecte de données et d'informations et de transformation de celles-ci en de véritables renseignements permettant d'assister la prise de décisions.**

Pour comprendre cette activité, il faut d'abord saisir la différence entre les notions suivantes (Fuld, 1994 ; Revelli, 2000) :

- Une **donnée,** qui est un morceau ou une parcelle de connaissance.
- Une **information,** qui consiste en un regroupement de morceaux et de parcelles de connaissances qui relate un fait.
- Une **information stratégique,** qui est utilisée, par exemple, pour faire une planification, penser les sources de l'avantage concurrentiel et permettre à l'entreprise de modifier sa mission, le cas échéant. Le caractère stratégique de l'information réside dans l'utilisation qu'on en fait. L'information stratégique est souvent captée grâce à la veille stratégique.
- La **veille stratégique,** qui inclut la veille technologique, commerciale et économique. Elle regroupe les techniques de recherche documentaire et de traitement de l'information permettant la prise de décisions stratégique.
- Un **renseignement,** qui est la valeur ajoutée à une ou plusieurs informations à un moment donné. C'est une connaissance élaborée, évaluée, vérifiée, recoupée et analysée, un savoir qui n'est pas accessible à tout le monde. Renseigner, sur le plan stratégique, ne signifie donc pas espionner, mais comprendre des connaissances et donner du sens à des faits et à des indices (souvent des signaux faibles, des idées émergentes). C'est un acte d'intelligence.

L'**intelligence stratégique** (ou **intelligence d'affaires**) est « le moyen organisationnel par lequel, systématiquement, on collecte, analyse et diffuse l'information sous la forme d'un renseignement (ou encore d'une intelligence des faits) que les utilisateurs pourront activer[27] ». Elle diffère de la veille stratégique, car elle consiste en la diffusion à l'ensemble du personnel des méthodes de documentation et des réflexes de veille. Il s'agit d'un mode de pensée et d'action, qui n'est pas limité à un champ d'investigation, ainsi qu'un comportement proactif et collectif d'acquisition de connaissances inédites dont l'objectif est de diminuer l'incertitude, de créer du sens pour l'organisation et d'actualiser sa vision. Ce processus repose souvent sur une philosophie du management axée sur le management par la connaissance, qui reconnaît l'ignorance constante de l'organisation comme moteur d'apprentissage (« Je sais que je ne sais pas tout »).

L'information stratégique, ou encore l'activité de diagnostic stratégique, suppose donc d'élaborer les instruments organisationnels et la culture de l'intelligence stratégique, qui mobilisent (*voir le tableau 2.5*) :

---

27. J. Herring, présentation au Snider Entrepreneurial Center, Wharton School, University of Pennsylvania, 1996 ; traduction libre.

- des techniques performantes (agents intelligents et métamoteurs de recherche et de surveillance) de recherche et un archivage documentaire pour explorer toutes sortes d'informations utiles (travaux scientifiques – mémoires, thèses, publications sur tout support –, abonnements à des revues, articles de la presse généraliste et spécialisée, archives, notes d'information, réglementations, brevets, marques, ouvrages, rapports, répertoires d'entreprises, bases de données économiques, technologiques, juridiques, etc.) pour mener une intelligence de la concurrence, imaginer des scénarios ou des simulations complexes de l'avenir possible de l'entreprise ;

- des réseaux formels et informels de renseignements (pour acquérir des connaissances plus informelles, comme des rumeurs ou des confidences dans les forums ou les conversations, ou des connaissances tacites, comme des savoir-faire à travers des paroles d'experts) ;

- le déploiement d'une mémoire, c'est-à-dire d'une capacité individuelle et collective à lier les connaissances repérées à l'intérieur et à l'extérieur de l'organisation et à établir constamment des liens entre des informations dispersées ;

- une analyse impartiale, libre de préjugés ou d'*a priori* ;

- une volonté continue de création et de partage de connaissances par les employés de l'organisation stimulés par le style de management de la direction.

TABLEAU 2.5 Ce que l'intelligence stratégique est et n'est pas

Ce qu'est l'intelligence stratégique	Ce que n'est pas l'intelligence stratégique
1. De l'information qui a été analysée de façon à rendre possible une décision appropriée. [C'est l'utilisation imaginative des informations qui filtrent des réseaux formels et informels pour en faire des renseignements stratégiques.]	1. De l'espionnage. Espionner implique des activités illégales ou non éthiques. Cela se produit rarement du fait que la plupart des entreprises ne souhaitent pas se retrouver devant les tribunaux ou bien exaspérer leurs actionnaires.
2. Un outil pour alerter très tôt le management à la fois sur les menaces et les occasions d'affaires de l'entreprise.	2. Une boule de cristal. L'intelligence stratégique donne aux entreprises de bonnes approximations de la réalité, à court et à long terme. Cela ne prédit pas l'avenir.
3. Un moyen de faire des estimations raisonnables. L'intelligence stratégique permet des approximations du marché et de la compétition. Ce n'est pas un coup d'œil sur les livres comptables du concurrent, mais des estimations raisonnables sur ce dont les entrepreneurs ont besoin et sur ce qu'ils attendent périodiquement.	3. Une recherche dans des bases de données. Les bases de données n'offrent que des données. Elles n'analysent aucunement celles-ci. Elles ne remplacent certainement pas les êtres humains qui prennent des décisions en examinant les données, en utilisant leur bon sens, leur expérience et leur intuition.
4. Un mode de vie, un processus. Si une entreprise utilise l'intelligence stratégique de la façon dont elle doit l'être, cela devient le travail de chacun, pas seulement celui des cadres de la planification stratégique ou du marketing. C'est un processus par l'entremise duquel l'information clé est disponible pour les personnes qui en ont besoin.	4. Un travail pour une personne intelligente. Un dirigeant peut désigner une personne comme responsable de l'intelligence stratégique, mais une personne ne peut pas tout faire. Au mieux, cette personne peut tenir le management informé et s'assurer que les autres personnes sont formées à l'utilisation de cet outil au sein de leurs propres unités d'affaires.

Source : traduit et adapté de Dess, Lumpkin et Peridis (2006, p. 38).

2.8.2 L'intelligence stratégique et la veille : sur quoi ? L'analyse de l'environnement

Reality does not exist objectively. It is created by an organization that perceives it as real. It means that strategy is not just a framework for creating a plan to react to the reality, but is also a framework to perceive a reality, and the framework, in turn, is formed through the interpretation of that reality (Nonaka et Toyama, 2007, p. 374).

L'entreprise est une organisation, c'est-à-dire un lieu de production et de reproduction de rapports sociaux, au même titre qu'un hôpital, une université, un club sportif, un organisme de bienfaisance, un regroupement syndical ou une coopérative de travailleurs. Cependant, l'entreprise est d'abord un agent économique produisant et distribuant des biens ou des services dans son environnement, en relation avec d'autres partenaires économiques tels que les consommateurs, les concurrents, les institutions financières, les fournisseurs ou l'État.

> L'environnement est à la fois une donnée et un construit. Il est à la fois contraignant et habilitant.

L'environnement est ainsi à la fois une source de savoirs et de ressources pour les activités de l'entreprise de même qu'un espace constitué d'occasions d'affaires et d'une multitude d'attentes de la part des parties prenantes concernées par les activités de l'entreprise. Certains considèrent, selon une vision déterministe, que l'environnement est un **contexte donné** auquel il faut s'adapter. D'autres, au contraire, s'appuyant sur une perspective volontariste, le conçoivent comme un **construit abstrait** qui reflète les perceptions, les intentions et les actions des dirigeants des entreprises (Hafsi, Séguin et Toulouse, 2000, p. 85). En juxtaposant ces deux pôles (et vu l'interaction permanente entre le donné et le construit), on peut aussi concevoir, selon une troisième **perspective dualiste** (Côté *et al.*, 2008, p. 81), que **l'environnement a un caractère à la fois contraignant (qui cadre l'action) et habilitant (qui rend possible l'action).**

Si, pour reprendre la conception de Rumelt (2009), la fonction de la stratégie est moins de résoudre un problème que de structurer une situation de sorte que les problèmes émergents soient solubles, alors l'activité de diagnostic (ou d'information) est essentielle. Ce diagnostic porte sur toutes les composantes de l'environnement interne et externe de l'industrie à laquelle appartient l'entreprise. Les outils que nous décrirons ci-après permettent surtout de poser un diagnostic sur l'environnement externe de l'entreprise, alors que les prochains chapitres fourniront au lecteur des outils plus détaillés d'analyse de l'environnement interne.

2.9 Le modèle d'analyse stratégique de l'environnement

Pour comprendre globalement les caractéristiques et la dynamique de l'environnement externe de l'entreprise, nous utiliserons le modèle d'analyse stratégique[28] schématisé dans la figure 2.4.

---

28. Ce modèle est une synthèse inspirée du modèle de l'organisation industrielle issu des travaux menés dans les années 1970 par des économistes institutionnels tels que Mason, Bain, Scherer et Jacquemin, pour ne citer que les principaux, ainsi que des travaux de Porter sur l'analyse de la concurrence. Il intègre la dimension sociopolitique et les préoccupations contemporaines relatives au développement durable.

FIGURE 2.4 Le modèle d'analyse stratégique de l'environnement de l'entreprise

Conditions de l'environnement PESTEL (politique, économique et concurrentiel, sociologique et culturel, technologique, écologique, légal et réglementaire) [a]

- Analyse des tendances lourdes sociétales (institutionnelles, économiques, technologiques, culturelles, écologiques, sociodémographiques)
- Identification des acteurs de l'environnement :
  – Acheteurs, clients
  – Concurrents directs et indirects, nouveaux entrants
  – Fournisseurs
  – Partenaires de R et D et de commercialisation
  – Organismes gouvernementaux
  – Autres parties prenantes

- Analyse des tendances dans l'environnement concurrentiel :
  – Facteurs d'évolution de la demande
  – Mutation des marchés
  – Mondialisation
  – Progrès technique, innovations (offre, procédés)
  – Variation des coûts stratégiques des concurrents
  – Offre de produits substituts
  – Apprentissage des consommateurs, différenciation
  – Nouveaux entrants, envahisseurs, retrait de concurrents, stratégies des industries connexes

Structures et dynamique de l'industrie

- Définition de l'industrie et des groupes stratégiques
- Concepts structuraux
  – Concentration et parts de marché
  – Barrières à l'entrée ou à la sortie
  – Différenciation des produits
  – Rivalité et concurrence
- Cinq (+ 1) forces de la concurrence

- Types génériques de structures
  – Monopole
  – Concurrence monopolistique
  – Oligopole
  – Industrie fragmentée
  – Concurrence quasi parfaite
- Stade d'évolution de l'industrie

Stratégies de l'entreprise

- Évaluation, actualisation, reformulation permanente de la stratégie formelle de l'entreprise dans chacun de ses champs stratégiques d'activité

Choix critiques dans chaque champ stratégique :
- Mission (trio produit-compétence-marché) et vision
- Buts et objectifs
- Mobilisation et déploiement des ressources
- Échanges avec le réseau de partenaires
- Stratégie de marché (prix, différenciation, niche, hybride)

Performance

De l'industrie
- Rentabilité, efficience
- Effort de R et D, innovation, progrès technique
- Qualité des produits ou des services
- Création d'emplois
- Équité dans la redistribution des gains et surplus

De l'industrie
- Rentabilité, efficience
- Innovation
- Politiques en matière sociale et humaine
- Réponse aux attentes des diverses parties prenantes
Affectation à des fins :
- internes : réorganisation de l'entreprise, amélioration des conditions de travail, R et D, etc.
- externes : dividendes, investissement, lobbying

a. Applicables aux marchés locaux et internationaux.

Source : inspiré de Scherer (1970, p. 5).

Grâce à leurs actions stratégiques, les dirigeants de l'entreprise peuvent, dans une certaine mesure, influer à moyen et à long terme sur les structures du marché et même sur les conditions économiques et technologiques, entre autres, qui déterminent les structures du marché. Le pouvoir économique de l'entreprise donnerait ainsi une marge de manœuvre aux dirigeants. Cependant, certains facteurs liés à la société, à l'économie, à la concurrence et à la technologie peuvent imposer des contraintes aux dirigeants et même rendre inopérante leur liberté d'action. En bref, le modèle d'analyse stratégique de l'environnement concilie l'influence de l'environnement avec les possibilités d'actions stratégiques et le pouvoir discrétionnaire des dirigeants dans leur poursuite d'objectifs de performance.

Ces possibilités d'actions stratégiques émanent d'occasions d'affaires et de contraintes au sein de l'industrie dont l'entreprise fait partie, contraintes liées au **caractère imparfait de la compétition,** puisqu'on observe les faits suivants dans la réalité des entreprises :

> Dans la réalité, la concurrence est presque toujours imparfaite.

- **La non-atomicité des centres de décision.** Une industrie comporte non seulement de petites entreprises mais des entreprises de grande taille ; ces entreprises constituent des centres de décision dont la marge de manœuvre et le pouvoir économique varient.

- **La non-homogénéité des produits.** Les produits se distinguent continuellement les uns des autres grâce à l'innovation, à la publicité et au design. Dans une même industrie, on observe la présence de différents produits substituts.

- **L'existence de barrières à l'entrée dans les marchés.** Le capital, la technologie, la disponibilité des matières premières et les réseaux de distribution sont autant d'exemples de barrières qui entravent la libre circulation des facteurs de production.

- **La sous-information (ou la surinformation) des agents économiques** (par exemple, les fournisseurs et les concurrents) **et la divergence de leurs intérêts.** La connaissance des marchés et la rationalité des décisions permettent de maximiser les profits. Or, certaines entreprises réussissent à accumuler davantage d'informations que leurs concurrents de sorte qu'elles se trouvent en meilleure position pour affronter les réalités qui ont cours dans un marché donné.

Dans ce contexte de concurrence imparfaite, le modèle d'analyse stratégique de l'environnement permet de caractériser la situation d'une entreprise par l'examen de différents facteurs : les conditions de base de l'environnement sociopolitique, économique, concurrentiel et technologique, la structure et la dynamique de l'industrie à laquelle l'entreprise appartient, les stratégies et la performance de l'entreprise. Ce modèle propose des rapports de causalité.

Ainsi, les conditions de base de l'environnement sociétal dans lequel se trouve l'entreprise influent sur les structures de l'industrie. À leur tour, les structures de l'industrie influent sur le choix des stratégies. Les stratégies retenues de même que les conditions de base agissent sur la performance. Cependant, les influences ne vont pas toujours dans le même sens. En effet, grâce à leurs actions stratégiques, les entreprises peuvent modifier partiellement les conditions de base de leur environnement. Les entreprises qui, pour diverses raisons, n'entreprennent aucune action stratégique ne peuvent, par contre, prétendre exercer une quelconque influence. Le sens des flèches de rétroaction verticale à droite dans la figure 2.4 (*voir p. 125*) indique que la performance de la firme exerce un effet de rétroaction à la fois sur la stratégie et sur l'environnement de l'entreprise.

Dans les sections suivantes, nous examinerons chacune des variables qui composent ce modèle : les conditions de l'environnement PESTEL, les structures et la dynamique de l'industrie d'appartenance, les stratégies de l'entreprise et les performances atteintes, à la fois au niveau de l'industrie et au niveau de l'entreprise.

2.10 Les intervenants dans l'environnement PESTEL

La figure 2.5 présente les principaux organismes qui interviennent dans l'environnement de l'industrie dans laquelle se trouve une entreprise : les acheteurs de produits ou de services, les concurrents directs et indirects (au niveau local, régional ou international, selon le cas) établis dans l'industrie, les fournisseurs, les acteurs de l'environnement technologique dans la société du savoir, les organismes gouvernementaux de réglementation et les autres partenaires clés. Bien entendu, d'autres organismes peuvent s'ajouter à ceux-ci selon la nature de l'industrie et les objectifs qu'elle se donne.

FIGURE 2.5 Les principaux intervenants dans l'environnement économique, technologique et réglementaire de l'industrie d'appartenance

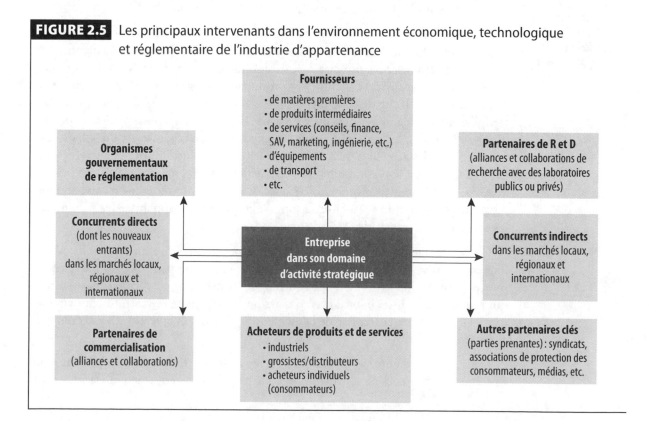

2.10.1 Les acheteurs de produits ou de services

Les **acheteurs** forment les marchés ou des segments de marché de l'entreprise. Ils peuvent être groupés en trois catégories : les acheteurs individuels, les acheteurs industriels, les grossistes et les distributeurs. Les clients de la plupart des entreprises sont, en fin de compte, des consommateurs individuels. Cependant, certaines entreprises vendent souvent leurs produits ou leurs services à des entreprises intermédiaires, soit d'autres entreprises industrielles, soit des distributeurs ou des grossistes. Par exemple, les fabricants d'appareils électroménagers ou de meubles vendent davantage à des entreprises de distribution et de détail qu'aux consommateurs individuels. De même, les petites entreprises de fabrication sont souvent des fournisseurs de pièces ou d'appareils.

2.10.2 Les concurrents directs et indirects

Les **concurrents directs** dans l'industrie sont des firmes qui produisent des biens ou offrent des services homogènes similaires et qui visent les mêmes marchés ou segments de marché (par exemple, les supermarchés, les librairies, les sociétés de courtage immobilier). Les petites et moyennes entreprises, par exemple, se trouvent souvent dans des marchés fragmentés, où le nombre de concurrents est élevé et où les parts de marché sont faibles. Dans ces cas, la rivalité est très grande. Dans certaines industries, les concurrents sont au contraire peu nombreux et de grande taille en raison de barrières difficilement franchissables à l'entrée de l'industrie.

Les **concurrents indirects** ou les fabricants de produits substitutifs, souvent oubliés à tort, font aussi partie de l'environnement économique et concurrentiel. Ils peuvent effectivement nuire aux concurrents déjà en place. Par « produits ou services substitutifs », il faut entendre les produits ou les services qui, du point de vue des acheteurs, offrent des caractéristiques telles que ces produits ou ces services remplissent les mêmes fonctions que ceux avec lesquels ils sont en concurrence directe. Par exemple, le sirop de maïs à haute teneur en fructose est un substitut du sucre liquide, les aciers légers sont des substituts de l'aluminium, les entreprises de câblodistribution sont des substituts des salles de cinéma conventionnelles. En général, plus l'innovation technologique est importante dans les industries connexes, plus les produits substitutifs sont susceptibles de supplanter les produits ou les services déjà offerts dans l'industrie.

Il importe de préciser que la concurrence peut s'effectuer aussi bien au niveau local qu'au niveau national ou international. Évidemment, la dynamique concurrentielle varie selon le territoire de l'entreprise. Ainsi, une entreprise de camionnage qui fait affaire au niveau local n'est pas assujettie au même environnement concurrentiel qu'une autre entreprise de la même industrie qui évolue aux niveaux national et international.

Il arrive également que certains concurrents deviennent, plus ou moins temporairement, des partenaires lorsque des partenariats de commercialisation, entre autres, sont organisés. Par exemple, les entreprises en démarrage dans le secteur des biotechnologies, petites entreprises de recherche fondamentale en sciences de la vie, ont rarement les reins assez solides pour envisager la production et la commercialisation de leurs découvertes. Par conséquent, elles établissent souvent des alliances avec de grandes entreprises pharmaceutiques pour y parvenir, tout en partageant les profits.

2.10.3 Les fournisseurs

Les **fournisseurs** de l'entreprise offrent divers produits : matières premières, produits intermédiaires, pièces fabriquées, appareils, équipements, supports informatiques et services divers (conseils, finance, ingénierie, marketing, transport, etc.). Dans la plupart des cas, l'entreprise, à titre d'acheteur, est en solide position pour négocier avec ses fournisseurs, mais en ce qui a trait aux matières où il y a rareté ou pénurie, elle dépend des fournisseurs qui disposent d'un certain pouvoir. Les produits des fournisseurs peuvent être l'occasion d'innovations pour l'entreprise. Par exemple, les fournisseurs de systèmes de contrôle industriel peuvent susciter des modifications aux procédés de fabrication et ainsi contribuer à la réalisation d'économies d'échelle. Par ailleurs, les entreprises acheteuses peuvent vouloir s'assurer de la constance des approvisionnements et, pour ce faire, s'intégrer verticalement en amont, c'est-à-dire à l'industrie des fournisseurs.

2.10.4 Les nouveaux entrants

Les **nouveaux entrants** sont des concurrents nouvellement établis ou des firmes qui évoluent au sein d'autres industries et qui envahissent le marché (les banques étrangères dans le marché canadien, par exemple). Les nouveaux entrants dans une industrie s'inspirent en général d'une innovation technologique ou commerciale. Les petites et moyennes entreprises jouissent quelquefois de positions privilégiées dans des marchés ou des segments de marché distincts. La plupart, cependant, font partie d'industries où les barrières à l'entrée des concurrents sont relativement faibles, comme dans des industries fragmentées où le nombre de concurrents est élevé. Cependant, lorsque l'industrie est en croissance ou que le rythme des innovations dans les produits et les procédés est rapide, des firmes nouvelles ou des envahisseurs en profitent pour entrer dans l'industrie.

2.10.5 Les acteurs de l'environnement technologique dans la société du savoir

L'entreprise, quelles que soient sa taille et l'industrie dont elle fait partie, baigne dans un environnement technologique dont elle peut connaître la structure et l'évolution dynamique (Mansfield, 1968). Cet environnement est de nature à contribuer à sa réussite en lui apportant des informations pertinentes, en lui suggérant des technologies imitables, des équipements à la fine pointe de la technologie et des services de recherche scientifique. La connaissance de cet environnement dépend des réseaux d'information des dirigeants. Les dirigeants des entreprises innovatrices en connaissent bien le potentiel.

La production de biens ou de services nécessite des relations avec les fournisseurs de services ou de technologies. La fabrication de certains biens entraîne l'emploi de technologies coûteuses ou requérant un important investissement en capital, alors que, dans d'autres cas, les installations sont plus modestes, mais leur contenu technologique ou scientifique est plus élevé. Dans les paragraphes qui suivent, nous examinerons les différentes composantes de cet environnement technologique.

2.10.5.1 Les acheteurs

Les acheteurs sont susceptibles de se révéler une source d'innovation technologique. En effet, ils peuvent, en faisant connaître leurs besoins particuliers, inciter l'entreprise à concevoir de nouveaux produits ou services pour combler leurs attentes. Les clients suggèrent des solutions aux fabricants à la suite de l'expérimentation des produits ou des services déjà existants.

2.10.5.2 Les concurrents

Les concurrents (locaux, régionaux ou internationaux) stimulent l'innovation technologique. Toute entreprise est appelée à disparaître si elle n'offre pas de produits ou de services compétitifs, ou si elle n'abaisse pas ses coûts de production par l'utilisation de nouveaux procédés. L'entreprise doit, à tout le moins, imiter les nouvelles technologies, mais elle a avantage à en concevoir d'autres pour conserver une longueur d'avance.

2.10.5.3 Les constructeurs d'appareils et les entreprises de techniques de pointe

Les constructeurs d'appareils et les entreprises de techniques de pointe conçoivent des produits et des services qui s'appliquent à plusieurs industries. L'incorporation de ces technologies a pour but de réduire les coûts de fabrication ou d'accroître la productivité de la main-d'œuvre. Les entreprises en croissance investissent dans le but d'augmenter leurs capacités de production. Elles peuvent choisir les appareils et les styles qui intègrent de nouvelles technologies. Par exemple, il est possible de réaliser des gains substantiels de productivité en employant des contrôles industriels et des systèmes de fabrication par ordinateur et microprocesseurs. Grâce aux entreprises de techniques de pointe, même les industries traditionnelles (comme celles du textile, de la distribution ou du plastique) peuvent accroître grandement leur productivité.

Les entreprises de techniques de pointe vendent des produits et des services qui diffusent les progrès techniques. Par exemple, les fabricants d'appareils de conception assistée par ordinateur vendent des produits dont le résultat est d'accroître la productivité de nombreuses entreprises de fabrication du métal. De même, les sociétés-conseils en informatique suggèrent des systèmes informatisés qui accroissent l'efficacité des transactions et des décisions dans les entreprises.

2.10.5.4 Les entreprises d'ingénieurs-conseils et de consultation

Les entreprises d'ingénieurs-conseils et de consultation ont pour mission de suggérer les meilleurs choix technologiques et économiques. La diffusion des technologies les plus avancées s'effectue le plus souvent par l'intermédiaire de ces entreprises. Des entreprises telles que SNC-Lavalin ou Dessau sont devenues des acteurs importants du transfert de technologies des procédés à l'échelle internationale.

2.10.5.5 Les laboratoires de recherche appliquée

Les laboratoires de recherche appliquée génèrent aussi des idées pour l'innovation. Les laboratoires privés tels que Battelle Memorial, ou les laboratoires universitaires tels que les centres de développement technologique de l'École polytechnique de Montréal, ou de l'École de technologie supérieure (constituante de l'Université du Québec) réalisent à contrat, pour des clients, des travaux en commandite de recherche orientée. Les laboratoires d'associations industrielles, comme celui de l'Association canadienne des pâtes et papiers, contribuent aussi à la création de nouveaux procédés qui peuvent être largement diffusés.

2.10.5.6 Les laboratoires de recherche fondamentale

L'utilité des laboratoires de recherche fondamentale, dans le processus de transfert technologique, réside principalement dans l'accumulation de théories et de méthodologies associées à différentes disciplines (comme la chimie, la physique ou la biologie) auxquelles peuvent s'alimenter les laboratoires de recherche appliquée (par exemple, dans les domaines de la pétrochimie, du textile ou des pâtes et papiers), les entreprises ou les industries (par exemple, l'industrie pétrolière). La diffusion de l'information s'effectue principalement, dans ce cas-ci, au moyen de publications scientifiques ou techniques dans des revues spécialisées.

2.10.5.7 Les entreprises collaboratrices

L'entreprise peut entretenir des activités conjointes avec une ou plusieurs autres entreprises par l'entremise d'associations durables ou momentanées. Les alliances technologiques ou les collaborations entre entreprises (*joint ventures*) peuvent prendre diverses formes (*voir le tableau 2.6, p. 132*) :

a) Des alliances de complémentarité, où des entreprises en pleine maturité et en bonne situation financière fournissent, par exemple, le capital de développement à des entreprises prometteuses sur le plan technologique.

b) Des alliances préconcurrentielles, en fonction desquelles des entreprises décident de mettre en commun leur savoir et de faire ensemble de la recherche et du développement.

c) Des alliances dites de « collaboration industrielle » ; nous y reviendrons dans le chapitre 6 portant sur la gestion de l'innovation.

> S'ouvrir à l'ère de l'économie fondée sur les connaissances par l'organisation-réseau

TABLEAU 2.6   Les types d'alliances technologiques

La technologie = monnaie d'échange	La technologie = objectif de l'alliance	
(1) L'autre entreprise fournit ordinaire-ment le capital	(2) L'alliance se limite à la recherche et au développement	(3) L'alliance concerne aussi l'activité industrielle
Alliance de complémentarité	Alliance préconcurrentielle	Collaboration industrielle
Exemples : • Échanges de brevets • Accords de commercialisation	Exemple : Laboratoires communs	Exemple : Programmes communs de conception et de fabrication

Source : Dussauge et Ramanantsoa (1987, p. 159).

2.10.6 Les organismes gouvernementaux de réglementation

Les organismes gouvernementaux de réglementation sont des membres à part entière de l'environnement sociopolitique, concurrentiel, économique et réglementaire de l'industrie. Ainsi, dans de nombreuses industries, la structure et la nature de la concurrence sont déterminées par des lois qu'appliquent les organismes gouvernementaux. Par exemple, le Conseil de la radiodiffusion et des télécommunications canadiennes (CRTC) établit en partie, par ses décisions d'affectation, la structure de l'industrie de la radio, de la télévision ou de la câblodistribution, en accordant les permis de diffusion à une chaîne de télévision. De même, les industries des services bancaires, du transport aérien et du transport routier sont largement touchées par les décisions des organismes de réglementation.

Dans leur ensemble, les entreprises et les industries sont visées, d'une façon ou d'une autre, par des réglementations sociales en vue de protéger le consommateur, le travailleur ou l'environnement.

2.10.7 Les autres partenaires clés

L'entreprise doit également composer avec beaucoup d'autres intervenants non négligeables tels que les syndicats, les associations de protection des consommateurs et les médias. De piètres relations patronales-ouvrières peuvent parfois avoir une influence désastreuse sur l'efficacité du système de production et, en conséquence, sur les coûts, rendant ainsi inopérantes les actions qui visent à améliorer la compétitivité. Les associations de protection des consommateurs peuvent rapidement miner la crédibilité d'une entreprise ayant fait preuve de négligence en ce qui concerne les prix, la qualité ou la disponibilité de ses produits ou de ses services. Les médias de toute nature peuvent donner une bonne réputation à une entreprise ou lui nuire, en raison notamment de la très grande diffusion des informations.

Nous avons vu, dans la partie précédente, l'importance de prendre en compte les attentes de l'ensemble de ces parties prenantes.

2.11 Les types d'environnements

La stratégie d'une entreprise comprend, entre autres, l'insertion de son système de production dans un environnement sociopolitique, économique, concurrentiel et réglementaire. Cet environnement est constitué de l'ensemble des organismes extérieurs avec lesquels l'entreprise établit à court, à moyen ou à long terme des relations pour ses activités de conception, de production ou de vente de ses produits ou de ses achats de matières premières. Des informations émanent en permanence de cet ensemble sous forme de stimuli, d'actions concurrentielles, de risques ou d'occasions d'affaires. Lorsque l'on combine les facteurs technologiques avec les facteurs sociopolitiques, économiques, concurrentiels et réglementaires, l'environnement de l'industrie d'une entreprise peut prendre différentes formes. Le tableau 2.7 présente ainsi les variations de l'environnement selon le degré de complexité (simple ou complexe) et le degré de changement (stable ou dynamique). Nous verrons dans le chapitre 3, consacré à l'organisation, que les entreprises elles-mêmes prennent diverses formes organisationnelles selon le degré de stabilité de leur environnement.

> L'environnement de l'entreprise peut être plus ou moins stable et plus ou moins complexe.

TABLEAU 2.7 Les caractéristiques de l'environnement économique, concurrentiel, technologique et réglementaire de l'industrie d'appartenance, selon le degré de complexité et le degré de changement

Degré de complexité	Degré de changement	
	Stable	**Dynamique**
Simple	• Environnement prévisible • Nombre limité de produits ou de services • Nombre limité de clients, de fournisseurs et de concurrents • Besoin limité de connaissances spécialisées	• Environnement imprévisible • Nombre limité de produits ou de services • Nombre limité de clients, de fournisseurs et de concurrents • Besoin limité de connaissances spécialisées
	Incertitude	
Complexe	• Environnement prévisible • Nombre élevé de produits ou de services • Nombre élevé de clients, de fournisseurs et de concurrents • Besoin élevé de connaissances spécialisées	• Environnement imprévisible • Nombre élevé de produits ou de services • Nombre élevé de clients, de fournisseurs et de concurrents • Besoin élevé de connaissances spécialisées

Source : Duncan (1979, p. 63 ; traduction libre).

2.12 L'évolution dynamique de l'environnement

L'environnement d'une industrie – à laquelle se rattachent un certain nombre d'entreprises – est façonné par l'ensemble de ses conditions politiques, sociodémographiques, économiques, concurrentielles, technologiques et réglementaires. Cet environnement impose des contraintes, amène des imprévus, suscite des innovations et peut aussi offrir des occasions d'expansion à l'entreprise. L'analyse des conditions de l'environnement doit donc être à la fois globale et dynamique : il s'agit de détecter les **tendances lourdes** qui ont et auront un impact à court et à moyen terme sur l'industrie et les activités de l'entreprise, car ces tendances dessinent à plus long terme les traits d'une société tout entière. Dans la perspective sociologique de la responsabilité sociale des entreprises, il s'agit de comprendre ces tendances lourdes au niveau macrosociétal pour penser la légitimité des actions de l'entreprise et intégrer ses activités à cette société (*voir l'encadré 2.10*).

ENCADRÉ 2.10   Les tendances lourdes dans l'environnement macrosociétal de l'entreprise

« Les tendances lourdes sont les grandes forces qui, à long terme, modèlent les traits caractéristiques d'une société, c'est-à-dire les contextes institutionnel, économique et technologique, culturel et sociodémographique qui constituent l'environnement sociétal de l'entreprise. Dans l'environnement turbulent d'aujourd'hui, ces tendances sont complexes, difficiles à saisir et changeantes. Elles échappent en grande partie à la connaissance, à la compréhension ou au contrôle des dirigeants. Leur impact combiné est donc souvent difficile à prévoir (Fahey et Narayanan, 1997 ; Godet, 2000).

Les tendances lourdes sont le résultat accumulé à travers le temps des activités individuelles de l'ensemble des acteurs sociaux. Par exemple, les changements démographiques, la diffusion de modes de vie ou de pensée venant d'ailleurs, ou la détérioration de l'environnement planétaire sont tous le résultat de comportements adoptés individuellement par des millions d'acteurs. Nous regrouperons ici ces tendances sous quatre rubriques. Étant donné l'ampleur et la complexité du sujet, leurs contenus ne seront présentés que sommairement, à titre indicatif.

Les tendances institutionnelles

Les différentes composantes du contexte institutionnel évoluent lentement mais en profondeur. Les plus importantes concernent la répartition des pouvoirs entre l'État, les entreprises, et les autres acteurs sociaux. Depuis une cinquantaine d'années, le pouvoir de l'État n'a cessé de croître, jusqu'aux remises en question. En laissant plus de place au marché, l'État producteur perd actuellement du terrain, l'État réglementeur (arbitre) se fait moins pointilleux sur les détails mais plus exigeant sur les

principes, l'État client achète moins. Par contre, ses autres rôles sont maintenus ou renforcés (rôles de protection, de promotion et de redistribution). Les allées du pouvoir sont également plus facilement accessibles à tous. Le pouvoir des acteurs de la société civile, surtout celui des groupes de pression, n'a lui aussi cessé de se développer, et ce mouvement se poursuit. Il a toutefois changé de nature. Autrefois très revendicatif, il est aujourd'hui beaucoup plus ouvert à la collaboration. Quant au pouvoir des entreprises, il a connu plusieurs fluctuations, au gré des gouvernements en place. En règle générale cependant, les formes de ce pouvoir sont devenues plus transparentes (mieux connues et discutées) et les entreprises sont aujourd'hui davantage prêtes au dialogue et au partenariat avec les autres acteurs sociaux.

Les tendances économiques et technologiques

Ces tendances évoluent plus rapidement que les précédentes. Elles concernent en premier lieu le rythme du développement économique, de l'internationalisation des marchés (mondialisation) et des progrès de la technologie. En période de croissance, par exemple, les syndicats insisteront sur les augmentations de salaire et les avantages sociaux, et les entreprises critiqueront l'interventionnisme étatique. En période de crise, les syndicats se concentreront sur la défense de la sécurité d'emploi de leurs membres, alors que les industries les plus vulnérables demanderont à l'État de les protéger contre la concurrence étrangère. Dans ce groupe de tendances, il faut bien entendu garder une place de choix à l'expansion des réseaux financiers internationaux, à l'explosion du secteur des télécommunications et aux promesses de la génétique.

▶

> **ENCADRÉ 2.10 Les tendances lourdes dans l'environnement macrosociétal de l'entreprise (*suite*)**

Les tendances culturelles

Il s'agit des tendances qui influencent les valeurs et les normes sociales en vigueur dans la société. Elles sont hétérogènes, mais certaines finissent par devenir dominantes. Citons comme exemples les changements en cours dans la relation entre carrière et vie de famille, la tendance historique vers l'égalitarisme, la progression de l'esprit de collaboration, celle du pragmatisme orienté vers la résolution de problèmes (qui tend à remplacer les vieilles idéologies antagonistes), l'intérêt croissant pour une meilleure qualité de la vie, la sensibilisation à la conservation des ressources naturelles. Ainsi, une préoccupation plus grande pour les valeurs familiales se traduira par des exigences croissantes en matière d'horaires et de congés. Le malaise face au gaspillage de ressources favorisera l'émergence de groupes de pression écologistes. La montée de l'égalitarisme poussera l'État à lancer de nouveaux programmes de protection sociale. Un recul de l'esprit de solidarité se manifestera par des styles de vie plus individualistes et des revendications plus corporatistes. Particulièrement notable est la revendication montante pour une meilleure éthique des affaires, que rien ne semble démentir.

Les tendances sociodémographiques

Les tendances sociales et démographiques sont traitées ensemble, car elles sont fortement liées. Elles comprennent les caractéristiques quantitatives de la population (croissance, décroissance, migrations interrégionales, composition de la main-d'œuvre) et ses caractéristiques qualitatives (progression du niveau d'éducation, cohésion de la cellule familiale, capacité d'innovation). L'évolution de la composition de la main-d'œuvre a des effets sur l'inégalité sociale et l'exclusion, elle modifie les attentes de toutes les catégories sociales et se répercute sur les politiques de personnel des entreprises. La progression du niveau d'éducation accroît chez les travailleurs les besoins d'autonomie personnelle et provoque des changements dans la façon dont l'entreprise doit organiser ses relations internes d'autorité. À l'inverse, la montée inattendue de l'analphabétisme dit fonctionnel crée des défis nouveaux pour la formation en entreprise. Le vieillissement de la population entraîne des besoins accrus de protection et favorise certaines industries (sécurité, soins médicaux, fonds de pension) aux dépens d'autres (vêtements pour enfants, construction résidentielle, ameublement).»

Source : Pasquero (2003, p. 202-204).

Comme l'environnement macrosociétal de l'entreprise, l'environnement concurrentiel est en constante mutation sous l'effet de facteurs exogènes que l'entreprise ne contrôle pas toujours facilement (Dennison, 1967). Les progrès accomplis afin de maîtriser ces facteurs ont des répercussions sur le développement de l'entreprise, notamment sur le plan technologique. Ainsi, l'entreprise qui réussit à obtenir une bonne place dans un marché en croissance et à s'assurer la loyauté d'une forte proportion de consommateurs pourra compter, avec le temps, sur des surplus économiques qu'elle affectera, par exemple, à la recherche de nouveaux produits ou de nouveaux procédés. Elle pourra également choisir d'améliorer les produits ou les services existants en recourant à des techniques de pointe. Dans cette section, nous présentons quelques-uns des facteurs de l'environnement économique et concurrentiel qui sont la cause d'incertitudes, d'occasions d'affaires et de changements. Nous mettons par ailleurs en évidence l'influence des progrès, au point de vue économique, sur l'évolution de l'environnement technologique, et réciproquement.

2.12.1 L'évolution de la demande

La croissance et la décroissance de la demande des produits ou des services de l'industrie dépendent de divers facteurs. Une industrie en croissance est une industrie où la plupart des acheteurs sont de nouveaux clients. Par exemple, la très grande croissance des ventes de fours à micro-ondes dans les années 1980 et celle des téléphones portables dans les années 1990 provenaient de l'afflux de clients nouveaux. Une industrie où les clients ne font que des achats répétitifs se dirige inéluctablement vers une situation de maturité, voire la stagnation. Les industries de l'automobile ou de l'aluminium sont des exemples d'industries en phase de maturité. Nous y reviendrons plus loin quand il sera question du cycle de vie de l'industrie.

2.12.1.1 Le cycle de vie des produits et des services

Les produits ou les services évoluent en fonction de la demande selon un **cycle de vie**[29] (*voir le tableau 2.8*). On fait référence dans ce cas-ci au cycle de vie des produits ou des services. Les stratégies requises à chaque étape de la vie des produits ou des services diffèrent. La demande à laquelle fait face l'entreprise résulte de l'agrégation des décisions d'achat des clients et de leurs préférences. Elle est également influencée par des facteurs endogènes, qui dépendent des dirigeants, et par des facteurs exogènes, qui échappent entièrement à leurs actions et qui influent même sur les facteurs endogènes. Les facteurs endogènes et exogènes interagissent pour former la demande qui se présente à l'industrie et à l'entreprise.

2.12.1.2 Les facteurs endogènes pouvant être contrôlés par l'entreprise

L'entreprise peut contrôler les facteurs endogènes suivants : la qualité du produit (fonctionnalité, fiabilité, nouveauté, etc.), le prix du produit, le lieu d'implantation, l'image et les politiques de commercialisation.

2.12.1.3 Les facteurs exogènes ne pouvant être contrôlés par l'entreprise

En revanche, l'entreprise ne peut contrôler les facteurs exogènes que constituent les facteurs liés au macroenvironnement (environnement externe) et les facteurs liés au microenvironnement (de l'industrie ou du groupe stratégique d'appartenance) ou à la rivalité.

Les **facteurs liés au macroenvironnement** comprennent :

- la capacité d'achat, qui dépend du revenu disponible des consommateurs, de l'état de l'économie, de la fiscalité et de l'emploi ;
- la conjoncture économique, qui représente le niveau global de demande dans l'économie en fonction des cycles économiques (expansion, récession, dépression) et qui agit aussi sur la demande de l'entreprise, de même que l'indice saisonnier ;

---

29. Dans le tableau 2.8, on fait état du cycle de vie d'un produit ou d'un service. Quant au cycle de vie de l'industrie, il en sera question un peu plus loin. Le cycle de vie de l'entreprise sera quant à lui abordé dans le chapitre 3. Ces trois cycles ne se superposent pas nécessairement, mais ils sont liés.

TABLEAU 2.8 Le cycle de vie du produit ou du service et l'ajustement de la stratégie en fonction des phases

1. Phase de lancement	4. Phase de saturation
• Publicité et communication promotionnelle • Prix d'écrémage • Contrôle de la qualité du produit • Nombre limité de modèles offerts • Concurrence encore relativement faible • Efforts pour atteindre les acheteurs précoces • Distribution sélective • Encouragement de l'essai du produit par les coupons, les échantillons, etc. • Bénéfices restreints • Stocks limités	• Stabilisation des ventes • Stabilisation des bénéfices • Déclin du nombre de concurrents • Stabilisation des prix • Réduction du prix de revient • Mesures pour conserver les clients fidèles • Prix défensif
2. Phase de croissance	**5. Phase de déclin**
• Offre plus élaborée de modèles ou de services • Augmentation des ventes à un rythme croissant • Début de segmentation du marché • Différenciation des produits ou des services offerts • Publicité sélective • Augmentation du nombre de concurrents • Stocks plus élevés • Distribution intensive • Bénéfices élevés	• Baisse permanente des ventes • Décision d'abandon du produit ou du service • Diminution appréciable du nombre de concurrents • Dépenses promotionnelles pour maintenir la distribution
3. Phase de maturité	
• Ventes allant en décroissant • Nombre maximal de concurrents • Tendance des prix à baisser • Développement ou pénétration de marché • Amélioration des produits ou des services • Activités promotionnelles très fortes • Repositionnement des produits ou des services • Nouvelles approches promotionnelles • Stabilisation des bénéfices	

• la dynamique de la population, qui pèse également sur la demande ; une population en croissance crée une demande d'habitations et de services scolaires notamment, alors qu'une population en stagnation suscite dans une faible mesure la croissance des marchés, sauf pour les services rattachés à la vieillesse ou à certains styles de vie ;

- les changements économiques structuraux (par exemple, le libre-échange, la déréglementation ou l'élimination des barrières tarifaires entre les États).

Les **facteurs liés au microenvironnement** sont les suivants :

- En dépit des efforts publicitaires, les préférences et les goûts des consommateurs évoluent en fonction du revenu, des produits substitutifs, des valeurs, des styles de vie et de l'information. Par exemple, la préoccupation pour la santé fait croître la demande de bicyclettes et décroître la demande de cigarettes.

- Les attentes des consommateurs face aux prix futurs des produits ou des services, à leurs revenus personnels et à l'état de l'économie exercent une influence sur les décisions d'achat au cours d'une période donnée.

- L'offre de produits ou de services que les clients considèrent comme des substituts agit sur la demande de produits ou de services de l'entreprise. Par exemple, la location de DVD est un substitut de la fréquentation des cinémas et elle influe sur la demande de ceux-ci.

- Les prix des produits liés, complémentaires ou substitutifs agissent sur la demande du produit. Par exemple, les prix de l'électricité, du pétrole et du gaz naturel influent de différentes manières sur la demande d'appareils de chauffage.

- Les efforts de concurrence basée sur d'autres aspects que le prix (publicité, promotion et qualité), que déploient les concurrents, ont pour but d'accroître la demande du produit ou du service pendant un certain temps, auprès de consommateurs dont les profils, notamment face à la nouveauté et au rythme d'adoption de l'innovation, ne sont pas homogènes (*voir la figure 2.6*).

FIGURE 2.6 Les catégories d'adeptes de l'innovation selon le modèle de Rogers

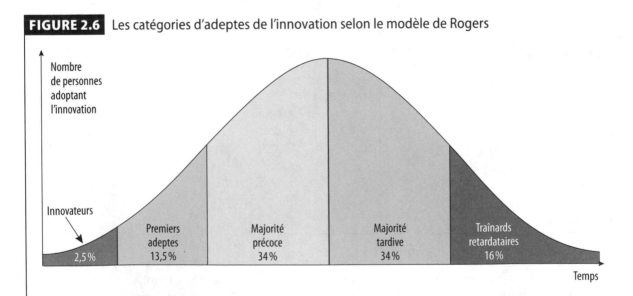

Source : Rogers (1983, p. 247 ; traduction libre).

2.12.2 La mutation des marchés

Les marchés sont constamment en mutation et en redéfinition en raison, d'une part, de la diversité des acheteurs et des décisions qu'ils prennent et, d'autre part, de l'offre, par les concurrents, de produits ou de services compétitifs ou de substituts. On ne définit pas un marché en fonction de l'ensemble des produits similaires ou homogènes fabriqués et vendus par des entreprises bien identifiées. **Au contraire, la définition d'un marché doit être abordée du point de vue des clients.** Le produit est constitué d'un ensemble de caractéristiques que recherchent ces derniers. Les produits substitutifs qui possèdent une ou plusieurs des caractéristiques importantes recherchées par les clients font partie du marché. Les dimensions du marché varient selon qu'on donne une définition large ou étroite aux besoins que doit satisfaire un ensemble de produits.

À titre d'exemple, les besoins d'information de la population d'une région donnée constituent un marché. L'industrie, c'est-à-dire l'ensemble des entreprises offrant des produits qui sont de très proches substituts pour les clients de cette région, devra inclure tous les éléments suivants : chaînes de radio et de télévision, publications hebdomadaires et mensuelles, journaux ayant un contenu régional, journaux publiés hors d'une région mais lus dans celle-ci. Les besoins d'alimentation des consommateurs individuels d'une région donnée constituent un autre type de marché. Selon la définition du marché que nous venons d'énoncer, il faut inclure les supermarchés, les dépanneurs indépendants, les dépanneurs franchisés, les spécialistes (boulangeries, fruiteries, poissonneries, etc.) et les marchés publics.

2.12.3 La mondialisation

La libéralisation des marchés (par l'entremise, par exemple, de l'Accord de libre-échange nord-américain [ALENA], de l'Union européenne ou des Accords d'échange Asie-Pacifique) et l'ouverture des frontières vont en s'accélérant depuis quelques années ; il s'agit de phénomènes nouveaux avec lesquels les industries et les entreprises locales doivent apprendre à composer. Celles-ci doivent s'en remettre à de nouvelles règles de commercialisation et redoubler de vigilance quant aux produits ou aux services offerts. Elles doivent, par exemple, veiller à maintenir une qualité et des prix concurrentiels, sinon elles risquent de se voir supplanter sur leur propre terrain par des industries et des entreprises étrangères.

Le monde s'apparente maintenant à une société globale dont les dernières frontières sont en voie de disparition. Des marchés se créent à l'échelle mondiale. Les banques canadiennes, par exemple, sont appelées à faire montre de dynamisme à l'étranger, afin de se donner une stature de niveau mondial. Des liens se créent entre des économies nationales. Les entreprises travaillent de concert avec des partenaires et forment des alliances économiques et technologiques. Plusieurs d'entre elles, dans le but d'atteindre une meilleure efficience, s'emploient à intégrer étroitement leurs activités dispersées dans plusieurs pays, voire sur plusieurs continents. La mondialisation n'est pas en soi un phénomène nouveau, puisque, déjà au début du xxᵉ siècle, des entreprises songeaient à s'implanter dans les marchés étrangers. Mais la concurrence se mondialise actuellement à un rythme jamais égalé dans le passé.

> À l'ère de la libéralisation des marchés et du développement des nouvelles technologies de l'information et de la communication (NTIC), la société devient globale.

Le phénomène de la mondialisation a pris de l'ampleur pour différentes raisons, dont l'intégration du savoir technique (par exemple, les supports électroniques qui facilitent le transfert des données) ; l'arrivée de nouveaux concurrents à l'échelle mondiale (comme les pays de l'Asie du Sud-Est, la Chine et le Mexique) ; la réduction des tarifs douaniers entre nations et l'atténuation des sentiments protectionnistes à la suite de la conclusion d'accords économiques (par exemple, l'ALENA) ; l'intégration des marchés nationaux de capitaux à l'échelle mondiale, ce qui donne lieu à des mouvements de capitaux d'un pays à l'autre ; l'uniformisation à l'échelle planétaire des infrastructures, des réseaux de distribution et des méthodes de commercialisation (par exemple, les chaînes de magasins, la publicité) ; le regain de confiance dans les forces du marché ; l'uniformisation des goûts et des besoins des consommateurs ; le déplacement des ressources technologiques dans le monde.

2.12.4 Le progrès et l'effervescence techniques

Dans la société du savoir, la contribution du **progrès technique** – résultant de l'amélioration des connaissances humaines appliquées à la production – au progrès économique est remarquable par le foisonnement de produits nouveaux qui stimulent la demande et l'introduction de procédés neufs augmentant la productivité.

Plusieurs études internationales ont essayé de comprendre les sources de la croissance économique, notamment l'influence du progrès technique. Il est généralement admis que la croissance économique tire son origine, entre autres choses, de la création de savoirs ainsi que de l'organisation et de l'utilisation innovante des facteurs de production par les entreprises, grâce à la technologie, aux économies d'échelle et aux techniques de gestion (*voir la figure 2.7*).

FIGURE 2.7 Les sources du progrès technique

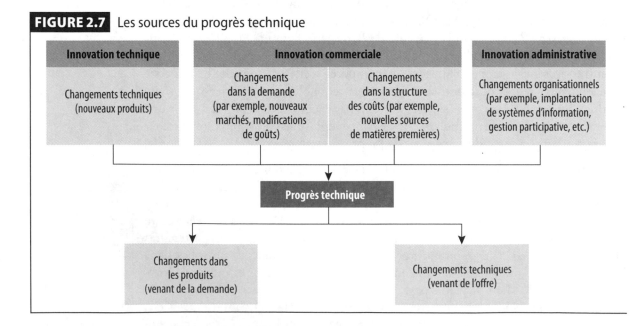

Dans la société du savoir, les facteurs déterminant les types et les quantités de biens et de services qu'une économie peut produire sont les suivants :

- Le stock des connaissances techniques créées et partagées, qui établit les paramètres de la gamme de produits ou de services dont la production est possible.

- La richesse des ressources humaines et intellectuelles (la scolarité et l'expérience des personnes).

- L'organisation de l'économie, la structure industrielle et les réseaux d'innovation qui influent sur la rapidité avec laquelle les connaissances créées et partagées et les techniques apprises peuvent être utilisées ou transformées en des innovations véritables.

- Le stock de capital, qui, par son renouvellement et sa croissance, constitue l'un des moyens privilégiés de mise en œuvre des technologies.

- La diffusion de la technologie vers la sphère économique et différents secteurs d'activité (*voir la figure 2.8*).

> La nouvelle économie est une économie fondée sur la connaissance.

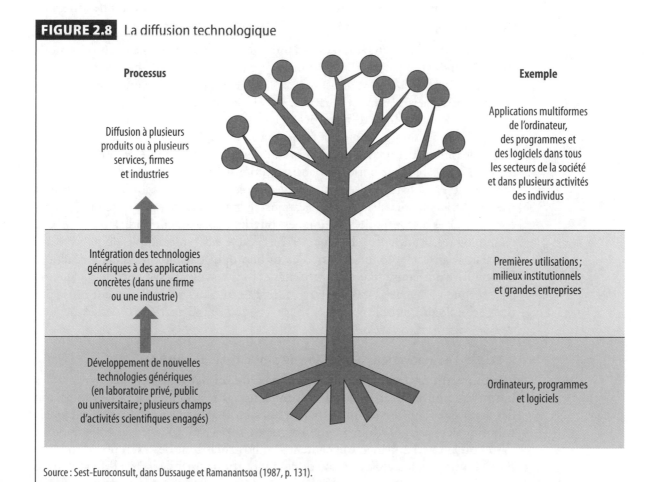

FIGURE 2.8 La diffusion technologique

Processus

Diffusion à plusieurs produits ou à plusieurs services, firmes et industries

Intégration des technologies génériques à des applications concrètes (dans une firme ou une industrie)

Développement de nouvelles technologies génériques (en laboratoire privé, public ou universitaire ; plusieurs champs d'activités scientifiques engagés)

Exemple

Applications multiformes de l'ordinateur, des programmes et des logiciels dans tous les secteurs de la société et dans plusieurs activités des individus

Premières utilisations ; milieux institutionnels et grandes entreprises

Ordinateurs, programmes et logiciels

Source : Sest-Euroconsult, dans Dussauge et Ramanantsoa (1987, p. 131).

2.12.5 Les innovations dans l'offre (de produits ou de services) et les procédés

L'environnement économique et technologique de l'entreprise suggère, d'une manière soutenue, des idées ou des technologies que l'entreprise peut utiliser moyennant des investissements. Dans plusieurs industries, comme celles de l'aluminium, des pâtes et papiers ou de la sidérurgie, les progrès techniques sont relativement **continus** mais **prévisibles.** Dans d'autres industries, comme celles des semi-conducteurs, des appareils de télécommunication ou de l'aérospatiale, les progrès majeurs et réels apparaissent de manière **discontinue** (Foster, 1982). Dans tous les cas, l'innovation peut être un moteur puissant de changement économique. **L'innovation est en général définie comme l'exploitation d'idées nouvelles dans de nouveaux produits, de nouveaux services, de nouveaux procédés ou processus de travail ou encore de nouveaux modèles d'affaires** (Morand et Manceau, 2009, p. 32). Une présentation plus approfondie de la gestion stratégique de l'innovation est faite dans le chapitre 6. Il va sans dire que plus les progrès en matière technologique se multiplient à un rythme élevé, plus les innovations auront une influence sur le développement de l'industrie et de l'entreprise même, à court et à moyen terme.

Les **innovations radicales** dans les produits ou les procédés peuvent venir bouleverser l'industrie par les discontinuités qu'elles provoquent. Plusieurs industries sont soumises à des innovations radicales qu'introduisent des concurrents ou des envahisseurs issus d'autres industries. Ces innovations radicales peuvent même conduire à la destruction d'industries. L'industrie du cinéma en salle, par exemple, a subi une nette diminution de la fréquentation depuis une vingtaine d'années, en raison de l'introduction de nouveaux produits ou services tels que les vidéocassettes, les DVD, la câblodistribution et la distribution d'émissions par satellite ou dans Internet. Les industries où apparaissent des discontinuités techniques s'adaptent parfois difficilement ; elles tentent de s'ajuster, mais sans toujours obtenir le succès escompté. Les discontinuités techniques sont des déplacements radicaux d'une base technologique à une autre (Devine, 1977). C'est le cas, par exemple, du passage des transistors aux circuits intégrés ou des turbopropulseurs aux moteurs à réaction. L'entreprise qui a misé toutes ses capacités et tous ses investissements sur l'ancienne base technologique se trouve en grave difficulté au cours du déplacement causé par une technologie nouvelle (*voir le cycle de vie de la technologie et le dilemme stratégique de l'innovateur dans le chapitre 6*).

2.12.5.1 Les innovations dans l'offre de produits ou de services

Les **innovations dans l'offre de produits ou de services** donnent naissance à des industries nouvelles et exercent une influence sur la demande des produits ou des services déjà offerts dans le marché. Les ordinateurs, les services de câblodistribution, les marchés d'alimentation à grande surface et les vidéocassettes, puis les DVD ou le téléchargement de contenus audiovisuels sont des exemples d'innovations. L'amélioration et l'extension de ces innovations créent aussi de l'effervescence au sein d'une industrie. La capacité à lancer continuellement de nouveaux produits à la suite d'activités de recherche et développement scientifiques et commerciaux peut créer une situation de rivalité intense (par exemple, McDonald's et Burger King dans l'industrie de la restauration rapide). Certaines industries à haute intensité technologique sont la source d'un très grand nombre d'innovations (Carré, Dubois et Malinvaud, 1973). Plusieurs entreprises introduisent constamment de nouveaux produits ou services et, de ce fait, rendent la concurrence difficile pour les entreprises qui n'ont pas les revenus suffisants pour modifier les leurs (par exemple, les grandes sociétés de vente au détail par opposition aux petites boutiques spécialisées).

La **création de nouveaux segments de marché** par l'adaptation des produits à des usages nouveaux est une source de croissance des ventes et de dynamisme pour l'industrie. Ainsi, les avions légers ou les jeeps conçus à des fins militaires ont été modifiés pour permettre des usages nouveaux et leurs ventes se sont accrues rapidement. De même, les micro-ordinateurs, qui ont d'abord été conçus à des fins utilitaires, commerciales et domiciliaires, atteignent maintenant des segments de marché beaucoup plus larges.

2.12.5.2 Les innovations dans les procédés et les processus

Les **innovations dans les procédés techniques,** suscitées par la vigueur de la concurrence basée sur les prix ou par les fournisseurs, peuvent conduire à des réductions de coûts, à des améliorations en matière de fiabilité, de qualité ou de rapidité de la mise en marché ainsi qu'à l'élimination des concurrents incapables d'adopter ces innovations. En général, les innovations dans les procédés entraînent des économies d'échelle et nécessitent des installations plus grandes et plus coûteuses. Elles créent donc des barrières à l'entrée et réduisent le nombre de concurrents. Les innovations dans les matières premières peuvent aussi perturber gravement une industrie. Par exemple, les montres Swatch, bien connues pour avoir révolutionné l'industrie au milieu des années 1980, sont nées d'une innovation dans un processus qui a permis le renouvellement du design des montres : elles nécessitaient l'assemblage de 51 pièces seulement, alors que la plupart des montres de l'époque contenaient plus d'une centaine de pièces (Morand et Manceau, 2009, p. 34).

Les **innovations dans les processus organisationnels** (l'introduction de la gestion participative, la personnalisation des produits à la commande, etc.) amènent également des variations dans la structure des coûts, l'efficience ou la créativité d'une entreprise et de son offre. La personnalisation des produits, une nouvelle tendance en marketing qui consiste en la fabrication à grande échelle de produits partiellement sur mesure à la demande des clients, repose sur une innovation dans les processus d'organisation (optimisation de l'utilisation des outils Internet dans la coordination de la chaîne d'approvisionnement, de la production, de la logistique, etc.). Par exemple, alors que la production standardisée de masse a largement supplanté le commerce artisanal dans bien des secteurs de consommation, la production personnalisée ou « customisée » de masse voit aujourd'hui le jour dans plusieurs secteurs grâce à Internet : chez Nike avec son projet Nike ID[30], où le consommateur est invité à choisir en ligne les

---

30. Voir http://nikeid.nike.com.

caractéristiques de ses chaussures ou de ses vêtements de sport ; chez Alphakid[31], où le lecteur peut personnaliser en ligne les histoires des livres pour enfants qu'il veut commander, etc.

Les **innovations stratégiques dans les modèles d'affaires** sont pour leur part une véritable réinvention des choix stratégiques de l'entreprise et en particulier de ses sources de revenus, par la redéfinition de sa mission, de ses activités, de ses compétences distinctives et de la structure de ses coûts. Par exemple, les compagnies aériennes à bas prix, le journal *Métro,* gratuit et entièrement financé par la publicité, ou Bixi (système de location-partage de vélos à Montréal) et Communauto (location-partage de voitures) sont des innovations dans les modèles d'affaires fondées sur de nouvelles structures de tarification. Le iPhone d'Apple, quant à lui, en intégrant plusieurs technologies de communication et de téléchargement Internet, au-delà du téléphone, propose un nouveau modèle d'affaires qui s'appuie sur la génération de revenus démultipliée par l'utilisation concomitante de plusieurs services de contenus multimédias (photo, vidéo, audio, texte, etc.) (Morand et Manceau, 2009, p. 33).

2.12.6 Les variations des coûts

Comprendre les leviers stratégiques (coûts) de la concurrence

Revenons sur les différents types de coûts qui interviennent dans le contexte économique des entreprises. L'évolution de ces coûts influe sur les prix et, par conséquent, la concurrence. Certains coûts sont tangibles (par exemple, le prix des matières premières, les coûts de la main-d'œuvre, les coûts de transport, la productivité) alors que d'autres sont moins tangibles (par exemple, les coûts associés à la vulnérabilité de l'entreprise face à d'autres acteurs tels que les fournisseurs). Les principales catégories de coûts qu'il convient de considérer lorsqu'on examine le contexte économique sont les suivantes (Allaire et Firsirotu, 1993) : les économies d'échelle, les effets d'apprentissage, les économies d'envergure, les économies de réseau, les coûts irrécupérables, les coûts de substitution, les coûts de croissance, les coûts de complexité, les coûts de délégation et les coûts de transaction. Le tableau 2.9 présente succinctement les divers coûts auxquels l'entreprise doit être attentive afin d'éviter d'être devancée par les concurrents.

Grâce à des investissements qui permettent d'intégrer les meilleures technologies disponibles, les entreprises réduisent leurs coûts de production, améliorant ainsi leur position concurrentielle. Sous l'influence des recherches fondamentales et appliquées et des apprentissages, la technologie de l'industrie évolue et contribue à faire décroître les coûts unitaires de fabrication (Jacquemin, 1967). En plus de l'incorporation de technologies existantes, l'entreprise peut modifier ses installations, à la faveur des expériences et des apprentissages réalisés. Ainsi, les coûts de fabrication des semi-conducteurs, des DVD, des calculatrices de poche, des téléphones portables, des ordinateurs et des imprimantes, ou les coûts de services comme les appels outre-mer et les billetteries, ont diminué sensiblement avec les années, en dollars constants, grâce à l'aménagement des technologies de production.

---

31. Voir www.alphakid.com/.

TABLEAU 2.9 Les types de coûts stratégiques intervenant dans l'environnement économique de l'entreprise

Type de coûts stratégiques	Définition
Économies d'échelle	Diminution des coûts unitaires de production en fonction du volume
Effets d'apprentissage	Réduction des coûts marginaux de fabrication en raison de l'expérience acquise notamment dans l'utilisation des technologies et des équipements ou dans les transactions commerciales
Économies d'envergure ou de gamme	Réduction de coûts résultant de la possibilité pour l'entreprise de combiner les ressources et les activités associées à plusieurs produits ou services liés
Économies de réseau	Réduction de coûts résultant des avantages tirés de l'exploitation d'un réseau d'activités (ou d'un réseau d'utilisateurs) : réseau d'usines, de transport, de télécommunication (ou réseau d'assurés, d'abonnés Internet, etc.) et permettant d'atteindre une optimalité à grand volume
Coûts irrécupérables	Coûts que doit consentir un nouvel entrant dans une industrie donnée et qui ne peuvent être récupérés s'il abandonne ses activités (par exemple, coûts liés à la recherche et au développement, coûts liés à la publicité)
Coûts de substitution	Coûts que doit supporter l'entreprise à titre d'acheteur lorsqu'elle change de fournisseur (par exemple, coûts liés aux changements dans le mode d'emploi, à la mise en place de nouvelles installations)
Coûts de croissance	Coûts que doit consentir une entreprise pour améliorer sa position dans un marché donné (par exemple, investissements dans les infrastructures, coûts de publicité)
Coûts de complexité (déséconomies d'échelle ou d'envergure)	Coûts découlant de la taille de l'entreprise et de la difficulté à contrôler un surplus d'activités (par exemple, coûts de délégation ou de mandat, coûts associés aux diverses politiques de fonctionnement de l'entreprise, coûts liés aux conflits entre unités ou personnes)
Coûts de délégation ou de mandat (*agency costs*)	Coûts engagés par les propriétaires ou le conseil d'administration pour parer aux actions opportunistes (des dirigeants délégués, des subalternes à tous les niveaux, etc.) au sein de l'entreprise (par exemple, coûts engagés pour rédiger des contrats qui tiennent compte de toutes les éventualités concernant l'engagement du personnel, coûts associés au recrutement des cadres supérieurs, coûts découlant du manque d'information sur les comportements répréhensibles des personnes, coûts associés à la rémunération qui ne reflète pas la productivité réelle des personnes)
Coûts de transaction	Coûts liés aux échanges avec les fournisseurs lorsque l'entreprise n'est pas en mesure de prendre en charge des fournitures à l'interne (par exemple, prix des fournitures, coûts liés aux conflits pouvant survenir au moment des transactions, coûts associés à la rédaction de contrats mettant à l'abri l'entreprise contre tout abus de la part des fournisseurs, coûts engendrés par les démarches pour trouver des fournisseurs qualifiés et fiables, coûts découlant de comportements non prévisibles des fournisseurs – comme la constance dans la quantité et la qualité des produits offerts)

Source : adapté d'une typologie de coûts d'Allaire et Firsirotu (1993, p. 107).

Les réductions des coûts unitaires de production se réalisent bien souvent par l'intermédiaire d'économies d'échelle. Dans ce cas, les coûts unitaires diminuent avec l'accroissement de la taille des installations. Les économies d'échelle à court terme dépendent de la taille et des capacités de production de l'entreprise. À moyen terme, une augmentation des capacités de production, pouvant se traduire, par exemple, par une rationalisation des procédés de fabrication et par une affectation de l'équipement et du personnel à plusieurs segments de produits, est également de nature à réduire les coûts unitaires. À long terme, les économies d'échelle dépendent, d'une part, des investissements dans les machines et, d'autre part, des améliorations des coûts marginaux qui résultent de l'habileté et de l'expérience relatives à l'utilisation des technologies disponibles et à la modification des équipements pour les améliorer (ou ce qu'on appelle l'effet d'apprentissage). Il est à remarquer que les effets d'apprentissage se répercutent non seulement sur le plan technologique mais également sur le plan commercial. Par exemple, des entreprises, à titre d'acheteurs, peuvent tirer parti de leur expérience dans la négociation avec des fournisseurs et réussir à diminuer considérablement les risques et les coûts associés aux activités d'approvisionnement.

Quoi qu'il en soit, il ne faudrait pas conclure que plus la taille de l'entreprise est grande, plus les économies d'échelle et d'envergure sont assurées. Au contraire, la complexité du système et les difficultés de gestion, de coordination et de stimulation de la performance peuvent freiner les réductions des coûts unitaires et conduire à des déséconomies d'échelle et de coordination. Par exemple, des déséconomies d'échelle risqueraient de se produire si, dans une tentative de rationalisation des ressources, une entreprise décidait d'abaisser la qualité des produits, ce qui aurait pour effet d'augmenter les retours de marchandises. Ces retours pourraient alors entraîner la réduction, voire l'annulation des gains réalisés par la politique de rationalisation.

2.12.7 L'offre de produits ou de services substitutifs

L'arrivée dans un marché de produits ou de services considérés comme des substituts par les consommateurs tend à diminuer la croissance des ventes des entreprises établies. Dans certains cas, lorsque les substituts sont supérieurs aux produits ou aux services des entreprises d'une industrie, on assiste à un déplacement et à une réduction des ventes. Ainsi, les composantes de fibre de verre entrant dans la fabrication d'automobiles ont remplacé les composantes métalliques, et les communications par Internet ont quasiment supplanté la correspondance par voie postale.

2.12.8 L'apprentissage des consommateurs et les efforts de différenciation

Les producteurs essaient autant que possible de différencier leurs produits par la recherche scientifique, le design, la qualité ou les symboles. Les consommateurs apprennent à évaluer les produits et deviennent, avec l'expérience, en meilleure posture pour le faire. L'apprentissage que font les consommateurs est susceptible de diminuer l'efficacité des efforts de différenciation des produits ou des services de l'entreprise. Ces produits et ces services deviennent ainsi moins différenciés. Par exemple, la diffusion des connaissances informatiques, grâce aux universités, a réduit la domination de la société IBM sur certains marchés et permis à des fabricants d'ordinateurs de se créer des créneaux ou des niches spécialisés, notamment dans le domaine des ordinateurs personnels.

2.12.9 Les nouveaux entrants et les envahisseurs

Comme nous l'avons mentionné précédemment, l'entrée de **nouveaux acteurs** dans l'environnement concurrentiel de l'entreprise, soit par la constitution de nouvelles entreprises, soit par la diversification d'entreprises établies au sein d'autres industries, suscite la concurrence. Les nouvelles entreprises s'articulent souvent autour de technologies ou de produits supérieurs. Par exemple, l'entrée de sociétés pétrochimiques a modifié l'industrie traditionnelle du textile. De même, l'entrée de Second Cup, Dunkin' Donuts ou Tim Hortons dans l'industrie de la restauration rapide, rendue possible par des innovations dans la gestion, a modifié la structure de cette industrie.

<aside>Observer le jeu des concurrents actuels et potentiels, nouveaux et indirects</aside>

2.12.10 Les stratégies des entreprises des industries connexes

Les stratégies de développement et d'invasion des entreprises dans des industries connexes peuvent aussi modifier l'évolution de l'industrie. Par exemple, l'intégration verticale (*voir l'encadré 2.4, p. 106-107*) des entreprises de pâtes et papiers par l'industrie des emballages a créé des conditions difficiles pour les cartonneries indépendantes. De même, l'accroissement du pouvoir de marché des sociétés de distribution au détail oblige les entreprises d'appareils ménagers à fabriquer des marques privées pour ces distributeurs (par exemple, Sears). Enfin, les innovations dans les réseaux de distribution exercent une influence sur l'évolution d'une industrie.

2.12.11 Le retrait de concurrents

Les faillites et les désinvestissements volontaires diminuent le nombre de concurrents et la production globale au sein d'une industrie. Au cours de l'évolution d'une industrie, il y a souvent des périodes d'épuration durant lesquelles disparaissent les producteurs marginaux, dont les coûts de production ou de distribution sont trop élevés. Par contre, des pressions sociopolitiques très fortes entravent souvent les fermetures d'usines ou d'entreprises vétustes, en particulier lorsque ces fermetures impliquent des mises à pied massives (on parle alors de barrières à la sortie). Les faillites et les désinvestissements ont pour effet d'accentuer le phénomène de monopolisation dans une industrie et, par voie de conséquence, d'amenuiser la marge de manœuvre des consommateurs.

2.13 Une définition de l'industrie

Une **industrie** est en quelque sorte une arène où les entreprises concurrentes sont en rivalité les unes avec les autres pour vendre des produits ou des services à des acheteurs. Ces entreprises sont assujetties à des réglementations gouvernementales qui sont propres à chaque industrie, tout en étant soumises évidemment aux réglementations universelles concernant les entreprises commerciales et industrielles. Les frontières d'une industrie varient selon la perspective qui est adoptée. En voici quelques exemples.

a) L'industrie peut être définie de façon étroite, si l'on ne considère que :
- les entreprises fabriquant ou offrant des produits **similaires** (par exemple, les fabricants d'automobiles);
- les concurrents au sein d'un même segment de marché (par exemple, les fabricants de voitures sport : Mercedes-Benz, BMW, Jaguar, etc.).

b) À l'inverse, l'industrie peut être définie de façon large, si l'on considère :

- tous les fabricants offrant des produits ou des services **substitutifs** (radio, journaux, revues, télévision, Internet, etc.) ;
- indistinctement les producteurs faisant affaire uniquement à l'échelle nationale et ceux qui interviennent à l'échelle internationale.

Étant donné que l'on risque, dans le premier cas, d'exclure de l'analyse un concurrent menaçant qui offre des produits substitutifs et, dans le second cas, de mener une analyse superficielle sur des acteurs trop disparates, la définition d'une industrie s'avère un exercice fort délicat, voire périlleux pour quiconque désire procéder à une analyse fine de son environnement concurrentiel. Afin d'éviter autant que possible toute distorsion à cet égard, il importe, dès lors, de recourir à une notion qui donne une vision plus réaliste de l'industrie et de ses acteurs. Le concept de **groupe stratégique** d'entreprises, c'est-à-dire le sous-ensemble d'entreprises ayant des champs stratégiques et des stratégies similaires (Porter, 1982), permet d'atteindre cet objectif. Plus précisément, un groupe stratégique « est constitué de firmes dont les champs stratégiques sont très similaires tant par leur envergure de produits et leur envergure de marchés que par leurs compétences, leurs ressources et leurs technologies » (Allaire et Firsirotu, 1993, p. 236, et 2004, p. 294).

Ainsi, plusieurs groupes stratégiques peuvent coexister au sein d'une même industrie : ce qui les distingue les uns des autres peut tenir au degré de spécialisation ou d'intégration verticale (choix des activités prises en charge par l'entreprise selon ses compétences distinctives et ses technologies propres), au rapport entre la qualité (fiabilité, image de marque, etc.) et le prix des produits ou des services offerts, aux choix des circuits de distribution, etc. (*voir dans l'encadré 2.11 l'exemple du commerce de détail en alimentation*). Il est possible de cartographier ces groupes stratégiques à partir de quelques-unes des dimensions les plus caractéristiques de la compétition dans une industrie. On peut alors rassembler les acteurs par leurs similitudes sur ces composantes principales[32]. À titre d'exemple, en 2004, l'industrie informatique comprenait une douzaine de groupes stratégiques avec les fabricants de logiciels (Microsoft) et de systèmes d'exploitation (Oracle), les fournisseurs de services de formation et de consultation-intégration dans les technologies de l'information (SAP, EDS, PeopleSoft-Oracle), les fabricants de routeurs et d'équipements de réseaux (Cisco), de serveurs (Sun Microsystems), de stations de travail (Sun Microsystems et Packard Bell), d'ordinateurs portatifs (Packard Bell, Apple, Toshiba, Dell, etc.), d'agendas électroniques (Gateway, Dell, Toshiba, etc.), d'ordinateurs personnels (Dell, HP), de périphériques (imprimantes, claviers, souris, etc.) (HP, Epson, Logitech) ainsi que de composants et de semi-conducteurs (Intel, AMD, etc.) (Allaire et Firsirotu, 2004, p. 298). Ces groupes se chevauchent plus ou moins entre eux, puisqu'on y retrouve parfois les mêmes entreprises qui peuvent donc avoir plusieurs champs stratégiques différents et appartenir à plusieurs groupes stratégiques.

De l'industrie au groupe stratégique : bien définir le périmètre de la concurrence directe

---

32. L'analyse multifactorielle est un outil statistique puissant pour cela.

ENCADRÉ 2.11 La caractérisation des groupes stratégiques dans l'industrie du commerce de détail en alimentation

Dans le cas du commerce de détail en alimentation, on distingue au moins quatre groupes stratégiques (*voir la figure A*) avec : 1) les supermarchés (Metro, Loblaws-Provigo, IGA-Sobeys), proposant une offre alimentaire diversifiée et étendue ; 2) les commerces de proximité (dépanneurs, pharmacies, petites épiceries), proposant une offre alimentaire peu étendue de dépannage, c'est-à-dire à proximité et à toute heure ; 3) les spécialistes de produits (boucheries, boulangeries, poissonneries, fruiteries, épiceries fines, etc.), offrant un contexte d'achat qui se veut plus attrayant et personnalisé ; et 4) les très grandes surfaces économiques de type clubs-entrepôts (Costco), proposant une offre de grande envergure de produits en grands formats, et ce, pas seulement dans le domaine alimentaire.

Bien que ces entreprises proposent des offres apparentées, elles agissent différemment et tentent de répondre à des besoins différents au sein d'une même industrie. Ces groupes stratégiques sont évidemment susceptibles d'évoluer au fil du temps, en fonction du cycle de vie des entreprises, des technologies utilisées pour la distribution alimentaire et du cycle de vie de l'industrie. À ce jour, alors que l'industrie du commerce alimentaire est en phase de saturation, les supermarchés et les très grandes surfaces

économiques de type clubs-entrepôts sont en situation d'oligopole, les commerces de proximité (dépanneurs, pharmacies, petites épiceries) sont en situation d'industrie fragmentée et les spécialistes se trouvent dans la situation d'une industrie très fragmentée ; chaque groupe se bat dans son créneau avec des stratégies différentes (différenciation des magasins, concentration des achats, etc.).

Les chevauchements entre les groupes indiquent les zones de rivalité potentielle et d'intensité de la concurrence. La concurrence est souvent plus forte entre membres d'un même groupe qu'entre groupes différents, puisque chaque groupe satisfait en général un besoin différent. Au sein d'un même groupe, la concurrence se traduit souvent dans les oligopoles par des stratégies de prix (par exemple, prolifération de marques de distributeurs). Entre groupes différents, si les parts de marché d'un groupe viennent à s'éroder, on peut s'attendre à ce que ses entreprises tentent d'entrer dans un groupe concurrent : ce fut le cas des supermarchés (IGA-Sobeys, Metro, Loblaws, etc.) qui se sont dotés de grandes surfaces économiques (Super C, Maxi) quand la vague des magasins de rabais, pratiquant une stratégie de différenciation-épuration, a déferlé sur le Canada.

Source : adapté d'Allaire et Firsirotu (2003).

FIGURE A Les groupes stratégiques dans l'industrie du commerce de détail en alimentation

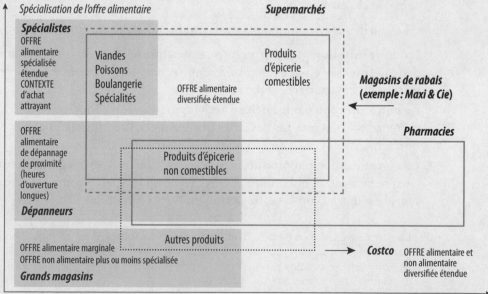

Source : adapté d'Allaire et Firsirotu (2003, p. 632).

2.14 La caractérisation de l'industrie

Une fois que l'industrie a été délimitée, plusieurs concepts permettent de la caractériser. Les sections qui suivent sont consacrées à leur définition. Nous examinerons quatre concepts structuraux : 1) la concentration économique et les parts de marché ; 2) les barrières à l'entrée ou à la sortie ; 3) la différenciation des produits ou des services ; 4) la rivalité interentreprises. Nous verrons ensuite qu'il existe plusieurs types de structures industrielles et que, dans une perspective dynamique, l'industrie peut évoluer selon un cycle de vie.

2.14.1 Les concepts structuraux

Les concepts structuraux ont trait à la concentration, aux barrières, à la différenciation et à la rivalité. Nous décrivons ci-après chacun de ces aspects.

2.14.1.1 La concentration économique et les parts de marché

En raison d'économies d'échelle dans la fabrication, les achats et la distribution, etc., une industrie peut comporter une seule ou quelques entreprises ayant des **parts de marché** élevées[33]. On parle alors de monopole ou d'oligopole. C'est le cas de l'industrie de la distribution d'électricité au Québec. On dira alors que la concentration est forte. Par contre, dans l'industrie de la construction ou dans celle de la restauration alimentaire, le nombre d'entreprises est très grand. Cet exemple illustre une situation où la concentration est dite relativement faible. Ainsi, la concentration globale d'une industrie, d'un secteur ou d'un groupe stratégique s'exprime en fonction de parts de marché détenues par un nombre donné d'entreprises importantes pour cette industrie, ce secteur ou ce groupe stratégique. Elle reflète le nombre de rivaux dans le marché considéré.

Habituellement, on mesure la concentration de la façon suivante :

- La **concentration globale** mesure la position relative des grandes entreprises dans l'économie en général ou dans un secteur de l'économie (par exemple, le secteur manufacturier).
- La **concentration par branche d'activité** mesure la position relative des grandes entreprises dans certaines branches (par exemple, l'abattage des bêtes et le conditionnement des viandes ou les véhicules automobiles).
- La **concentration par produit** mesure la position relative des grandes entreprises dans la fabrication et la vente de certains produits (par exemple, le savon à vaisselle, la soupe en conserve, les petites voitures économiques).

33. La part de marché d'un produit, d'un service ou d'une entreprise est la proportion du chiffre d'affaires (ou du nombre d'unités vendues, de clients, etc.) générée par le produit, le service ou l'entreprise en question par rapport au chiffre d'affaires (ou au même critère) de l'ensemble des entreprises présentes dans un marché donné.

2.14.1.2 Les barrières à l'entrée

Les **barrières à l'entrée** dans une industrie dépendent des conditions techniques et économiques de celle-ci. Ces barrières freinent l'entrée de nouveaux concurrents dans une industrie ou la mobilité d'un concurrent d'un groupe stratégique à l'autre (barrières à la mobilité). L'entreprise qui veut faire partie d'une industrie doit être en mesure d'entrer lorsque la participation à l'industrie n'est pas limitée par des barrières, ou encore disposer des ressources nécessaires pour franchir ces barrières et se tailler une place dans l'industrie. Les industries de la construction métallique, de la construction générale ou du meuble présentent peu de barrières à l'entrée. Par contre, les industries pétrochimique, métallurgique, biopharmaceutique, spatiale et papetière sont caractérisées par des barrières à l'entrée nombreuses ou difficiles à franchir, et liées au capital, à la distribution ou à l'accès aux richesses naturelles.

> Un élément clé du diagnostic industriel : les barrières à l'entrée

Les barrières à l'entrée peuvent provenir de différentes sources. En voici quelques exemples :

- Les **restrictions juridiques** (et autres licences réglementaires), lorsque le gouvernement accorde un privilège à une entreprise (par exemple, la radio, la télévision, la câblodistribution, le transport).

- Les **brevets,** lorsque des droits exclusifs d'exploitation commerciale sont accordés pour un certain temps aux inventeurs de produits (par exemple, les brevets pharmaceutiques).

- L'**accès à des ressources naturelles ou à des sites,** lorsque les ressources sont rares ou qu'il est difficile de se les approprier (par exemple, les diamants, la bauxite, l'électricité).

- La **supériorité technologique,** lorsque la compétence technologique d'une firme surpasse nettement celle de ses concurrents.

- Les **coûts irrécupérables,** c'est-à-dire les coûts qui doivent être consentis par l'entreprise afin d'asseoir sa position dans l'industrie et qui ne peuvent être recouvrés, si ce n'est en prenant le risque d'influer sur la demande en raison de la forte compétition (par exemple, les coûts de recherche et développement, de promotion, de publicité).

- Les **coûts d'exploitation à l'étranger,** parmi lesquels on trouve les coûts de transport, les coûts relatifs aux ajustements de la main-d'œuvre étrangère, les droits, les taxes, les coûts d'établissement, d'installations et d'infrastructures.

- La **diversification,** lorsque les entreprises veulent entrer dans une industrie où les concurrents potentiels sont déjà présents dans différents segments de marché. Les entreprises qui décident d'aller de l'avant doivent prévoir des coûts importants d'arrimage si elles veulent également couvrir tous les segments, à plus forte raison si elles évoluaient jusqu'alors dans un seul créneau.

- Les **économies d'échelle,** lorsqu'une firme ne peut bénéficier des avantages de coûts à cause de sa faible part de marché ou de ses capacités financières restreintes.

- La **différenciation des produits** ou la **marque commerciale,** lorsque les produits d'un fabricant ou une marque sont à ce point différents ou encore reconnus ou réputés qu'ils lui procurent une part substantielle des marchés et lui assurent la loyauté des clients.

- Les **courbes d'apprentissage et d'expérience,** qui renvoient principalement aux coûts pouvant varier selon la complexité de la fabrication du produit que la nouvelle entreprise désire offrir aux acheteurs ; ces coûts peuvent être plus ou moins élevés, dans la mesure où il y a possibilité ou non d'intégrer la fabrication de ce produit à la fabrication courante ; ils peuvent enfin fluctuer selon la disponibilité des ressources humaines affectées au produit.

- Les **coûts de substitution,** qui empêchent un client d'abandonner un produit (par exemple, un logiciel, un ordinateur) ou un service (par exemple, des services bancaires) pour celui d'un concurrent. Ainsi, l'utilisateur d'une solution informatique qui a acquis un savoir particulier lui permettant de maîtriser un logiciel (Adobe, Microsoft) ne changera pas facilement de logiciel, même si le logiciel concurrent est gratuit (code source libre).

- Les **économies de réseau,** dès lors que la valeur d'un bien ou d'un service augmente avec le nombre de ses utilisateurs (par exemple, un réseau de systèmes de paiement par carte de crédit – Visa, MasterCard, American Express, etc. –, une suite de logiciels – Microsoft –, un réseau Internet d'enchères en ligne eBay, les réseaux d'échanges boursiers – NASDAQ, NYMEX, etc.) (Dorsey, 2008).

2.14.1.3 Les barrières à la sortie

Les **barrières à la sortie** telles que le capital déjà investi, la non-mobilité des cadres et des travailleurs, l'impact émotif d'une fermeture (par exemple, l'impact que pourrait avoir sur la population d'une région la fermeture d'une succursale d'une chaîne de magasins réputée) ou les coûts sociaux de fermeture (par exemple, les firmes comportant plusieurs employés, les entreprises publiques) freinent ou empêchent le désinvestissement ou le retrait des entreprises d'un secteur d'activité non rentable.

2.14.1.4 La différenciation des produits ou des services

La **différenciation** est liée à l'effort que font les producteurs pour offrir des produits ou des services qui correspondent à des attentes distinctes des clients par rapport à des variables telles que le prix, la qualité, le style, l'utilité et la distribution. La concurrence s'exerce à la fois sur les prix, la conception des produits, la publicité et le service. Par contre, au sein des industries où les produits sont homogènes (non différenciés), la concurrence s'exerce surtout sur les prix. Plus la différenciation des produits (par la recherche, le service, l'innovation, la promotion ou la publicité) est grande, plus les producteurs tentent de positionner leurs produits dans des segments de marché où il n'y a pas de concurrents.

2.14.1.5 La rivalité entre entreprises

La **rivalité entre entreprises** concerne les rapports qui existent entre les producteurs qui se disputent une clientèle. L'intensité de cette rivalité dépend souvent du nombre, de la taille, des ressources et des capacités des concurrents, ainsi que de la dynamique de l'offre et de la demande. Par exemple, un secteur où la croissance des ventes est élevée attirera sans doute de nombreuses entreprises. Mais dès que cette croissance s'étiole, les entreprises sont poussées à s'arracher les unes aux autres les parts de marché existantes. Lorsque les concurrents sont nombreux et de petite taille ou de taille comparable, on assiste souvent à une grande instabilité du secteur du fait d'une forte rivalité. La concurrence a tendance à se stabiliser lorsque quelques entreprises leaders dominent clairement. Dans les industries en phase de saturation ou de maturité, où la marge de manœuvre sur les coûts fixes est faible, ou bien où les produits sont peu différenciés (par exemple, aluminium, acier), les entreprises ont tendance à mettre en œuvre des stratégies de prix pour attirer la clientèle peu fidèle. Les entreprises font la course aux économies d'échelle pour niveler tout avantage par les coûts d'un concurrent. L'intensité de la rivalité se traduit alors par des comportements d'imitation.

L'analyse dynamique de l'environnement concurrentiel du point de vue de l'entreprise peut être synthétisée par la caractérisation des **cinq forces majeures de la concurrence** résumées dans l'encadré 2.12 (*voir ci-dessous et p. 154*).

> Analyser la dynamique de l'environnement concurrentiel par les cinq forces de la concurrence

---

ENCADRÉ 2.12 Une analyse dynamique de la concurrence par le modèle de Porter

Pour cerner la dynamique concurrentielle du micro-environnement d'une entreprise, Porter (1980) propose de se questionner sur les cinq forces concurrentielles qui s'expriment dans son industrie ou le groupe stratégique auquel elle appartient (*voir la figure A, p. 154*).

1. **Le pouvoir de négociation des fournisseurs.** L'entreprise est-elle en position de force pour le choix ou le remplacement de ses fournisseurs ? Ces derniers sont-ils suffisamment nombreux ? Leurs produits sont-ils normés ou certifiés ? Leur stratégie est-elle menaçante ou non (intégration en aval) ?

2. **Le pouvoir de négociation des acheteurs.** L'entreprise est-elle en position de force face à ses acheteurs ? Pourquoi ? Les acheteurs peuvent-ils organiser un pouvoir de négociation au moyen de l'achat groupé ?

3. **La menace de nouveaux entrants.** Quelles sont les barrières à l'entrée ou à la mobilité du groupe stratégique auquel l'entreprise appartient ? Sont-elles suffisantes pour empêcher l'arrivée de nouveaux concurrents ?

4. **La menace de produits substitutifs.** Quels produits pourraient se substituer à l'avenir à celui de l'entreprise ?

5. **La rivalité entre entreprises.** Quelle est l'intensité de la concurrence dans le groupe stratégique de l'entreprise ? Quelles barrières à la sortie sont si dissuasives qu'elles renforcent la concurrence ?

Certains auteurs ajoutent une sixième force :

6. **L'influence du gouvernement et des pouvoirs publics** (contraintes de réglementation, impositions, barrières légales, concurrence des services publics ; possibilités de financement – subventions, exemptions de taxes –, de marchés publics, etc.).

Une septième force peut être considérée à l'ère de la société du savoir :

7. **La force du réseau complémentaire de valeur,** c'est-à-dire de l'ensemble des partenaires qui contribuent à la prestation de l'entreprise en produisant des actifs complémentaires (par exemple, les fournisseurs de logiciels dans l'industrie des micro-ordinateurs).

FIGURE A Les cinq forces et les barrières de la concurrence

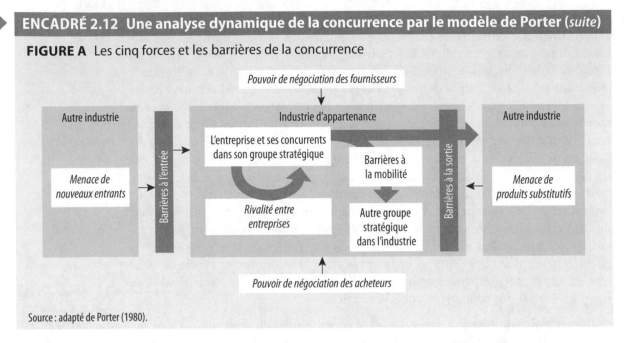

Source : adapté de Porter (1980).

2.14.2 Les types génériques de structures industrielles

En raison d'effets combinés sous-jacents aux concepts structuraux que nous venons d'aborder, on relève plusieurs types de structures industrielles : le monopole, la concurrence monopolistique, l'oligopole (homogène ou différencié), l'industrie fragmentée et la concurrence quasi parfaite. Le tableau 2.10 présente ces types et leurs principales caractéristiques.

2.14.2.1 Le monopole

Le **monopole** est une structure industrielle qui se caractérise par la présence d'un seul fournisseur ou d'un seul producteur dont les produits ou les services n'ont pas de substitut. La notion de groupe stratégique permet cependant de nuancer cette définition. Ainsi, on peut bien affirmer qu'Hydro-Québec constitue un monopole lorsque l'on considère celle-ci comme l'unique fournisseur d'électricité au Québec. Mais si l'on procède à une analyse industrielle élargie sur la base des produits énergétiques, force est d'admettre que l'électricité correspond à un groupe stratégique évoluant avec d'autres groupes stratégiques tels que le gaz naturel, les produits pétroliers et parfois le nucléaire. Voilà un cas parmi d'autres qui doit inciter à la plus grande prudence quand on procède à une analyse industrielle.

La réglementation des monopoles par l'État a pour objet de maintenir l'efficience économique et de rétablir l'équilibre du pouvoir entre les producteurs et les consommateurs. Notons également que les monopoles peuvent aussi être établis de manière artificielle par l'État, en raison, par exemple, de la fiscalité ou de la disponibilité des services. L'État ou d'autres organismes à divers niveaux de gouvernement peuvent décider de se réserver la vente des alcools, les soins de santé, les jeux de hasard ou le transport en commun.

TABLEAU 2.10	Les types de structures industrielles et leurs caractéristiques			
Type de structure	**Exemples**	**Nombre de producteurs**	**Produits homogènes ou différenciés**	**Principales bases de la concurrence**
Monopole	• Fournisseurs d'électricité • Société des alcools	Un par région, par territoire	Homogènes	Réglementation des tarifs, des services, etc.
Concurrence monopolistique	• Produits cosmétiques • Appareils scientifiques spécialisés	Limité dans un segment de marché, mais élevé dans l'ensemble de l'industrie	Différenciés	Différenciation par le design, le marketing et l'utilité
Oligopole homogène	• Acier • Produits chimiques • Aluminium	Peu élevé	Homogènes	Prix et économies d'échelle
Oligopole différencié	• Produits pharmaceutiques • Automobiles	Peu élevé	Différenciés	• R et D • Design • Qualité • Symboles
Industrie fragmentée	• Construction métallique • Restauration • Industrie du meuble	Élevé	Différenciés	• Prix et qualité • Présence dans une région
Concurrence quasi parfaite	• Produits agricoles • Scieries • Services comptables • Services juridiques	Très élevé	Homogènes	Prix

On peut enfin observer la formation de monopoles temporaires dans le cas d'industries émergentes (par exemple, la biotechnologie).

2.14.2.2 La concurrence monopolistique

La **concurrence monopolistique** se caractérise par la présence de nombreuses entreprises dont chacune diffère légèrement des autres, jouissant ainsi d'un pouvoir monopolistique, soit dans une région donnée, soit au sein de segments et de créneaux ou de niches dans le marché global.

À titre d'exemple, mentionnons l'entreprise de construction dans une région éloignée, le distributeur alimentaire d'un village et l'entreprise d'informatique qui a mis au point un logiciel unique. Dans chaque cas, une ou des entreprises jouissent d'un pouvoir réel de dominer la concurrence soit dans une région, soit dans un créneau.

2.14.2.3 L'oligopole

L'**industrie oligopolistique** est caractérisée par un faible nombre de producteurs qui détiennent des parts de marché assez importantes. Les produits peuvent être homogènes (comme l'acier, l'aluminium) ou différenciés (comme l'automobile) et les barrières à l'entrée y sont nombreuses. La concurrence est très vive dans ce genre d'industrie. L'entreprise qui dispose d'une part de marché plus importante est en meilleure position pour influer sur la demande par des actions sur les prix et la publicité, pour réaliser des économies d'échelle dans ses achats et pour accroître sa part de marché si sa stratégie de développement est bien articulée.

2.14.2.4 L'industrie fragmentée

Une **industrie fragmentée** est caractérisée par des ventes qui croissent lentement et par la présence de nombreuses petites entreprises. L'absence d'économies d'échelle, l'importance des marchés régionaux et la différenciation des produits rendent possible la participation d'un grand nombre d'entreprises. La présence de produits ou de services substitutifs est encore possible dans ce type d'industrie. Les barrières à l'entrée sont peu élevées. Les industries de l'alimentation, de la restauration, de la fabrication métallique et de la chaussure sont des exemples d'industries fragmentées.

2.14.2.5 La concurrence quasi parfaite

Les industries en **concurrence quasi parfaite** se définissent par un nombre élevé de petites entreprises, par l'homogénéité des produits et par l'absence de produits substitutifs. Les barrières à l'entrée et à la sortie sont peu élevées. La concurrence se base uniquement sur les prix. Peu d'industries appartiennent vraiment à ce type de structure industrielle. Comme exemple, nous pouvons citer les producteurs de volaille, de porc ou de bœuf, ou encore les agents d'assurances.

2.14.3 Les stades d'évolution de l'industrie

La question de la dynamique des industries est résumée dans le tableau 2.11, qui présente les principales caractéristiques de l'industrie à différents stades d'évolution : l'émergence et le développement, la croissance, l'épuration et la turbulence, la maturité et la saturation, le déclin, la destruction ou le rajeunissement. Notons que les stades d'évolution de l'entreprise sont quant à eux abordés dans le chapitre 3 portant sur l'organisation.

2.14.3.1 L'émergence et le développement

Au stade d'**émergence**, l'industrie est petite. Les consommateurs font l'apprentissage d'un produit ou d'un service innovateur. En effet, l'industrie vient d'être lancée par un ou quelques entrepreneurs qui sont à l'origine d'une innovation radicale. Au cours de cette période, les entreprises qui participent à l'industrie sont de tailles diverses, mais surtout de petite taille.

TABLEAU 2.11 Les stades d'évolution de l'industrie

	Émergence et développement	Croissance	Épuration et turbulence	Maturité et saturation	Déclin, destruction ou rajeunissement
Volume de ventes	Faible	Grand	Très grand	Stable (fonction du produit national brut [PNB] et de la démographie)	Décroissant
Croissance des ventes	Faible à forte	Croissance rapide, nouveaux acheteurs	Début de décroissance rapide	Décroissance	Décroissance rapide ou lente
Nombre de segments	Limité	Début de la différenciation	Plusieurs	Plusieurs	Peu nombreux
Nombre d'offreurs (entreprises)	Nombreuses entrées et sorties	• Très élevé • Entrée et imitation	• Élevé • Retrait des marginaux	• Oligopole • Parts de marché stables	• Peu élevé • Retraits nombreux
Rythme des innovations de produits	Très élevé	Élevé	Modéré	Faible	Faible
Rythme des innovations technologiques	Accéléré	Modéré	Très rapide	Modéré	Faible
Technologies	Très évolutives et mal connues	Évolutives	Sélection d'un standard dominant	Connues et stables	Très stables
Conception du produit	• Peu de modèles • Qualité importante	Plusieurs modèles visant des segments distincts	• Amélioration du produit • Retrait des modèles inutiles	• Réduction des coûts et amélioration • Prolifération à la marge	Élimination des modèles non rentables
Politique de prix	En fonction du segment le plus réceptif	Bas et haut de gamme	Réduction des prix par la promotion	Concurrence défensive basée sur les prix	Prix établis de façon à assurer un profit élevé
Barrières à l'entrée	Faibles	En voie de constitution	Élevées	Élevées	Élevées
Fonctions critiques	Recherche et développement	Ingénierie	Fabrication	Marketing, distribution et finance	Marketing et finance

Sources : adapté de Bréchet (1996, p. 257) et de Bédard et Miller (2003, p. 245).

Si le produit exige des changements d'habitudes, des coûts de modification et un apprentissage réel de la part des clients, le marché croît très lentement et requiert des investissements importants. Les grandes entreprises y jouent fort probablement un rôle déterminant. Par contre, lorsque l'innovation répond à un besoin qui n'a pas été repéré jusqu'alors chez les clients, qu'elle nécessite peu d'apprentissage de leur part et que ses coûts de changement sont peu élevés, les ventes croissent sans doute plus rapidement. Les petites entreprises et celles qui offrent des produits nouveaux peuvent survivre, même si leurs capacités financières sont limitées.

La meilleure stratégie des entreprises consiste à amener les clients visés à connaître les avantages qu'offre le produit ou le service, et à inciter les acheteurs innovateurs à faire des essais. Les ventes sont réalisées grâce à des contacts personnels et à un service à la clientèle soutenus par des campagnes de publicité. Le nombre limité de versions du produit et l'accent mis sur le rapport qualité-prix permettent de réduire les appréhensions des clients au sein des segments de marché les plus réceptifs au produit ou au service, selon le cas. Des analyses permettent d'éliminer les défauts et de comprendre les usages imprévus qu'en font les clients. La distribution est confiée à des agents exclusifs ou sélectionnés qui prennent des marges bénéficiaires importantes. Le prix du produit ou du service est élevé, mais il correspond aux capacités financières des innovateurs. Cela est rendu possible par le quasi-monopole temporaire dont peut jouir l'entreprise innovatrice.

2.14.3.2 La croissance

Le stade de **croissance,** où les nouveaux clients dépassent en nombre le groupe des acheteurs innovateurs, est celui où la diffusion du produit permet une accélération des ventes. Ces dernières s'accroissent en raison de l'apparition des nouveaux usages ou des progrès techniques qui élargissent le nombre de segments servis.

Dès lors, des entreprises en quête de diversification entrent en grand nombre dans l'industrie en offrant des produits ou des services imitateurs ou améliorés. Les entreprises qui ont lancé l'industrie essaient, en contrepartie, de diminuer les prix en fonction des réductions possibles des coûts. De plus, elles tentent d'assurer leur position au sein de créneaux distincts, grâce à des efforts de distribution, de développement et d'identification de la marque de leurs produits.

La différenciation des produits s'accroît. Diverses versions des produits sont conçues de façon à répondre aux segments de marché et aux usages nouveaux qui sont sur le point d'apparaître. Le positionnement des produits couvre une large gamme de prix, des plus bas aux plus élevés. Les prix diminuent encore en fonction des réductions de coûts imputables aux économies d'échelle. Les efforts de publicité et de promotion entrepris ont pour but de créer des préférences à la fois chez les clients et chez les distributeurs des produits de l'entreprise. Du même coup, le réseau de distribution est élargi ; les marges des distributeurs sont réduites en raison de la vigueur de la demande. Le service à la clientèle et la disponibilité des produits viennent appuyer les efforts de promotion. C'est durant cette phase qu'il est le moins coûteux d'acquérir une part de marché importante.

2.14.3.3 L'épuration et la turbulence

Le stade d'**épuration** et de **turbulence** au sein de l'industrie est marqué par l'accroissement rapide de l'offre par rapport à la demande. La concurrence est donc très vive. Les usages nouveaux et les segments imprévus se font plus rares ; la croissance des ventes ralentit, même si le volume total de ventes de l'industrie s'accroît encore. Les producteurs marginaux qui sont entrés lors de la croissance rapide de l'industrie offrent des produits imitatifs, mais leurs parts de marché restent faibles ; ils seront fort probablement forcés de se retirer de l'industrie.

Les concurrents tentent de maintenir et d'accroître les positions qu'ils ont établies en s'assurant de la loyauté des distributeurs et des clients. Ils offrent une large gamme de prix de façon à pénétrer de nouveaux segments et à susciter de nouveaux usages. Ils apportent de multiples améliorations aux produits, en même temps qu'ils retirent du marché les versions non rentables de ces produits. Ils essaient, par des efforts de publicité et de promotion, d'inciter les acheteurs, aussi bien que les distributeurs, à associer les produits à des marques particulières.

2.14.3.4 La maturité et la saturation

Le stade de **maturité** et de **saturation** de l'industrie se caractérise par une croissance lente des ventes en fonction de l'évolution du revenu disponible et des facteurs démographiques. Les acheteurs et les usages nouveaux sont rares, et des produits substitutifs apparaissent. La décroissance des ventes est déjà entamée.

Le nombre de concurrents et les parts de marché demeurent stables en dépit du fait que la concurrence basée sur les prix est vive. Il n'y a plus d'entrées nouvelles au sein de l'industrie. La concurrence basée sur les prix s'accroît, et la réduction des coûts devient un impératif. Plusieurs entreprises sont dans l'obligation d'abandonner leurs marques de façon à fabriquer des produits qui sont alors vendus sous les marques privées des entreprises qui contrôlent les réseaux de distribution.

Les concurrents au sein de l'industrie apportent sans cesse des améliorations aux produits et défendent leurs parts de marché par des actions calculées et des innovations en ce qui concerne la publicité, la promotion et la distribution. Des efforts de réduction des coûts par suite d'innovations dans les procédés sont faits en raison de la vigueur de la concurrence basée sur les prix. En vue de maintenir leurs parts de marché, certaines entreprises mettent souvent en marché plusieurs produits sous la même marque. Les distributeurs deviennent, autant que les clients, la cible des efforts de publicité et de promotion. Le maintien du réseau de distribution devient prioritaire à cette étape.

2.14.3.5 Le déclin

Le stade de **déclin** est associé à la pénétration de plus en plus grande de produits substitutifs et au retrait volontaire de concurrents. Les ventes de l'industrie diminuent en raison de facteurs démographiques, de changements dans les goûts et les préférences des consommateurs et de l'apparition de substituts. Les produits de l'industrie sont devenus des produits courants non différenciés, mais une demande spécialisée persiste. Plusieurs entreprises finissent par quitter l'industrie, mais d'autres, par stratégie ou par obligation, décident d'y rester.

Les entreprises qui préfèrent demeurer au sein de l'industrie ont le choix entre deux stratégies : soit acquérir des parts de marché substantielles, soit s'établir dans des créneaux spécialisés, tout en cherchant à retirer des profits élevés. Les entreprises qui optent pour la stratégie visant à accroître leurs parts de marché dans l'industrie en dépit du déclin procèdent à l'achat de concurrents et indiquent clairement leur volonté de dominer le marché. D'autres entreprises, au contraire, diminuent leurs gammes de produits pour ne vendre que les plus rentables et rationalisent leurs réseaux de distribution de même que l'éventail des clients visés afin de s'installer dans un segment stable.

2.14.3.6 La destruction ou le rajeunissement

La **destruction** de l'industrie par des produits substitutifs peut se produire au terme des stades que nous venons de décrire. En effet, certaines industries sont détruites par l'envahissement de produits substitutifs qu'offrent des entreprises en cours de diversification. D'autres industries sont, à l'inverse, le théâtre d'un **rajeunissement** spectaculaire grâce à leur innovation et à leur esprit d'entreprise (par exemple, l'industrie de la motoneige au Québec au cours des années 1980-1990).

> Repérer la structure et le stade d'évolution de l'industrie peut aider à cerner les bases de la concurrence.

Une mise en garde s'impose consécutivement à la description des différents stades et concepts structuraux qui permettent de caractériser une industrie. En effet, les stades d'évolution d'une industrie sont des outils conceptuels utiles, mais ils n'impliquent aucun déterminisme. L'évolution réelle d'une industrie ne suit pas nécessairement les étapes prévues par ce modèle. Il arrive souvent qu'un produit parvenu au stade de maturité, qui n'a pas été l'objet de changements majeurs depuis plusieurs années, devienne soudainement le théâtre d'innovations spectaculaires et d'un regain des ventes. De même, des industries oligopolistiques et à maturité peuvent se trouver dans une situation d'effervescence grâce à la découverte d'usages nouveaux ou de progrès techniques. Voici quelques exemples. L'industrie de l'automobile, à la suite de l'augmentation du coût des hydrocarbures, des normes anti-pollution et des réglementations relatives à la protection des conducteurs, est devenue le lieu d'innovations importantes dans les produits et les procédés. Par ailleurs, la mise au point des procédés biotechnologiques modifie de manière radicale les entreprises de chimie pharmaceutique et de pétrochimie établies. De même, des variations subites dans les goûts et les préférences des consommateurs ont donné une vitalité nouvelle à l'industrie traditionnelle de la bicyclette. Il faut donc se garder de toute tentation de déterminisme dans l'évolution d'une industrie et des types d'innovations. Et, de façon plus générale, il faut demeurer prudent quant à la portée prescriptive et prédictive de cet outil d'analyse qu'est le modèle d'analyse stratégique de l'environnement.

2.14.4 Les performances de l'industrie

Les performances dont il est question dans les pages qui suivent ont trait principalement aux évaluations des résultats socioéconomiques des entreprises formant une industrie. On définit la performance d'une industrie par sa contribution au **bien-être** de la société. Cette contribution peut se mesurer par l'**efficience** avec laquelle elle utilise les facteurs de production, par les **progrès** réalisés dans les techniques de production et l'innovation dans les produits, par les **emplois** qu'elle crée, grâce à un usage optimal des facteurs de production, et par l'**équité** dans la redistribution de gains aux entrepreneurs, aux fournisseurs de capitaux, aux cadres et aux employés.

L'efficience se mesure surtout par la rentabilité comparative. En effet, une variation très grande dans la rentabilité des industries et des entreprises indique une mauvaise affectation des facteurs de production. Des profits élevés sont souvent associés à une structure d'industrie concentrée et à des barrières à l'entrée. Les industries dont la rentabilité est faible utilisent des facteurs de production qui pourraient être mieux employés ailleurs.

Le progrès suscité par l'industrie, grâce aux activités innovatrices, peut être mesuré de diverses façons, en particulier par les efforts de recherche et développement. Les grandes entreprises dépensent en effet des sommes substantielles en matière de développement scientifique. Cela ne veut pas dire que les PME n'innovent pas, au contraire. Selon les secteurs, elles jouent un rôle important : ainsi, dans les industries de haute technologie (électronique, logiciels), les grandes entreprises sont proportionnellement moins innovantes que les PME, mais c'est l'inverse dans les activités de service (Morand et Manceau, 2009). De plus, il semble que la diffusion des innovations se fasse plus rapidement dans les industries concurrentielles.

Un des objectifs imputés à l'industrie est de créer des emplois, de préférence des emplois de qualité. La contribution supérieure des petites entreprises à la création d'emplois, par rapport aux grandes firmes en situation de maturité et d'oligopole, a été soulignée dans de nombreuses recherches. Des considérations d'équité, qui sont aujourd'hui plus que jamais mises en lumière, sont aussi soulevées : elles concernent les structures de rémunération, notamment les inégalités dans les revenus et la discrimination salariale.

> La performance d'une industrie est à la fois économique, écologique et sociale.

Section III
L'innovation stratégique : formulation de la stratégie, établissement et évaluation des choix stratégiques

Il est important que l'entreprise évalue les tendances et les modifications présentes et futures de l'environnement sociopolitique, économique, technologique, légal et concurrentiel afin de s'y adapter et de faire les choix critiques nécessaires. Notons néanmoins que, en vertu de sa rationalité limitée et de la complexité des interactions à l'œuvre dans l'environnement, le stratège n'a jamais qu'une représentation partielle des phénomènes qui l'entourent et ne peut prétendre réussir à tout prévoir dans son paysage d'affaires : l'incertitude, l'imprévisibilité, le risque et l'ambiguïté sont inévitables.

Environnement
|
Industrie
|
Stratégie
|
Performance

2.15 La formulation de la stratégie et des choix critiques

Un processus réflexif continu permet néanmoins d'établir une stratégie formelle et de la réactualiser de façon permanente à la suite de sa réévaluation critique. Prévoir pour pourvoir et pourvoir pour prévoir suppose d'interroger et de concilier constamment ce qu'il **faudrait** faire au regard des occasions repérées dans l'environnement externe et ce que l'on **peut** faire au vu de l'organisation interne : **il s'agit de confronter l'ensemble des stratégies « souhaitables » avec les stratégies « réalisables » par l'entreprise** (Allaire et Firsirotu, 1993, 2003), ainsi que le représente la figure 2.9.

L'analyse dynamique de la concurrence, au moyen d'une description de l'environnement de l'entreprise, de l'industrie dont elle fait partie et des forces de la concurrence (*voir l'encadré 2.12, p. 153-154*) qui s'expriment dans son groupe stratégique, donne de nombreux renseignements en vue de procéder à la formulation et à l'évaluation de la stratégie de l'entreprise.

Pour chacun des **champs stratégiques** de l'entreprise, la **stratégie formelle** caractérise la nature spécifique de chaque entreprise et place ses activités dans un contexte donné, au moyen d'un ensemble de choix critiques relatifs :

Les cinq éléments clés d'une stratégie formelle

- à la formulation ou à la reformulation (le cas échéant après l'évaluation dynamique de l'environnement stratégique du groupe d'appartenance de l'entreprise) de la **mission** et de la **vision** visant à établir l'entreprise au sein de son environnement concurrentiel et sociétal ;

- au **choix stratégique** clair d'un positionnement de marché que traduit la **stratégie de marché** (ou stratégie concurrentielle) ;

- aux **fins** ou aux **buts** poursuivis par les dirigeants ainsi qu'à la définition des **objectifs** financiers et commerciaux de l'entreprise ;

- à la mobilisation des personnes et au déploiement des ressources financières, techniques, cognitives ou autres à travers les **compétences distinctives** (ou capacités stratégiques clés) qui permettent de réaliser la mission et d'atteindre les fins ou les buts fixés au départ ;

- à la nature des contributions réciproques entre l'entreprise et ses partenaires, tels les actionnaires, les employés, les consommateurs, les citoyens ou l'État.

2.15.1 La mission et le trio produit/service – technologie/ compétence – marché/clients

Les choix qu'effectuent les fondateurs, les dirigeants ou les stratèges permettent à l'entreprise de s'insérer dans un environnement concurrentiel, économique, technologique et réglementaire par l'élaboration d'une **mission.** Ces choix produit/service – technologie/compétence – marché/clients, pour le présent ou l'avenir, sont redéfinis par les dirigeants à la lumière des différentes occasions offertes par le marché et des ressources de l'entreprise. Ces décisions établissent : 1) les produits ou les services offerts ; 2) les clients ou les segments de marché visés ; 3) les espaces géographiques considérés (local, national ou international). À toute **stratégie d'affaires** (ou stratégie concurrentielle) correspond un trio produit-compétence-marché distinctif.

FIGURE 2.9 Des stratégies souhaitables et réalisables à la stratégie concurrentielle de l'entreprise

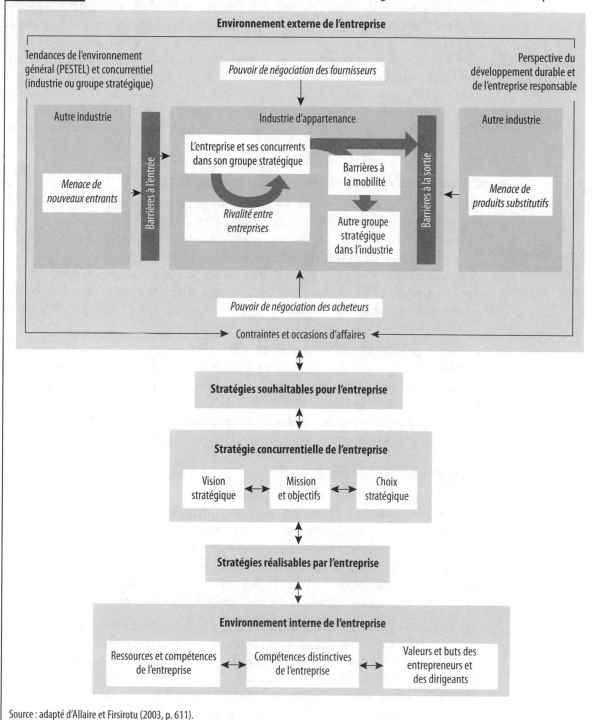

Source : adapté d'Allaire et Firsirotu (2003, p. 611).

Les choix du trio produit-compétence-marché placent *de facto* l'entreprise au sein d'une ou de plusieurs industries. La décision de lancer une entreprise exige de la part du fondateur une réflexion stratégique intense. De même, l'adaptation de la mission de l'entreprise aux réalités concurrentielles et techniques suppose des efforts d'analyse, d'articulation et de formulation de stratégies complexes de la part des dirigeants. En effet, la détermination créatrice des produits ou des marchés visés est l'élément crucial de la survie de l'entreprise. Seules les sociétés dont les choix de produits et de services répondent à des besoins réels dans le marché et dont les coûts de production et de gestion sont contrôlés avec justesse survivent et progressent.

2.15.2 Les types de stratégies d'affaires génériques

L'analyse des barrières à l'entrée, à la mobilité et à la sortie, des forces de la concurrence ainsi que l'analyse des coûts stratégiques (*voir le tableau 2.9, p. 145*) des concurrents contribuent globalement à comprendre comment maintenir, voire démarquer sa position par rapport à celle des concurrents dans un champ stratégique donné. Les **stratégies génériques de marché** traduisent précisément la façon dont l'entreprise dégage un avantage concurrentiel dans un champ stratégique donné. Johnson *et al.* (2008) relèvent plusieurs stratégies génériques, lesquelles sont listées dans le tableau 2.12.

> Quatre stratégies génériques de marché

Pour leur part, Allaire et Firsirotu (1993, 2004) ont élaboré toute une gamme de stratégies de marché selon les stades d'évolution du marché de l'entreprise. Cette gamme comprend des stratégies d'avantages dominants (création et domination de marché, différenciation, avantages de coûts), des stratégies d'envergure (segmentation, envergure géographique, mondialisation, envergure de produits) et des stratégies de créneaux (concentration, spécialisation, interstices).

2.15.3 Les buts et les objectifs

La prudence exige que les dirigeants mettent en évidence les fins qu'ils veulent atteindre et qu'ils articulent d'une manière cohérente les moyens de les atteindre. Les **buts** sont des idéaux ou des normes stables qui ne changent que dans les moments de crise ou de réorientation, alors que les **objectifs** sont des cibles quantifiables dont la réalisation peut être mesurée à la fin d'une période déterminée, soit un trimestre, une année, etc. Les buts établis par les dirigeants donnent donc à l'entreprise un caractère distinct et constituent des guides précis de performance.

Les buts peuvent être définis d'une manière rationnelle par le conseil d'administration, raffinés par les dirigeants et traduits en objectifs dans des programmes d'action et des politiques fonctionnelles. Ils demeurent souvent imprécis et varient selon les préférences des dirigeants ou des propriétaires. De plus, ils peuvent se préciser en réaction aux attentes formelles des fournisseurs de capitaux. Au sein de la petite et moyenne entreprise, les buts ne découlent pas toujours d'analyses froides d'un groupe de planification stratégique, mais sont intimement liés aux préférences

TABLEAU 2.12 Quelques choix stratégiques génériques possibles

Type de choix stratégique	Définition	Exemples et précisions
Stratégie de prix	Proposer une offre dont la valeur perçue est comparable à celle des offres concurrentes, mais à un prix inférieur	• Stratégie de volume (économies d'échelle, pouvoir de négociation, effet d'expérience) • Recentrage : externalisation, sous-traitance
Différenciation (distinction) : création d'un différentiel de valeur perçue par les clients	• Épuration : proposer pour un prix réduit une offre dont la valeur perçue est inférieure à celle des concurrents • Sophistication : proposer un produit ou un service dont les caractéristiques sont jugées supérieures à celles des offres concurrentes et valorisées comme telles par la clientèle	Différence avec la stratégie de prix : réduction simultanée du prix et de la valeur (exemples : ALDI, Lidl, Bic, EasyJet) Plusieurs voies de sophistication : • Améliorations techniques uniques du produit ou du service (exemples : BMW, Mercedes) • Marketing (marque puissante) (exemples : Levi's, Coca-Cola) • Durabilité de la capacité stratégique
Focalisation (niche)	Proposer une offre très fortement différenciée qui ne peut attirer qu'une frange de clientèle (et non concurrencer l'offre de référence dans l'ensemble de sa clientèle)	Possibilité d'un prolongement de stratégies de sophistication (exemples : haute couture, vols en première classe) ou d'épuration (exemples : vin en brique de carton, transports internationaux en autocar)
Hybride	• Proposer simultanément un surcroît de valeur et une réduction de prix par rapport aux offres concurrentes • Devancer l'évolution inéluctable de l'offre de référence en fixant de nouveaux standards de prix et de valeur	Sous la pression concurrentielle, toute stratégie tend à évoluer vers la stratégie hybride, c'est-à-dire vers un accroissement de la valeur pour une réduction du prix (exemples : fournisseurs d'accès Internet ou de téléphonie)

Source : adapté de Johnson *et al.* (2008, p. 271-282).

et aux aspirations des dirigeants et des propriétaires. Par ailleurs, ces buts sont la plupart du temps l'aboutissement d'un processus décisionnel itératif (voire par tâtonnements) plutôt que rationnel.

Les buts et les objectifs, explicites ou implicites, adoptés par les dirigeants ou les propriétaires établiront des types d'entreprises tout à fait différents. Par exemple, on trouvera des entreprises axées sur le rendement du capital, mais qui ne se préoccupent pas de la croissance ni du leadership technologique ; des entreprises orientées vers l'augmentation des ventes et soumises à des exigences de rentabilité, mais dont les buts ultimes sont d'accroître la valeur du capital-actions des propriétaires ; des entreprises progressistes et innovatrices orientées vers la création de nouveaux produits, grâce à des recherches commerciales et scientifiques ; ou encore des entreprises préoccupées par l'amélioration constante et minutieuse des produits ou des services, des parts de marché et de l'efficacité des installations de fabrication.

2.15.4 La mobilisation et le déploiement des ressources

La mobilisation et le déploiement des ressources varient selon qu'on recourt à un mode entrepreneurial ou à un mode technocratique ou analytique. Dans le premier cas, un ou plusieurs entrepreneurs pénètrent des marchés spécialisés grâce à la mise sur pied d'entreprises et à la disponibilité de capitaux de développement. Ils se lancent en affaires sans forcément disposer dans l'immédiat des ressources nécessaires. Ils comptent acquérir celles-ci par étapes, s'appuyant pour ce faire sur les résultats atteints afin de convaincre les clients ou les fournisseurs de capitaux. Au fil du temps, ces entreprises se dégagent des marchés spécialisés pour aborder les marchés globaux. La formulation des stratégies, dans le cadre entrepreneurial, est intuitive et s'appuie sur des expériences préalables au sein d'entreprises incubatrices.

Le **mode entrepreneurial** est propice à la naissance des industries caractérisées par une grande effervescence technique, des barrières à l'entrée plutôt faibles et une segmentation du marché en créneaux. Le développement des industries des semi-conducteurs, des instruments de contrôle électronique et de micro-ordinateurs correspond au modèle entrepreneurial.

Dans le cas du **mode technocratique** ou analytique, les dirigeants, en tant que fiduciaires des ressources dont dispose l'entreprise, c'est-à-dire agissant au nom des propriétaires ou des actionnaires, établissent des stratégies conçues de façon rationnelle. Les objectifs sont clairs, et les ressources nécessaires pour les atteindre sont planifiées et mesurées.

2.15.5 Les échanges avec le réseau des partenaires

L'atteinte des buts et des fins suppose des échanges continus et harmonieux avec les divers partenaires qui permettent à l'entreprise de fonctionner. La figure 2.10 présente les principaux échanges face auxquels l'administration doit s'efforcer de trouver un équilibre afin d'assurer la survie et la progression de l'organisation. La mobilisation des ressources intellectuelles et physiques, en vue de produire les biens ou les services, permet de réaliser les fins. L'administration consiste donc à gérer des flux continus d'échanges et à articuler les ressources pour produire ces mêmes biens ou ces mêmes services. La direction offre aux travailleurs une rémunération en échange de leur travail, et aux clients, les produits ou les services désirés, contre des paiements immédiats ou différés. L'entreprise paie des taxes à l'État, en contrepartie du cadre juridique fourni. Le capital investi sous forme de moyens de production, d'infrastructures ou d'installations est rémunéré par des dividendes, des intérêts et l'accroissement de l'avoir des actionnaires, et ainsi de suite.

2.16 L'évaluation continue de la stratégie

La stratégie formelle doit être réévaluée en permanence du fait de l'instabilité de l'environnement. Pour cela, Allaire et Firsirotu (2003) proposent **quatre critères d'évaluation de la stratégie formelle** présentés dans l'encadré 2.13 (*voir p. 168*).

FIGURE 2.10 La gestion des échanges avec le réseau des partenaires de l'organisation

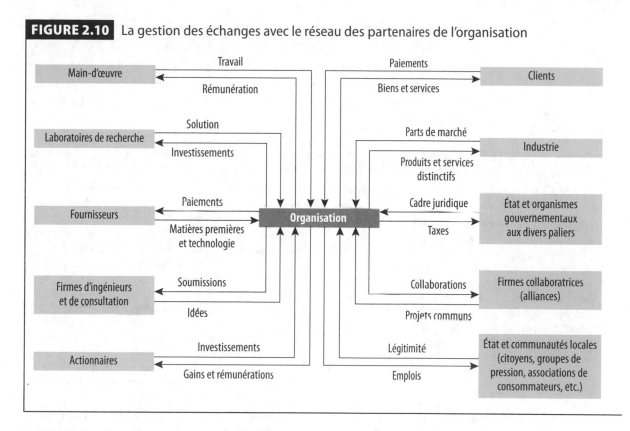

Plus globalement, pour Mintzberg (1990a, p. 201 et suivantes) – qui compare les différentes écoles de pensée en stratégie –, la formulation même de la stratégie soulève, chemin faisant, plusieurs questions, dont les suivantes :

Évaluer une stratégie

- Quand et à quel point une « bonne » stratégie doit-elle être élaborée ou simplifiée, nuancée ou compréhensible, précise ou générale pour rendre véritablement compte à tous de la complexité des activités de l'entreprise ?

- Jusqu'à quel point une bonne stratégie corporative doit-elle intégrer les différents champs stratégiques de l'entreprise et par quels mécanismes (les plans au point de vue formel, la vision au point de vue mental, la culture au point de vue normatif, l'ajustement mutuel au point de vue collectif, etc.) ?

- Jusqu'à quel point une bonne stratégie corporative doit-elle être délibérée ou émergente ? Il s'avère qu'il faut laisser la place tout autant à l'apprentissage (émergent) qu'au contrôle (planification délibérée).

De plus, nous verrons dans les prochains chapitres que l'implantation de la stratégie soulève également son lot de questions (Mintzberg, 1990a, p. 205 et suivantes) :

- Quand et jusqu'à quel point une stratégie corporative est-elle le fruit d'un processus individuel ou d'un processus collectif ?

- Comment peut-on réconcilier les forces conflictuelles de la stabilité et du changement (*voir le critère 4 de l'encadré 2.13*) ? Avec quels processus de changement ?
- Peut-on vraiment faire des choix stratégiques ? Quel est le pouvoir d'un leadership proactif, de l'intuition, de l'apprentissage collectif contre les forces contraignantes de la demande façonnée par l'environnement, de l'inertie de l'organisation et des limites de la cognition ?

ENCADRÉ 2.13   Les caractéristiques d'une bonne stratégie formelle

« Une stratégie formelle bien conçue doit répondre à quatre exigences précises :

1. Elle doit **réduire l'incertitude et la vulnérabilité de l'entreprise.** C'est sans doute le principe premier de la pensée stratégique. Une bonne démarche stratégique doit identifier les sources de vulnérabilité et les événements incertains qui peuvent influer sur la performance de l'entreprise et même menacer sa survie. La stratégie formelle doit comporter un ensemble de démarches permettant de diminuer ou d'éliminer dans la mesure du possible ces risques qui pèsent sur le destin de l'entreprise. […]

2. La stratégie formelle doit **tirer profit de toute compétence distinctive** : expertise, savoir-faire, technologies (brevetées ou non). Les entreprises, étant donné leur histoire spécifique, leur culture et leurs choix stratégiques passés, possèdent des capacités uniques et des avantages compétitifs qui n'appartiennent qu'à elles. La stratégie formelle se doit de mettre en valeur ces ressources et compétences distinctives et d'en faire un usage maximal. L'exemple de Honda est à ce titre édifiant. "Le succès de Honda repose sur son expertise et son leadership dans le développement et la fabrication de produits conçus pour utiliser sa technologie : des moteurs à haute performance." Le cœur de l'entreprise, ses compétences motrices, se trouvent dans la technologie de fabrication de moteurs et l'abondance de savoir-faire et d'expertise en matière de développement de produits motorisés. Tout produit qui dépend de façon importante de la qualité et du coût du moteur à essence est un candidat à l'innovation. Les produits de Honda, qui vont des motocyclettes aux tondeuses en passant par les automobiles, se basent tous sur ses compétences et ses technologies de fabrication de moteurs à haute performance. […]

3. La stratégie formelle doit **proposer une vision de l'avenir,** contenir une stratégie de marché claire et une projection de ce que l'entreprise deviendra si les actions envisagées sont menées à terme. Cette vision de l'organisation en devenir a le double mérite d'être à la fois stimulante et engageante pour les membres de l'organisation. Elle fournit un encadrement et une justification pour les actions futures de l'organisation. La stratégie formelle doit servir de guide dans l'action et de mécanisme pour l'établissement des priorités. Largement diffusée dans l'entreprise, elle est la ligne directrice, le leitmotiv, l'orientation qui donne une cohérence et une rationalité au flux rapide des décisions et des actions qui, autrement, pourraient sembler arbitraires et incompréhensibles aux membres. […]

4. La stratégie formelle doit **favoriser le développement des ressources et des compétences de l'organisation par un dosage judicieux de continuité et de changements.** La stratégie formelle doit faire évoluer l'organisation, la préparer pour l'avenir, mais aussi améliorer son fonctionnement actuel, raffermir et resserrer ses pratiques et ses modes de gestion. La stratégie doit établir une relation équilibrée entre, d'une part, le volume, l'intensité et la rapidité des changements commandés par les contextes actuels ou anticipés et, d'autre part, la capacité d'évolution de l'organisation dans un temps donné. Forte d'une stratégie explicite en vue de devenir le leader dans ses marchés, Bombardier mit quelque 25 ans à atteindre cet objectif dans le marché du matériel de transport (1974-2000) et quelque 12 ans dans le marché des avions régionaux (1986-1998). Durant tout ce temps, Bombardier cultiva les habiletés et la compréhension de l'industrie qui lui permettraient de franchir la prochaine étape et de se saisir des opportunités lorsqu'elles se présenteraient. »

Source : Allaire et Firsirotu (2003, p. 613-615).

2.17 Les performances et les surplus de l'entreprise

En règle générale, une entreprise enregistre des **surplus économiques** dans la mesure où ses stratégies portent des fruits et où elle réussit à établir des gains en ce qui a trait aux performances économiques. Ces surplus se traduisent soit par des profits nets que l'entreprise peut réutiliser à des fins stratégiques, soit par un excédent organisationnel pour ce qui est des ressources physiques, humaines ou technologiques, excédent qui lui assure – temporairement du moins – une longueur d'avance sur les autres entreprises. En effet, tous les surplus ne sont pas nécessairement quantifiables et peuvent être qualifiés très différemment selon les parties prenantes de l'entreprise, ainsi que le montre le tableau 2.13.

TABLEAU 2.13 Les variables de performance

Acteurs	Variables
Objectifs des membres • Direction supérieure • Cadres intermédiaires et de niveau opérationnel • Subalternes **En fonction des partenaires** • Clients • Fournisseurs • Concurrents • Investisseurs • Groupe de pression et d'intérêts • Citoyens • État	• Capacité d'adaptation stratégique • Mobilisation des ressources • Rentabilité • Intégration au milieu • Croissance des ventes • Innovations dans les produits ou les services • Innovations dans les procédés • Productivité • Rotation de la main-d'œuvre • Satisfaction des membres • Salaires et perspectives de carrières • Conciliation des intérêts de l'entreprise avec ceux des partenaires • Qualité de vie au travail • Délais de production, de distribution • Qualité des produits ou des services • Rendement du capital investi • Cote en Bourse • Évaluations sociales • Protection de l'environnement (évaluation des travailleurs et des consommateurs) • Respect des lois • Responsabilités sociales • Qualité de la gestion • Capacité à attirer des personnes talentueuses, à les former et à les garder • Cote de crédit • Croissance des bénéfices • Ampleur des liquidités • Qualité de l'actif

Les entreprises en situation de concurrence quasi parfaite ou faisant partie d'une industrie en déclin jouissent rarement de surplus économiques. Quant aux entreprises en émergence, elles doivent constamment aller chercher du financement extérieur pour combler leurs besoins financiers.

Certaines entreprises peuvent, à certaines périodes, dégager des surplus. Les entreprises en croissance ou faisant partie d'industries au stade de maturité peuvent produire à des coûts faibles et vendre à des prix qui donnent la possibilité d'obtenir des surplus. L'entreprise qui évolue au sein d'un marché oligopolistique et qui a atteint une taille économiquement rentable bénéficie souvent de surplus économiques. Ainsi, selon les structures industrielles, les entreprises peuvent dégager ou non des surplus. Il est possible d'affecter ceux-ci soit à des **fins internes,** soit à des **fins externes** (*voir la figure 2.11*).

FIGURE 2.11   L'affectation des surplus de l'entreprise à des fins stratégiques

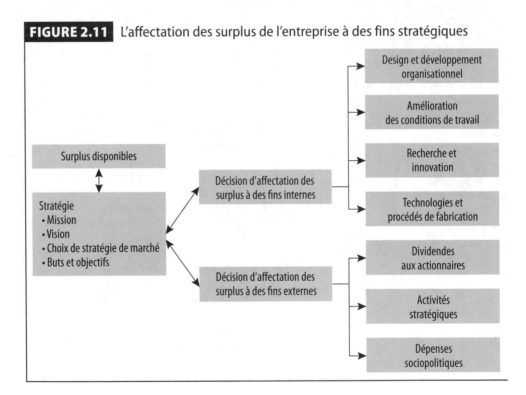

2.17.1 Les affectations à des fins internes

Les domaines d'affectation des surplus économiques à des fins internes sont les suivants :

- **Le design et le développement organisationnel.** La direction d'une entreprise peut décider d'investir une partie des surplus dans le développement ou l'amélioration de l'organisation, en embauchant, par exemple, des professionnels et des spécialistes ou en mettant en place de nouvelles unités administratives.

- **Les dépenses liées à l'amélioration des conditions de travail.** La direction peut, par ailleurs, décider d'offrir aux employés des avantages sociaux ou des primes, de leur payer des frais de voyage, etc., ce qui a pour but d'accroître la motivation ou la loyauté envers l'entreprise.

- **Les dépenses liées à la recherche et à l'innovation.** Des dépenses en recherche et développement sont souhaitables afin de créer de nouvelles connaissances et mettre au point de nouveaux produits ou de nouveaux procédés, de manière à procurer un avantage concurrentiel à l'entreprise.

- **Les investissements dans les technologies et les procédés de fabrication.** Il est important de faire des investissements en vue d'améliorer, voire de changer les technologies et les procédés de fabrication existants. En raison du vieillissement rapide des installations, les investissements doivent à tout le moins équivaloir aux frais de dépréciation.

2.17.2 Les affectations à des fins externes

Les principales affectations des surplus économiques à des fins externes sont les suivantes :

- **Le versement de dividendes aux actionnaires.** La direction peut consacrer une partie des surplus aux dividendes dans le but de rémunérer les actionnaires et de maintenir la valeur des actions, et ainsi obtenir un financement à long terme.

- **Les dépenses liées aux activités stratégiques.** La direction peut également utiliser une partie des surplus économiques disponibles en vue de modifier ou de maintenir la position de l'entreprise dans le marché. Ainsi, elle pourra procéder, par exemple, à des prises de participation ou à des rachats d'entreprises, investir dans des partenariats commerciaux ou de R et D, etc.

- **Les dépenses liées à la responsabilité sociale de la firme.** La direction peut également vouloir assumer de son propre chef, sur une base volontaire, des responsabilités sur le plan sociétal et ainsi s'engager, par exemple, dans des activités philanthropiques, améliorer son système de production de façon à réduire les incidences négatives telles que la pollution ou instaurer un service de relations publiques dont la vocation est d'établir des rapports plus harmonieux avec les parties prenantes de l'entreprise. Dès que ces dépenses visent à renforcer le pouvoir politique de la firme, il s'agit de dépenses de lobbying.

Au terme de ce chapitre, les gestionnaires ou les stratèges seront mieux à même de situer l'entreprise et d'évaluer sa stratégie et sa performance socioéconomique, dans l'environnement sociopolitique, économique, concurrentiel, technologique et réglementaire de l'industrie à laquelle elle appartient. Il faut néanmoins rester conscient des limites de ces outils d'analyse stratégique, voire des écoles de pensée stratégiques auxquelles ils se rattachent, limites qui font l'objet de la conclusion de ce chapitre.

Section IV
Conclusion : les limites et les conditions de succès de l'exercice émergeant de la pensée stratégique

La stratégie «implique, ontologiquement, à la fois l'acceptation et la création de l'incertitude, facteur d'indécision, tant sur les données que sur les résultats» (Marchesnay, 2007, p. 50). De nombreux événements imprévus ou discontinuités d'ordre technologique (par exemple, l'émergence de nouvelles technologies comme les biotechnologies dans le champ pharmaceutique pour la découverte et la fabrication de médicaments), d'ordre concurrentiel (par exemple, l'arrivée des grandes surfaces bon marché au Canada, des portails de vente Internet) ou d'ordre politico-juridique (attentats terroristes, guerres, etc.), de mauvaises appréciations des facteurs externes de l'organisation (par exemple, l'impact des technologies de l'information sur les industries de l'édition et de la formation) et une évaluation erronée des ressources internes (par exemple, la sous-estimation des jeux d'influence, de pouvoir, avant d'implanter un changement, etc.) ou des rythmes de changement de l'entreprise compromettent sans cesse sa pérennité et justifient l'actualisation de sa stratégie (Allaire et Firsirotu, 1993, 2004), c'est-à-dire la reformulation de ses buts et objectifs et les choix d'affectation de ses ressources.

La stratégie, qui est un effort continu, incontournable et collectif d'intelligibilité d'un avenir possible, requiert dès lors un travail analytique, des processus sociaux de création et de partage d'idées nouvelles et de connaissances ainsi que des jugements entrepreneuriaux influencés par les valeurs et la vision des dirigeants et de leurs employés. Les différentes approches de la stratégie révèlent son caractère complexe. Ainsi, l'élaboration de la stratégie apparaît très souvent sous un angle prescriptif, comme un processus formel maîtrisable et conscient, alors que sous l'angle descriptif, c'est plutôt une activité non ordonnée et partiellement maîtrisée. En fait, la stratégie, activité de premier plan pour le développement de l'entreprise, doit être traitée dans une perspective multidimensionnelle.

Les tenants des approches prescriptives justifient ainsi la difficulté de l'exercice : 1) la stratégie est moins accessible aux entreprises qui ont peu de ressources et de moyens ; 2) la démarche stratégique perd de sa valeur en situation d'urgence ; 3) l'élaboration de la stratégie requiert l'accès à des informations riches, abondantes, diversifiées, actualisées, etc.

Si l'on intègre l'apport des autres écoles descriptives de la stratégie, les limites du processus d'élaboration de la stratégie relèvent surtout de la **rationalité limitée** des acteurs de même que du système de management des connaissances en place.

Déjouer la rationalité et les moyens limités et composer avec eux : l'illusion de la prévision

La planification stratégique est une affaire d'individus (heureusement!), et elle reste par nature imparfaite et approximative, quel que soit l'arsenal d'outils statistiques et informatiques utilisés pour aider la décision à court, à moyen ou à long terme. Même si la tentation est forte, car elle s'avère rassurante, on ne peut tout planifier! D'une part, tout n'est pas mesurable. D'autre part, la rationalité humaine est limitée et l'information analysée est naturellement dépassée. L'information utilisée pour penser et décider ne se révèle pas toujours exacte, pas toujours disponible, pas toujours explicite ou évidente, et il est souvent difficile de mesurer ou d'appréhender, en particulier à long terme, des effets d'incertitude et de complexité, et ce, malgré le recours à l'analyse. Il faut donc garder à l'esprit que la planification stratégique peut être utile dès lors que l'on en connaît toutes les limites. En effet, elle peut s'avérer très nuisible si la représentation incertaine de l'avenir qu'elle produit devient la norme à atteindre et le processus par lequel elle y parvient, un moyen de renforcer la structure bureaucratique : elle ne laisse alors plus de place à l'innovation, à l'adaptation, éléments essentiels d'un management de l'entreprise innovante dans la société du savoir. Bref, trop planifier n'est pas mieux que trop peu planifier. Et les outils de la planification doivent s'adapter à la réalité, et non l'inverse. Il s'agit ainsi d'éviter d'utiliser les outils de la planification pour justifier des plans d'action *a priori*!

Certes, l'entreprise est limitée par ses moyens pour réaliser toutes les options souhaitables. Mais la pensée stratégique doit demeurer une recherche permanente d'options d'actions à partir d'une utilisation créative d'informations disponibles et de connaissances à l'intérieur et à l'extérieur de l'entreprise pour éviter les déséquilibres potentiels entre son offre et son environnement. Elle repose sur une capacité d'acuité. On lit souvent que l'exercice très formel de planification tel que commandé par les écoles prescriptives est si rarement réalisable que nombre d'entreprises ont simplement recours à l'imitation. Mais imiter, ce n'est pas copier! C'est déjà un pas vers la réflexion au sujet de nouvelles options et connaissances sur la base des capacités internes d'analyse et de partage de connaissances.

Le leadership phronétique malgré la résistance au changement

Enfin, la planification stratégique reste une affaire d'individus, et l'affaire de tous les individus! Étant donné que le projet de l'entreprise est indissociable des porteurs de connaissances qui la composent ou l'observent dans la société, l'élaboration de la stratégie est un formidable exercice de motivation et de dialogue, fondé sur des efforts politiques de persuasion des parties prenantes et de conciliation avec elles à l'intérieur et à l'extérieur de l'entreprise (employés dans l'entreprise et intervenants hors de l'entreprise). Cet exercice contribue à la matérialisation d'un projet commun et à l'explicitation d'intérêts partagés.

Parce qu'elle est à la fois précurseur et résultats de changements, et qu'elle influe sur le cours de l'organisation, la pensée stratégique réussira dans la mesure où elle s'intégrera au tissu social externe et interne de l'entreprise, et notamment si le dirigeant comprend parfaitement les réalités formelles et informelles de l'entreprise et de sa culture. La stratégie est à la fois intuition et calcul. Elle est aussi accidentelle et improvisée. Elle se manifeste (« émerge », dirait Mintzberg) dans l'action. De fait, dans la société du savoir, l'exercice même ne doit pas être limité à la haute direction et doit se nourrir au mieux de toutes les connaissances à l'œuvre dans l'entreprise organisée comme un système de *ba* (espaces de partage et de création de connaissances en japonais) vivant et protéiforme pour faire émerger les idées nouvelles. Nous reviendrons sur ces concepts dans le chapitre 7 consacré à la gestion des connaissances. Mais il importe auparavant d'aborder l'organisation de l'entreprise qui accueille et rend possible la stratégie. C'est l'objet du prochain chapitre.

Chapitre 3
L'organisation : de la hiérarchie à l'auto-organisation

Section I : Les caractéristiques du design organisationnel 177

Section II : Les instruments du design organisationnel 186

Section III : Les formes organisationnelles génériques 215

Section IV : Les forces dynamiques de l'organisation
face aux enjeux contemporains 228

Section V : Conclusion : de la réorganisation à l'auto-organisation 240

Annexe : Les facteurs internes de contingence 244

« *J'imagine une économie décentralisée où nos bagnes industriels seraient remplacés par des ateliers disséminés un peu partout. Dans ces ateliers se trouveraient des machines automatiques extrêmement souples, qui permettraient de satisfaire dans une large mesure les besoins industriels de la région. Les ouvriers, tous très hautement qualifiés, passeraient le meilleur de leur temps au réglage. La distance entre ouvriers et ingénieur tendrait à s'effacer de manière que les deux fonctions puissent peut-être être assumées par un seul homme. Ce tableau, il est vrai, est encore bien vague.* »

(Weil, « Lettre à Jacques Laffite, mars-avril 1936 »,
dans *La condition ouvrière*, 2002, p. 259)

D ans une perspective systémique, l'organisme humain est constitué d'un ensemble d'organes reliés entre eux et interdépendants, ouvert sur un environnement (écosystème). L'organisme humain survit parce que chacune de ses parties, c'est-à-dire chacun de ses sous-systèmes, est rattachée harmonieusement à un tout plus vaste (des cellules au sein de tissus au sein d'organes au sein des systèmes digestif, respiratoire, cardiovasculaire, musculaire, endocrinien, lymphatique, nerveux, etc., constituant l'organisme tout entier, lui-même dépendant d'un écosystème). De la même façon, lorsqu'on parle d'une organisation, au sens d'institution (de chose établie), on désigne un ensemble cohérent fait des sous-systèmes stratégique (mission de l'entreprise, buts et valeurs, etc.), technique (savoirs, procédés, machines, outils), psychosocial (personnes et groupes), structurel (tâches définies et liées entre elles) et administratif (direction, coordination). Ce système est lui-même inséré dans un environnement sociopolitique, économique, technologique, écologique et réglementaire auquel il s'ajuste de façon permanente et qu'il transforme en même temps.

Le mot « organisation », apparu au xvᵉ siècle, dérive du verbe « organiser ». Étymologiquement, « organiser » signifie « rendre apte à la vie » (vers 1380) ou encore « pourvoir (un corps) d'organes » (1510-1520)[1]. Quant au mot « organe », emprunté au grec *organon*, il signifie « instrument » ou encore, au sens figuré, « ressort, moyen ». Selon Fayol, organiser l'entreprise, c'est constituer son double corps social et matériel. L'organisation, ou encore « l'action d'organiser », désigne en ce sens une des composantes de la fonction d'administration : **elle renvoie à la façon dont un ensemble (de personnes et de moyens) est constitué en vue de son fonctionnement.**

L'organisation consiste donc en un processus dynamique de synchronisation et d'équilibre entre l'entreprise (environnement interne) et son environnement externe, au regard de sa stratégie. Elle est un enchevêtrement de décisions et d'actions grâce auxquelles l'entreprise s'adapte aux contraintes ou aux occasions d'affaires de l'environnement de même qu'aux forces et aux faiblesses qui émanent de l'organisation interne.

Parce qu'il s'agit d'un processus dynamique, et pour éviter la confusion de sens entre l'organisation (institution) et l'action d'organiser (design organisationnel), nous traiterons dans ce chapitre du processus de **design organisationnel** et non de la complexité des approches théoriques possibles de l'organisation[2]. Il est, ici aussi, très utile de retenir l'étymologie du mot « design » : emprunté à l'anglais *design* (1959), ce terme a pour origine française « dessein », qui

---

1. *Le Robert, Dictionnaire historique de la langue française* (2000), tome II, p. 2483.

2. Il existe plusieurs approches théoriques de l'organisation : classique, pseudo-scientifique et formelle (approches rationnelle et mécaniste chez Taylor et Fayol), psychosociologique (école des relations humaines, théories de la motivation), psychanalytique, économique (l'organisation comme moyen de minimiser les coûts de transaction dans le marché, englobant la division du travail chez Smith et Ricardo, les théories mandants/mandataires et les théories néoclassiques de la gouvernance), systémique, contingente (l'environnement, la technologie, le système social, la stratégie, la culture, etc., qui déterminent les formes organisationnelles), culturelle (l'organisation comme lieu d'appartenance et de socialisation, faisant face à la diversité culturelle), sociologique (l'organisation comme système de règles sociales, de jeux de pouvoir, ensemble de logiques d'action, de conventions), cognitive (l'organisation comme lieu de décision, d'apprentissage, et comme système de compétences, incluant les concepts de rationalité limitée, de mémoire organisationnelle, d'apprentissage, de routines organisationnelles, et plus récemment de création et de partage des connaissances).

désignait à la fois un dessin et un but jusqu'au XVIIᵉ siècle[3]. Il s'agit donc de « dessiner » la forme de l'entreprise selon son « but » (c'est-à-dire celui qui découle de sa stratégie)[4].

Dans ce chapitre, nous aborderons le design organisationnel en cinq temps. Dans la première section, nous présenterons les caractéristiques du design organisationnel : la relation d'influence mutuelle entre organisation interne et **environnement** externe, les **acteurs** du design, les **étapes** du processus et les **objectifs** de ce processus. Dans la deuxième section, nous verrons les « organes » du processus, à savoir les instruments d'action que sont la compréhension des **tâches** et de leur division, les découpages et les regroupements horizontaux et verticaux de ces tâches en **structures,** et enfin les différents mécanismes de **coordination** des tâches. Dans la troisième section, nous étudierons les grandes **formes organisationnelles** génériques qui résultent de l'activation différenciée des leviers précédents. Dans une annexe à la fin du chapitre, nous montrerons que ces formes varient selon des facteurs de **contingence** que sont la taille, l'âge, la technologie, le type de propriété et les compétences des membres et des modes de direction de l'entreprise. Enfin, dans la dernière section, nous analyserons les **forces dynamiques** qui transforment l'organisation face aux enjeux contemporains.

Section I
Les caractéristiques du design organisationnel

Tout comme l'environnement externe, l'organisation, dans une perspective de progrès, est en mouvement. Toute organisation (l'organisation actuelle) est le résultat des décisions et des actions passées ; elle est sujette à se transformer sous l'impulsion de nouvelles stratégies et politiques et à prendre une nouvelle forme (l'organisation anticipée). Le design organisationnel, soit l'**activité de conception du système de l'organisation,** est donc un processus **récurrent,** étant donné que l'organisation n'évolue pas dans un environnement statique et que, par conséquent, elle est appelée à se transformer avec le temps.

Le design organisationnel a trait aux décisions qui ont pour but d'assurer l'alignement entre la stratégie et l'organisation humaine et technique à mettre en place. Il est réalisé par des décisions touchant les éléments suivants : la **forme** de l'organisation et la **mobilisation** des ressources.

Le design consiste à construire une organisation dont la **forme, c'est-à-dire les structures et les processus,** encadre les activités des dirigeants et des membres de façon que celles-ci contribuent à la réalisation des objectifs d'efficience, d'efficacité et d'adaptabilité, et facilitent les transactions avec les partenaires.

---

3. *Le Robert, Dictionnaire historique de la langue française* (2000), tome I, p. 1052.

4. Et, réciproquement, Chandler (1989) considère que si la structure (l'organisation) suit la stratégie, elle peut aussi influer sur la stratégie.

Le design organisationnel agit sur les conditions de réalisation des activités humaines au sein de l'organisation en modifiant les structures, les systèmes de gestion, les tâches et les programmes.

À mesure que l'organisation prend de l'ampleur, les objectifs et les activités se complexifient, car elle doit composer avec de plus en plus d'agents externes. Les pressions s'accentuent en faveur d'une **organisation formelle.** L'organisation formelle devient la structure par excellence pour s'assurer de la réalisation des buts et des objectifs. Le défi auquel doit faire face la direction consiste à définir le **travail,** à le répartir entre les membres et à s'assurer de la coordination des efforts en vue de la poursuite des objectifs communs. La direction fait alors appel à une **structure** et à des mécanismes à partir desquels s'effectueront la division du travail et la **coordination** des activités. Un peu comme le fœtus humain constitue ses organes par la différenciation cellulaire[5], l'organisation de l'entreprise relève d'un processus de **différenciation structurelle**[6] au moyen de la subdivision progressive d'une stratégie complexe en tâches clés, qui sont assignées à des unités spécialisées. Chaque unité est ainsi chargée d'un mandat, qui la différencie et la rend du même coup dépendante des autres. Elle reste intégrée dans le tout qu'est l'entreprise par le truchement d'une **intégration** adéquate, c'est-à-dire de mécanismes de coordination adaptés. Dans cette section, nous montrons que ce double processus de différenciation/intégration est grandement influencé par l'environnement de l'entreprise.

> Le design organisationnel : un processus récurrent de conception de la différenciation et de l'intégration des tâches

> La forme de l'organisation varie selon les caractéristiques de l'environnement.

3.1 L'influence de l'environnement sur les formes d'organisation

L'étude de Burns et de Stalker (1961) forme la pierre angulaire des travaux sur l'influence de l'environnement sur les formes d'organisation. Effectuée dans une vingtaine d'entreprises britanniques en cours de reconversion industrielle, cette étude a permis

---

5. Les stades de l'embryogenèse passent de la segmentation de la cellule-œuf (zygote) en deux, puis en quatre, puis en huit cellules, passant du stade de morula au stade de blastocyste, puis à celui de gastrula. Au stade de la gastrulation, les tissus cellulaires commencent à se différencier entre l'ectoderme (qui, au moment de l'organogenèse, donnera les cellules de la peau, des neurones du cerveau et des cellules pigmentaires), le mésoderme (précurseur des cellules musculaires cardiaques, squelettiques, sanguines), l'endoderme (précurseur des organes internes : cellules pancréatiques, thyroïdiennes, pulmonaires) et les cellules germinales.

6. On doit à Lorsch et Lawrence des travaux pionniers, en 1967, sur l'influence de l'environnement sur les formes d'organisation. Selon ces auteurs, l'environnement devient le facteur contextuel déterminant de la forme d'organisation. Ils ont étudié la façon dont les entreprises adaptent leurs structures de différenciation et leurs mécanismes d'intégration aux exigences de leur environnement. En effet, la stratégie de l'entreprise nécessite la division du travail et la répartition des tâches entre différents spécialistes. La différenciation qui en résulte conduit à des différences d'attitudes, d'orientations et de comportements. En même temps, les parties en présence doivent coordonner leurs efforts en vue du but commun, qui est la mise au point, la fabrication et la vente de produits ; cette exigence d'intégration demande un niveau élevé de collaboration et de coordination. En conséquence, l'efficacité d'une entreprise, mesurée par la rentabilité, dépend de l'adéquation entre les degrés de différenciation et d'intégration, compte tenu des conditions posées par l'environnement. Dans un environnement dynamique et complexe, les entreprises les plus efficaces sont celles qui possèdent le plus haut degré de différenciation et le plus haut degré d'intégration.

de constater **que la forme d'organisation appropriée dépend des caractéristiques de l'environnement** technique et commercial. Les processus décisionnels étant l'élément central, les entreprises doivent adopter des formes d'organisation différentes selon le rythme de changement de l'environnement (Lorsch et Lawrence, 1967 ; Galbraith, 1971 ; Kingdon, 1973 ; Miles et Snow, 1978 ; Kolodny, 1981 ; Savage, 1990 ; Hastings, 1993 ; Tapscott, 1996). Les travaux de Burns et Stalker démontrent, à l'époque, que certains environnements techniques, comme le secteur du textile, sont relativement stables et que d'autres, comme le secteur de l'industrie chimique, sont caractérisés par l'innovation et la mise en œuvre continuelle de nouveaux moyens de production. L'environnement commercial, quant à lui, est stable ou dynamique suivant l'importance des cycles de vie des produits et des actions des concurrents.

Analysant les cas extrêmes, Burns et Stalker (1961) en viennent à décrire deux formes d'organisation : le **système mécaniste** et le **système organique.** Les principales caractéristiques de ces deux types de systèmes de gestion sont esquissées dans le tableau 3.1.

TABLEAU 3.1 Les caractéristiques des systèmes mécaniste et organique

Système mécaniste (organisation centralisée)	Système organique (organisation décentralisée)
• Les activités sont décomposées en tâches et les rôles sont spécialisés	• La spécialisation individuelle sert la réalisation de la tâche globale de l'entreprise
• Les rôles sont cloisonnés : chaque personne accomplit sa tâche comme étant une fin en soi, sans participation réelle à la tâche globale de l'entreprise	• La tâche de chaque personne est déterminée par la situation de l'entreprise
• À chaque niveau hiérarchique, l'unification des tâches individuelles est faite par le supérieur immédiat	• Les tâches individuelles sont adaptées et redéfinies continuellement par l'interaction avec les autres participants
• Les droits, les devoirs et les moyens attribués à chaque rôle sont définis de façon précise et rigoureuse	• La responsabilité est partagée entre tous les participants à une même tâche
• Ces droits, ces devoirs et ces moyens sont traduits sous forme de responsabilités liées à chaque rôle	• La structure de contrôle, d'autorité et de communication prend la forme d'un réseau
• Il y a une structure hiérarchique de contrôle, d'autorité et de communication	• Les informations concernant l'entreprise et son environnement technique et commercial ne sont pas concentrées au sommet de la hiérarchie
• Cette structure est renforcée par la convergence et la concentration des informations au sommet de la hiérarchie	• Les informations nécessaires à l'accomplissement d'une tâche donnée se concentrent là où cette tâche s'accomplit, centre *ad hoc* de contrôle, de pouvoir et de communication
• Les interactions se font essentiellement à la verticale, entre supérieurs et subordonnés	• Les communications entre personnes de niveaux hiérarchiques différents se font grâce à la consultation, et non par un commandement autoritaire
• Le comportement au travail et les activités nécessaires à l'accomplissement de la tâche sont gouvernés par des directives et des décisions dictées par le seul supérieur	• Le contenu des communications consiste davantage en échange d'informations et de conseils qu'en directives et en décisions
	• L'accent est mis sur la participation aux objectifs de l'entreprise, au progrès technique et à l'expansion générale plutôt que sur la loyauté et l'obéissance
	• Les affiliations et les expériences acquises dans les milieux industriels, techniques et commerciaux extérieurs à l'entreprise sont valorisées

Le **système mécaniste** se rapproche d'une organisation centralisée du type bureaucratique. Le pouvoir y est essentiellement pyramidal et hiérarchique. Le **système organique,** par contre, s'apparente plutôt à une organisation décentralisée, axée sur la participation et dans laquelle la souplesse des structures permet l'adaptation rapide aux changements de l'environnement. La base du pouvoir, dans ce système, est avant tout la compétence des membres et l'accès à l'information. Seule une entreprise du type organique est réellement capable, selon Burns et Stalker (1961), de faire face aux problèmes liés à l'innovation et aux changements fréquents.

> Une organisation peut être plutôt mécaniste ou organique.

Dans l'éventualité d'une accélération du rythme des changements dans l'environnement technique et commercial, les entreprises dont les formes d'organisation se rapprochent des deux types évoqués réagissent différemment. Ainsi, une entreprise du type mécaniste réagit en créant de nouveaux services, en assignant des responsabilités à un secteur déjà en place et en redéfinissant les tâches d'une manière plus rigoureuse. Le but poursuivi est de renforcer la structure de l'entreprise. Par contre, une entreprise du type organique placée dans la même situation tend à se redéfinir totalement. Elle considère que les décisions émanent de toute l'entreprise et nécessitent la participation des membres importants de celle-ci. L'entreprise dont la gestion est organique définit très sommairement les rôles des professionnels et des administrateurs, et s'attend à ce que ces derniers assument leurs responsabilités personnelles. Le modèle organique implique donc l'ouverture des communications dans toutes les directions et la décentralisation des pouvoirs décisionnels. L'étude de l'environnement n'est plus uniquement le fait de l'équipe de direction ; le modèle organique suppose une certaine liberté d'action et un degré élevé de participation.

Les précurseurs comme Burns et Stalker, en 1961, de même que Lorsch et Lawrence, en 1967, ont ainsi démontré qu'**il n'existe pas de forme idéale d'organisation transposable à toutes les entreprises.** Ces auteurs avancent l'idée que le design organisationnel adopté par une entreprise dépend avant tout des caractéristiques de l'environnement. Selon eux, un **système mécaniste,** c'est-à-dire centralisé et bureaucratique, convient à des entreprises évoluant dans des environnements économiques et concurrentiels plutôt stables, alors qu'un **système organique,** c'est-à-dire décentralisé et faisant appel à un assouplissement des structures, est approprié à des entreprises qui évoluent dans des environnements plus turbulents (*voir le tableau 3.2*).

TABLEAU 3.2 Les formes d'organisation suggérées par Burns et Stalker (1961) et par Lorsch et Lawrence (1967)

	Design organisationnel mécaniste (structure centralisée)	Design organisationnel organique (structure décentralisée)
Environnement turbulent	Forme inapte à répondre rapidement aux changements	Forme la plus efficace
Environnement stable	Forme la plus efficace	Forme souvent inefficace et coûteuse

Pour sa part, Mintzberg (1982, p. 248-256) recense cinq hypothèses qui font le lien entre la forme d'organisation et l'environnement de l'entreprise :

- « Plus l'environnement est dynamique[7], plus la structure est organique.
- Plus l'environnement est complexe[8], plus la structure est décentralisée.
- Plus l'organisation a des marchés diversifiés[9], plus elle a tendance à se scinder en unités organisées sur la base de ses marchés.
- Une hostilité extrême de son environnement[10] amène toute organisation à centraliser sa structure de façon temporaire.
- S'il existe des disparités dans l'environnement, l'organisation est conduite à créer des constellations de travaux différenciés et à décentraliser de façon sélective vers ces constellations. »

Dans la réalité, les formes d'organisations sont hybrides et peuvent se situer sur un continuum allant de mécaniste à organique (Chandler, 1962 ; Pugh, Hickson et Hinings, 1969 ; Mintzberg, 1979). Nous verrons la diversité de ces formes ou encore des configurations organisationnelles (Mintzberg, 1982) dans la troisième section de ce chapitre, ainsi que leurs composantes dans la deuxième section. Comme un organisme vivant, l'entreprise, qu'elle soit plus mécaniste ou plus organique, est appelée à changer constamment pour actualiser sa stratégie ou ajuster son organisation à l'évolution de l'environnement. Dans cette dynamique de changement, le design organisationnel est un processus de conception et d'actualisation de la structure et des modes de fonctionnement de l'entreprise. Qui le pilote ? Dans la prochaine section, nous identifions les acteurs du design, c'est-à-dire les personnes engagées dans le processus de reconception et de transformation périodique de l'organisation.

3.2 La diversité des acteurs

La mise en œuvre du design organisationnel mobilise l'intervention de divers agents (Tessier, 1973). Ceux-ci seront engagés, sous diverses formes, dans le processus (*voir le tableau 3.3, p. 182*). Dans les petites ou les moyennes entreprises, une même personne pourra être à la fois le promoteur, l'animateur et l'opérateur ou, plus souvent, le promoteur et l'animateur, l'opérateur étant quelqu'un d'autre (spécialiste, consultant externe, etc.). De même, les rôles que jouent les agents peuvent évoluer au cours du processus ; par exemple, un promoteur ayant suivi de loin le démarrage d'une activité pourra intervenir comme animateur à un certain moment pour s'assurer du bon déroulement des choses, accélérer une étape ou encore sortir l'activité d'une impasse (Waterman, 1987). La réussite du design organisationnel dépend des caractéristiques des agents de changement et de leurs relations avec les personnes que ce changement

> La mise en œuvre du design organisationnel implique un dialogue entre une variété d'acteurs.

---

7. C'est-à-dire peu prévisible.

8. C'est-à-dire peu intelligible.

9. C'est-à-dire qui exigent des tâches et des activités diversifiées.

10. C'est-à-dire une concurrence forte pour l'accès aux marchés, aux ressources, etc., qui exige une rapidité de réponse.

concerne. Les modes d'intervention de ces agents doivent être réalistes et adaptés à l'entreprise. Les modes d'intervention fondés sur des démarches technocratiques[11] risquent bien souvent de faire échouer tout projet de changement.

TABLEAU 3.3   Les agents responsables de l'implantation du design organisationnel

	Rôles	Exemples d'acteurs pouvant être concernés
Instigateurs et promoteurs	• Annoncent les changements liés au design organisationnel • Insufflent les objectifs • Donnent l'impulsion de départ	• Directeur général • Cadres supérieurs
Animateurs	• Cherchent à faire accepter les changements par les membres • Agissent sur le terrain	• Directeurs de projets • Cadres intermédiaires • Contremaîtres • Directeurs d'usine
Opérateurs	• Travaillent concrètement aux changements : études, réunions, rapports, etc.	• Ressources spécialisées en gestion des ressources humaines • Psychologues industriels • Consultants externes

D'autre part, le design organisationnel peut être mis en œuvre à divers rythmes. Dans des conditions idéales, il devrait s'opérer progressivement et de façon synchronisée, c'est-à-dire à un **rythme** où les diverses parties engagées interviennent simultanément au cours du processus et dans le même sens. Des changements trop radicaux risquent de susciter à tout moment la réprobation des personnes concernées et d'engendrer des ruptures en divers points de l'organisation. Cela dit, les conditions idéales pour procéder à des changements ne sont pas souvent réunies. Le plus souvent, les instigateurs du design organisationnel doivent aller de l'avant tout en faisant preuve d'un certain doigté.

3.3 Le processus de design organisationnel

La décision de transformer l'organisation est rarement une décision unique et isolable. Dans la réalité, le changement se déclenche souvent sur la base de décisions fragmentaires, voire improvisées, d'agents désireux au premier chef d'orienter les actions des personnes aux divers niveaux de l'organisation en fonction des buts et des objectifs.

Il y a bien souvent une période de maturation, pendant laquelle l'inadéquation aux attentes de l'environnement est évoquée et discutée en différents milieux dans l'organisation. Au cours de cette période, des ajustements ou des confrontations d'opinions, qui préfigurent souvent l'ébauche du projet de design organisationnel, ont déjà lieu.

---

11. Une démarche technocratique est une démarche qui fait appel à l'analyse pour la détermination rationnelle des objectifs et des programmes d'action. La démarche analytique permet de comprendre *a priori* les problèmes d'administration (effets aléatoires, facteurs incontrôlables et contraintes) afin de dégager les leviers que la direction peut contrôler.

Les idées de changement ne voient pas le jour dans un terrain vierge. Il y a, derrière les propos tenus et les projets avancés, tout un contexte de schémas expérimentés et de modèles de référence (Whyte, 1972). L'évolution des stratégies, les modifications de structures antérieures et les méthodes déjà mises en œuvre expliquent en partie les opinions et les jugements formulés à l'égard de telle ou telle solution. On peut ainsi voir apparaître des appréciations collectives sur des méthodes de gestion qui seraient incompréhensibles si l'on ne faisait pas l'effort de les replacer par rapport à l'histoire de l'organisation. En ce sens, le processus de design organisationnel est **récurrent.**

Les schémas de référence ne sont pas toujours ceux qui résultent de l'expérience collective des membres. Il y a également les schémas qui viennent de l'expérience particulière des dirigeants, qui tirent de leur vie professionnelle antérieure des modèles éprouvés. À l'**apprentissage collectif** de l'organisation et à l'**expérience** des dirigeants, on peut ajouter les modèles de référence puisés à l'extérieur de l'entreprise et provenant de multiples influences.

Pour **bien saisir la notion de design organisationnel, il est utile d'envisager celui-ci comme un processus continu d'analyse et un processus récurrent d'action en vue d'ajuster la forme d'organisation à la stratégie et à son contexte** (Newman, 1971). **Le processus de design organisationnel est la mise au point d'une forme d'organisation, c'est-à-dire une structure et des mécanismes de fonctionnement qui encadrent les actions individuelles de façon que celles-ci contribuent à la réalisation de la stratégie.** La figure 3.1 illustre l'élaboration du design organisationnel. Dans la réalité, les étapes de ce dernier ne s'effectuent pas de façon aussi séquentielle que le laisse paraître cette figure. Ces étapes sont présentées dans un ordre idéalisé pour refléter la dynamique d'ensemble. Toutefois, dans les faits, ces activités se recoupent souvent, donnant à penser que le design, tout comme la stratégie à laquelle il se rattache, ne s'effectue pas toujours suivant une trajectoire, mais de façon itérative, en raison notamment de sa complexité et des imprévus qui peuvent surgir à tout moment.

> Le processus de design organisationnel n'est pas forcément séquentiel.

FIGURE 3.1 Les étapes du design et du changement organisationnels (version idéalisée)

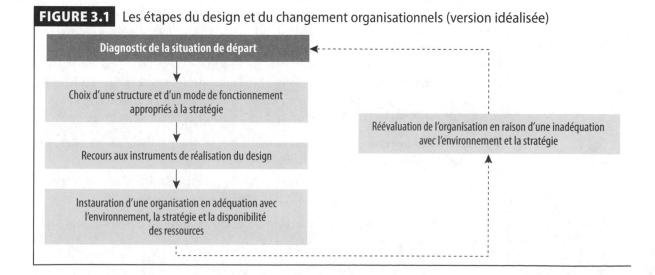

Le design organisationnel, comme la stratégie, n'est pas un choix permanent, arrêté à un moment donné ; il fait au contraire l'objet de révisions continuelles par la direction. Il est intimement lié à la stratégie en ce que, comme elle, il est fonction des conditions de l'environnement, de la situation particulière de l'entreprise et des ressources dont celle-ci dispose.

La démarche continue du design organisationnel se compose des étapes suivantes, qui sont liées entre elles :

• le diagnostic de la situation de départ ;
• le choix d'une structure et d'un mode de fonctionnement appropriés à la stratégie ;
• le recours aux leviers de réalisation du design et du changement ;
• l'instauration d'une organisation en adéquation avec l'environnement et la stratégie ;
• la réévaluation de l'organisation, au besoin.

3.3.1 Le diagnostic de la situation de départ

Le design organisationnel ne s'effectue pas dans l'abstrait, mais souvent à partir d'une organisation existante (l'organisation actuelle) et d'une situation qui offre des résistances et des contraintes à la mise en œuvre de la stratégie.

Le choix de la forme d'organisation à construire s'appuie sur l'analyse des tendances dans l'environnement économique, concurrentiel, technologique, réglementaire, social, politique, juridique et culturel (occasions et contraintes) de l'industrie d'appartenance. Ce choix s'appuie également sur une appréciation de la situation particulière de l'entreprise (forces et faiblesses) et des disponibilités organisationnelles et individuelles.

3.3.2 Le choix d'une structure et d'un mode de fonctionnement appropriés à la stratégie

Cette étape consiste à établir une vision idéale de la forme d'organisation désirée (l'organisation anticipée) (Miller, 1981). Une telle vision correspond à l'ensemble des qualités dont la direction voudrait doter l'entreprise grâce à son organisation. Ces qualités sont celles qui permettront à l'entreprise non seulement de réaliser avec efficience la stratégie présente mais aussi de modifier cette stratégie de façon à l'adapter aux conditions futures. Le design organisationnel vise à la fois l'efficience à court terme et l'adaptation à moyen ou à long terme. Les qualités – souvent difficiles à harmoniser – auxquelles on fait ici allusion sont les suivantes :

> Les objectifs du design organisationnel sont l'efficience à court terme et l'adaptation à moyen et à long terme.

• l'efficience des opérations de fabrication, de marketing et d'acquisition des ressources (humaines, physiques, techniques) ;
• l'adaptation aux variations de la demande et de la disponibilité des ressources ;
• la modification de la stratégie à moyen et à long terme ;
• la flexibilité de la structure permettant à l'organisation de s'adapter aux stratégies futures.

Le modèle d'organisation souhaité s'inspirera souvent des intentions des hauts dirigeants, de même que des valeurs et des théories qu'ils connaissent et estiment valables. La forme d'organisation désirée émergera ainsi, par la déduction, de la stratégie et des tâches clés que l'entreprise devrait être en mesure de réaliser avec excellence. Ces tâches pourraient être, par exemple, de contrôler les coûts avec minutie de façon à obtenir sans cesse des réductions de frais ou encore d'organiser ce modèle de façon à lancer à intervalles fréquents de nouveaux produits ou services. Ces aspects imposent des contraintes auxquelles devront faire face les décideurs. L'examen des diverses composantes de l'environnement permettra de relever les exigences relatives à chacune d'elles et de satisfaire à ces dernières. Par ailleurs, le diagnostic des ressources existantes de l'entreprise comprend non seulement une analyse des structures mais aussi un examen réaliste des possibilités de changement.

Le design concerne donc le choix de la forme d'organisation qui convient le mieux à la stratégie. En prenant ses décisions, la direction doit tenir compte à la fois de facteurs externes, tels que le marché ou l'évolution technologique, et de facteurs internes, tels que les attentes et les aspirations des membres. Le design est intimement lié à la façon dont la prise de décisions est centralisée, partagée ou déléguée, ou à la façon dont l'entreprise est dirigée.

3.3.3 Le recours aux instruments de réalisation du design organisationnel

Les leviers du design sont les instruments ou, si l'on veut, les « manettes » d'action dont dispose la direction supérieure pour aider l'entreprise à passer progressivement de la forme d'organisation actuelle à la forme d'organisation souhaitée et ainsi réaliser la stratégie. La direction modifiera, par exemple, les structures, les règles financières, le recrutement, les systèmes de gestion ou les mécanismes d'intégration afin d'atteindre la forme de design visée.

L'établissement d'une **structure** de base et de **mécanismes de coordination** des activités qui assurent la mise en œuvre de la stratégie constitue donc le domaine du design (Lorsch et Morse, 1974). Le design de la structure de base a trait à la division du travail et aux regroupements au sein d'équipes, de divisions ou de services. Cette structure de base est renforcée par des mécanismes tels que les règles de fonctionnement, les systèmes d'évaluation et de récompense (ou de punition), les méthodes de contrôle ou les systèmes d'information. Ces mécanismes visent à coordonner les activités selon ce qu'on attend d'elles et à inciter les membres à assumer leur part des objectifs de l'entreprise.

3.3.4 L'instauration d'une organisation en adéquation avec l'environnement et la stratégie

La mise en œuvre du changement organisationnel n'est pas instantanée. En outre, elle procède par des voies rationnelles, cognitives, politiques, participatives et même coercitives. Dans cette section, nous mettons l'accent sur les aspects rationnels. La conception de l'organisation selon la forme choisie doit être cohérente avec la

Changer requiert du temps.

stratégie définie, le contexte et les ressources dont dispose l'entreprise. Ainsi, la stratégie, le contexte et les ressources disponibles contribuent à déterminer les tâches clés et les objectifs du design. Dès lors, les instruments du design seront articulés et agencés de façon à donner à l'organisation la forme appropriée.

Le design d'une organisation se réalise sur mesure ; il dépend de facteurs tels que l'incertitude de l'environnement et les ressources humaines intéressées.

3.3.5 La réévaluation de l'organisation

Le modèle d'organisation mis en place devra, tôt ou tard, être repensé en raison d'une inadéquation quelconque à l'environnement ou à la stratégie. De nouvelles informations en provenance de l'environnement ou du contexte, une nouvelle stratégie ou une modification de celle-ci, une réduction ou un accroissement des ressources disponibles peuvent inciter à une réévaluation.

Section II
Les instruments du design organisationnel

Les trois principaux instruments de design :
- les tâches
- les structures
- les mécanismes de coordination

L'organisation est constituée de nombreux éléments par nature variables (*voir la figure 3.2*) : des **personnes** distinctes qui la construisent, des **ressources** de différents types (financières, cognitives, techniques, etc.) et enfin **trois instruments** sur lesquels ces personnes exercent leur marge de manœuvre : la division des tâches, la conception des structures et le choix des mécanismes de coordination. Le système organisationnel est façonné dans un environnement externe particulier et caractérisé par une culture propre émanant de la pratique sociale des personnes à l'intérieur et à l'extérieur de l'organisation (*voir l'encadré 3.1*).

FIGURE 3.2 L'articulation des composantes de l'organisation

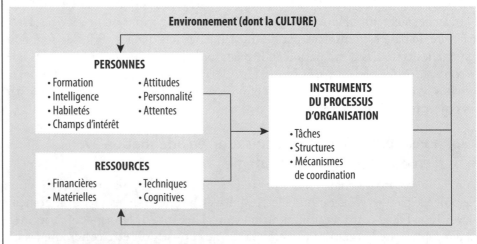

ENCADRÉ 3.1 L'hologramme de la culture : de la culture et de la culture organisationnelle

La structure sociale qui émane de la rencontre du travail prescrit par l'organisation formelle et du travail réel et vécu dans l'organisation se traduit par un ensemble de normes et de valeurs partagées (ou encore une « idéologie » au sens de Mintzberg, 2004, p. 392) ainsi que par une structure de rôles attribués, socles d'une **culture** dite « organisationnelle » (ou culture d'entreprise) facilitant la cohésion. Par contre, il convient de rester prudent en ce qui concerne l'idée qu'il est possible de manipuler cette culture d'entreprise considérée parfois à tort comme « la capacité supposée d'un groupe donné (les managers) de susciter, de renforcer ou de modifier les valeurs, attitudes et croyances qui se sont avérées ou qui s'avèrent "efficaces" auprès de l'ensemble des membres, et ce, au moyen de rites, cérémonies, symboles et mythes appropriés » (Aktouf, 1990, p. 576).

La culture relève des façons particulières « d'être ensemble » (Aktouf, 1990, p. 560) assises sur la durée. Elle procède de l'identification à des pairs et à des lieux de socialisation, de l'intériorisation d'une identité commune et de l'importance du collectif ainsi approprié ; « [...] elle suppose un passé commun, une histoire partagée, bâtie collectivement sur le temps, alimentant les mémoires et les représentations et suffisamment intégrée pour être transmise de génération en génération » (Aktouf, 1990, p. 576). Or, le temps de l'entreprise, à l'heure de l'économie financiarisée et des restructurations périodiques, se réduit de plus en plus et laisse peu de place à l'émergence d'une véritable culture d'entreprise, distincte de celle des autres organisations.

De plus, la culture consiste en un « vécu réel, spontané, subjectif des individus, leur propre et naturel rapport, à travers le temps, à leurs conditions d'existence » (Aktouf, 1990, p. 559). Elle ne peut être réduite à une variable interne de l'organisation. Il y a de la culture dans toute organisation, mais toute organisation n'a pas nécessairement une culture organisationnelle propre (Dupuis, 1990, p. 546). La culture est à la fois un processus et le résultat d'un processus d'apprentissages, d'interactions, d'actions humaines, de construction d'une atmosphère affective commune et d'un cadre cognitif partagé (Aktouf, 1990, p. 560). Ce processus a lieu à la fois dans l'organisation et en dehors d'elle, et implique plusieurs niveaux imbriqués (culture nationale, professionnelle, etc.). Il s'agit d'un système structurant qui dépasse les frontières de l'organisation. Et bien souvent, « l'organisation reste traversée par un ensemble de régulations culturelles qui ne réussissent pas à se fondre en une identité collective propre à l'organisation » (Dupuis, 1990, p. 547). C'est moins l'organisation qui façonne « de l'extérieur » la culture des personnes qui y travaillent que les travailleurs (cadres et employés) qui, par leurs actions et leurs interactions, utilisent l'entreprise comme un lieu de réappropriation et de partage, et construisent une vision commune et une « communauté de vision » (Aktouf, 1990, p. 582).

Il en va ainsi de la culture comme d'un hologramme : le « grand tout » de la culture est et façonne l'organisation, et l'organisation est et façonne pour partie une culture organisationnelle. Cela en fait un système structurant extrêmement complexe et résistant aux tentatives réductionnistes d'instrumentation.

Nous qualifierons par la suite de **composantes ou variables organisationnelles les éléments** sur lesquels les dirigeants pourront agir pour la réalisation d'un design organisationnel cohérent avec les objectifs stratégiques de l'entreprise. Évidemment, la marge de manœuvre dont ils bénéficieront pour effectuer l'exercice est proportionnelle à la disponibilité des ressources.

3.4 Des composantes de l'organisation aux instruments organisationnels

Bien sûr, une organisation est d'abord faite par des **personnes** et avec elles, comme nous l'avons vu dans la section 3.2. Leurs comportements sont fonction, d'une part, de leurs caractéristiques personnelles (formation, savoirs, habiletés, champs d'intérêt, attitudes, personnalité, attentes, etc.) et, d'autre part, des caractéristiques du milieu dans lequel elles travaillent. Ces comportements comprennent aussi bien la conception des objectifs de l'entreprise, l'adhésion à ceux-ci et le fait d'assumer des responsabilités que la résistance ou le conflit (Fox, 1971).

Les membres, quels que soient leur niveau hiérarchique ou leur fonction, doivent être considérés comme des personnes dotées de capacités intellectuelles, volitives, affectives, émotives et cognitives. La volonté donne à la personne une puissance motrice qui la rend capable de déterminer ses objectifs et d'articuler les moyens pour les atteindre. Les résultats individuels et organisationnels dépendent donc des comportements des membres. Ces comportements découlent à leur tour des décisions personnelles.

L'exercice du raisonnement, du libre arbitre et des capacités intellectuelles permet à la personne de faire des choix qui intègrent ses appréciations et ses jugements. Ses valeurs morales déterminent ultimement ses décisions.

Les **variables organisationnelles** résultent des décisions passées des gestionnaires en matière de design et de changement organisationnels ainsi que des comportements des membres de l'organisation. Ces variables influent elles-mêmes sur le processus d'administration et les décisions futures quant à la stratégie et au design organisationnel. Les variables organisationnelles peuvent devenir des instruments dont pourront se servir les gestionnaires à l'occasion d'un redécoupage de l'organisation, entrepris en raison d'une modification ou d'un changement radical sur le plan stratégique. Dans le tableau 3.4, nous présentons une classification des principales variables organisationnelles. Parmi celles-ci, les structures et les mécanismes de coordination constituent des leviers par excellence en prévision de la redéfinition de l'organisation.

À mesure que croissent la taille de l'entreprise, la complexité des buts et l'hétérogénéité des environnements, la direction se voit forcée de diviser l'organisation en unités responsables de **tâches** particulières. L'entreprise progresse ainsi vers une différenciation interne plus poussée. La **coordination** de ces unités, différenciées par des **mécanismes structurels et opératoires** en vue de l'atteinte des buts, constitue l'essentiel du processus d'administration. Des personnes occupent des postes au sein des unités qui constituent l'**organisation formelle.** Elles détiennent ces postes en raison de leur formation ou de leur expérience, selon le cas. En plus, la direction institue des règles stipulant les comportements appropriés. Ces règles sont superposées à la **structure formelle** des tâches et imposent des façons de faire quant à la préparation des décisions, à la transmission des ordres et des instructions et à la diffusion de l'information. Ces règles **prescrivent** et définissent les résultats escomptés.

La **structure sociale** de l'entreprise provient à la fois des structures formelles mises en place par la direction et de l'**organisation informelle** qui émerge des interactions spontanées des membres (*voir le tableau 3.5, p. 190*). La vie réelle et les interactions suscitent en effet des comportements de résistance, des normes de groupes et une répartition du pouvoir au sein de l'entreprise qui peut différer des pouvoirs officiels (*voir le chapitre 1 au sujet de l'école des relations humaines et le chapitre 4*).

L'organisation informelle découle des liens d'affinité et des jeux d'influence qui se tissent au fil des activités liées au travail. Ces relations répondent à des besoins individuels et se nouent parfois pour protéger les membres contre la rigueur de la structure formelle. L'organigramme ne tient aucun compte de ces rapports affectifs.

L'organisation est d'abord faite de personnes.

L'organisation formelle doit s'harmoniser au mieux avec l'organisation informelle.

TABLEAU 3.4 Les variables organisationnelles

Tâches	Structures	Mécanismes de coordination	Structure sociale	Ressources
Tâches à accomplir pour mettre en œuvre la stratégie et assurer le progrès de l'organisation	Découpage en unités pour réaliser les tâches et répartir le pouvoir de décision	Mécanismes d'intégration des activités	Structure concrète qui résulte de la fusion des structures formelle et informelle	Ressources humaines, financières, matérielles et techniques
• Tâches clés : – production – approvisionnement – ventes – préparation de l'avenir – maintien de l'organisation – motivation des membres	• Découpage vertical et horizontal en unités • Définition des fonctions et des tâches • Centralisation versus décentralisation	• Mécanismes structurels : – contacts directs entre dirigeants – rôles de liaison – groupes de travail – rôles intégrateurs • Mécanismes opératoires : – règles et politiques – programmes, plans et systèmes de planification – systèmes politiques d'ajustement mutuel – technologies de l'information	• Relations entre les supérieurs et les subordonnés • Normes et valeurs • Rôles	• Compétence • Disponibilité • Quantité • Caractéristiques

Officiellement, ils n'existent pas. Ils ont pourtant des effets notoires sur les résultats obtenus, et parfois à la surprise des administrateurs.

Si l'organisation formelle supplante l'organisation informelle, le caractère de l'entreprise est alors mécaniste et les membres ont peu de marge de manœuvre. Si, à l'opposé, l'organisation informelle domine, elle peut amener les membres à adhérer à des valeurs qui appuient celles de la direction (approche collaboratrice) ou, à l'inverse, qui s'y opposent (approche d'affrontement).

Enfin, les variables organisationnelles incluent les **ressources** de diverses natures dont dispose l'entreprise (*voir aussi le chapitre 2 pour une définition des ressources*). La disponibilité, la quantité et les caractéristiques des ressources, de même que les compétences dont bénéficie l'entreprise (comme les compétences entrepreneuriales et administratives de même que les connaissances) constituent des leviers cruciaux

TABLEAU 3.5 Une comparaison entre l'organisation informelle et l'organisation formelle

Caractéristiques	Organisation INFORMELLE	Organisation FORMELLE
Structure		
• Origine	Spontanée	Planifiée
• Raisonnement	Émotionnel	Raisonné
• Caractéristiques	Dynamique	Stable
• Représentation	Personnes, groupes	Organigramme organisationnel
Terminologie du poste	Rôle	Tâche
Objectifs	Satisfaction des membres	Rentabilité ou service à la société
Influence		
• Base	Personnalisée	Positionnement hiérarchique
• Type	Pouvoir	Autorité
• Réseau	Du bas vers le haut	Du haut vers le bas
Mécanismes de contrôle	Normes	Menaces de sanctions, congédiement, rétrogradation
Communication		
• Canaux	Entrecroisés	Formels
• Réseaux	Définis sommairement, entrecoupant les réseaux formels	Bien définis, suivant les canaux formels
• Vitesse	Rapide	Lente
• Exactitude	Modérée	Élevée
Intégration des membres		
• Insertion des personnes	Seulement celles qui sont perçues comme « acceptables »	Toutes les personnes dans le groupe de travail
• Relations interpersonnelles	Spontanées	Formalisées
• Leadership	Résulte de l'accord des membres	Assigné par l'entreprise
• Bases des interactions	Caractéristiques personnelles, ethniques, etc., expérience, statut	Fonctions et tâches
• Base de rattachement	Cohésion	Loyauté

pour son développement. Par exemple, l'entreprise qui ne peut compter que sur des ressources financières limitées est sérieusement handicapée par rapport à des firmes concurrentes qui disposent de surplus financiers et qui sont en position d'investir dans de nouvelles stratégies, la création de nouveaux produits ou services ou encore l'amélioration des infrastructures.

Une fois reconnue l'importance d'un design cohérent en vue de doter l'entreprise des qualités et des capacités qui lui permettront de réaliser des tâches clés, une question se pose. Quels éléments sont à la disposition des dirigeants qui désirent adapter l'organisation à de nouvelles exigences ? Selon la prémisse fondamentale du design organisationnel, la stratégie et les tâches qu'elle implique devraient influer sur le design de l'organisation. Nous examinerons successivement les instruments dont disposent les dirigeants qui désirent harmoniser le design organisationnel à la stratégie. Il s'agit de trois variables organisationnelles que sont les **tâches,** les **structures** et les **mécanismes de coordination.** D'autres variables individuelles, telles que les valeurs, les philosophies, les visions du monde, les croyances ou la formation des dirigeants, auront par ailleurs une incidence sur la mise en œuvre du design organisationnel, en ce sens que ces variables ne seront pas sans colorer les choix qui se feront en cette matière, comme c'était le cas pour la stratégie.

3.5 La détermination des tâches clés

Les tâches clés à exécuter découlent de la stratégie et des besoins de pérennité de l'entreprise. Elles consistent dans les impératifs quant aux actions que l'entreprise doit accomplir si elle veut réaliser sa stratégie et survivre. L'exercice du design suppose non seulement de décrire la nature des tâches clés mais surtout d'en analyser les propriétés. En effet, si une tâche (*voir l'encadré 3.2*) est un travail déterminé qu'une personne a l'obligation de faire (moyennant rétribution) dans l'entreprise, il est bon de se rappeler l'étymologie du mot « travail » : le verbe « travailler » est issu du latin populaire *tripaliare,* littéralement « tourmenter, torturer avec le trepalium (nom d'un instrument de torture) », et le nom « travail » est, au XIIᵉ siècle, systématiquement associé à la « peine », au « tourment » et à la « fatigue »[12]. Comprendre les propriétés des tâches, c'est donc, en quelque sorte, déjouer les sources mêmes de la pénibilité du travail au moment de l'organiser. Dresser un répertoire des meilleures sources d'approvisionnement en fonction du rapport qualité-prix, évaluer à l'aide de divers outils le degré de satisfaction des clients, contrôler les machines afin de s'assurer de la régularité et de la qualité des produits, repérer les occasions et les menaces actuelles et futures de l'environnement en faisant appel à des modèles d'analyse, voilà autant d'exemples de tâches clés auxquelles peuvent se consacrer les entreprises.

> Étymologiquement, travail = « torture ». Réfléchir aux tâches, c'est aussi penser à la souffrance physique ou psychologique au travail.

ENCADRÉ 3.2 Distinguer « tâche », « activité » et « fonction »

Tâche : « **Travail** déterminé que le titulaire d'un poste doit exécuter et qui correspond à la division d'une activité spécifique. La tâche est habituellement considérée comme la plus petite division du travail à effectuer. Toutefois, celle-ci est elle-même constituée d'un ensemble de séquences manuelles ou intellectuelles qui forment un tout spécifique. »

Activité : « **Ensemble des tâches** ou des travaux exécutés par un individu ou un groupe et qui conduisent à la réalisation de biens ou de services. »

Fonction : « Ensemble des activités d'une entreprise qui sont **orientées vers les mêmes objectifs** et qui sont généralement regroupées au sein d'un même service. »

Source : OQLF (Office québécois de la langue française), *Le grand dictionnaire terminologique,* (c'est nous qui soulignons).

---

12. *Le Robert, Dictionnaire historique de la langue française* (2000), tome III, p. 3900.

3.5.1 Les propriétés des tâches

Dans plusieurs secteurs de l'économie nord-américaine, 87 % des employés de base doivent traiter plus de complexité dans l'acte qui consiste à se rendre à son lieu de travail que pour faire son travail.

(Sprouse, 1992, cité par Aktouf *et al.*, 2006, p. 129)

Les trois propriétés des tâches :
• complexité
• degré de formalisation
• variété

Le travail humain engendré par les activités de l'entreprise peut être analysé selon trois grandes dimensions : la complexité, le degré de formalisation et la variété. Celles-ci sont importantes pour la conception des tâches, mais également pour leur coordination.

• **La complexité.** Celle-ci se rapporte à la difficulté à comprendre ou à faire un travail. Elle côtoie un autre aspect : la compétence exigée, en matière de connaissances et de savoir-faire, pour exécuter le travail. Des équipements techniques sophistiqués peuvent évidemment contribuer à réduire la complexité du travail requis pour une activité donnée. Cela peut se vérifier aussi bien pour des activités de production que pour des activités de maintenance ou des services tertiaires. Par exemple, des logiciels informatiques sont de nature à réaliser automatiquement certains calculs sans que l'utilisateur connaisse de A à Z la mécanique des opérations.

• **Le degré de formalisation.** Cette dimension est relative à la capacité de découper un travail en étapes précises en vue de le standardiser. La formalisation du travail peut, par exemple, favoriser l'élaboration de diagrammes de procédure et faciliter la reproduction, voire l'automatisation, des tâches. La non-formalisation signifie qu'il n'y a pas de façon idéale d'accomplir un travail ; sa progression nécessite un effort de réflexion et de créativité de la part des personnes concernées (par exemple, pour la création d'un nouveau produit ou service).

• **La variété.** Celle-ci porte sur le nombre et la nature des changements qui surviennent dans le travail à effectuer au cours d'une période donnée, et sur la prévisibilité de ces changements. Certaines tâches, comme le tri postal ou le boulonnage sur une chaîne de montage, sont des tâches routinières. Par contre, la consultation auprès d'entreprises crée des situations variées et des demandes d'intervention dont la nature et le calendrier sont rarement prévisibles.

3.5.2 Les catégories de tâches

Les quatre catégories de tâches :
• routinières
• artisanales
• techniques
• de conception

En combinant les trois critères dont nous venons de faire mention, il est aussi possible d'établir des catégories de tâches auxquelles peuvent songer les décideurs au moment de la mise en œuvre du design organisationnel : les tâches routinières, les tâches artisanales, les tâches techniques et les tâches de recherche ou de conception.

• **Les tâches routinières.** Ces tâches, que l'on connaît bien, sont répétitives. Les méthodes qui les accompagnent ont été établies soit à l'intérieur, soit à l'extérieur de l'entreprise (les méthodes comptables, par exemple). La complexité de la tâche se limite à des connaissances et à un savoir-faire bien circonscrits (par exemple, le travail de caissier dans un magasin ou la confection de vêtements). Le degré de formalisation est élevé et la variété, au sens où nous l'avons décrite précédemment, est faible.

- **Les tâches artisanales.** Quoique peu variées, les tâches artisanales peuvent difficilement être découpées en étapes précises. Elles impliquent souvent un certain apprentissage (par exemple, les travaux d'ébénisterie ou d'orfèvrerie). Ces tâches sont peu programmables. Le degré de complexité peut être, dans certains cas, très élevé, lorsqu'il y a une combinaison d'une grande quantité de connaissances ainsi que d'un apprentissage et d'un savoir-faire de longue main (par exemple, l'orthodontie, la chirurgie esthétique).

- **Les tâches techniques.** Dans ce type de tâches, les problèmes à traiter, tout en étant peu prévisibles, sont appelés à changer ; les méthodes et la procédure pour les régler sont, en revanche, bien établies. Le degré de connaissances nécessaires pour réaliser ces tâches est important (par exemple, les services d'ingénierie, les services de maintenance).

- **Les tâches de recherche ou de conception.** Ces tâches ne comportent pas de méthodes bien définies pour l'atteinte des objectifs. On procède plutôt par tâtonnements ou, si l'on veut, par essais et erreurs. Les tâches de recherche ou de conception requièrent le plus souvent des connaissances techniques importantes ainsi que de l'expérience. Elles sont à la fois très variées, difficiles à formaliser et complexes.

Un ensemble de **tâches** constitue une **activité**. Un ensemble d'activités orientées vers les mêmes objectifs constitue une **fonction**. Dans l'entreprise, en dehors de la fonction de direction générale, les principales fonctions rencontrées sont énumérées dans l'encadré 3.3 (*voir ci-dessous et p. 194-195*).

> Comprendre et distinguer les tâches, les activités et les fonctions dans l'entreprise

ENCADRÉ 3.3 Quelques fonctions classiques dans l'entreprise

- La **gestion du marketing** a pour objet de comprendre les relations entre les producteurs et les consommateurs (clients intermédiaires ou finals). Le postulat du marketing est que la raison d'être de l'entreprise consiste dans la satisfaction de la clientèle grâce à des produits et à des services. La mise au point d'une stratégie efficace de marketing débute par la compréhension du comportement d'achat des consommateurs ou des entreprises. À l'aide des variables du *marketing mix*, soit le produit, le prix, la distribution et la communication, le responsable de la fonction de marketing tente d'élaborer une formule qui aura le maximum d'effet chez les clients des segments de marché visés. La recherche et le contrôle permettent non seulement de prendre des décisions éclairées mais aussi de reformuler sans cesse les choix en matière de marketing.

- La **gestion financière** englobe la comptabilité, la planification financière, la gestion budgétaire et la trésorerie.

Cette fonction a pour mission de garantir la véracité et la qualité des informations financières sur l'entreprise et ses activités, d'assurer la plus grande circulation et la meilleure rentabilité des flux financiers de l'organisation, de participer à l'élaboration de la stratégie financière, de prévoir les déséquilibres et les occasions pouvant influer sur le bilan général de l'entreprise et d'assurer la gestion quotidienne de la trésorerie et des échanges financiers avec l'extérieur. La gestion financière s'articule autour des grandes décisions en matière d'investissement, de financement et de planification. Les choix financiers qui en découlent ont pour objet de contribuer à l'accroissement de la valeur du patrimoine des propriétaires ou des actionnaires.

- La **gestion des opérations et de la production** se préoccupe de la mise en œuvre des procédés et des flux de matières ou de ressources pour la réalisation des produits ou des services de l'entreprise. Les ressources sont

▶

ENCADRÉ 3.3   Quelques fonctions classiques dans l'entreprise (*suite*)

le capital, les matériaux, la technologie, l'énergie, les employés et les systèmes. Chaque processus de transformation (une façon de fabriquer un produit ou de rendre un service) se compose généralement de plusieurs activités ou opérations plus ou moins normalisées, en fonction du temps et des méthodes, que les activités soient physiques ou informationnelles. Chaque entreprise regroupe un ou plusieurs processus de transformation. Chaque processus a pour but la satisfaction des besoins de la clientèle quant au prix, à la qualité et au temps. Il doit aussi contribuer à l'effort de création de valeur pour tous les autres intervenants que sont les actionnaires et les ressources humaines de l'entreprise. En ce sens, la gestion des opérations s'allie à la gestion des processus sur le plan systémique et déborde l'activité proprement dite de production ; ainsi, n'importe quels action, règle, procédure ou paradigme de gestion de l'organisation peuvent avoir un impact sur les opérations, et vice versa.

- La **gestion de la technologie** est l'un des domaines les plus critiques de l'entreprise. Dans plusieurs cas, la technologie est à l'origine même de la survie ou de la disparition des entreprises, en particulier celles dont l'industrie d'appartenance se caractérise par de fréquentes discontinuités technologiques (par exemple, les télécommunications, l'avionnerie, l'informatique, l'industrie spatiale). Elle est non seulement un facteur de production mais également une ressource stratégique de premier ordre pour l'entreprise. Les changements technologiques concernant les produits et les services sont devenus si fréquents qu'il importe de profiter des progrès scientifiques et des ressources de la technologie. L'invention, la recherche et le développement de même que l'innovation industrielle constituent les voies où prend racine le changement technologique. L'objectif ultime des gestionnaires préoccupés par la technologie emprunte à la fois au marketing et à la gestion des opérations : d'une part, satisfaire les besoins des clients et, d'autre part, produire à meilleur coût.

- La **gestion des ressources humaines** (autrefois appelée « gestion du personnel »), fonction distincte mais voisine des relations industrielles, est importante, car la majorité des employés n'est pas syndiquée. Cette fonction s'occupe de l'intégration du personnel dans l'entreprise. Le recrutement, la formation et les mutations du personnel, en plus des politiques de rémunération, sont du ressort de la gestion des ressources humaines. Les programmes sociaux et les politiques des ressources humaines permettent aux dirigeants d'espérer que les employés transformeront leur calcul rationnel en un attachement réel et sincère à l'entreprise.

- La **gestion des relations de travail** a pris de l'importance à mesure que se sont accrus les pouvoirs des syndicats. Le système juridique défini par le législateur régit le déroulement des conflits d'intérêts. Les stratégies et les tactiques des parties ont trait aux conflits ouverts tels que les grèves, mais également à la préparation et à l'administration des conventions collectives.

- La **gestion des relations et des affaires publiques** a connu un essor depuis le début des années 1980, avec la complexification et les multiples transformations de l'environnement de l'entreprise. Cette dernière fait de plus en plus l'objet de pressions de la part d'acteurs sociaux avec lesquels elle est amenée à traiter (groupes de pression et d'intérêts, citoyens ou consommateurs, corporations professionnelles, État, etc.). Les gestionnaires doivent être en mesure de connaître les motivations, les comportements et les attentes d'une multitude de groupes organisés et complexes, et de leur adresser des messages appropriés aux circonstances.

- La **gestion des systèmes d'information et de communication** consiste, devant la mondialisation de l'information et de la communication, à comprendre le rôle des ressources informationnelles et des systèmes d'information dans la stratégie de l'entreprise et l'organisation du travail. Ces gestionnaires des systèmes d'information (SI) et des technologies de l'information (TI) doivent être capables de coordonner, en collaboration avec le Service de l'information, un ensemble d'activités telles que la gestion stratégique, la gestion administrative, la gestion de l'exploitation, la gestion du développement et la gestion des services techniques.

- La **gestion internationale** prend toute son importance lorsque les entreprises envisagent d'étendre leurs activités à l'étranger. Les marchés internationaux recèlent en effet de nombreuses occasions d'affaires. S'ils veulent réaliser des gains sur ces marchés, les gestionnaires doivent faire montre de vision et de créativité et faire appel à des compétences particulières pour gérer des ressources parfois dispersées aux quatre coins de la planète. Ils doivent s'efforcer de comprendre les systèmes juridiques, les cultures et les différentes façons d'aborder de nouveaux marchés. Ils doivent en somme savoir adapter les activités de planification, d'organisation, de direction et de contrôle en fonction des particularités locales (*voir la figure A*).

▶ **ENCADRÉ 3.3 Quelques fonctions classiques dans l'entreprise (*suite*)**

FIGURE A L'environnement, les fonctions et les regroupements d'activités par fonctions

3.6 La création des structures

L'affectation des tâches se concrétise par le découpage progressif de l'entreprise en unités. Une unité (Mintzberg, 1982) est un ensemble de postes de travail recouvrant un ensemble formalisé de tâches et un groupe fonctionnel de personnes formées, spécialisées et socialisées affectées à ces tâches. Un poste de travail désigne un ensemble de tâches requises et un lieu ergonomique où l'employé dispose des ressources matérielles pour réaliser cet ensemble déterminé de tâches. Il n'existe pas de solution universelle au problème du découpage en unités. Les dirigeants créent les unités administratives en tenant compte des situations, des ressources humaines et des tâches liées à la stratégie. Non seulement les entreprises sont découpées en unités mais elles sont aussi coordonnées afin d'atteindre leurs objectifs. Le découpage des unités s'effectue selon deux axes : vertical et horizontal. L'**axe vertical** établit les niveaux hiérarchiques de l'entreprise. Il a pour objet l'affectation des responsabilités de gestion et d'exécution selon les niveaux stratégique, administratif et opérationnel. Ces responsabilités recoupent en quelque sorte les fonctions administratives élaborées par Fayol dans son modèle classique : planification, organisation, direction et motivation, contrôle. L'**axe horizontal** a trait à la segmentation de l'entreprise en unités fonctionnelles sur la base des fonctions : gestion du marketing, gestion financière, gestion des opérations et de la production, gestion de la technologie, gestion des ressources humaines, gestion des relations de travail, gestion des relations et des affaires publiques, gestion des systèmes d'information et de communication, gestion internationale, gestion des procédés (par exemple, à l'intérieur d'une entreprise pétrolière : exploration, extraction, transport, raffinage et distribution), gestion des produits (par exemple, dans le cas d'un fabricant de produits domestiques : détersifs, produits de récurage, détergents à vaisselle, savons de toilette, etc.), gestion des régions géographiques, etc.

3.6.1 Le découpage vertical : la répartition des responsabilités

Les tâches administratives et technico-économiques nécessaires à la réalisation de la stratégie sont l'élément de base de la différenciation structurelle. Ainsi, au fur et à mesure que l'entreprise croît et que les tâches deviennent plus complexes, une différenciation s'effectue au sein des opérations. Un système est implanté par la suite pour coordonner et diriger ces opérations. À son tour, le niveau administratif peut aussi se différencier en unités spécialisées dans des fonctions de planification, de contrôle, de recherche ou de gestion des ressources humaines. La différenciation des systèmes opérationnels et administratifs peut se répéter de niveau en niveau, sous la forme de chaînes, jusqu'à l'unité de travail la plus petite.

La différenciation verticale en fonction des tâches et des responsabilités décisionnelles se traduit par une distribution du **pouvoir.** Les unités administratives supérieures définissent les tâches des unités subalternes. Elles peuvent, par exemple, assumer directement et centraliser la création de nouveaux produits ou l'inspection de la qualité de la production. Tantôt elles renforcent la différenciation des unités en rendant leur tâche complète et quasi indépendante ; tantôt elles interfèrent dans leurs opérations en ne leur laissant qu'un mandat partiel. Un réseau complexe de relations entre les unités subalternes et les unités administratives se construit en raison de leur interdépendance. La différenciation verticale dont il est question ici concerne l'assignation des responsabilités et des tâches d'administration et d'exécution. Les niveaux de direction (*voir la figure 3.3*) sont les suivants :

- Le **niveau stratégique,** qui se préoccupe de problèmes stratégiques : les objectifs de performance, la sélection parmi des options de produits et de marchés, le design organisationnel, l'affectation des ressources et le contrôle des résultats. Rappelons (*voir le chapitre 2*) que le niveau stratégique est souvent l'apanage du groupe de dirigeants qui se situent « au sommet » de la hiérarchie de l'entreprise (Mintzberg, 1982) (*voir l'encadré 3.4, p. 199*). Dans certaines entreprises, il comprend les deux cellules de direction interconnectées que sont, d'une part, les cadres fonctionnels dirigeant l'entreprise et, d'autre part, le conseil d'administrateurs, qui exerce une étroite surveillance sur les cadres fonctionnels[13].

FIGURE 3.3 Le découpage vertical des activités

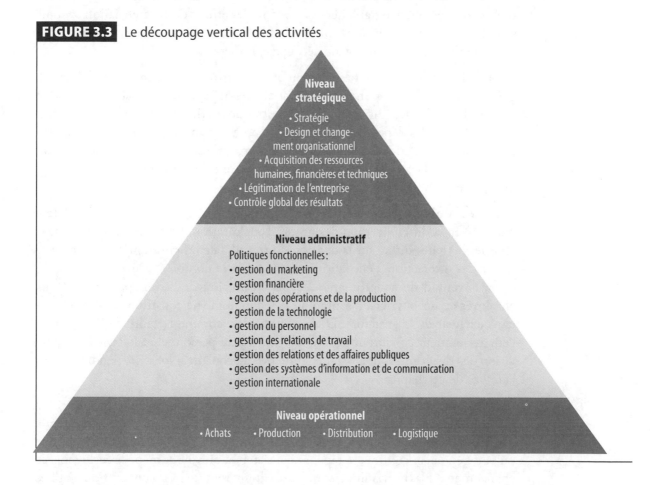

---

13. Le **conseil d'administration** a une composition variable et discutée (en ce qui a trait à l'indépendance et à la compétence des membres administrateurs) selon les entreprises. Son rôle est double : la protection des intérêts des actionnaires et autres parties prenantes de l'entreprise, de même que le conseil en matière de stratégie.

- Le **niveau administratif,** qui se préoccupe de formuler les objectifs opérationnels et les plans d'action en vue de réaliser les objectifs et de coordonner les activités technico-économiques des unités subalternes.

- Le **niveau opérationnel,** qui exécute les tâches assignées, met en œuvre les décisions arrêtées aux niveaux supérieurs et prend les décisions dont il a la responsabilité.

3.6.2 Le découpage horizontal : la spécialisation des unités

La structure horizontale traduit les choix de spécialisation des unités d'activités.

Le découpage horizontal a trait à la segmentation de l'entreprise en fonctions (ressources humaines, fabrication, recherche, marketing, finance, etc.) ou en unités **spécialisées** (*voir l'encadré 3.4*) selon les régions, les produits, les procédés de fabrication, etc. Il peut également résulter d'un amalgame de segmentations dont nous venons de faire état (par exemple, une segmentation sur la base à la fois des fonctions et des régions géographiques). De même, les efforts de différenciation conduisent à la création de divisions constituant en quelque sorte des mini-entreprises. Il s'agit encore là d'une forme de découpage horizontal.

Par ailleurs, le souci de l'innovation et du contrôle amène souvent la direction générale à faire appel à une autre forme de découpage horizontal sur la base de centres de profits. Les dirigeants de ces centres de profits sont responsables à la fois des revenus et des dépenses. Les centres de profits peuvent par la suite s'organiser sur la base des fonctions, des produits ou des projets, selon les besoins. La direction ajoute et élimine des centres de profits à mesure qu'elle s'adresse à de nouveaux marchés et se retire de secteurs moins viables.

La **technologie** de l'entreprise est l'un des facteurs contextuels les plus déterminants de la différenciation des unités d'exploitation. La technologie qui sous-tend les activités influe sur la division du travail, la configuration des tâches et la forme des interactions ; elle agit notamment sur le nombre de niveaux hiérarchiques, l'éventail de subordinations et la proportion de cadres par rapport aux employés et aux ouvriers. Néanmoins, la technologie ne constitue pas le déterminant exclusif de la structure. D'autres variables, comme la taille de l'entreprise, l'environnement concurrentiel, l'hétérogénéité du personnel et le style de supervision des dirigeants, ont aussi une influence marquante. Nous y reviendrons dans l'annexe de ce chapitre.

Si le contexte de l'entreprise est turbulent et instable, l'incertitude s'accroît. Si la direction perçoit l'incertitude comme une succession de stimuli, elle se bornera à réagir par des adaptations ponctuelles. Par contre, si elle perçoit l'incertitude comme un état général et continu, sa réponse consistera à prévoir et même à rechercher le changement et les occasions. Ces réponses donneront lieu à la constitution d'unités frontières orientées vers l'environnement. Parmi ces unités, mentionnons la recherche, la planification, la gestion des ressources humaines et les relations publiques (Miller, 1985). À cet égard, la page 200 présente quelques observations sur la nature de l'environnement et la différenciation (*voir aussi la section 3.1*).

ENCADRÉ 3.4 Les six parties de base d'une organisation selon Mintzberg (1982)

Mintzberg (1982, 2004) propose une mise en image de l'organisation et de ce qu'il considère comme ses six éléments de base ; elle est reproduite dans la figure A.

La figure illustre quelques **tâches** regroupées en unités et réparties dans une **structure verticale** qui comprend :

- un **centre opérationnel,** composé de tous les opérateurs dont les tâches sont directement liées à la production de biens et de services ;

- un **sommet stratégique,** composé le plus souvent du directeur général et des cadres dirigeants et dont la tâche est de s'assurer que l'entreprise remplit sa mission efficacement tout en satisfaisant aux attentes de ses parties prenantes ;

- une **ligne hiérarchique,** c'est-à-dire le chemin des échelons intermédiaires d'autorité qui mène du centre opérationnel à la direction.

Une **structure horizontale** qui dissocie, en plus des activités centrales précédentes :

- une **technostructure** qui, à mesure que l'organisation grandit ou se complexifie, a pour mission de rendre le travail plus efficace, souvent en le standardisant. Elle comprend ainsi toutes sortes d'analystes qui planifient et contrôlent le travail : les analystes du travail et les spécialistes des méthodes (qui standardisent les procédés de travail), les spécialistes de la planification et du contrôle stratégique, financier et budgétaire (qui standardisent les résultats), les analystes du personnel et les spécialistes du recrutement, de la formation, etc. (qui standardisent la qualification) ;

- des **fonctions de support logistique** : fournisseurs de services internes, de support indirect de la mission de l'entreprise et de ses activités opérationnelles (par exemple, services juridiques, relations publiques, R et D).

Enfin, une organisation est porteuse d'une **idéologie** plus ou moins distincte des autres organisations, à savoir un système enraciné de croyances, de normes et de valeurs partagées (*voir aussi l'encadré 3.1, p. 187*).

FIGURE A Les six parties de base de l'organisation et quelques exemples de rôles et d'unités de tâches

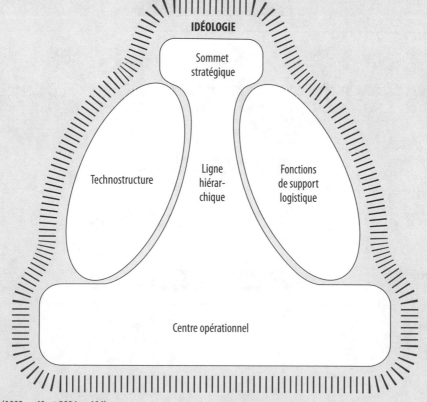

Sources : Mintzberg (1982, p. 49, et 2004, p. 186).

- Lorsque l'environnement est hétérogène et stable, on multiplie les unités frontières de façon que chacune d'elles corresponde à un segment homogène de l'environnement.

- L'entreprise faisant face à un environnement dynamique adopte une structure flexible pour s'assurer d'une information adéquate. Ces unités sont décentralisées pour réagir aux conditions et aux variations de l'environnement.

- Si l'environnement est à la fois hétérogène et dynamique, le nombre d'unités orientées vers des secteurs distincts de l'environnement s'accroît. Ces unités fonctionnent sur une base décentralisée pour faire face aux fluctuations dans leur secteur.

- Les entreprises faisant face à un rythme rapide de changements discontinus doivent non seulement s'adapter mais encore innover. Leur structure comporte des unités spécialisées en vue de procéder aux ajustements et aux innovations nécessaires.

> La technologie et l'environnement influent fortement sur la structure.

L'effet dynamique combiné de la technologie et de l'environnement se traduit souvent par une différenciation poussée. La différenciation structurelle en fonction de la technologie ou de l'environnement peut s'articuler autour de plusieurs bases, comme nous l'indiquons dans la figure 3.4.

FIGURE 3.4 Des exemples fictifs de découpages horizontaux de la structure

▶ **FIGURE 3.4** Des exemples fictifs de découpages horizontaux de la structure (*suite*)

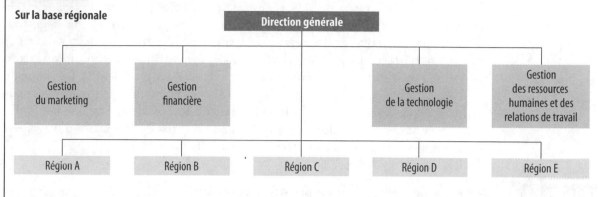

Sur la base régionale

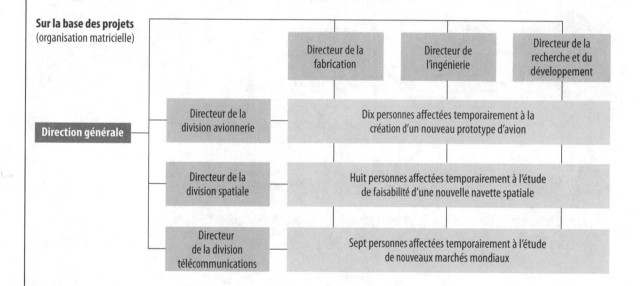

Sur la base des projets
(organisation matricielle)

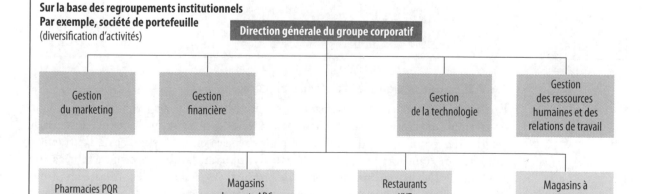

Sur la base des regroupements institutionnels
Par exemple, société de portefeuille
(diversification d'activités)

3.6.2.1 Le découpage sur la base des fonctions

Les fonctions de l'entreprise sont la gestion du marketing, la gestion financière, la gestion des opérations et de la production, la gestion de la technologie, la gestion des relations de travail et des ressources humaines, la gestion des relations et des affaires publiques, la gestion des systèmes d'information et de communication de même que la gestion internationale (*voir l'encadré 3.3, p. 193-195*). Ce mode de différenciation a pour objet de regrouper, dans des hiérarchies distinctes, les spécialistes de ces fonctions. Il s'agit, la plupart du temps, de centres de coûts. Le découpage sur la base des fonctions s'effectue sous l'effet des pressions qui agissent sur l'entreprise, comme nous le présentons dans la figure 3.5.

FIGURE 3.5 Le découpage de la structure sur la base des fonctions :
l'influence des pressions de l'environnement

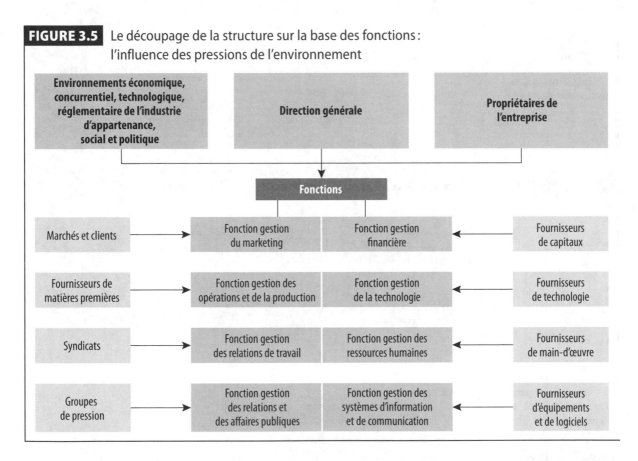

3.6.2.2 Le découpage sur la base des procédés

En raison de l'importance des installations physiques et de la particularité de chacun des domaines d'activité, l'entreprise peut être découpée selon les procédés. Ainsi, les grandes compagnies d'aluminium sont divisées en unités vouées à l'extraction minière, au transport, à l'affinage électrolytique, au laminage et à la fabrication métallique. De même, une entreprise de produits pétroliers se décompose en unités d'exploration, d'extraction, de transport, de raffinage et de distribution. Il s'agit encore là, dans la plupart des cas, de centres de coûts.

3.6.2.3 Le découpage sur la base des produits

La dynamique de la concurrence est telle, dans certaines industries, que les activités de recherche, de fabrication et de marketing doivent être regroupées de façon à être en contact avec les clients. Dès lors, la structure de l'entreprise s'articule autour des produits. Il s'agit le plus souvent de centres de profits.

3.6.2.4 Le découpage sur la base régionale

En raison des coûts de transport et des exigences particulières des clients, l'entreprise peut être divisée par régions géographiques. Ainsi, chaque pays, chaque province, chaque région ou chaque ville peut devenir une division distincte de l'entreprise. Les entreprises multinationales distinguent des zones géographiques qui ne correspondent pas toujours aux États politiques. Encore ici, il s'agit le plus souvent de centres de profits.

3.6.2.5 Le découpage sur la base des projets

Un projet est une activité temporaire, une aventure ayant un début et une fin déterminés, destinée en général à la création d'un produit ou d'un service unique (propre au projet). Un projet (par exemple, la création d'un nouvel avion, d'un nouveau modèle de voiture) nécessite le plus souvent des ressources humaines (par exemple, des spécialistes techniques), matérielles (par exemple, des machines), logicielles (par exemple, des systèmes d'information, des logiciels de modélisation) et financières. Les projets, ayant par nature un caractère éphémère, aléatoire et périssable, exigent des efforts cohérents de planification, d'exécution et de contrôle en vue d'atteindre les objectifs de qualité et de coûts et de respecter les délais visés. Certains projets de grande envergure demandent parfois la mise en place d'une organisation temporaire, qui consiste en une équipe de projet et en une ou plusieurs équipes de travail. Pour faire face à l'incertitude de projets complexes, certaines entreprises, comme les entreprises de génie-conseil, de construction ou de recherche, combinent l'organisation fonctionnelle (ou encore la force des savoir-faire par métiers) avec l'organisation par projets (la souplesse d'une organisation temporaire orientée vers le respect des délais et des budgets) pour obtenir une **organisation matricielle.**

3.6.2.6 Le découpage sur la base des regroupements institutionnels

Les regroupements d'unités permettent de conserver les avantages de la spécialisation et en même temps de créer des unités faciles à contrôler et à coordonner.

La notion de groupe organisationnel a été proposée de façon à refléter l'hétérogénéité interne des regroupements (Galbraith, 1977). Un groupe organisationnel est un sous-ensemble de l'entreprise qui se distingue des autres en raison de la spécificité des activités administratives, commerciales ou techniques qui doivent être prises en charge. Voici des exemples de regroupements :

• **Les sièges sociaux et administratifs.** Le siège social est le lieu où se déroulent les activités de la direction générale. En outre, il regroupe les services spécialisés nécessaires aux unités qui en dépendent. La direction et la coordination du siège social exigent des services de communication d'une grande qualité. Les relations avec les établissements (dispersés sur un territoire) sont fréquentes. Les activités d'un siège social dépendent aussi du nombre de fonctions spécialisées qu'il assure. Ces fonctions de services peuvent être centralisées au siège social ou confiées à des unités d'exploitation. Les activités administratives suivantes peuvent avoir lieu au siège social : la planification, le marketing, les finances, la trésorerie, la gestion des ressources humaines, la comptabilité, la direction scientifique, la direction des affaires publiques, la direction des relations de travail et les directions régionales.

- **Les unités stratégiques ou divisions.** L'unité stratégique est un regroupement de fonctions en vue d'une action cohérente dans une industrie. Elle accomplit des activités de planification et d'exécution. Elle se décompose elle-même en établissements et en fonctions.

- **Les centres de recherche et les services spécialisés.** Il s'agit d'unités dont les activités sont des services spécialisés offerts à d'autres groupes ou à d'autres établissements de l'entreprise (par exemple, un laboratoire de recherche, un centre informatique). Les activités d'un groupe organisationnel de ce type sont principalement financées par des crédits budgétaires et non par la vente de services propres à des entreprises ou à des clients.

3.6.3 La centralisation des structures : la répartition de l'autorité

Le degré de centralisation du pouvoir dans la structure reflète la répartition de l'autorité.

On parle de centralisation quand le **pouvoir de décision** est concentré en un seul point de l'organisation (en général au sommet hiérarchique, entre les mains d'un ou de quelques dirigeants). La structure centralisée crée une organisation très bureaucratique, alors que la structure décentralisée introduit la participation avec l'engagement des membres des différentes échelles verticales de l'organisation. Cependant, dans les organisations, les décisions ne peuvent pas être toutes centralisées ou toutes décentralisées. Au lieu d'aborder ce problème d'une manière globale, il est plus utile d'analyser la spécification des pouvoirs décisionnels, activité par activité. La centralisation des pouvoirs décisionnels au sommet de la hiérarchie n'est possible que dans les cas où les exigences en matière d'action, de réaction et d'innovation sont faibles. Dès lors, il est possible de centraliser le maximum de décisions au siège social, quitte à surcharger les dirigeants. Par contre, la décentralisation poussée des pouvoirs décisionnels peut conduire à une organisation anarchique, mais adaptée aux multiples décisions à prendre. Dans les faits, certaines décisions sont centralisées, alors que d'autres sont décentralisées (*voir la figure 3.6*).

La décentralisation et la centralisation de l'autorité décisionnelle, activité par activité, sont, en règle générale, le reflet d'une stratégie. Par exemple, une firme qui s'inspire d'une stratégie orientée vers la supériorité technique centralise au sommet les décisions liées à la recherche ; cette centralisation permet de déterminer les domaines techniques pertinents et de réaliser des innovations majeures. Par contre, une stratégie orientée vers l'adaptation aux marchés locaux favorisera la décentralisation des activités de recherche et développement.

Le tableau 3.6 met en relief les principaux avantages des structures centralisée et décentralisée.

FIGURE 3.6 Le partage de l'autorité : la structure centralisée par opposition à la structure décentralisée

Partage de l'autorité

Structure centralisée

Conseil d'administration, propriétaires

Direction générale

Cadres intermédiaires

Contremaîtres, directeurs d'usine

Employés

Partage de l'autorité

Structure décentralisée

TABLEAU 3.6 Les avantages des structures centralisée et décentralisée

Avantages de la structure CENTRALISÉE	Avantages de la structure DÉCENTRALISÉE
• Facilite la mise en œuvre de politiques uniformes • Permet une meilleure coordination des activités • Facilite le contrôle des activités • Rend possibles la planification et l'instauration de techniques de contrôle (en ce qui concerne notamment des activités de production et des activités financières) • Favorise le recours aux gestionnaires spécialistes • Permet de mieux contrôler les agents externes (par exemple, les syndicats, les groupes de pression, les agents gouvernementaux) • Permet d'aligner les objectifs des cadres intermédiaires et ceux des responsables au niveau opérationnel sur les objectifs de la direction • Favorise les économies d'échelle • Favorise la diffusion de l'information • Rend l'organisation plus efficace dans un environnement stable	• Décharge la direction générale d'une partie du fardeau de la décision et la force à déléguer • Encourage la prise de décisions et la prise en charge de l'autorité et des responsabilités • Donne aux gestionnaires une plus grande marge de manœuvre en matière de prise de décisions • Encourage les contrôles propres à accroître la motivation • Permet les comparaisons en matière de performance entre unités organisationnelles • Facilite l'implantation de centres de profits • Facilite la diversification des produits ou des services • Permet d'accroître la proportion de cadres généralistes dans l'entreprise • Permet à la firme de s'adapter plus rapidement aux changements • Encourage la créativité et l'innovation

3.7 Les mécanismes structurels et opératoires de coordination

Une fois les tâches précisées, regroupées et différenciées, il faut les intégrer, c'est-à-dire coordonner le travail. Mintzberg (2004, p. 189-190) relève plusieurs mécanismes globaux de coordination dans les entreprises :

- L'**ajustement mutuel** : la coordination du travail se fait par le simple contact direct et la communication informelle entre les employés.

- La **supervision directe** : une seule personne (par exemple, le directeur général) est chargée de l'autorité et donne les instructions et les directives aux autres employés, qui travaillent ensemble sous sa supervision.

- La **standardisation des procédés de travail** : la coordination résulte de la spécification des tâches et de leur interdépendance dans des procédés de travail formalisés par la technostructure.

- La **standardisation des résultats** : la coordination émerge de la spécification des résultats attendus des différentes tâches ; ces résultats sont une fois encore formalisés par la technostructure (par exemple, les objectifs financiers et commerciaux établis pour les différentes divisions d'une entreprise multinationale, la spécification des dimensions d'un produit à des fins de production).

- La **standardisation de la qualification** (et du savoir) : la coordination résulte de la formation particulière de la personne qui exécute et connaît son travail ; cette formation répond à des standards, souvent établis de l'extérieur par des corporations professionnelles ou des institutions d'enseignement.

- La **standardisation des normes** : dans ce cas, la coordination émerge de l'assimilation par tous les membres de l'organisation des normes sociales et des croyances culturelles qui guident les comportements.

Ces moyens de coordination globaux s'appuient sur deux types de mécanismes : des **mécanismes structurels,** mécanismes de mise en relation interindividuelle, de socialisation, qui ont trait aux **rôles** et aux différents moyens de **concertation interpersonnelle** des employés ; et des **mécanismes opératoires,** qui consistent en les moyens, les systèmes d'ajustement, de planification et de contrôle employés pour parvenir à des résultats, bref les accords, les règles, les instructions ainsi que les technologies de l'information utilisés ou construits par ces employés et prescrivant, normalisant ou décrivant leurs actions, en des termes objectifs.

> Déterminer les deux types de mécanismes de coordination :
> - structurels
> - opératoires

Le tableau 3.7 dresse la liste de ces deux types de mécanismes ainsi que leurs avantages et leurs désavantages.

3.7.1 Les mécanismes de coordination structurels

Nous aborderons six formes de mécanismes structurels : 1) les contacts directs ; 2) les rôles de liaison ; 3) les groupes de travail (ou équipes interfonctions) ; 4) les rôles intégrateurs ; 5) les matrices ; et 6) les intrapreneurs.

TABLEAU 3.7 Les mécanismes de coordination : leurs avantages et leurs désavantages

Mécanismes	Avantages	Désavantages
Structurels • Contacts directs entre cadres • Rôles de liaison • Groupes de travail • Rôles intégrateurs • Matrices • Intrapreneurs	• Réseau d'information • Jonction entre fonctions, communication • Problèmes *ad hoc* • Intégration d'activités interdépendantes • Gestion sous forme de centres de profits • Gestion concurrente de projets	• Engagement et coopération nécessaires • Négociation, conflits • Coûts, décisions prises en groupe • Désaccords sur les buts et les objectifs • Alourdissement du processus décisionnel • Compartimentation des activités
Opératoires • Règles et politiques • Programmes, plans et systèmes de planification • Systèmes politiques d'ajustement mutuel • Technologies de l'information et de la communication	• Activités routinières • Activités non routinières • Participation, collaboration, coordination des activités • Information : clarté, flexibilité	• Dysfonctions • Coûts, temps, efforts • Marchandage, coalitions

3.7.1.1 Les contacts directs

Le mécanisme structurel le moins compliqué, et le moins coûteux, est celui qui favorise les **contacts directs et informels** entre personnes préoccupées par des problèmes communs. Cette pratique permet d'assouplir les flux des relations du bas vers le haut et du haut vers le bas de la hiérarchie. Il y a des chances pour que la qualité de la décision soit rehaussée étant donné que les cadres concernés possèdent plus d'informations pertinentes au sujet du litige en cause. Pour inciter à la coopération, la direction doit pouvoir compter sur un système de récompenses propre à encourager l'initiative. Dans le but de promouvoir cet esprit d'ouverture, elle peut opter pour une rotation du personnel d'un service à l'autre afin de le rendre plus compétent et plus réceptif. Cette pratique rend les attitudes plus flexibles et renforce le sentiment de réciprocité. L'impersonnalité de la structure est amoindrie et l'engagement des membres devient plus collectif qu'individuel.

> La personnalisation des contacts directs est plus propice à l'engagement des interlocuteurs.

3.7.1.2 Les rôles de liaison

Lorsque les liens entre deux unités, deux services ou deux fonctions s'accroissent, il devient utile d'instituer des rôles qui supportent ce surcroît de communication. Un exemple de rôle de liaison pourrait être celui de l'ingénieur du développement, en liaison avec la division de l'ingénierie, délégué dans une usine de fabrication pour mieux saisir et transmettre les contraintes de fabrication à intégrer à la conception. Quoique étant une entité de la division de l'ingénierie, cette liaison est établie à l'usine même afin de répondre à la demande de la division de la fabrication. **Les rôles de liaison font office de jonction entre deux fonctions au niveau administratif ou au niveau opérationnel d'une organisation.** De la même façon, la direction des ventes d'une entreprise peut attribuer un rôle d'agent de liaison à l'un de ses commerciaux auprès de la fonction de production. Ainsi, cet agent transmettra systématiquement l'information utile pour mieux ajuster la prise des commandes par le Service des ventes et les capacités du Service de la production. Autre exemple : certains ingénieurs ou techniciens en matière de qualité, dépendant de la direction de la qualité d'une entreprise, fréquentent périodiquement les usines de fabrication pour coordonner les opérations de certification, par exemple, mais ils n'ont **pas d'autorité formelle** directe dans ces usines.

> L'agent de liaison assure la communication entre les fonctions sans autorité formelle sur ces fonctions.

3.7.1.3 Les groupes de travail ou équipes interfonctions

Les contacts directs entre les cadres et les rôles de liaison peuvent parfois se révéler inefficaces. Lorsqu'un problème concerne plusieurs services ou divisions, les décisions doivent être confiées à la direction générale qui peut alors s'appuyer sur des groupes de travail. Les groupes de travail constituent une forme de **liens horizontaux qui permettent de résoudre des problèmes touchant à plusieurs services.**

> Les groupes de travail sont un moyen efficace et flexible de résoudre des problèmes transversaux.

Les groupes de travail se composent des représentants de chacun des services touchés. Ils peuvent naître de façon formelle ou informelle et posséder un caractère temporaire (comité *ad hoc* en situation de gestion de crise) ou permanent. Par exemple, lorsqu'un problème survient dans une division d'assemblage, le contremaître peut convoquer l'ingénieur responsable des opérations, un membre du laboratoire, le responsable de la qualité et du contrôle ainsi que le responsable des achats, si le problème concerne les fournisseurs. Le groupe se penche alors sur le problème et le résout. Dans certains cas, la mise sur pied d'un groupe de travail est plus formelle. Certaines entreprises tiennent des réunions hebdomadaires au sujet de la conception des composantes des produits. Lorsqu'un problème se présente, un groupe d'experts est prêt à intervenir, et un échéancier est établi. On forme fréquemment des groupes de travail afin d'introduire de nouveaux produits ou procédés. Ce palliatif, temporaire sur le plan de la structure, accroît les flux de communications en période de grande incertitude.

3.7.1.4 Les rôles intégrateurs

Les cadres qui remplissent des rôles intégrateurs ont pour fonction d'assister les personnes qui exécutent les tâches interdépendantes de façon que celles-ci soient coordonnées dans le meilleur intérêt de l'entreprise. Dans nombre de firmes, c'est au directeur général que revient ce rôle, mais le plus souvent il manque de temps pour s'en acquitter. Le cadre qui est investi d'un rôle intégrateur devient en quelque sorte un directeur général au **niveau intermédiaire** (par exemple, le directeur de marque, le responsable de la production ou du marketing pour une gamme de produits, le chef de projet). **Il représente un agent de liaison, mais pourvu cette fois d'une autorité formelle.** Le rôle intégrateur peut prendre différentes formes. Dans une firme de fabrication faisant face à des problèmes importants d'ordre logistique, le rôle d'intégration sera dévolu au responsable des approvisionnements. La tâche du cadre responsable du matériel sera alors de coordonner les décisions en matière d'achats, de stockage et de distribution avec les échéanciers. En milieu

> L'intégrateur joue un rôle de coordination avec un pouvoir formel de décision.

hospitalier, le responsable d'une unité coordonne et intègre les décisions des médecins, des infirmières et des autres professionnels de la santé. Dans chacun des cas, l'intégrateur n'a pas pour rôle d'effectuer le travail, mais de coordonner le processus décisionnel. Il s'agit de décisions qui ont des répercussions sur l'organisation ; les facteurs sont suffisamment divers et incertains pour surcharger le directeur général. Plutôt que de changer la structure d'autorité dans le but d'intégrer le processus décisionnel, on crée un rôle d'intégration afin de coordonner les activités d'un service à l'autre. Lorsque l'organisation repose sur des centres de profits, on peut également vouloir coordonner les activités d'un centre à l'autre. De façon plus particulière, on parlera dans ce cas d'un rôle de relation. Cela dit, une des questions qui se posent alors consiste à déterminer l'étendue du pouvoir et de l'autorité à accorder à la personne qui assure un rôle d'intégration. La décision en cette matière relève de la haute direction, qui devra veiller à bien délimiter les champs de compétence de la personne concernée.

3.7.1.5 Les matrices

Il est possible qu'une organisation doive assumer des tâches qui requièrent des ressources très spécialisées et un environnement imposant des activités programmées. Pour faire face à ces contraintes, il peut s'avérer utile d'accroître le pouvoir du rôle intégrateur et d'établir un double niveau de relations. Par exemple, à un même niveau, les cadres investis d'un rôle d'intégration peuvent relever à la fois d'un service lié à une fonction (par exemple, la gestion financière, la gestion du marketing) et d'un autre chargé de la mise sur pied de programmes particuliers. En mettant en avant une telle structure, l'organisation matricielle évite de choisir une base de regroupement de préférence à une autre ; elle adopte les deux, c'est-à-dire **un rattachement à la fois à un service régulier et à un projet particulier.** Mais, ce faisant, elle crée une double structure d'autorité. Le principe d'unité de commandement est donc sacrifié au profit de la volonté d'intégration (Mintzberg, 1982). La structure matricielle peut être instaurée soit de façon permanente (par exemple, des services municipaux d'un arrondissement qui doivent coordonner leurs actions avec celles des services de la ville-centre), soit sur une base temporaire (par exemple, les études de faisabilité dans une entreprise pharmaceutique).

> Les structures matricielles sont utiles pour la gestion de projets complexes ou pour le développement de produits.

3.7.1.6 Les intrapreneurs

Les intrapreneurs sont des gestionnaires qui, à l'intérieur même des organisations, réussissent à générer de nouvelles idées et à faire en sorte que celles-ci donnent lieu à des résultats bénéfiques. Le rôle d'intrapreneur est facilité dans une organisation décentralisée où chaque unité ou chaque division est appelée à innover, tout en ayant accès aux ressources nécessaires.

L'organisation favorise l'esprit d'entreprise (*intrapreneurship*) en permettant à ses membres de proposer de nouvelles idées, mais aussi d'y donner suite. Les irritants de nature bureaucratique sont éliminés autant que possible et les personnes concernées reçoivent des récompenses pour les idées qui entraînent des résultats notables.

3.7.2 Les mécanismes de coordination opératoires

On compte quatre classes de mécanismes opératoires : 1) les règles et les politiques ; 2) les programmes, les plans et les systèmes de planification ; 3) les systèmes politiques d'ajustement mutuel ; et 4) les technologies de l'information.

3.7.2.1 Les règles et les politiques

Clarifier formellement les règles du travail

Les politiques, les méthodes et les règles formelles **prescrivent** des comportements **uniformes** (règlements intérieurs, convention collective, manuel et politique de gestion de la qualité totale et de sécurité dans l'entreprise, codes d'éthique, etc.). Elles permettent de traiter de façon routinière les situations répétitives et uniformes. La direction décide des exceptions à la règle, et les problèmes inusités sont transmis au niveau supérieur.

L'élaboration de politiques d'application généralisée à l'entreprise a été un élément essentiel de l'approche des auteurs classiques tels que Taylor et Fayol. Les politiques majeures ont trait aux objectifs à long terme et aux règles de conduite conçues pour les atteindre. Une politique a donc un caractère impératif et restrictif. En effet, au fur et à mesure que l'organisation s'agrandit, les divisions et les services ont tendance à se refermer sur eux-mêmes et à se développer isolément. Un réseau adéquat de politiques sert alors de lien entre le siège social, les divisions et les fonctions. Des conflits et des malentendus peuvent ainsi être évités, car les parties concernées ont un point en commun, soit des politiques auxquelles elles doivent se conformer. En fournissant une base de référence, les politiques canalisent les ressources et les initiatives.

3.7.2.2 Les programmes, les plans et les systèmes de planification

Les programmes, les plans et les systèmes de planification sont des mécanismes de coordination qui intègrent les actions effectuées et les décisions prises en séquence par plusieurs personnes, souvent au sein d'unités différentes et à des moments distincts. Les programmes de décision et de communication qui recoupent les structures d'autorité dans le sens latéral, et même vertical, sont devenus le moyen le plus efficace d'intégrer les fonctions et les tâches.

Les programmes et les plans résultent du système de planification.

Il importe de faire des distinctions entre plans, programmes et système de planification. Les **plans** correspondent aux projets qui sont élaborés avant la réalisation d'une action quelconque. Les **programmes** sont des méthodes complexes qui spécifient les moments où se prennent les décisions, les ressources engagées et les mesures à prendre. Ils sont ordinairement consignés par écrit et transmis aux membres qui les exécutent. Quant au **système de planification,** il introduit un vecteur d'orientation dans le processus d'administration et permet de coordonner entre elles les activités liées aux différentes fonctions (gestion financière, gestion des ressources humaines, gestion des opérations et de la production, gestion du marketing, etc.). Plusieurs activités sont en effet caractérisées par un haut degré d'interdépendance : la création de nouveaux produits, la préparation de budgets, etc. Le système de planification a pour intrants des informations provenant de l'environnement interne ou externe, et pour extrants des plans qui permettent de choisir les programmes d'action susceptibles de répondre aux objectifs d'ensemble de l'entreprise (*voir le tableau 3.8*). Il est, selon le style de direction, plus ou moins centralisé et vertical.

TABLEAU 3.8 Le système de planification

Intrants	Transformation	Extrants

• Informations utilisées par les participants :
  – hypothèses *a priori*
  – analyses industrielles
  – analyses des concurrents
  – stratégie
• Valeurs et préférences des dirigeants
• Habiletés et formation des participants :
  – perceptions et conception
  – capacités analytiques
  – créativité
• Culture organisationnelle :
  – méthodes de prise de décisions
  – préférences
  – normes et valeurs
	• Conception formelle du processus :
	  – qui participe ?
	  – quand ?
	  – quels rapports, quels documents ?
	  – hypothèses ?
	• Style de la direction : planification unilatérale ou participation des cadres
	• Réalités organisationnelles :
	  – nature politique du processus de planification
	  – conflits
		• Hiérarchie de plans stratégiques :
		  – corporatif d'ensemble
		  – tactiques
		  – projets
		• Programmation des actions :
		  – plan annuel
		  – plan de marketing
		  – plan de recherche
		  – plan de production de prévisions
		• Projection de tendances et calcul de moyennes mobiles
		• Lissage exponentiel
		• Prévisions technologiques

3.7.2.3 Les systèmes politiques d'ajustement mutuel

Les systèmes politiques ont pour but d'assurer l'intégration horizontale et verticale, et surtout de garantir l'ajustement mutuel au moment de la prise de décisions grâce à des **débats itératifs et structurés** qui favorisent l'émergence de consensus de travail dans la discussion. Au lieu de laisser la planification s'effectuer au sein de structures rigides et selon des modes formels, plusieurs entreprises ont mis au point des **systèmes d'ajustement itératifs et politiques.** Ces mécanismes, qui peuvent prendre différentes formes (groupes consultatifs, cercles de qualité, remue-méninges, sondages internes, etc.), visent à créer une organisation dynamique capable de réagir rapidement aux changements et aux occasions survenant dans son milieu.

La principale caractéristique des systèmes politiques d'ajustement mutuel réside dans l'ajustement réciproque et la circulation à double sens de l'influence. La direction supérieure a toujours l'autorité finale, mais elle s'appuie sur une forte participation des cadres. Les éléments de l'organisation qui désirent entamer des changements de politiques, modifier les rendements cibles ou se voir confier de nouvelles missions peuvent néanmoins présenter des propositions au moyen d'un système formel. Bref, personne ne détient toute l'autorité sur qui que ce soit ou sur quoi que ce soit ; chacun est responsable de toutes les personnes qui travaillent sous sa surveillance. Les débats entourant les objectifs coexistent avec des processus qui tendent à favoriser la collaboration. Les systèmes politiques d'ajustement mutuel assurent la coordination par les autorités hiérarchiques supérieures sans surcharger les voies de communication ni la direction. Ce modèle diffère d'une manière frappante de l'approche mécaniste et centralisée du modèle bureaucratique, dans lequel on achemine les renseignements vers le sommet en supposant que seule la direction générale possède la compétence voulue.

3.7.2.4 Les technologies de l'information

Les technologies de l'information[14] sont des mécanismes de coordination qui jouent un rôle de premier plan dans la structuration des organisations. Elles permettent d'accroître le rendement des personnes et des entreprises. Les micro-ordinateurs, par exemple, ont contribué à modifier complètement le milieu de travail des gestionnaires et des spécialistes des entreprises. Les systèmes informatiques créent des liens plus étroits entre les divisions et les unités et avec des partenaires clés tels que les fournisseurs et les clients (systèmes réseaux). Internet, moyen de communication de portée mondiale, permet des **économies substantielles de coûts d'interaction entre personnes et organisations éloignées.**

> Non seulement les technologies de l'information structurent l'information et accélèrent sa circulation mais elles transforment aussi l'organisation.

Des employés dispersés dans divers territoires ou diverses unités de l'entreprise peuvent communiquer leur expertise et échanger de multiples renseignements grâce à des logiciels de communication (intranets). Des réunions entre vendeurs peuvent être planifiées grâce à la gestion électronique en réseau des agendas. Ces vendeurs peuvent être informés en permanence relativement aux produits ou aux prix. Il est également possible de transmettre, dans un très court laps de temps, des devis, des rapports, des commandes, etc.

Graduellement, les frontières de l'organisation disparaissent, le temps prend une tout autre dimension et les réseaux se multiplient. Le tableau 3.9 fait état des caractéristiques des technologies de l'information et d'applications propres à l'entreprise.

Ce tableau montre également que, si les technologies de l'information sont des mécanismes opératoires puissants de standardisation (données, procédures, résultats, savoirs, etc.), elles sont aussi des mécanismes structurels de liaison des personnes et des groupes fonctionnels au moyen des outils de partage des connaissances et de collaboration à distance, bref de coordination par la désintermédiation.

L'encadré 3.5 (*voir ci-contre et p. 214*) précise la forme des différents réseaux et quelques-uns des moyens de communication formelle et informelle mobilisés par les mécanismes de coordination qui ont été listés précédemment.

---

14. L'infrastructure des technologies de l'information de l'entreprise comprend des ressources matérielles (ordinateurs, périphériques, etc.), des ressources logicielles (programmes de base, d'application et de gestion de bases de données) et des réseaux de télécommunications (réseau local, extranet, réseau longue distance, intranet).

TABLEAU 3.9 Les caractéristiques des technologies de l'information et les applications potentielles en entreprise

Caractéristiques	Exemples d'applications
L'**interactivité** : l'utilisateur oriente sa démarche d'information : il interroge, échange et modifie l'information	Applications multimédias vouées au développement des connaissances
L'**intemporalité** : l'utilisateur peut gérer son temps en fonction de ses besoins	Apprentissage individualisé (autoformation)
L'**instantanéité** : des liens en temps réel peuvent être faits entre personnes, unités ou organisations	Systèmes de gestion intégrés entre la fonction d'approvisionnement et des unités telles que les achats ou la comptabilité
La **non-localisation** : les notions de distance et de lieu sont éliminées	Échange à distance d'informations entre employés
La **virtualité** : le monde physique réel peut être remplacé par des systèmes d'information	Apprentissage du fonctionnement d'une nouvelle machine avant même qu'elle soit installée dans l'entreprise, par la simulation d'opérations réelles en mode virtuel
La **synergie des réseaux** : les TI permettent l'ouverture des réseaux, l'accès à des sources d'informations et leur circulation	Intranets et collaboration à distance entre organisations ou établissements par le partage des informations et des expériences
La **désintermédiation** : les intermédiaires sont éliminés (par exemple, grossistes, distributeurs, personnel à l'interne)	Relations directes entre un fabricant de produits ou une entreprise de services et les clients Services externes (par exemple, en ressources humaines) pour soutenir des gestionnaires dans la conduite de leurs activités en temps réel et de manière interactive

Source : inspiré de Rondeau *et al.* (2001, p. 19-21).

ENCADRÉ 3.5 Les moyens de communication dans l'entreprise

La communication prend en considération non seulement les échanges d'idées, les échanges d'informations rationnelles et affectives – que ces échanges soient formels ou informels, internes ou externes à l'entreprise – mais également les exercices d'influence entre gestionnaires de même qu'entre dirigeants et employés. Une organisation peut facilement être appréciée en fonction de la qualité des informations qui circulent et des rapports qui s'y établissent.

Les communications en entreprise comportent tout un éventail de formes (*voir la figure A, p. 214*) et de contenus : les publications scientifiques, les enquêtes et les recherches, les notes d'information, les communiqués aux employés, les guides présentant les règlements et les méthodes, les discours, etc. (*voir les tableaux A et B, p. 214*). De façon moins formelle et moins dirigée vers la production, il y a les relations interpersonnelles, les réunions, les tableaux d'affichage, les images, etc. Les informations ainsi véhiculées sont soit opérationnelles, soit relationnelles. Les informations opérationnelles guident les méthodes et les façons de faire de l'entreprise ; elles sont à l'origine des buts et des objectifs. Pour leur part, les informations relationnelles, quoique plus difficiles à instaurer, sont celles-là mêmes qui permettent de créer une culture d'entreprise, un sentiment d'appartenance, un climat de confiance où employés et dirigeants peuvent exprimer leurs affinités, leurs attentes et leurs réticences.

Les cadres efficaces savent bâtir et utiliser les réseaux de communication – formels et informels, opérationnels et relationnels –, instruments essentiels à leur rôle de mobilisateurs efficaces des partenaires internes et externes de l'entreprise. Pour eux, la communication réside dans l'art d'émettre et de recevoir l'information sous diverses formes (par exemple, en écoute verbale, numérique, graphique, dans Internet), dans divers contextes humains (par exemple, en petits groupes, en assemblée) et à diverses fins (par exemple, informer, comprendre, convaincre). Ces gestionnaires savent en effet déterminer les exigences auxquelles il faut satisfaire pour transmettre adéquatement les messages et acquérir les informations clés, nécessaires au bon fonctionnement de l'entreprise. Ils sont aussi en mesure de choisir les canaux ou les médias de communication appropriés et de s'adapter aux divers auditoires.

▶ **ENCADRÉ 3.5 Les moyens de communication dans l'entreprise (*suite*)**

FIGURE A Les divers types de réseaux de communication

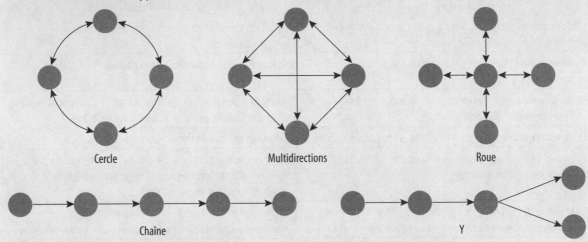

Cercle   Multidirections   Roue

Chaîne   Y

TABLEAU A Quelques exemples de réseaux formels de communication du haut vers le bas

Chaîne de commandes	Ordres écrits ou oraux du haut vers le bas de la hiérarchie
Guides de règlements	Documents écrits indiquant le comportement approprié
Mémorandums	Instructions écrites des patrons aux subordonnés, et vice versa
Instructions relatives aux tâches	Instructions orales et écrites sur la bonne façon d'effectuer les tâches
Affiches, tableaux d'affichage	Annonces écrites sur différents sujets d'intérêt pour les employés
Encarts avec la paie	Annonces écrites insérées dans les enveloppes de paie
Système avec haut-parleurs	Annonces orales aux employés à propos de problèmes nécessitant une action immédiate

TABLEAU B Quelques exemples de réseaux formels de communication du bas vers le haut

Chaîne de commandes	Requêtes écrites ou orales transmises aux supérieurs
Système de suggestions	Idées écrites ou orales formellement transmises à la direction en vue d'améliorations
Politique de la porte ouverte	Invitation écrite ou orale aux employés à discuter de n'importe quel problème avec la direction
Procédure de règlement de griefs (plaintes)	Communications écrites ou orales permettant à l'employé d'en appeler des décisions de la direction
Sondages d'attitudes	Commentaires adressés à la direction sur les sentiments des employés concernant des sujets variés
Réunions spéciales	Communication orale publique entre la direction et les employés sur différents problèmes qui surviennent de temps à autre
Médiation	Communication orale et écrite effectuée par une personne dûment assignée pour s'assurer que justice est faite de la part des dirigeants
Entrevues	Communications verbales visant à connaître le point de vue des employés

Section III
Les formes organisationnelles génériques

Les articulations et les agencements des instruments de design organisationnel que nous venons d'examiner peuvent donner naissance à diverses formes d'organisation. Ainsi, une entreprise de technique de pointe qui évolue sur un marché à croissance rapide voudra se doter d'une forme d'organisation flexible. Par contre, une firme concurrencée, évoluant sur un marché où les prix sont les facteurs critiques de succès, se donnera une structure formelle et centralisée, de façon à contrôler et à réduire les frais d'exploitation.

Sans qu'il s'agisse d'un déterminisme total, l'évolution du contexte économique et concurrentiel dans lequel opèrent les entreprises qui ont un objectif industriel et commercial influe largement sur la forme d'organisation. Ainsi, au moment de l'émergence d'une industrie, les firmes qui y participent épousent en général la forme simple **entrepreneuriale.** Si l'industrie croît et devient oligopolistique en raison des économies d'échelle, on voit apparaître la forme mécaniste **fonctionnelle.** À mesure que la firme se diversifie de façon à se trouver dans des industries différentes et à remédier au déclin des activités, on constate l'apparition des formes **divisionnaire** et **innovatrice.**

> Il existe au moins cinq formes organisationnelles propres à des stratégies ou à des contextes particuliers.

Il est ainsi possible de distinguer, selon le contexte de l'entreprise et, entre autres, selon sa stratégie, plusieurs formes d'organisations ou de configurations organisationnelles distinctes. Bien qu'il en existe un plus grand nombre dans la littérature, nous examinerons ici les cinq formes organisationnelles génériques suivantes : 1) entrepreneuriale ; 2) fonctionnelle ; 3) divisionnaire ; 4) professionnelle ; 5) innovatrice.

3.8 La forme entrepreneuriale

La forme entrepreneuriale ou artisanale d'organisation est la forme caractéristique des petites firmes qui fabriquent une gamme limitée de produits visant un segment de marché – ou des marchés régionaux – grâce à une distribution simple. En général, la forme artisanale s'appuie sur des modes de production où l'absence d'économies d'échelle contribue à composer une industrie fragmentée.

L'entrepreneur ou le groupe entrepreneurial préfère adopter une structure simple et peu formalisée de façon à accroître l'adaptabilité, au prix même de l'efficience. En effet, le groupe entrepreneurial assume des risques, mais il entend garder la possibilité de s'adapter rapidement aux innovations et aux exigences du marché grâce à une structure flexible. De plus, l'entrepreneur centralise les décisions stratégiques, qui sont prises d'une manière délibérée, mais sans le recours à des analyses formelles. Nourrie par l'incertitude et orientée vers l'exploitation dynamique des possibilités, la stratégie est rarement exprimée explicitement. Elle reflète la vision du dirigeant-entrepreneur ou du groupe entrepreneurial. Le développement devient une extrapolation de leurs convictions.

> La forme entrepreneuriale est simple et adaptable.

La structure formelle est peu élaborée. La division du travail est peu poussée et la différenciation des unités est minimale. La coordination, dans la forme entrepreneuriale, est surtout réalisée par la supervision directe. Les décisions importantes sont généralement prises au sommet par les dirigeants-propriétaires. Le regroupement en unités, s'il existe, se fait le plus souvent par fonctions et de manière approximative. La communication circule entre la direction et les membres de façon informelle et personnelle. Les employés exécutent des tâches variées. Leur encadrement est personnalisé, notamment en ce qui a trait à l'évaluation des performances et à la distribution des récompenses. L'évaluation des performances ne se fonde pas sur des méthodes systématiques.

La forme entrepreneuriale se trouve dans les petites entreprises, les entreprises de techniques de pointe, voire dans les grandes entreprises qui, en situation de crise grave et contraintes à évoluer, font appel à un leader fort et charismatique pour trouver le chemin de la survie. La forme entrepreneuriale ou artisanale comporte cependant des désavantages. En premier lieu, elle est inapplicable aux industries en croissance où la technologie crée des économies d'échelle aux étapes de la fabrication et de la distribution. En second lieu, elle est quelquefois marquée par un style de gestion individualiste et autocratique. Lorsque le dirigeant-entrepreneur détient le pouvoir et considère que la définition des tâches des subordonnés limite son droit de décider, il conçoit une structure simple où il peut intervenir directement. Le tableau 3.10 résume les principales caractéristiques de la forme entrepreneuriale (*voir aussi l'encadré 3.6, p. 226*).

TABLEAU 3.10 Les principales caractéristiques de la forme entrepreneuriale

Élément du design organisationnel	Caractéristiques de la forme entrepreneuriale
Tâches	Peu différenciées Division du travail peu poussée
Structure	Simple, ligne hiérarchique courte Informelle Centralisation des décisions vers le dirigeant-leader ou l'entrepreneur-propriétaire
Coordination	Supervision directe Mécanismes structurels : • Contacts directs, personnalisés Mécanismes opératoires : • Budget • Absence de plans formels • Systèmes de gestion peu développés
Ressources	Limitées (petites entreprises ou entreprises en démarrage)
Stratégie	Intuitive Vision stratégique personnelle, mûrie et adaptée par l'entrepreneur
Environnement propice	Simple et dynamique

3.9 La forme fonctionnelle

La forme fonctionnelle s'est développée depuis le début du xxᵉ siècle dans des industries en croissance où les économies d'échelle favorisaient une taille plus grande. Dès le début des années 1920, elle était devenue la forme la plus répandue dans les grandes entreprises. Cette forme d'organisation est applicable aux entreprises qui offrent des gammes limitées de produits à des marchés nationaux ou internationaux de grande taille.

> La forme fonctionnelle est efficiente pour de grandes entreprises offrant une gamme limitée de produits.

Le principe de base de la forme fonctionnelle consiste à regrouper les activités semblables sous la responsabilité des dirigeants fonctionnels, qui, à leur tour, se rapportent à une administration centrale. Les spécialistes de la fabrication, du marketing, de la recherche, des finances, etc., sont regroupés et mettent au point des méthodes propres à leur fonction. La direction supérieure est composée du président, seul cadre généraliste, et des dirigeants supérieurs fonctionnels.

La formulation de la stratégie se fait à un niveau élevé par quelques cadres supérieurs, alors que la majorité du personnel occupe des fonctions spécialisées d'exécution. L'expansion géographique et l'intégration verticale sont les voies normales d'expansion des entreprises dont la forme d'organisation est fonctionnelle.

La division et la délégation des tâches par fonctions conduisent à une pyramide hiérarchique régie par des règles et des méthodes formelles. Les tâches individuelles sont définies d'une manière précise, et de nombreux systèmes formels de gestion sont mis en œuvre. Les systèmes de gestion et d'évaluation des ressources humaines sont impersonnels, c'est-à-dire qu'ils se fondent sur des examens méthodiques des coûts, des résultats et de l'efficience technique. Les jugements personnels des supérieurs pèsent moins que la qualité de l'exécution des tâches fonctionnelles.

La forme fonctionnelle est propice à l'efficience et à l'adaptation aux variations de la demande et de la disponibilité des ressources, car elle se fonde sur un réseau de communication et un processus décisionnel simples. Cependant, l'adaptabilité stratégique de cette forme d'organisation tend à décliner à mesure que la taille de l'entreprise et la gamme des produits s'accroissent. La haute direction est vite surchargée si les marchés ou les produits exigent des décisions rapides et nombreuses. Le président est le seul capable d'intégrer l'ensemble des fonctions. Les activités fonctionnelles engendrent des conflits de priorités, et le temps de réponse aux facteurs externes se dégrade. Enfin, dans la forme fonctionnelle, les décisions d'ordre opérationnel tendent à déloger les préoccupations stratégiques. Malgré ces failles, la forme fonctionnelle est viable et pertinente pour la majorité des firmes qui fabriquent une gamme limitée de produits. Dans le tableau 3.11 (*voir p. 218*), nous présentons les principales caractéristiques de la forme dite fonctionnelle, tandis que, dans la figure 3.7 (*voir p. 218*), nous donnons un exemple d'organigramme de la même forme.

TABLEAU 3.11 Les principales caractéristiques de la forme fonctionnelle

Élément du design organisationnel	Caractéristiques de la forme fonctionnelle
Tâches	Spécialisation du travail poussée Tâches opérationnelles routinières
Structure	Mécaniste Division horizontale par fonctions classiques (production, marketing, R et D, finances, etc.) Importance de la technostructure pour rationaliser le travail et standardiser les procédés Processus de décision simple, ligne hiérarchique verticale à trois niveaux (stratégique, administratif, opérationnel) Centralisation des décisions stratégiques vers le dirigeant Délégation des opérations
Coordination	Standardisation des procédés Mécanismes structurels : rôles d'intégration (direction généraliste, cadres intermédiaires fonctionnels) Mécanismes opératoires : • Règles, politiques, plans et méthodes formelles • Systèmes de gestion des ressources humaines impersonnels
Ressources	Relativement importantes (entreprises de grande taille)
Stratégie	Planifiée, délibérée Gamme limitée de produits, stratégies de prix ou stratégies de focalisation Marchés nationaux ou internationaux de grande taille Options stratégiques : • Intégration verticale • Accroissement des parts de marché • Expansion géographique • Extension de la gamme de produits ou de services
Environnement propice	Simple et plutôt stable

FIGURE 3.7 Un exemple fictif d'organisation fonctionnelle

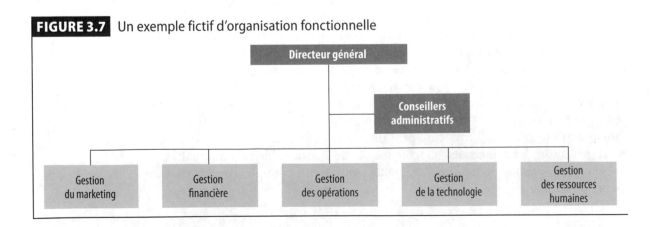

Le passage de la forme fonctionnelle à la forme divisionnaire s'effectue en raison des problèmes de gestion et de communication. L'entreprise qui s'est engagée dans la diversification peut difficilement gérer plusieurs produits visant plusieurs marchés à l'aide d'une structure fonctionnelle. La direction crée alors plusieurs centres de profits spécialisés, chapeautés par le siège social, ce qui correspond à la forme divisionnaire.

3.10 La forme divisionnaire

Le modèle divisionnaire fut instauré par les grandes firmes américaines (par exemple, DuPont, General Motors Corporation) au début du xxe siècle. Sa diffusion fut lente jusqu'à la Seconde Guerre mondiale. Depuis lors, la diversification pratiquée par la plupart des grandes firmes a eu pour effet de diffuser ce modèle d'organisation. La forme divisionnaire est surtout pertinente pour les firmes qui évoluent dans plusieurs industries et qui doivent coordonner leurs actions d'ensemble à partir de la direction générale.

> La forme divisionnaire est adaptée pour des entreprises diversifiées dans plusieurs industries (ou champs stratégiques).

Le principe de base de la forme divisionnaire consiste à regrouper les activités des unités productrices qui visent les mêmes industries ou secteurs d'activité en entités administratives distinctes. Il ne s'agit donc plus de regrouper des activités logistiques similaires, comme c'est le cas dans le modèle fonctionnel. Chaque unité productrice comportant un trio produit-compétence-marché distinct est confiée à un cadre supérieur responsable des décisions d'ordre stratégique, administratif et opérationnel dans le secteur qui lui est dévolu. Le cadre est responsable de la rentabilité à court terme et du développement à long terme de son unité stratégique. L'entreprise se compose de divisions qui forment des centres de profits jouissant d'une certaine autonomie. Le siège social est constitué de cadres généralistes orientés vers la planification à long terme de l'ensemble ; sa fonction est surtout le partage des ressources financières entre les divisions.

La diversification et la pénétration de nouveaux secteurs sont réservées au siège social. Dans la majorité des entreprises qui ont adopté la forme divisionnaire, cette activité se résume à l'acquisition d'autres firmes. Il est aussi fréquent de rattacher au siège social des fonctions de soutien telles que les achats, les services juridiques, la gestion financière et la recherche fondamentale. Mais, pour cela, ces fonctions doivent être communes à plusieurs divisions et offrir des économies d'échelle.

La capacité de réponse stratégique et structurelle de la forme divisionnaire est bonne. En effet, le siège social surveille l'évolution des secteurs industriels et peut, en même temps, décider d'entrer sur des nouveaux marchés. L'objectif principal de la forme divisionnaire est cependant de sauvegarder la capacité de réponse opérationnelle et l'efficience des divisions qui croissent en taille et en complexité. La supériorité de la forme divisionnaire par rapport à la forme fonctionnelle vient principalement de ce qu'elle combine les préoccupations en matière de gestion opérationnelle avec un siège social orienté vers la gestion stratégique, l'expansion et la stimulation des performances. Dans le tableau 3.12 (*voir p. 220*), nous présentons les principales caractéristiques de la forme divisionnaire, alors que, dans la figure 3.8 (*voir p. 221*), nous donnons un exemple de cette forme de structure.

TABLEAU 3.12   Les principales caractéristiques de la forme divisionnaire

Élément du design organisationnel	Caractéristiques de la forme divisionnaire
Tâches	Regroupement des unités par champ stratégique (sur la base de la mission produit-compétence-marché) en filiales ou en divisions
Structure	Découpage horizontal en divisions (centres de profits autonomes) sur la base de champs stratégiques distincts
	Centralisation des décisions stratégiques à long terme et d'ordre corporatif (par exemple, choix du portefeuille d'activités, stratégies sociopolitiques, répartition des ressources entre les divisions) vers le siège social
	Contrôle central des performances financières au siège social
	Liberté stratégique et décentralisation des activités dans les divisions sous la responsabilité du directeur de division
	Forme mécaniste fonctionnelle centralisée souvent prise par les divisions
Coordination	Standardisation des résultats
	Mécanismes structurels : rôles d'intégration (directions générales de filiales)
	Mécanismes opératoires :
	• Règles, politiques, plans et méthodes formelles
	• Systèmes de gestion impersonnels
	• Contrôle des résultats des filiales (rendement des investissements, profits, contribution globale)
Ressources	Importantes (entreprises de grande taille)
Stratégie	Planifiée, délibérée
	Options stratégiques :
	• Multiproduits ou multiservices
	• Multi-industries, diversification
	• Acquisition de nouvelles entreprises
Environnement propice	Marchés très diversifiés

3.10.1 La société de portefeuille (le holding)

Un cas spécial de la forme divisionnaire est la société de portefeuille ou le holding (*voir la figure 3.9*). Plusieurs entreprises ont déployé des efforts de diversification conglomérée dans laquelle les liens entre les divisions sont minimes. Une entreprise peut ainsi faire affaire dans des secteurs aussi variés que les télécommunications, l'alimentation et la chimie. La conglomération réduit l'intervention stratégique du siège social, et l'entreprise divisionnaire peut se transformer en holding financier.

FIGURE 3.8   Un exemple fictif d'organisation divisionnaire

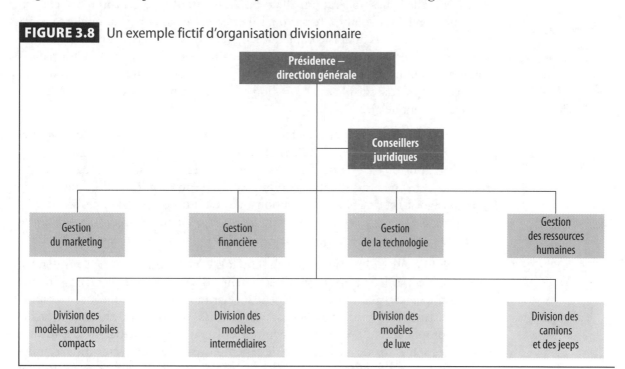

FIGURE 3.9   Un exemple fictif de société de portefeuille (holding)

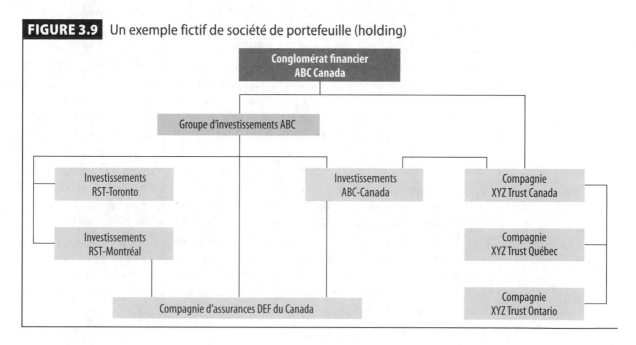

3.11 La forme professionnelle

Une organisation professionnelle (ou de professionnels) est une organisation au sein de laquelle la base opérationnelle est prépondérante et agit comme si chacun de ses membres était son propre patron. En effet, cette base opérationnelle se compose de professionnels dont la compétence relève d'un savoir-faire particulier doublé d'une capacité de jugement propre. Ce savoir-faire repose sur des savoirs formalisés acquis dans des universités ou des institutions spécialisées et internalisés durant des périodes d'apprentissage plus ou moins longues (par exemple, internat en médecine, stages professionnels).

> Dans l'organisation de professionnels, chacun agit en patron indépendant selon les standards dictés par sa profession.

Une part du travail ne peut donc être standardisée, le travail d'un professionnel pouvant se découper en deux phases liées entre elles : une phase de diagnostic, soit la détermination du cas standard du problème auquel fait face le client (par exemple, un diagnostic de maladie mentale par un psychiatre, un diagnostic d'infraction à la loi par un avocat) et une phase d'exécution où des solutions (programmes standards) sont appliquées (par exemple, un traitement de psychothérapie, une plaidoirie orchestrant une séquence d'arguments éprouvés, dont certains font jurisprudence).

Cela donne aux cadres opérationnels, une fois experts, une latitude considérable dans l'exercice de leur profession, directement au service de leur client. Chaque professionnel étant relativement indépendant par rapport à son collègue, la coordination du travail au sein de l'organisation (hôpital, cabinet juridique, université, cabinet comptable, etc.) passe par le contrôle et l'assurance de la qualité des formations et des standards de qualification de ces employés (médecins, chirurgiens, infirmières, avocats, professeurs, chercheurs, comptables agréés, etc.) par leur profession (ordre professionnel, communauté scientifique). En effet, la coordination résulte de l'assurance chez chacun (qui l'a appris lui-même) que l'autre fera sa tâche conformément au standard (programmes, procédures, etc.) de la profession, et, de fait, le besoin de direction des opérations est minimal. Les professionnels s'identifient plus facilement à leur profession qu'à l'organisation où ils exercent leur métier. Par contre, les professionnels eux-mêmes (par exemple, un directeur d'hôpital est souvent lui-même médecin, un doyen d'université est souvent lui-même professeur) assurent aussi les tâches administratives et souhaitent garder la mainmise collectivement sur les décisions administratives qui les concernent. Pour cela, ils se coordonnent à l'aide de mécanismes structurels horizontaux du type groupes de travail ou comités. C'est pourquoi la ligne hiérarchique est en général assez courte. Le pouvoir ne résulte pas d'une position hiérarchique, mais de la compétence. Enfin, les activités de support sont par contre nombreuses (bibliothèque, cantine, etc.), et le directeur général d'une telle organisation de professionnels se trouve souvent placé devant deux hiérarchies parallèles : celle des professionnels, où le pouvoir est entre les mains de la base opérationnelle, et celle des fonctions de support logistique souvent plus proche d'une structure classique mécaniste fonctionnelle. Le tableau 3.13 résume les principales caractéristiques de la forme professionnelle.

TABLEAU 3.13 Les principales caractéristiques de la forme professionnelle	
Élément du design organisationnel	**Caractéristiques de la forme professionnelle**
Tâches	Pour les professionnels : • Formalisées mais complexes • Artisanales, techniques ou de recherche et de conception • Spécialisation horizontale du travail Pour les fonctions de support : • Spécialisées et routinières
Structure	Bureaucratique (formelle) mais décentralisée, les professionnels, autonomes, s'organisant eux-mêmes, soutenus seulement par les fonctions de support Oligarchie de professionnels (couplée à une forme mécaniste pour les activités de support) Ligne hiérarchique plutôt courte, faible technostructure
Coordination	Standardisation de la qualification Mécanismes structurels : • Groupes de travail Mécanismes opératoires : • Contrôle externe au moyen de la formation et des standards de qualification des opérateurs reconnus par la profession • Procédures standards et programmes connus définis par la profession et appliqués dans l'organisation • Ajustement mutuel sur le plan du travail administratif réalisé par les mêmes professionnels (recrutement, promotion, etc.)
Ressources	Importantes en savoirs et en savoir-faire
Stratégie	Fragmentée (en autant de professionnels) Décidée collégialement selon un jugement professionnel
Environnement propice	Complexe mais stable

3.12 La forme innovatrice (ou adhocratie)

La forme innovatrice, dite aussi « adhocratie », a été conçue par les dirigeants des firmes diversifiées qui entendaient créer de l'intérieur de nouvelles activités au lieu de procéder à l'acquisition d'entreprises existantes. Elle s'étend aux organisations qui, dans des environnements instables, à la fois complexes (qui exigent la décentralisation) et dynamiques (qui appellent une structure organique), doivent orchestrer, voire institutionnaliser, l'innovation pour survivre (par exemple, agence spatiale, entreprise d'ingénierie, agence de publicité, société de consultants, société de produits de grande consommation très innovants [cosmétiques, pharmaceutiques, etc.]). Cette forme vise à accroître la flexibilité structurelle. La forme innovatrice se caractérise par la présence au siège social d'un groupe d'innovation qui prépare le démarrage d'entreprises et l'entrée au sein d'industries nouvelles. À l'inverse de la bureaucratie de professionnels qui, à chaque problème soulevé par un client, détermine et applique des solutions connues, l'adhocratie (organisation innovatrice) recherche des solutions nouvelles.

En plus d'assurer les fonctions propres à la forme divisionnaire, le siège social devient un foyer de stimulation et d'hébergement de l'innovation. Ainsi, à partir des propositions des cadres, des projets expérimentaux de lancement d'entreprises sont mis sur pied avec l'aide du siège social. De nouvelles possibilités techniques et économiques sont exploitées par un groupe d'incubation de l'innovation, qui demeure responsable du projet jusqu'à ce que sa faisabilité commerciale soit établie. L'entreprise ainsi lancée est alors confiée à une division existante ou à une division nouvelle, dont elle constitue les assises. Le siège social, dans la forme innovatrice, stimule sans cesse l'innovation de la part de ce groupe incubateur qui finance des projets internes, mais aussi des propositions émanant d'entrepreneurs externes.

Le modèle innovateur répond bien aux objectifs du design ; cependant, plusieurs économies d'échelle sont sacrifiées à cause de la duplication des ressources dans les groupes *ad hoc* et permanents d'incubation. La séparation de l'innovation liée à de nouvelles activités (incubation) et de l'innovation liée aux opérations courantes pose des problèmes de communication en ce qui a trait aux nouveaux besoins et aux possibilités. À moins que cette communication ne soit soigneusement rodée, il y a danger que les innovateurs négligent les occasions d'expansion en faveur de la diversification dans les secteurs de techniques de pointe.

La mutation de l'unité mise sur pied au siège social vers une division peut inclure tout le personnel ou seulement le produit et la technologie. La mutation du personnel a le mérite de donner à la division des dirigeants qui ont une connaissance approfondie du nouveau marché ou de la technologie. Dans plusieurs entreprises, de telles mutations sont temporaires ; les ressources affectées au projet d'innovation retournent au groupe d'origine (*venture*) et d'innovation permanent lorsque le mandat est rempli. Quand le siège social décrète des fermetures et des désinvestissements, le personnel des secteurs touchés est rapidement muté vers les secteurs en expansion. Dans le tableau 3.14, nous résumons les principales caractéristiques de la forme innovatrice.

Mintzberg (1982) propose une représentation graphique des cinq formes organisationnelles génériques décrites précédemment et reproduites dans l'encadré 3.6 (*voir p. 226*).

TABLEAU 3.14 Les principales caractéristiques de la forme innovatrice

Élément du design organisationnel	Caractéristiques de la forme innovatrice
Tâches	Complexes, de conception et de recherche Peu formalisables
Structure	Organique et flexible Décentralisation de l'innovation au sein d'une structure dédiée, rendant des comptes au siège social Hiérarchie peu élaborée au sein de la cellule d'innovation Découpage horizontal fonctionnel selon la qualification et les spécialités des experts
Coordination	Standardisation par l'ajustement mutuel Mécanismes structurels : • Contacts directs, informels • Rôles de liaison • Groupes de travail (équipes pluridisciplinaires) • Matrice • Intrapreneuriat • Rôles intégrateurs Mécanismes opératoires : • Projets • Ajustement mutuel • Technologies de l'information
Ressources	Importantes en savoirs et en savoir-faire (entreprises de technologie de pointe)
Stratégie	Émergente, depuis la base Options stratégiques : • Diversification • Création de nouvelles divisions stratégiques ou de nouvelles entreprises, adaptation à de nouveaux marchés
Environnement propice	Complexe et dynamique

Chacune de ces formes comporte des avantages et des inconvénients. Quelques-uns sont listés dans le tableau 3.15 (*voir p. 227*). Ils illustrent le fait qu'aucune forme d'organisation n'est idéale. La plupart du temps, ces formes évoluent selon le contexte externe et interne de l'entreprise, et d'autres variables internes (comme la taille, l'âge ou la technologie) ont un impact sur le type de formes adoptées par les entreprises, ainsi que nous le verrons dans la section V de ce chapitre.

ENCADRÉ 3.6 Des représentations de quelques configurations organisationnelles génériques et de leur mécanisme de coordination principal selon Mintzberg

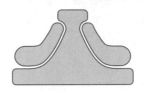

L'organisation entrepreneuriale
Supervision directe

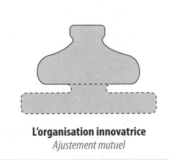

L'organisation mécaniste
*Standardisation du travail
et des procédés*

L'organisation professionnelle
*Standardisation des compétences
et des qualifications*

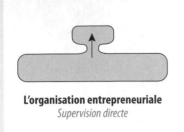

L'organisation missionnaire
Standardisation des normes

L'organisation innovatrice
Ajustement mutuel

L'organisation divisionnalisée
Standardisation des résultats

(en italique bleu : les mécanismes de coordination dominants)

Sources : Mintzberg (1982, 2004).

Mentionnons qu'on peut observer une sixième forme, l'**organisation missionnaire,** quand une culture organisationnelle singulière et propre à l'entreprise (l'idéologie, selon Mintzberg) devient le mécanisme principal de coordination. Dans ce genre d'organisation dominée par une culture forte (*voir l'encadré 3.1, p. 187*), les membres sont encouragés à la coopération ; la division du travail est souple, la spécialisation du travail faible et la ligne hiérarchique très courte, de sorte que les distinctions et les distances entre direction, cadres intermédiaires et cadres opérationnels sont réduites. Ce sont les valeurs et les croyances partagées par tous les membres de l'organisation qui régulent le travail. Chacun a une grande autonomie dans cette forme décentralisée d'organisation. Et l'idéologie a un fort pouvoir unificateur ; elle génère chez les employés un esprit collectif et un sens de la mission qui produisent des synergies efficientes. Certaines grandes entreprises japonaises, comme Toyota, seraient emblématiques de ce genre d'organisation. À l'ère de la société du savoir, nous reviendrons sur les principes de gestion sous-jacents à une telle forme d'organisation dans le dernier chapitre de cet ouvrage. Il importe de ne pas confondre cette forme d'organisation avec les tentatives d'instrumentalisation de la culture, plaquée et imposée maladroitement dans certaines configurations innovatrices, entrepreneuriales ou mécanistes fonctionnelles (*voir l'encadré 3.1*).

TABLEAU 3.15	Les avantages et les inconvénients des différentes formes organisationnelles génériques	
Forme	**Avantages**	**Inconvénients**
Entrepreneuriale (simple)	• Décisions éclairées par un dirigeant connaissant les opérations • Capacité d'adaptation, flexibilité • Adhésion possible des employés à une mission enthousiasmante et à un leadership charismatique	• Surcharge possible de tâches opérationnelles pour le dirigeant au détriment de la réflexion stratégique, et inversement • Prise de décisions dépendant de la présence du seul dirigeant • Risque de paternalisme, d'autocratie
Fonctionnelle (mécaniste)	• Identité professionnelle favorisée, parcours de carrière clarifiés • Spécialisation plus grande, contrôle facilité • Supervision directe plus facile, responsabilisation des dirigeants fonctionnels • Efficience dans l'utilisation des ressources	• Risque de mettre en avant les objectifs des sous-unités au détriment des objectifs organisationnels supérieurs • Faible capacité de réaction s'il y a centralisation excessive des pouvoirs au sommet, peu de flexibilité stratégique • Risque d'aliénation des employés dans une organisation trop mécaniste
Divisionnaire	• Adaptation plus facile à la croissance par investissement ou par désinvestissement sur les marchés, répartition des risques sur plusieurs marchés, utilisation possible des surplus entre divisions • Bonne capacité de réponse stratégique de chaque division du fait de son autonomie • Diversification facile par la création de nouvelles unités • Forte obligation de rendre compte des dirigeants (de filiales)	• Redondance des ressources (faible efficience) • Silos de connaissances, réduction de la coopération entre groupes • Risque de maintien prolongé de divisions « sous perfusion » en raison des surplus enregistrés par d'autres divisions • Risque d'une vision à court terme avec le contrôle des résultats axés sur la performance financière
Professionnelle	• Motivation, responsabilité • Organisation démocratique, le pouvoir étant entre les mains des opérateurs • Grande autonomie des opérateurs	• Moindre loyauté des professionnels envers l'organisation qu'envers leur profession, faible engagement dans la gestion et l'administration de l'organisation • Faible coopération des professionnels entre eux, conflits entre experts

Innovatrice (matricielle)	• Efficacité des communications
	• Adaptation à des charges de travail fluctuantes (projets), flexibilité
	• Innovation et résolution de problèmes complexes favorisées
	• Possibilité de cumuler les avantages du travail en équipe :
	  — pouvoir délégué aux équipes, motivation
	  — coopération plus grande
	  — prise de décisions plus éclairée
		• Coordination plus grande requise (coordination d'équipes d'employés aux profils professionnels très différents, gestion de conflits)
		• Stress et pression liés à la mauvaise gestion (rendre des comptes à deux chefs ayant des besoins et des attentes parfois divergents)
		• Décision participative coûteuse et lente
		• Faible obligation de rendre compte, confusion, ambiguïté, concurrence pour l'accès aux ressources et à la reconnaissance

Sources : d'après Mintzberg (1982, 2004), Nohria (1995) et McShane et Benabou (2008, p. 601 et suivantes).

Section IV
Les forces dynamiques de l'organisation face aux enjeux contemporains

3.13 Les forces dynamiques et contradictoires de l'organisation

Selon Mintzberg (2004), on peut envisager le design organisationnel comme un exercice d'association par lequel les organisations choisissent, selon le contexte, la forme organisationnelle efficace parmi un **portefeuille de formes génériques** (celles qui ont été décrites précédemment) ; ou bien, dans une perspective dissociative, les organisations sont plutôt encouragées à jouer avec le **système de forces,** parfois contradictoires, qui les gouvernent. Ces forces sont les suivantes :

> L'organisation peut aussi être pensée comme un système de forces à équilibrer.

- Le besoin de **direction,** caractéristique des organisations entrepreneuriales. Dans un contexte turbulent, la nécessité de la formulation ou de la reformulation d'une vision stratégique propice à l'adhésion de tous au projet de l'entreprise renforce le besoin de leadership.

- L'**efficience,** caractéristique des bureaucraties fonctionnelles mécanistes. Sur des marchés de masse et grandissants, les organisations ont tendance à accroître la formalisation et la standardisation des règles et des procédures pour rationaliser le travail et assurer la rentabilité.

- L'**expertise,** caractéristique de la forme professionnelle. Dans un environnement hautement technologique complexe ou dans des activités nécessitant de fortes connaissances, les employés, hautement qualifiés, ont tendance à revendiquer leur autonomie pour mieux exercer leur profession.

- La **concentration** qui mène à la forme divisionnaire (balkanisation). Dans un environnement de marchés très diversifiés, les cadres intermédiaires des grandes entreprises revendiquent une décentralisation, c'est-à-dire une concentration du pouvoir de décision à leur niveau, pour mieux adapter leur organisation à leur marché.

- L'**apprentissage** et la **collaboration,** caractéristiques de la forme innovatrice : dans un environnement changeant et hétérogène, l'entreprise en quête de changement et d'innovation doit être capable de créer de nouvelles connaissances, de générer de nouvelles idées à partir d'apprentissages conjoints en équipes pluridisciplinaires et d'une collaboration dans une structure aplatie, où, de plus, le partage de valeurs et de croyances fortes (une idéologie forte) peut contribuer à la synergie des employés.

Il ne faut bien sûr pas écarter non plus la **force politique** qui s'exerce dans l'organisation dès lors que des conflits séparent les membres de l'entreprise plus que la coordination ne permet de rassembler ces derniers.

> Dans la réalité, on rencontre des configurations organisationnelles hybrides.

Pour les tenants de l'approche associative (un contexte égale une forme), les configurations organisationnelles décrites précédemment sont évidemment caricaturales. Le praticien les rencontrera rarement telles quelles dans la réalité ; elles apparaissent plus souvent sous des **formes hybrides.** Pour les tenants de l'approche dissociative (une forme égale un système de forces contradictoires en équilibre), il est intéressant de constater avec Mintzberg (2004) que chaque configuration contient en elle-même sa propre force de destruction (*voir le tableau 3.16*) qu'il faut reconnaître et endiguer.

TABLEAU 3.16 Les forces dynamiques et les possibles dérives pathologiques des organisations

Forme d'organisation	Force dynamique	Forme pathologique	Force pathologique
Entrepreneuriale	Direction	Dramatique (théâtrale) (obsession narcissique du paraître)	Autocratie impulsive et incohérence
Mécaniste fonctionnelle	Efficience	Maniaque (obsession de la formalisation et du contrôle)	Aliénation et inertie
Professionnelle	Expertise	Paranoïaque (crainte de la part des employés d'une attaque de leurs compétences par une direction excessivement suspicieuse ou autoritaire)	Conservatisme et défiance
Divisionnaire	Concentration (balkanisation)	Dépressive (obsession du résultat financier)	Impuissance et sclérose
Innovatrice	Apprentissage et collaboration	Schizophrénique (contradiction entre processus, entre l'exploration pour créer des idées nouvelles et l'exploitation organisée des idées existantes)	Anomie et indifférence

Sources : inspiré de Kets de Vries et Miller (1985, p. 11-32) et de Mintzberg (2004, p. 467-468).

L'organisation est donc aussi un système de forces contradictoires en équilibre dialectique. Peters et Waterman (1982) ont montré combien la synergie qui émerge du partage d'une idéologie est un déterminant du succès. Il est cependant difficile d'instrumenter, de manipuler cette idéologie. Par contre, il est possible de construire une vision éclairée et enthousiasmante de l'organisation (stratégie) et une collaboration repensée dans l'entreprise : cela constitue l'esprit des théories de la gestion des connaissances qui seront abordées dans le dernier chapitre. De plus, pour transcender toutes ces contradictions qui se résument autour du dilemme coopération-autre/concurrence-soi sur le plan individuel ou sur le plan organisationnel, il faut savoir réaliser une synthèse par la création de solutions nouvelles et d'idées nouvelles. Il s'agit là d'une démarche de créativité et d'innovation, thème du chapitre 6 dédié à la gestion de l'innovation.

En outre, ces forces dynamiques connaissent une vigueur nouvelle face à deux grandes réalités contemporaines que sont la mondialisation (des marchés, des capitaux, des compétences) et l'économie du savoir, sur lesquelles nous reviendrons dans les deux sections qui suivent.

3.14 L'efficience à l'échelle planétaire à l'heure de la mondialisation

La mondialisation économique[15] n'est pas une réalité nouvelle. Elle représente un état généralisé d'interdépendance et de concurrence en ce qui concerne les marchés, les ressources et la qualification à l'échelle planétaire ; une accélération, à l'échelle mondiale, des échanges de biens et de services rendus possibles par la levée progressive des barrières commerciales depuis le début des années 1990 et par le développement des moyens de transport et des nouvelles technologies de l'information et de la communication (NTIC). **La mondialisation est moins une stratégie de l'entreprise qu'une réalité structurelle de son environnement qui change peu à peu les règles du jeu concurrentiel.** Elle pose des questions difficiles de régulation à l'échelle mondiale de la concurrence, des flux financiers, des inégalités sociales qui en résultent, etc. La mondialisation économique recouvre plusieurs réalités (Hafsi, Séguin et Toulouse, 2000, p. 520 et suivantes) : la mondialisation des marchés, de la concurrence et de l'entreprise.

> La mondialisation change les règles du jeu concurrentiel et les formes organisationnelles.

- Un **marché** national peut être considéré comme **mondialisé** ou globalisé lorsqu'il est ouvert à la présence de nombreux concurrents internationaux. Par exemple, le marché américain est plutôt mondialisé, alors que le marché japonais est plutôt protégé de la concurrence internationale.

- Une **industrie** ou une concurrence **mondialisée** ou globalisée est une industrie où les activités des entreprises sont liées d'un pays à l'autre. Ainsi, une entreprise choisira, sur la base d'un calcul coûts/avantages, un ou quelques sites mondiaux de production pour servir l'ensemble de ses marchés. Cette forme de mondialisation est facilitée par l'uniformisation planétaire des facteurs de production que sont la technologie, les systèmes d'éducation, l'accès aux systèmes d'information de même que la convergence des goûts et des besoins des consommateurs.

- Enfin, une **entreprise globale** est une entreprise qui éclate ses différentes activités (R et D, production, marketing, etc.) pour les répartir partout dans le monde, là où elle trouve les ressources les plus adaptées pour renforcer ses compétences distinctives pour chacune de ces activités.

Dans ce contexte de mondialisation, on observe ainsi que des formes mondiales d'organisation sont utilisées par les entreprises multinationales qui doivent intégrer des marchés, des compétences et des produits divers. L'expansion de l'entreprise à l'étranger, surtout si elle s'appuie sur une large gamme de produits, pose des difficultés de coordination. La direction peut alors décider d'adopter une forme mondialisée dans laquelle on distingue les responsabilités mondiales pour les produits et l'accroissement des responsabilités locales pour chacun des pays ou chacune des régions du monde.

La caractéristique fondamentale de la **forme mondiale** est d'abord une planification stratégique cohérente à l'échelle mondiale et ensuite la recherche continue d'un équilibre entre la centralisation et la décentralisation de diverses catégories de

---

15. On utilise aussi le terme « globalisation » emprunté à l'anglais.

décisions. Les plans sont ensuite exécutés par les unités d'exploitation (les pays ou les régions du monde), dont les structures doivent être harmonisées pour permettre l'emploi de politiques et de systèmes communs. La coordination mondiale exige souvent la participation des cadres de divers pays au processus de planification. L'assignation des mandats d'exécution s'effectue par des missions mondiales de recherche, de développement ou de fabrication.

L'entreprise établit des centres de profits articulés soit autour des gammes de produits, soit autour des régions du monde, voire autour d'activités ou de fonctions clés (comme la R et D, le marketing ou la production). La répartition des ressources financières est coordonnée par le siège social. Les fonds sont transférés aux régions et aux marchés dont le potentiel est élevé. La recherche scientifique et la création de nouveaux produits sont prises en charge au centre de l'organisation, mais elles sont exécutées dans divers pays par l'attribution de mandats. Les carrières des cadres au sein de ces entreprises supposent de nombreuses mutations d'un pays à l'autre ou d'un secteur à l'autre.

La transition à la forme mondiale peut s'effectuer à partir autant de la forme fonctionnelle que de la forme divisionnaire. En effet, l'expansion internationale peut être amorcée aussi bien par des firmes peu diversifiées qui ont une forme fonctionnelle que par des firmes diversifiées qui ont une forme divisionnaire. Même si elle est souvent le fait de grandes entreprises, elle est aussi susceptible d'être pratiquée par des PME.

Les entreprises multinationales sont des firmes dont le siège social et l'administration au sommet sont installés dans un pays donné, mais qui ont un rayonnement à l'échelle planétaire, dans divers pays d'accueil. Elles ont souvent des chiffres d'affaires faramineux, de l'ordre de plusieurs milliards de dollars. Du fait qu'elles sont actives sur la scène internationale, les firmes multinationales opèrent de façon différente de celles dont les activités se déploient plutôt au niveau national, régional ou local. Dans ce contexte mondialisé, la complexité et l'incertitude prennent une tout autre dimension. Ainsi, la concurrence, les contextes juridique, politique et socioculturel, la main-d'œuvre, la distribution et les comportements locaux sur le plan économique, par exemple, sont des aspects moins contrôlables que si on les considère sur une petite échelle.

Plusieurs facteurs peuvent motiver une entreprise à s'implanter dans d'autres pays : ouvrir de nouveaux marchés, perfectionner ses compétences et élargir des perspectives de R et D, accroître sa rentabilité, devenir plus diversifiée d'un point de vue géographique, réduire les coûts de transport et de manutention, profiter d'un climat politique et social favorable, bénéficier des subventions gouvernementales accordées par les pays hôtes, contourner les barrières tarifaires ou non tarifaires établies par certains pays, tirer profit des ressources naturelles locales, être à la fine pointe des nouvelles techniques en matière de commercialisation, et ainsi de suite.

Les entreprises multinationales ou transnationales peuvent ainsi faire des affaires à l'étranger sous différentes formes de mondialisation :

> Il existe plusieurs formes de mondialisation des affaires, de l'exportation jusqu'à la forme mondiale globale.

- l'exportation directe de produits ou de services à l'étranger par l'entremise d'un service à l'exportation, d'une succursale de vente ou de représentants installés dans les pays d'accueil;

- l'exportation indirecte de produits ou de services par des firmes qui évoluent principalement sur le marché national mais qui font affaire avec l'étranger, en répondant à des commandes occasionnelles ou en pénétrant parfois de façon plus intensive certains marchés par le truchement de sociétés ou de personnes qui agissent comme intermédiaires;

- l'exploitation sur place d'une filiale en implantant une usine, en achetant une entreprise déjà établie ou encore en acquérant un réseau de distribution;

- un contrat de licence accordé à une firme étrangère pour exploiter un produit, un brevet, une marque de commerce ou un procédé;

- un partenariat avec des entreprises étrangères ou des gouvernements locaux pour partager les ressources, les coûts, les risques ou les responsabilités;

- le franchisage, par lequel un franchiseur autorise un franchisé à exploiter une entreprise sous une marque de commerce;

- la sous-traitance, en vertu de laquelle une entreprise autorise une firme implantée dans un milieu étranger à produire des biens suivant certaines spécifications et à les écouler sous sa propre bannière ou sa propre marque. Une entreprise peut également confier la production de biens à plusieurs firmes indépendantes. C'est le cas notamment des constructeurs automobiles qui confient la fabrication d'un certain nombre de composantes à des sous-traitants;

- des alliances stratégiques à long terme entre des entreprises de divers pays. Ces alliances, qui n'impliquent pas de fusions, prennent la forme d'accords portant, par exemple, sur les approvisionnements, les connaissances techniques, les ventes ou encore les activités de recherche et développement;

- une organisation virtuelle comportant un réseau d'entreprises liées temporairement par des mécanismes de communication et de transfert de l'information, et dont l'objectif est de tirer parti d'occasions passagères. Ces entreprises accomplissent, moyennant paiements et accords normatifs, des fonctions distinctes (par exemple, la vente, la production, l'ingénierie, suivant leur expertise et leurs compétences propres) pour le bénéfice de l'ensemble du réseau.

La mondialisation économique force donc les entreprises à faire de nombreux choix stratégiques inédits pour accéder à de nouveaux marchés ou intégrer de nouveaux talents ou compétences d'envergure internationale. Il est clair que la coordination des activités des entreprises multinationales à l'échelle planétaire constitue un défi considérable, rehaussé par les règles implicites de performance communiquées par le capitalisme financier. Les difficultés éprouvées par les firmes leaders du secteur automobile comme Ford (rappel de 4,5 millions de véhicules en 2009 en raison d'un système de régulation de vitesse défectueux), GM (rappel de près de 2 millions de véhicules en 2009 pour un risque d'incendie lié au pot d'échappement) ou tout récemment Toyota (plus de 8 millions de véhicules rappelés en 2010 pour une défaillance de la pédale d'accélération) en témoignent. Par exemple, la place de premier constructeur automobile mondial en 2010, devant GM, coûte cher à Toyota : l'objectif de doubler la taille de l'entreprise entre 2000 et 2008 par une coordination mondiale de l'entreprise multinationale, de ses filiales et de son réseau de sous-traitants à l'intérieur et à l'extérieur des frontières japonaises s'est avéré un défi trop grand pour garantir la qualité et la fiabilité des produits de l'entreprise.

Il faut donc distinguer **mondialisation** (expansion géographique des marchés) et **globalisation** (organisation et répartition à l'échelle planétaire des activités de l'entreprise sous une forme mondiale). La forme mondiale n'est cependant pas propre aux grandes entreprises. Des PME peuvent aussi s'internationaliser – ou encore se globaliser, puisqu'on fait référence ici à la globalisation – en incorporant par exemple une main-d'œuvre multiethnique, en explorant des collaborations de R et D ou de production, ou encore des partenariats commerciaux à l'échelle internationale. Dans le cas des PME hautement technologiques du secteur bio-pharmaceutique, cette recherche d'expertises à l'échelle planétaire est tout à fait naturelle dès la création de l'entreprise. On ne parle plus alors de firmes s'internationalisant en explorant étape par étape de nouveaux marchés géographiques (modèle du globe-trotter), mais de firmes « nées globales » (McKinsey & Co., 1993 ; Oviatt et McDougall, 1994) qui tirent parti dès leur création d'un ensemble de ressources mondialisées (talents, capitaux, marchés, partenariats, etc.). Il est question dans ce cas de « globalistes » (Saives, Desmarteau et Schieb-Bienfait, 2008).

3.15 L'apprentissage et la collaboration en réseau à l'heure de l'économie du savoir

Bombardier, société phare du secteur aéronautique québécois, ne conçoit ni ne fabrique seule ses avions. L'entreprise s'appuie sur un réseau de plusieurs centaines de sous-traitants de différents niveaux ainsi que sur des partenariats de R et D avec plusieurs dizaines de laboratoires de recherche publics et privés au sein de la grappe aérospatiale montréalaise et ailleurs dans le monde (Niosi et Zhegu, 2005). L'aéronautique est une science qui se complexifie, les savoirs requis se multiplient et les liens interorganisationnels aussi. Le même raisonnement s'applique à bien des secteurs hautement technologiques (notamment les télécommunications et le secteur pharmaceutique). La logique est valable aussi pour les biens de consommation de masse : il est connu qu'aujourd'hui Nike ne fabrique pas de chaussures elle-même. La firme américaine orchestre un réseau de sous-traitants de plusieurs dizaines d'usines taïwanaises, chinoises, coréennes, thaïlandaises et indonésiennes de production qui emploient plusieurs dizaines de milliers de personnes. Elle emploie par contre ses 7 000 salariés dans les activités de conception et de marketing au siège social. La compétence clé de l'entreprise réside dans le design de ses chaussures. Pour renforcer cette compétence, Nike est prête à entrer dans de nouvelles stratégies de coconception de ses nouveaux et futurs modèles avec ses consommateurs à travers le réseau Internet. **L'appel au « réseau », qu'il soit économique** (réseau de partenaires), social (réseau de relations sociales), **technologique** (réseau Internet) ou cognitif (réseau de connaissances), est généralisé.

L'environnement globalisé, marqué par la complexité, l'interdépendance et le dynamisme des technologies, des produits ou des services, appelle partout la collaboration dans l'entreprise et en dehors d'elle. Nous y reviendrons dans le chapitre 6 sur la gestion de l'innovation.

L'**organisation en réseau** (Sérieyx et Azoulay, 1996) est particulièrement adaptée à un tel environnement. Il s'agit d'un mode d'organisation plus particulièrement caractérisé à l'époque de l'émergence de la nouvelle économie propulsée par les NTIC au début des années 2000 : ce mode d'organisation permettrait « un recentrage sur les activités, l'éclatement des centres de décision et la circulation "transversale" des informations allant de pair avec un affaiblissement supposé de la hiérarchie, même si on reconnaît qu'elle puisse ne pas disparaître complètement » (Ferrary et Pesqueux, 2004, p. 19).

La notion de réseau englobe à la fois la forme et le contenu des liens, la structure des liens (plus ou moins verticaux, horizontaux, diagonaux, selon les types de réseaux) et la nature des flux de connaissances et des liens entre des personnes. Dans le contexte de la société du savoir, les entreprises n'agissent pas isolément, mais dans des réseaux complexes d'interactions avec les fournisseurs, les clients, les concurrents et la société tout entière. L'organisation elle-même est composée d'un réseau interne d'une multitude de personnes, de groupes, d'équipes, de communautés changeantes, interconnectées par des mécanismes formels et informels. Ces organisations sont elles-mêmes reliées à d'autres organisations, au sein de réseaux d'alliances et de grappes industrielles, géographiques ou sectorielles d'activités (*voir le chapitre 6*). L'entreprise adopte une stratégie qui consiste à gérer les exigences de divers acteurs de son environnement et, ensuite, à se servir d'eux sélectivement. La coopération amène des négociations entre organisations donnant lieu à une **stratégie collective** pour gérer les interdépendances. Celle-ci se superpose à la stratégie d'affaires. Cette stratégie vise à pénétrer et à consolider des marchés, à obtenir des économies d'échelle, à réduire les coûts, à partager les risques, à accroître la flexibilité et la capacité de réaction des entreprises ou à développer de nouveaux produits, technologies ou compétences face à des environnements changeants (Mintzberg, Ahlstrand et Lampel, 1999). Les interdépendances plus ou moins fortes entre les entreprises justifient des formes de réseaux différentes qui sont expliquées ci-après.

3.15.1 Les alliances stratégiques

La stratégie collective prend la forme d'alliances stratégiques, d'accords de coopération de différents types entre les entreprises, voire de fusions, qui permettent de constituer des réseaux d'entreprises. Il peut s'agir de la création de filiales en commun, de partenariats entre grandes entreprises et PME ou encore de collaborations plus étroites de cotraitance dans des projets communs. Une **alliance stratégique** consiste en l'établissement de liens entre deux ou plusieurs organisations indépendantes qui ont chacune des objectifs particuliers et qui s'entendent pour réaliser un projet ou une activité conjointement, en coordonnant les ressources et les compétences nécessaires (Dussauge et Garette, 1999). Ainsi, une **fusion** implique un partage complet des objectifs par les partenaires, tandis qu'une alliance permet à des partenaires de partager des objectifs limités.

Il existe trois principales formes d'alliances entre entreprises non concurrentes :

a) Les **coentreprises** ou *joint ventures* associent souvent des entreprises de pays différents qui apportent leurs compétences respectives. Ainsi, les unes fournissent leur technologie et les autres, leur connaissance du milieu local, avec éventuellement un système de distribution.

b) Les **partenariats verticaux** font référence à l'externalisation (ou sous-traitance stratégique), qui consiste à sous-traiter partiellement ou complètement une activité et permet souvent au fournisseur de participer à la conception du produit ou du service.

c) Les **accords intersectoriels** sont des alliances entre sociétés qui ne sont ni des clients ni des fournisseurs l'une de l'autre et qui ont comme objectif la création conjointe d'un produit ou d'un service.

On distingue aussi trois catégories d'alliances entre entreprises concurrentes. Premièrement, les alliances de **co-intégration** permettent aux partenaires ayant des actifs et des compétences similaires de partager des sources d'approvisionnement ou des risques, ou d'atteindre une taille critique. Deuxièmement, les alliances de **pseudo-concentration** amènent des firmes ayant des actifs et des compétences semblables à s'allier pour exécuter l'ensemble de leurs activités. Ces firmes pourraient aussi bien fusionner. Troisièmement, les alliances **complémentaires** sont formées de concurrents qui s'allient sur la base d'actifs ou de compétences complémentaires. La figure 3.10 (*voir p. 236*) propose une représentation de ce type d'alliances dans le secteur automobile en 2001.

Ces alliances ou accords entre entreprises peuvent conduire à quatre grandes familles de réseaux (Boulanger, 1995) structurés de façon différente :

a) Les **réseaux intégrés** comprennent un ensemble d'unités dispersées (établissements ou filiales) appartenant financièrement ou juridiquement à un même groupe ou organisme. Le pouvoir institutionnel émane du sommet, siège de la propriété financière. Il s'agit d'une grande organisation, souvent mondiale, empruntant aux modes de fonctionnement de la forme divisionnaire, en ce que les actions des réseaux intégrés se fondent sur de multiples entités.

b) Les **réseaux fédérés** comprennent des groupements d'entités morales ou physiques coopératives, mutuelles ou d'associations désireuses de se donner des moyens communs. Il peut s'agir de la mise en réseau de petites entreprises pour pallier leurs faiblesses au moyen d'un réseau central fort permettant de les fédérer, de définir des objectifs, de canaliser l'effort dans la même direction et de développer le partenariat. La plupart de ces entités sont autonomes. Le réseau permet de diminuer les handicaps liés soit à leur taille, soit à leur structure.

c) Les **réseaux contractuels** sont établis par un contrat de concession, de franchise ou un accord de coopération qui reconnaît une certaine réciprocité entre les partenaires statutairement indépendants.

d) Les **réseaux maillés** se fondent sur le partage de l'information entre entités indépendantes et autonomes et peuvent créer plus d'échanges et d'activités que la somme des acteurs isolés. C'est cette dernière forme de réseautage qu'on voit émerger aujourd'hui à l'ère de la société du savoir (*voir la figure 3.11*).

FIGURE 3.10 Un exemple des principaux réseaux d'alliances dans le secteur automobile (2001)

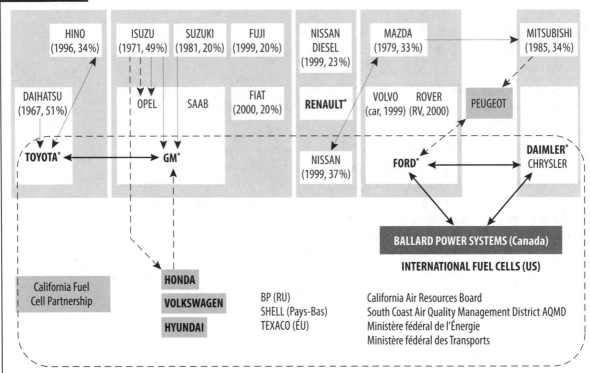

Notes : * Indique la société principale de chaque partenariat sous forme de participation au capital.
L'année est celle du début de l'alliance et le pourcentage est celui des actions acquises par la société principale de chaque partenariat sous forme de participation au capital.
Volvo (division voitures) et Rover (division véhicules de tourisme) ont été acquis en totalité par Ford.

Source : OCDE (2001, p. 99).

FIGURE 3.11 De la sous-traitance à l'entreprise en réseau

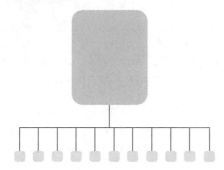

**Jusqu'aux années 1980 :
entreprise intégrée,
sous-traitance de capacité**
Nombreux sous-traitants de
capacité de taille réduite en
relation directe avec un donneur
d'ordres très intégré.
Cherry-picking : choix
du sous-traitant le moins cher
pour une opération donnée.
Confiance réduite.

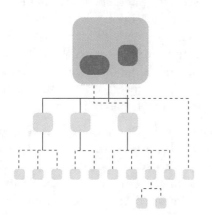

**Années 1990 :
modèle de sous-traitance
pyramidale** (inspiration japonaise)
Mouvement de rationalisation
(réduction du nombre de sous-
traitants de premier rang).
Externalisations de fonctions
majeures et création
de partenariats industriels.
Recherche de relations de confiance.
En interne : premiers plateaux-
projets, coexistant avec une
organisation fonctionnelle/
bureaucratique.

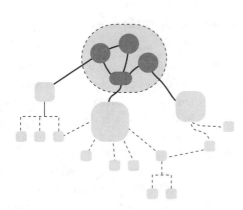

**Années 2000 :
modèle en réseau généralisé**
Banalisation des relations
interne/externe et éclatement
des formes de relations inter-firmes :
alliances, partenariats, ententes,
filiales communes, prestations
de services...
Généralisation simultanée
des réseaux internes.
Mondialisation, taille croissante
des équipementiers.
Versatilité des relations
malgré des interdépendances
toujours plus fortes.

Source : Mariotti (2005, p. 86).

3.15.2 L'organisation dématérialisée ou virtuelle

Des réseaux de coopération peuvent ainsi être établis sur une base plus ou moins temporaire pour atteindre des objectifs précis. Dans l'organisation dématérialisée ou virtuelle, un réseau temporaire de sociétés indépendantes, de fournisseurs et même de concurrents reliés par l'informatique grâce aux NTIC partagent leur savoir-faire, les coûts et l'accès à leurs marchés respectifs. L'organisation virtuelle permet à des partenaires de s'unir rapidement pour exploiter un créneau donné. Une fois le but atteint, l'association se dissout (Sérieyx et Azoulay, 1996). Ainsi, l'association entre Sony et Apple a permis de lancer rapidement un portable bas de gamme. Une fois l'objectif atteint, l'accord entre les deux entreprises a pris fin.

La stratégie permet de doter l'organisation d'une vision commune, d'objectifs partagés et de cohérence. La structure est caractérisée par l'interdépendance des entités organisationnelles et par des mécanismes de coordination informels et formels basés sur la hiérarchie (commandement), le marché (échange) ou la solidarité-association (confiance). Les entreprises en réseau adoptent souvent des structures du type matriciel dynamique favorisant l'intégration de diverses unités qui ont des objectifs et des rôles particuliers, mais qui doivent agir en interdépendance avec les autres unités. Cette structure est plus décentralisée que la forme matricielle traditionnelle.

Au-delà d'une structure, le réseau est une culture d'innovation et il véhicule celle-ci. Cette « approche réseau » se fonde sur l'idée que la création de valeur, de quelque nature qu'elle soit, résulte des synergies entre des personnes, des technologies, des connaissances ou des entités qui conservent leur capacité d'initiative propre, leur indépendance et leur espace de créativité. Nous y reviendrons dans le chapitre 7 portant sur la gestion des connaissances.

3.15.3 Le recours aux technologies de l'information et de la communication

Cette structure décentralisée se fonde sur les échanges, les communications et le maillage entre les unités afin d'assurer l'intégration et le synchronisme entre les centres de décision. Le réseau absorbe l'information puis la redistribue à toutes ses unités ; c'est le partage de l'information, des connaissances et du savoir de même que la possibilité d'innovation. Son bon fonctionnement exige suffisamment de confiance pour partager l'information, mais aussi des systèmes d'ajustement mutuel pour maintenir la cohérence de l'ensemble. Le partage de l'information, les communications et les capacités d'ajustement sont des éléments centraux du fonctionnement du réseau. Les technologies de l'information constituent un support essentiel à la gestion de l'organisation en tant que système réticulaire cohérent. Elles ont pour effet d'abolir les frontières physiques et temporelles entre personnes, fonctions et entreprises, contribuant ainsi à mailler horizontalement tous les collaborateurs. Les réseaux de communication permettent de relier des entités distantes, de partager de l'information et de s'ajuster, tandis que les systèmes d'information appuient le travail en équipe. Ils constituent très souvent l'infrastructure indispensable qui alimente l'entreprise en information et assure ainsi la coordination de l'ensemble. Grâce à la structure en réseau, les capacités d'entreprendre et d'innover rapidement sont multipliées. Contrairement à la décentralisation, qui ne permet pas de créer des passerelles entre les unités, la mise en réseau vise à fédérer, à favoriser et à harmoniser les différents foyers d'initiative entrepreneuriale jusqu'à une intégration complète, souple et efficace (Coulon, 1996). Le travail est organisé par une équipe dont l'efficacité est fonction des relations qu'elle entretient avec d'autres équipes et du dynamisme de l'entreprise.

En somme, l'organisation en réseau est un ensemble de moyens (infrastructures) et de règles (infostructures) qui permettent aux acteurs d'entreprendre et de mener à bien des projets communs lorsque ceux-ci sont conformes aux attentes et aux usages communs (infoculture du réseau) (Bressand et Distler, 1995). C'est aussi un ensemble de réseaux intra-organisationnels et interorganisationnels supportés par des réseaux de télécommunications. Le tableau 3.17 illustre les principales caractéristiques de l'organisation en réseau.

TABLEAU 3.17 Les principales caractéristiques de l'organisation en réseau

Stratégie	• Croissance par coopération et partenariats multiples • Multiproduits, multimarchés, multi-industries
Organisation	• Matricielle et en réseau • Décentralisée et maillée • Dynamique
Évaluation des performances et obligation de rendre compte	• Efficacité et stabilité des accords • Performance des ententes de coopération • Contribution au réseau
Récompenses	• Par unités et équipes de travail • Carrières multiples
Options stratégiques	• Intégrations verticale et horizontale • Alliances, accords de partenariat multiples avec entreprises concurrentes et non concurrentes
Recherche et développement	• Décentralisés
Système de gestion	• Stratégie contrôlée par le groupe central (pilote) • Décentralisation des opérations • Intégration et maillage par mécanismes formels, informels et réseaux de télécommunications • Gestion des arbitrages

Section V
Conclusion : de la réorganisation à l'auto-organisation

Le design organisationnel (l'action d'organiser) est le processus par lequel l'organisation naît et se transforme pour demeurer viable, compte tenu des contraintes présentes dans son environnement, tout en mettant en pratique la stratégie. L'organisation (institution organisée) est faite d'une structure et d'un mode de fonctionnement variables que nous avons tenté de décortiquer au moyen des différents éléments organisationnels intervenant dans le processus de design : les tâches, les ressources, les structures et les mécanismes de coordination.

Le design organisationnel : une activité qui requiert du leadership et de la persuasion

La définition et la conduite du design organisationnel reposent en bonne partie sur le leadership de la direction. Un bon leadership ne peut s'appuyer exclusivement sur le pouvoir qui en découle ; il dépend également de la capacité des dirigeants d'écouter ce que les membres, aux divers paliers de l'organisation, ont à leur communiquer, et de passer à l'action au moment propice.

Pour en arriver à des changements durables, la direction doit savoir reconnaître tout le potentiel des membres de l'organisation. C'est grâce aux canaux de communication que les agents du changement peuvent évaluer la justesse et la pertinence de leurs actions et mesurer les progrès accomplis. Il importe, par conséquent, d'associer au projet de changement le plus grand nombre de personnes possible et de diffuser régulièrement les résultats obtenus. Ce sont les membres concernés qui, par leur engagement, leur enthousiasme et leur dépassement, donnent au design organisationnel son dynamisme et sa vitalité. Il importe également que les ressources humaines aient une vision à la fois commune et cohérente de la mission que s'apprête à accomplir l'entreprise (Lippitt, 1973). Introduire un vecteur d'orientation auquel tous peuvent s'identifier constitue un véritable défi pour les agents du changement. Un certain nombre d'aspects peuvent échapper à leur vigilance au début du processus ; ils devront très tôt intégrer toutes les composantes du changement et percevoir le capital humain comme un instrument clé de la réussite des opérations.

Les promoteurs du design organisationnel ne peuvent, s'ils veulent être efficaces, se lancer dans une opération sans avoir au moins exploré les influences concrètes que les résultats escomptés des changements peuvent avoir sur les personnes ou sur les groupes concernés. Des scénarios peuvent être élaborés au niveau des services ou des unités, des postes ou des fonctions, ou encore des catégories socioprofessionnelles, de manière à rechercher les répercussions du changement (Killman, Saxton et Serpa, 1986).

Il n'y aurait pas lieu de s'interroger sur le changement dans l'organisation si toutes les modifications envisagées satisfaisaient toujours les acteurs. L'applicabilité du changement provoqué par la redéfinition de l'organisation dépend du compromis qui se dégage dans la logique des différents acteurs concernés et qui permet, au moins pendant un certain temps, au nouveau système de fonctionner avec un certain équilibre (Zmud et Cox, 1979).

Si le changement repose sur l'exercice de conception de quelques acteurs du sommet stratégique, il importe de repérer, de préparer et, pour ainsi dire, de construire les zones où l'on sait qu'il devra y avoir négociation. Il s'agit, compte tenu de l'étude des conséquences du changement sur le milieu où il va se dérouler, de détecter les points sur lesquels portera délibérément la négociation des solutions avec les acteurs concernés. Cette approche ne protège pas contre toute surprise. Par exemple, on pourra détecter des zones dans lesquelles on s'attend à devoir négocier, alors que finalement les acteurs auront changé de tactique, de sorte que le terrain de négociation changera. À l'inverse, des conflits imprévus pourront obliger à négocier sur un terrain qui était considéré comme ne posant aucun problème. On doit reconnaître de manière réaliste le caractère forcément négocié de toute stratégie de changement et, par conséquent, préparer cette négociation plutôt que de se voir imposer des ajustements trop tardivement et dans de mauvaises conditions (Kotler et Schlesinger, 1979).

■ Le design organisationnel : une activité de réorganisation et un processus d'auto-organisation

Deux méthodes de réorganisation très utilisées impliquent de la part des entreprises qui y font appel un changement en profondeur des façons de faire : la réingénierie (*reengineering*) et l'étalonnage concurrentiel (*benchmarking*).

La **réingénierie** est une méthode qui consiste à réviser en profondeur les processus d'affaires de l'entreprise dans le dessein de hausser de façon importante la performance en matière de coûts, de qualité et de délais (Hammer et Champy, 1996). Par « processus », on entend des activités aussi diverses que l'approvisionnement, la conception, l'exploitation, la maintenance, la validation du service, le service après-vente, la livraison, l'intervention auprès du client ou la facturation.

Concrètement, la réingénierie vise à réorganiser l'entreprise sur la base de ses principaux processus en agissant sur les structures administratives de façon à y intégrer les fonctions correspondantes. La reconfiguration des structures peut prendre différentes formes telles que la restructuration (*downsizing*), l'aplatissement des structures (*delayering*), l'autonomisation (*empowerment*) et l'impartition (*outsourcing*). La restructuration vise à réduire la taille des actifs, des effectifs ou des activités de l'entreprise. Par « aplatissement des structures », on entend la réduction des niveaux hiérarchiques, particulièrement les niveaux intermédiaires. L'autonomisation consiste à conférer plus de pouvoir décisionnel aux subalternes. Ceux-ci peuvent en effet prendre des décisions sans devoir nécessairement consulter les supérieurs. Enfin, l'entreprise peut aussi opter pour l'impartition ou l'externalisation de certaines activités de base.

La reconfiguration des processus à laquelle donne lieu la réingénierie équivaut à une rupture par rapport aux pratiques existantes. Elle s'appuie dans une très large mesure sur les nouvelles technologies de l'information et de la communication.

Afin de donner des résultats satisfaisants, la réingénierie exige que certaines conditions soient respectées. Ainsi, la direction générale doit prendre en charge l'amorce et la conduite des changements. Celle-ci prend en compte les aspects humains liés au changement. Les activités de réingénierie doivent être effectuées dans un esprit de concertation et impliquent le déploiement d'efforts de communication intenses. On doit, d'autre part, se fixer des objectifs de rupture ambitieux et faire appel à des équipes pluridisciplinaires constituées de personnes convaincues de la nécessité du changement et fermement engagées. On doit enfin laisser autant que possible libre cours à la créativité des participants afin d'accroître les chances de succès de l'exercice.

L'**étalonnage concurrentiel** ou *benchmarking* est une méthode mise au point par Xerox, le chef de file américain en matière de photocopieurs, vers la fin des années 1970. À l'époque, cette entreprise voyait dans le *benchmarking* ou l'échange des « meilleures pratiques » (*best practices*) un moyen de contrecarrer l'avance des producteurs japonais. Ces derniers avaient eux-mêmes remporté à l'époque des succès éclatants en formant des *keiretsu* ou des clubs de *benchmarking* entre entreprises évoluant dans des secteurs d'activité différents (Camp, 1992).

L'entreprise qui adopte le *benchmarking* s'efforce de repérer, d'analyser et d'adopter les pratiques et les façons de faire privilégiées par d'autres entreprises (ou personnes) dont les résultats s'avèrent les plus probants dans le monde. Pour ce faire, cette entreprise doit évaluer objectivement et sans *a priori* ses propres performances sur le plan de ses processus ou de ses opérations, celles des autres entreprises et la façon d'opérer les changements dans son propre milieu. La méthode est en lien direct avec l'approche de l'organisation apprenante (*voir le chapitre 7*), car elle force l'entreprise concernée à examiner ce qui se pratique ailleurs en matière de gestion.

Le *benchmarking* peut prendre différentes formes. Ainsi, les comparaisons de méthodes, d'opérations ou de processus peuvent s'effectuer : 1) à l'interne (entre filiales, entre sites ou entre milieux géographiques différents) ; 2) entre entreprises opérant dans un même secteur d'activité ; 3) entre entreprises non concurrentes d'un même secteur d'activité ; ou 4) entre entreprises évoluant dans des secteurs d'activité complètement différents. Tout comme pour la réingénierie, le *benchmarking* requiert de la part des dirigeants du doigté au moment de l'introduction et de la mise en œuvre des changements requis. L'information et la communication jouent également un rôle de premier plan. Les conditions de réussite du *benchmarking* sont sensiblement les mêmes que celles de la réingénierie.

Le *benchmarking* appelle plus globalement une démarche d'ouverture et d'apprentissage dans l'entreprise. L'approche réseau, proche de la conception de l'entreprise-cerveau, de l'organisation apprenante, voire holographique (Morgan, 1999)[16]**, milite pour sa part et à l'extrême pour une forme d'auto-organisation.**

---

16. « La métaphore de l'hologramme nous invite à penser à des systèmes dont les qualités de l'ensemble sont incluses dans toutes les parties, de sorte que le système a la capacité de s'auto-organiser et de se régénérer d'une manière durable » (Morgan, 1999, p. 95).

Elle incite à de nouveaux modes de management décentralisés que nous aborderons dans le chapitre 7 portant sur la gestion des connaissances, car le *benchmarking* peut, après tout, se faire à tous les niveaux, y compris ceux du « bas de la pyramide » ! Le changement ne s'impose pas forcément d'en haut ni de l'extérieur. Ainsi, les philosophies managériales occidentales ou orientales – des idéologies différentes – forgent des organisations très disparates. Elles justifient le chapitre suivant qui explore la direction, c'est-à-dire la conduite des personnes et la variété de ses formes.

■ ANNEXE
Les facteurs internes de contingence

Les configurations structurelles reflètent l'existence d'un arrangement (*fit*) entre divers facteurs contingents, dont certains sont apparentés à l'environnement externe de l'entreprise et d'autres, au cadre particulier de celle-ci. L'âge (Stinchcombe, 1965), la taille (Pugh *et al.*, 1968 ; Reimann, 1973 ; Blau *et al.*, 1976), le système technique (Woodward, 1965 ; Pugh *et al.*, 1968 ; Harvey, 1968 ; Hunt, 1972) et le mode de propriété (Blau et Scott, 1963 ; Samuel et Mannheim, 1970 ; Heydebrand, 1973 ; Holdaway *et al.*, 1975) sont autant de facteurs qui contribuent à expliquer la configuration structurelle adoptée par les entreprises.

Les entreprises sont souvent dans une situation particulière en raison d'un amalgame de facteurs de contingence que nous aborderons successivement dans cette annexe, à savoir : la genèse, l'histoire, l'âge et la taille de l'entreprise ; les modes de production ; le mode de propriété et les considérations juridiques ; la qualification, les motivations des membres et le style de direction.

I La genèse, l'histoire, l'âge et la taille de l'entreprise

La genèse, l'histoire, l'âge et la taille de l'entreprise sont liés entre eux, voire indissociables (Perrow, 1970). La **genèse** et l'**histoire,** en particulier, font référence à l'origine de l'organisation, à ses raisons d'être, aux valeurs et aux philosophies des administrateurs qui se sont succédé, à leurs expériences et à leurs actions, bonnes ou mauvaises. Par exemple, pour Jones (1983), l'organisation est le produit de son histoire. C'est un réseau de typages révélés par un langage qui lui est propre et qui devient la « grammaire de base » de l'organisation. Cette dernière possède, selon lui, une mémoire collective qui reflète les associations, les événements et les actions qui l'ont marquée et qui sont exprimés dans les systèmes formels (structure, technologie et procédure) et informels (mythes, histoires, rituels, culture, etc.). Ces aspects donnent aux acteurs, aussi bien au sommet qu'à la base, une vision du monde qui, au fil du temps, se reflète dans les méthodes, les règles, les façons de faire, etc. (Allaire et Firsirotu, 1988). De l'histoire et de la genèse on peut tirer des explications sur le fonctionnement de l'organisation contemporaine. En d'autres termes, le passé contribue à expliquer le présent et l'avenir.

L'**âge** est également un facteur expliquant le fonctionnement des entreprises. Par exemple, les nouvelles entreprises ont souvent tendance à définir de façon plutôt floue leurs tâches. Elles ne savent pas toujours discerner les parties essentielles des parties secondaires d'une tâche, ni comment coordonner les diverses composantes. Cependant, à mesure qu'elles prennent de l'âge, elles apprennent à composer avec leur environnement et avec des problèmes internes tels que la coordination, l'influence des membres, la transmission de l'information, la planification ou le contrôle. Elles établissent des méthodes et des critères de rendement afin d'évaluer plus adéquatement les niveaux de performance atteints (Starbuck, 1965).

Plus les entreprises sont grandes ou âgées, plus leur structure est élaborée et plus les tâches sont spécialisées.

D'un autre point de vue, les entreprises, en prenant de l'expansion sur les plans de l'effectif et de la production (donc en gagnant en **taille**), peuvent compter sur une structure de plus en plus sophistiquée. Plus les tâches se spécialiseront, plus les unités se différencieront et plus la composante administrative deviendra importante. On devra éventuellement faire appel à la coordination afin de répondre aux besoins en matière de hiérarchie, de formalisation des comportements, de systèmes de planification et de contrôle ainsi que de mécanismes de liaison. La hiérarchie administrative va prendre graduellement de l'importance ; on assiste à une plus grande démarcation entre les niveaux opérationnel, administratif et stratégique. Dans une petite entreprise, les propriétaires participent souvent aux tâches opérationnelles. Cette pratique s'estompe dans le cas des moyennes et des grandes entreprises.

Dans les organisations plus anciennes ou de grande taille, les comportements ont tendance à se répéter. Étant donné qu'il est facile de prédire ces comportements, l'organisation voudra les incorporer selon une approche formalisée. D'autre part, à mesure que les entreprises prennent de l'expansion, les tensions entre les dirigeants et les travailleurs s'accentuent, les personnes se sentent de plus en plus isolées et les barrières spatiales prennent de l'importance. Le groupe formel qui s'était constitué avec la création de l'entreprise se disloque et donne lieu, graduellement, à des groupes informels qui ont leurs propres valeurs et leur propre philosophie. La direction doit recourir à des mécanismes qui permettent de rendre les comportements plus prévisibles et d'assurer ainsi la poursuite des intérêts supérieurs. Pour ce faire, elle fera appel, entre autres choses, à des règles, à des procédures, à des échanges formels, à des descriptions de postes, à de la formation, etc.

La formalisation va d'ailleurs prendre de l'ampleur dans la foulée de la spécialisation, de la différenciation entre unités et des besoins de coordination, qui sont le propre des moyennes et des grandes entreprises.

Ainsi, en guise de synthèse, rappelons les hypothèses de Mintzberg (1982, p. 215-219) quant à **l'influence de l'âge et de la taille sur la forme organisationnelle** :

- « **Plus une organisation est âgée, plus son comportement est formalisé** » (p. 215).
- « **La structure de l'organisation reflète l'âge de la fondation de son activité** » (p. 216).
- « **Plus une organisation est de grande taille, plus sa structure est élaborée : plus les tâches y sont spécialisées, plus ses unités sont différenciées et plus sa composante administrative est développée** » (p. 217).
- « **Plus l'organisation est grande, plus la taille moyenne des unités est grande** » (p. 218).
- « **Plus l'organisation est grande, plus elle est formalisée** » (p. 219).

L'âge et la taille, combinés avec les conditions de l'environnement externe, exercent leur influence aux différentes étapes du développement structurel de l'entreprise. Ainsi, à mesure que les entreprises grandissent et prennent de l'âge, elles traversent des périodes de mutations structurelles ou des métamorphoses (Mintzberg, 1982) marquées par une succession de changements abrupts et discontinus de structures et de conditions de fonctionnement (leurs formes changent de nature).

En croissant, les entreprises changent de configuration organisationnelle.

Mintzberg fait l'hypothèse que les firmes en croissance passent d'une forme **entrepreneuriale** à une forme **fonctionnelle,** puis à une forme **divisionnaire** et, au stade de maturité d'une industrie, adoptent une forme **innovatrice**. À chacune des étapes, on enregistre des fluctuations en ce qui concerne la disponibilité des ressources (humaines, techniques, financières, entrepreneuriales, administratives, etc.). Les **crises** qui surviennent pendant la métamorphose d'une entreprise en croissance ont été largement documentées dans le cas des petites et moyennes entreprises.

Les petites et moyennes entreprises à vocation industrielle et commerciale peuvent être classifiées, comme nous l'indiquons dans le tableau A, sur la base du marché servi (local, régional, national, international) et du type de produits ou de services offerts. Dans cette perspective, il existe trois grands types de firmes : 1) celles dont la survie dépend d'un ou de quelques clients ; 2) les entreprises sans avantages concurrentiels particuliers ; 3) les entreprises de haute spécialisation (Horovitz et Pistol-Belin, 1984).

TABLEAU A   La classification des petites et moyennes entreprises

Entreprise et activités	Marché			
	Local	**Régional**	**National**	**International**
• Sous-traitant dépendant d'un ou de quelques gros clients • Peu enclin à croître • Vision à court terme • Souvent entreprise familiale	Exemples : • Électricien, plombier, plâtrier agissant comme sous-traitants pour un entrepreneur de construction • Firme de comptables agréés	Exemples : • Ferme laitière faisant affaire avec une coopérative • Réparateur d'appareils électroménagers	Exemple : • Produits locaux ou artisanaux vendus par l'intermédiaire de quelques distributeurs	
• Marché très concurrentiel • Peu ou pas d'avantages concurrentiels • Peu ou pas de produits différenciés	Exemples : • Dépanneurs • Pâtisseries • Agences immobilières	Exemples : • Boutiques installées dans un centre commercial • Producteur maraîcher écoulant ses produits dans un marché public	Exemple : • Entreprises de vêtements, de textiles	
• Marché de haute spécialisation • Entreprise d'avenir en forte croissance • Vision à long terme			Exemples : • Fournisseurs de composantes entrant dans la fabrication de produits métallurgiques, mécaniques, de télécommunication, etc. • Entreprises évoluant dans le domaine de la biotechnologie	

Le développement des PME entrepreneuriales suit, depuis leur création, différentes étapes. Chacune de ces étapes, plus ou moins longue et pouvant varier d'un point de vue chronologique d'une entreprise à l'autre, est marquée par des préoccupations et des crises auxquelles les propriétaires doivent être attentifs :

1) le lancement ; 2) les liquidités ; 3) la délégation ; 4) le leadership ; 5) le financement ; 6) la prospérité ; 7) la continuité (Robidoux et Dell'Aniello, 1980). L'enchaînement de ces crises est illustré dans la figure A.

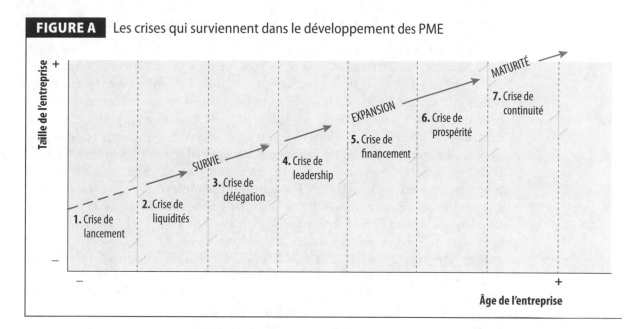

FIGURE A Les crises qui surviennent dans le développement des PME

L'étape du **lancement** est l'une des étapes les plus cruciales de la vie de la firme. C'est l'explication la plus courante de la disparition d'entreprises après seulement quelques années, et même quelques mois, de fonctionnement.

> Les PME traversent des crises de croissance typiques.

Les deuxième et troisième crises correspondent à la période durant laquelle l'entreprise cherche à consolider ses assises (la période de survie). Les quatrième, cinquième et sixième crises peuvent être assimilées à la période dite « d'expansion ». La septième crise survient ordinairement lorsque l'entreprise a atteint le stade de la maturité.

Parmi les raisons les plus couramment invoquées pour expliquer l'échec de la première étape, mentionnons celles-ci : des compétences et une expérience en gestion insuffisantes ; une méconnaissance de la finance et de la comptabilité ainsi que des marchés ; une sous-estimation des besoins de financement (sous-capitalisation). La crise de **liquidités** peut découler de la sous-capitalisation, mais également de la difficulté qu'ont les gestionnaires à se fixer des objectifs réalistes sur le plan de la croissance ou sur celui des profits et à asseoir sur une base solide la position financière de l'entreprise. Le manque de liquidités risque de compromettre les opérations de l'entreprise, voire son développement et sa survie. Les impératifs de croissance peuvent, par exemple, nécessiter que l'entreprise investisse de plus en plus afin de supporter les stocks et les comptes clients ; elle doit disposer des liquidités et des marges de crédit nécessaires. La crise de **délégation** survient ordinairement durant la période où l'entreprise a atteint une taille telle qu'il devient difficile au seul propriétaire de gérer toutes les activités ; l'entreprise est cependant trop petite pour s'entourer d'une équipe complète de gestionnaires. À cette étape-ci, les propriétaires sont parfois placés devant un choix difficile : continuer d'avoir la charge des diverses activités ou déléguer une partie de leurs responsabilités. Lorsque les activités de fabrication et de commercialisation sont réduites et peu complexes, il peut arriver que la délégation ne s'impose pas. Ce n'est ordinairement pas le cas lorsque ces activités gagnent en complexité ; leur poids ne peut alors reposer sur une seule personne.

Les tentatives du propriétaire pour remettre à plus tard la décision de déléguer peut avoir des incidences fâcheuses : un système de produits dont le fonctionnement est inadéquat, un service à la clientèle inadapté, des conflits avec les employés, et ainsi de suite. La crise de **leadership** se fait sentir lorsque la firme atteint une taille qui requiert la formation d'une équipe de gestionnaires pour prendre les commandes des différentes fonctions (marketing, gestion des opérations et de la production, finances, etc.). Il n'est maintenant plus possible pour les propriétaires de s'occuper seuls de l'avenir de la firme. Ils ne sont plus en mesure de répondre à toutes les attentes et à tous les besoins qui se font sentir ici et là dans l'organisation. Par contre, il leur est parfois difficile d'avoir de nouvelles visions, d'envisager de nouvelles façons de faire. La phase de leadership est souvent celle qui correspond au départ du fondateur et à l'arrivée de gestionnaires externes. Les entrepreneurs qui décident de rester et de se joindre à la nouvelle équipe doivent adopter rapidement de nouveaux comportements, accepter de déléguer et favoriser un contrôle des activités par des rapports écrits – et non plus seulement verbaux – afin d'activer le processus décisionnel. La crise de **financement** survient, quant à elle, lorsque l'entreprise, en pleine période d'expansion, nécessite des fonds supplémentaires afin de continuer sur sa lancée. Diverses possibilités s'offrent à elle : le financement par des particuliers (amis, connaissances, etc.), des banques à charte, des sociétés de financement et de nantissement commercial, des organismes financiers para-gouvernementaux, des sociétés de capital de risque, des placements privés, etc. La direction doit effectuer les choix les plus propices au développement de la firme.

La crise de **prospérité** peut survenir lorsque, dans un contexte de forte expansion, les dirigeants se complaisent dans les réussites et les façons de faire antérieures. Ils sont alors tentés de promouvoir une expansion encore plus rapide des affaires, forts des recettes qui ont fait, jadis, le succès de l'entreprise. Enfin, la crise de **continuité** se produit lorsque les propriétaires décèdent ou encore sont forcés, pour quelque raison que ce soit, de lâcher les rênes de l'entreprise. Des questions cruciales se posent alors : qui va assurer la succession à la direction et dans quelles conditions ? Qui va assumer le contrôle du vote, s'il s'agit d'une compagnie par actions ? Qu'advient-il si l'impôt successoral draine les réserves de liquidités de l'entreprise ? Les propriétaires ont intérêt à préparer les modalités propres à assurer un transfert harmonieux.

II Les modes de production

L'entreprise peut se distinguer par son mode d'organisation de la production. Le mode de production peut être le choix d'un entrepreneur, mais, dans bien des cas, il résulte plutôt du contexte concurrentiel, qui laisse peu de marge d'initiative à l'entreprise et la force à adopter un mode de production et une forme d'organisation donnés.

Les auteurs classiques, dont Taylor, ont déjà avancé l'idée, au début du xxᵉ siècle, que la productivité ainsi que les performances de l'entreprise sont fonction de la conception d'équipements adaptés à la physiologie des personnes. De tels équipements permettent en outre la spécialisation et la parcellisation des tâches. La division du travail devrait s'étendre aux divers niveaux de l'organisation : les travailleurs deviennent des exécutants, tandis que les dirigeants deviennent des concepteurs et des superviseurs de technologies. Dans les années 1960, Woodward mettait en relief les liens qui existent entre la technologie et l'organisation globale de l'entreprise, remettant ainsi en cause les approches universelles en matière de structure organisationnelle. L'étude de plusieurs entreprises anglaises la conduisit à suggérer une classification des entreprises industrielles selon trois modes de production : à l'unité, de masse et en mode continu. Afin de s'ajuster aux nouvelles réalités, il y a lieu d'ajouter à cette typologie un autre mode de production : la production en petites séries de biens identiques. Quant aux activités de service, leur mode de production diffère sensiblement des activités précédentes. Il est également souhaitable de distinguer les modes de production selon que les connaissances techniques dans un secteur donné sont évolutives en fonction d'un environnement relativement stable ou en progrès continu et rapide en raison du fait qu'on a affaire à un environnement turbulent (Monks, 1982). Le tableau B illustre les principaux modes de production en tenant compte de ces deux axes.

> La technologie et le mode de production influent sur la forme organisationnelle.

TABLEAU B La typologie des modes d'organisation de la production

	Volume de production			
	Production à l'unité ou artisanale	**Production en petites séries de biens identiques**	**Production de masse**	**Production en mode continu**
Connaissances techniques évolutives	Exemples : • Entrepreneurs domiciliaires • Imprimeries • Restaurants non franchisés • Plombiers • Électriciens	Exemples : • Fabricants d'appareils lourds • Fabricants de lignes de vêtements • Fabricants de meubles	Exemples : • Entreprises agroalimentaires • Entreprises pharmaceutiques • Constructeurs d'automobiles	Exemples : • Exploitations minières • Raffineries • Électrolyse de l'aluminium • Entreprises productrices d'énergie électrique
Connaissances techniques en progrès continu et rapide	Exemples : • Firmes d'ingénieurs-conseils • Consultants	Exemples : • Fabricants d'instruments et d'équipements spécialisés • Entreprises de biotechnologie	Exemples : • Avionneries • Fabricants de produits chimiques • Fabricants d'ordinateurs • Fabricants de produits de télécommunication	Exemples : • Télécommunications • Exploration spatiale

Les techniques de production diffèrent ordinairement en fonction du stade où se situent les produits dans l'évolution de l'industrie (*voir le chapitre 2*). Dans le cas des produits en croissance ou à maturité, l'équipement requis et les besoins des consommateurs sont connus. Dès lors, quand cela est possible, la technologie est mise en œuvre sous forme de procédés, d'outils et d'installations qui permettent des économies d'échelle. Par «économie d'échelle», nous entendons la baisse du coût unitaire de production à mesure que le volume de production augmente. Dans le cas des produits en émergence, les procédés de fabrication sont en mutation et les besoins des consommateurs, en constante redéfinition. La technologie demeure donc flexible sans impliquer d'équipements spécialisés, et les firmes qui les utilisent demeurent petites.

II.I La production à l'unité ou artisanale

La technologie artisanale est caractérisée par l'application d'habiletés individuelles à la production, en petit volume, de biens et de services spécialisés. L'artisan aborde des problèmes variés et distincts. Il s'appuie sur des habiletés et des connaissances personnelles acquises au cours d'un long apprentissage. Le lien entre l'effort personnel et le résultat est clair, que le travail soit manuel ou intellectuel.

L'artisan a reçu une formation de longue durée ou encore sur le lieu de travail, selon la profession choisie. La pratique de son métier lui a enseigné à porter des jugements à la lumière de son expérience. Les goûts de plus en plus différenciés des consommateurs ouvrent de nombreux segments de marché à l'industrie artisanale aux dépens des grandes usines, orientées vers la production de masse.

Dans un contexte de production à l'unité, les opérateurs profitent d'une assez large autonomie, car ils conçoivent et contrôlent eux-mêmes leur travail et ont un contact direct avec les clients ou les consommateurs. La production à l'unité est le propre des firmes telles que les entreprises de construction domiciliaire, les imprimeries, les restaurants non franchisés ; toutes fabriquent, à la demande des clients, des produits personnalisés. En général, il n'y a pas de démarcation nette entre la fabrication et la commercialisation. Les propriétaires, pour leur part, consacrent une fraction importante de leur temps à tenter de repérer de nouveaux clients. Une partie des méthodes et de l'ordonnancement est décentralisée au niveau des ateliers. Enfin, ce mode de production fait peu appel, dans un contexte où les connaissances techniques sont évolutives (plombiers, électriciens, avocats, par exemple), aux activités de support et aux services administratifs. C'est moins le cas, par contre, dans un contexte où les connaissances techniques évoluent rapidement (par exemple, les firmes d'ingénieurs-conseils).

II.II La production en petites séries de biens identiques

Les ateliers de petites séries constituent probablement les lieux de travail les plus répandus dans l'économie nord-américaine. Les goûts des consommateurs étant plus changeants et le marché étant parfois très concurrentiel, la production en petites séries s'est fortement développée depuis quelques décennies. Des modes d'organisation souples et des équipements polyvalents permettent des rajustements rapides de la production ainsi que l'introduction de systèmes automatisés d'auto-régulation. Ils facilitent aussi la réalisation de petites séries à des prix de revient compétitifs (par exemple, les fabricants de lignes de vêtements). Les caractéristiques de ce mode de production sont assez semblables à celles de la production à l'unité ou artisanale. On observe une autonomie assez grande des ateliers, des opérateurs très qualifiés organisant les programmes selon les besoins des machines afin de réaliser un ensemble de pièces et même un produit complet dans l'atelier. Une partie des méthodes et de l'ordonnancement des activités est décentralisée au niveau des ateliers. Il existe aussi des modèles où les méthodes sont plus standardisées et où les équipements sont moins évolués, c'est-à-dire qu'ils requièrent à un degré plus élevé la conduite humaine (par exemple, la fabrication mécanique ou de meubles). Dans ce cas, il existe certaines activités de soutien (par exemple, des méthodes, des bureaux d'étude, l'ordonnancement), mais en nombre relativement restreint, surtout si la taille de l'entreprise est modeste.

Les entreprises techniques en progrès continu et rapide (entreprises émergentes de techniques de pointe) sont créées par des entrepreneurs qui ont acquis une expérience technique et commerciale dans une firme de technologie intensive où la technologie joue un rôle central, ou dans un organisme de recherche (par exemple, en biotechnologie). Les dirigeants de ces entreprises financées par du capital de développement ont pour objectif de faire croître celles-ci.

Ces entreprises émergentes de haute technologie ou de techniques de pointe sont caractérisées par l'effort important qu'elles consacrent aux activités de recherche et de développement. Grâce aux recherches, elles remettent en cause les techniques utilisées en vue de créer des produits et des services nouveaux pour des clients innovateurs et progressistes.

Plus une économie stimule la naissance de ces firmes, plus ses capacités d'adaptation et de création d'emplois sont élevées. Les domaines de la biotechnologie, de l'informatique appliquée, de la robotique et des instruments de mesure et de contrôle sont le berceau de nombreuses petites firmes.

L'effervescence technique (nouvelles applications des produits et nouvelles configurations des processus de production) exige des relations continues entre chercheurs, ingénieurs et directeurs de la fabrication. Lorsque l'effervescence technique et commerciale s'atténue, l'entreprise de techniques de pointe devient à son tour une grande entreprise en croissance.

II.III La production de masse ou de grandes séries de biens standardisés

Ce type de production est le propre de secteurs d'activité tels que les industries agroalimentaire, informatique et pharmaceutique. Dans la production de masse, les ensembles automatisés tendent à remplacer les travailleurs dans les opérations répétitives. En faisant appel à des opérateurs moins nombreux mais plus qualifiés, l'automatisation a pour effet de réduire les besoins d'encadrement au niveau intermédiaire, de services de méthodes et d'organisation ainsi que de gestion des ressources humaines. Par contre, d'autres services de soutien, tels que la recherche et le développement et les activités de contrôle, peuvent être sollicités.

Les entreprises évoluant dans un contexte de progrès rapides (les entreprises de technologie intensive) sont caractérisées, d'une part, par des dépenses élevées en recherche et développement en vue de remettre en cause les produits et les procédés et, d'autre part, par des chaînes de fabrication ou d'assemblage importantes. Les firmes évoluant dans les industries des ordinateurs, de la chimie, de l'aérospatiale ou des télécommunications sont des exemples de ce type d'entreprises. Ces firmes de grande taille doivent supporter des activités de recherche essentielles à l'adaptation continue des produits et des procédés.

En bref, les entreprises de technologie intensive sont caractérisées par un rythme de changement rapide dans les produits et par des rythmes de production importants. Les fabricants de semi-conducteurs, d'ordinateurs ou de produits chimiques spécialisés affectent des pourcentages plus importants de leurs revenus à la recherche. Les entreprises de technologie intensive représentent, dans une économie avancée, une fraction substantielle de l'emploi global.

II.IV La production en mode continu

Le raffinage de produits pétroliers, la production d'énergie électrique et les télécommunications sont des exemples de secteurs où s'effectue la production en mode continu. Les entreprises en question sont fortement automatisées. Leurs activités, qui nécessitent en général un équipement industriel très sophistiqué, ne comportent ni arrêt ni départ. Le produit est à la fois unique et standard. Les équipements sont très régulateurs. La marge de manœuvre du personnel de production est souvent plus restreinte que dans le cas de la production de masse ou de grandes séries de biens standardisés. Les opérateurs, qui sont très qualifiés, exécutent surtout des tâches de surveillance et de maintenance, de sorte que la structure devient plus organique (les communications entre opérateurs qualifiés, véritables spécialistes techniques, sont plus informelles et la coordination passe par des rôles de liaison et de petites équipes techniques autonomes). De plus, la complexité des activités sur le plan technologique exige la présence de chercheurs et de ressources affectées à la mise au point et à des études destinées à accroître la performance des installations (par exemple, en exploration spatiale).

Dans le cas des entreprises où les connaissances techniques sont plutôt évolutives et dont les produits varient peu, les technologies ont tendance à prendre une allure plus routinière que là où les connaissances sont en progrès rapide. Ces firmes peuvent construire des installations qui entraînent des économies d'échelle aux étapes de la fabrication et de la distribution.

II.V Les activités de service

Les services constituent en soi des biens intangibles dont les contours sont plus abstraits que dans le cas des produits. Ils constituent, pour ainsi dire, un mode de production à part. Les clients sont intimement engagés dans le processus de production, ce qui a souvent pour effet de stimuler la décentralisation et la constitution de petites unités.

Cela dit, il existe différents types d'entreprises de service. On peut également observer que, dans certaines entreprises manufacturières, la part de service attachée au produit est souvent importante (par exemple, dans les usines de portes et châssis ou d'équipements industriels). D'autre part, certaines entreprises de service prennent l'allure de quasi-usines, réduisant le contact entre le personnel de la production et la clientèle à sa plus simple expression (par exemple, les services de livraison de courrier). Dans ce dernier cas, la standardisation du service est importante et la structure adoptée est le plus souvent centralisée (Nollet et Haywood-Farmer, 1992).

Dans d'autres cas, produits et services se confondent. Ainsi, dans le domaine de la restauration, le producteur n'est pas nécessairement près des clients, alors que la production est en général proche du lieu de consommation. Cet aspect est d'autant plus important que la production, qui est en cause ici, peut être parfois très standardisée et comporter un minimum de services (comme dans le secteur de la restauration rapide). Il y a une grande différence, par exemple sur le plan de la qualification du personnel et du service, entre un restaurant à service rapide et un restaurant haut de gamme.

La prestation pure de services suppose des relations importantes entre producteurs et consommateurs. Le degré de standardisation est alors faible ; les capacités d'adaptation du personnel à des univers changeants sont importantes. Les structures sont très décentralisées. C'est le cas, notamment, des entreprises spécialisées dans la consultation, des services médicaux et d'ingénierie-conseil. La prestation pure de services peut cependant comporter des variantes : une formalisation croissante des rôles, une division du travail accentuée (comme dans les banques), etc.

Les activités de service peuvent nécessiter, à des degrés divers, l'intervention de technologies. Ainsi, les services de consultation n'impliquent pas une très grande panoplie de technologies, ce qui n'est évidemment pas le cas dans le domaine du transport aérien ou dans une salle d'opération.

Comme dans les autres modes de production, il y a plus d'une façon d'organiser le travail ; cet état de fait accroît la spécificité des entreprises.

La technologie exerce donc une influence sur les formes d'organisation. Woodward (1965) a effectué une recherche auprès d'une centaine d'entreprises britanniques du South East Essex dans le but de découvrir si les théories classiques et les principes d'administration contribuaient au succès des entreprises industrielles. Elle a constaté que ni le recours aux principes classiques, ni la taille, ni le secteur industriel auquel appartient l'entreprise, ni la personnalité des dirigeants n'expliquaient vraiment la réussite. Au contraire, elle a conclu que seule l'adéquation des formes d'organisation aux technologies de production permettait de rendre compte d'une manière valable des différences de succès économique entre les entreprises. De plus, les entreprises ayant des systèmes de production similaires avaient, dans l'ensemble, des formes d'organisation semblables.

Les entreprises dont la technologie est routinière utilisent, selon Perrow (1967), une forme d'organisation bureaucratique dans le but de préciser l'autorité des cadres intermédiaires et des subalternes. La coordination y est réalisée par des règles, des plans et des programmes. Les membres retirent des satisfactions de leur salaire, de la sécurité d'emploi et de la protection contre des décisions arbitraires. L'entreprise vise avant tout la stabilité, la rentabilité et les économies d'échelle. Par contre, les organisations qui font appel à une technologie non routinière emploient des formes d'organisation décentralisées dans lesquelles les cadres intermédiaires et subalternes disposent de marges de décision importantes en raison de problèmes techniques complexes à résoudre. La coordination y est réalisée par des interactions personnelles. Les membres obtiennent des satisfactions d'éléments tels que la contribution à la mission de l'entreprise et l'évolution de leur carrière. Les buts prioritaires de ces types d'entreprises sont l'innovation, la croissance et l'adaptation au milieu social.

III Le mode de propriété et les considérations juridiques

La forme organisationnelle est également liée au mode de propriété de l'entreprise.

Le mode de propriété constitue une autre contrainte importante avec laquelle l'entreprise doit composer. En effet, comme la taille, l'âge et le système technique, le mode de propriété fixe dans une large mesure les modalités d'exploitation. Ainsi la propriété individuelle peut-elle être perçue comme un avantage par rapport à cette forme légale qu'est la compagnie : le pouvoir demeure entre les mains d'un seul investisseur, ce qui minimise les risques de dissension. La forme individuelle peut cependant s'avérer inappropriée, dans le cas, par exemple, d'une petite ou d'une moyenne entreprise en forte expansion, où des injections massives de capital s'imposent si elle veut maintenir son avance (Archambault et Roy, 1993).

Nous prendrons en considération trois grands modes de propriété (privé, public et mixte), chacun concernant diverses formes légales d'organisation (*voir le tableau C*). Pour les besoins de cet ouvrage, ces formes sont présentées selon qu'elles s'appliquent à un contexte plutôt commercial et industriel ou plutôt social et politique[1]. Nous nous attarderons plus particulièrement aux aspects juridiques régissant les modes de propriété privé et mixte.

Dans le premier cas, les entreprises concernées peuvent avoir, dans une moindre mesure, des préoccupations sociales et, dans le second, des préoccupations d'ordre économique. Les catégories ne se veulent pas hermétiques, mais représentatives de ce qui se passe dans la réalité.

La présentation des divers modes de propriété et des organisations correspondantes s'inscrit avant tout dans une perspective légaliste, cela afin de faire ressortir les répercussions sur le fonctionnement des entreprises visées.

---

1. La présentation des formes de propriété est surtout faite en fonction du contexte canadien, du contexte québécois ou des deux. Dans l'éventualité où il aurait recours au présent manuel dans un autre contexte, le lecteur est invité à se référer aux aspects légaux qui sont en vigueur dans le pays concerné.

TABLEAU C Les principaux modes de propriété			
Tâches clés	**Mode de propriété**		
	Privé		**Public**
	Entreprises individuelles, sociétés, compagnies	**Coopératives**	**Organismes publics axés sur le profit et la rentabilité**
• Organismes à vocation commerciale et industrielle • Considérations sociopolitiques non négligeables	Exemples : • Multinationales • Entreprises franchisées • Petites et moyennes entreprises • Entreprises familiales • Banques et services financiers • Entreprises en réseaux • Entreprises virtuelles	Exemples : • Caisses populaires et services financiers à caractère coopératif • Coopératives de travailleurs • Coopératives agricoles	Exemples : • Sociétés d'État • Sociétés paramunicipales, sociétés de transport en commun
	Mixte		
	Diverses combinaisons possibles de participation privée et publique (exemple : Gaz Métro)		
	Organismes sans but lucratif	**Coopératives**	**Organismes à vocation sociale ou politique**
• Organismes à vocation sociale ou politique • Considérations économiques plutôt accessoires	Exemples : • Clubs sportifs et athlétiques amateurs • Organismes de charité • Associations professionnelles • Organismes voués à la protection des consommateurs • Administrations religieuses • Organismes philanthropiques • Activités artistiques à des fins non lucratives	Exemple : • Coopératives d'habitation	Exemples : • Universités, collèges, écoles à caractère public • Hôpitaux • Offices, régies, services, sociétés de la Couronne à vocation socioéconomique • Services municipaux et scolaires

III.I Le mode de propriété privé

Cinq formes constitutives d'entreprises sont apparentées au mode de propriété privé, soit l'entreprise à propriété individuelle, la société, la compagnie, les organismes sans but lucratif et les coopératives. De façon succincte, nous présenterons les principales caractéristiques de chacune de ces firmes et les considérations légales qui y sont rattachées.

III.I.I Les entreprises à propriété individuelle

L'entreprise à propriété individuelle est la forme d'entreprise privée la plus simple et la plus répandue. Elle n'appartient qu'à une seule personne, qui la gère seule ou avec l'appui d'un certain nombre d'employés. Cette forme légale d'entreprise est soumise aux principes généraux du droit civil et commercial ainsi qu'aux lois qui régissent les personnes, les biens, les contrats et les obligations de toute autre nature. Le propriétaire de l'entreprise est le seul à en retirer des bénéfices. Il est par contre le seul responsable des dettes contractées par celle-ci. Ces dettes sont payables aussi bien à même les actifs de l'entreprise qu'à même ceux que détient le propriétaire en avoir propre. Cette forme juridique ne convient qu'aux petites entreprises qui ne nécessitent qu'un capital restreint (tels les petits commerces de détail). Ce mode de propriété comporte divers avantages et inconvénients. Il engage peu de formalités, peu de coûts ; il est par ailleurs assujetti à un moins grand nombre de règlements gouvernementaux que les autres types d'entreprises. Par contre, il est difficile d'obtenir des capitaux importants pour une entreprise à propriété individuelle. Le propriétaire est la seule personne capable d'injecter des capitaux au moment du lancement de la firme, ce qui est de nature à limiter son développement futur. Les possibilités de croissance à long terme peuvent être restreintes. Plusieurs firmes débutent par un modèle de propriété individuelle et, en période de croissance, se transforment en une société.

III.I.II Les sociétés

La société est constituée de personnes qui forment une association dans le but de créer – sur la base d'un contrat conférant une valeur légale – une entreprise qui ne dépend que des choix et des initiatives des partenaires. Cette forme légale d'entreprise est relativement proche du modèle à propriétaire unique. Par contre, la société a besoin, pour exister, de l'assentiment de toutes les personnes intéressées. Les partenaires mettent en commun un capital dans le but de retirer des bénéfices à même les profits réalisés. Tous les associés doivent participer aux profits pour qu'il y ait contrat. Dans une société, tous les associés ont le droit de gérer et de représenter l'entreprise. Le décès ou le simple retrait d'un partenaire imposent la constitution d'une nouvelle société. Bien entendu, la dissolution d'une société ne signifie pas la fin des activités. Les associés qui restent en place peuvent racheter la part du partenaire qui est décédé ou qui décide de quitter l'entreprise. Les professionnels tels que les avocats, les notaires, les médecins ou les dentistes choisissent ordinairement la forme de la société en nom collectif. La raison sociale de la firme comporte le nom de tous les associés.

La **société en nom collectif** comporte également des avantages et des inconvénients. Elle engage peu de ressources ou de moyens ; elle est fondée sur la motivation et l'engagement personnels des associés. Par ailleurs, elle ne fait pas l'objet de lois ou de règlements particuliers de la part du gouvernement. Tout comme pour l'entreprise à propriété individuelle, les bénéfices sont assujettis à l'impôt sur le revenu personnel ; dans ce cas-ci, ils sont imposés au prorata de la part de chaque partenaire. Un des principaux inconvénients de la société en nom collectif réside dans le fait que chaque associé risque son actif personnel aussi bien que le capital investi ; chacun est responsable des dettes de l'entreprise. Si un associé n'est pas en mesure de rembourser sa dette, dans l'éventualité d'une faillite, ses partenaires doivent le faire à sa place, au risque de devoir puiser dans leurs avoirs personnels. La **société en commandite** permet d'atténuer cet inconvénient important ; certains associés agissent à titre de gérants, d'autres comme associés passifs. D'autre part, si un membre désire quitter l'entreprise ou prendre sa retraite, il peut être difficile pour lui de vendre sa part. Tous ces inconvénients peuvent faire en sorte qu'il soit difficile d'attirer les capitaux nécessaires à l'expansion de l'entreprise.

Cela dit, il existe différentes formes de sociétés commerciales, les deux principales étant la société en nom collectif et la société en commandite. La société en nom collectif comporte le plus souvent une raison sociale indiquant le nom des associés suivi du mot « enregistré », ce qui permet de la distinguer des autres entreprises, en particulier des compagnies. Cette forme légale se distingue notamment par les obligations qui sont prévues à l'égard des instances ou des créanciers avec lesquels traite la firme. Ainsi, bien que la société devienne, à l'issue d'un contrat, une personne morale ou légale, les associés demeurent personnellement responsables des dettes contractées par la société. En outre, les actes de l'un des associés à l'égard des créanciers engagent tous les autres associés.

La société en commandite, quant à elle, fait intervenir deux catégories d'associés : les commandités (associés « gérants ») et les commanditaires (associés « passifs »). Les commandités ont le pouvoir d'administrer l'entreprise et de procéder à des engagements en son nom. Ils ont le même statut que les associés dans la société en nom collectif ; ils ont également les mêmes droits et les mêmes responsabilités. De plus, le commandité est personnellement responsable des dettes de la société. Le commanditaire devient l'associé qui engage le capital nécessaire à la bonne marche de la société. La part de profit qui lui revient est explicitement définie par contrat. Le commanditaire n'est responsable devant la société que de la mise de fonds qu'il a investie dans la société. Ses biens personnels ne sont nullement engagés dans les dettes de la firme. Enfin, le commanditaire ne peut intervenir dans la gestion de la société.

III.I.III Les compagnies

D'un point de vue juridique, la compagnie entre dans la catégorie des corporations. Elle jouit de la pleine personnalité morale, en ce sens qu'elle fonctionne de façon distincte des membres qui la composent (les administrateurs, les actionnaires et les membres de la direction). Au même titre qu'une personne, la compagnie jouit de certains droits et est assujettie à diverses responsabilités. Elle peut procéder à l'acquisition de biens et établir des contrats par l'entremise de ses administrateurs.

Contrairement à la société ou au modèle individuel, qui sont créés sur la base de l'initiative de personnes sans l'assentiment des instances publiques, **la compagnie est en soi une entité statutaire,** c'est-à-dire qu'elle tire son origine d'une charte émise en conformité avec une loi statutaire, la Loi sur les compagnies du Québec ou la Loi sur les corporations canadiennes. De ce fait, la compagnie est influencée par tous les changements qui sont fréquemment apportés à l'une ou l'autre de ces lois, ou aux deux. Elle ne jouit pas de l'entière liberté qui est le propre des sociétés et des entreprises à propriété individuelle ; elle ne fonctionne que dans les limites que lui imposent la charte qui lui a donné naissance et la Loi sur les compagnies. La compagnie reste en place quels que soient les changements de situation ou les changements d'administrateurs et d'actionnaires. Elle demeure une entité distincte et dissociable de ces mêmes acteurs.

Les administrateurs dûment élus par l'assemblée des actionnaires sont les seuls habilités à diriger l'entreprise. Les actionnaires ne sont pas engagés dans la gestion courante de l'entreprise. Leur responsabilité étant limitée à leur mise de fonds, ils ne peuvent pas perdre plus que les sommes investies advenant une faillite. Ils ne peuvent être en aucune façon tenus pour responsables des actes de l'entreprise ou des autres actionnaires. Cette disposition légale fait que les compagnies peuvent disposer de capitaux importants en recourant, par la voie de l'emprunt public, à un très grand nombre d'investisseurs afin d'augmenter leur capital-actions. On comprend dès lors l'intérêt de la compagnie par actions. Elle permet en effet aux entreprises de faire face aux obligations imputables à l'environnement économique, concurrentiel et technologique. Trois sources principales de financement s'offrent aux compagnies : 1) les investissements effectués par les propriétaires ou les membres ; 2) les emprunts privés (par exemple, auprès des institutions financières) et publics (par l'entremise d'émissions d'actions) ; 3) les réserves (les bénéfices non répartis entre les actionnaires dans le passé). Les compagnies réalisent des bénéfices qui sont répartis entre les actionnaires ou qui reviennent en entier à l'actionnaire unique, sous forme de dividendes. Les dividendes sont payés en fonction du nombre d'actions que détient chaque actionnaire. La somme que reçoit chaque actionnaire dépend donc de l'importance de son investissement.

Le gouvernement fédéral et les gouvernements de chacune des provinces canadiennes ont le pouvoir de légiférer en ce qui concerne les compagnies. Les lois provinciales ne s'appliquent qu'à l'intérieur d'une province donnée. Les entreprises qui traitent au niveau national ont alors intérêt à se constituer sur la base de la loi fédérale et sont parfois obligées de le faire.

Il existe des compagnies privées et des compagnies publiques. La compagnie privée est une forme juridique dont le nombre d'actionnaires est restreint et dont le droit de transfert des actions est limité (par exemple, Gillette Canada, Motorola Canada, Uniroyal, Goodrich Canada, Groupe RONA). Toutes les autres compagnies sont assimilées aux compagnies publiques. Ces dernières sont de loin les plus répandues (par exemple, Ford Canada, Imperial Oil, General Motors Canada). L'épithète « public » n'a évidemment pas le même sens que lorsqu'elle sert à désigner les entreprises qui évoluent dans la sphère de l'État, c'est-à-dire les entreprises publiques.

Le pouvoir économique des compagnies n'est plus à démontrer. Il est à l'origine des progrès enregistrés ces dernières décennies. Dans plusieurs cas, ce pouvoir a pris une envergure internationale en raison de la souplesse des modes de financement dont ont pu bénéficier les entreprises. Il a pris une telle importance dans le monde moderne qu'il a débordé la dimension économique pour englober les dimensions politique et sociale. Ainsi, les compagnies, tout en visant des objectifs d'ordre économique, doivent en mesurer l'impact sur les plans politique et social. De même, les partenaires sociopolitiques ont intérêt à travailler en collaboration avec les compagnies s'ils veulent que celles-ci participent au progrès économique de la société.

Dans le tableau D, nous présentons les avantages et les désavantages des trois formes de propriété qui viennent d'être abordées : la propriété individuelle, la société et la compagnie.

TABLEAU D Les avantages et les désavantages de la propriété individuelle, de la société et de la compagnie

	Avantages	Désavantages
Propriété individuelle	• Mise sur pied et dissolution faciles • Contrôle • Liberté • Secret des opérations • Avantages fiscaux (en cas de pertes)	• Potentiel financier limité • Ressources limitées • Responsabilité illimitée • Durée de vie limitée à celle de son propriétaire
Société	• Mise sur pied facile • Avantages fiscaux (en cas de pertes) • Plusieurs compétences et habiletés • Possibilité de prévoir les problèmes légaux et les disputes entre les associés (contrat) • Meilleur accès au financement • Possibilité de poursuivre les opérations de la société malgré des changements d'associés	• Responsabilité illimitée • Possibilité de conflits interpersonnels • Compétition et rivalité entre les employés pour la position d'associés • Manque de clarté dans les responsabilités d'administration
Compagnie	• Responsabilité limitée des actionnaires • Meilleur accès aux liquidités et au financement • Durée de vie illimitée • Avantages fiscaux (meilleurs taux que l'impôt des particuliers)	• Publication des états financiers • Coûts élevés de constitution et de dissolution • Désavantages fiscaux (double imposition)

III.I.IV Les organismes sans but lucratif

On dénombre, au Canada, plusieurs milliers d'organismes sans but lucratif (OSBL) où s'activent des millions de bénévoles dans le secteur de l'économie sociale et solidaire (ESS). Ces organismes emploient en outre plusieurs milliers de travailleurs à temps plein. En raison du développement phénoménal qu'ils ont connu ces dernières décennies, les OSBL contribuent considérablement à la vie économique et sociale. Les organismes de charité, notamment, ont pris de l'ampleur avec le retrait progressif de l'État des activités à caractère social et avec le souci de plus en plus de personnes de prendre en main diverses causes. D'autres organismes, comme les clubs sportifs et récréatifs et les organismes éducatifs ou artistiques, ont pris de l'expansion avec la disponibilité grandissante des travailleurs à l'égard des loisirs et des activités sociales. Une kyrielle d'organismes ont une mission statutaire qui consiste en gros à veiller aux intérêts de la collectivité ou des membres, sur les plans économique (par exemple, les groupes voués à la protection des consommateurs, les chambres de commerce), professionnel (telles les corporations professionnelles), culturel et scientifique (tels les fondations, les associations, les organismes philanthropiques), médical (Diabète Québec, Héma-Québec, etc.), politique (par exemple, les partis politiques, les groupes rassemblant des membres ayant la même idéologie), social (les regroupements d'assistés sociaux ou autres), écologique (comme Greenpeace), et ainsi de suite.

Les OSBL sont des organisations juridiques qui exercent leurs activités conformément à la Loi sur les compagnies (au provincial) ou à la Loi sur les corporations canadiennes (dans le cas des organismes d'envergure nationale).

Comme dans le cas de la compagnie, l'OSBL a une personnalité à part entière ; il a également des droits et des devoirs distincts de ceux des membres qui en font partie. L'organisme peut s'enrichir ou s'endetter, poursuivre ou être poursuivi en justice, passer des contrats avec d'autres personnes morales ou physiques. La personnalité s'exerce par l'entremise d'administrateurs disposant de pouvoirs dont les conditions sont décrites dans les règlements de l'organisme. Les administrateurs agissent au nom de l'organisme et n'engagent pas leur responsabilité personnelle pour peu qu'ils gèrent l'organisation dans les limites de leurs attributions.

III.I.V Les coopératives

Une coopérative se définit comme une corporation rassemblant des personnes qui ont des préoccupations économiques et sociales communes et qui, en vue d'y répondre, se regroupent pour exploiter une entreprise dans laquelle les droits de chacun à la gestion sont égaux et où l'excédent de gestion ou d'exploitation est réparti entre les seuls associés, au prorata de leur activité. Si la coopérative fonctionne de façon efficace, les bénéfices qu'aura réalisés l'entreprise sous une autre forme de propriété seront répartis entre les membres de la coopérative. Ces bénéfices deviennent des excédents et sont versés sous forme de ristournes. Ces ristournes sont distribuées au prorata des opérations que chaque membre a effectuées avec sa coopérative. Dans le cas d'une coopérative de mise en marché (par exemple, les coopératives laitières), la ristourne augmente le prix qu'a obtenu le membre pour les produits livrés à sa coopérative. Dans le cas d'une coopérative de travailleurs, la même ristourne accroît les revenus que les membres ont reçus en cours d'exercice.

Les avantages que reçoivent les membres dans une coopérative proviennent essentiellement des opérations qu'ils ont effectuées avec l'entreprise. On leur remet, à l'exclusion des sommes allouées à l'autofinancement, la partie des excédents que leurs opérations (et non le capital investi, comme c'est le cas pour les compagnies) ont engendrés, que ce soit à titre de consommateurs, de producteurs ou de travailleurs.

La Loi sur les coopératives confère à la coopérative un pouvoir de réglementation qui s'ajoute à celui que détient le gouvernement fédéral. Les règlements sont adoptés par l'assemblée générale, l'assemblée annuelle ou au cours d'une assemblée spéciale. Lorsque de nouveaux règlements sont adoptés, ils sont valables pour tous les membres de la coopérative. Un membre qui ne respecte pas les règlements est passible de suspension ou d'exclusion. Toute personne peut devenir membre d'une coopérative.

III.I.VI Les franchises

Depuis plusieurs décennies, les franchises ont pris une très grande importance, ici comme partout ailleurs dans le monde : Canadian Tire (magasins de détail), Harvey's, Dunkin' Donuts, McDonald's, A&W (restauration), Sheraton (hôtellerie), Century 21 (services immobiliers), H&R Block, Lunetterie New Look (services spécialisés), Metro, IGA (alimentation), Club International (cassettes vidéo), etc. Ces dernières années, le franchisage est devenu un phénomène majeur : la diversité des domaines d'application s'est accrue de façon exponentielle ; le franchisage ne semble connaître aucune limite.

Les franchises sont en général des petites ou moyennes entreprises qui tirent leur origine d'une relation dite « de franchisage » ou d'une relation contractuelle entre deux entités indépendantes. L'une de ces entités (le « franchiseur ») accorde à l'autre partie (le « franchisé ») le droit d'exercer des activités qu'il a introduites, et ce, dans un territoire circonscrit, selon des pratiques bien définies, sous une marque de commerce clairement identifiée et pour une période donnée, contre redevances.

III.II Le mode de propriété public

Le secteur public comporte plusieurs types d'organismes poursuivant divers buts assimilables aux rôles clés que joue l'État dans la société. Les organismes publics se répartissent également en fonction de quatre paliers gouvernementaux : fédéral, provincial, municipal et scolaire. Nous évoquerons plus particulièrement les deux premiers paliers, les deux autres relevant du provincial. Faute d'espace, nous n'aborderons pas les formes légales qui régissent les divers organismes publics. Ceux-ci sont présentés selon deux grandes catégories faciles à distinguer pour le néophyte en matière d'administration publique : les organismes axés sur le profit et la rentabilité ainsi que les organismes à vocation sociale ou politique.

III.II.I Les organismes publics axés sur le profit et la rentabilité

Cette catégorie comprend les sociétés d'État à vocation industrielle et commerciale ainsi que les organisations paramunicipales à vocation récréative ou culturelle, par exemple. Ces dernières offrent des services payants et peuvent entrer en compétition avec des entreprises du secteur privé en proposant des produits ou des services semblables ou substitutifs (par exemple, les parcs d'attraction, les jardins botaniques et zoologiques). Ces entreprises sont des propriétés publiques à 100 %.

L'État-entrepreneur intervient dans divers champs économiques pour différentes raisons d'ordre socioéconomique telles que la stimulation des secteurs névralgiques de l'économie et le contrôle des leviers économiques (par exemple, l'hydroélectricité, les transports, les exploitations minières), la gestion de monopoles fiscaux (par exemple, la commercialisation des alcools et les loteries), la défense de l'intérêt public, le raffermissement de l'unité nationale (par exemple, la télévision, les transports). Parfois, l'État peut juger approprié de s'engager dans certains secteurs afin de suppléer à l'inaction du secteur privé (Barbe, 1985). La mission socioéconomique des entreprises d'État s'effectue par l'intervention directe sur les marchés.

Les entreprises publiques à vocation industrielle et commerciale agissent comme des fiduciaires de l'État munis de pouvoirs de gestion d'un patrimoine donné. La direction de ces entreprises n'a pas, comme l'entreprise privée, qu'à rendre des comptes à une assemblée annuelle d'actionnaires ou à un actionnaire majoritaire.

Elle est tributaire du gouvernement, du Parlement et des agents politiques. Ainsi, en tant que propriétés publiques, les entreprises d'État sont soumises, d'une part, à des contrôles gouvernementaux et administratifs (contrôles *a priori*) faisant intervenir divers agents tels que le Conseil des ministres, le ministère des Finances, le Conseil du Trésor ou le ministère de tutelle ou de liaison. Elles sont soumises, d'autre part, aux contrôles parlementaires (contrôles *a posteriori*), dont les principaux agents sont, cette fois, l'Assemblée nationale ou le Parlement, le gouvernement et l'opposition officielle. Ces deux types de contrôles agissent de façon directe et prépondérante sur le fonctionnement des entreprises en question.

Par ailleurs, en tant qu'entités publiques, les entreprises d'État peuvent subir l'influence de l'opinion publique, des contribuables, des groupes d'intérêts et des partis politiques.

Comme nous pouvons le constater, les sociétés d'État sont assujetties non seulement à un contexte donné mais à un contexte original en soi. En effet, si ces entreprises font face, comme leurs vis-à-vis du domaine privé, à des contingences précises de nature économique, concurrentielle, technologique et réglementaire, elles présentent la singularité de devoir subir simultanément, et avec parfois une égale acuité, l'influence de divers agents (Bédard, 1991). La particularité de ces entreprises commerciales et industrielles vient de leur rapport avec la propriété publique, c'est-à-dire le pouvoir politique qui les gère, donnant lieu à une autre grappe de contingences ou de pressions qui s'exerceront parallèlement à celles qui émanent du marché. L'univers de concurrence qui résulte des deux pôles de contingence – le marché par opposition à la propriété – donne à ces entreprises un caractère hautement complexe. Les sociétés d'État sont donc ni plus ni moins placées dans cette situation pour le moins originale, voire ambiguë, qui les oblige à composer avec des patrons qui sont également des gouvernants, avec des clients qui sont aussi des citoyens et des contribuables, et avec des employés qui sont en même temps des fonctionnaires.

III.II.II Les organismes publics à vocation sociale ou politique

Comme nous l'indiquons dans la figure B, au Québec, les organismes publics à vocation sociale ou politique sont régis par une superstructure ou par un noyau se composant du Conseil des ministres, du Conseil du Trésor, de ministères (des Finances, de la Justice, des Affaires municipales, des Mines et Ressources, etc.), de sous-ministères et d'organismes administratifs centraux tels que la Commission de la fonction publique. Ces divers organismes peuvent – à l'intérieur d'un ministère ou d'un organisme ayant une responsabilité externe – être subdivisés en unités administratives (directions générales, services et bureaux régionaux, etc.) sur une base régionale.

Parallèlement à ces structures, nous pouvons citer des organismes décentralisés sur une base fonctionnelle et sur une base territoriale. À la première catégorie se rattachent deux sous-catégories : les organismes à vocation nationale (par exemple, les régies, les offices, les tribunaux administratifs et les conseils) et les organismes à vocation régionale ou locale (par exemple, les collèges et les universités d'État). À la seconde catégorie sont également liées deux sous-catégories : les organismes unifonctionnels (par exemple, les commissions scolaires) et les organismes multifonctionnels (par exemple, les municipalités et les municipalités régionales de comté). Enfin, sur les organismes multifonctionnels viennent se greffer les organismes paramunicipaux (par exemple, les sociétés de transport en commun). Par la décentralisation, on vise à accroître la spécialisation dans un secteur d'activité et à privilégier les intérêts sectoriels (éducation, affaires sociales, transport, etc.).

Les organismes décentralisés sur une base fonctionnelle opèrent sous la tutelle de ministères et sur la base de contrôles, de règles et de pratiques propres aux organismes administratifs centraux. Ils ont une personnalité juridique distincte et sont dirigés par des administrateurs nommés par les autorités gouvernementales. Plusieurs de ces organismes jouissent d'une assez large autonomie.

FIGURE B Un schéma d'ensemble des organismes administratifs du secteur public québécois, incluant les entreprises axées sur le profit et la rentabilité

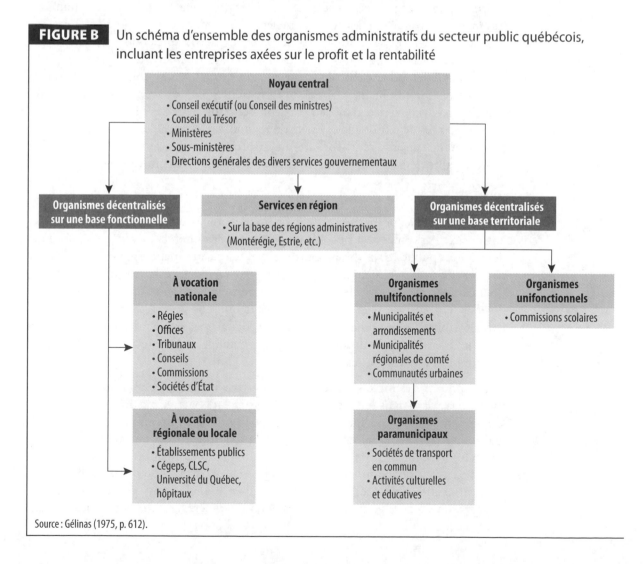

Source : Gélinas (1975, p. 612).

Les organismes décentralisés sur une base territoriale (par exemple, les munici-palités) sont administrés au sommet par des personnes qui ont été élues par la population ou par des représentants de celle-ci (par exemple, les maires). Ces orga-nismes disposent d'un pouvoir fiscal et ont une personnalité juridique distincte. Ils fonctionnent également en étroite liaison avec les ministères. Tout comme ceux de la catégorie précédente, les organismes publics décentralisés territorialement jouis-sent d'une très large autonomie. Cette autonomie repose, entre autres choses, sur : 1) l'élection des administrateurs au sommet (contrairement à la nomination, dans le cas des organismes fonctionnels) ; 2) le droit de lever des impôts et d'engen-drer des revenus (contrairement à un financement public dans le cas des organismes fonctionnels) ; 3) le pouvoir de tutelle (par opposition à la subordination hiérar-chique) ; 4) l'existence d'une entité formellement distincte (par opposition à un service intégré) (Gélinas, 1975).

Les organismes publics à vocation sociale et politique ont ceci de commun avec les entreprises commerciales et industrielles qu'ils comportent des organisations fon-dées sur des règles et des normes, des mécanismes de contrôle et de recrutement, des buts et des objectifs, etc. Mais là s'arrête la comparaison. En effet, si les entreprises commerciales et industrielles évaluent leurs performances en fonction de la renta-bilité et des profits réalisés, il en va autrement pour les organismes dont il est question ici ; l'efficience, dans leur cas comme dans celui des organismes sans but lucratif, se mesure plutôt à la capacité de répondre adéquatement aux attentes de la société ou des divers agents sociaux, en ce qui a trait, par exemple, à l'accessibilité et à la qualité des services de même qu'à la protection des citoyens.

III.III Le mode de propriété mixte

Enfin, le mode de propriété mixte est le modèle dans lequel le capital-actions des entreprises concernées est possédé en partie par des intérêts privés et en partie par des intérêts publics, dans des proportions variables. Au Québec, par exemple, l'État, par l'entremise de la Caisse de dépôt et placement et de la Société générale de financement, partage avec le secteur privé une participation au capital-actions dans diverses entreprises. Ces entreprises d'État ont pour objet de faire profiter les contribuables des retombées commerciales des firmes évoluant dans des secteurs d'avenir et d'assurer le développement de secteurs économiques que l'État juge prioritaires ou névralgiques.

Les entreprises mixtes ne sont pas régies par un cadre général de fonctionne-ment. Il n'existe, dans leur cas, aucune approche globale de gestion et de contrôle. Cependant, même si l'État n'impose pas un régime bien défini à ces entreprises, le législateur fixe les modalités entourant la situation de l'État, en fonction des pou-voirs des actionnaires prescrits dans le droit sur les compagnies. Un ministre est désigné en tant qu'actionnaire. En règle générale, il partage les mêmes pouvoirs que les autres actionnaires (les pouvoirs de modifier les règlements, d'élire les adminis-trateurs, de prendre connaissance des états financiers, etc.). Aucun statut spécial n'est accordé à l'État.

Il apparaît, à l'étude des différents types de propriété des entreprises, que les organisations publiques (sous contrôle gouvernemental) utilisent plus que les autres (les organisations privées) des mécanismes de coordination formels faits de règles et de procédures, et sont plus centralisées que les autres. Mintzberg (1982, p. 259) pose même l'hypothèse suivante : **plus le contrôle externe (par les actionnaires, le gouvernement ou l'entreprise mère) qui s'exerce sur l'organisation est puissant, plus la structure de l'organisation est centralisée et formalisée.**

IV La qualification, les motivations des membres et le style de direction

La qualification et les motivations des membres de l'organisation sont d'autres aspects qui donnent à l'entreprise la particularité de sa forme organisationnelle. Ces aspects expliquent en grande partie les succès ou les échecs des entreprises. La **qualification** concerne les aptitudes des membres à réaliser les tâches qui leur sont confiées par l'entreprise. Les mesures incitatives poussent les personnes à atteindre les objectifs qui leur sont proposés. C'est pourquoi la notion de **motivation** est abordée en détail dans le chapitre 1, dans la section traitant de l'école des relations humaines, et dans le chapitre 4, traitant de la décision et de la direction des entreprises. Le contenu de la présente annexe pourra donc être complété par les informations contenues dans ces chapitres.

La qualification découle aussi bien des connaissances acquises par les personnes – en milieu scolaire, par exemple – que des expériences vécues en milieu professionnel. Elles ne peuvent se vérifier que dans l'exercice des tâches ou des fonctions ou dans la réalisation de missions. Les occasions qui s'offrent à la personne jouent également un rôle clé dans le processus de qualification. Sa capacité d'intégration de diverses expériences et connaissances et, parallèlement, sa capacité d'en retirer des bénéfices pour le compte de l'entreprise déterminent son potentiel d'évolution. La façon dont cette personne a su s'adapter à des situations nouvelles permet d'anticiper ses capacités futures d'adaptation.

Des changements apportés, par exemple, à la structure de produits ou de services ou à la technologie de fabrication peuvent modifier de façon importante et durable les expertises requises pour effectuer adéquatement les tâches. Une question importante à se poser, à cette étape-ci, concerne l'adéquation entre les expertises (nature et quantité) que requiert l'activité et la structure de la qualification actuelle sur laquelle l'entreprise peut compter. Étant donné la difficulté à modifier rapidement la structure de qualification existante, pour toutes sortes de raisons (humaines, légales, relationnelles, etc.), il convient de connaître les attitudes effectivement utilisées et les habiletés des personnes. L'utilisation du vocable « gestion des ressources humaines », qui est préféré de nos jours à celui de « gestion du personnel », traduit ce souci de détecter le potentiel des membres de l'organisation, considérés comme un actif intangible majeur qu'on se doit de développer et de former (Alpander, 1982).

Le mode de structuration et de répartition des tâches et des responsabilités qu'a retenu la direction de même que le mode de fonctionnement de l'organisation (les systèmes de contrôle, de communication, d'influence, de prise de décisions, etc.) ont un impact sur les attentes de l'entreprise à l'égard de ses membres, et réciproquement.

Le fait que l'organisation atteigne ses objectifs dépend dans une large mesure des performances de ses membres et bien évidemment du style de direction ; nous y reviendrons dans le prochain chapitre. Ces performances, tout en étant liées à l'adéquation entre les habiletés des personnes et les tâches à exécuter, dépendent également de la volonté de celles-ci de s'engager positivement et de façon cohérente face aux objectifs de l'entreprise. Les membres doivent être motivés à réaliser les actions ou les efforts qu'on attend d'eux. Les motivations peuvent être influencées par des environnements externe et interne extrêmement mobilisateurs, donnant lieu à un contexte culturel distinctif. Ce contexte amènera les gens à agir dans un sens ou dans l'autre. Les motivations ou les besoins ainsi que leur étendue sont très différents selon les personnes et les milieux. Par exemple, dans une entreprise évoluant dans un environnement économique, concurrentiel ou technologique effervescent, dans des secteurs hautement technologiques, le personnel pourrait être plutôt motivé par la possibilité d'accomplissement à un haut niveau ou encore par la capacité de créer et d'innover. Par contre, dans un environnement plutôt stable, le personnel, se comportant de façon plus routinière (Etzioni, 1961), pourrait être plutôt motivé par la sécurité d'emploi et des incitations telles que la rémunération et les avantages sociaux. Enfin, certains besoins des membres qui suscitent la motivation peuvent être difficilement comblés, en raison de la nature même des tâches à effectuer, des moyens restreints (sur les plans logistique, financier ou technique) dont dispose l'entreprise ou d'un climat défavorable.

Chapitre 4

La décision et la direction :
de l'autocratie à la participation

Section I :   Les activités de décision : s'informer et arbitrer 269

Section II :   La direction : informer et stimuler 281

Section III : Les rôles et les compétences des gestionnaires à l'œuvre 323

Section IV :   Conclusion : le gestionnaire-magicien n'est pas encore né ! . . 327

≪ *Le meilleur chef est celui dont on sait à peine qu'il existe. Il est moins bon si la foule lui obéit et l'acclame. Le pire est celui qu'on méprise. Négligez d'honorer le peuple, et le peuple négligera de vous honorer. Mais du bon chef, qui parle peu, une fois la tâche achevée et le dessein accompli, tous diront : "Nous avons fait cela nous-mêmes."* ≫

(Laozi, *Livre de la Voie et de la Vertu* [*Dao De Jing*])

Q
ue ce soit au cours des activités de conception et de formulation d'une stratégie, de configuration d'une organisation, ou bien dans le quotidien des opérations, les gestionnaires sont constamment placés devant la nécessité de faire des choix. Il faut trancher pour ensuite agir. **Décider, c'est passer de la conception à l'action.** Les activités de conception stratégique et d'organisation sont des activités nécessaires, mais non suffisantes, au processus d'administration. En effet, les gestionnaires doivent réagir à l'action, mais aussi s'y préparer et prendre les décisions au moment opportun. La **décision** consiste à effectuer un choix parmi différentes options. La prise de décisions peut être rationnelle et délibérée, et parfois même répétitive, ou bien innovatrice et inspirée par l'intuition. Lorsque les enjeux sont importants, les décisions sont prises dans un climat de relations de pouvoir et de conflit (Allison, 1971). Bref, la décision pose d'emblée plusieurs questions. Nous évoquerons certaines d'entre elles dans la première section de ce chapitre, à savoir : qui décide ? Quelles sont les principales décisions prises dans l'entreprise ? Comment décider selon le contexte ?

Décider implique aussi la mobilisation humaine pour se convaincre et convaincre les autres d'agir dans un certain sens inspiré par la stratégie. Le design organisationnel évoqué dans le chapitre 3 entraîne évidemment dans son sillage des changements ainsi que des réactions à ces changements. Les exigences d'efficacité requièrent que les efforts aboutissent à l'atteinte des objectifs, alors que les exigences d'efficience demandent qu'ils y aboutissent de la façon la plus économique et la plus harmonieuse possible. La **direction** de l'entreprise doit donc réussir à créer un véritable esprit d'équipe et à réunir les efforts individuels en un effort commun. Ainsi, la direction consiste à amener les membres de l'organisation à faire ce qu'elle veut qu'ils fassent, et à le faire dans les meilleures conditions physiques et humaines possibles, et ce, pour le bien des employés autant que pour celui de l'entreprise. Toutefois, les choses ne se passent pas toujours comme la direction l'entend. La deuxième section de ce chapitre est donc consacrée à la compréhension des déterminants de la motivation, d'une part, et des styles[1] de leadership, d'autre part, afin de mieux saisir la dynamique du changement et de la direction de l'entreprise sur le plan humain.

---

1. Certains dissocient les rôles de manager et de leader (Sérieyx, 1999). Pourtant, ces rôles sont appelés à se confondre, comme nous le verrons. Aussi, précisons que nous utilisons les expressions « style de gestion », « style de leadership » et « style de direction » parfois comme quasi-synonymes dans ce chapitre. Il est cependant fréquent de considérer que le style de leadership est individuel tandis que le style de gestion ou de direction s'applique plutôt à l'organisation dans son ensemble.

■ Section I
Les activités de décision : s'informer et arbitrer

Le mot « décision », emprunté au latin *decisio*, vient du verbe *decidere*, qui fait référence à « l'action de trancher une question ». Il implique donc à la fois information et pouvoir. Curieusement, ce mot désigne surtout à la fin du XVIIe siècle la « qualité d'une personne qui n'hésite pas » (1676), pour prendre un siècle plus tard le sens de « parti que l'on prend, acte volontaire » (1791)[2]. Comment réduire l'incertitude pour ne pas hésiter ? Comment, par conséquent, faire des choix éclairés ? La décision en entreprise est-elle un acte individuel ou un acte collectif ? Est-ce la qualité d'une personne ou d'un groupe de personnes ? Est-elle toujours volontaire et rationnelle ? Comment prendre parti ? Voilà les questions auxquelles cette première section s'attache à répondre.

4.1 La définition et les caractéristiques de la décision

Dans un travail de recherche mené au milieu des années 1960 et devenu depuis un classique, Mintzberg a minutieusement recensé les tâches accomplies par cinq dirigeants américains en les observant au quotidien pendant quelques semaines. Il a constaté que 50 % des tâches accomplies par ces dirigeants duraient moins de 9 minutes. Il corroborait ainsi les résultats d'une étude américaine sur les activités de contremaîtres montrant que, sur une période de 8 heures, ceux-ci effectuaient une activité différente toutes les 48 secondes (Mintzberg, 2004, p. 27). Décider, est-ce trancher vite ? Est-ce trancher constamment ? Comment y parvenir ?

Les dirigeants observés occupaient également plus de 75 % de leur temps à des communications verbales. Pour 93 % d'entre eux, les contacts verbaux étaient le plus souvent improvisés plutôt que planifiés. En outre, 40 % des contacts étaient purement orientés vers la transmission d'information. Enfin, les gestionnaires passaient environ 45 % de leur temps à discuter avec des pairs extérieurs à l'entreprise, 45 % de leur temps à discuter avec leurs subordonnés et seulement 10 % de leur temps à discuter avec leurs supérieurs. À l'ère des nouvelles technologies de l'information et de la communication (NTIC), cette transmission d'information a peut-être changé de média, mais son intensité est restée la même.

Décider, c'est donc une question d'information. C'est se renseigner sur de nombreuses questions, sans même qu'elles soient toujours préalablement et délibérément formulées, de façon à faire un choix judicieux. C'est un processus d'éclairage continu des situations à tous les niveaux de l'organisation, que les décisions prises soient programmées ou non. Cet éclairage peut être fait par une grande variété d'acteurs (*voir, dans le chapitre 2, la section 2.8.1 sur l'intelligence stratégique et la veille*).

---

2. *Le Robert, Dictionnaire historique de la langue française* (2000), tome I, p. 1009.

> Décider : trancher entre une infinité de choix possibles et malgré la rationalité humaine limitée

Décider, c'est aussi un processus d'arbitrage entre une infinité de choix possibles, et ce, dans des situations variées. C'est « se prononcer sur une chose par une décision ou un jugement[3] ».

La décision, qui devient ainsi solution ou arrangement, n'est cependant pas toujours idéale ou optimale en raison de ce que Simon décrit comme étant la **rationalité limitée** de l'être humain (*voir l'encadré 4.1*). Selon cet auteur, si l'être humain a toujours des raisons de faire ce qu'il fait, ces raisons ne sont pas toujours celles qu'il croit être, et il peut se tromper sur lui-même. De plus, il est possible que l'information nécessaire pour comprendre une situation soit parcellaire, ou que la personne ne puisse en embrasser toute la complexité ni ne soit capable de calculer toutes les conséquences d'une décision.

ENCADRÉ 4.1 Le concept de rationalité limitée

On doit le concept de rationalité limitée à Herbert Simon, lauréat du prix Nobel d'économie en 1978. Théoricien majeur des organisations, c'est aussi l'un des pères des sciences cognitives et de l'intelligence artificielle.

L'analyse économique ou organisationnelle s'est donné pour modèle de comportement humain celui de l'*Homo œconomicus* considéré comme capable de faire tous les calculs nécessaires à des choix optimaux selon ses intérêts. Ce modèle suppose donc une personne rationnelle qui maximise son utilité. Il n'est pas nécessaire de se pencher sur le processus de décision lui-même pour prédire la décision d'une personne. La connaissance de l'environnement suffit. Simon parle ici de rationalité « substantive ». Par exemple, si une personne veut acheter une voiture économique, elle fera le tour de tous les concessionnaires en ville pour choisir la moins chère.

Dans des environnements complexes, où les décisions sont loin d'être évidentes, les personnes ont plus de mal à saisir et à traiter toute l'information provenant de ceux-ci. Elles ont aussi tendance à simplifier les données d'un problème pour composer avec l'incertitude. De plus, elles sont portées à choisir selon leurs valeurs et leurs buts, leurs perceptions, leur position hiérarchique, etc. Aussi, à la vision idéale précédente, Simon oppose une conception plus réaliste du comportement humain. Selon lui, notre **rationalité** est **limitée,** car, dans la plupart des situations, une personne n'est pas en mesure de se former une idée complète et exacte de toutes ses possibilités de choix. La rationalité humaine est aussi **procédurale,** car le comportement d'une personne est le résultat d'un processus de décision approprié dans une situation d'information imparfaite. Lorsqu'on se penche sur la façon dont une personne prend des décisions, on constate qu'elle est incapable d'énumérer toutes les données d'un problème, qu'elle procède par essais et erreurs, et qu'elle n'imagine souvent des solutions que les unes après les autres. Finalement, quand elle doit prendre une décision, la solution adoptée n'est au mieux que satisfaisante pour elle, jamais optimale. Pour reprendre l'exemple précédent, si une personne veut acheter une voiture économique, elle ira peut-être d'abord chez le concessionnaire le plus proche, choisira peut-être un véhicule en fonction de la mode de l'heure et se satisfera peut-être de cette seule expérience d'achat.

Précisons de plus que, dans la perspective sociologique, les préférences de l'*Homo sociologicus* pour telle ou telle solution ne sont pas stables, et peuvent être surdéterminées par des normes sociales. Aussi, pour concilier la conception économique d'une rationalité maximisant l'intérêt individuel et la conception sociologique où la rationalité ne peut être considérée dans un vide social et en dehors d'un contexte, on parle de rationalité « située ».

Pour en savoir plus sur le sujet, voir Simon (1983), Cabin (1999), Charreire et Huault (2002) et Rouleau (2007).

De plus, il faut distinguer dans l'entreprise plusieurs types de décision selon le niveau organisationnel considéré (*voir, dans le chapitre 3, la section 3.6.1 portant sur le découpage vertical*) :

---

3. *Le Robert, Dictionnaire historique de la langue française* (2000), tome I, p. 1008.

- Les **décisions stratégiques** portent sur la formulation de la mission et de la vision (le choix à propos des marchés, du positionnement, du lancement de produits, la détermination des connaissances stratégiques et des compétences distinctives, etc.) de l'entreprise. Du fait de leur importance et de leur impact sur l'entreprise, ces décisions sont généralement le fait du sommet stratégique ; par exemple : « Devrait-on se lancer sur le marché chinois ? »

- Les **décisions administratives ou tactiques** visent en général à assurer l'adéquation entre l'organisation, les moyens disponibles et les buts stratégiques de l'entreprise. Ces décisions qui ont une incidence à moyen terme concernent souvent les gestionnaires intermédiaires des fonctions de l'entreprise et des activités qui y sont rattachées (par exemple, la gestion des approvisionnements, la gestion des technologies, la gestion des ressources humaines et des expertises, l'affectation des compétences dans le cas de la gestion d'équipes). Certaines décisions administratives de **coordination** sont routinières (par exemple, l'établissement d'un budget, l'ordonnancement d'une production), tandis que d'autres exigent des solutions sur mesure et se font en situation d'**exception** (par exemple, la gestion du processus d'achat après la faillite inopinée d'un fournisseur ; la gestion, au niveau des services du marketing et de la production, d'une crise quant à la qualité d'un produit) (Mintzberg, 1982). Dans la foulée de la question précédente, il s'agira, par exemple, de se demander : « Comment pourrait-on réorganiser le Service commercial pour aborder le marché chinois ? »

- Les **décisions courantes ou encore opératoires** visent la réalisation des objectifs opérationnels. Elles sont plutôt locales et quotidiennes, et souvent programmées. Leur portée est limitée dans le temps. Elles sont l'apanage du centre opérationnel de l'entreprise (par exemple, mettre en marche une machine, décider de la composition de l'équipe de travail du jour en fonction des absences). En relation avec le cas proposé jusqu'ici en exemple, on pourrait traiter la question suivante : « Combien d'agents commerciaux sont affectés aujourd'hui à la prise de commandes pour la Chine ? »

- Les **décisions programmées ou très standardisées** (application d'une procédure de mise en marche d'une chaîne de fabrication, etc.) exigent des procédures particulières connues, répétitives et routinières (qui pourraient quasiment être confiées à un ordinateur), alors que les décisions **non programmées et inhabituelles** (aménagement d'un service à la demande du client, incident sur la chaîne de fabrication, etc.) sont souvent à caractère politique et relèvent de situations imprévues, non codifiées, inattendues ou nouvelles. Il n'existe pas, alors, de procédures préétablies pour régler les problèmes inédits ou complexes qui se présentent.

Dans la suite de cette section, précisons qu'il est surtout question de la décision comme processus de choix organisationnel, pris en charge par le sommet stratégique et par la ligne hiérarchique intermédiaire de l'entreprise.

> Les décisions sont de plusieurs types : stratégiques, administratives ou courantes, programmées ou non programmées.

4.2 Les méthodes de prise de décisions

Selon la nature des décisions à prendre, le contexte et l'information disponible, la coopération peut s'avérer nécessaire pour réduire l'incertitude et prendre une décision. Décider devient alors une question de mobilisation humaine et peut s'appuyer sur plusieurs méthodes qui font plus ou moins appel à la force du groupe. Ces méthodes dépendent souvent du style de leadership et de la forme organisationnelle de l'entreprise, comme nous le verrons dans la deuxième section.

Les méthodes auxquelles on aura recours pour prendre des décisions peuvent avoir de nombreuses conséquences. Entre autres, elles auront un impact sur l'initiative des acteurs qui participeront au processus décisionnel, sur les priorités et les options à prendre en considération, sur les façons dont celles-ci seront analysées les unes par rapport aux autres de même que sur les critères permettant de faire le choix final. De là vient l'intérêt de se pencher sur les méthodes de prise de décisions les plus appropriées en fonction de la problématique et du contexte. Le tableau 4.1 présente les diverses approches de la prise de décisions, que nous examinerons brièvement par la suite.

TABLEAU 4.1 Les approches et méthodes décisionnelles

	Analyse	Détermination des options	Choix d'une option
Approche rationnelle ou analytique	L'analyse porte sur des options respectant des objectifs préétablis	Les avantages et les inconvénients sont quantifiés	Optimisation des gains
Approche incrémentale	On considère les options s'apparentant au *statu quo*	On redistribue les ressources découlant de l'adoption des options (perdants, gagnants)	Négociation
Regroupement des préférences individuelles	On favorise l'émergence d'options nouvelles (*brainstorming* ou remue-méninges)	Les points de vue sont partagés	Consensus
Garbage can	Chaque participant peut choisir	On procède à une comparaison séquentielle	Choix plutôt aléatoire ou fortuit

Source : adapté de Gortner, Mahler et Bell Nicholson (1993, p. 302).

4.2.1 L'approche rationnelle ou analytique

L'approche rationnelle ou analytique se caractérise par la réalisation méthodique des activités suivantes : la détermination du problème, la décision concernant la résolution du problème (c'est-à-dire le repérage puis l'évaluation des solutions possibles) de même que la mise en œuvre et le suivi des options. Cette séquence idéalisée d'activités présume une volonté de rationalité et des pouvoirs discrétionnaires de mise en œuvre. Cette approche présuppose une neutralité disciplinaire, méthodologique ou idéologique du décideur rationnel (par exemple, un ingénieur voit en général un problème sous l'angle technique ; un gestionnaire autocratique croit en l'infaillibilité de sa décision), ce qui, dans l'univers des organisations, n'est jamais le cas. De plus, elle suppose que l'entreprise possède les moyens lui permettant d'évaluer chacune des options suggérées ainsi qu'une information complète sur la situation. Il est cependant rare que tous ces facteurs soient réunis. Nous présentons dans la figure 4.1 les décisions qui commandent un mode d'intervention rationnel ou analytique. Il s'agit des décisions stratégiques ou administratives les plus structurantes, voire les plus fondamentales pour la survie de l'entreprise.

> La décision, quelle que soit la méthode, même rationnelle, n'est jamais neutre.

FIGURE 4.1 Les décisions les plus structurantes de l'organisation

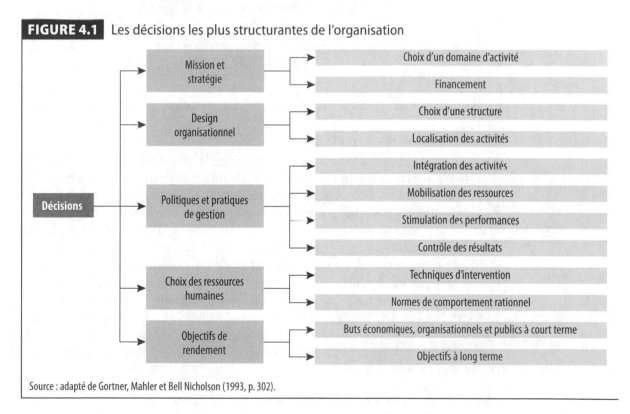

Source : adapté de Gortner, Mahler et Bell Nicholson (1993, p. 302).

Dans la figure 4.2 (*voir p. 274*), nous présentons de façon plus exhaustive les étapes de la résolution de problèmes selon l'approche rationnelle ou analytique.

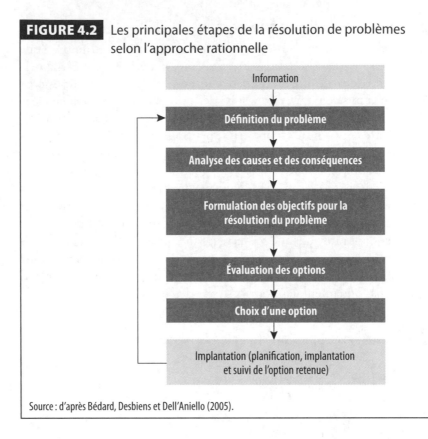

FIGURE 4.2 Les principales étapes de la résolution de problèmes selon l'approche rationnelle

Source : d'après Bédard, Desbiens et Dell'Aniello (2005).

4.2.1.1 La définition du problème

La définition du problème à résoudre concerne le diagnostic du problème et la découverte de ses causes probables. Cette première étape, de nature essentiellement cognitive, a pour objectif de formuler une définition novatrice du problème. Le déroulement des étapes subséquentes est évidemment fonction de la justesse et de la clarté avec lesquelles le problème aura été défini (Allaire et Firsirotu, 1984). L'analyse des causes et des conséquences de la situation consiste en une recherche et en une présentation des données factuelles, ou encore en une appréciation subjective lorsque les données quantitatives ne sont pas disponibles. L'analyse de la situation s'effectue aussi par rapport à des standards ou à des objectifs qui permettent de mesurer l'ampleur des écarts ou des déviations. On peut alors utiliser plusieurs techniques : les sondages sur les préférences des clients, les analyses de marché, les tests de produits, la recherche opérationnelle, la simulation des résultats d'exploitation, etc.

4.2.1.2 La décision concernant la résolution du problème

Cette étape comprend la recherche et l'évaluation d'options ainsi que la sélection de la meilleure option. La recherche innovatrice d'options consiste dans la détermination, par des processus d'analyse et de création, des voies opérationnelles de résolution du problème, même si la compréhension des causes est imparfaite.

La recherche d'options peut être exhaustive ou partielle. Le temps et l'énergie nécessaires à une recherche exhaustive sont tels que les preneurs de décisions proposent souvent l'application d'options mises en œuvre par des concurrents, d'options aisément réalisables qui corrigent en partie les symptômes et non les causes réelles et d'options partielles qui n'abordent pas le problème dans une perspective systémique, mais qui sont un pas dans la bonne direction (Pfeffer, 1982).

L'évaluation d'options est l'examen et la comparaison de la situation actuelle avec les options possibles. Cette étape comporte l'estimation subjective des probabilités de succès de chacune des options de même que la détermination des critères d'évaluation. Le choix est influencé par plusieurs facteurs, dont les connaissances théoriques, les valeurs et les philosophies, les expériences passées, la recherche et l'analyse (*voir la figure 4.3*). Par exemple, les solutions qui seront envisagées et le choix qui sera effectué par les dirigeants d'une entreprise afin de répondre à un problème d'ordre éthique soulevé par des intervenants de l'environnement sociopolitique peuvent trouver leur explication dans le savoir qu'ils ont acquis, à un moment ou à un autre de leur formation, dans les expériences bonnes ou mauvaises qu'ils ont déjà vécues en la matière, aussi bien que dans les valeurs et les philosophies qui les animent.

FIGURE 4.3 Les facteurs de sélection des options dans le processus de décision rationnel

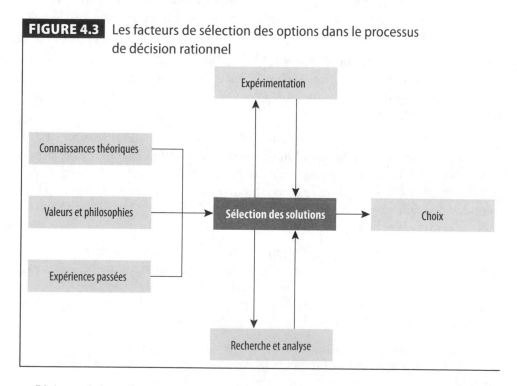

L'objectif, dans l'exercice du choix, est la rationalité pratique et non la poursuite d'un absolu. La volonté de trouver l'option optimale et le rejet des améliorations marginales conduisent fréquemment à des décisions tardives et coûteuses, à des indécisions inutiles et à une nervosité considérable pour les décideurs.

Dans le feu de l'action, les activités de décision suivent rarement les étapes du mode idéalisé. Les contraintes de temps font en sorte que des circonstances spéciales motivent la suppression d'étapes non nécessaires ou évidentes. **Les activités d'évaluation s'inspirent de l'information disponible, qui est filtrée différemment par chaque participant, et donc biaisée** (Kaplan, 1964). **La recherche d'information et l'évaluation des effets des options possibles sont souvent rudimentaires, bien qu'il existe de nombreuses techniques d'analyse.**

Dans de nombreux cas, les décideurs favorisent, dans un laps de temps relativement court, une option plutôt qu'une autre, bien avant d'en connaître toutes les répercussions. **Ainsi, le choix est souvent simplifié par l'adoption d'une option convenablement élaborée, mais inférieure à l'option optimale.** Une option est adoptée dès qu'elle satisfait aux exigences des participants et qu'elle recueille un soutien suffisant du reste de la coalition dirigeante (March, 1962).

4.2.1.3 La mise en œuvre et le suivi des options

Les options choisies par les dirigeants, aussi brillantes et innovatrices soient-elles, demeurent inefficaces si elles ne sont pas appliquées sous forme de programmes d'action. Les options aux situations problématiques sont mises en œuvre non pas par des décisions isolées mais par l'élaboration de programmes nouveaux ou par des modifications substantielles aux programmes en vigueur.

Les programmes d'action établissent les contributions des personnes qui participeront à l'exécution de la solution choisie, les informations qui seront utilisées et les décisions à prendre. Sans programme détaillé, l'exécution est soumise aux aléas des événements et aux caprices des décideurs.

Les programmes portent divers noms selon leur niveau : planification stratégique, planification annuelle, création de nouveaux produits, gestion informatisée de la production, traitement des commandes, méthodes d'achat, etc. Les programmes procurent au processus d'administration une stabilité telle que les personnes prennent des décisions dans des cadres établis d'une manière rationnelle sans nécessairement comprendre l'ensemble.

La véritable supériorité d'une organisation apparaît alors. En effet, grâce à la programmation des actions, l'entreprise peut agir de manière rationnelle, logique et cohérente même si les membres sont incapables d'autant de rationalité. Le programme permet d'aller au-delà des oublis, des erreurs et des humeurs pour façonner une action collective efficace.

La mise en œuvre comporte enfin des activités de suivi qui permettront de vérifier si les options retenues ont toujours leur raison d'être et, s'il y a lieu, d'apporter quelques correctifs.

4.2.1.4 Les outils d'aide à la décision

Dans un environnement caractérisé par le changement et l'incertitude, les outils d'aide à la décision facilitent la tâche du gestionnaire en lui permettant d'analyser avec plus d'acuité les facteurs agissant sur l'organisation. Comme l'illustre le tableau 4.2 (*voir p. 278*), les outils d'aide à la décision sont variés et multifonctionnels. En effet, grâce à eux, les gestionnaires peuvent organiser et diriger les opérations de l'organisation. De même, ces outils permettent d'assurer une meilleure planification et un contrôle plus adéquat des activités futures. Ils sont utilisés à tous les niveaux de l'entreprise, autant au niveau stratégique qu'au niveau administratif ou au niveau organisationnel.

Les nouveaux outils informatiques, notamment les bases de données informatisées, les systèmes interactifs d'aide à la décision et, plus récemment, les systèmes experts constituent d'autres soutiens à la prise de décisions. Ces outils sont considérés comme essentiels par de nombreux gestionnaires soucieux d'optimiser le rendement de leur organisation.

4.2.2 L'approche incrémentale

Au cours des années 1950, les théoriciens du comportement se sont intéressés au processus décisionnel, et plus précisément à la description des processus intervenant dans la prise de décisions. Pour eux, la prise de décisions devient un marchandage entre acteurs où chacun essaie, à force de **négociation,** de persuasion et de discussions, de tirer le meilleur parti possible des ressources dont dispose l'entreprise. La meilleure option est celle qui fait l'objet d'un consensus, après que chaque acteur a trouvé son bénéfice (Lindblom, 1959).

Le modèle incrémental est donc caractérisé par des décisions qui se rapprochent du *statu quo* ou, à tout le moins, ne modifient que marginalement la situation existante. Des propositions sont mises en avant jusqu'à ce que l'ensemble des intervenants ait trouvé un terrain d'entente. L'approche incrémentale vise à réduire les conflits et à favoriser la création et l'expérimentation graduelles d'idées ou d'options. Elle s'applique à des situations ou à des projets bien circonscrits.

Le modèle incrémental est le modèle qui décrit le mieux la prise de décisions dans un univers politique (par exemple, dans les organismes publics). On peut lui reprocher d'étouffer les tentatives d'innovation et de changement au profit des impératifs de concertation. Ce modèle peut déboucher sur des routines, sur la stabilisation et même sur l'inertie. Une autre critique veut que le pluralisme auquel entend souscrire la méthode incrémentale soit une illusion dans la mesure où la participation à la prise de décisions n'est offerte qu'à un nombre limité de personnes ou de groupes. Enfin, les conflits issus de la négociation peuvent devenir sclérosants et drainer indûment les énergies des participants.

4.2.3 Le regroupement des préférences individuelles

Le regroupement des préférences individuelles vise à résoudre des problèmes particuliers. Cette méthode est surtout utile quand on ne sait pas quoi faire précisément ou quand on souhaite faire émerger des idées nouvelles. Elle fait intervenir des techniques normatives où des règles précises guident la conduite du groupe (par exemple, la technique Delphi, l'avocat du diable, le remue-méninges ou *brainstorming*), ce qui explique qu'elle nécessite l'intervention d'un expert. Le regroupement des préférences

TABLEAU 4.2 Les outils d'aide à la décision

Technique	Définition – Situation/Exemple
Valeur espérée	Probabilité (exprimée en pourcentage) qui indique dans quelle mesure le gestionnaire peut s'attendre à un événement ou à un résultat particulier
Matrice des gains	Probabilité que des employés effectuent leur travail dans le délai prévu selon le degré de difficulté de la tâche à accomplir
Technique d'évaluation et de révision des programmes (PERT)	Technique où le gestionnaire planifie, sous forme de devis et de graphiques, les étapes critiques de la réalisation, de la supervision et du contrôle de projets complexes
Ordonnancement des activités	Diagramme à bâtons (conçu par Henry Gantt au début du XXᵉ siècle) qui illustre l'ordre séquentiel ainsi que le moment du début et de la fin d'une tâche donnée
Analyse du point mort	Évaluation du niveau d'activité qui génère des produits d'exploitation (revenu total) correspondant aux charges d'exploitation ; elle sert à calculer les bénéfices ou les pertes qu'engendrent une variation du prix, des coûts fixes ou des coûts variables Le point mort représente le niveau où le produit d'exploitation permet tout juste de ne pas subir une perte, ou encore le point auquel un revenu total correspond au coût total
Méthodes de choix des investissements	Évaluation de la rentabilité d'un projet d'agrandissement, d'investissement ou autre, établie selon les dépenses anticipées versus les revenus espérés
a) **Procédés comptables**	Analyse des résultats économiques d'un projet d'investissement grâce à certains renseignements tirés des états financiers Ils fournissent le taux de rendement ou de rentabilité d'un projet d'investissement à un moment donné en fonction d'une valeur comptable du bénéfice et du capital investi
b) **Calcul du délai de récupération**	Indication du temps requis pour que les recettes d'un projet correspondent au capital initialement investi
Arbre de décision	Procédé mathématique qui facilite la prise de décisions en matière d'investissements ; il fait intervenir trois éléments : la prise de décisions, le calcul des probabilités et l'enchaînement des décisions
Programmation linéaire	Modèle mathématique qui aide à maximiser les résultats recherchés, à réduire les résultats indésirables, ou les deux à la fois, en se pliant à des contraintes d'exploitation
Théorie des files d'attente	Résolution de problèmes liés aux files d'attente, qui permet de réduire au minimum les périodes où les employés n'ont rien à faire, tout en fournissant un service adéquat à la clientèle Exemple : nombre de caissiers d'un supermarché
Modèle de simulation	Méthode issue de la recherche opérationnelle : un modèle informatique reproduit les principales composantes d'un système imitant la réalité pour permettre d'évaluer diverses options afin de choisir la meilleure
Modèle de contrôle des stocks	Méthode qui aide le gestionnaire à faire une gestion optimale des stocks, c'est-à-dire à déterminer le nombre d'unités à commander et à garder en stock
Jeux d'entreprise	Jeux de simulation où les gestionnaires, en équipes, élaborent des stratégies liées à différentes variables (telles que le prix, la publicité, ainsi que la recherche et le développement) pour ensuite étudier les effets de leurs décisions sur leur entreprise hypothétique et ses concurrents

individuelles favorise l'émergence d'un grand nombre d'options. L'option retenue est celle qui recueille le plus large **consensus.** Cette option est considérée comme un rassemblement des préférences individuelles et non comme le résultat d'une négociation dont certains acteurs sortent gagnants, d'autres perdants (comme c'est le cas pour le modèle incrémental).

Le regroupement des préférences individuelles tend également à éviter les conflits et les jeux politiques. Il mise sur le volontarisme des personnes et sur l'échange d'idées à la fois diversifiées et innovatrices.

4.2.4 Le modèle *garbage can*

Le modèle *garbage can*, issu des travaux de Cohen et ses collaborateurs (1972), vise à décrire le plus fidèlement possible la façon dont se prennent les décisions au sein des organisations. La prise de décisions, qui est un processus ambigu, devient prétexte à toutes sortes de manifestations de la part de personnes ou de groupes : conflits, expression de diverses valeurs, exercice du pouvoir, affermissement ou reniement d'amitiés, etc. (March et Olsen, 1979). Elle apparaît comme le théâtre d'expression des besoins sociaux et individuels plutôt que comme un instrument permettant d'effectuer des choix. Elle devient une **occasion** de traiter pêle-mêle de divers sujets, rôles et objectifs (Hedberg, Nyström et Starbuck, 1976).

Avec le modèle *garbage can*, rien n'est tenu pour acquis : les objectifs ne sont pas clairs, les préférences et les intentions de la direction sont confuses ; les facteurs de l'environnement ne sont pas entièrement maîtrisés ; les événements sont perçus différemment par les membres de l'organisation ; l'adhésion des acteurs intéressés est incertaine du fait qu'ils peuvent être accaparés par d'autres décisions ou d'autres préoccupations, etc. Par conséquent, selon ce modèle, la prise de décisions ne sert pas des objectifs précis ou clairement définis et ne donne pas nécessairement lieu à des solutions optimales. Les décisions fluctuent en fonction des croyances, des visions et des valeurs des personnes. Les objectifs ne prennent forme qu'au cours des discussions relatives à leur acceptation ou à leur rejet. C'est pourquoi il y a tout lieu d'associer les décisions qui découlent du modèle *garbage can* à des actes plutôt accidentels, voire inattendus (par exemple, des sommes résiduelles d'un budget annuel à consommer urgemment en fin d'année, dilapidées en achats inutiles de papeterie ou de solutions informatiques qui précèdent l'analyse des besoins des utilisateurs).

Les activités de décision sont donc des activités à la fois d'information et d'arbitrage selon un processus plus ou moins rationnel étant donné les **limites de la rationalité humaine** (même assistée par ordinateur).

Ces limites tiennent en effet aux facteurs suivants :

> Une décision n'est jamais optimale ; elle est au mieux satisfaisante, étant donné les biais de la rationalité humaine.

- Les différences individuelles de **perception** d'une même situation. La plupart des personnes ont un point de saturation au-delà duquel toute information supplémentaire n'est pas intégrée au raisonnement. De plus, les perceptions d'une situation de gestion peuvent varier selon le moment, l'impression liée au caractère définitif ou non de la décision, la position hiérarchique ou le rôle des personnes dans l'entreprise de même que selon leur expérience. De fait, certaines personnes prendront des décisions sur un mode plus **intuitif** (en se fiant à cette expérience) que **méthodique,** et ce, avec autant de réussite.

- Une **mauvaise définition des problèmes** et une confusion des symptômes et des causes d'un problème. Il est souvent tentant de choisir d'exprimer un problème nouveau en se référant à des situations connues, voire anciennes, ou de choisir la formulation du problème la plus évidente ou la plus simple. Or, il faut se méfier de ces tentations simplificatrices pour remonter aux sources véritables d'un problème. Multiplier les «pourquoi» pour retrouver la chaîne cohérente des causes est sans doute un bon moyen d'y parvenir. Par exemple, des employés se plaignent d'avoir mal au dos. La solution au problème n'est pas de réviser le plan d'assurance maladie pour rembourser adéquatement les soins de physiothérapie, mais de découvrir en quoi l'ergonomie de leur poste de travail conduit à ces troubles musculo-squelettiques.

- Les **ancrages psychologiques** inconscients (c'est-à-dire des processus d'association, volontaire ou non, entre un stimulus externe et une représentation interne accompagnée d'un ressenti)[4], qui poussent le décideur à accorder inconsciemment une importance disproportionnée aux premières informations reçues sur un problème. Ils peuvent ainsi mener à une définition erronée d'un problème. Plus généralement, il faut parfois dépasser les **schèmes** psychologiques des personnes, c'est-à-dire les représentations mentales qui organisent de façon structurée des situations ou des expériences semblables. Ces schémas, stockés dans la mémoire à long terme, permettent d'analyser et d'interpréter des informations nouvelles. Ils servent en quelque sorte de modèle mental, de cadre pour traiter l'information et diriger les comportements. Ils conduisent parfois les dirigeants, dans une situation inédite, à s'entêter à privilégier une solution sans s'ouvrir à d'autres options. Par exemple, en 1950, Kodak, qui était alors le géant de la photographie (*voir le chapitre 6 sur la gestion de l'innovation*), n'a pas pris au sérieux, à tort, l'invention du Polaroid, un procédé de photographie à développement instantané, considérant que le développement instantané ne correspondait pas aux attentes des consommateurs (c'est-à-dire à la représentation sociale de la photographie à l'époque, représentation créée par Kodak comme le développement sur papier, différé après la prise de vue, d'un rouleau de pellicule). Voici un autre exemple : face à un problème de décroissance des ventes, un ingénieur envisagera le problème sous un angle technique d'amélioration de la qualité des produits ou d'économies d'échelle pour diminuer les prix de vente ; pour sa part, le comptable y verra un problème d'équilibre au bilan. Changer les modèles mentaux hérités de l'expérience de chacun et de sa formation disciplinaire est une chose difficile. Travailler dans l'interdisciplinarité, avec des employés ayant des formations et des expériences diverses, permet une remise en question des schèmes mentaux.

---

4. Un exemple célèbre d'ancrage est celui de l'ancrage olfactif de la madeleine de Marcel Proust. L'écrivain explique dans son roman *À la recherche du temps perdu* comment ses souvenirs d'enfance lui reviennent systématiquement à la mémoire quand il déguste une madeleine comme celles qu'il appréciait tant lorsqu'il était petit.

Enfin, il faut considérer l'**organisation** même comme un facteur important influant sur le processus de décision selon la façon dont les pouvoirs sont répartis, les règles et les procédures formalisées ou non, et surtout l'intelligence collective mobilisée ou non. Les gestionnaires qui se trouvent au sommet stratégique font plus souvent face à des décisions non programmées que les gestionnaires et les opérateurs de la base opérationnelle. Selon leur style de gestion, ils utiliseront la force de la **décision de groupe.** On sait que le groupe présente l'avantage d'accéder à plusieurs points de vue et au partage d'un plus grand nombre d'informations pour éclairer une décision qui, par ailleurs, sera d'autant mieux acceptée et mise en œuvre qu'elle est collective. Cela, bien sûr, ne doit pas faire oublier les inconvénients connus du groupe : le désir d'acceptation de soi par le groupe peut limiter l'expression individuelle de solutions créatives pour faire consensus ; la situation est pire encore quand une personne est dominante et rallie le reste du groupe à son point de vue. Les pressions exercées par chacun pour « gagner son point » au lieu de chercher à résoudre un problème peuvent aussi provoquer une escalade stérile et ralentir le processus de décision. Bref, il est possible que la décision de groupe ne reflète qu'une « pensée de groupe[5] », dépouillée des véritables apports critiques individuels qui n'auront pas pu ou voulu s'exprimer. Cela montre que la décision est aussi une question d'engagement et de mobilisation des personnes qui implique des jeux de pouvoir et une gestion de volontés contraires ; c'est donc également une question de **direction.** Ce sujet fera l'objet de la section suivante.

> Un modèle participatif puise dans les avantages de la décision de groupe.

Section II
La direction : informer et stimuler

Un retour sur la définition étymologique[6] du verbe « diriger » est instructif. Signifiant d'abord « conduire selon certaines règles » (1495), ce verbe prend plus tard le sens de « exercer une influence sur » (1690). Il est intéressant de prendre connaissance des multiples sens du verbe latin *dirigo,* qui signifie tout autant « aligner » que « mettre contre les arbres des tuteurs pour les faire aller droit », « donner une direction déterminée » ou encore « diriger (conduire à) vers la vérité »[7]. Le verbe « diriger » contient intrinsèquement l'idée de « commander et exercer le pouvoir » et en même temps celle de « guider » les personnes. Il n'est donc pas étonnant de voir évoluer les conceptions de la direction d'entreprise à travers le temps d'une vision autocratique

---

5. Consulter à propos de la pensée de groupe l'ouvrage désormais classique de Janis (1982), qui a étudié le cas de la préparation de l'opération de la baie des Cochons, déclenchée en 1961, sous la présidence de John F. Kennedy. Le secrétaire d'État, Dean Rusk, et l'assistant du président, Arthur Schlesinger, se seraient retenus d'exprimer leurs hésitations ; le débarquement à Cuba s'est soldé par un échec complet.

6. *Le Robert, Dictionnaire historique de la langue française* (2000), tome I, p. 1094.

7. *Dictionnaire Gaffiot, latin-français* (1934), p. 533.

et hiérarchique (commander) à une vision plus démocratique et sociale (guider ou encore coordonner). Pour paraphraser Miller, diriger, est-ce conduire (ou se conduire ?) ou montrer (voire bâtir ensemble) le chemin ?

Nous nous référerons dans cette section, tout comme la littérature en management, plus particulièrement (mais non exclusivement) aux preneurs de décisions au sommet stratégique de l'entreprise. Nous verrons qu'il est communément admis que les comportements de direction sont fonction des caractéristiques personnelles des gestionnaires et des caractéristiques du milieu de travail. Ils dépendent des capacités à la fois intellectuelles (être apte à comprendre), administratives (gérer), volitives (vouloir), affectives (ressentir), émotives (gérer des émotions) et cognitives (connaître, raisonner et apprendre) des gestionnaires.

Alors que l'entreprise évolue de façon dynamique dans un environnement en continuelle transformation, la direction de l'entreprise, qui vise à favoriser l'engagement de tout un chacun envers les objectifs de l'organisation, revêt plusieurs composantes : la motivation, la satisfaction et le leadership (*voir la figure 4.4*).

FIGURE 4.4 Les composantes de la direction de l'entreprise

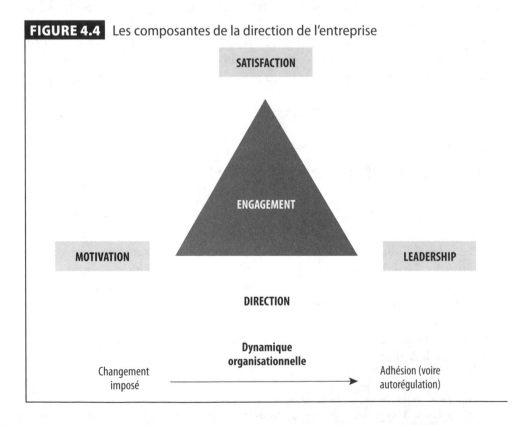

Diriger, dans la perspective des écoles formelles d'administration, c'est commander et influencer. **Selon une perspective plus humaine, c'est plutôt informer et encourager les personnes qui contribueront à l'exécution des programmes réalisés dans**

l'entreprise par la création d'un milieu de travail propice à l'engagement et à l'épanouissement individuel et collectif. Dans ces deux perspectives, le maître mot est la **motivation** (le moteur fait des motifs !)[8], qui recouvre différents sens et permet d'établir divers liens avec la **satisfaction** au travail. Aussi, dans cette section, dans un premier temps nous définirons la **motivation** et la **satisfaction,** puis nous décrirons quelques travaux classiques en management qui aideront à en comprendre les déterminants et les limites.

La direction : moins commander qu'encourager

Diriger, c'est plutôt, pour certains, combiner de façon optimale le style de leadership en fonction des circonstances, en usant à bon escient de son influence. Or, l'organisation de l'entreprise est un processus continu d'équilibre entre des forces parfois contradictoires (*voir le chapitre 3 sur l'organisation*) et, de fait, un processus continu de changement. Certains modes de changement, par contre, peuvent provoquer des résistances. Ainsi, dans un deuxième temps, nous traiterons de la direction dans un contexte de **changement organisationnel.**

De plus, informer les employés et stimuler leurs énergies productives ou créatives peut se faire de façon formelle au moyen de politiques, de règles, de récompenses et d'autres mécanismes formels de coordination, mais cela passe aussi par les relations interpersonnelles, qui sont par nature informelles. C'est pourquoi, dans un troisième temps, nous nous pencherons plus précisément sur les différentes approches du **leadership.**

4.3 La motivation

Selon les exigences d'efficacité, les efforts doivent permettre l'atteinte des objectifs, alors que les exigences d'efficience doivent permettre d'y parvenir de la façon la plus économique et harmonieuse possible. Il faut donc que la direction de l'entreprise réussisse à la fois à créer un véritable esprit d'équipe, à réunir les efforts individuels en un effort commun et à façonner un milieu de travail stimulant.

Comme nous l'avons indiqué en introduction de ce chapitre, la direction est souvent conçue comme l'activité qui consiste à amener les employés à faire ce qu'elle veut qu'ils fassent, et à le faire dans les meilleures conditions physiques et humaines possibles, et ce, pour le bien des employés autant que pour celui de l'entreprise. Toutefois, les choses ne se passent pas toujours comme la direction l'entend. Des résistances peuvent se manifester de la part des employés et avoir des effets négatifs sur la bonne marche des activités. Aucune norme de contrôle, aussi sophistiquée soit-elle, ne donnera de résultats dans un contexte de conflit, d'insécurité ou de suspicion, ni ne permettra de comprendre les souffrances psychologiques au travail.

---

8. Étymologiquement, « motivation » est issu du verbe *movere* (mouvoir) et de l'adjectif *motif* ou *motive* (1314), qui possédait le double sens de « qui pousse au mouvement, excite » et « vif, mobile », bref de **mobile** et de **moteur** ! Le verbe « motiver », qui est apparu plus tard, signifiait en 1721 « justifier par des motifs ». Enfin, « motivation » ne daterait que du milieu du XIXe siècle (*Le Robert, Dictionnaire historique de la langue française* [2000], tome II, p. 2297).

Pour comprendre et vaincre des résistances, les dirigeants doivent établir les liens, s'il en est, entre **la motivation, la satisfaction, le leadership et l'exercice du pouvoir.** Souvent, cette compréhension s'acquiert soit par l'intermédiaire du savoir, soit par l'accumulation d'expériences auprès des êtres humains (Kirkpatrick, 1985). Les dirigeants doivent également reconnaître l'influence qu'exerce le climat organisationnel sur la **motivation, c'est-à-dire l'ensemble des forces (internes et externes) et le processus individuel qui règle le niveau et la persistance de l'engagement d'une personne pour une activité précise et envers un but dont l'atteinte lui procure de la satisfaction.** Ces éléments feront ici l'objet d'une attention particulière.

> Comprendre la motivation, le moteur des motifs

4.3.1 Les théories classiques de la motivation et de la satisfaction

Le tableau 4.3 illustre les théories classiques sur les notions de motivation et de satisfaction. Nous avons déjà fait allusion à certaines d'entre elles, dans le chapitre 1 notamment. Ainsi, lorsque nous avons abordé les courants de pensée rationnel et behavioriste, nous avons évoqué, dans chacun des cas, les facteurs susceptibles d'inciter les personnes à adopter les orientations supérieures dictées par la direction. Issues du courant de pensée rationnel, des approches telles que le modèle scientifique (Taylor, Le Chatelier, Gilbreth), l'administration classique (Fayol, Mooney et Reiley, Gulick, Urwick et Drucker) et l'organisation bureaucratique (Weber) proposent le recours à des incitations financières et économiques pour motiver les personnes, alors que les approches décisionnelles néorationalistes (Simon, March) mettent l'accent sur la formation, l'endoctrinement et les valeurs qui permettent de rassembler les forces vives de l'organisation. En ce qui a trait au courant de pensée behavioriste, le mouvement des relations humaines (Mayo, Roethlisberger et Dickson, Homans) propose la reconnaissance des besoins sociaux comme mode d'intégration des personnes. Ce mouvement s'est développé graduellement pour faire place à une vision plus conforme à l'idéal démocratique poursuivi par bon nombre de personnes au sein de l'organisation. On reconnaît entre autres dans ce modèle la présence de besoins supérieurs chez les personnes (par exemple, le besoin d'accomplissement, l'engagement concret dans le processus décisionnel) auxquels, dans le souci d'une plus grande ouverture d'esprit, l'entreprise devra être attentive. Dans les pages qui suivent, nous considérerons des théories issues d'une vision progressiste des entreprises comme la participation, pour illustrer le rôle que jouent la motivation et la satisfaction dans la réalisation des diverses activités organisationnelles.

Toutes ces théories classiques de la motivation ont en général été regroupées en deux grands ensembles. D'une part, les **théories axées sur le contenu** visent à inventorier les facteurs (besoins, désirs, buts ou manques à combler) matériels et psychologiques qui poussent à l'action. Il s'agit de comprendre les différences des besoins individuels pour mieux organiser le milieu de travail en réponse à ces besoins et pour éviter, ultimement, des comportements indésirables qui seront nuisibles à l'entreprise et à l'employé. D'autre part, les **théories axées sur les processus** se penchent sur les processus cognitifs et mentaux qui déterminent les comportements suivant

TABLEAU 4.3 Quelques théories classiques en administration sur la motivation, la satisfaction et le renforcement

Théorie	Principaux auteurs	Facteurs à l'origine de la motivation et de la satisfaction
Théories du contenu		
Modèle scientifique, administration classique, organisation bureaucratique (chapitre 1)	Taylor (1911), Fayol (1916), Weber (1925)	La satisfaction est procurée par des incitations financières et économiques ; intérêt général
Mouvement des relations humaines (chapitre 1)	Mayo (1933, 1945), Roethlisberger et Dickson (1939), Homans (1950)	L'entreprise reconnaît les besoins sociaux des membres ; dynamique de groupe
Théorie de la hiérarchie des besoins	Maslow (1943)	Il existe cinq niveaux hiérarchisés de besoins qui doivent être comblés successivement (physiologiques, de sécurité, sociaux, d'estime de soi et d'accomplissement)
Théorie des besoins (ERG) en continuum	Alderfer (1972)	Il existe trois types de besoins évoluant sur un continuum (avec un processus de frustration-régression en cas d'insatisfaction), lesquels sont liés 1) au maintien de l'existence (subsistance) (E), 2) à l'établissement de relations interpersonnelles (R), et 3) au besoin de grandir (croissance) (G)
Théorie des deux facteurs	Herzberg *et al.* (1959)	Deux catégories de facteurs influent sur la conduite des personnes : des facteurs procurant de la satisfaction (facteurs de motivation) et des facteurs donnant lieu à l'insatisfaction (facteurs d'hygiène)
Théorie des besoins acquis	McClelland (1961)	Les besoins ne sont pas seulement innés ; ils sont aussi acquis par l'expérience, la formation, la culture. Il y a trois types de besoin acquis : accomplissement, affiliation et pouvoir
Théories des processus		
Modèle sur l'enrichissement et l'élaboration des tâches	Hackman et Oldham (1975)	La motivation et le rendement peuvent dépendre des caractéristiques de l'emploi et des tâches
Motivation, buts et objectifs	Lewin (1947), Locke (1968)	Les buts et les objectifs (et leurs caractéristiques : clarté, difficulté, réalisme) que se fixent consciemment les personnes ont un impact sur la motivation
Théorie des attentes	Vroom (1964)	La motivation résulte d'un calcul rationnel de la relation entre les efforts fournis, le niveau de rendement atteint et la valeur des récompenses obtenues
Motivation, aspiration et rendement	Porter et Lawler (1968)	La motivation provient de la confiance en ses propres aptitudes et des récompenses offertes en fonction des performances enregistrées
Théorie de l'équité ou de l'iniquité	Adams (1963)	Toute iniquité perçue est une source de motivation pour redresser la situation
Théorie du renforcement	Skinner (1953, 1971)	Les renforcements positifs et négatifs ont une influence sur les comportements

le contexte. La recherche de la satisfaction d'un même besoin peut en effet déclencher plusieurs comportements différents. Aussi ces théories s'attachent-elles à décrire les comportements, à les expliquer et à analyser pourquoi ils peuvent être déclenchés, entretenus ou évités. Pour ce faire, elles tentent d'établir des liens entre les besoins précédents et les diverses caractéristiques de l'environnement. Certaines **théories dites du renforcement** vont jusqu'à déterminer l'influence qui peut être exercée sur le comportement individuel par la manipulation des conséquences qui lui sont associées (Schermerhorn *et al.*, 2006).

4.3.2 Les variables intervenant dans la motivation

De nos jours, le management (la gestion des entreprises) attache de plus en plus d'importance à la motivation au travail. On se réfère souvent à elle pour expliquer la baisse de productivité des employés et l'augmentation des taux d'absentéisme et de rotation du personnel que connaissent un grand nombre d'entreprises. Si les ouvriers d'une entreprise freinent la production, s'ils sont souvent absents ou si le taux de rotation du personnel est élevé, on considère qu'ils ne sont plus motivés à fournir un haut niveau de performance[9].

Le tableau 4.4 permet de constater que la motivation provient dans la réalité de la combinaison de facteurs tangibles (une rémunération, des récompenses matérielles et des conditions de travail satisfaisantes) et de facteurs intangibles (des récompenses symboliques et une organisation du travail stimulante), à la fois individuels et organisationnels. Ces facteurs, « motifs » ou « mobiles » nécessaires pour passer à l'action, traduisent différentes théorisations de la motivation.

Selon les approches psychologiques, essentiellement behavioristes[10] et instrumentales, majoritairement développées dans la littérature, la motivation au travail se présente souvent comme étant dépendante de différents éléments internes (propres à la personne) et externes (propres à l'environnement de travail), ainsi que le montre le modèle de la motivation au travail, intégrant une grande partie des concepts des approches behavioristes, illustré dans la figure 4.5 (*voir p. 288*). La motivation comporte en effet différents éléments : un état d'où provient la motivation, une

---

9. Une autre approche du management, soit l'approche psychopathologique, se penche plutôt sur les raisons pour lesquelles les gens restent « normaux » au travail, c'est-à-dire en équilibre fonctionnel, alors qu'ils sont en permanence en état de souffrance psychologique (normalité souffrante) (Dejours, 1990).

10. La psychologie selon les approches behavioristes (prolifiques dans les années 1930 à 1960) consiste en l'étude scientifique et expérimentale du comportement sans recourir à l'introspection, ni aux explications profondes d'ordre physiologique ou psychologique. Les approches behavioristes expliquent l'apprentissage par le couple stimulus-action. Un stimulus ou un ensemble de stimuli entraînent une action (un comportement) donnée. Nombre de recherches tentent alors de découvrir ces stimuli dans le but de modifier, voire de conditionner, les comportements. Ce courant behavioriste a évolué au contact de la théorie cognitiviste, qui considère au contraire la pensée comme un processus de traitement de l'information et de situations conduisant à des croyances et à des représentations mentales (Rouleau, 2007).

TABLEAU 4.4   Les facteurs tangibles et intangibles de motivation

1. Les rétributions tangibles	
a) Les différentes formes de rémunération	• Selon l'importance du poste • À la pièce • Primes de rendement individuelles ou de groupe • Partage des gains de productivité • À la commission • Selon les compétences • Actionnariat, options d'achat d'actions, etc. • Participation aux bénéfices
b) Les « récompenses » matérielles	• Cadeaux, voyages, prêts avantageux, etc.
c) Les conditions de travail	• Promotions, perfectionnement, congés spéciaux, etc. • Garderie, gymnase, assurances, avantages sociaux
2. Les reconnaissances d'ordre social et symbolique	• Par des gestes (par exemple, une poignée de main) • Par des paroles (par exemple, remercier, féliciter) • Par des comportements (appuyer, défendre, donner de la rétroaction, sourire, respecter, etc.) • Par des symboles (trophées, activités sociales, etc.) • Par la diffusion de la performance
3. L'organisation du travail stimulante	• Conception des postes (élargissement, rotation, enrichissement, approche sociotechnique, etc.) • Aménagement du temps de travail (horaires variables, réduction du temps de travail, travail à distance, temps partagé, etc.) • Participation • Autonomisation • Autogestion

Source : McShane et Benabou (2008, p. 298).

impulsion à passer à l'action, des comportements déclenchés par cette impulsion à s'engager dans l'action de même que la rétroaction correspondant à la satisfaction ou à l'insatisfaction relative à l'impulsion et au comportement de la personne intéressée (Toulouse et Poupart, 1976). Il importe de signaler que l'état dont nous faisons mention correspond à l'environnement de travail et aux mesures (récompenses) qui prédisposent les membres de l'entreprise à accomplir délibérément certaines actions ou à tendre vers certains buts. La mise en forme de cet environnement est la responsabilité des gestionnaires. Comme nous le verrons un peu plus loin, l'enrichissement et l'élaboration des tâches sont des approches auxquelles ils peuvent avantageusement recourir afin d'accroître la motivation des employés. La conceptualisation du milieu de travail passe, entre autres choses, par la connaissance des besoins et des attentes des membres.

FIGURE 4.5   Le modèle intégré de la motivation au travail

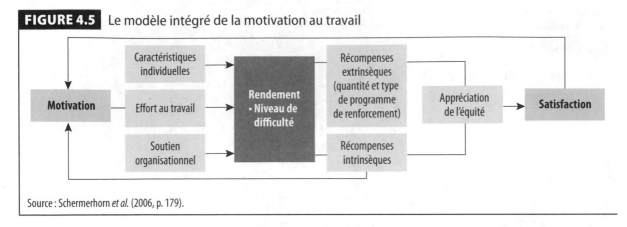

Source : Schermerhorn *et al.* (2006, p. 179).

Les gestionnaires doivent être en mesure de reconnaître les éléments qui incitent les subordonnés à s'engager activement dans les différentes activités de l'entreprise. Les personnes motivées s'avèrent plus productives ou créatives et sont plus enclines à contribuer à la réalisation des buts et des objectifs de l'organisation. Les gestionnaires doivent cependant s'efforcer de repérer correctement les divers besoins et attentes des subordonnés, afin de pouvoir les combler tout en respectant les limites de l'entreprise.

4.3.3 La motivation et les besoins des personnes

La motivation est susceptible de naître des besoins que cherchent à satisfaire les personnes. Ces besoins peuvent être innés ou être acquis graduellement par celles-ci pendant le processus de socialisation avec leurs semblables. Les besoins ressentis peuvent être satisfaits par le comportement lui-même ou par les récompenses et les punitions qui sont associées à ce comportement, ou par les deux à la fois. Dans le premier cas, on parle de **motivation intrinsèque** et, dans le second cas, de **motivation extrinsèque.** Ainsi, une personne peut effectuer telle ou telle action parce que les comportements qu'elle adopte comblent ses besoins ou parce que ce sont les récompenses auxquelles donnent lieu ces comportements qui satisfont, d'une manière ou d'une autre, ses besoins. On peut, par exemple, effectuer un travail quelconque parce que ce travail est satisfaisant en soi ou parce qu'une prime est versée s'il est accompli selon les attentes de l'employeur.

> Distinguer motivation intrinsèque et motivation extrinsèque

Comme nous l'avons mentionné dans le chapitre 1 à propos du **modèle participatif,** Maslow (1970) définit cinq grandes catégories de besoins, qui peuvent être hiérarchisés :

a) **Les besoins physiologiques.** Il s'agit de besoins comme la soif, la faim, le sommeil ou la respiration, qui sont associés au contexte biologique et qui se manifestent à des intervalles plus ou moins réguliers.

b) **Les besoins de sécurité.** Ceux-ci correspondent à un désir de se protéger contre les risques, d'assurer dans l'avenir la satisfaction des besoins physiologiques et peut-être, plus généralement, d'essayer de conserver le niveau de satisfaction des besoins qui a déjà été atteint. Il s'agit en quelque sorte du désir de conserver les avantages acquis.

c) **Les besoins sociaux ou d'affiliation.** Ces besoins consistent à vouloir appartenir à des groupes, à avoir des relations avec d'autres personnes et à rechercher l'amitié.

d) **Le besoin d'estime de soi.** C'est le besoin de la personne de se respecter et d'être respectée, d'être reconnue et appréciée par les personnes qui l'entourent.

e) **Les besoins de réalisation ou d'accomplissement.** Ces besoins correspondent à la propension qu'a la personne à actualiser ses possibilités et à se dépasser.

L'être humain est motivé, selon Maslow, par le désir de satisfaire ces différents types de besoins ; cela le pousse à adopter tel ou tel comportement. Une fois qu'un de ces types de besoins est comblé, il n'est plus une source de motivation pour lui. Par exemple, il est plus difficile d'amener une personne qui jouit d'une image de soi très élevée à adopter certains comportements en lui offrant des mesures incitatives en cette matière, alors qu'il est beaucoup plus facile de le faire lorsque son image de soi est faible. Maslow avance par ailleurs que les cinq catégories de besoins se présentent selon un ordre hiérarchique. Ainsi, tant que les besoins physiologiques d'une personne ne sont pas satisfaits, les besoins de sécurité auront peu d'influence sur son comportement.

Malgré l'intérêt évident du modèle de Maslow, il est clair qu'il demeure une simplification de la réalité et ne rend pas compte de tous les comportements. La ligne de démarcation entre les types de besoins n'est pas aussi nette que le laisse entendre le modèle, et les chevauchements entre les différents types sont fréquents. Par nature, le comportement est multidimensionnel et peut donc répondre simultanément à plusieurs besoins. Par exemple, se fixer des standards élevés en ce qui a trait à l'accomplissement permet, grâce au salaire qui y est rattaché, de combler des besoins élémentaires (physiologiques et de sécurité), de se faire accepter dans un groupe (besoins sociaux) et de se conformer à l'image qu'on se fait de soi-même (besoin d'estime de soi).

Par ailleurs, ce classement des besoins ne prend pas en considération les différences individuelles. L'ordre dans lequel ces besoins se présentent peut varier d'une personne à l'autre. Certaines personnes sont capables de satisfaire leurs besoins les plus élevés avec un niveau très faible de satisfaction des besoins élémentaires. D'autres personnes, par contre, accepteront d'être à contre-courant des normes du groupe et d'être rejetées si leurs besoins d'expression individuelle sont plus forts que leurs besoins d'appartenance.

Dans le prolongement des travaux de Maslow, Alderfer (1972) réduit à trois les catégories de besoins que peuvent ressentir les personnes, soit les besoins liés au maintien de l'existence, les besoins de relations interpersonnelles et les besoins de croissance. Les besoins liés au maintien prennent en compte tous les besoins matériels et physiques. Se rattachent à ce niveau de besoins les salaires, les avantages sociaux et les conditions de travail. Quant aux besoins de relations interpersonnelles, ils correspondent aux besoins sociaux et aux besoins d'estime dans la hiérarchie de Maslow. Ils concernent les relations établies avec la direction, les subordonnés et les autres collègues de travail. Le troisième niveau de besoins relevé par Alderfer consiste dans les besoins de croissance. Ceux-ci peuvent être associés à la créativité et à l'innovation dont font preuve les personnes pour améliorer leur environnement. Ces besoins correspondent aux besoins d'estime et d'accomplissement proposés par Maslow. Contrairement à ce dernier, qui postule qu'une personne passe d'un échelon à l'autre en satisfaisant ses besoins de façon successive, Alderfer représente les besoins sous la forme d'un continuum et avance l'idée qu'une personne peut passer outre à un niveau de besoins. Si elle est dans l'impossibilité d'atteindre un échelon plus élevé, elle peut manifester de la frustration et se tourner vers des compensations matérielles afin d'en retirer des satisfactions.

Le défi de l'organisation : satisfaire l'ensemble des besoins humains, jusqu'aux besoins les plus élevés

Si l'on accepte cependant la logique des modèles de Maslow et de son contemporain Alderfer, il apparaît clairement que **les entreprises doivent veiller à ce que leurs employés puissent trouver dans leur travail la satisfaction de leurs besoins les plus élevés. Les modèles d'organisation traditionnels du travail (ceux qui mettent l'accent sur la standardisation et l'uniformisation des comportements qu'on obtient par l'utilisation systématique de récompenses et de sanctions) ne possèdent pas les caractéristiques propres à satisfaire les besoins élevés**[11]. Par ailleurs, les récompenses traditionnelles que distribue l'entreprise ne sont plus aussi efficaces qu'elles l'étaient auparavant ; il importe, par conséquent, de tenir compte des changements qui se produisent dans la société.

Il ne faudrait cependant pas sous-estimer la force de certaines récompenses. Le salaire, par exemple, continue de jouer un rôle important dans la motivation d'un grand nombre de personnes, parce qu'il permet d'acheter des biens. L'argent, particulièrement dans des sociétés qui mettent l'accent sur la consommation, facilite la satisfaction de besoins plus élevés. Il peut aussi favoriser l'accès à certains groupes et procurer un certain statut social qui renforce l'estime de soi.

4.3.4 Les besoins d'accomplissement, de pouvoir et d'affiliation

D'autres chercheurs se sont également penchés sur la relation existant entre la motivation et les besoins, et plus particulièrement sur l'influence du besoin d'accomplissement, qui pousse une personne à réussir et à se dépasser dans des contextes où le rendement est évalué sur la base de critères d'excellence. C'est le cas, notamment, de McClelland (1961). Selon cet auteur, en effet, les personnes ayant un besoin élevé d'accomplissement ont tendance à adopter des comportements foncièrement différents de celles qui, à l'inverse, ont un faible taux de réalisation. Elles sont, par exemple, plus actives que les secondes et ne dédaignent pas les situations où il y a des risques et où elles perçoivent qu'elles peuvent, en se servant de leurs aptitudes, influer sur les résultats. Elles sont aussi plus en mesure de résister aux

---

11. Ajoutons qu'à notre sens, aujourd'hui, il s'agit aussi, dans la perspective de la responsabilité sociale de l'entreprise et du développement durable, d'harmoniser les possibilités d'accomplissement de la personne à l'intérieur et à l'extérieur de l'entreprise (au travail et en dehors du travail) par l'entretien du milieu territorial dans lequel elle s'insère.

pressions sociales de leur entourage. Elles aiment recevoir des commentaires (une rétroaction) précis et fréquents sur leur rendement. Elles recherchent en général le succès, pour obtenir des récompenses non pas nécessairement sur le plan extrinsèque (avantages matériels) mais sur le plan intrinsèque (satisfaction à vaincre les obstacles). Ces personnes se préoccupent par ailleurs beaucoup de ce qui va se passer dans l'avenir, cherchent à anticiper les événements avant qu'ils ne se produisent et ont tendance à préférer des objectifs de carrière à long terme aux possibilités de satisfactions plus immédiates.

Par ailleurs, le besoin de pouvoir a été abordé par McClelland et Burnham (1976). Ce besoin se manifeste par une volonté d'influencer ses semblables ou les événements. Il peut incidemment s'avérer un apport précieux dans le contexte de l'entreprise pourvu qu'il soit canalisé et orienté vers les objectifs supérieurs et non principalement vers l'acteur lui-même. Dans une organisation, selon McClelland, les personnes imbues de pouvoir adoptent certains comportements distinctifs. Ainsi, elles tiendront pour acquis que les objectifs de l'entreprise prédominent sur ceux qui sont valorisés par ses membres. Elles ont aussi un faible pour le travail, la discipline et les règles. Elles seraient d'ailleurs prêtes à sacrifier leurs propres intérêts pour ceux de la firme au sein de laquelle elles évoluent. Ces personnes recherchent également la justice et sont enclines à donner la chance au coureur, ce qui porte les gestionnaires à ne pas se laisser influencer par des subalternes qui réclament des passe-droits, par exemple. Enfin, ces personnes exerceraient leur pouvoir en usant d'un style plus démocratique ou plus persuasif qu'autoritaire.

McClelland s'est également penché sur le besoin d'affiliation des personnes. Ce besoin consiste à entretenir ou à rétablir, selon le cas, des relations affectives harmonieuses avec les autres. En d'autres termes, selon l'auteur, les personnes portent en elles le désir d'être aimées, acceptées et admirées par leurs pairs. Dans l'exercice de leurs tâches, elles auront tendance à se lier avec des amis plutôt qu'avec des spécialistes de la tâche.

4.3.5 La motivation, les buts et les objectifs

Tout comme Maslow ou McClelland, Lewin (1967) explique la motivation que peut ressentir une personne au travail sur la base de ses besoins. Il apporte cependant des explications additionnelles. Lewin définit le processus motivationnel en se fondant sur quatre aspects : l'état motivant, l'impulsion à agir, les comportements et la rétroaction. Ainsi, il soutient que le processus motivationnel prend forme lorsqu'une personne détermine un **but** qui, à ses yeux, est important (état motivant). Elle éprouvera une impulsion à agir selon l'importance qu'elle accorde à ce but. Le but apparaît dès lors comme le facteur qui la pousse à adopter des comportements qui en permettent l'atteinte. Le résultat des actions entreprises par la personne devient une source de satisfaction ou d'insatisfaction selon le rapport qui existe entre le comportement adopté et le but visé (la rétroaction).

La personne est donc motivée à s'engager activement dans un travail si, pour elle, ce travail revêt une certaine importance, si les actions accomplies sont conformes à l'importance qu'elle accorde à cet objectif et si le résultat de son travail est une source de satisfaction.

Un autre chercheur, Locke (1968), a observé en laboratoire que le rendement est plus élevé chez les personnes qui se fixent des objectifs élevés que chez celles qui se fixent des objectifs plus faciles à atteindre. Ses expériences fondent la théorie des objectifs, selon laquelle motiver un employé consiste à l'amener à se fixer des objectifs de rendement élevé ou, à tout le moins, à accepter ceux-ci. Il n'y a pas de rendement élevé si, au point de départ, les objectifs ne sont pas élevés. Ainsi, plus les objectifs sont élevés, plus la motivation est grande.

Les récompenses qui sont attachées à un rendement élevé ne donnent des résultats, selon cette approche, qu'en raison du fait qu'elles encouragent les personnes à se fixer des objectifs plus élevés que dans un contexte où il n'y aurait pas de récompenses. Ce sont ordinairement les personnes qui ont un besoin d'accomplissement élevé qui souhaitent pouvoir réaliser des objectifs élevés et obtenir une rétroaction claire et exacte concernant les actions qu'elles ont exécutées.

Ce genre de travaux ouvre la voie à des approches de la motivation axées davantage sur le processus (par exemple, Vroom, Porter et Lawler, Skinner, décrits ci-après), approches qui visent à déterminer le processus rationnel par lequel les personnes décident de leur engagement dans l'effort, selon les conditions offertes par leur environnement et les résultats de ces comportements.

4.3.6 La motivation et les résultats escomptés

Selon Vroom (1964), la motivation est un processus rationnel et les personnes décident elles-mêmes du niveau d'effort qu'elles consentiront dans l'exercice de leurs fonctions (*voir la figure 4.6*). Ce choix s'effectue sur la base de diverses considérations telles que les suivantes : 1) les **attentes,** c'est-à-dire l'évaluation du rapport existant entre l'effort (comportement) et le rendement (résultat) ou, autrement dit, le calcul de ses chances de réussite (par exemple, si une personne investit le maximum d'elle-même, est-elle assurée de faire un très bon travail ?) ; 2) l'**instrumentalité,** soit la probabilité qu'un bon rendement permette à la personne d'obtenir les récompenses attendues ; et 3) la **valence,** qui est le degré d'intérêt porté à ces récompenses. On voit, par ce modèle, que l'impulsion à travailler provient de la perception que la personne a de la situation de travail. Plus une personne estime qu'une situation donnée lui permet d'avoir de bonnes chances de réussir ou d'atteindre des objectifs qui lui tiennent à cœur, plus elle sera motivée à s'engager résolument dans l'action. Nous illustrerons ce propos à l'aide d'un exemple. Une entreprise s'engage à verser à ses employés un boni si la productivité augmente de 10 % dans un certain laps de temps. Si les employés se rendent compte qu'il s'agit d'un leurre plutôt que d'un engagement ferme, ils ne seront guère motivés à travailler davantage. Toutefois, s'il est admis de part et d'autre que des dispositions ont déjà été prises pour que la nouvelle politique voie le jour, les employés redoubleront d'efforts.

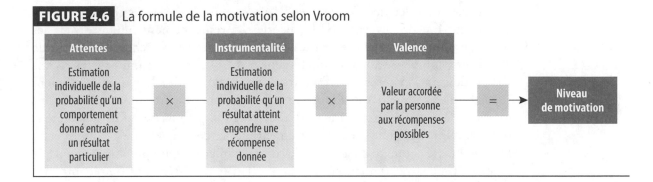

FIGURE 4.6 La formule de la motivation selon Vroom

4.3.7 La motivation, les aspirations et le rendement

En comparant la performance de plusieurs centaines de cadres d'entreprises privées et publiques, Porter et Lawler (1968) ont montré que ceux qui accordaient beaucoup d'importance au salaire et qui voyaient un lien direct entre leur niveau de performance et leur niveau de salaire avaient tendance à enregistrer des performances plus élevées que ceux qui avaient une perception négative de ces deux aspects. Pour qu'une personne ait une très grande motivation au travail, il importe donc qu'elle ait confiance en ses aptitudes, qu'elle attache beaucoup d'importance aux récompenses offertes par l'organisation et qu'elle établisse un lien clair et direct entre le niveau de performance et l'obtention des récompenses.

Le modèle de Porter et Lawler dissocie les récompenses **intrinsèques** (qui découlent de l'accomplissement de la tâche et de son résultat, comme la satisfaction du travail bien fait) et les récompenses **extrinsèques** (attribuées par quelqu'un d'autre pour le travail fourni, comme des félicitations, une prime ou une promotion). Ce modèle laisse donc entendre que, pour qu'un système de récompenses et de punitions soit efficace, il importe d'individualiser les récompenses, c'est-à-dire de trouver celles qui ont un prix aux yeux des employés (par exemple, certains peuvent attacher de l'importance au salaire, alors que d'autres peuvent préférer des avantages sociaux). Il importe aussi de distribuer les récompenses au bon moment aux personnes qui sont les plus méritantes pour que le lien entre récompenses et rendement soit visible.

4.3.8 La motivation et le renforcement des comportements

Les théories du renforcement s'appuient sur une loi d'apprentissage par le conditionnement opérant[12] fort simple : la loi de l'effet de Thorndike. Selon cette loi, une action (ici un comportement) est plus susceptible d'être reproduite lorsqu'elle entraîne une satisfaction pour l'organisme (la personne) et d'être abandonnée lorsqu'il en résulte une insatisfaction. Dans cette perspective hédoniste, Skinner

---

12. Le conditionnement **opérant** est fondé sur l'apprentissage d'un lien de cause à effet et non sur une réaction réflexe (comme le conditionnement classique dit **répondant,** qu'illustre la réaction involontaire du chien de Pavlov).

(1971) avance l'idée que c'est en contrôlant les conséquences des comportements qu'on peut influer sur ceux-ci. Les théories du **renforcement** indiquent que les personnes qui recherchent le plaisir accompliront certaines tâches dans le but de retirer des compensations (renforcement positif) et réaliseront d'autres tâches dans le dessein d'éviter les punitions (renforcement négatif). Lorsqu'elles se voient récompensées pour avoir adopté un comportement particulier, elles auront tendance à recourir aux mêmes comportements, jusqu'à ce qu'ils deviennent pour elles une habitude. Le comportement est par conséquent lié à trois aspects : le stimulus (le contexte dans lequel le comportement est adopté initialement), la réaction (le comportement en tant que tel) et le renforcement (la récompense résultant d'un comportement de nature positive).

Le renforcement positif correspond à la situation où une personne accomplit correctement une tâche et reçoit en contrepartie une récompense intrinsèque ou extrinsèque. La relation entre le comportement et la conséquence incite la personne à réaliser correctement sa tâche dans l'espoir de se voir louanger de nouveau. Le renforcement négatif amène pour sa part une personne à adopter un comportement afin d'éviter les conséquences désagréables ou les réprimandes.

4.3.9 Les motifs de satisfaction et d'insatisfaction : une clarification

Herzberg (1966) relève des facteurs qui suscitent une profonde satisfaction et d'autres qui sont à l'origine d'expériences pénibles au travail. Les facteurs du premier type sont l'accomplissement, la reconnaissance, la responsabilité, le travail lui-même, l'avancement et le développement personnel. Ces six facteurs ont la caractéristique commune d'être liés au contenu de la tâche (facteurs de motivation). Les facteurs apparentés au second type se définissent comme étant les politiques de l'entreprise, la supervision, les conditions de travail, les relations interpersonnelles, le salaire, le statut, la sécurité d'emploi et la vie personnelle. Tous ces facteurs sont liés au contexte de la tâche (facteurs d'hygiène). **L'examen de ces deux groupes de facteurs indique que les facteurs de satisfaction sont très différents des facteurs d'insatisfaction, la satisfaction et l'insatisfaction étant deux expériences indépendantes d'une nature distincte.** Les facteurs de satisfaction seraient d'ailleurs associés à des niveaux élevés de rendement, alors que les facteurs d'insatisfaction semblent avoir un effet neutre sur la performance.

Attention : selon Herzberg *et al.* (1959), le fait de régler les facteurs d'insatisfaction n'engendre pas pour autant la satisfaction.

Reprenant la notion de hiérarchie des besoins de Maslow, Herzberg précise que toute personne a deux types de besoins différents : des besoins déficitaires et des besoins de se développer. Les besoins déficitaires deviennent importants quand ils cessent d'être satisfaits. Ils correspondent aux deux premiers échelons ainsi qu'aux besoins d'estime des autres du modèle de Maslow. Si les conditions de travail sont mauvaises, elles seront une cause d'insatisfaction, mais si elles sont bonnes, elles auront peu d'effet sur la satisfaction. En d'autres termes, si les conditions de travail sont normalement bonnes et, de ce fait, ne provoquent aucun mécontentement, ce n'est pas en continuant à essayer de les améliorer qu'on suscitera la satisfaction chez les personnes intéressées. Il importe plutôt de faire appel aux besoins des personnes de se développer. Ces besoins correspondent aux besoins d'estime de soi et d'accomplissement dans la hiérarchie des besoins de Maslow. Ils ne peuvent être satisfaits que par les expériences positives que la personne est susceptible de retirer de l'accomplissement même de sa tâche. La satisfaction de ces besoins, associée étroitement à la performance de la personne, a des effets favorables sur la productivité. Herzberg semble dire que certaines personnes sont davantage sensibles aux facteurs de motivation, alors que d'autres sont davantage sensibles aux facteurs d'hygiène.

Le modèle de Herzberg laisse finalement entendre que si les entreprises veulent accroître la performance de leur personnel, elles doivent faire porter leurs efforts sur le contenu de la tâche et permettre aux personnes de s'épanouir dans leur travail. Elles doivent néanmoins être conscientes que la motivation de la personne à son travail peut être entravée si celle-ci ne retire pas, par exemple, un salaire qu'elle juge acceptable ou si les politiques de l'organisation lui paraissent inéquitables.

Dans la figure 4.7 (*voir p. 296*), nous comparons les théories de la motivation de Maslow, de Herzberg, de McClelland et d'Alderfer.

4.3.10 L'enrichissement et la restructuration des tâches et leur impact sur la motivation

Les approches favorisant l'enrichissement et la restructuration des tâches se situent dans le prolongement des observations de Herzberg, en ce qui a trait particulièrement aux facteurs d'hygiène. Dans le dessein de stimuler les personnes, Herzberg propose en effet, comme nous l'avons vu précédemment, d'éliminer les effets négatifs qui découlent du milieu de travail ou des emplois proprement dits.

Sur cette lancée, Hackman et Oldham (1975), dont les travaux font figure de références en la matière, en arrivent à la conclusion que l'enrichissement et la restructuration des tâches peuvent contribuer à accroître la motivation, le rendement et la satisfaction des employés, et à réduire par la même occasion le taux de roulement du personnel ainsi que le taux d'absentéisme. Ils proposent un modèle (*voir la figure 4.8, p. 297*) qui repose sur l'idée que le rendement des employés s'explique par trois facteurs psychologiques : **la perception de l'importance du travail, le sentiment d'être responsable de son travail et la connaissance des résultats du travail.** Le premier facteur concerne la valeur que les employés accordent à leur travail. Par exemple, une politique de redistribution d'une partie des revenus de l'entreprise sous forme de bonis peut s'avérer une puissante incitation pour accroître le rendement des employés. Ceux-ci auront le sentiment d'accomplir un travail qui compense les efforts consentis. Selon le deuxième facteur, les employés sont plus motivés lorsqu'ils se rendent compte qu'ils sont responsables de la qualité de leur travail. Ils sont alors beaucoup plus motivés que s'ils étaient réduits à se conformer aux règles établies. Le troisième facteur part du principe que si les personnes sont informées régulièrement du niveau de rendement qu'elles ont atteint, elles accepteront de s'investir avec plus d'ardeur. Si, par contre, elles reçoivent peu d'appréciation quant à leurs efforts, elles risquent de perdre tout intérêt pour leur travail.

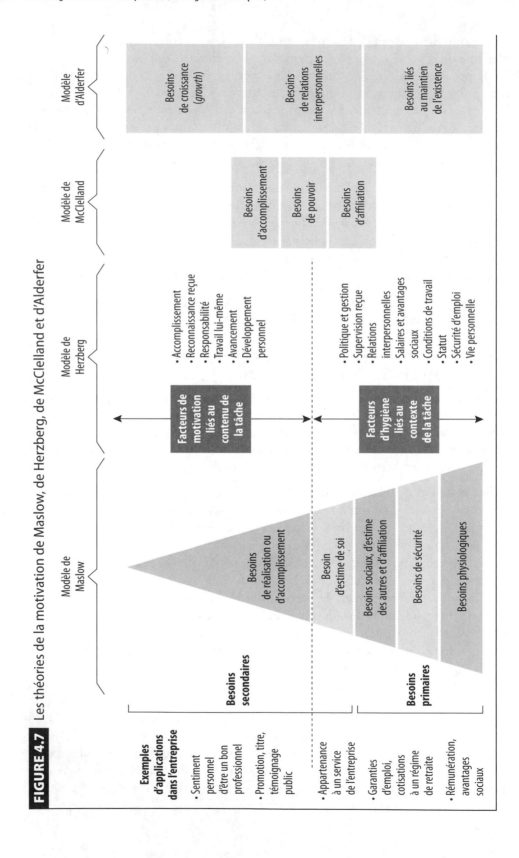

FIGURE 4.7 Les théories de la motivation de Maslow, de Herzberg, de McClelland et d'Alderfer

FIGURE 4.8 Le modèle de Hackman et Oldham (1975)

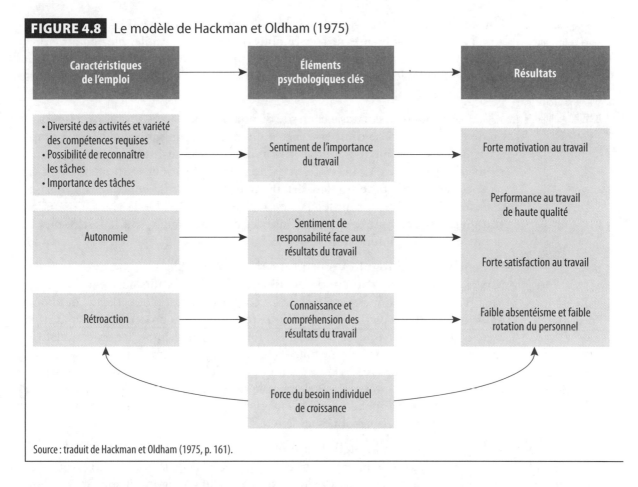

Source : traduit de Hackman et Oldham (1975, p. 161).

4.3.11 De l'équité à la justice organisationnelle

Les **iniquités** perçues par les employés peuvent avoir pour effet de mettre un frein à leur engagement au sein de l'organisation. Trois concepts proposent différents éclairages sur les sentiments de justice ou d'injustice que les personnes sont susceptibles d'éprouver : la justice distributive, la justice procédurale et la justice interactionnelle. Les principes qui se dégagent de ces différentes notions, une fois combinés entre eux, mettent en évidence le concept de justice organisationnelle.

Dans sa présentation de la théorie de l'iniquité, Adams (1965) s'est attardé plus particulièrement sur la justice distributive. Il affirme que toute personne amenée à effectuer des échanges avec d'autres personnes ou avec une organisation se fait, consciemment ou non, une idée assez précise de ce qu'elle retire de cet échange. Son évaluation s'appuie sur une comparaison entre le ratio calculé à partir des gains obtenus (par exemple, le salaire et les avantages sociaux,) et de sa contribution (par exemple, l'expertise, le temps consacré au travail, l'effort physique ou mental) et le ratio de ce que d'autres personnes peuvent obtenir de leur contribution. **Lorsque la personne perçoit une iniquité** (qu'elle lui soit favorable, par exemple si elle est mieux payée que les autres, ou défavorable) **dans la comparaison de ces ratios,**

La personne est sensible à l'iniquité (qu'elle lui soit favorable ou défavorable), qui devient une source de motivation à modifier son comportement et à rétablir l'équité.

l'insatisfaction et la tension s'installent ; cette personne est alors portée à faire appel à divers stratagèmes afin de rétablir l'équilibre (travailler plus pour mériter son salaire supérieur ou inversement, par exemple). Selon Adams, l'ardeur au travail que manifestent les personnes s'explique précisément par le désir de celles-ci de maintenir cet équilibre.

La contribution d'Adams a le mérite de nous éclairer sur la question de la justice ou de l'injustice qui peuvent être vécues en milieu organisationnel et sur les rapports qu'il est possible d'établir avec la motivation, les attitudes et les comportements des personnes. Celle-ci s'est cependant limitée à mettre implicitement en perspective la notion de **justice distributive.** Force est de constater qu'il existe dans les faits d'autres formes de perception de l'injustice. De là vient l'intérêt de considérer les deux autres notions soulevées précédemment, soit la justice procédurale et la justice interactionnelle.

La **justice procédurale** a trait à l'application équitable des procédures utilisées par les dirigeants en matière de distribution et d'utilisation des ressources. Par exemple, il y a de bonnes chances que les employés soient plus satisfaits des bonis qui leur sont offerts par l'entreprise s'ils perçoivent que la procédure de répartition a été équitable pour tous et qu'elle a été fondée sur une information complète et exacte que si, à l'inverse, ils l'estiment injuste. La justice procédurale ne se limite pas à la cohérence des règles et des pratiques que les décideurs doivent s'efforcer de respecter. Elle fait intervenir également le droit de s'exprimer, le droit d'écouter et le droit de faire appel en cas de désaccord sur les aspects qui peuvent toucher de près ou de loin les personnes au sein de l'organisation.

La **justice interactionnelle** concerne les règles ou les normes encadrant la bienséance et les relations interpersonnelles entre les employés et les dirigeants. Les personnes auront, par exemple, le sentiment qu'une certaine justice existe dans l'organisation lorsqu'elles sont traitées avec sincérité, respect et sans discrimination par les figures d'autorité dans l'entreprise, et lorsque celles-ci expliquent adéquatement les raisons de leurs décisions et de leurs pratiques. Considérer les employés comme des personnes adultes et responsables est une autre dimension rattachée à la notion de justice interactionnelle.

La **justice organisationnelle** découle de l'articulation des trois notions précédentes. Selon de nombreuses études récentes menées sur ce thème, elle favoriserait l'engagement, c'est-à-dire « la loyauté et l'établissement du lien d'identification et d'implication qui relie l'employé à l'organisation considérée comme un tout » (El Akremi, Guerrero et Neveu, 2006, p. 69), ainsi que l'acceptation des décisions organisationnelles.

4.3.12 Le climat organisationnel

Le climat organisationnel correspond à un ensemble de caractéristiques qui sont perçues par les membres d'une organisation et qui contribuent à différencier cette organisation, tout en exerçant une influence directe ou indirecte sur les actions des personnes (Johnson, 1976). **Il résulte du comportement des membres de**

l'organisation et dans l'organisation. C'est en soi un concept multidimensionnel, car il fait intervenir un certain nombre de réalités objectives (politiques, règles, procédures formelles, structure, etc.) qui sont le propre d'une organisation donnée. Ces réalités exercent nécessairement une influence sur la perception que peuvent avoir les personnes du climat ou encore de l'ambiance qui a cours dans l'organisation à laquelle elles appartiennent. Cette perception va, quant à elle, influer sur les comportements.

De nombreux facteurs contribuent à donner une certaine coloration au climat organisationnel. Dans le tableau 4.5, nous illustrons quelques-uns de ces facteurs : la hiérarchie, la responsabilité, les récompenses, le risque, la chaleur, le soutien, les normes, les conflits et l'identité. À cette série de facteurs nous pourrions en ajouter d'autres tels que l'autonomie dans le travail, la motivation à l'excellence, la différenciation de statut, l'équipement, les compétences, les valeurs, le profil des personnes, la technologie et les tâches à accomplir (Litwin et Stringer, 1968). Nous y reviendrons dans le chapitre 5 sur le contrôle.

TABLEAU 4.5 La relation entre le climat organisationnel et la motivation

Climat	Effet sur le besoin de pouvoir	Effet sur le besoin d'accomplissement	Effet sur le besoin d'affiliation
Hiérarchie (structure rigide avec des règles, des réglementations et des méthodes)	Positif	Négatif	Négatif
Responsabilité (le sentiment d'être son propre patron)	Positif	Positif	Neutre
Récompense (accent mis sur les récompenses plutôt que sur les sanctions)	Neutre	Positif	Positif
Risque (accent mis sur la prise de risques et sur l'acceptation de défis)	Négatif	Positif	Négatif
Chaleur (atmosphère de groupe amicale et informelle)	Neutre	Neutre	Positif
Soutien (soutien mutuel, collaboration perceptible entre les dirigeants et le personnel)	Neutre	Positif	Positif
Normes (importance accordée aux buts et aux normes de rendement implicites et explicites, accent mis sur le travail bien fait, buts ambitieux)	Positif	Positif	Négatif
Conflit (accent mis sur le respect des opinions de chacun, discussion honnête des problèmes)	Positif	Positif	Négatif
Identité (le sentiment qu'une personne appartient à une compagnie et est un membre important d'une équipe)	Neutre	Positif	Positif

Source : traduit et adapté de Litwin et Stringer (1968, p. 81-82, 90-91). Reproduit avec la permission de Harvard Business School Press. Copyright © 1968 by the President and Fellows of Harvard College.

Selon Blumberg et Pringle (1982), les modèles behavioristes classiques n'expliquent que partiellement la performance au travail des employés, laquelle résulte surtout de l'interaction entre trois grands facteurs (*voir le tableau 4.6*). Premièrement, il y a la **capacité** (à la fois physiologique et cognitive) de l'employé à réaliser le travail ; elle comprend ses compétences, ses habiletés, ses savoirs et ses expériences, et dépend de son âge, de son état de santé, de son niveau de scolarité, de son niveau d'endurance, etc. Deuxièmement, il y a la **possibilité** donnée à l'employé de réussir son travail. Est-il dans des conditions qui lui permettent de réaliser correctement son travail ? Dispose-t-il des moyens adéquats ? Cette possibilité consiste en une configuration particulière des forces environnementales qui entourent la personne (dont le leadership) et contraignent ou non son travail au-delà de son contrôle. Finalement, il y a la **volonté** de bien faire ou d'avoir une bonne performance, dont la motivation n'est qu'une composante. En plus de la motivation, cette dimension comprend l'effet sur le comportement de concepts tels que la satisfaction au travail, la personnalité, les attitudes, les normes, les valeurs, le statut, l'anxiété, les caractéristiques des tâches, l'engagement dans le travail, les attentes perçues en matière de rôles, l'image de soi ou encore l'état des besoins. Bref, il s'agit du mélange des désirs et du degré de volonté de faire les efforts requis en vue de réaliser le travail.

TABLEAU 4.6   Les dimensions du rendement au travail

Dimension	Variables
Capacité à fournir une bonne performance	Habiletés, âge, état de santé, savoirs, compétences, intelligence, niveau de formation, endurance, vigueur, niveau d'énergie, capacités motrices
Possibilité de fournir une bonne performance	Outils, équipements, matériaux, fournitures ; conditions de travail ; actions des collègues ; comportement du leader ; mentorat ; politiques organisationnelles ; règles, procédures ; information ; temps ; paie
Volonté de fournir une bonne performance	Motivation, satisfaction au travail, statut du travail, anxiété, légitimité de la participation, attitude, caractéristiques perçues de la tâche, engagement dans le travail, force de l'*ego*, image de soi, personnalité, normes, valeurs, attentes perçues par rapport aux rôles, sentiment d'équité

La motivation est à la fois force interne (liée à des besoins, à des compétences et à des buts) et force externe (liée à la situation et à l'environnement de travail).

La motivation est rarement un état rationnel (et encore moins conscient). Elle résulte plutôt de la rencontre et de l'équilibre entre deux forces différentes (idéalement complémentaires) : une **force interne** (les besoins, les pulsions, les instincts, auxquels il faut aujourd'hui ajouter les compétences) et une **force externe** (liée à la situation et à l'environnement de travail). La motivation est une énergie dynamique qui participe de l'engagement des employés et de tous les membres de l'organisation, mais qui n'est pas toujours suffisante en elle-même. Le leadership est une force externe majeure visant à assurer la possibilité d'accomplissement du travail dans le milieu le plus propice, et ce, alors que l'organisation est en perpétuelle évolution.

4.4 Le changement organisationnel : adhésion ou résistance

L'environnement de l'entreprise évolue constamment. De fait, la reformulation de la stratégie est parfois nécessaire. L'implantation de la stratégie nouvelle et le design organisationnel (*voir les chapitres 2 et 3*) entraînent évidemment dans leur sillage des changements plus ou moins importants et, naturellement, des réactions à ces changements s'ils n'ont pas été élaborés dans la concertation avec un maximum d'employés (*voir l'encadré 4.2, ci-dessous et p. 302*). L'organisation est également soumise à une évolution progressive sans qu'il s'agisse nécessairement de changements draconiens, de changements majeurs épisodiques au gré des modes managériales (assorties de nouvelles méthodes conçues par les cabinets-conseils) ou de changements systématiques à la façon du renouvellement périodique des versions de logiciels informatiques. Les ajustements ayant trait à la dynamique organisationnelle risquent, malgré leur bien-fondé, de susciter à tout moment de la résistance chez les membres des divers paliers de la structure s'ils sont mal conçus ou implantés. Aussi faut-il comprendre le phénomène de la résistance au changement pour mesurer l'importance de la philosophie de la direction dans le succès de l'évolution dynamique et harmonieuse de l'organisation (Hartley, 1983).

> Le changement est consubstantiel à l'organisation dans un environnement dynamique. Sa nature, par contre, varie.

ENCADRÉ 4.2 Quelques notions de base sur le changement organisationnel

Les traditions psychosociologiques du changement

Le terme « changement » a pour origine le mot latin *cambiare*, qui signifie « échanger », « substituer une chose à une autre ». L'interaction et l'échange sont donc au cœur du processus de changement, c'est-à-dire du passage d'un état à un autre. Cette notion de changement divise depuis toujours dans l'histoire des idées, et en philosophie en particulier, les tenants du changement comme essence de l'Être (Héraclite), toujours en mouvement et en conflit avec les figures des éléments matériels, et les tenants de l'Être (Parménide) comme permanence sous l'apparence du changement. Cette opposition fondamentale est fortement liée à l'idée du **changement dialectique** et fonde plusieurs traditions de pensée du changement, soit la dynamique du changement, l'approche systémique, le changement planifié, le développement (personnel, organisationnel ou social) et le changement et l'inconscient (Rhéaume, 2002).

Changement radical versus changement incrémental

Le changement organisationnel comporte plusieurs degrés. On parle de **changement radical** ou **transformationnel** quand l'organisation ou certaines de ses composantes (sa stratégie, sa mission, sa structure, etc.) sont notablement modifiées. Ce type de changement résulte souvent de la survenue d'un événement majeur (fusion ou acquisition, décroissance des ventes, etc.) au cours de l'évolution de l'entreprise. On parle de **changement incrémental** ou **graduel** pour désigner l'évolution dynamique normale de l'entreprise, qui s'adapte au quotidien à son environnement, en introduisant de nouvelles méthodes, de nouveaux outils technologiques (systèmes informatiques, systèmes de communication, etc.), de nouveaux produits ou procédés. La nature de l'entreprise – son ADN en quelque sorte – ne change pas ; par contre, son fonctionnement s'en trouve amélioré. Les Japonais ont notamment introduit dans les années 1980 cette idée de l'amélioration continue (*voir le chapitre 5 sur le contrôle*).

Les étapes du changement

Le changement organisationnel n'est pas toujours intentionnel ou planifié. Il peut émerger de la résolution de conflits se produisant pendant le déroulement des activités de l'entreprise. Il peut aussi résulter d'un effort délibéré pour ajuster en permanence l'entreprise à l'évolution de son environnement. Il semble par contre qu'il soit très difficile de mener à bien un tel processus.

Au sein des différentes traditions psychosociologiques du changement, nombre de recherches ont tenté de décortiquer le processus dynamique du changement. Au nombre de ces travaux, il y a ceux, pionniers, de Lewin (1947) sur la **dynamique du changement** des comportements alimentaires des Américains. Cet auteur préconise le changement en trois étapes : la décristallisation (le dégel), le changement (le déplacement) et la recristallisation

> **ENCADRÉ 4.2 Quelques notions de base sur le changement organisationnel** (*suite*)

(le regel). Il déplore qu'on se focalise trop souvent sur la seule étape intermédiaire du changement lui-même au détriment des deux autres étapes. Dans le contexte de l'entreprise, ces travaux fondent un modèle du **changement planifié** en trois étapes :

a) **La décristallisation.** À cette étape, les attitudes et les comportements sont remis en question pour que le besoin du changement soit clairement ressenti (et les résistances, réduites). La responsabilité de cette phase revient souvent à la direction et aux gestionnaires, qui doivent rester vigilants pour percevoir les tendances de l'environnement et les besoins de changement, aussi faibles que soient les signaux externes.

b) **L'instauration du changement.** Les agents désignés mettent en œuvre le processus de changement (*voir la section I dans le chapitre 3*). Il s'agit cependant de ne pas brusquer les choses.

c) **La recristallisation.** À cette étape, les résultats et les acquis du changement sont évalués, encouragés, consolidés et assimilés à long terme à travers leur intégration dans le fonctionnement habituel de l'entreprise. Selon Argyris et Schön (1978), il faut considérer ici deux types d'apprentissage, soit l'apprentissage en simple boucle (la modification du comportement en fonction d'un répertoire de solutions existantes) et l'apprentissage en double boucle (la modification des valeurs, des normes, des routines, etc., qui guident le comportement et élargissent l'éventail des choix possibles de stratégies d'action). Seul le second type d'apprentissage est une véritable appropriation des connaissances.

Dans la **perspective systémique,** le changement n'est pas planifié. Il émerge au contraire de la dynamique d'un système complexe autorégulé comme les systèmes vivants. Dans d'autres traditions psychosociologiques, le changement est pensé comme un processus de **développement** (développement organisationnel), partant d'un présupposé, d'un état initial incomplet, inachevé et perfectible, qui s'actualise dans la continuité et le progrès par une série de phases de croissance, lesquelles peuvent être marquées par des ruptures et des crises. Dans une perspective **critique** (par exemple, la tradition marxiste), le changement consiste dans les rapports de pouvoir entre groupes, organisations ou institutions. Enfin, dans la tradition **psychanalytique,** l'inconscient et l'imaginaire doivent être considérés comme des sources de changement ou des obstacles à celui-ci.

Quelques caractéristiques centrales se retrouvent dans ces différentes traditions, dont les suivantes :

• L'idée de la **complexité** multidisciplinaire. Elle est liée au caractère à la fois individuel et social du changement.

• L'idée de la **démocratie.** Le changement passe par l'engagement. Tout le monde est convié à un exercice démocratique au moyen de la participation solidaire et égalitaire.

• L'importance des structures intermédiaires et de la médiation. Le **groupe** restreint est un lieu privilégié de changement au fondement de la dynamique de plus grandes institutions.

• Une réflexion sur le rôle des agents de changement. Ceux-ci sont considérés comme des **animateurs** ou des facilitateurs favorisant l'expression, la participation, l'engagement et la pensée critique.

• Une réflexion sur l'irréductibilité de la **liberté** humaine. L'inconscient des sujets remet en question toute approche trop volontariste du changement. Le changement dialectique est placé devant le paradoxe permanent d'un homme jamais totalement libre, mais jamais complètement déterminé non plus.

Sources : d'après Rhéaume (2002, p. 65-72) et Schermerhorn *et al.* (2006, p. 445-478).

4.4.1 Les manifestations de la résistance

| Toute résistance au changement n'est pas forcément négative. |

L'opposition au changement n'est pas forcément liée au manque de pertinence des transformations proposées, mais à la manière dont elles le sont. De même, elle traduit moins un conservatisme stérile que l'attachement des employés à des façons de faire jugées valables et légitimes. Les attitudes à l'égard des transformations envisagées sont donc ambivalentes : se manifeste parfois le refus du changement, c'est-à-dire la peur de l'avenir avec toutes ses incertitudes, qui conduit à vouloir maintenir la situation présente, voire à souhaiter le retour au passé. « Pourquoi vouloir changer alors que tout va bien ? » est une phrase qu'on entend fréquemment dans les entreprises en proie à des crises de gestion du changement. La résistance au changement prendra d'autant plus d'ampleur que les modifications engendrées par le design organisationnel viseront un nombre important de personnes et toucheront plusieurs systèmes, services ou unités (Mirvis et Berg, 1978).

Un changement est toujours plus facile à introduire lorsque la portée de la modification est limitée. Mieux vaut préconiser des changements fréquents mais restreints que des changements plus fondamentaux. La fréquence des modifications peut d'ailleurs constituer un véritable apprentissage du changement et faciliter des transformations futures.

Tout changement apporté à un système y provoque l'apparition de forces contraires qui se donnent comme objectif de revenir à la situation antérieure (Lewin, 1947). Pour certains auteurs, l'accoutumance à une situation engendre un sentiment de sécurité ; on pourrait parler d'équilibre que le changement rompt de manière plus ou moins radicale, créant une tension psychologique : la déstabilisation. Le changement inclut des modifications fonctionnelles (la tâche à effectuer se transforme), mais aussi émotionnelles, à travers le vécu affectif sous-jacent. La rapidité des changements imposés accentue l'intensité des résistances. D'un côté, il y a une société qui se transforme toujours plus vite et, de l'autre, il y a certaines personnes qui voudraient conserver leur mode de vie ou leurs façons de faire. On débouche alors, pour certains auteurs, sur une loi observable dans les organisations : la majorité des intentions de changement suscitent, dans un premier temps, une opposition active.

D'autres auteurs observent que la société se transforme constamment et que le rythme de ces changements s'est accéléré avec l'avènement du capitalisme financier et l'introduction dans l'entreprise des règles implicites des marchés financiers (l'immédiateté des résultats, la maximisation de la performance, l'intangibilité de la création de valeur et la déconnexion entre le travail réel et sa rémunération) (Gaulejac, 2005). Cette propension à accroître sans cesse la performance s'est traduite dans l'entreprise par la recherche constante de nouvelles méthodes de travail plus productives et plus rentables au détriment du respect du rythme de changement des employés. La résistance au changement est dans ce cas moins une attitude conservatrice de certains, réfractaires à l'idée de changer de façons de faire (nous pourrions dire : comme dans la perspective de l'individu X chez McGregor ou des individus routiniers chez Etzioni) qu'une désespérance devant la perte du sens qu'engendre la multiplication des « dyschronies » (Alter, 2009) dans la tâche des employés dans un contexte de changement devenu un mouvement perpétuel (*voir l'introduction du chapitre 5*).

> La résistance au changement manifeste une quête de sens.

Les résistances existent à tous les niveaux hiérarchiques, y compris chez les cadres moyens et les cadres supérieurs, dans toutes les organisations et pour tous les problèmes qui se posent. L'immobilisme des dirigeants peut s'expliquer par le fait que le changement est synonyme de prise de risques quand on se décide à l'introduire. Le changement, c'est aussi un surcroît considérable de travail, puisque la responsabilité de le mener à bien est souvent attribuée aux gestionnaires.

Certaines réticences sont conscientes ; pour des raisons précises, la personne ou le groupe peut refuser tout effort lié au changement. Les exemples de manifestations à cet égard sont multiples : les conflits de travail, la lenteur dans l'exécution des tâches, le blocage de l'information (information tronquée ou retardée), le refus de la formation, l'absentéisme, la rotation du personnel, etc. Cependant, de nombreuses résistances sont inconscientes. Il y a lieu d'évoquer ici tout l'arsenal défensif des personnes : l'attachement à des détails ponctuels pour justifier leur position, les explications pseudo-intellectuelles qui se cristallisent autour de raisons qui n'entrent pas vraiment dans le débat, l'attribution des difficultés à d'autres personnes ou à d'autres groupes, etc. (Killman, Saxton et Serpa, 1986).

La résistance au changement est un phénomène dont les organisations doivent tenir compte et qu'elles ne doivent pas prendre à la légère. Ce n'est pas seulement une attitude qui se traduit par un vécu psychologique plus ou moins agréable que l'entreprise peut se permettre d'ignorer. Elle occasionne aussi des manifestations de contre-pouvoir correspondant à des coûts (*voir le tableau 4.7*).

TABLEAU 4.7	Les comportements de résistance au changement
Affrontement	Les groupes ou les personnes en désaccord choisissent l'épreuve de force. Ils critiquent la solution envisagée et usent de leur pouvoir pour s'opposer aux projets de changement, en cherchant éventuellement à rallier d'autres acteurs plus indécis. Des coalitions peuvent apparaître.
Négociation	Les groupes ou les personnes font comprendre qu'ils sont prêts à accepter les projets de changement si l'on tient plus compte, concrètement, de leurs intérêts propres.
Récupération	Les acteurs assimilent les projets de changement en les intégrant à leurs projets propres et en affirmant qu'ils y ont toujours été favorables, croyant par là en neutraliser les effets.
Détournement	Les groupes ou les personnes utilisent les projets de changement pour exprimer un autre message, pour faire passer une autre décision, ou pour en tirer des conséquences ou des enseignements non prévus.
Riposte	Les groupes ou les personnes proposent des contre-objectifs pour traiter le problème de départ, sur le diagnostic duquel ils se mettent finalement d'accord. Ils critiquent la solution projetée et en suggèrent une autre.
Retrait	Les groupes ou les personnes refusent de participer de quelque façon que ce soit aux changements qui leur sont proposés. Ils préfèrent se retirer.

La vision de la résistance au changement doit enfin être étendue aux facteurs culturels et organisationnels (Dyer et Dyer, 1986), sans lesquels l'explication psychologique aurait peu de sens (*voir le tableau 4.8*). Si les personnes résistent au changement, c'est certes à cause de leur mentalité, de leurs habitudes, de leurs craintes, mais il faut aussi tenir compte de beaucoup d'autres facteurs. Les personnes se situent dans des organisations par rapport à des groupes internes ou externes ; elles participent à la culture organisationnelle, à l'histoire collective ; elles défendent des intérêts professionnels ; elles recherchent un certain pouvoir, etc.

TABLEAU 4.8	Les niveaux de résistance au changement
Personnes	• Recherche de la sécurité • Habitudes • Peur du risque • Inertie
Groupes	• Normes et valeurs du groupe • Sentiment d'appartenance • Équilibres relationnels
Organisation	• Histoire • Culture • Équilibres systémiques

4.4.2 Les conditions de réussite de l'implantation du design organisationnel

Les changements découlant du design organisationnel ne peuvent donc réussir que si la direction favorise les conditions suivantes (Kotler et Schlesinger, 1979) :

- tenir compte des réticences au changement ;
- faire des interventions réfléchies ;
- solliciter un engagement envers l'objectivité et la rationalité ;
- former les cadres à la pratique du changement.

4.4.2.1 Tenir compte des réticences au changement

Toute transformation causée par la mise en œuvre du design organisationnel peut entraîner des réticences au changement – mais nous pourrions apporter ici des nuances selon les formes organisationnelles (*voir le chapitre 3*). Toutefois, cela ne signifie pas qu'on doive laisser ces résistances se développer. Cette attitude peut déboucher sur l'immobilisme et même remettre en cause la viabilité de l'entreprise. Les réticences sont parfois provoquées par les phénomènes les plus inattendus. Ce n'est pas toujours le changement en tant que tel qui suscite les réactions, mais ce qui est perçu comme étant un changement par les membres. Un changement accepté sera toujours vu comme moins important qu'un changement imposé. C'est la raison pour laquelle des modifications anodines provoquent parfois des réactions surprenantes.

Le fait de ne pas prendre en considération les personnes concernées et leurs propositions peut avoir des effets très néfastes sur les plans individuel et collectif. C'est le moyen le plus sûr de susciter des refus unanimes. Il est essentiel que les cadres ne soient pas à l'origine des coalitions d'opposition. Lorsqu'on décide d'introduire des changements, les membres peuvent trouver de multiples façons, souvent inconscientes, d'exprimer leurs antagonismes. Or, un changement qui échoue peut avoir de multiples conséquences de nature financière, temporelle et relationnelle. Une tentative malheureuse augmentera encore la suspicion, le malaise et les critiques à l'égard de toutes les propositions ultérieures. Il serait donc inconséquent de ne pas s'interroger sur les résistances prévisibles et de ne pas élaborer de méthodes pour les minimiser. Les actions en ce sens doivent être permanentes.

4.4.2.2 Faire des interventions réfléchies

Il n'existe pas de modèles ou de méthodologies applicables à toutes les structures et à tous les problèmes qui nécessitent des changements (Lorsch et Lawrence, 1967). Ceux-ci doivent être déterminés en fonction de la spécificité de l'entreprise et de ses problèmes. Pourtant, on trouve des constantes. Dans un cas comme dans l'autre, la définition du problème est la clef de voûte qui doit précéder l'amorce de tout processus de changement. Aucune solution pertinente ne peut être découverte si l'on ne se donne pas les moyens de définir avec précision le problème à résoudre ; les *a priori* et la subjectivité domineraient alors et pourraient déboucher sur des décisions inadaptées. Cela signifie aussi que la mise en œuvre du design requiert du temps. Avant de procéder, il importe de scruter en profondeur les raisons qui imposent des transformations. Le design organisationnel soulève en effet de nombreuses interrogations auxquelles les promoteurs doivent s'efforcer de répondre avec les diverses instances de l'entreprise : quelles peuvent être les conséquences du changement ? Quelle signification revêt-il pour les membres ? Quels changements non prévus provoque-t-il ? Quels aménagements peut-on faire ? Quels en seront les coûts et les investissements physiques et humains ?

Les véritables obstacles ne sont pas que de nature financière ou logistique ; ils peuvent aussi être d'ordre culturel. L'intervention essentielle doit donc être centrée sur les mentalités de façon qu'elle suscite l'adhésion. C'est souvent dans cette direction que doit être dirigé le maximum d'efforts.

4.4.2.3 Solliciter un engagement envers l'objectivité et la rationalité

Un des buts que doivent poursuivre les promoteurs du design organisationnel est que les membres deviennent des moteurs potentiels du changement. L'anxiété et la peur de l'incertitude ou de l'inconnu peuvent toujours entraîner des réactions émotionnelles aux dépens de l'objectivité et de la rationalité, conditions nécessaires à l'établissement du changement. De nombreux signes d'anxiété peuvent faire leur apparition ou être réactivés lorsque l'idée du changement est évoquée. Beaucoup de problèmes qui étaient diffus ou latents risquent soudainement de se manifester. Il appartient aux promoteurs et aux animateurs d'informer adéquatement les acteurs concernés et de faire en sorte que ces derniers perçoivent les changements sur une base objective, exempte de tout *a priori* ou de tout jugement non fondé.

4.4.2.4 Former les cadres à la pratique du changement

Le rôle des cadres est considérable au moment de l'introduction du changement. Ce sont eux qui décident d'utiliser ou non les techniques appropriées pour obtenir l'effet escompté. Une maladresse de leur part peut compromettre l'évolution, même si elle n'est parfois qu'apparente. Leurs actions inadaptées peuvent être l'expression consciente ou inconsciente de leur refus de s'engager véritablement. La formation des cadres ne les prépare pas toujours à jouer leur rôle de catalyseurs. La compétence des dirigeants s'exprime par leur capacité à stimuler la créativité des subordonnés. Pour cela, ils doivent prendre conscience du fait que certaines attitudes peuvent bloquer les changements ; ils doivent aussi disposer d'un minimum de savoirs théoriques et pratiques sur les moyens de lutter contre les résistances. On peut, par exemple, reprocher aux dirigeants leur autoritarisme en considérant qu'il s'agit d'une caractéristique de leur personnalité. Mais il est possible que cet autoritarisme corresponde à un refuge où vont se blottir les dirigeants, faute de posséder les attitudes et les comportements appropriés pour faire face aux situations évolutives. La formation des cadres à la pratique du changement est essentielle : initiation aux techniques d'animation, connaissance des méthodes de changement, analyse transactionnelle, etc.

La transparence doit toujours être recherchée. Même si des aspects néfastes existent, il importe de les exposer au grand jour. L'acceptation du changement est liée à un climat de confiance mutuelle. Il faut que les cadres introduisent adéquatement les mutations sur le plan des règles et des politiques. Les dirigeants doivent envisager et promouvoir des évaluations permanentes.

La dialectique organisationnelle (correspondant à un « choc des idées ») qui conduit à des résistances est en soi bénéfique pour l'entreprise. Elle force les promoteurs du changement à cerner une voie adaptée aux particularités de l'entreprise. La résistance au changement constitue un phénomène normal qui doit néanmoins être tempéré par les exigences et les défis que pose l'environnement. D'autre part, les dirigeants peuvent être tentés de s'en remettre à des solutions ayant déjà fait leurs preuves ; les impératifs de l'environnement devraient toutefois les amener à se rendre compte de la précarité de ces solutions. Ils doivent, entre autres choses, reconnaître que la pétrification des structures n'est certes pas une solution viable face à la réalité mouvante des entreprises et des contextes au sein desquels celles-ci évoluent. La solution idéale réside dans un heureux dosage du contrôle visant à assurer l'utilisation rationnelle des ressources et de l'innovation axée sur le dépassement et la créativité (Martel, 1986). Les gestionnaires doivent également comprendre que le fait de provoquer volontairement le changement est de loin préférable à l'attitude attentiste voulant qu'on instaure le changement uniquement en fonction des nécessités du moment et de façon centralisée. Cette dernière approche, fort imprudente, risque un jour ou l'autre de réduire à néant les acquis de longue date. **Provoquer le changement, passer de l'obligation (source de résistance) à l'adhésion** (*voir la figure 4.4, p. 282*), **c'est changer d'approche du leadership, du changement et du management en général pour solliciter constamment la participation des employés au destin de l'entreprise.**

En effet, « il s'agit de reconnaître, comme le disent les entrepreneurs japonais, qu'une organisation, quelle qu'elle soit, est un *"field of human life"*, un champ de vie humaine ; avant tout, elle est un merveilleux accumulateur d'énergie humaine, d'émotions, de capacités multiples ; et que piloter une organisation, c'est d'abord maximiser les virtualités qu'elle agrège » (Sérieyx, 1999, p. 72). Dans cette perspective, il faut comprendre pourquoi et comment on doit stimuler les énergies humaines. C'est pourquoi nous passerons maintenant en revue les différentes approches du leadership.

4.5 Le leadership

L'exécution des programmes est, dans la réalité, souvent réalisée par du personnel qui n'a pas participé à leur élaboration ; cela peut expliquer certaines résistances. En conséquence, une des familles d'activités du processus d'administration consiste à informer, à mobiliser, à guider et à convaincre les personnes qui contribueront à l'exécution (voire, en amont, à la conception) des programmes réalisés dans l'entreprise (Hampton *et al.*, 1982). C'est là l'essence du leadership. Dans les approches traditionnelles du leadership, cette capacité est incarnée par une personne et, de fait, suppose l'exercice d'une influence et d'une autorité, bref d'un pouvoir. Précisons d'abord cette notion de pouvoir (*voir aussi, dans le chapitre 1, Weber et les formes de domination, et, dans le chapitre 5, les types de pouvoir*), avant de décrire les différentes approches du leadership.

4.5.1 Le leadership : une question d'influence, d'autorité et de pouvoir

Distinguer les sources du pouvoir, un mélange d'autorité et d'influence

À la notion de leadership sont intimement liés trois aspects qu'il importe de mettre en relief : l'influence, l'autorité et le pouvoir. L'**influence** correspond à la capacité du dirigeant d'obtenir l'adhésion des membres aux objectifs de l'entreprise ou à un projet donné. Les personnes accordent spontanément leur confiance parce qu'elles perçoivent que l'objectif visé est désirable. La personnalité, le charisme ainsi que les qualités personnelles du dirigeant (traits de caractère, expérience, compétences, attitudes, valeurs, flexibilité, etc.) peuvent également peser dans la balance. Cela dit, ajoutons que la cause ainsi que la personnalité agissent le plus souvent de façon combinée dans la capacité d'attraction du leader. L'influence peut prendre différentes formes, qui oscillent entre la coercition explicite ou implicite et l'adhésion volontaire. La force du dirigeant réside dans sa capacité à utiliser au bon moment, et en fonction des circonstances, la forme d'influence la plus appropriée. Deux aspects doivent guider le choix du leader : les personnes de même que la tâche (que sous-tendent les objectifs de l'entreprise).

L'**autorité** est associée à une forme d'influence fondée sur le droit du dirigeant d'exiger l'obéissance des subordonnés en vertu de la fonction hiérarchique qu'il occupe.

Enfin, le **pouvoir** découle de l'influence et de l'autorité. Ainsi, le pouvoir du dirigeant peut naître de l'influence qu'il exerce sur son entourage en raison de ses connaissances ou de son expertise, ou encore en raison de ses qualités personnelles, qui en font un meneur ou une figure de proue. Le pouvoir peut également provenir de la fonction d'autorité.

Dans le tableau 4.9, nous présentons les bases sur lesquelles peut s'appuyer le pouvoir de la direction, tandis que dans le tableau 4.10, nous illustrons les liens qui unissent les notions de pouvoir, d'influence et d'autorité.

TABLEAU 4.9 Les bases du pouvoir

1. Le pouvoir de récompense	Basé sur la conviction qu'une personne est capable de récompenser l'obéissance ou la loyauté dont fait preuve une autre personne
2. Le pouvoir coercitif	Basé sur la perception qu'une personne est capable de punir et prête à le faire, soit psychologiquement, soit physiquement, quelqu'un qui n'obéit pas ou qui n'est pas loyal
3. Le pouvoir légitime	Repose sur le droit légal qu'a une personne de prescrire un comportement ou de donner un ordre
4. Le pouvoir de référence	Basé sur la référence à une personne particulière, à un groupe de personnes, à un but ou à un idéal particulier poursuivi par une personne ou un groupe auquel on s'identifie
5. Le pouvoir lié à l'expertise	Basé sur une habileté ou des connaissances reconnues
6. Le pouvoir de relation	Fondé sur les relations qu'entretient un leader avec des personnes ou des groupes influents à l'extérieur de l'organisation
7. Le pouvoir d'information	Basé sur les informations privilégiées que détient un leader

Source : inspiré et traduit de French et Raven (1959).

TABLEAU 4.10 Le pouvoir, l'autorité et l'influence

POUVOIR		
Autorité formelle	**Influence découlant de la fonction**	**Influence personnelle**
• Dérive de la position dans l'échelle hiérarchique • Comporte le droit de donner des ordres et d'exiger l'obéissance • Est établie de façon formelle dans la structure organisationnelle	• Dérive des connaissances, de l'expérience ou des habiletés • Peut prédominer dans les activités spécialisées ou techniques sur le droit de donner des ordres • Peut être prévue ou non dans la structure organisationnelle	• Dérive de caractéristiques individuelles telles que la force, le leadership et la sensibilité aux événements • Se distingue du droit de donner des ordres ou des instructions • N'est normalement pas prévue dans la structure organisationnelle

Le pouvoir et l'influence ne sont pas le propre des leaders dont les actions sont reconnues au sein de l'entreprise. Ils se profilent également dans les actions et les visées des leaders qui contrôlent les diverses coalitions ou les groupes informels, au sommet comme à la base de l'organisation. De ce leadership informel et des revendications auxquelles il donne prise proviennent souvent les conflits.

4.5.2 Quelques théories classiques du leadership

L'exercice de l'influence et du pouvoir prend en premier lieu une coloration **formelle** qui met l'accent sur la définition des tâches, la coordination des activités ou l'évaluation des résultats. Selon les écoles classiques du leadership, l'influence s'exerce aussi au moyen des relations personnelles et du leadership motivateur (*voir la figure 4.9*). Les dirigeants veillent à l'exécution des programmes par la supervision, le leadership et la stimulation des performances.

L'exercice de l'autorité légitime et du commandement en vue de l'exécution des programmes se fait par la structure formelle et les mécanismes organisationnels. L'élaboration de politiques, de directives et de méthodes formelles destinées aux employés est aussi une façon de communiquer les attentes. L'influence des dirigeants dans le but de réaliser les programmes organisationnels s'exerce par l'intermédiaire de plusieurs mécanismes :

* la communication des politiques, des méthodes et des directives ;
* la définition des tâches et des mandats ;
* la motivation des employés grâce aux systèmes de récompenses ;
* les outils de coordination et d'évaluation des résultats.

L'influence et le leadership s'exercent aussi grâce aux relations **interpersonnelles** et à la diffusion des valeurs. Ainsi, l'établissement d'un climat de travail qui suscite la motivation des employés, la valorisation des normes sociales proposées par l'entreprise de même que la formation technique et administrative des employés vient compléter les mécanismes formels (Allaire et Firsirotu, 1982).

Le leadership manifesté en vue de réaliser les programmes d'activité s'exerce à tous les niveaux, de la direction générale aux contremaîtres. Les caractéristiques personnelles des dirigeants et des subordonnés teintent leur leadership ; l'influence des dirigeants nécessite le consentement des subordonnés.

L'exercice du leadership suppose aussi que le dirigeant remplisse à des moments divers des fonctions distinctes : recherche et transmission d'information, orientation, discussion, commandement, critique, encouragement et établissement de normes et de tâches (Mintzberg, 1977).

C'est surtout la littérature nord-américaine qui a inventé la figure du leader.

Il existe différentes approches du leadership. Certaines approches sont plus **prescriptives** ou normatives. Elles tentent de déterminer ce que devrait être ou faire un « bon » leader. D'autres approches sont plus **descriptives.** Elles proposent une description des rôles réels que remplit le dirigeant au quotidien (ce qu'il fait). Enfin, depuis quelque temps, les recherches s'orientent moins sur les traits, les aptitudes ou les styles particuliers du leader, pour se pencher plutôt sur les relations d'interdépendance entre employeurs et employés, sur leurs influences réciproques et sur les circonstances qui permettent ou non l'adhésion des employés aux projets de l'entreprise. Bref, ces recherches se tournent vers les notions de culture et d'ambiance organisationnelle (*voir le chapitre 3*).

FIGURE 4.9 Les déterminants du style de leadership

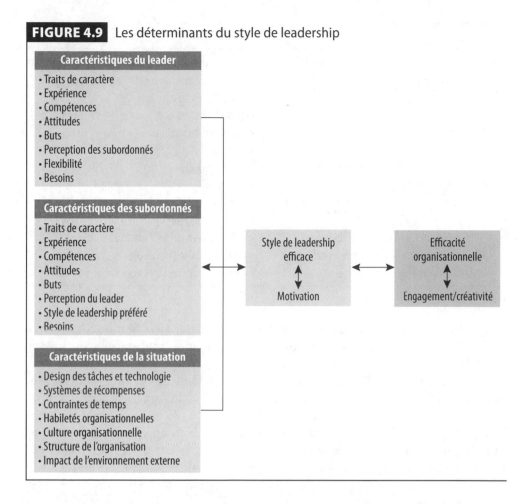

Le leadership est bien entendu l'objet d'une littérature très dense, mais, faute d'espace, nous nous en tiendrons à quelques grandes lignes. Nous décrirons d'abord quelques théories des **écoles classiques (souvent prescriptives)** : le leadership comme personnalité (traits de caractère), le leadership comme comportement et le leadership contingent (situationnel). Par la suite, nous verrons quelques théories des **écoles contemporaines** du leadership. Nous présenterons dans la section suivante les rôles que remplit dans la réalité le gestionnaire dans la perspective **descriptive** du leadership. Mentionnons que le lecteur a intérêt à combiner les divers courants de pensée de manière à se faire une idée plus juste des différents aspects du leadership.

4.5.2.1 Le leadership et les traits de caractère

Les recherches portant sur les **traits de caractère** s'emploient à dresser un portrait type des leaders fondé sur le postulat que ces « grands hommes » (ou femmes) ont des dénominateurs communs et quasi génétiques (innés) tels que l'intégrité, l'intelligence, la prestance, l'assurance, l'esprit d'initiative et un jugement avisé (Stodghill, 1948 ; Ghiselli, 1963). Le tableau 4.11 (*voir p. 312*) fait état des traits de caractère d'un bon leader.

TABLEAU 4.11   Les traits de caractère d'un bon leader

• Aptitudes sur le plan interpersonnel et social	• Équilibre émotionnel et contrôle de soi
• Compétence technique	• Aptitude à exercer un contrôle sur le groupe
• Habileté à superviser	• Enthousiasme et entrain
• Leadership	• Respect des principes éthiques et intégrité personnelle
• Amabilité	• Facilité à communiquer
• Intelligence	• Esprit de décision
• Capacité de préserver la cohésion du groupe	• Énergie physique
• Aptitude à la coordination	• Expérience
• Motivation	• Maturité psychologique
• Éloquence, prestance, assurance	• Courage et dynamisme
• Aptitude à fournir un soutien au groupe	• Aptitude à prendre ses distances
• Habileté à maintenir des normes de rendement	• Créativité, indépendance d'esprit
• Volonté d'assumer des responsabilités	• Conformité des capacités aux exigences du travail

Source : traduit de Stodghill (1974, p. 81).

Il est évident que, considérant ce genre de théorie, la question de l'inné et de l'acquis se pose. Certains facteurs comme une formation scolaire de haut niveau, dont l'accessibilité elle-même fut longtemps (et est encore) corrélée avec le rang social, et la multiplication des expériences professionnelles et des contacts avec différents milieux d'affaires influent sur la propension au leadership et sur l'apparition des traits mentionnés. L'idée d'un portrait-robot du leader laisse donc sceptique. Tous les leaders ne possèdent pas forcément ces mêmes traits de caractère, qui, de plus, sont difficiles à hiérarchiser. En outre, le fait de dissocier traits de caractère et comportement du leader constitue une aberration : « L'homme est ce qu'il fait », pourrions-nous dire ici en reprenant les mots de l'écrivain et politicien André Malraux[13].

4.5.2.2 Le leadership et le comportement

Les études qui prennent en compte le **comportement** avancent l'idée que les dirigeants doivent bien assimiler la conduite associée à un style de leadership donné pour accomplir leur rôle avec efficacité. Les théories X et Y de McGregor (1960), dont nous avons fait état dans le chapitre 1 (le courant de pensée behavioriste), se rattachent à l'approche privilégiée dans ce cas-ci. Ainsi, un dirigeant adopte un style de leadership autocratique s'il considère les personnes placées sous sa responsabilité comme paresseuses, incapables d'agir par elles-mêmes et de prendre des initiatives (théorie X). Dans ce contexte, l'autorité est centralisée et les communications cheminent plutôt du haut vers le bas. Le gestionnaire agit en faisant appel aux sanctions et aux punitions. À l'inverse, le dirigeant adopte un style démocratique dans la mesure où il perçoit ses subordonnés comme étant des gens responsables, optimistes, qui envisagent le travail à accomplir comme un défi et un stimulant (théorie Y).

---

13. Malraux (1996), p. 10.

Dans ce cas, la communication se développe dans toutes les directions. Le gestionnaire délègue, écoute les personnes et fait appel aux récompenses pour les stimuler.

L'étude de Likert (1967), que nous avons entrevue dans le chapitre 1, est également associée aux théories du leadership axées sur le comportement. Elle regroupe les styles de gestion sur la base de quatre systèmes allant d'une approche autoritaire à une approche de participation, en passant par des variantes dites « paternaliste » et « de consultation ». Dans le système de gestion fondé sur l'autoritarisme, le dirigeant agit de façon autocratique. Il fait peu confiance aux subordonnés et ne les fait pas participer au processus décisionnel. La communication s'effectue à sens unique, du haut vers le bas. Afin d'amener les personnes à réaliser les tâches efficacement, le leader autocratique fait appel aux récompenses et aux sanctions. Dans le système paternaliste, le leader donne des ordres et prend toutes les décisions, mais il ouvre la porte aux opinions relatives aux instructions. Les personnes peuvent faire des choix en ce qui concerne l'exécution des tâches, à la condition que ceux-ci respectent les directives. Les employés inefficaces sont punis. Dans le système axé sur la consultation, le leader fait confiance à ses subalternes. Il fixe les objectifs et oriente les activités sur la base de consultations menées auprès des membres. Il favorise la communication entre les subordonnés et la direction et mise sur les récompenses plutôt que sur les sanctions. Enfin, dans le système de gestion fondé sur la participation, gestionnaires et subordonnés prennent les décisions d'un commun accord, sur la base d'une confiance réciproque. Les communications s'effectuent dans tous les sens et les décisions se prennent en plusieurs lieux au sein de l'organisation. Le leader fait appel aux récompenses extrinsèques (rémunération et autres avantages de nature économique) et intrinsèques (reconnaissance, appréciation, etc.).

La théorie du continuum des styles de leadership (Tannenbaum et Schmidt, 1951) et la grille de gestion proposée par Blake et Mouton (1978) envisagent aussi le leadership sous l'angle du comportement. Dans le premier cas, les styles de leadership sont présentés sur un continuum allant d'un style centré sur le gestionnaire, où toutes les décisions sont prises par lui et annoncées ensuite aux membres, à un style centré sur les subordonnés, qui y ont la liberté d'agir et de décider par eux-mêmes (*voir la figure 4.10, p. 314*).

Ainsi, selon ces travaux sur les comportements de leadership, on peut dissocier différents styles selon la façon dont ils combinent deux caractéristiques majeures : l'orientation sur la tâche à exécuter et l'orientation sur la qualité des relations humaines :

- **Le style centré sur la production ou sur la tâche.** Un dirigeant qui préconise un style de leadership orienté vers une production efficiente met l'accent sur la planification rationnelle et la détermination d'objectifs précis. Le dirigeant pourra, grâce à l'autorité, mettre en œuvre des méthodes détaillées afin d'atteindre les résultats d'une manière efficiente. Ce style est aussi caractérisé par une évaluation fréquente des subordonnés.

- **Le style centré sur les relations humaines.** Le style orienté vers les relations humaines met l'accent sur le principe de la valorisation personnelle. Une meilleure communication entre les parties et une délégation des responsabilités et de l'autorité vers les subordonnés sont des exemples de comportements associés à ce style.

FIGURE 4.10   L'échelle de leadership direction-subordonnés

Leadership exercé par le dirigeant   Leadership exercé par les subordonnés

Utilisation de l'autorité par le dirigeant

Marge de liberté des subordonnés

| Le dirigeant prend les décisions et les annonce | Le dirigeant « vend » les décisions | Le dirigeant présente les idées et invite les subordonnés à poser des questions | Le dirigeant présente des ébauches de décisions sujettes à modifications | Le dirigeant présente les problèmes, reçoit des suggestions, prend des décisions | Le dirigeant définit les limites, demande au groupe de prendre des décisions | Le dirigeant permet aux subordonnés de fonctionner sans balises |

Source : traduit de Tannenbaum et Schmidt (1973, p. 164).

Selon les auteurs, trois variables influent sur la manière dont le dirigeant exerce son leadership : les caractéristiques du dirigeant, les caractéristiques des subordonnés et les aspects situationnels (climat, culture organisationnelle, taille de l'organisation, nature des tâches, etc.). D'après Tannenbaum et Schmidt, les gestionnaires aux niveaux intermédiaire et opérationnel auront tendance à privilégier les comportements valorisés par la direction. Ainsi, si celle-ci met l'accent sur l'exécution des tâches, les gestionnaires feront appel à un style de leadership centré sur eux-mêmes. Si, à l'inverse, la direction considère au premier chef les relations avec les subordonnés, les mêmes gestionnaires adopteront un style centré sur les ressources humaines. La grille de Blake et Mouton (1978) (*voir la figure 4.11*) présente diverses façons d'exercer le leadership dans le dessein d'activer la production ou la réalisation des tâches (premier axe) tout en faisant appel à la contribution des ressources humaines (deuxième axe).

FIGURE 4.11   Les styles de leadership selon Blake et Mouton (1978)

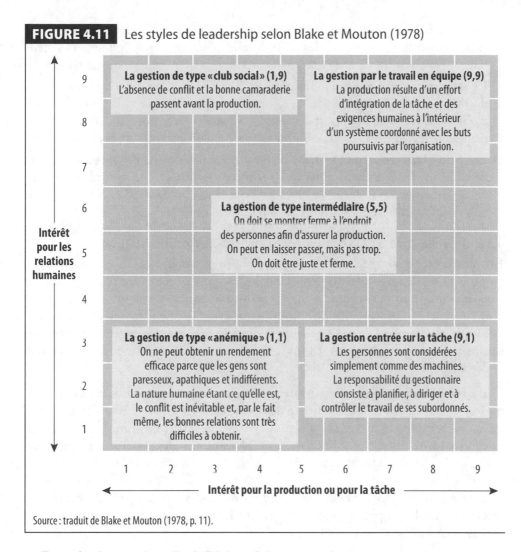

Source : traduit de Blake et Mouton (1978, p. 11).

En se fondant sur la grille de Blake et Mouton, on distingue cinq styles personnels de direction : autocratique, paternaliste, démocratique consultatif, démocratique participatif et « laisser-faire ».

a) **Le style autocratique (9,1).** Le dirigeant prend seul toutes les décisions et ne fait qu'informer les subordonnés de la tâche qu'ils ont à accomplir. Les membres n'ont aucune responsabilité, ce qui peut entraîner un climat d'insatisfaction dans le milieu de travail.

b) **Le style paternaliste (5,5).** Le dirigeant choisit différentes options sur le plan décisionnel et consulte les subordonnés afin de connaître leur point de vue. Le dirigeant qui fait appel à ce style se réserve néanmoins la décision finale.

c) **Le style démocratique consultatif (1,9).** Le dirigeant qui adopte ce style met suffisamment de pression sur les subordonnés pour obtenir un rendement acceptable, tout en consentant à faire des concessions, évitant ainsi leur insatisfaction.

d) **Le style démocratique participatif (9,9).** Le dirigeant fait participer ses subordonnés à la prise de décisions, à la résolution de problèmes et à la détermination d'objectifs. Il sollicite l'apport des personnes au sein du processus d'administration en déléguant ses responsabilités et son pouvoir aux membres de son unité.

e) **Le style « laisser-faire » (1,1).** Le dirigeant qui préconise ce style fera en sorte de diminuer son pouvoir ainsi que ses responsabilités. Les subordonnés sont ainsi en mesure de prendre les décisions qui leur sont favorables. Ce style peut entraîner des différences importantes parmi les unités.

4.5.2.3 Le leadership et la contingence : les aspects d'ordre situationnel

En plus d'être envisagé sous les angles de la personnalité et du comportement, comme nous l'avons vu précédemment, le leadership peut être abordé sous un troisième angle, soit l'aspect contingent ou **situationnel.** Les approches qui mettent l'accent sur cet aspect sont la théorie du cycle de vie (Hersey et Blanchard, 1982), la théorie de la contingence (Fiedler, 1967), l'approche de l'intégration successive des buts personnels (Evans, 1970 ; House, 1971) et le modèle décisionnel de Vroom et Yetton (1973).

La théorie du cycle de vie fait intervenir des combinaisons de comportements du leader qui s'ajustent à la **maturité des personnes** (Hersey et Blanchard, 1982). Ainsi, les comportements axés sur la production ou sur la tâche diminuent à mesure que la maturité des subordonnés s'accroît. D'autre part, les relations interpersonnelles du leader avec les subordonnés s'amplifient en fonction de la maturité de ces derniers. Lorsque les subordonnés font montre d'une forte autonomie, les relations qu'entretient le leader avec ses subordonnés diminuent peu à peu. À ce stade, le leader fait de plus en plus appel à la délégation, les personnes sous sa direction ayant moins besoin de soutien (*voir la figure 4.12*).

Un dirigeant au style axé sur la participation des employés n'obtient pas nécessairement un haut niveau de productivité. En fait, le style du dirigeant doit s'adapter au contexte. L'organisation dans laquelle il se trouve, le type de tâche à accomplir ainsi que les caractéristiques des gestionnaires et des subordonnés auront un impact sur le choix du style le plus approprié.

La théorie de la contingence de Fiedler (1967) a permis de relever les styles de leadership efficaces et d'isoler les relations qui peuvent exister entre les variables situationnelles. Pour décrire la situation du dirigeant, cet auteur utilise trois caractéristiques, qui sont, par ordre d'importance : 1) la qualité des relations entre le gestionnaire et ses subordonnés (le degré d'acceptation du leader par le groupe) ; 2) la structure (la clarté, la précision et les moyens de réalisation) des tâches à accomplir par les subordonnés ; 3) le degré d'autorité que possède le dirigeant.

FIGURE 4.12 Le leadership situationnel

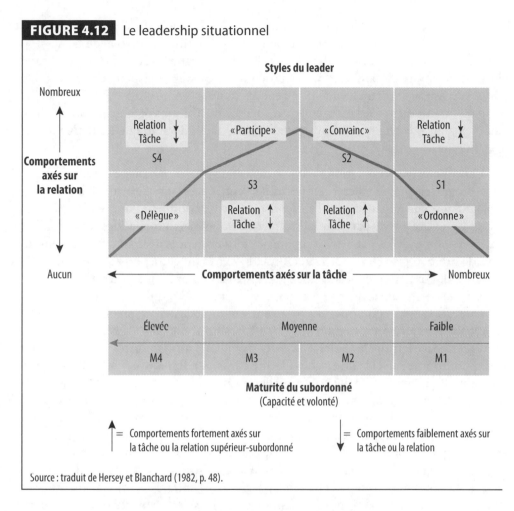

Source : traduit de Hersey et Blanchard (1982, p. 48).

À l'aide de ces caractéristiques, il est possible de dégager les styles de direction qui se révèlent les plus efficaces dans des situations particulières.

- Lorsque la situation est défavorable, c'est-à-dire lorsque les relations entre le gestionnaire et ses membres sont plus ou moins bonnes, que la tâche est mal définie et que le dirigeant possède très peu d'autorité à l'intérieur de son unité, le style du dirigeant devra être orienté vers la tâche et la rationalité.

- Dans une situation moyennement favorable, c'est-à-dire où les relations entre le gestionnaire et ses subordonnés sont saines, mais où la tâche n'est pas bien définie et où le gestionnaire exerce un certain pouvoir sur son organisation, le style du dirigeant sera alors orienté vers les relations humaines.

- Dans une situation favorable, c'est-à-dire lorsque les relations entre le gestionnaire et ses membres sont harmonieuses, que la tâche à accomplir est clairement définie et que le dirigeant possède un pouvoir réel qui lui permet de contrôler les activités de son unité, le style de leadership sera plutôt orienté vers la tâche en vue d'un niveau maximal d'efficacité.

En bref, le dirigeant doit opter pour un style de leadership qui convient à la situation. La clé de la réussite est la combinaison optimale du style de leadership avec les circonstances. Cette théorie est cependant critiquée, car il n'existe aucune justification à la hiérarchisation proposée des trois variables situationnelles. De plus, la relation entre un leader et son subordonné est moins le propre d'une situation qu'un indicateur de l'efficacité du leader. Enfin, d'autres recherches ont montré qu'il existait une plus grande diversité de styles de leadership que les deux retenus par Fiedler.

L'approche de l'intégration successive des buts personnels laisse entendre que le rôle du leader est de veiller à ce que les personnes sous son autorité réalisent leurs objectifs individuels et ceux de l'entreprise. Ce leader doit leur indiquer les orientations à prendre pour y parvenir. Les caractéristiques personnelles des subordonnés, les pressions exercées par l'environnement et les exigences liées au travail jouent un rôle de premier plan (Evans, 1970 ; House, 1971). Dans cette perspective, le modèle suggère quatre styles de leadership : 1) le leadership axé sur la **direction,** qui est approprié lorsqu'un dirigeant indique aux membres ce qu'il attend d'eux et les oriente ; 2) le leadership misant sur le **soutien,** où le leader se préoccupe du bien-être et des intérêts des membres ; 3) le leadership fondé sur les **réalisations,** qui s'avère efficace lorsque le leader a des buts stimulants qu'il souhaite voir réaliser par les subordonnés ; et 4) le leadership orienté sur la **participation,** où le gestionnaire consulte les membres et fait appel aux suggestions dans le cadre du processus décisionnel. L'approche de l'intégration successive des buts personnels postule que les leaders peuvent adapter leur style et leur comportement à une situation donnée. Ainsi, le leader est appelé à adopter un style axé sur la direction lorsque la situation est ambiguë et complexe. Si les buts et les tâches sont bien définis, il peut recourir à un style axé sur le soutien. Lorsque les membres sont préoccupés par des rendements élevés et font montre d'ouverture à l'égard de l'entreprise, le gestionnaire peut adopter un leadership axé sur les réalisations. Enfin, si les membres sont centrés sur eux-mêmes lorsqu'ils ont à prendre des décisions, le style axé sur la participation est peut-être celui qui convient le mieux.

Le modèle décisionnel de Vroom et Yetton (1973) met l'accent sur le partage des responsabilités des décisions entre le leader et les subordonnés. Les décisions peuvent être prises par le leader seul (style autocratique), par voie de consultation (style consultatif) ou par voie d'intégration des subordonnés, à qui l'on donne la latitude requise (style collectif). Suivant cette approche, le leader peut déterminer le style de leadership approprié à une situation particulière, en répondant dans l'ordre aux questions suivantes : dans quelle mesure la qualité de la décision est-elle importante ? Jusqu'à quel point importe-t-il que les membres de l'équipe acceptent la décision retenue par le leader ? Est-ce que le leader détient suffisamment de renseignements pour prendre une décision acceptable ? Le problème a-t-il été bien circonscrit ? Si le leader prend lui-même la décision, jusqu'à quel point les membres de l'équipe seront-ils prêts à s'engager ? Les membres partagent-ils les objectifs organisationnels qui s'avèrent essentiels à la résolution du problème ? Peuvent-ils s'entendre entre eux sur le choix de la solution ? Détiennent-ils suffisamment d'informations pour prendre la bonne décision ?

4.5.3 Les approches contemporaines du leadership

Les approches traditionnelles et behavioristes du management posent la relation entre le leader et ses subordonnés comme une relation d'échange (rendement contre récompenses/punitions) ou comme une transaction. On parle en ce sens d'un **leadership transactionnel.** Dans certaines situations qui exigent l'adaptation, ou dans des environnements turbulents (Drucker, 1993) et instables, certains préconisent plutôt un leadership transformationnel.

La figure du leader se déplace aujourd'hui vers celle de l'animateur.

4.5.3.1 Le leadership transformationnel

Le quatrième angle sous lequel peut être examiné le leadership est en effet le **changement** ou la transformation, d'où l'idée de leadership transformationnel, qui est évoquée dans plusieurs écrits relatifs à la gestion du changement organisationnel. À l'inverse du leader qui adopte un style de leadership transactionnel dans le but de maintenir l'organisation dans son état actuel, le leader qui recourt au style de leadership transformationnel a pour souci premier de transformer les membres en les sensibilisant à l'importance des tâches qu'ils ont à effectuer et en les amenant à voir des horizons qui dépassent les seuls intérêts individuels et les réalités actuelles, pour ultimement endosser les buts et les objectifs de l'entreprise. En somme, ce leader s'emploiera à amener les membres de l'organisation à adopter de nouveaux idéaux et à entrevoir la réalité sous un nouveau jour. Pour parvenir à ses fins, le leader fera appel aux valeurs et aux idéaux les plus élevés des subordonnés (Bass, 1985).

Les aptitudes requises de la part du leader qui se réclame d'un leadership transformationnel sont les suivantes (*voir la figure 4.13, p. 320*) : 1) inspirer confiance aux subordonnés ; 2) communiquer ses visions de façon enthousiaste ; 3) proposer des idées qui stimulent et emballent les personnes ; 4) avoir une confiance totale en soi et développer ses talents ou ses points forts (Bennis et Nanus, 1985) tout en faisant preuve d'une capacité à apprendre de ses erreurs.

Ainsi, un leader transactionnel motive ses employés en précisant seulement les tâches, les responsabilités, les attentes et les récompenses obtenues si le rendement est assuré ou le contrat rempli ; il est souvent efficace dans un environnement stable et un contexte prévisible. Lorsque l'environnement est complexe, et le contexte incertain, le leader transformationnel est plus efficace : en faisant preuve de charisme, en communiquant une vision enthousiasmante et des objectifs communs clairs, en stimulant intellectuellement ses employés ou ses collaborateurs et en appréciant chacun de façon individualisée, il tend à faire prendre conscience à chacun d'eux de ses capacités et à augmenter l'autonomie de tous.

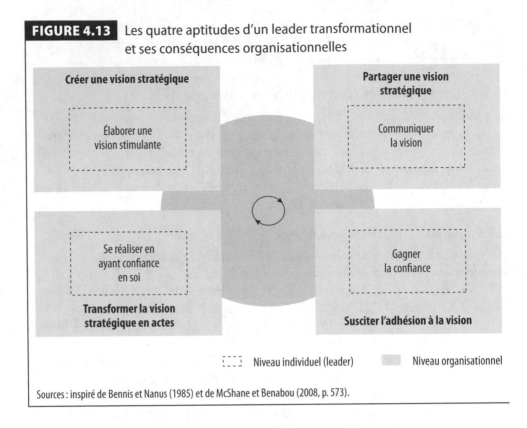

FIGURE 4.13 Les quatre aptitudes d'un leader transformationnel et ses conséquences organisationnelles

Créer une vision stratégique

Élaborer une vision stimulante

Partager une vision stratégique

Communiquer la vision

Se réaliser en ayant confiance en soi

Gagner la confiance

Transformer la vision stratégique en actes

Susciter l'adhésion à la vision

Niveau individuel (leader)   Niveau organisationnel

Sources : inspiré de Bennis et Nanus (1985) et de McShane et Benabou (2008, p. 573).

4.5.3.2 Le leadership relationnel

Les théories dont nous avons fait état jusqu'ici laissaient entendre que les succès et les échecs enregistrés par les entreprises sont attribuables aux leaders. Les théories du leadership relationnel adoptent une tout autre vision qu'il convient de souligner. Elles soulèvent en effet des doutes quant à l'importance qu'on devrait accorder au leadership pour expliquer divers phénomènes ou événements qui ont cours dans l'organisation. En fait, les leaders auraient beaucoup moins d'influence qu'on ne l'imagine. De là vient l'idée que, sans nécessairement remettre en cause les comportements et les caractéristiques à associer au leader sur lesquels se sont penchées les théories précédentes, le leadership peut correspondre à la perception que s'en font les subordonnés, sur la base de stéréotypes de ce qu'est un leader (Nye et Forsyth, 1991 ; Ah Chong et Thomas, 1997), et en fonction du besoin des personnes de « contrôler », voire de simplifier dans leur esprit, les situations (Pfeffer, 1977). Par exemple, il est plus aisé d'attribuer les succès ou les échecs d'une organisation à un leader qu'à d'autres facteurs plus difficiles à analyser. Les leaders potentiels doivent par conséquent s'efforcer d'intérioriser les attentes des subordonnés et d'intégrer celles-ci dans leur propre démarche (Cronshaw et Lord, 1987).

Le psychiatre américain Glasser (1997) propose une variante clinique du leadership relationnel. Celle-ci présente un intérêt en ce qu'elle combine les notions de leadership et de gestion de la qualité. Glasser établit une démarcation entre le « leader qualité » ou « vrai leader » et le « dirigeant autoritaire ». Tout en se fondant sur les principes avancés par Deming en relation avec la gestion de la qualité, il invite les dirigeants qui aspirent à être de véritables leaders à faire leurs les comportements suivants : 1) le leader qualité fait en sorte que les employés aient des possibilités d'avancement au sein de l'organisation ; 2) il conçoit et crée le système dans lequel les employés sont appelés à travailler ; 3) il aborde avec franchise la question des coûts et de la qualité avec les employés ; 4) il leur enseigne comment travailler ; 5) il valorise l'autocontrôle ; et 6) il se préoccupe de conserver un bon climat organisationnel.

4.5.3.3 La théorie LMX

Suivant la théorie des relations leader-employé ou LMX (*Leader–Member Exchanges*) (Graen et Uhl-Bien, 1995), la satisfaction et la performance dans une équipe sont associées à la qualité des liens qui se tissent entre le leader et les autres membres. Or, la qualité de ces liens, par essence interindividuels, diffère d'un employé à l'autre. Le leader efficace cherchera à soigner ses relations avec un maximum d'employés en recourant à des approches variées telles que l'autonomie, la délégation, l'autorité ou l'ouverture sur le plan de la communication. Il sera néanmoins amené à établir différents niveaux de relations avec ses subordonnés. Il démontrera de l'ouverture à l'égard de ceux qui adoptent ses points de vue et répondent davantage à ses attentes, mais sera par contre plus distant avec ceux qui n'épousent pas nécessairement ses idées. Les relations préférentielles avec certains membres de l'équipe peuvent s'expliquer par l'existence de points qu'ont en commun le leader et les personnes concernées : par exemple, ils appartiennent à la même génération, ils ont la même formation, le même tempérament, ou encore ils se complètent les uns les autres au point de vue des idées. Dans le cas inverse, les subordonnés seront moins gratifiés en ce qui a trait aux ressources et à l'attention qui leur sera portée. Par le fait même, ces personnes se sentiront écartées du groupe, voire dévalorisées, et par voie de conséquence elles seront moins performantes. Selon un des enseignements qui découle de la théorie LMX, les leaders ont tout intérêt à entretenir des relations harmonieuses avec le plus grand nombre possible de membres, étant donné l'impact que pourrait avoir le retrait de certaines personnes sur le moral, l'absentéisme et le roulement du personnel.

Face à l'internationalisation du monde du travail, les approches plus contemporaines du leadership tendent aussi à intégrer les différences culturelles. Les travaux de Hofstede (1991) font maintenant figure de classiques, eux qui distinguent les cultures nationales selon plusieurs dimensions et montrent que le style de leadership dépend, au-delà des situations, de la culture sociale. Nous n'entrerons cependant pas dans le détail des travaux foisonnants sur ce thème.

4.5.3.4 Les substituts du leadership

Certains travaux datant de la fin des années 1970 viennent bouleverser la vision nord-américaine, voire occidentale, de la figure du leader nécessaire. Selon les caractéristiques des employés, des tâches qui leur sont confiées et de l'organisation, le leader n'est en effet pas forcément indispensable (Kerr et Jermier, 1978 ; Podsakoff *et al.*, 1993) (*voir le tableau 4.12, p. 322*).

TABLEAU 4.12   Les substituts des relations leader-employé

Caractéristique	Neutralise...	
	le leadership orienté vers les relations	le leadership orienté vers la tâche
Des employés		
1. Aptitudes, expérience, formation, savoir		X
2. Besoin d'indépendance	X	X
3. Orientation professionnelle	X	X
4. Indifférence à l'égard des récompenses organisationnelles	X	X
Des tâches		
5. Tâches routinières et sans ambiguïté		X
6. Tâches aux méthodes invariantes		X
7. Tâches fournissant une rétroaction au cours de leur réalisation		X
8. Tâches intrinsèquement satisfaisantes	X	X
De l'organisation		
9. Formalisation (plans, buts et responsabilités explicites)		X
10. Inflexibilité (règles et procédures rigides, inflexibles)		X
11. Fonctions de soutien et de conseil au personnel fortement définies et actives		X
12. Cohésion et union dans les groupes de travail	X	X
13. Récompenses organisationnelles échappant au contrôle du leader	X	X
14. Distance spatiale entre supérieurs et employés	X	X

Source : traduit de Kerr et Jermier (1978, p. 378).

Ce n'est pas le leadership qui s'adapte à la situation, mais l'organisation ou la situation qui naissent du leadership.

Au-delà d'une simple vision situationnelle du leadership (adapter le style de leadership aux personnes et à l'organisation), on pourrait aller jusqu'à dire que le leader se trouve en chaque personne. Ainsi, il s'agit, aujourd'hui, de ne pas confondre (ou alors en toute connaissance de cause !) le gestionnaire, le leader et le leadership. Le leader est une personne apte à se conduire et à entraîner avec elle les énergies créatives. Il est un hôte des situations managériales, et non un héros légendaire, en accueillant les difficultés et les défis avec pragmatisme. S'il est exemplaire, c'est dans l'humilité de sa pratique par laquelle, d'une part, il encourage les autres (comme lui-même) à se dépasser et, d'autre part, il ajuste, révèle, reconnaît, développe et fait interagir les diverses personnalités au sein de l'organisation pour qu'elle demeure capable d'évoluer dans la complexité de son environnement (Sérieyx, 1999) ; c'est, enfin, dans l'acharnement à créer et à maintenir un contexte organisationnel harmonieux propice à l'engagement et à la créativité. Le leadership devient alors la qualité d'une organisation aplatie (*voir, dans le chapitre 3, l'adhocratie chez Mintzberg*), où le chef, antihéros par excellence (Aktouf *et al.*, 2006), est devenu soldat parmi les soldats et où tous s'engagent (conjointement ou tour à tour) en leaders-serviteurs de l'organisation, animés par une même vision (*voir les chapitres 6 et 7 portant respectivement sur la gestion de l'innovation et sur la gestion des connaissances*). Ainsi, le leadership est moins le propre d'une seule personne que d'un collectif de personnes aptes à se « coacher » les unes les autres.

Section III
Les rôles et les compétences des gestionnaires à l'œuvre

Comme nous venons de le voir, certaines approches du leadership ont tendance à individualiser indûment la figure du leader-champion indispensable de l'organisation, porteur de valeurs, de symboles, de mythes fondateurs, et représentant de la culture mobilisatrice de l'entreprise. Empruntant aux héros d'hier (Alexandre le Grand, Jules César, Gengis Khan, Pierre le Grand et autres grands visionnaires), certains chefs d'entreprise n'hésitent d'ailleurs pas à se mettre en scène de cette façon. Mais de tels comportements sont ambigus, car la fonction de direction repose sur un dilemme : comment composer un équilibre viable entre le désir de gratification des employés et le désir de gratification de soi (pour le leader) ? Et pour reprendre notre question initiale : diriger, est-ce conduire ou montrer le chemin ? voire bâtir ensemble ce chemin ? Ainsi, quelle force prêter à une vision stratégique qui semble parfois élaborée par un leader mercenaire purement médiatique ? Pire encore, comment souscrire à certaines visions d'entreprises quand les critiques contemporaines décrient l'absence de scrupules d'un management amoral, maximisant les profits alors que les délocalisations, les licenciements et les scandales financiers ne cessent de faire la une des journaux ?

Revenons à l'étymologie du mot « leadership ». Le verbe anglais *to lead* (conduire), correspondant à *leiden* en néerlandais, à *leiten* en allemand, à *leda* en suédois et à *lede* en danois, est issu d'un verbe germanique désignant à la fois « le chemin » et « le convoi »[14]. Les approches descriptives du leadership, en s'intéressant à ce qui se passe dans l'acte de diriger dans la réalité quotidienne plutôt qu'à partir de situations théoriques ou expérimentales, ont permis de dégager une série de rôles clés joués par le manager-leader « en chemin ». Ils sont l'objet de cette troisième section.

4.6 L'évolution de la conception de la direction

Les attentes de l'entreprise vis-à-vis de ses cadres et de son personnel se sont profondément modifiées ces dernières années, évoluant avec les conjonctures. Ces attentes ne se rapportent pas tant aux fonctions ou aux nouveaux rôles qu'à de nouvelles conceptions du management et de nouvelles façons de s'en acquitter, à un nouveau style de gestion, faisant appel à des compétences, à des habiletés, à des attitudes et à des comportements nouveaux sur le plan managérial. Si l'entreprise

---

14. *Le Robert, Dictionnaire historique de la langue française* (2000), tome II, p. 1995.

exige toujours de ses cadres qu'ils sachent diriger, planifier, coordonner et exercer l'autorité, elle insiste davantage, de nos jours, sur le leadership, l'adaptabilité au changement, la motivation, la création, l'ouverture sur le monde, etc. (*voir le tableau 4.13*).

TABLEAU 4.13   L'évolution de la conception de l'administration

Traditionnelle	Nouvelle
• Statut hiérarchique	• Communication
• Autorité	• Leadership
• Direction	• Motivation
• Organisation	• Animation
• Contrôle	• Évaluation
• Prévision	• Gestion du changement
• Continuité et stabilité	• Innovation et créativité
• Gestion universelle	• Gestion des particularités
	• Gestion de la diversité
	• Gestion de la complexité

4.7 Les trois grands types de rôles du gestionnaire

Les trois types de rôles de la direction : les rôles interpersonnels, informationnels et décisionnels

Dans une perspective plus **descriptive** de la direction (fondée sur l'observation de ce que font véritablement les gestionnaires en situation), Mintzberg (2004) avance l'idée que l'activité managériale peut être définie selon trois regroupements de fonctions ou de rôles qui revêtent un caractère de complémentarité : les rôles interpersonnels, informationnels et décisionnels.

4.7.1 Les rôles interpersonnels

Les rôles interpersonnels, qui découlent de l'autorité formelle confiée au gestionnaire, consistent en des rapports d'ordre communicationnel qu'entretient le dirigeant avec des personnes qui interviennent aussi bien à l'intérieur qu'à l'extérieur de l'organisation. Trois rôles sont mis en évidence dans ce cas-ci : le rôle de figure de proue, le rôle de meneur d'hommes et le rôle d'agent de liaison.

4.7.1.1 Le rôle de figure de proue

Le rôle de figure de proue (on pourrait dire d'hôte, et non de héros…) concerne les activités de communication de nature cérémonielle qui présentent un caractère d'obligation et de bienséance pour entretenir la confiance dans les relations avec les employés et les partenaires de l'entreprise. Ces activités ne se rapportent guère aux communications stratégiques ou aux décisions cruciales, mais elles sont tout de même importantes pour le fonctionnement harmonieux de l'entreprise. Par exemple, un directeur d'entreprise se doit de recevoir une délégation étrangère d'investisseurs potentiels ; il est de coutume dans la fonction commerciale d'inviter au restaurant ses principaux clients, ou encore pour les gestionnaires intermédiaires de participer aux fêtes données par leurs employés à l'occasion d'événements privés importants (mariage, naissance, retraite, etc.).

4.7.1.2 Le rôle de meneur d'hommes

Dans ce rôle, on trouve les activités d'embauche et de formation du personnel, de motivation et d'encouragement des employés, en plus de la nécessité de voir à ce que les besoins des subordonnés soient en harmonie avec ceux de l'organisation.

4.7.1.3 Le rôle d'agent de liaison

Le rôle d'agent de liaison est le rôle par lequel le dirigeant établit des contacts en dehors de la ligne hiérarchique formelle de l'entreprise. Plusieurs études semblent démontrer que la moitié des contacts du dirigeant consiste dans les relations avec des cadres d'autres entreprises. Ces relations sont d'une extrême importance, puisqu'elles constituent un système d'information efficace. Parmi les autres groupes contactés, on trouve les subordonnés, les clients, les fournisseurs, les membres du conseil d'administration, etc.

4.7.2 Les rôles informationnels

Parce qu'il est au cœur de réseaux de relations, le leader, s'il ne sait pas toujours tout, est souvent mieux informé que quiconque. Les rôles informationnels concernent la gestion des informations qui circulent dans l'organisation et dans son environnement. Dans cette perspective, trois rôles doivent être pris en compte : le rôle d'observateur-veilleur, le rôle d'informateur-diffuseur et le rôle de porte-parole.

4.7.2.1 Le rôle d'observateur-veilleur

Dans ce rôle, le dirigeant scrute l'environnement pour y trouver des informations. Il possède de nombreuses relations qui émanent de ses rôles interpersonnels, et c'est de ces relations qu'il reçoit des renseignements stratégiques de manière informelle.

4.7.2.2 Le rôle d'informateur-diffuseur

Dans son rôle d'informateur, le dirigeant partage avec les subordonnés les informations reçues de l'extérieur. De plus, lorsqu'il existe une mauvaise communication entre ses subordonnés, le dirigeant peut transmettre lui-même les informations des uns aux autres.

4.7.2.3 Le rôle de porte-parole

C'est dans le rôle de porte-parole que le dirigeant adresse des informations à des personnes extérieures à l'unité ou à l'entreprise. En outre, il doit tenir les parties prenantes qui exercent un contrôle sur son organisation (notamment l'État et les fournisseurs de capitaux) au courant des activités, des décisions et des résultats de l'entreprise.

4.7.3 Les rôles décisionnels

Nous avons vu précédemment que la décision est d'abord un processus d'information, puis un processus d'arbitrage. Les rôles décisionnels interviennent dans le sillage de la recherche de solutions favorisant l'atteinte des objectifs de l'organisation. Quatre rôles sont à considérer dans ce cas-ci : le rôle d'entrepreneur, le rôle d'arbitre-régulateur, le rôle de répartiteur et le rôle de négociateur.

4.7.3.1 Le rôle d'entrepreneur

Dans son rôle d'entrepreneur, le dirigeant cherche à faire progresser l'entreprise et à l'adapter aux variables contextuelles. Grâce à des idées nouvelles, il mettra en marche des projets de développement, qui feront de lui un promoteur de changements.

4.7.3.2 Le rôle d'arbitre-régulateur

À titre d'arbitre-régulateur, le dirigeant réagit aux perturbations et aux conflits qui peuvent survenir au sein de l'entreprise. Il doit ici répondre, en bon chef d'orchestre, à des pressions ou à des contraintes non anticipées (par exemple, une menace de grève, la faillite d'un client important ou le défaut de paiement d'un fournisseur).

4.7.3.3 Le rôle de répartiteur

En tant que répartiteur de ressources, le dirigeant décide de l'allocation des ressources et de la distribution des fonds affectés aux unités dont il a la responsabilité. Il met aussi en place une structure et détermine la façon dont les tâches doivent être attribuées et coordonnées. Dans la mesure où il endosse le rôle de décideur « final », le gestionnaire doit veiller ici à mesurer l'impact des décisions qu'il autorise et à s'assurer de l'acceptabilité de celles-ci pour l'ensemble de ses parties prenantes.

4.7.3.4 Le rôle de négociateur

Enfin, dans son rôle de négociateur, le dirigeant combine au quotidien son autorité formelle, son pouvoir de répartiteur et l'information clé dont il dispose pour toutes sortes de négociations (contrats de travail, relations commerciales, règlement de situations critiques ou de crises, etc.).

Les 10 rôles précédents sont bien entendu difficilement dissociables dans la pratique. Par contre, selon leur fonction dans l'entreprise (commerciale, production ou direction générale, par exemple), les gestionnaires joueraient davantage l'un ou l'autre de ces trois types de rôles (interpersonnels, informationnels ou décisionnels). La figure 4.14 évoque les liens bidirectionnels entre les trois pôles d'intervention – personnes, décision et information – sur lesquels se fondent en quelque sorte les rôles auxquels nous venons de faire allusion et les tâches clés correspondantes de la direction. Ainsi les dirigeants sont-ils appelés à donner un sens – par les décisions qu'ils prennent – aux actions des membres (direction). Ils doivent également rechercher la collaboration de ces derniers aux objectifs de l'entreprise (engagement). Sur un autre plan, les gestionnaires doivent s'efforcer d'obtenir les informations qui permettent de garantir le plus possible la justesse de leurs décisions (acquisition des renseignements et des connaissances, et utilisation appropriée des connaissances et des technologies de gestion). Ils ont par ailleurs à choisir les sources d'information qui servent à alimenter leurs décisions (sélection). La direction doit aussi informer les membres à l'aide des moyens qu'elle juge les plus appropriés (communication). Elle doit enfin être à l'écoute des attentes et des besoins des employés afin de s'assurer de leur soutien (consultation).

FIGURE 4.14 Les pôles d'intervention et les tâches clés des dirigeants

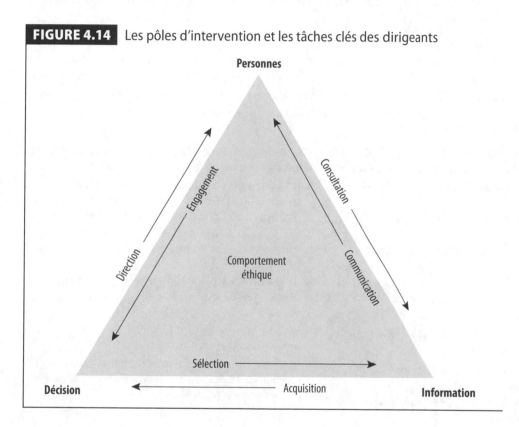

Section IV
Conclusion : le gestionnaire-magicien n'est pas encore né !

Rappelons, en terminant, cette observation de Sérieyx qui reste d'actualité :

> Pendant que le monde change, que les clients changent, que la concurrence change, que les technologies changent, que les femmes et les hommes au travail changent, celui qui pilote les destinées de l'entreprise subit de plein fouet l'incidence de tous ces changements. On lui demande d'être un mouton à cinq pattes qui comprend tout, endure tout, encaisse tout et imagine des solutions merveilleuses pour résoudre la quadrature du cercle : gagner de plus en plus de sous pour investir, augmenter son personnel, rémunérer le capital, payer une Recherche et Développement performante, séduire les clients, être toujours plus citoyen, etc.

Ne rêvons pas, à quelques exceptions près, ce type de surhomme n'existe pas. Mais sans être encore au départ du bon chemin, on peut déjà considérer qu'ils sont sur le chemin du bon départ ceux qui, responsables d'entreprises, n'essaient pas d'avoir raison tout seuls et acceptent d'affronter le monde, et d'abord leurs clients, leurs fournisseurs et leurs salariés en adoptant la démarche systématique du zéro mépris. C'est-à-dire celle qui consiste à affirmer, *a priori* : « Je suis leur chef, donc ils peuvent m'aider » (Sérieyx, 1999, p. 127).

La direction est un exercice difficile de conduite de soi et des autres. Elle requiert des habiletés et des savoir-être particuliers : savoir communiquer, se comporter, raisonner et assumer sa responsabilité éthique (*voir l'encadré 4.3*). En serviteur des autres, le dirigeant doit aussi être capable de remise en question et d'apprentissage dans le souci de ses employés, de l'entreprise comme de lui-même.

ENCADRÉ 4.3   La responsabilité, l'éthique individuelle et l'éthique sociétale

« **L'éthique des individus pour la responsabilité fait appel :**

- à la reconnaissance de la valeur de la prise de risque et de la solidarité ;
- au rejet des cadres imposés et jugés inacceptables ;
- à la prise de conscience du besoin de respecter certaines contraintes (tout n'est pas permis) et de l'évidence de ses propres limites face aux choix ;
- au devoir d'honorer la parole donnée ;
- au maintien du lien fondamental entre morale et éthique privée et vie commune ;
- à l'humilité puisqu'un sens de la responsabilité ne préserve pas de l'erreur ;
- à l'obligation de "rentrer chez soi" afin de rencontrer sa propre conscience critique.

L'éthique de la société pour la responsabilité :

- est opposée à la liberté confisquée, à la moralisation sans accès aux compétences, aux capacités ;
- ne peut s'exercer que dans un État de droit dans lequel l'interdépendance humaine est reconnue comme faisant partie de l'équilibre social ;
- rejette le bénéfice à court terme de certains qui entraîne une déresponsabilisation vis-à-vis de l'avenir de tous ;
- pose le respect de la dignité de l'homme comme priorité dans l'exercice des choix ;
- fait appel à l'intégrité personnelle dans l'exercice des fonctions publiques ou des pouvoirs dont les décisions ont des impacts collectifs. »

Source : Farrell (2009, p. 324).

Se rapproche-t-on ou s'éloigne-t-on du modèle participatif démocratique défendu par un pionnier de l'école des relations humaines comme Lewin ? Le constat est plus que jamais indiscutable : dans un univers complexe, un cerveau, aussi brillant soit-il, apporte une solution ou un nombre limité de solutions, alors que plusieurs cerveaux multiplient les options possibles, et préalablement les angles de compréhension des situations. Dans la société du savoir, les dynamiques de création des connaissances impliquent une perspective de plus en plus interdisciplinaire (*voir les chapitres 6 et 7 portant respectivement sur la gestion de l'innovation et des connaissances*), cohérente avec l'accroissement de la complexité technologique du monde contemporain. Dans cette société du savoir où il est difficile de cerner et les enjeux qui nous entourent et leur ampleur, il faut gérer autrement.

Un des problèmes auxquels le management classique fait face, c'est qu'il dispose d'outils conçus à l'heure d'un autre système organisationnel : développer un management cohérent aujourd'hui, c'est entrer dans la logique participative, et interroger systématiquement non pas la performance des actes des employés et de ceux qui les pensent mais l'engagement et l'apprentissage de tous. Gorz (2003, p. 83) affirme en ce sens que « des personnes qui coopèrent, se coordonnent et s'ajustent librement les unes aux autres dans un projet qu'elles auront défini ensemble auront tendance à se surpasser chacune ». Pour reprendre les termes des saint-simoniens, il s'agit de passer de l'administration des choses (et des personnes comme des choses) au gouvernement des personnes (et de leurs connaissances individuelles et collectives) :

> Les contributions individuelles au résultat collectif en deviennent évidemment non mesurables. Les notions de durée et de quantité de travail perdent leur pertinence. La source de la productivité est dans une organisation qui promeut l'auto-organisation et engendre des externalités positives, c'est-à-dire un résultat collectif qui transcende la somme des contributions individuelles (Gorz, 2003, p. 83).

Hier, la direction et ses composantes (motivation, satisfaction et leadership) étaient des processus par lesquels une ou quelques personnes influençaient des employés, dans un contexte de groupe, vers des buts ; aujourd'hui, la direction suppose une approche fondée plutôt sur la **création de sens** (*sense-making*) : le leadership de l'organisation consiste à donner à tous un sens de l'orientation (au sens propre comme au sens figuré !) et un sens du but recherché par l'explicitation d'une **vision** du monde irrésistible (Bryman, 1996).

L'ensemble de ces facteurs augmente la qualité générale de l'entreprise, sa rentabilité et son pouvoir d'action. Et ce pouvoir est considérable. Car, paradoxalement, il ne faut jamais oublier que le travail reste porteur de son lot de souffrances, pour lesquelles il faut toujours interpeller la responsabilité de la direction :

> Le pouvoir d'action dont dispose le management sur le destin de la souffrance – son orientation dans le sens de la souffrance créatrice ou de la souffrance pathogène – lui assigne du même coup une responsabilité civique. Aujourd'hui, on confère de plus en plus à l'entreprise de nouvelles responsabilités vis-à-vis des risques qu'elle représente pour l'environnement (règnes minéral, végétal et animal). Il n'est pas impossible qu'émerge un jour la notion de responsabilité de l'entreprise vis-à-vis de la santé mentale des populations qui dépendent affectivement et socialement des travailleurs qu'elle emploie (Dejours, 1990, p. 708).

Chapitre 5

Le contrôle : de l'inspection à la responsabilisation

Section I : Le contrôle 333

Section II : Les conditions humaines d'un contrôle adéquat 366

Section III : Conclusion : du contrôle à l'autoresponsabilisation 380

« *Tout l'ordre que nous gagnons dans les détails, nous le reperdons dans l'ensemble de sorte que nous disposons de toujours plus d'ordres et de toujours moins d'ordre.* »

(Musil, 1973, tome II, chap. 85, p. 99)

P ourquoi « contrôler » ? L'utilité des activités de contrôle dans les organisations – activités qui visent à informer correctement les décideurs – et les bienfaits qui en résultent n'ont plus besoin d'être démontrés. Force est de constater que des contrôles inefficients peuvent entraîner des **effets négatifs considérables** aussi bien pour les entreprises que pour la communauté en général. Pour s'en convaincre, il suffit de lire les manchettes des journaux de ces dernières années, qui rapportaient, par exemple, en 2008, la découverte de mélamine dans le lait provenant de Chine, ou la présence de *Listeria* dans la charcuterie mise en marché par l'entreprise Maple Leaf, ou encore, antérieurement, le retrait du marché de produits de grande consommation soupçonnés de toxicité (Hershey en 2006, Vioxx en 2004, Coca-Cola en 1999, etc.). De même, la presse a largement rendu compte de nombreux scandales impliquant de hauts dirigeants d'entreprise dans les années 2000 (Enron, Arthur Andersen, Bernard Madoff, etc.) et elle interroge pertinemment leur légitimité.

Les ratés auxquels peuvent donner lieu les contrôles touchent à plusieurs aspects dans la vie des entreprises dont on parle beaucoup moins, mais qui risquent d'avoir tout autant de répercussions néfastes sur leur développement. Que l'on songe au phénomène du *burnout* (épuisement professionnel) ou aux problèmes de santé mentale dont sont atteints certains travailleurs, maux qui découlent souvent d'un manque de sensibilité, volontaire ou involontaire, de la part des organisations. Ces exemples montrent une lacune des opérations de contrôle, lesquelles devraient normalement permettre de détecter les dysfonctionnements des entreprises. Or, dans le contexte du capitalisme financier contemporain, les entreprises évoluent, de leur propre chef ou pas, de plus en plus dans une logique sans fin de changement (de leurs méthodes de gestion, de leur technologie, de leur structure, de leurs objectifs financiers, de leur localisation même, etc.). Depuis les années 1980, le credo du « mouvement » (devenu perpétuel) où sont valorisés « ce qui change et ceux qui changent » (Alter, 2009, p. 83) entraîne une perte de sens qui résulte du cercle vicieux du « travail invisible », en soi non contrôlable, engendré par les « dyschronies » entre ce que les employés sont réputés faire (et qui change donc constamment), ce qu'ils sont en mesure d'accomplir et ce sur quoi ils sont évalués dans les faits.

Les exemples dont nous faisons état donnent finalement à penser que le contrôle ne doit pas se limiter à un exercice de **vérification** et de **surveillance** comme ont encore l'habitude de l'envisager à tort bon nombre de praticiens. Le contrôle, qui est moins une activité d'**inspection** qu'une activité de **responsabilisation,** a pour but d'imposer une discipline aux dirigeants et d'inciter les membres de l'organisation à s'intéresser aux responsabilités qui leur ont été assignées. Il s'agit non plus seulement des grands choix stratégiques mais de la mise sous tension de l'organisation humaine afin qu'elle atteigne les buts qu'elle s'est fixés. Le processus d'administration est tourné vers la motivation et le contrôle des membres en vue de l'obtention des résultats prévus dans les plans (Anthony, 1978) et la maîtrise des écarts par rapport aux attentes des parties prenantes de l'entreprise, écarts qui seraient dommageables pour sa pérennité. Plus encore, parce qu'il est difficile de tout prévoir et de tout mesurer, le contrôle, ou encore l'« autocontrôle », doit devenir, au-delà d'un outil, un état d'esprit.

Le contrôle vise à assurer la continuité et la cohérence des différentes activités de l'entreprise en veillant à faire coïncider les prévisions et l'exécution des décisions, et en s'efforçant de prévenir ou de supprimer les écarts par rapport aux normes préalablement établies (par exemple, les normes de coûts, de qualité ou de conduite, les limites de la tolérance à certains comportements ou façons de faire). Quant à la **rétroaction** qu'engendre souvent le contrôle, elle remet en question la conception, la valeur, voire la validité des programmes en cours de réalisation ou sur le point d'être mis en œuvre. Elle permet de **résister aux aléas de l'incertitude** par un état voulu, aigu et continu d'alerte.

La fonction de contrôle est tout aussi importante que les autres composantes du processus d'administration. Ainsi, d'une part, la planification et l'organisation ne serviraient à rien aux gestionnaires si ceux-ci ne pouvaient, par exemple, être informés des réalisations des subordonnés et de l'efficacité de la structure organisationnelle. D'autre part, les activités de planification et d'organisation perdent toute valeur si elles ne contribuent pas à **renseigner sur la qualité des activités effectuées** par les gestionnaires et les autres membres de l'entreprise de même que sur l'impact de ces activités elles-mêmes sur les diverses parties prenantes. Le contrôle permet une meilleure coordination des activités qui interviennent dans la réalisation d'un projet. Sans le contrôle, les activités risqueraient de subir les aléas des événements.

Ce chapitre aborde donc la fonction de contrôle en deux sections : la première expose les définitions, conceptions et outils du contrôle formel ; la seconde rappelle les conditions humaines d'un contrôle adéquat et évoque les moyens organisationnels de favoriser l'autocontrôle.

Section I
Le contrôle

Le terme **contrôle** (*voir l'encadré 5.1*) est l'un des termes les plus usités en administration, mais il ne revêt pas le même sens pour tous. Il suffit d'interroger les cadres ou les dirigeants d'entreprise pour constater à quel point chacun a une conception personnelle et différente de la nature du contrôle.

ENCADRÉ 5.1　Le contrôle : maîtrise de soi et des choses

Selon le *Dictionnaire historique de la langue française*[a], le « mot (contrôle) désigne un registre (rôle) tenu en double, l'un servant à vérifier l'autre (d'où *contre*) ». Ce mot a pris aux XIVe et XVe siècles le sens moderne de « vérification » et de « surveillance ». Notons que, sous l'influence de l'anglais *control*, le mot connaît un second sens, apparu au XXe siècle, soit celui de « maîtrise de soi-même » en plus de « maîtrise de quelque chose ».

Le contrôle est implicitement dynamique. Que l'on compare l'entreprise à un organisme vivant (analogie biologique), autorégulé (idée d'homéostasie) ou à un robot (analogie cybernétique) bien informé (par des rétroactions positives [renforcement] ou négatives [restriction]), on comprend que le contrôle est un processus vital et continu.

Le contrôle en management revêt aujourd'hui ce double sens de la maîtrise des choses et des personnes et il a évolué à travers les conceptions historiques d'une vision fonctionnelle d'**inspection** à une vision humaine de **responsabilisation** et d'**autocontrôle**.

a. *Le Robert, Dictionnaire historique de la langue française* (2000), tome I, p. 879.

Pour certains, le contrôle implique **une maîtrise de soi ou des autres.** Pour d'autres, il consiste en une opération de vérification, de surveillance et d'inspection. Quelques-uns ramènent cette activité à une maîtrise des choses, une opération de comparaison avec des normes. Le terme « contrôle » peut aussi être entendu dans le sens de « propriété » et de « pouvoir de décision ». On dira d'une personne qui possède 51 % des actions d'une compagnie qu'elle en détient le contrôle. Plusieurs personnes attribuent à la fonction de contrôle une connotation péjorative, la considérant en quelque sorte comme l'art d'imposer la discipline dans l'entreprise. Or, la réalité est beaucoup plus complexe. Le contrôle joue un rôle d'une importance capitale dans l'atteinte des objectifs organisationnels, dans le respect de l'environnement écologique de l'entreprise et dans la recherche de l'équité sociale.

Il ne faut pas se surprendre de l'existence de ce foisonnement de perspectives en sciences administratives, car les chercheurs et les théoriciens sont loin d'être arrivés à un consensus sur le sujet. Il est néanmoins important que toutes les personnes qui sont appelées à assumer des responsabilités de direction dans une entreprise aient une notion claire et précise de la nature et du fonctionnement du contrôle. C'est ce à quoi nous allons nous consacrer dans les sections suivantes.

5.1 Les origines et les conceptions du contrôle

Plusieurs définitions du contrôle ont été proposées. On trouve des racines théoriques de ce concept dans les approches formelles de l'administration. En effet, Fayol considérait, dans son ouvrage publié en 1916, que le contrôle est une fonction administrative qui « consiste à vérifier si tout se passe conformément au programme adopté, aux ordres donnés et aux principes admis ». Pour lui, le contrôle a pour but de **signaler les erreurs afin de les corriger et d'en éviter** la répétition (Fayol, 1962). En 1924, Diemer définit le contrôle comme le principe voulant que l'administrateur connaisse ce qui doit être fait et ce qui est effectivement fait dans tous les secteurs de l'entreprise, de façon à détecter les divergences et à y remédier (Diemer, 1924). Pour sa part, Newman affirme que le contrôle consiste à s'assurer que les résultats concordent le plus possible avec les objectifs (Newman, 1951). Selon lui, la fonction de contrôle comprend l'établissement des objectifs, la motivation des employés à les atteindre, la vérification des résultats et l'application de correctifs lorsque ces résultats s'écartent de ceux qui étaient visés. Ces définitions se ressemblent, mais celle de Newman intègre la **motivation** ou la **stimulation des performances des personnes** dans l'organisation.

Dès la fin des années 1920, les approches behavioristes montrent l'importance de la reconnaissance chez l'humain de besoins de **satisfaction** et de **motivation** pour accéder à la productivité. Toute activité de contrôle est immanquablement imbriquée dans celle de la surveillance des employés qu'on doit désormais penser en intégrant les aspects du leadership (capacités interpersonnelles des dirigeants)

Le contrôle : une composante du processus formel de l'administration classique et du pouvoir (potentiel d'influence) de façon à créer un climat organisationnel propice au travail bien fait.

5.1.1 Les conceptions du contrôle

On peut facilement comprendre la nature et la portée de la fonction de contrôle si l'on insère celles-ci dans leur dimension organisationnelle. L'entreprise est un instrument utilisé pour atteindre des objectifs. Au cours des siècles, les humains ont constaté qu'ils pouvaient multiplier leurs forces en agissant de façon concertée. Le rôle de la direction consiste précisément à produire cette action concertée en vue d'atteindre les objectifs visés. Voilà pourquoi on compare souvent le dirigeant à un chef d'orchestre (Drucker, 1954). Sa mission consiste à unifier la diversité, à polariser les énergies et à faire converger les efforts vers la réalisation des objectifs organisationnels.

La force de l'entreprise provient du fait qu'elle peut, grâce à cette polarisation des énergies, créer un effet synergique, c'est-à-dire produire un effet d'ensemble, un résultat global supérieur à la somme des énergies déployées.

La fonction de contrôle dans l'entreprise a pour but de faire en sorte que les activités et les énergies déployées convergent harmonieusement vers l'atteinte des objectifs et que les résultats correspondent le plus possible aux buts visés et aux attentes des parties prenantes.

Il importe cependant de comprendre que le contrôle peut prendre différentes formes selon la conception qu'on en a. Sur la base de diverses caractéristiques, nous comparons, dans le tableau 5.1 (*voir p. 336*), une conception du contrôle bureau-cratique ou **centralisée** avec une conception du contrôle **décentralisée.** Dans le premier cas, le contrôle s'apparente à un exercice formalisé auquel doivent implicitement se plier les employés. Dans la perspective décentralisée, le contrôle a une tout autre dimension. Les employés apparaissent plutôt comme des parties prenantes au sens plein du terme, porteuses de connaissances et engagées, voire responsabili-sées sur le plan de leurs tâches. De cette comparaison émane l'idée que le contrôle est plus qu'un processus ; il peut également être perçu comme une philosophie selon laquelle la prévention, la correction, l'incitation, la canalisation des comportements et la concertation prennent toute leur signification (Aktouf *et al.*, 2006) pour cor-riger en permanence les faiblesses de l'entreprise.

> Deux conceptions opposées du contrôle : centralisée et décentralisée

5.1.2 Les niveaux de contrôle

Les objectifs, les programmes et les plans interviennent aux différents niveaux de l'organisation, soit au **niveau de la gouvernance,** au **niveau stratégique,** au **niveau organisationnel** ou **tactique** et au **niveau opérationnel** (*voir la figure 5.1, p. 336*). Il en va de même pour le contrôle, qui a pour fonction de vérifier si ces objectifs, ces programmes et ces plans ont été réalisés, et dans quelles conditions.

TABLEAU 5.1   Le contrôle dans une conception bureaucratique comparé au contrôle dans une conception décentralisée

	Conception organisationnelle	
	Bureaucratique ou centralisée	**Décentralisée**
Moyens	Règles, politiques, hiérarchie	Objectifs partagés, valeurs et culture
Origines	Mécanismes externes prédominants	Éléments de motivation prédominants
Conception des postes	Tâches secondaires, actions plutôt que réflexions	Tâches principales
Définition des tâches	Fixe et rigide	Flexible, en fonction des contraintes et des possibilités de l'environnement
Entité appelée à rendre compte	Personne	Groupe
Structure	Complexe, du haut vers le bas	Aplatie, influences réciproques
Pouvoir	Accent mis sur l'autorité légitime	Accent mis sur la pertinence de l'information et sur l'expertise
Responsabilité	Performance individuelle	Performance de l'équipe et de l'organisation
Système de récompenses	Extrinsèque	Intrinsèque
Créativité	Faible	Élevée
Réactions des employés	Soumission	Engagement

FIGURE 5.1   Les niveaux de contrôle

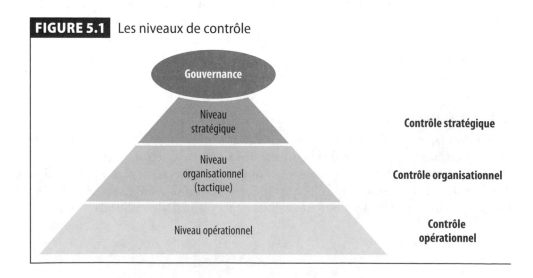

La **gouvernance** d'entreprise correspond au niveau supérieur du « management du management » (Pérez, 2003). Elle désigne « l'ensemble des mécanismes qui ont pour effet de délimiter les pouvoirs et d'influencer les décisions des dirigeants, autrement dit, qui "gouvernent" leur conduite et définissent leur espace discrétionnaire » (Charreaux, 1997). **La gouvernance concerne la responsabilité qui incombe aux membres du conseil d'administration de protéger les intérêts des parties prenantes de l'entreprise,** à savoir les différents paliers gouvernementaux (l'État), les investisseurs, les clients, les employés, les fournisseurs, les groupes d'intérêts et la collectivité en général. Les administrateurs qui sont soucieux de faire leur cette obligation s'efforceront d'appliquer des principes qui favorisent une gestion tenant compte non seulement des intérêts supérieurs de l'organisation mais également de ceux des différents acteurs qui agissent aussi bien à l'intérieur qu'à l'extérieur de l'organisation (parties prenantes). Ils doivent par conséquent s'assurer que le processus d'administration (planification, organisation, décision/direction et contrôle) et les différentes fonctions de l'entreprise (la gestion du personnel, la finance, la gestion des opérations, le marketing, etc.) sont gérés suivant des principes qui se fondent sur l'éthique des affaires comme l'équité, l'efficience et la transparence. L'autodiagnostic comme mode de contrôle peut se révéler dans ce cas un outil précieux. Les gestionnaires concernés peuvent en effet choisir de se questionner sur leur façon d'agir à l'endroit des parties prenantes. Les mécanismes de contrôle sont également susceptibles d'émaner de l'extérieur de l'organisation. Par exemple, le Conseil canadien sur la reddition de comptes est un organisme fédéral qui exerce un contrôle disciplinaire sur les sociétés inscrites en Bourse, en établissant des normes comptables uniformes et en s'assurant de leur application par les vérificateurs financiers qui sont appelés à rendre des comptes aux actionnaires et aux investisseurs. Ce faisant, la gouvernance remplit deux fonctions essentielles qui sont liées entre elles : « une fonction disciplinaire contraignante » (rôle d'encadrement et de vérification des décisions stratégiques et organisationnelles, par exemple par les comités de direction) et « une fonction éducative "habilitante" » (rôle de recommandation des organes de gouvernance que sont, par exemple, le conseil d'administration et le conseil scientifique) (Charreaux et Wirtz, 2006, p. 297).

> Les niveaux de contrôle : du « contrôle du contrôle » (gouvernance) au contrôle opérationnel

Le **contrôle stratégique** permet aux gestionnaires d'**évaluer le fonctionnement de l'organisation au niveau externe.** Ces derniers seront préoccupés entre autres par les variations d'ordre économique, technologique, social ou politique qui risquent d'avoir un impact quelconque sur leurs organisations. Ces gestionnaires tenteront de déceler les occasions et les menaces en provenance de l'environnement. Les contrôles dont il est question à ce niveau-ci peuvent porter également sur les activités internes. Ils sont d'ordre qualitatif ou quantitatif. Sur le plan qualitatif, les gestionnaires s'efforceront de répondre à des questions telles que les suivantes : l'entreprise réalise-t-elle la mission qu'elle s'est fixée ? Les objectifs sont-ils atteints ? Les tâches confiées aux gestionnaires ou aux subalternes sont-elles effectuées correctement ? Les créneaux de marché sur lesquels se concentre l'entreprise sont-ils exploités adéquatement ? Le climat de travail qui règne dans l'entreprise est-il acceptable ? Sur le plan quantitatif, des administrateurs pourraient vouloir examiner des résultats plus précis, comme le chiffre d'affaires de l'entreprise, le niveau de rentabilité, le taux de productivité ou les coûts d'exploitation comparativement à ceux des concurrents.

Aux divers échelons de l'entreprise, les gestionnaires établissent des objectifs, des programmes et des plans propres aux différentes unités dont ils ont la charge. Le contrôle qui en découle est un **contrôle organisationnel** ou **tactique.** Celui-ci se situe ordinairement dans le prolongement du contrôle stratégique. C'est de ce niveau qu'il est principalement question dans ce chapitre. Cette forme de contrôle est celle qu'exercent, par exemple, le directeur de la commercialisation, le responsable des achats et le directeur de la production. Ces derniers fixent des normes qu'ils verront à faire respecter chacun dans leur milieu.

Le **contrôle opérationnel** a pour but d'accroître la flexibilité structurelle d'une organisation. Ce contrôle permet d'améliorer l'efficacité des opérations aux divers niveaux de l'entreprise. La suppression d'échelons au sein de l'organisation et les équipes autogérées dans lesquelles les employés peuvent établir leurs propres objectifs et contrôler les mesures pour y parvenir sont des exemples d'approches qui mettent en lumière l'importance de déléguer le pouvoir décisionnel le plus près possible des ressources qui sont directement en cause.

5.1.3 Les objectifs du contrôle : l'efficacité et l'efficience

Barnard définit l'**efficacité** comme étant «la qualité de ce qui produit l'effet qu'on en attend» (Barnard, 1938). L'entreprise efficace est celle qui atteint ses buts ou ses objectifs. Le critère de l'efficacité est la mesure des résultats par rapport aux objectifs visés. Or, c'est là exactement la mission du contrôle : faire en sorte que les résultats correspondent aux buts recherchés (*voir le tableau 5.2*).

TABLEAU 5.2 Les critères et les mesures de l'efficacité : une application à trois exemples de problèmes

Exemples de problèmes	Définition des problèmes	Exemples de critères à considérer	Exemples de mesures
Coordination d'activités interdépendantes	• Aptitude à planifier, à programmer et à exécuter les activités de manière intégrée • Aptitude à répartir les activités	• Synchronisation adéquate des activités • Recours adéquat à la formalisation et à la standardisation des méthodes	• Consensus sur le partage des responsabilités • Accord entre les unités sur les objectifs
Intégration des personnes	Convergence des besoins du personnel et des buts de l'entreprise	Arrimage entre la satisfaction des besoins du personnel et les objectifs de l'entreprise	• Qualité du travail effectué par les personnes • Participation des personnes à la réalisation des objectifs de l'entreprise
Résolution de conflits	Tensions parmi les membres	Efficacité des méthodes de résolution de conflits	Persistance de conflits

Cependant, si l'on prend deux entreprises qui poursuivent le même objectif, l'une pourra réussir à atteindre celui-ci en consommant moins d'énergie que l'autre. On dira qu'elle a réalisé un effet synergique supérieur à celui de sa concurrente ; en d'autres termes, elle a été plus efficiente que l'autre (Simon, 1957).

L'efficacité consiste donc à atteindre les objectifs organisationnels, alors que l'**efficience** consiste à les atteindre au moindre coût possible (Simon, 1957) (*voir le tableau 5.3*). L'efficience implique un rapport entre l'intrant et l'extrant, entre le coût et les résultats. Elle impose à l'administration le choix des moyens les moins coûteux pour atteindre les objectifs recherchés (Anthony, 1978). **Drucker dit que l'efficacité consiste à faire les bonnes choses (à choisir les bons objectifs et à les atteindre), et l'efficience, à bien faire les choses** (Drucker, 1966).

> Distinguer efficacité et efficience

Il importe de comprendre que l'efficacité et l'efficience s'appliquent aussi bien à des aspects **tangibles** (d'ordre quantitatif) qu'à des aspects **intangibles** (d'ordre qualitatif). Ainsi, on peut vouloir mesurer la performance de l'organisation sur la base de résultats chiffrés comme le volume de ventes, le chiffre d'affaires, les parts de marché détenues, le taux de productivité, le taux d'absentéisme, la quantité de produits fabriqués ou de services rendus ou encore le nombre d'employés embauchés sur une base annuelle. La performance peut également être évaluée en fonction de paramètres non chiffrables, mais qui peuvent être tout aussi révélateurs, voire tout aussi importants, tels que la satisfaction des propriétaires et des actionnaires, les efforts déployés pour contenir les effets secondaires négatifs de la production, la motivation des employés, l'adéquation du trio produit-compétence-marché, les réussites en matière d'innovations en ce qui a trait aux produits ou aux services, aux procédés ou aux méthodes de gestion ou aux connaissances clés accumulées dans l'entreprise.

> Ne pas se limiter à contrôler le tangible, le chiffrable et encore moins le court terme seulement

Il importe aussi de considérer que les variables de performance (au sens de pérennité) à contrôler concernent l'équité sociale, la responsabilité écologique et la rentabilité économique à **court**, à **moyen** et à **long terme.** Le capitalisme financier est aujourd'hui critiqué de plus en plus pour avoir imposé la prédominance du court terme sur le long terme.

TABLEAU 5.3 L'efficacité et l'efficience managériales

Utilisation des ressources	Accomplissement des buts	
	Efficace	**Non efficace**
Efficiente	Atteinte des buts et non-gaspillage des ressources	Non-atteinte des buts, mais non-gaspillage des ressources
Non efficiente	Atteinte des buts, mais gaspillage des ressources	Non-atteinte des buts et gaspillage des ressources

Pour être efficiente, l'entreprise doit réussir à intégrer tous les efforts à son plan d'ensemble de façon que ceux-ci se complètent sans répétition, sans opposition ou sans gaspillage. Cela demande, de la part de la direction, une coordination bien articulée des activités de même qu'une capacité de motiver son personnel.

5.1.4 Une définition formelle du contrôle

Les aspects qui ont été soulevés dans les sections précédentes nous permettent d'en arriver à une notion précise de la fonction de contrôle. Nous définissons **le contrôle** comme **la fonction d'administration qui a pour but de faire en sorte que les résultats soient conformes aux objectifs, et que les énergies et les efforts convergent harmonieusement vers la réalisation de ces objectifs.**

Cette définition fait ressortir les deux dimensions susmentionnées du contrôle, de même que les objectifs d'efficacité et d'efficience. Le contrôle vise d'abord à atteindre les objectifs organisationnels, ce qui implique la recherche de l'efficacité. Mais il vise également à réaliser la convergence harmonieuse et économique des activités, ce qui fait appel à la coordination et à la maîtrise des comportements, soit à la recherche de l'efficience. La fonction de contrôle consiste à veiller à réaliser les objectifs (efficacité), et ce, en consommant le moins d'énergie possible (efficience).

Comme la stratégie ou le design organisationnel, le contrôle impose à la direction de l'entreprise la recherche d'un compromis, d'une adéquation entre de nombreuses variables. Dans ce cas-ci, les variables peuvent être rassemblées sous quatre grands volets : 1) les **tâches** sur lesquelles porte le contrôle ; 2) les **conditions** et les **outils** du contrôle ; 3) la **structure organisationnelle** sur laquelle viennent se greffer les activités de contrôle (et qui, dans une perspective de responsabilisation, doit être de plus en plus horizontale) ; 4) les **personnes** qui appliquent les contrôles et celles qui sont touchées, directement ou indirectement, par ces contrôles (*voir la figure 5.2*).

FIGURE 5.2 Les principaux volets intervenant dans les activités de contrôle

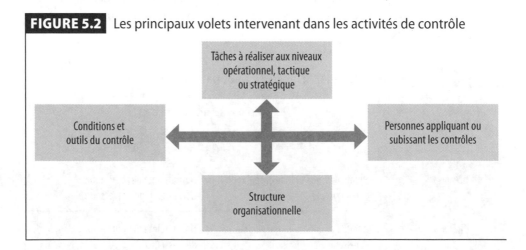

L'équilibre entre les principaux volets des activités de contrôle repose en grande partie sur les décisions et les actions volontaristes des dirigeants ou des cadres, elles-mêmes s'inspirant en général des pratiques antérieures et actuelles. Ces décisions ou ces actions présupposent l'exercice du leadership et une connaissance approfondie des besoins et des attentes des personnes engagées – dans les cas notamment où les contrôles risquent de modifier les méthodes ou les modes de fonctionnement traditionnels, à quelque niveau que ce soit, et de susciter des résistances ouvertes ou voilées. Voilà pourquoi il convient de rattacher à la notion de contrôle celle de la stimulation des employés. Il importe donc de ne jamais perdre de vue que les faiblesses enregistrées à un pôle influent quasi inévitablement sur l'autre pôle d'activité.

5.2 Le processus de contrôle

Le processus de contrôle comporte quatre étapes : 1) la **définition des objectifs** et la fixation des normes fondées sur les écarts, les changements enregistrés, les erreurs ou les résultats obtenus antérieurement ; 2) la **collecte de l'information** et la mesure des résultats ; 3) l'**évaluation de ces résultats** et l'analyse des écarts ; et enfin 4) l'**application des correctifs.** Toutes ces étapes sont présentées dans la figure 5.3 (*voir p. 342*), sous la forme d'un processus ou d'un cycle d'actions. Dans les lignes qui suivent, nous allons approfondir chacune de ces étapes.

5.2.1 La définition des objectifs et la fixation des normes de contrôle

On ne peut concevoir le contrôle sans l'existence d'objectifs, car le contrôle consiste essentiellement à s'assurer que les résultats sont conformes aux objectifs visés. Le contrôle présuppose donc l'existence d'objectifs. Il présuppose également qu'un plan d'action, un programme ou un système de planification sont adoptés pour l'atteinte des objectifs. Certains sont d'avis que la définition des objectifs et la préparation des plans d'action font partie de la fonction de planification et non de la fonction de contrôle. Le contrôle préventif peut en effet être considéré comme de la planification. Comme l'indique par ailleurs la figure 5.3, les programmes, les plans et les systèmes de planification peuvent émaner des trois niveaux de gestion : stratégique, administratif et opérationnel.

Il est très important d'**établir des objectifs clairs et précis.** L'efficacité se mesure en fonction de l'atteinte des objectifs. Il faut donc, au départ, que ces objectifs aient été **collectivement** déterminés et qu'ils soient clairement partagés par toutes les personnes qui ont à travailler à leur réalisation ; c'est la condition essentielle pour que toutes les énergies convergent.

> Établir des objectifs avec les employés : la première et la plus importante étape du processus de contrôle

La définition des objectifs est un processus incomplet si elle n'est pas accompagnée de la **fixation de normes mesurables.** Ces normes, également appelées **standards,** servent de critères ou de points de référence pour évaluer les résultats et le progrès de l'entreprise dans l'atteinte de ses objectifs. C'est en comparant les résultats avec ces points de référence qu'on peut mesurer l'efficacité.

Ces critères doivent être le plus possible exprimés en chiffres, sinon ils restent imprécis et sujets à interprétation. Par exemple, augmenter le chiffre d'affaires est un objectif imprécis. Sur quelle norme s'appuierait-on alors pour juger que les résultats sont suffisants à la fin de la période prévue ? Par contre, augmenter le chiffre d'affaires de 10 % par an constitue un objectif mesurable ; il devient le point de référence, le critère, pour évaluer les résultats.

Les normes utilisées dans l'entreprise peuvent être calculées selon le temps, la quantité, la qualité ou le coût. Ainsi, dans un atelier, on peut se fixer comme norme de rendement une production de X unités par jour. Nous avons ici la combinaison de critères de quantité et de temps. Attention toutefois : des critères de quantité trop élevés peuvent parfois être atteints au détriment des critères de qualité.

FIGURE 5.3 Le processus de contrôle

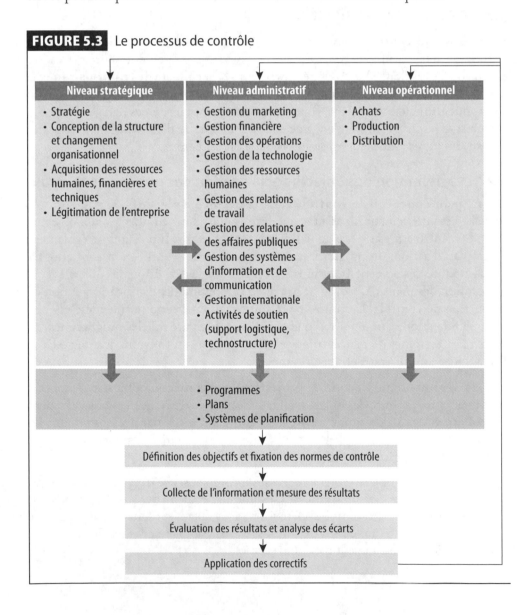

Les résultats ne sont jamais identiques aux objectifs visés ; une certaine variation peut survenir par le simple effet du hasard. Il y a donc lieu, lorsqu'on fixe les normes de contrôle, d'établir également le degré de tolérance ou de déviation de la norme que l'on considère comme acceptable. Ainsi, on interviendra pour appliquer des correctifs uniquement si les résultats s'écartent de la marge de tolérance prévue.

5.2.2 La collecte de l'information et la mesure des résultats

Le contrôle comprend non seulement la fixation des objectifs mais aussi la mise sur pied d'un **système d'information** qui permet à la fois de connaître et de mesurer les résultats et d'aider à la prise de décisions. Pour être utile, l'information doit être à jour. En effet, à quoi sert à la direction de savoir tout ce qui se passe si elle l'apprend en retard ?

Contrôler = bien s'informer (à temps, de façon fiable)

On appelle « système d'information en temps réel » tout mécanisme qui transmet l'information assez rapidement pour permettre à la direction d'intervenir sur l'événement en cours. Certaines entreprises consacrent beaucoup d'énergie à tenter d'élaborer un système idéal. Il faut, dans chaque cas, s'assurer que les avantages qu'on peut retirer d'un tel système compensent adéquatement les frais engagés.

L'information transmise par le système doit également être exacte et précise, car la valeur d'une décision dépend en partie de la qualité de l'information sur laquelle elle est basée. Elle doit rendre compte non seulement des résultats mais aussi du déroulement des opérations. Dans certaines entreprises, on déploie beaucoup d'efforts pour apprendre tout ce qui s'y passe. Là encore, il faut faire en sorte que les frais engagés pour tout savoir n'excèdent pas les avantages qu'on peut en retirer. Il y a lieu de s'assurer que chaque dollar investi dans ce domaine donne un rendement maximal.

Il arrive malheureusement souvent que l'information, une fois recueillie, demeure inutilisée. À vouloir tout savoir, la direction risque de crouler sous une masse de renseignements et de documents qu'elle aura de la difficulté à gérer ou qui ne lui seront d'aucune utilité. En bref, la collecte de l'information dans l'entreprise n'est pas une fin en soi, mais un moyen d'aider à atteindre certaines fins.

5.2.3 L'évaluation des résultats et l'analyse des écarts

Dans le processus de contrôle, on effectue la collecte de l'information en vue de vérifier si les activités se déroulent comme on l'avait prévu. Dans cette phase d'évaluation des résultats, on doit **analyser tout écart afin d'en connaître les causes et les effets,** et déterminer s'il y a lieu d'intervenir pour appliquer les correctifs appropriés. Les gestionnaires doivent se garder de simplement prendre acte des écarts et de se faire une opinion trop rapide du rendement de leurs unités. Ils doivent plutôt s'employer à examiner froidement les raisons qui expliquent ces écarts et observer si, dans les faits, ceux-ci ont des effets positifs ou négatifs sur le rendement global de l'entreprise. Ainsi, des frais de production supérieurs à ce qui avait été initialement prévu peuvent être de prime abord assimilés à un problème et avoir un effet défavorable pour l'entreprise. Mais s'il s'avère que le dépassement des frais

Contrôler : un processus d'analyse rigoureuse

s'explique par le fait que le Service de la production a fabriqué davantage d'unités afin de répondre plus adéquatement à la demande et que cette décision a eu un effet positif sur les bénéfices réalisés, il faut plutôt considérer cet écart dans une perspective d'ensemble comme allant dans le sens des intérêts de l'entreprise. Le tableau 5.4 offre quelques exemples qui permettent d'illustrer cette troisième étape du processus de contrôle.

TABLEAU 5.4 La comparaison entre les résultats obtenus et les objectifs prévus

Exemples d'objectifs prévus	Exemples de résultats obtenus	Exemples d'actions correctives
Augmentation de 6 % des ventes pour la prochaine année financière	La compagnie n'a pas fait de profits	• Remplacer les personnes responsables des résultats obtenus • Modifier la ligne de production • Retirer du marché les produits non rentables
Production de 8 unités par jour par employé	La production moyenne est de 6 unités par jour	• Fournir un entraînement supplémentaire • Congédier les employés inefficaces • Affecter à un autre poste les employés inefficaces • Fournir de nouveaux équipements
Allocation de dépenses de 1 210 $ pour un voyage d'affaires	Les dépenses effectuées sont de 1 530 $	• Analyser l'écart afin de voir si celui-ci est injustifié • Réprimander l'employé en question, s'il y a lieu • Lui expliquer l'importance de respecter les budgets
Fixation du niveau des stocks à 100 unités à la fin du mois	Le niveau des stocks se situe à 165 unités	• Effectuer une vente spéciale pour réduire le surplus de stocks • Conseiller le responsable pour éviter les problèmes futurs • Réduire les prix • Stimuler les ventes • Congédier le responsable
Port obligatoire du casque de sécurité par tous les employés dans l'usine	Un employé a été blessé dans l'usine et il ne portait pas de casque de sécurité	• Prendre des mesures disciplinaires • Informer l'employé de l'importance de porter le casque de sécurité • Informer régulièrement les employés sur les règlements
Achèvement de 60 % des projets de construction d'ici à 90 jours	46 % des projets ont été terminés dans les délais prévus	• Analyser l'horaire de travail • Permettre des heures supplémentaires afin de rattraper le retard • Si le problème dépend des fournisseurs, discuter de la situation avec eux • Si le problème est dû à un conflit de travail, trouver un terrain d'entente avec les parties intéressées • Si les objectifs sont trop élevés, les réévaluer • Nommer un directeur de projet

5.2.4 L'application des correctifs

La dernière étape du processus de contrôle est l'**application des correctifs,** si ces derniers s'avèrent nécessaires. Le plus souvent, cette correction consiste à prendre les moyens pour rendre les résultats conformes aux objectifs. Parfois, elle consiste à modifier les objectifs pour les rendre conformes aux résultats. Dans ce cas, il faut évidemment établir clairement que ce sont les objectifs qui sont inappropriés.

Pour appliquer un correctif, il faut savoir, au départ, quelle est la cause de la déviation ; dans chaque cas, le diagnostic doit être exact. Le correctif doit non seulement supprimer l'erreur mais aussi en prévenir la répétition. **Le but du contrôle est donc à la fois de corriger et de prévenir.**

> Contrôler en contexte d'incertitude : corriger (après coup ou sur-le-champ) et surtout prévenir

5.3 Les types génériques de contrôle

Le contrôle effectué par la direction vise d'abord à assurer la survie de l'entreprise, c'est-à-dire le maintien de son équilibre et son adaptation aux conditions environnantes (soit le **contrôle externe**) : son marché, ses produits, sa technologie, ses concurrents, les diverses parties prenantes. « Il s'agit de surveiller l'évolution de tous les facteurs externes qui touchent l'entreprise et ses activités, ainsi que, systématiquement, les effets de ces activités sur le milieu » (Aktouf *et al.*, 2006, p. 144). Les gestionnaires doivent également être à l'écoute des réalités internes de l'entreprise, à savoir de toutes les ressources – humaines, techniques, financières, etc. – qui permettent à celle-ci de réaliser sa production et de garantir sa présence sur le marché et dans la société globalement parlant (soit le **contrôle interne**).

La tâche essentielle de l'administration consiste en la recherche des moyens à prendre pour atteindre des objectifs. Or, deux conditions sont requises pour produire des résultats conformes à ceux que vise l'entreprise : une connaissance des causes et une maîtrise de leur fonctionnement. Tout résultat est l'effet de certaines causes. **La capacité de contrôler dépend donc de la maîtrise des causes et de la connaissance des effets systémiques qu'elles produisent.**

Si l'entreprise pouvait atteindre une telle connaissance et détenir une telle maîtrise des causes, elle aurait alors l'assurance de produire à volonté et infailliblement les résultats désirés. Il lui serait possible de tout planifier et programmer d'avance, et elle n'aurait plus besoin du contrôle par rétroaction pour veiller à ce que les résultats correspondent à ses objectifs. Il est cependant utopique de penser acquérir une connaissance aussi complète des causes et de leurs effets. Même si l'on y parvenait, ce ne serait que pour un moment, car nous vivons dans un monde en constante évolution. De plus, il est à peu près impossible d'obtenir une maîtrise absolue des causes, du fait que l'entreprise est composée d'êtres humains dotés d'une rationalité limitée et dont, heureusement, le comportement n'est jamais complètement programmable.

La direction est donc appelée à prendre ses décisions dans une situation d'**incertitude** où sa connaissance et sa maîtrise des causes sont plus ou moins grandes. Elle cherche continuellement à réduire le plus possible ce degré d'incertitude.

L'administration devient en quelque sorte un processus expérimental, visant la découverte et la maîtrise des causes. Le gestionnaire planifie et programme du mieux qu'il peut, sachant qu'il s'expose inévitablement à des imprévus qui l'obligeront à réviser ses plans et à réajuster ses programmes d'action.

En outre, il arrive souvent que le gestionnaire soit obligé de prendre des décisions et de dresser des plans d'action sans posséder toute l'information nécessaire. Il ne peut suspendre le fonctionnement de l'entreprise pour recueillir toute l'information et faire toutes les expériences requises pour s'assurer d'une décision parfaite. La direction est souvent obligée de prendre des décisions dans un état d'incertitude, c'est-à-dire d'opter pour des plans d'action sans être assurée qu'ils conduiront exactement aux résultats désirés.

Voilà pourquoi le gestionnaire a généralement recours au **contrôle préventif** et au **contrôle rétroactif.** Il planifie le mieux possible (contrôle préventif), mais il doit constamment vérifier les résultats et les activités afin de voir si tout se passe comme il l'avait prévu et d'apporter, le cas échéant, les corrections requises (contrôle rétroactif). Cette vérification doit même s'effectuer au fur et à mesure que les activités se déroulent (**contrôle concurrent** ou **concomitant**), et non une fois qu'elles sont terminées.

On peut donc, en définitive, parler de trois formes de contrôle de gestion, que nous allons analyser plus à fond, soit le contrôle **préventif** ou **proactif,** le contrôle **rétroactif** et le contrôle **concurrent** (ou concomitant) (*voir la figure 5.4*).

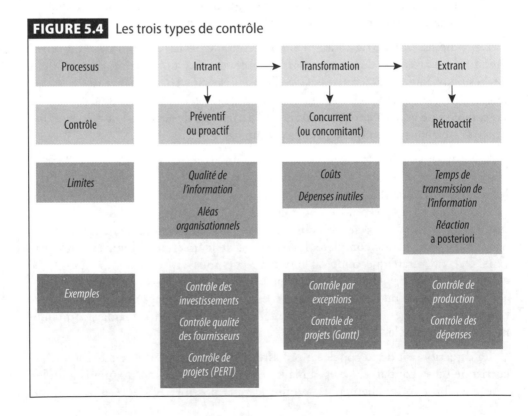

FIGURE 5.4 Les trois types de contrôle

Processus	Intrant	Transformation	Extrant
Contrôle	Préventif ou proactif	Concurrent (ou concomitant)	Rétroactif
Limites	*Qualité de l'information* *Aléas organisationnels*	*Coûts* *Dépenses inutiles*	*Temps de transmission de l'information* *Réaction a posteriori*
Exemples	*Contrôle des investissements* *Contrôle qualité des fournisseurs* *Contrôle de projets (PERT)*	*Contrôle par exceptions* *Contrôle de projets (Gantt)*	*Contrôle de production* *Contrôle des dépenses*

5.3.1 Le contrôle préventif ou proactif

Le contrôle préventif porte non pas sur les résultats mais sur la planification et l'élaboration des programmes d'action tels que ceux qui sont mis en place dans le prolongement des choix stratégiques. Il précède l'action, d'où le nom qui lui est parfois donné de contrôle proactif. Il doit tenter de prévoir les problèmes afin de les éviter ou du moins de les contourner. C'est là son but premier.

Son succès dépend de la qualité de l'information sur laquelle repose la planification. Les oublis ou les informations erronées peuvent compromettre la qualité du programme d'action et les résultats qui en découleront. Les techniques de planification par réseaux, comme la technique PERT (*voir la figure 5.7, p. 359*), sont d'une grande utilité dans ce mode de contrôle, car elles permettent de prévoir les problèmes que la direction aura éventuellement à résoudre si elle ne prend pas immédiatement les mesures qui s'imposent. Plus la prévision, la planification et le programme d'action sont bien faits, plus les risques d'écarts dans les résultats sont réduits.

Toutefois, considérant l'état actuel de nos connaissances, un système de contrôle proactif ne peut être assez perfectionné pour qu'on puisse se permettre d'éliminer le contrôle par rétroaction. On ne peut jamais être assuré d'avance que le résultat final sera exactement celui qu'on a prévu. Tout système de contrôle préventif doit donc être complété par un système de contrôle rétroactif.

5.3.2 Le contrôle rétroactif

Le contrôle rétroactif consiste à vérifier les résultats en vue de déceler les erreurs ou les écarts et d'appliquer les correctifs appropriés. La figure 5.5 présente une application du contrôle rétroactif dans le cas d'une entreprise manufacturière. Ce mode de contrôle comporte l'avantage, qui est en même temps un inconvénient, d'être basé sur un processus de réaction. Il n'intervient qu'après l'obtention des résultats ou une fois que les actions ont été réalisées.

FIGURE 5.5   Le contrôle rétroactif appliqué à une entreprise manufacturière

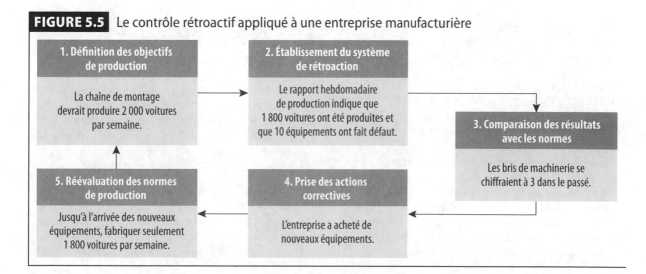

Des délais s'écoulent entre le moment où l'erreur survient, celui où elle est décelée et celui, enfin, où le correctif est appliqué. Ainsi, les états financiers – qui sont des informations sur les résultats – représentent une situation déjà passée lorsqu'ils sont soumis à la direction. Si l'on y constate un écart par rapport aux objectifs, on se rendra peut-être compte, à l'analyse, que la cause agit déjà depuis un certain temps. Il peut, de surcroît, s'écouler un autre délai avant que le correctif ne soit appliqué. Enfin, ce correctif pouvant prendre un certain temps avant de produire son effet, un retard préjudiciable risque donc de survenir.

5.3.3 Le contrôle concurrent ou concomitant

Pour atteindre sa pleine efficacité, le contrôle devrait permettre de déceler l'erreur à l'instant même où elle survient. Grâce à l'informatique, on parvient à réduire le laps de temps entre le moment où la déviation surgit et celui où elle est détectée et corrigée. C'est la rapidité de la transmission de l'information qui permet à la direction de savoir sur-le-champ ce qui se passe dans l'entreprise. L'information en temps réel ou en continu permet d'exercer un contrôle immédiat ou concurrent sur la déviation qui se produit. Étant donné qu'il s'effectue au cours de la mise en œuvre ou de la réalisation des processus, on le désigne également comme étant le contrôle des processus. Toutefois, malgré la rapidité de la détection de l'erreur, l'application du correctif peut parfois causer des délais de mise en œuvre.

Un des dangers du contrôle concurrent (ou concomitant) est d'entraîner des dépenses inutiles ; les coûts qu'il occasionne peuvent parfois dépasser les bienfaits retirés. Le contrôle en temps réel s'avère dans certains cas un processus coûteux. Il faut s'assurer, dans chaque cas, que les résultats et les avantages espérés compensent adéquatement les frais engagés.

La gestion de la qualité constitue un des moyens utilisés pour faire un contrôle préventif ou un contrôle concurrent (ou concomitant) (*voir l'encadré 5.2 ci-dessous et p. 349-351*).

ENCADRÉ 5.2 Du contrôle à la gestion de la qualité

A. Le mouvement de la qualité

L'**amélioration itérative** est une contribution majeure de Deming du mouvement axé sur la qualité qui a pris naissance au Japon. Selon lui, tous les processus sont soumis à des variations qui provoquent des pertes de qualité. Si l'on parvient à gérer ces variations, il devient possible d'en réduire les effets et d'accroître la qualité. Ce qui importe, c'est de réduire la variabilité de la production en éliminant les sources de variabilité dans les processus. Il met donc de l'avant le PDCA (la roue de Shewhart ou roue de Deming), qui signifie *Plan, Do, Check, Act*, soit planifier, implanter, vérifier et agir (Deming et Shewhart, 1989). Cette méthode consiste à

déterminer les problèmes et à concevoir les solutions, à implanter et à vérifier la solution retenue, puis à modifier les processus en conséquence ou à réétudier une autre solution, si celle qui est adoptée n'est pas satisfaisante. Les idées d'autocontrôle et de recherche de solutions par les opérateurs, de tests et de passage à l'action rapide se substituent aux contrôles *a posteriori* comme sources principales d'amélioration (Deming, 1982, 1988).

Juran a créé aussi un instrument pour établir et évaluer un programme de contrôle de la qualité : le CWQM (*Company Wide Quality Management* ou **gestion de la qualité dans toute l'entreprise**). Ce programme met l'accent sur l'engagement à fournir de la qualité.

ENCADRÉ 5.2 Du contrôle à la gestion de la qualité (*suite*)

Il souligne l'importance du trio de la qualité (planification, contrôle et amélioration), qui permet d'implanter la planification de la qualité. L'approche de Juran repose sur un engagement des cadres supérieurs en vue d'améliorer la qualité. Leur rôle consiste à établir les objectifs par l'intégration de la qualité à la stratégie, à assigner les responsabilités et à évaluer les résultats. Juran met en avant l'importance de l'aspect humain, puisque la qualité est liée aux relations humaines et au travail en équipe, celle-ci disposant de pouvoirs décisionnels permettant l'auto-organisation et l'autodiscipline (Juran, 1989).

Autour des idées de Deming et de Juran s'est organisé tout un **mouvement de l'assurance qualité** qui propose le concept de gestion intégrale de la qualité, ou qualité totale. La gestion intégrale de la qualité ou gestion de la qualité totale (*Total Quality Management* ou TQM) consiste à étendre à l'ensemble d'une organisation les idées développées par Deming et Juran, de même que d'autres outils de l'assurance qualité, tel l'étalonnage concurrentiel (*benchmarking*), sur lequel nous reviendrons un peu plus loin, pour instituer une démarche de progrès permanent centrée sur la valeur client.

Il existe trois modèles principaux de management par la qualité totale. Ces modèles consistent en une série de critères que peuvent utiliser les entreprises pour mettre au point et évaluer leur système de gestion. Le modèle le plus utilisé est le modèle Baldrige, largement accepté aux États-Unis et dans le monde comme étant la norme de l'excellence. Il met l'accent sur les résultats et l'**amélioration continue.** Ce modèle permet de concevoir, d'implanter et d'évaluer les processus de toute l'entreprise. Il s'appuie sur les critères suivants : le leadership de la direction quant aux orientations de l'organisation et aux responsabilités sociales ; la stratégie (soit la détermination des objectifs et l'établissement des plans d'action) ; l'orientation client et marché (c'est-à-dire la manière dont l'organisation détermine et anticipe les besoins de ses clients) ; l'information et l'analyse concernant la gestion de l'information, qui supporte les processus clés de l'organisation et le système de gestion de la performance ; la gestion du personnel (soit la manière dont l'organisation motive sa main-d'œuvre et dont celle-ci est centrée sur les objectifs de l'organisation) ; la gestion des processus ; les résultats relatifs à la performance et à l'amélioration de l'organisation (Harrington, 1991 ; Gale, 1994 ; Manganelli et Klein, 1994 ; Hodgetts, 1996 ; Shiba, Graham et Walden, 1997 ; Anderson, Daly et Johnson, 1999 ; Simpson, Kondouli et Whai, 1999).

1. L'organisation : processus, équipes et habilitation

La gestion intégrale de la qualité est axée sur les processus. En effet, les efforts des entreprises pour améliorer la qualité ont fait ressortir l'importance de l'intégration, c'est-à-dire des communications et des ajustements mutuels entre les diverses activités et fonctions de l'entreprise. On peut définir un **processus** comme étant une série d'activités ou d'étapes liées entre elles qui transforment des ressources en produits et en services destinés à des clients internes ou externes. Un processus peut également être considéré comme un système ou un sous-système de composantes liées entre elles ayant un objectif commun et partageant une série de buts. Dans ce contexte, l'organisation peut se définir comme étant un ensemble de processus qui utilisent des ressources pour produire un extrant (*output*).

Selon Harrington (1991), les processus de production sont directement responsables de la fabrication de biens ou de la prestation de services à la clientèle, tandis que les processus d'affaires supportent les processus de production. Ainsi, on ne conçoit plus l'organisation comme un ensemble de fonctions basées sur la spécialisation du travail, mais comme un flux continu de processus qui couvrent toute l'organisation en visant la création de la valeur. Le management des processus, dans l'approche de la qualité totale, se centre sur l'apport d'une valeur améliorée au client. Le passage à une organisation centrée sur les processus débute avec l'analyse de ceux-ci, en partant des clients finaux et de leurs besoins. Cette démarche conduit souvent à une réorganisation du travail. La structure par fonctions est maintenue, mais on détermine les processus ; on a révisé les tâches pour améliorer la cohérence et la contribution à la valeur client. Vu la nécessité de l'intégration des tâches dans un même processus, le travail s'effectue généralement en équipes pluridisciplinaires, supervisées par des responsables de processus.

La gestion de la qualité repose sur la participation des employés et l'habilitation des employés et des équipes à répondre immédiatement aux demandes des clients. **L'habilitation se fonde sur le principe que celui qui est le plus près de l'action est le mieux placé pour prendre les décisions.** On obtient ainsi une meilleure décision, plus rapidement. Cette habilitation se situe toutefois dans un contexte où les objectifs et la vision sont partagés par les cadres et les employés en général, fixant ainsi les limites de la délégation. Ce concept concerne aussi les cadres et les dirigeants dans la mesure où les décisions d'adaptation, incluant les décisions stratégiques, devraient être prises par les

▶ ENCADRÉ 5.2 Du contrôle à la gestion de la qualité (*suite*)

cadres qui se trouvent le plus près de l'action. Selon cette perspective, le rôle des dirigeants est de **créer des processus de décision participatifs** visant à susciter le plus tôt possible l'engagement des parties concernées, de confier les décisions structurées et simples aux opérateurs et aux personnes en contact avec les clients et de faire prendre les décisions par les équipes de façon consensuelle, afin de limiter leur intervention à l'arbitrage des choix majeurs.

2. Les outils de gestion de la qualité : la certification et l'étalonnage concurrentiel

La **certification** est la **reconnaissance par un organisme tiers,** indépendant, de la conformité des activités, des processus, des produits ou des services d'une organisation à des exigences fixées dans un référentiel. Parmi les référentiels connus, les **normes ISO** font référence à un ensemble de plus de 17 500 normes internationales supportées par des accords entre quelque 140 pays et fondées sur des travaux effectués par l'Organisation internationale de normalisation (OIN)[a]. Ces normes sont un ensemble de règles, de lignes directrices ou de définitions de caractéristiques techniques destinées à assurer la conformité des matériaux, des produits, des processus et des services. Les normes internationales de la série ISO 9000 (1987) sont des normes génériques de management qui fournissent des lignes de conduite pour mettre en place et gérer un système de gestion de la qualité centré sur le client. Elles donnent confiance aux clients, puisque l'entreprise satisfait à des exigences de qualité reconnues partout dans le monde, et améliorent la maîtrise des processus internes. La série ISO 9000 couvre principalement les aspects systémiques de la gestion et de l'assurance de la qualité des produits et des services. Elle concerne surtout les processus opérationnels. Il faut bien préciser que la certification ISO ne garantit pas qu'un produit est de qualité, mais elle atteste que les pratiques de la firme sont de qualité, au regard d'une série de documents produits par l'entreprise (manuel de qualité, chartes de qualité, etc.) et expertisés par un tiers auditeur indépendant. Plus récemment établies, les normes ISO 14000 portent sur les questions liées à la protection de l'environnement. Une norme ISO 26000, qui concerne les aspects entourant la responsabilité sociale, est toujours en discussion.

3. L'étalonnage concurrentiel (*benchmarking*)

L'étalonnage concurrentiel ou *benchmarking* consiste **à relever, à analyser et à adopter, en les adaptant,** **les pratiques des organisations les plus performantes** dans le monde en vue d'améliorer les performances de sa propre organisation. Il vise à améliorer de manière importante les performances d'une fonction, d'un métier ou d'un processus. Ce concept a été popularisé par Rank Xerox qui, dans les années 1970, s'est inspiré des méthodes japonaises d'échange des « meilleures pratiques » entre entreprises. Il est devenu indispensable pour appliquer efficacement la gestion intégrale de la qualité, procéder à une réingénierie ou implanter une stratégie d'apprentissage.

Il existe différentes catégories de *benchmarking* : interne, compétitif, fonctionnel, générique, de la performance et stratégique. Le *benchmarking* interne consiste à comparer certaines opérations avec d'autres opérations similaires dans la même organisation. Le *benchmarking* compétitif permet une comparaison spécifique avec des concurrents sur le produit, la méthode ou le processus. Le *benchmarking* fonctionnel permet des comparaisons de fonctions similaires entre entreprises non concurrentes du même secteur d'activité afin de déceler des techniques novatrices. Le *benchmarking* générique intervient entre des entreprises évoluant dans des secteurs différents et porte sur des processus ou méthodes de travail. Le *benchmarking* de la performance consiste à comparer les résultats de l'entreprise avec ceux obtenus par des concurrents ou des firmes dans d'autres secteurs d'activité (par exemple, en fonction des parts de marché, des quantités vendues, du chiffres d'affaires ou de la productivité). Dans le même registre, on peut également vouloir comparer les résultats entre des divisions, des unités ou des groupes au sein même de l'organisation (par exemple, selon les quantités produites ou la création de nouveaux produits ou de nouveaux services). Enfin, le *benchmarking* stratégique permet de comparer les actions stratégiques menées par l'entreprise avec celles des concurrents.

B. La réingénierie

La réingénierie (*reengineering*) se situe en continuité avec le mouvement de la qualité. Elle se veut en rupture avec l'organisation fonctionnelle et bureaucratique, qualifiée de coûteuse et d'inefficace. Selon ses concepteurs, Hammer et Champy, la réingénierie consiste en une série de techniques servant à « réinventer » l'organisation. Il s'agit d'innover, d'implanter de nouveaux systèmes de gestion, en un mot de concevoir une nouvelle

---

a. [En ligne], www.iso.org (Page consultée le 13 janvier 2010)

▶

▶ **ENCADRÉ 5.2 Du contrôle à la gestion de la qualité** (*suite*)

organisation plus flexible et plus performante (Davenport, 1993 ; Hammer et Champy, 1993 ; Hammer, 1996 ; Jarrar et Aspinwall, 1999).

La réingénierie est la recherche de nouveaux modèles d'organisation du travail. L'entreprise doit être structurée et le travail organisé sur la base de ses principaux processus, afin d'éviter les coûts associés à la fragmentation causée par une gestion par fonctions et la spécialisation des tâches. L'organisation prend une forme matricielle structurée autour des fonctions, mais surtout des processus principaux, et devient plus horizontale avec des communications qui circulent dans tous les sens (Johansson, 1993 ; Morris et Brandon, 1993).

La **reconception des processus** à l'aide des **technologies de l'information** (l'innovation dans les façons de faire), les changements dans l'organisation du travail et les structures, les modifications apportées aux systèmes de gestion du personnel et l'impact sur la culture organisationnelle permettent d'atteindre des performances élevées. La décision de procéder à la réingénierie relève de la haute direction, qui dirige le changement, supporte le processus et fixe les objectifs. Les auteurs présentent la réingénierie comme comprenant quatre éléments liés entre eux qui s'influencent (*voir la figure A*).

Les éléments fondamentaux de la réingénierie sont l'amélioration radicale (objectif de rupture), l'innovation, l'approche par processus centrée sur l'apport de valeur axé sur les clients (externe). Il s'agit d'atteindre des performances

élevées en innovant dans les façons de faire, en s'appuyant sur les nouvelles technologies de l'information et sur un management par processus.

Tout en se situant en continuité avec les approches de la qualité, qui cherchent à augmenter la performance des processus par des « améliorations marginales continues », la réingénierie vise des améliorations très élevées ou radicales de la performance. Il s'agit d'utiliser les technologies de l'information non pour automatiser ou amener des améliorations incrémentales mais pour innover et augmenter ainsi la performance de l'organisation. Aussi, les technologies de l'information supportent les communications en tous sens dans l'organisation de même que l'habilitation des employés. Les décisions managériales et opérationnelles sont décentralisées et les décisions stratégiques relèvent de la haute direction. L'organisation peut ainsi bénéficier des avantages à la fois de la centralisation et de la décentralisation. La réingénierie des processus d'affaires connaît du succès auprès des entreprises, surtout dans le secteur des services. Toutefois, les résultats obtenus sont souvent partiels et limités. Le principal apport de cette approche est de rejeter l'amélioration marginale ou incrémentale, les processus et les façons de faire existants, forçant ainsi une organisation à se remettre en question (Brown, 1983). Par ailleurs, les approches de l'amélioration continue ou incrémentale et de l'amélioration radicale ne sont pas contradictoires mais complémentaires, puisque les améliorations radicales des performances ne peuvent être maintenues à long terme que par la gestion de la qualité.

FIGURE A Les composantes de la réingénierie

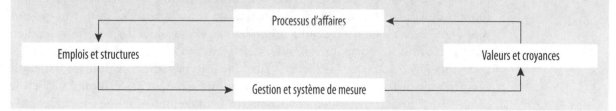

5.4 Les principaux outils de contrôle

Nous en sommes maintenant à l'étape de la présentation des principaux **outils de contrôle** qui peuvent être utilisés au sein de l'organisation. Les entreprises, en raison du contexte particulier dans lequel elles évoluent, peuvent évidemment faire appel à d'autres outils de contrôle que ceux présentés ici. D'autre part, les entreprises n'utilisent pas nécessairement chacun de ces contrôles. Aussi, plusieurs petites et moyennes entreprises n'ont ni les ressources ni les possibilités leur permettant de se prévaloir, par exemple, d'un contrôle stratégique.

5.4.1 Du contrôle de la qualité de la production à la gestion environnementale

Les activités de production sont liées de près au processus de transformation par l'entreprise des matières premières, de l'énergie, de l'information, etc., aboutissant à des produits ou à des services. Le caractère répétitif des opérations de transformation permet la mise en place de méthodes, de programmes et de politiques de contrôle dont le but est de minimiser les coûts de mise en œuvre de la production et les risques d'erreurs (Thurston, 1963). Ainsi, dès qu'un écart entre les objectifs et les résultats est décelé, une action corrective est entreprise selon une politique préétablie. Par exemple, dans le cadre d'un contrôle qualitatif, si la quantité de produits défectueux est supérieure à un certain nombre, toute la production est alors rejetée.

Une telle politique, malgré son bien-fondé, peut néanmoins donner lieu à des erreurs telles que la mise en œuvre d'actions correctives qui ne sont pas absolument nécessaires ou encore l'engagement peu judicieux de ressources et d'énergies. Des politiques mal adaptées risquent d'être à l'origine d'erreurs qui, compte tenu des méthodes d'évaluation des responsables, sont susceptibles de mener, à l'insu de l'organisation, à une mauvaise utilisation des ressources. Il est donc essentiel d'évaluer l'utilité et la raison d'être de ces politiques. L'évaluation des politiques est par ailleurs une chose difficile ; aussi il peut être opportun de contourner le problème en misant plutôt sur l'évaluation des résultats.

La **qualité** est une dimension à laquelle doivent être particulièrement attentifs les gestionnaires qui sont concernés par les activités de production (*voir l'encadré 5.2, p. 348-351*). Cela dit, de nos jours, ces gestionnaires peuvent de moins en moins ignorer d'autres aspects qui sont également liés à la production et qui représentent autant de nouveaux défis à relever. On songe en particulier à la pollution atmosphérique occasionnée par les activités de production qui est à l'origine du réchauffement de la planète, à la surconsommation de ressources telles que l'eau qui ont tendance à se raréfier et à l'accumulation des matières résiduelles nocives aussi bien pour l'être humain que pour son milieu. Le recours à des mesures ayant pour effet d'annihiler, voire de contrôler ces effets secondaires négatifs constitue un impératif pour les décideurs soucieux d'assurer la pérennité des activités économiques et de réduire les impacts environnementaux qui risquent d'entraver sérieusement les possibilités de développement pour les nouvelles générations. Ces mesures entrent dans la perspective du **développement durable.** Elles supposent le renouvellement dans le quotidien des pratiques de gestion traditionnelles qui ont conduit aux bouleversements écologiques auxquels on assiste de nos jours. Il y a tout lieu de parler maintenant de **gestion environnementale** (Boiral, 2006). Celle-ci requiert la mobilisation des personnes au sein de l'organisation et de celles des autres entités qui gravitent autour d'elle, étant donné la diversité et la complexité des activités de production. Elle se fonde sur les savoirs et les compétences des employés qui sont directement en cause en ce qui a trait aux procédés et qui utilisent les équipements, sur le partage des connaissances, sur la collaboration et sur la confiance mutuelle

Du contrôle de la qualité à la gestion environnementale

pour repérer et maîtriser les points critiques. La mobilisation peut prendre différentes formes, qui elles-mêmes présument des activités de contrôle pour en mesurer les résultats et apporter les correctifs au besoin : la consultation des travailleurs, la décentralisation des services environnementaux, la formation des employés aux réalités environnementales, les comités verts, etc.

5.4.2 Le contrôle par exceptions

Une entreprise ne peut habituellement se payer le luxe d'établir des politiques de contrôle couvrant l'ensemble des situations auxquelles elle pourrait faire face. Même dans le cas des activités opérationnelles de nature répétitive, le coût de l'élaboration et du suivi de politiques adéquates est trop élevé pour justifier de telles méthodes. On peut alors faire appel au contrôle dit « par exceptions ».

Le tableau de bord d'une automobile renseigne le conducteur non pas sur le fonctionnement entier du véhicule mais sur quelques points critiques. Pour certains aspects, l'information n'est donnée qu'en cas d'anomalie. Par exemple, si, pour une raison quelconque, le moteur « surchauffe », un voyant indicateur s'allumera : il s'agit là d'un « contrôle par exceptions ».

Plusieurs entreprises fonctionnent suivant un système de contrôle par exceptions. **Il s'agit alors, pour le gestionnaire, non pas de savoir tout ce qui se passe dans l'entreprise mais de connaître rapidement tout ce qui s'écarte des normes de contrôle ou du plan opérationnel adoptés.** Ce système vise à attirer l'attention du gestionnaire lorsqu'il y a un problème et à ne pas le déranger lorsque tout va bien. Cette technique permet d'économiser l'énergie qui, autrement, serait consacrée à surveiller ce qui va bien.

Ce système permet également aux gestionnaires de concentrer leur attention et leurs efforts sur les secteurs où il y a des déviations à corriger. L'efficacité de ce système dépend de la qualité des points de contrôle choisis. Si ces points de repère ne couvrent pas adéquatement les secteurs névralgiques, il peut en résulter, chez les gestionnaires, une fausse impression de sécurité, laquelle comporte un danger.

Drucker fait remarquer que les événements qui se produisent dans l'entreprise ne sont pas nécessairement distribués selon la courbe de Gauss. Il arrive souvent que quelques événements soient la cause de la plupart des effets et des résultats. Ainsi, 20 % des unités composant les stocks peuvent représenter 80 % du coût total. Un petit nombre de clients peuvent contribuer à la plus grande part du chiffre d'affaires (Drucker, 1970). Il est important de se rappeler ce phénomène lorsqu'on instaure un système d'information ou de contrôle. Tous les secteurs d'activité ne requièrent pas la même quantité d'information, et les plus gros investissements dans les systèmes d'information et de contrôle devraient se situer dans les secteurs les plus vitaux pour l'entreprise, c'est-à-dire là où se trouvent les facteurs critiques de succès (par exemple, le niveau minimal de production à atteindre sur une base hebdomadaire afin d'éviter les ruptures de stocks ou encore un système de veille qui permette d'obtenir sur-le-champ les réactions des consommateurs).

Savoir contrôler le juste nécessaire

5.4.3 Les contrôles financiers

Les contrôles des ressources financières sont sans doute les contrôles les plus répandus et les plus faciles à mettre en œuvre étant donné leur caractère le plus souvent strictement quantitatif. Nous n'avons pas la prétention, dans les lignes qui suivent, de tout dire au sujet de ces contrôles. Étant donné le nombre de contrôles et la complexité du sujet, nous nous limitons aux aspects essentiels : le contrôle des investissements, le contrôle des dépenses et le contrôle budgétaire.

5.4.3.1 Le contrôle des investissements

Tous les projets d'investissement impliquent au départ un contrôle. Ils comportent généralement une estimation des dépenses à engager et une prévision des gains pouvant éventuellement être réalisés. Il est possible de faire appel à différentes méthodes pour évaluer la rentabilité d'un investissement. Ces méthodes permettent, entre autres choses, de procéder à une sélection rapide des projets. En plus de la rentabilité, d'autres éléments entrent en ligne de compte, comme le risque associé à l'investissement et l'intérêt stratégique de celui-ci. Il est également souhaitable de faire intervenir des points de contrôle ayant pour objet particulier de vérifier si des chiffres n'ont pas été gonflés indûment. Par exemple, des responsables peuvent – consciemment ou non – avoir tendance à minimiser des coûts, à maximiser des gains, à réduire les risques apparents, ne voyant en définitive que le bon côté d'un projet. Pour contourner ce problème, il existe diverses méthodes. On peut tout d'abord préciser la nature du projet et son apport réel au mieux-être de l'entreprise. S'agit-il, par exemple, d'un projet qui, concrètement, contribue à une expansion des activités et, par conséquent, à un accroissement des revenus ? S'agit-il d'un projet favorisant la recherche et le développement grâce à une injection importante de fonds ? La réponse à des questions de ce type permet d'établir un certain équilibre dans la distribution et l'affectation des ressources en fonction des priorités stratégiques. Une autre méthode à laquelle on peut recourir afin de vérifier la pertinence d'un projet d'investissement consiste à responsabiliser formellement les personnes qui prennent la décision de l'accepter ou de le refuser.

5.4.3.2 Le contrôle des dépenses

Le contrôle des dépenses est un contrôle effectué *a posteriori*, c'est-à-dire après que les dépenses de fonctionnement ont été engagées. Ce contrôle porte sur divers aspects tels que les frais de gestion ou les dépenses en matériel de bureau. Le contrôle des dépenses comporte certains inconvénients. Ainsi, il est effectué une fois que les dépenses ont été faites, c'est-à-dire au moment où toutes les méthodes correctives s'avèrent inutiles (J. C. Emery, 1969). Par ailleurs, ce contrôle peut être perçu de façon négative par les personnes engagées et susciter chez elles un sentiment d'insatisfaction, voire de frustration. Très souvent, les actions correctives risquent de paraître arbitraires, même injustes, car elles sont fondées essentiellement sur la recherche du profit sans que soient prises en considération les retombées sur les opérations. Afin d'éviter les externalités négatives, il est bon d'associer aux recommandations à caractère financier des recommandations de nature opérationnelle. Cela permet d'éviter que les actions correctives donnent l'impression d'être coupées des réalités opérationnelles. Une approche prospective de l'évolution des dépenses permet également de contourner les problèmes que peuvent engendrer les actions correctives *a posteriori* (Welsh, 1964). Les contrôles des investissements et des dépenses se trouvent généralement au sein d'un même cadre, à savoir le contrôle budgétaire.

5.4.3.3 Le contrôle budgétaire

Les rôles du budget

Le budget est un outil qui contribue de façon marquée à améliorer l'efficience de l'entreprise par une meilleure gestion des ressources financières et une meilleure coordination des activités. Il joue les quatre rôles suivants : 1) la prévision et l'estimation ; 2) la planification ; 3) l'autorisation ; et 4) la mesure et la comparaison.

Le budget est d'abord un instrument de prévision et d'estimation des influences externes pouvant modifier les résultats. Certains éléments du budget ne sont que de simples prévisions, par exemple l'effet de l'inflation sur les résultats financiers. Le budget est aussi et surtout un plan d'action, une planification. Il représente, en quelque sorte, l'avenir désiré pour l'entreprise, l'avenir à réaliser à l'aide du plan d'action qui a été tracé.

Un plan d'action implique que des choix ont été faits. On a évalué des possibilités pour ne retenir que les plus avantageuses. Certaines dépenses ont été approuvées de préférence à d'autres, qui ont été écartées. Il s'agit du rôle traditionnel d'« autorisation », qui détermine à l'avance l'appropriation des dépenses que les services sont autorisés à effectuer. Enfin, une fois que le budget est établi, il constituera, au cours de l'année, une norme de contrôle, un point de référence, pour évaluer les résultats. Il devient ainsi un instrument de mesure et de comparaison. Les états financiers trimestriels présentent d'ailleurs en parallèle les résultats réels et les prévisions budgétaires.

Or, le budget est avant tout un instrument de contrôle préventif. De nombreux gestionnaires consacrent plus d'énergie à surveiller les écarts qu'à faire des choix judicieux d'objectifs, à exercer un contrôle rétroactif plutôt qu'un contrôle préventif. À quoi sert à l'entreprise de bien faire les choses si la direction constate par la suite qu'elle ne visait pas les bonnes fins ? De là vient l'importance d'effectuer, au départ, les bons choix et les bonnes affectations de dépenses.

Le contrôle budgétaire est la forme de contrôle des résultats la plus utilisée dans l'entreprise. Il comprend non seulement la préparation du budget mais également la collecte de l'information sur les résultats financiers. Le contrôle budgétaire englobe un ensemble d'opérations débutant par l'établissement du budget, comprenant ensuite la comptabilisation des résultats financiers en vue de les évaluer et d'en relever les écarts, et se terminant par l'application des mesures correctives jugées appropriées.

En tant que première étape du contrôle budgétaire, le budget consiste essentiellement en l'expression, en des termes financiers à courte échéance, des prévisions et des objectifs de l'entreprise. Il résulte d'un plan d'action dans lequel se trouvent précisés les objectifs à atteindre et les moyens à prendre pour les réaliser. Il correspond à la première étape du processus de contrôle. Opération de prévision et de planification, le budget pourrait être considéré comme un mode de contrôle préventif.

Le budget couvre généralement une période d'une année. On peut l'étendre sur une plus longue période, mais il devient alors davantage une projection ou un plan à long terme qu'un budget. En effet, il est difficile de faire une planification précise pour une période longue, car l'entreprise évolue dans un environnement en continuel changement. La planification à moyen et à long terme demeure un exercice fort utile, mais on ne peut pas la considérer strictement comme un budget.

L'élaboration du budget

L'élaboration du budget est une opération d'envergure dans l'entreprise. Elle s'amorce généralement plusieurs mois avant la fin de l'année financière et requiert beaucoup de temps et d'énergie. Une fois terminé, le budget est soumis à l'approbation du conseil d'administration. Il est indispensable que le budget soit élaboré d'abord par ceux-là mêmes qui seront appelés à le mettre en œuvre. Par conséquent, chaque unité doit être invitée à préparer et à soumettre son projet de budget. Cette participation a pour effet d'engager les cadres et de les rendre responsables de la réalisation du budget qui les concerne.

Si la préparation du budget ne doit pas être du ressort exclusif de la haute direction, cette dernière conserve par contre la responsabilité de vérifier chaque budget soumis par les unités administratives et surtout d'ajuster les différents budgets et de les harmoniser. Il s'agit là d'une fonction délicate, qui nécessite beaucoup de clairvoyance et d'habileté, car elle demande de faire des choix stratégiques.

L'évaluation des résultats financiers

Une fois établi, le budget devient un point de référence servant à évaluer les résultats financiers de l'entreprise. La comparaison entre les résultats réels et le budget doit se faire sur une base mensuelle ou trimestrielle. Cependant, on ne peut simplement diviser le budget annuel pour obtenir des budgets mensuels ou trimestriels. Il est rare que les revenus et les dépenses soient répartis d'une manière uniforme au cours de l'année. Cette situation exige donc l'établissement de prévisions budgétaires sur une base mensuelle ou trimestrielle. Le contrôle budgétaire n'a d'intérêt que dans la mesure où il permet de corriger les écarts les plus importants et d'améliorer la performance globale.

Que faire si les écarts subsistent ? Il y a lieu de déterminer alors si ce sont les prévisions ou les résultats qu'il faut corriger. Certaines entreprises préfèrent ne pas modifier le budget, même s'il semble erroné. Le budget devient ainsi un point de référence qui a perdu sa signification. On ne doit pas le considérer comme une base inflexible et intouchable ; il est un instrument et non une fin. Il faut, en conséquence, le réviser périodiquement.

La vérification comptable

La vérification comptable consiste en un examen méthodique des documents de l'entreprise en vue de s'assurer que les chiffres enregistrés reflètent fidèlement sa situation financière. Ce contrôle comptable vise à découvrir les erreurs et les fraudes, et à vérifier si toutes les écritures correspondent à la réalité des faits et si elles sont conformes aux règles comptables établies.

Les états financiers annuels des entreprises constituées en société doivent être examinés par des vérificateurs comptables, à moins d'un accord unanime des actionnaires pour qu'il n'en soit pas ainsi. Il s'agit de protéger les actionnaires, les créanciers et le public intéressé en exigeant que des vérificateurs certifient que les états financiers présentés reflètent fidèlement l'état de la santé financière de la société, et qu'ils ont été préparés suivant les principes comptables reconnus.

La rationalisation des choix budgétaires et le budget à base zéro

Deux techniques de planification et de contrôle budgétaire ont été mises à l'essai. La rationalisation des choix budgétaires a été introduite au département de la Défense américaine. Ce système vise à faire précéder l'élaboration du budget par un exercice de révision des objectifs fondamentaux et des voies possibles pour les atteindre. On effectue alors le calcul du coût de chacune de ces voies, pour plusieurs années à venir, afin de déterminer la meilleure voie à suivre.

Ce système fut remplacé, quelques années plus tard, par la technique du budget à base zéro. Cette technique repose sur l'idée que chaque unité doit élaborer son budget en remettant ses activités en question, en vue de vérifier s'il existe des voies de rechange plus efficientes pour atteindre les objectifs visés. Cette technique ne fait pas l'unanimité ; on lui reproche le volume de travail qu'elle requiert et surtout la remise en cause des activités existantes et leur remplacement, le plus souvent, par des solutions de rechange théoriques qui n'ont pas encore fait leurs preuves (Anthony et Dearden, 1980).

5.4.4 L'évaluation du personnel ou le contrôle des ressources humaines

Dans la perspective fonctionnelle de l'administration, les employés sont souvent considérés comme les « ressources » parmi les plus difficiles à évaluer dans l'entreprise. Le contrôle des « ressources humaines » cherche à atteindre un niveau acceptable (de travail, de compétences, de résultats, etc.), aussi bien sur le plan qualitatif que sur le plan quantitatif. Il peut également avoir pour fonction d'assurer l'utilisation adéquate de ces ressources (Newman, 1974).

> Du contrôle du personnel à la gestion des ressources humaines

Dans le cas des employés, des contrôles peuvent être effectués à divers points. La formation est un exemple probant. Ainsi, dans ce cas, les contrôles peuvent porter aussi bien sur l'acquisition des connaissances, les méthodes de formation, leur coût, etc., que sur les compétences des travailleurs et les retombées des activités de formation.

Dans cette perspective très formelle, le contrôle du personnel doit permettre, entre autres choses, d'évaluer si ces ressources contribuent de manière satisfaisante aux activités de l'entreprise eu égard aux coûts qu'elles entraînent. Afin de contrôler l'apport réel des ressources humaines, on peut faire appel à des ratios révélateurs tels que le taux d'absentéisme, le taux d'accident ou la moyenne de l'industrie. En plus de permettre de procéder à des comparaisons périodiques et de vérifier si la contribution des employés a tendance à s'améliorer ou à se détériorer, ces points de contrôle peuvent renseigner sur la qualité de vie au travail qui existe dans l'entreprise et sur les conditions de travail en tant que telles.

5.4.5 Le contrôle des activités de recherche et développement et la stimulation de la créativité

La recherche et le développement (R et D) demandent une certaine initiative et une forte créativité et elles engendrent une incertitude constante quant aux résultats. Nous y reviendrons en détail dans le chapitre 6 consacré à l'innovation. Dès lors, il importe de prévoir un système de contrôle qui tienne compte aussi bien de la nécessité d'obtenir des résultats que du caractère de souplesse qui est le propre d'un milieu facilitant la création (De Woot, 1968).

Les objectifs de recherche jouent parfois le rôle de contrôles *a priori* des projets envisagés. On fait ensuite un suivi du projet. À divers moments, on réalise des comparaisons entre ce qui a été effectivement réalisé et ce qui était prévu. Les chercheurs peuvent prévoir des temps de remise en question après une première expérimentation ou lorsque de nouveaux renseignements techniques leur parviennent. Dans chacun des cas, ils prennent une décision sur le bien-fondé de la poursuite des travaux ; ils envisagent également des actions correctives.

On peut procéder, par ailleurs, au contrôle de l'affectation des ressources humaines, financières et techniques ainsi qu'à celui de l'utilisation appropriée de ces mêmes ressources. Cependant, à vouloir trop contrôler ces ressources, on peut finir par porter préjudice aux forces créatrices des personnes et des équipes. Il importe, par conséquent, de promouvoir l'utilisation efficace des ressources afin d'éviter le gaspillage, en favorisant une participation active des chercheurs au processus de contrôle. Les contrôles doivent être avant tout perçus comme des repères permettant l'utilisation adéquate des ressources rares dont disposent les organisations.

5.4.6 Le contrôle des projets

Dans le cas d'opérations répétitives, la réalisation des objectifs est de toute première importance. En ce qui concerne les projets où les objectifs sont clairement définis, il importe aussi de faire en sorte que les tâches soient accomplies au moment qui avait été prévu et en fonction des ressources disponibles (Leclerre, 1968).

La construction d'un barrage hydroélectrique ou d'une tour de bureaux est un projet dans le cadre duquel la dimension temporelle est particulièrement importante. Afin de respecter le temps imparti à un projet, il est essentiel de diviser celui-ci en étapes intermédiaires, de définir l'ordre des étapes afin de déterminer les tâches qui peuvent être accomplies concomitamment, de spécifier les ressources nécessaires à la réalisation du projet, d'établir le temps d'acquisition de ces dernières, d'évaluer le temps requis pour l'accomplissement de chacune des étapes et de fixer les dates effectives de réalisation. Le responsable du projet peut faire appel à diverses méthodes pour s'assurer de l'avancement des activités à réaliser, tels le diagramme de Gantt et la méthode PERT. Le diagramme de Gantt illustre l'avancement des travaux ainsi que leur comparaison avec les prévisions (*voir la figure 5.6*). La méthode PERT, quant à elle, est associée aux techniques d'optimisation (*voir la figure 5.7*).

FIGURE 5.6 Un exemple fictif simplifié du diagramme de Gantt :
la construction domiciliaire

Échéancier	Année/mois				
	2011			2012	
Activités	**Octobre**	**Novembre**	**Décembre**	**Janvier**	**Février**
Plomberie					
Électricité					
Construction des divisions intérieures					

⟶ Prévisions   ▬▬▬ Réalisations

La figure 5.7 est une représentation graphique des principales étapes du projet, de leur séquence et du temps requis pour les réaliser. Le projet apparaît comme décomposé en plusieurs étapes élémentaires. Les séquences sont indiquées à l'aide de flèches. Le temps nécessaire à l'accomplissement de ces étapes est évalué et retranscrit sur le graphique à l'aide d'un nombre accompagnant chaque lien entre les étapes.

FIGURE 5.7 Un exemple fictif simplifié d'application de la méthode PERT :
la construction d'un complexe municipal

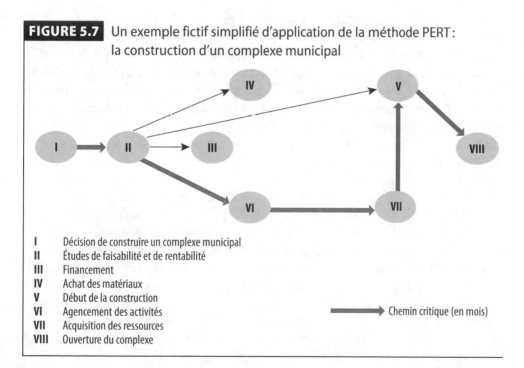

I	Décision de construire un complexe municipal
II	Études de faisabilité et de rentabilité
III	Financement
IV	Achat des matériaux
V	Début de la construction
VI	Agencement des activités
VII	Acquisition des ressources
VIII	Ouverture du complexe

⟶ Chemin critique (en mois)

Les étapes critiques qui risquent d'entraîner des délais si elles ne sont pas rigou-reusement respectées sont mises en évidence. Ces étapes nécessitent normalement un contrôle accru. On peut ainsi déceler les problèmes potentiels qui surviennent à chacune des étapes critiques et prévoir, s'il y a lieu, une action corrective appro-priée en affectant le mieux possible les ressources disponibles.

Le contrôle du temps n'est cependant pas suffisant si l'on ne peut contrôler les coûts associés à l'utilisation des diverses ressources essentielles à la réalisation du projet. Le contrôle des coûts s'effectue de manière analogue à un contrôle budgé-taire dans lequel on compare le coût de chaque étape avec le coût prévisionnel. Il importe, par la même occasion, d'évaluer les besoins en nouvelles ressources. Par exemple, le temps de recrutement, de formation et d'adaptation d'un employé spé-cialisé peut avoir des répercussions sur le délai final du projet et nécessiter éven-tuellement une planification différente de celui-ci. En ce qui concerne le temps et les coûts, des méthodes stochastiques, tenant compte de la distribution des proba-bilités qu'on associe à l'un et à l'autre facteur dans l'évaluation du résultat final, peuvent également être utilisées. Le caractère unique d'un projet rend par ailleurs inapproprié tout contrôle *a priori*. Seul un contrôle de type dynamique prévoyant l'évolution en fonction du temps et des coûts peut être adopté.

5.4.7 Le contrôle des activités commerciales

Le contrôle sur le plan de la commercialisation est lié aux quatre variables clés du marketing, à savoir le produit, la distribution, le prix et la promotion.

En ce qui a trait au produit, l'entreprise peut recourir à des outils de contrôle pour connaître le niveau de satisfaction et de fidélisation des consommateurs. À partir d'études sur les préférences des consommateurs, elle peut décider de modifier le profil de ses produits ou de ses services, par exemple le format, l'emballage ou les composantes. Il est aussi possible de faire appel à divers modes de contrôle pour évaluer l'efficacité du réseau de distribution. Y a-t-il lieu, par exemple, de conserver le même réseau de grossistes ou de détaillants ? Les succursales correspondent-elles aux goûts et aux attentes des consommateurs ? Le réseau de distribution permet-il de rejoindre le maximum de clients potentiels ? D'autre part, les prix peuvent être comparés avec ceux des firmes concurrentes. Quelle est la meilleure stratégie à adopter en matière de prix ? Des variables telles que le coût et le volume devront faire l'objet de contrôles afin d'offrir à l'entreprise un meilleur éclairage sur les prix. Les prix doivent-ils être établis en fonction des coûts ou en fonction des tendances du marché ? Quelles pourraient être les répercussions si l'entreprise recourait à une politique de réduction (ou d'augmentation) de prix ? Par exemple, les facteurs d'ordre géographique doivent-ils entrer en ligne de compte dans l'établissement des prix ? Enfin, les intervenants chargés de la commercialisation désireront peut-être aussi mesurer l'impact de leurs opérations de publicité, de promotion et de stimu-lation des ventes. Les médias auxquels on recourt pour diffuser les produits ou les services rejoignent-ils efficacement les personnes identifiées comme étant les acheteurs potentiels ?

5.4.8 Le contrôle de la stratégie

Le contrôle de la stratégie englobe les contrôles internes et externes tels que nous les avons définis précédemment. Il peut prendre différentes formes. Ainsi, il peut porter sur les résultats (contrôles *a posteriori*) ou s'effectuer au cours de l'élaboration ou de la mise en œuvre des stratégies. Dans le dernier cas, on vérifie si les étapes prévues sont logiques et si elles sont bien suivies. On peut également vouloir vérifier les hypothèses de départ portant sur la croissance attendue, la réaction des concurrents, des consommateurs ou des groupes de pression, le contexte du marché ou le contexte technologique, etc. (Thorelli, 1977).

Les contrôles *a posteriori* ont pour objet de vérifier si les résultats obtenus par suite de l'actualisation d'une stratégie quelconque sont conformes aux objectifs stratégiques. La valeur de ces contrôles demeure relative, en ce sens qu'une stratégie, par définition, n'a bien souvent de retombées qu'après une longue période durant laquelle des événements inattendus sont susceptibles d'intervenir. Il devient par conséquent difficile d'affirmer sans l'ombre d'un doute que c'est grâce à la stratégie que les objectifs ont été atteints ou que c'est à cause de la mauvaise formulation de celle-ci qu'ils ne l'ont pas été. Afin de contourner ce problème, il est possible de procéder à des comparaisons avec les résultats obtenus par des entreprises opérant dans un domaine semblable. Les comparaisons peuvent porter sur divers aspects tels que les résultats commerciaux, le rendement du système de production, les réalisations sur le plan de la recherche et du développement ou les résultats financiers.

Par contre, on peut effectuer des contrôles pour vérifier la qualité de la formulation et de la mise en œuvre de la stratégie. On procède alors à des vérifications aux diverses étapes de la formulation de la stratégie : l'analyse des occasions et des risques que présente l'environnement de même que celle des forces et des faiblesses de l'entreprise ; la détermination des compétences distinctives ; le choix d'un créneau ; enfin, la détermination des moyens et des ressources nécessaires à la mise en place de la stratégie. Il importe, par ailleurs, de vérifier si la stratégie, telle qu'elle est formulée, est en adéquation avec la structure organisationnelle. À une stratégie misant sur la sophistication technologique des produits doit normalement correspondre une structure décentralisée favorisant la créativité et l'innovation.

Les contrôles relatifs aux hypothèses de départ et les contrôles de prévisions sur l'évolution de l'environnement sont sans doute ceux qui correspondent le mieux à la nature de la stratégie. La modification ou la réévaluation de ces hypothèses ou de ces prévisions donnent généralement lieu à un changement de la stratégie (Andrews, 1980).

5.5 Les effets pervers du contrôle

L'application des mesures de contrôle provoque parfois des effets secondaires imprévus et non désirés sur le comportement du personnel de l'entreprise. Les mesures de contrôle peuvent en effet susciter, dans certains cas, un comportement différent de celui qu'on visait, et même contrecarrer la réalisation des objectifs

Trois comportements dysfonctionnels en réaction à un contrôle mal géré

recherchés. Plusieurs chercheurs ont examiné ce problème, ses manifestations et ses causes. Ils ont relevé tout particulièrement trois types de comportements dysfonctionnels : le comportement bureaucratique, le comportement opportuniste et la falsification des données.

5.5.1 Le comportement bureaucratique

Si la direction insiste de façon trop autocratique pour que les consignes données soient observées fidèlement et rigoureusement, le personnel peut se retrancher derrière ces règles et se limiter à les suivre aveuglément et strictement, même si elles mènent parfois à l'absurde et agissent au détriment des objectifs visés. Ce sont les clients qui souffrent le plus de ce genre de comportement que l'on qualifie de « bureaucratique ». La direction cherche alors à enrayer le malaise en resserrant davantage sa surveillance et ses mesures de contrôle, ce qui ne fait qu'amplifier le phénomène, créant ainsi un **cercle vicieux** dû à une boucle de rétroaction de renforcement des comportements, ici de malaise (*voir la figure 5.8*).

À titre d'exemple, mentionnons le cas d'une personne qui s'adresse à une agence de location d'automobiles pour avoir une voiture rapidement. On lui fait savoir qu'elle devra attendre environ une heure. Plusieurs voitures sont disponibles sur le terrain, mais la consigne prévoit qu'aucune automobile ne doit être louée à un client avant d'avoir été lavée. Or, le laveur d'autos est absent. Le client devra donc revenir plus tard, ce qui lui fera perdre du temps. Ce désagrément provient de la rigidité des consignes, qui étouffe l'initiative et met l'accent sur la conformité au règlement. L'observation stricte de la règle prime les buts pour lesquels elle a été adoptée. Elle a pour effet de déplacer les buts vers les moyens, au point que les règles de conduite deviennent des fins. Or, le but du contrôle n'est pas de s'assurer que les activités correspondent exactement au modèle établi, mais de veiller à ce qu'elles contribuent à l'atteinte des objectifs de l'entreprise.

FIGURE 5.8   Les dysfonctions bureaucratiques

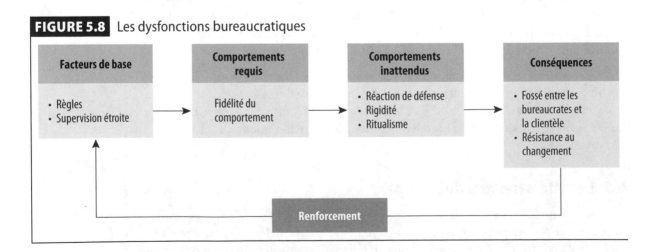

5.5.2 Le comportement opportuniste

Une des conséquences du contrôle, c'est qu'**on obtient ce qu'on mesure et également ce qu'on récompense.** Les employés ont tendance à adopter, comme comportement opportuniste, la conduite qui semble, dans l'immédiat, la plus appréciée par la direction. Par exemple, ils pourraient ne nettoyer l'usine que les jours de visite du patron ou des clients. Si l'on mesure davantage la quantité produite que la qualité, l'entreprise obtiendra la quantité au détriment de la qualité.

Berliner raconte le cas, survenu dans l'ex-URSS, où un fonctionnaire avait décidé que l'inventaire du bétail détenu par les fermes collectives se ferait le 1er janvier (Berliner, 1956). Cette date fut choisie parce qu'elle correspondait à l'époque de l'année où les fermiers étaient le moins occupés. Cela eut pour effet, cependant, d'inciter les fermiers à attendre après le 1er janvier pour livrer leur bétail à l'abattoir afin d'obtenir le crédit d'un inventaire élevé. Normalement, la livraison aurait été faite plus tôt à l'automne, alors que le bétail avait atteint sa masse maximale. Or, la mesure de contrôle imposée avait pour effet secondaire d'inciter les fermiers à retarder la livraison du bétail, entraînant ainsi une perte considérable de masse. Le même danger guette les entreprises qui, sous le couvert de l'atteinte de standards de performance et des forces de la concurrence, ont tendance à exercer une pression sur les travailleurs dans le but d'obtenir ultimement des rendements sans cesse plus élevés. Ces entreprises risquent à tout moment d'en payer le prix avec des produits ou des services qui s'avèrent en deçà des attentes des clients. Cela pourrait avoir pour effet de faire chuter les ventes et, par voie de conséquence, les profits.

5.5.3 La falsification des données

Falsifier les données consiste à altérer l'information sur la planification et le contrôle des résultats. L'exemple classique est celui du général Lavelle, de l'aviation américaine, qui avait pris dans les années 1970 l'initiative de bombarder le Viêtnam du Nord, contrairement aux instructions reçues. Ces attaques non autorisées eurent lieu alors que la Maison Blanche avait entrepris des négociations avec l'ennemi. Les rapports avaient été falsifiés afin que l'état-major n'en sache rien. Ces pratiques furent découvertes grâce à une lettre qu'un sergent avait envoyée à son sénateur (Fuse, 1980). Plus récemment, un chercheur coréen du nom de Hwang Woo-suk a perdu toute crédibilité auprès de la communauté scientifique pour avoir falsifié les résultats de ses recherches sur le clonage humain. En effet, il prétendit, en 2005, avoir obtenu 11 lignées de cellules souches provenant de 11 donneurs, et donc dotées chacune d'un ADN spécifique. En 2009, des tests d'ADN révélèrent qu'il s'agissait d'une supercherie. Le chercheur n'avait en main aucune donnée valable. Il subissait, partiellement sans doute, la pression nationaliste de la Corée du Sud qui, en 2002, venait d'être touchée par une série de scandales financiers et cherchait à se refaire une vertu par la promotion de l'excellence de sa recherche en biotechnologie, alors que le domaine scientifique des sciences de la vie était (et est encore) est en pleine effervescence.

Diverses techniques sont utilisées dans l'entreprise pour fausser les données. Si l'année a été bonne, la direction tentera d'éviter la comptabilisation de certains revenus à la fin de l'exercice financier afin de les reporter sur l'année suivante. Une entreprise minière avait pour politique de fermer les mines où la qualité du minerai baissait en deçà d'un certain niveau. Or, une mine marginale se maintenait depuis des années juste au-dessus de la norme fixée. C'est que les mineurs avaient découvert un filon de haute qualité qu'ils exploitaient à l'occasion pour maintenir une teneur moyenne à peine supérieure à cette norme.

5.6 Les propriétés des contrôles adéquats

Il est important, au moment de l'établissement de mesures de contrôle, de s'assurer qu'elles atteignent l'objectif visé et qu'elles n'ont pas d'effets négatifs. Le contrôle efficace est un contrôle qui empêche ou réduit le plus possible les écarts entre les résultats atteints et les résultats recherchés, sans susciter d'effets non désirés et sans soulever plus de problèmes que ceux qu'il tente de résoudre. Un contrôle adéquat a donc plusieurs propriétés essentielles. Ce sont ces propriétés que nous allons aborder dans la présente section. Il va de soi que l'importance de ces propriétés varie selon les circonstances.

> Penser et adapter les propriétés du contrôle aux circonstances

5.6.1 Un contrôle valide

La qualité de toute décision dépend de la validité ou de l'objectivité de l'information sur laquelle elle est basée. Une information faussée peut parfois compromettre l'efficacité d'une planification. C'est pourquoi il importe de s'assurer de la validité de l'information transmise. Cela explique les efforts de vérification et, à l'occasion, la duplication de rapports.

5.6.2 Un contrôle rapide

Nous avons déjà insisté sur l'importance d'une transmission rapide de l'information dans tout système de contrôle. Toute déviation doit être constatée sur-le-champ. Cela sera plus facilement réalisable si la personne qui est située près de l'action exerce un autocontrôle.

Lorsque le délai est trop long, l'information ne conserve plus qu'une valeur historique. L'objectif du contrôle est d'intervenir si possible avant que ne se produise l'erreur (contrôle préventif) ou, à tout le moins, à l'instant même où elle surgit (contrôle concurrent).

5.6.3 Un contrôle décentralisé ou concomitant

Il arrive souvent, dans l'entreprise, que l'élaboration d'un système de contrôle et son administration soient confiées à un « Service du contrôle ». Cette centralisation peut conduire à des écueils, c'est-à-dire que le contrôle devient, pour ce service, une fin en soi. On contrôle alors simplement pour contrôler, oubliant que le contrôle constitue un moyen et non une fin.

Pour être efficace, un système de contrôle ne doit pas être centré sur quelques personnes seulement ; il doit plutôt être réparti entre les divers échelons et les divers employés de l'entreprise. Cela permet, grâce à la participation et à la synergie de tous, d'exercer un plus grand contrôle et de faire appel à un contrôle concurrent (ou concomitant), étant donné qu'il peut s'effectuer auprès des personnes qui sont près de l'action. Enfin, le contrôle décentralisé permet l'exercice d'un autocontrôle, ce qui a généralement un effet bénéfique sur la motivation.

5.6.4 Un contrôle rentable

Nous avons soulevé à plusieurs reprises l'importance de s'assurer que le coût des mesures de contrôle n'excède pas les avantages qu'on prévoit retirer de celles-ci. Lorsque ce coût dépasse les avantages, cela signifie que le contrôle est devenu une fin et non un moyen. Certaines formes de contrôle sont plus coûteuses que d'autres. C'est parfois le cas, par exemple, du contrôle en temps réel.

5.6.5 Un contrôle axé sur l'avenir

Le but du contrôle ne consiste pas nécessairement à porter un jugement sur le passé ; il doit plutôt servir à façonner l'avenir pour que celui-ci soit conforme aux attentes de l'entreprise. La mission du contrôle est alors de réaliser les objectifs, de faire en sorte que les résultats correspondent à ceux qu'on recherche. Les résultats passés peuvent être instructifs, mais ils appartiennent à l'histoire. Trop de systèmes comptent, pour façonner l'avenir, sur les sanctions ou les récompenses s'appliquant à des conduites passées ou sur les correctifs des erreurs constatées. Un système de contrôle efficace met surtout l'accent sur une planification et une programmation adéquates (contrôle préventif) ou tente d'exercer un contrôle concurrent (ou concomitant) qui lui permet d'intervenir au moment même où la déviation survient.

5.6.6 Un contrôle flexible

Un contrôle décentralisé doit jouir d'une certaine flexibilité si l'on veut permettre aux personnes situées à chacun des niveaux d'exercer leur jugement et de prendre des initiatives. Les normes et les moyens de contrôle doivent donc être facilement adaptables aux circonstances.

Ces normes et ces règles de contrôle ne doivent pas être immuables. Une fois instaurées, elles ont très souvent tendance à être fixées à demeure. Combien de fois, dans l'entreprise, certains rapports ne continuent-ils pas à être préparés, alors qu'ils ont perdu leur raison d'être ! On a tout simplement oublié de les éliminer du système. Il est bon alors de faire une évaluation périodique des mesures et d'éliminer celles qui ne sont plus requises.

5.6.7 Un contrôle complet

Si le système de contrôle ne mesure que certains aspects du rendement, il en résultera vraisemblablement des déviations. Si l'on mesure seulement la quantité, la qualité pourra se détériorer sans qu'on s'en aperçoive. L'efficacité du système de contrôle exige donc que toutes les variables importantes du rendement et des résultats soient mesurées.

5.6.8 Un contrôle axé sur la participation

Étant donné que la mission du contrôle consiste à atteindre les objectifs et que celle-ci doit idéalement être partagée par tous les employés, il est impérieux, dans ces circonstances, que ces derniers se sentent motivés et engagés dans cette mission. Or, comme nous le verrons un peu plus loin, il est difficile de se sentir engagé envers un objectif quand on n'a pas participé à son établissement. Cette participation est indispensable si l'on veut vraiment faire converger tous les efforts individuels vers un effort commun.

5.6.9 Un contrôle modéré

Un contrôle excessif peut être aussi néfaste qu'un contrôle insuffisant. L'entreprise peut être écrasée par la quantité de rapports à préparer ou de documents à lire et à intégrer. Il arrive souvent que le même rapport soit rédigé par plusieurs personnes, et ce, à titre de mesure de vérification. Il faut alors s'assurer que les avantages qu'on retire de cette façon de faire compensent la duplication de travail consentie.

5.6.10 Un contrôle adéquat

Nous avons signalé précédemment les dangers d'un abus de contrôle. Il ne faut cependant pas tomber dans l'excès inverse, ce qui serait du « laisser-faire ». Toute réussite demande un minimum de planification et de contrôle des résultats. On doit rechercher l'équilibre entre la quantité de contrôle et l'efficacité.

■ Section II
Les conditions humaines d'un contrôle adéquat

Dans le triptyque du donner-recevoir-prendre, le management oublie donc le recevoir et, du même coup, se trouve moins contraint de rendre. Oublier de manifester sa gratitude conduit en effet à considérer que l'on n'est pas redevable, puisque rien, presque rien n'a été donné. Et celui qui a donné se sent alors offensé, renié.

(Alter, 2009, p. 175)

L'autocontrôle naît d'une direction adéquate.

Les exigences de l'efficacité requièrent que les efforts aboutissent à l'atteinte des objectifs, alors que les exigences de l'efficience demandent qu'ils y aboutissent de la façon la plus économique et la plus harmonieuse possible. La direction de l'entreprise doit donc réussir à créer une véritable équipe et à réunir les efforts individuels en un effort commun.

L'importance de la coordination des activités et du contrôle des comportements des personnes est donc évidente. Certains soutiennent que la surveillance des comportements constitue une forme de contrôle qui est susceptible de remplacer le contrôle des résultats. D'autres affirment, au contraire, qu'un bon contrôle des résultats devrait permettre à la direction de réduire la surveillance du comportement du personnel. Ces formes de contrôle se complètent et ne sont pas nécessairement interchangeables.

La stimulation des performances consiste, pour la direction, à amener les employés à faire ce qu'elle veut qu'ils fassent, et à le faire dans les meilleures conditions physiques et humaines possibles, et ce, pour le bien des employés autant que pour celui de l'entreprise. Toutefois, les choses ne se passent pas toujours comme la direction l'entend. Comme nous l'avons vu précédemment, des résistances peuvent se manifester de la part des employés et avoir des effets négatifs sur la bonne marche des activités. Aucune norme de contrôle, aussi sophistiquée soit-elle, ne donnera de résultats dans un contexte de conflit, d'insécurité ou de suspicion. Pour comprendre et vaincre des résistances, les gestionnaires doivent maîtriser des concepts tels que la motivation, la satisfaction, le leadership et le pouvoir ainsi que l'influence exercée par le climat qui règne dans l'entreprise (Kirkpatrick, 1985) (*voir le chapitre 4*).

5.7 La motivation

Les personnes motivées s'avèrent plus productives et sont plus enclines à contribuer à la réalisation des buts et des objectifs de l'organisation. Les gestionnaires doivent cependant s'efforcer de reconnaître correctement les divers besoins et attentes des subordonnés, afin de pouvoir les combler tout en respectant les limites de l'entreprise. Dans certains cas, il y aura lieu, par exemple, de faire appel à une formation mieux adaptée aux besoins des personnes ou encore à une plus grande participation au processus décisionnel. Dans d'autres cas, la **motivation** pourra être fonction de l'enrichissement des tâches ou des récompenses obtenues au mérite. Le rendement dans une entreprise ne peut être amélioré que dans la mesure où les gestionnaires sont capables de cerner les besoins des subalternes et de relever les éléments qui suscitent la motivation. Des personnes motivées et productives représentent un atout essentiel non seulement pour les entreprises mais également pour toute nation qui est axée sur le progrès économique (Porter, 1985). Comme les entreprises, les nations sont en concurrence les unes avec les autres. Plus les entreprises d'un pays sont productives, meilleure est la position de celui-ci pour accroître ses ventes à l'étranger ou améliorer sa balance commerciale et pour obtenir des parts du marché mondial. En échange d'un meilleur positionnement sur l'échiquier international, les citoyens pourront retirer des bénéfices sur les plans économique et social.

Nous avons vu (*voir le chapitre 4*) que la motivation peut naître des besoins que cherchent à satisfaire les personnes. Ces besoins peuvent être innés ou être acquis graduellement par elles pendant le processus de socialisation avec leurs semblables. Les besoins ressentis peuvent être satisfaits par le comportement lui-même ou par les récompenses qui sont associées à ce comportement ou par les deux à la fois. Dans le premier cas, on parle de **motivation intrinsèque** et, dans le second cas, de **motivation extrinsèque.** Ainsi, une personne peut effectuer telle ou telle action parce que les comportements qu'elle adopte comblent ses besoins ou parce que les récompenses auxquelles donnent lieu ces comportements comblent d'une manière ou d'une autre ses besoins. On peut, par exemple, exécuter un travail quelconque parce que ce travail est satisfaisant en soi, parce qu'une prime est versée s'il est accompli selon les attentes de l'employeur ou parce qu'il répond au besoin de se sentir solidaire des actions qui sont accomplies par les collègues, car « c'est en partageant des émotions qu'on trouve un sens à son action » (Alter, 2009, p. 122).

5.8 La satisfaction

La **satisfaction** est un concept qui est intimement lié à celui de la motivation. Dans le tableau 5.5, nous présentons l'évolution de la pensée de l'un et l'autre concept.

TABLEAU 5.5 L'évolution des théories sur la motivation et la satisfaction

	Motivation Années 1930 École des relations humaines	Satisfaction Années 1960-1970	Engagement Depuis les années 1980
Objectifs	Développer la performance individuelle	Rémunérer la performance individuelle	Développer le projet commun de l'entreprise
Vision de l'entreprise	Favoriser le travail collectif	Compenser les difficultés du travail collectif	Faire de l'entreprise un projet collectif
Vision de la personne	Domaine de la performance individuelle		Négociation-relation entre personne et entreprise
Objectifs de l'entreprise	Économique	Social	Économique et social
Application des politiques	Chez le personnel	Chez le personnel	Globale
Volonté de l'entreprise de développer	Sa performance à travers différentes motivations	Le bien-être des salariés	Les occasions d'affaires et l'adhésion
Mots clés	Objectifs	Résultats	Projet

Source : adapté de Martinet (1984, p. 65).

Ce sont probablement les préoccupations d'ordre économique qui ont le plus contribué à la profusion des études portant sur la satisfaction au travail. Cela est particulièrement manifeste dans les multiples recherches qui ont été effectuées afin d'établir les relations existant entre, d'une part, la satisfaction et, d'autre part, la motivation, le roulement du personnel, l'absentéisme, la productivité ou les retombées sur le plan de la performance. Cette dernière variable est également au centre d'autres préoccupations axées notamment sur la qualité de vie au travail. En effet, force est de constater que le capitalisme financier, le culte de la performance et les pressions qui en découlent peuvent conduire ultimement à des dérives inqualifiables telles que l'épuisement professionnel et le suicide au travail.

Le niveau de satisfaction atteint dans la hiérarchie peut varier selon les différentes catégories de personnel. Aux États-Unis, Porter (1968) a montré que, au fur et à mesure qu'on gravit les échelons dans l'entreprise, les besoins les plus élevés deviennent plus intenses et mieux satisfaits. Très peu d'ouvriers atteignent ces niveaux de satisfaction. Il ne faudrait cependant pas en déduire que ceux-ci ne sont pas satisfaits. Dans bien des cas, en effet, les ouvriers vont chercher la satisfaction de leurs besoins élevés en dehors du travail.

Pour en revenir à la fonction de contrôle, il est évident que des employés motivés et satisfaits, adhérant au projet collectif qu'est l'entreprise, seront plus enclins à se responsabiliser et à pratiquer l'autocontrôle.

5.9 Le leadership et le pouvoir

Le leadership se définit comme étant un **processus d'influence** qui s'exerce sur les activités des personnes ou des groupes en vue de la réalisation des objectifs et des buts. Le pouvoir correspond au **potentiel d'influence** du leader sur les autres membres ; c'est la ressource qui permet à un dirigeant d'obtenir l'obéissance des subalternes ou de les influencer. Les deux concepts, leadership et pouvoir, sont intimement liés (French et Raven, 1960). Un leader ne peut influencer automatiquement les autres personnes ; il doit avoir recours au pouvoir pour y arriver.

Il existe différents types de pouvoir auxquels peut faire appel le leader :

- le pouvoir coercitif (fondé sur la crainte qu'il exerce sur son entourage) ;
- le pouvoir de relations (basé sur les relations qu'il entretient avec des personnes influentes, à l'extérieur de l'organisation) ;
- le pouvoir d'expert (fondé sur ses connaissances et son expertise) ;
- le pouvoir légitime (venant de la position hiérarchique qu'il occupe) ;
- le pouvoir d'information (basé sur l'information qu'il détient) ;
- le pouvoir de référence (basé sur sa personnalité) ;
- le pouvoir de récompense (reposant sur son habileté à récompenser les personnes).

Selon les situations et en fonction de ses forces personnelles, le gestionnaire pourra être amené à faire appel à l'un ou l'autre de ces types de pouvoir afin d'influencer les subalternes. Chose certaine, il n'existe pas de façon idéale d'influencer les personnes. Le style de leadership à utiliser peut dépendre, entre autres choses, du degré de maturité des personnes qu'on veut influencer. Cette maturité peut varier selon les personnes : les moins sérieuses sont carrément dans l'incapacité de prendre des responsabilités ou encore elles expriment clairement leur volonté de ne pas s'engager par rapport à celles-ci ; les plus sérieuses prennent totalement en charge ces responsabilités et nécessitent ainsi très peu de directives et de soutien. Dans le premier cas, un style directif est évidemment requis ; dans le second cas, on peut faire appel à un style participatif ou de délégation.

5.10 Le climat organisationnel

Le climat organisationnel correspond à un ensemble de caractéristiques qui sont perçues par les membres d'une organisation et qui contribuent à différencier celle-ci tout en exerçant une influence directe ou indirecte sur les actions des personnes (Johnson, 1976). Il s'agit d'un concept multidimensionnel, c'est-à-dire qu'il fait intervenir un certain nombre de réalités objectives qui sont le propre de telle ou telle organisation. Ces réalités influent nécessairement sur la perception qu'ont les personnes du climat qui a cours dans l'organisation à laquelle elles appartiennent. La perception, quant à elle, influe sur les comportements ; voilà pourquoi il importe de modifier les perceptions négatives qui sont parfois susceptibles d'avoir un effet néfaste sur le rendement et la satisfaction.

Plusieurs facteurs contribuent à donner une certaine coloration au climat organisationnel : la hiérarchie, la responsabilité, les récompenses, le risque, l'harmonie et le soutien dans les rapports entre personnes, les normes, les conflits et l'identité. À cette série de facteurs nous pourrions en ajouter d'autres tels que l'autonomie dans le travail, la motivation à l'excellence, la différenciation de statut, l'équipement, les compétences, les valeurs, le profil des personnes, la technologie et les tâches à accomplir (Litwin et Stringer, 1968).

5.11 Des leviers pour accroître l'engagement et la responsabilisation

Après avoir reconnu l'importance de la motivation et de la satisfaction au travail pour la bonne marche des activités, il importe maintenant de relever les moyens dont disposent les gestionnaires pour stimuler l'engagement des membres de l'organisation et accroître les performances socioéconomiques de l'entreprise. Nous nous pencherons plus particulièrement dans cette section sur huit leviers : 1) l'amélioration des conditions matérielles de travail ; 2) la réorganisation du travail ; 3) la formation, le perfectionnement et le partage des connaissances ; 4) l'auto-contrôle ; 5) la délégation d'autorité ; 6) la gestion participative par objectifs ; 7) les cercles de qualité ; 8) le changement de culture. Soulignons que cette liste n'est pas exhaustive et que d'autres moyens peuvent évidemment être mis en œuvre pour faire participer davantage les membres de l'organisation.

Notons, à cette étape-ci, que ces diverses mesures peuvent être enclenchées dans le prolongement du design et des changements organisationnels que nous avons étudiés dans le chapitre 4.

5.11.1 L'amélioration des conditions matérielles de travail

Les conditions matérielles de travail peuvent être associées au lieu, au poste ou au temps de travail, ainsi qu'à l'hygiène et à la sécurité (Pluyette, 1971). Des facteurs externes tels que l'éclairage, le bruit, la climatisation, les vibrations ou l'espace de travail sont susceptibles d'influer négativement sur le travail. Il est important, selon les cas, de trouver des systèmes qui permettent de limiter les inconvénients. Les méthodes auxquelles on devra recourir entraînent inévitablement des coûts, lesquels seront toutefois compensés par un accroissement de la productivité si les correctifs apportés sont appropriés et conformes aux attentes des employés.

Le poste de travail est également susceptible de comporter des contraintes qui rendent la tâche plus ou moins pénible. La fatigue inhérente au travail peut être physique ou nerveuse. La fatigue nerveuse, notamment, est souvent due à des perturbations de toutes sortes qui interviennent dans le travail (appels téléphoniques, visites continuelles, déplacements et conversations des collègues à proximité, etc.). Dans un cas comme dans l'autre, on a intérêt à recourir à des évaluations de type **ergonomique** dont l'objectif ultime est de s'assurer que les tâches sont effectuées, physiquement parlant, dans les meilleures conditions possibles.

Par ailleurs, la durée du travail, les heures supplémentaires, les remplacements, l'aménagement des horaires de travail, la diminution des heures de travail, et ainsi de suite, sont autant d'indicateurs qui permettent de définir la charge de travail et de savoir ce qu'on peut améliorer. Le diagnostic mettra en valeur l'aspect relatif de ces indicateurs, car ceux-ci sont fonction de la nature du poste occupé ainsi que des caractéristiques personnelles des employés. La **physiologie du travail** peut être un moyen de déceler certaines améliorations, car elle prend justement en considération ces critères. Elle se penche sur les ressources et les dépenses énergétiques d'une personne. Elle détermine le coût physiologique d'une tâche, puis cherche des moyens de réduire ce coût : par des modifications apportées aux machines ou à la façon de s'en servir ; par l'aménagement approprié des périodes de repos, de leur durée et de leur répartition dans une journée de travail ; par la sélection et la formation de la personne.

Les **maladies** et les **accidents du travail** sont également des variables dont il faut tenir compte dans l'amélioration des conditions de travail. Afin de diminuer les risques professionnels, il importe de pouvoir compter sur des politiques de prévention et de surveillance systématiques.

5.11.2 La réorganisation du travail

Toute réorganisation du travail présuppose une certaine conception des différents éléments liés au travail même, qu'il convient de modifier ou d'aménager de manière à améliorer une situation jugée défavorable. Les principaux facteurs qui ont milité en faveur de nouvelles formes d'organisation du travail sont, d'une part, la résistance à l'organisation scientifique du travail et, d'autre part, l'évolution des marchés, de l'entreprise et de la technologie.

L'organisation scientifique du travail et la mécanisation qui l'a accompagnée ont imposé un rythme et des formes rigides à l'organisation du travail. La résistance à l'organisation scientifique du travail s'est manifestée graduellement à mesure que les travailleurs sont devenus plus instruits, plus soucieux de ce qu'ils attendaient de la vie et moins dépendants économiquement de l'entreprise. Dans un contexte d'abondance, leurs aspirations se sont élevées et sont entrées en conflit avec la structure rigide de leur milieu de travail.

L'instruction que reçoivent les personnes véhicule des valeurs qui sont en opposition directe avec l'organisation scientifique du travail : l'individualité, la conscience de la qualité de l'environnement et le désir de trouver une satisfaction intrinsèque au travail. La notion d'autorité véhiculée par l'organisation scientifique du travail – celle où l'on postule que certaines personnes doivent commander et que d'autres doivent obéir – n'est pas celle des nouveaux travailleurs qui sont influencés par l'exercice plus généralisé des droits démocratiques pratiqué aujourd'hui à l'extérieur de la vie de travail (par exemple, les loisirs et la vie familiale) (Delamotte, 1972).

Certains aspects liés au marché, à l'entreprise et à la technologie ont aussi favorisé la réorganisation du travail en vue de l'amélioration de la qualité de vie au travail. Le concept d'entreprise lui-même a eu tendance à prendre, outre sa dimension économique, une dimension sociale. En effet, on tend à lui assigner une responsabilité sociale et écologique de plus en plus étendue. Au cours des dernières années, la résultante de la course à la croissance de l'économie et de la productivité a été un changement technique rapide. Cela ne s'est pas fait sans qu'il y ait des coûts à supporter, car, dans bien des cas, le changement technique a eu pour effet d'amplifier l'écart entre, d'un côté, les besoins et les attitudes des travailleurs et, de l'autre, les procédés ayant cours au travail (Ortsman, 1978).

La solution ne se trouve pas dans le rejet du changement technique, car la concurrence dans les marchés nationaux et étrangers exige que la direction des entreprises continue à rechercher de nouvelles façons d'accroître l'efficacité et la qualité des produits. Les gains issus du changement technique peuvent cependant finir par être rognés si les employés ne sont plus satisfaits de leur travail. C'est alors qu'apparaissent les signes annonciateurs de l'aliénation des travailleurs ; la présence de ces signes indique la nécessité d'améliorer la qualité de vie au travail pour redonner une certaine efficacité à l'organisation du travail.

On peut regrouper plus ou moins arbitrairement ces divers signes sous trois grands types de facteurs : 1) les facteurs associés aux caractéristiques, aux attitudes et aux comportements de la main-d'œuvre ; 2) les facteurs liés au processus de production ; 3) les facteurs relevant des relations sociales dans l'exécution du travail.

Les facteurs relatifs à la main-d'œuvre comprennent des éléments tels qu'un taux élevé d'absentéisme, un taux élevé de retards, un roulement élevé, une main-d'œuvre peu flexible et difficilement mobile au sein de l'atelier ou de l'usine, l'insatisfaction à l'égard de la classification des tâches et de la rémunération, un niveau de moral bas et une insatisfaction généralisée, des taux élevés d'accidents, d'alcoolisme et l'usage de drogues diverses.

On peut également dresser, du côté de la production, une liste de signes qui traduisent un déséquilibre appelant un changement dans l'organisation du travail : la faible productivité de l'entreprise, la pauvre qualité des produits et le taux élevé de rebuts ; la rigidité du processus de production, la monotonie des tâches, les perspectives d'avancement limitées et la participation réduite des travailleurs ; la difficulté à planifier et à coordonner efficacement la production ; la croissance générale des coûts de production, et tout particulièrement des coûts attribués aux heures supplémentaires et au recrutement du personnel ; les temps morts excessifs et inexplicables en cours de production (Savall, 1978).

Le troisième type de facteurs comprend des signes se rattachant aux relations sociales du travail : un climat instable et tendu dans les relations professionnelles ; un bris de communication entre les surveillants et leurs subalternes ; l'inefficacité des systèmes de communication.

Les techniques auxquelles on recourt le plus fréquemment pendant les expériences visant à réorganiser et à restructurer le travail sont la rotation des tâches, l'élargissement des tâches, l'enrichissement des tâches et les groupes autonomes de travail. On peut, bien sûr, faire appel à une seule ou à une combinaison de ces formes de structuration des tâches au cours d'une expérience, sans toutefois s'y limiter.

5.11.2.1 La rotation des tâches

Une façon d'accroître la variété du travail consiste à déplacer les personnes d'une tâche à l'autre. Cela peut se faire à intervalles réguliers variant de quelques heures à plusieurs semaines et parfois aussi de façon moins formelle. Outre le fait qu'elle apporte une plus grande diversité, la rotation des tâches est une occasion d'apprendre de nouvelles choses et d'utiliser davantage les compétences de l'employé. Cette technique de réaménagement des tâches n'est cependant pas la plus apte à accroître la satisfaction des employés. La rotation des postes constitue la forme de réorganisation la moins efficace.

La rotation des postes s'opère le plus souvent entre des postes essentiellement semblables, ce qui limite d'autant son apport à l'amélioration des conditions de travail. Les travailleurs manifesteront par conséquent un plus grand intérêt pour la rotation des postes lorsque celle-ci s'accompagne de récompenses extrinsèques telles que des primes ou des gratifications.

5.11.2.2 L'élargissement des tâches

L'élargissement des tâches consiste à regrouper plusieurs tâches en un seul poste. Par exemple, plutôt que de demeurer stationnaire et d'exécuter un tiers des tâches à chaque voiture, un employé exécute, à toutes les trois voitures, toutes les tâches qui ont un rapport entre elles. Pour qu'on puisse réduire la monotonie, allonger les cadences et ajouter à l'intérêt des tâches au moyen de la rotation et de l'extension de celles-ci, il faut que ces dernières soient liées les unes aux autres et forment un cycle assez long. Il peut cependant se poser des difficultés si aucun dédommagement pécuniaire n'est consenti aux employés qui font des efforts additionnels. Par ailleurs, certaines personnes peuvent refuser de partager leur emploi qu'elles considèrent comme leur propriété. La participation des ouvriers à l'implantation de ces formes d'organisation est nécessaire à leur succès.

5.11.2.3 L'enrichissement des tâches

On peut enrichir les tâches en attribuant à l'employé des responsabilités plus étendues comme celles de planifier et de vérifier son propre travail ou encore de le faire participer à la planification et à la mise en œuvre du travail de l'unité où il se trouve. On enrichit la tâche en lui incorporant des activités qui ont traditionnellement été le lot des agents de maîtrise. Cela permet à l'employé de mieux utiliser ses compétences et de les élargir de sorte qu'un sentiment de réussite personnelle puisse en émerger. Cette forme d'organisation a par définition un effet sur plusieurs tâches satellites et elle crée un besoin important de formation chez les employés qui y participent. Elle est aussi plus apte que les précédentes à apporter une satisfaction et un rendement supérieurs.

5.11.2.4 Les groupes autonomes de travail

Cette approche consiste à accorder à des groupes d'employés une très grande latitude en matière de planification et d'organisation autonomes de leur travail. Dans le cadre d'objectifs précis à atteindre, on assigne au groupe la responsabilité de choisir les moyens de les atteindre ; de cette façon, les membres du groupe ont plus de liberté en ce qui concerne le nombre de tâches qu'ils veulent accomplir et le choix des nouvelles techniques qu'ils veulent assimiler.

La formation à donner prend donc beaucoup d'importance. Cette forme d'organisation du travail a l'avantage de fournir une autonomie telle que les besoins des employés sont mieux comblés. Certaines personnes ne peuvent s'adapter à cette manière de fonctionner, mais la plupart y arrivent assez rapidement. Elle accroît la satisfaction des travailleurs et procure à l'organisation un meilleur équilibre et une plus grande flexibilité.

5.11.3 La formation, le perfectionnement et le partage des connaissances

La **formation** a pour objectif de déclencher un changement dans les attitudes individuelles ou collectives. Quant au **perfectionnement,** il vise à améliorer les façons de procéder. Le **partage des connaissances** revêt une importance capitale dans la mesure où les entreprises ont intérêt, pour assurer leur pérennité, à voir les connaissances clés transmises entre employés et d'une génération à l'autre, afin que le savoir-faire s'enracine dans la mémoire collective.

Le partage des connaissances : un mécanisme puissant d'autocontrôle

La figure 5.9 illustre les principales étapes de la formation, du perfectionnement et du partage des connaissances avec un exemple à l'appui. On observe au départ que les activités de formation et de perfectionnement permettent aux participants d'acquérir des connaissances et d'accroître leurs compétences en ce qui a trait au savoir-faire et au savoir-être. Toujours selon l'exemple proposé, l'exercice sera plus bénéfique encore si l'on réussit à stimuler chez les employés le désir d'apprendre, à mettre à profit leurs expériences personnelles et à susciter leur intérêt pour les objectifs visés par les programmes de formation ou de perfectionnement (« Autres influences »). Si l'on parvient de surcroît à mettre à l'avant-plan les résultats concluants obtenus par d'autres travailleurs et à établir des mécanismes de coopération et de partage de l'information entre employés («Autres influences»), les résultats obtenus seront supérieurs, voire plus décisifs, et les chances seront plus grandes que les enseignements s'incrustent dans la mémoire collective.

FIGURE 5.9 Le processus de formation, de perfectionnement et de partage des connaissances

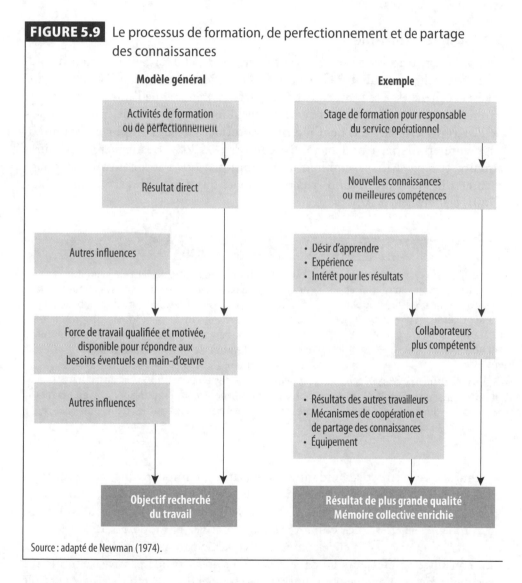

Source : adapté de Newman (1974).

On peut aussi vouloir modifier l'attitude d'un groupe. Tout comme sur le plan individuel, des mesures axées sur le savoir (par exemple, des séminaires appliqués au contexte de l'entreprise, des cours de formation sur mesure) peuvent être indiquées. Mais, dans ce cas-ci également, il est possible qu'une approche uniquement intellectuelle se révèle insuffisante pour amener une modification des comportements ; on doit parfois faire également appel à des approches engageant le côté affectif. La méthode dite «des groupes de confrontation» fait partie de ces approches. Ainsi, des personnes occupant diverses fonctions dans l'entreprise, à différents niveaux hiérarchiques, sont invitées à se réunir en groupes afin d'échanger des idées et à confronter celles-ci en séance plénière. Après les discussions, un plan d'action est défini d'un commun accord et un suivi est effectué dans les semaines ultérieures.

5.11.4 L'autocontrôle

L'employé est-il capable d'exercer un **autocontrôle** ? Cette forme de contrôle donne-t-elle de meilleurs résultats ? Ce sont là des questions qui ont fait l'objet de nombreuses recherches. Les travaux de Price laissent entendre que l'autocontrôle est de nature à accroître la productivité et la motivation des cadres et des professionnels de l'entreprise, mais qu'il peut réduire la productivité des employés, même s'il augmente en contrepartie leur motivation (Price, 1968). Les recherches d'autres auteurs, tels que Miles, semblent plutôt indiquer que l'autocontrôle peut augmenter à la fois la motivation et la productivité du personnel d'exécution (Miles, 1980) (*voir l'encadré 5.3*).

ENCADRÉ 5.3 Au-delà du contrôle : l'autocontrôle

« Il faudrait penser, partout, et surtout en haut lieu, "qualité" et non plus coûts, compressions, pouvoir, domination, méfiance, etc. La gestion de la qualité constitue une philosophie générale et une façon d'être de tous dans l'entreprise : ce n'est pas la responsabilité de spécialistes, ni de techniciens... qu'on va jusqu'à appeler des "qualiticiens" !

Le contrôle devrait se fondre dans un état d'esprit généralisé à toute l'organisation, où chacun veillerait à la qualité de ce qu'il fait et non à la seule qualité du produit que l'ouvrier fabrique. Le contrôle devient alors une ambiance organisationnelle, où les dirigeants veilleraient aussi à la qualité des relations et à l'éclosion de ce que beaucoup aujourd'hui dénomment le "sentiment de propriété" (amener, par des faits, chaque membre à se sentir partie prenante de l'entreprise et à agir de cette manière). C'est ce que les auteurs scandinaves de l'école suédoise [...] appellent avoir des employés qui sont aussi des parties intéressées (*stakeholders*) qui partagent, avec les dirigeants, aussi bien les risques que les gains potentiels. »

Source : Aktouf *et al.* (2006, p. 152).

L'autocontrôle n'est cependant pas réalisable à n'importe quelles conditions. McGregor affirme que l'être humain n'oriente son effort et n'exerce son autocontrôle qu'à l'égard d'objectifs envers lesquels il se sent engagé (McGregor, 1957). Il est peu probable, en effet, que l'employé se sente motivé par rapport à des objectifs et à un plan d'action qui ont été élaborés sans sa participation ou qui lui sont imposés sans consultation. Il a alors tendance à adopter une attitude passive, se limitant à exécuter rigoureusement les consignes sans se soucier des objectifs visés. Le contrôle des comportements incite à mettre l'accent sur la fidélité de ceux-ci au modèle établi plutôt que sur l'orientation des résultats visés. Ce contrôle peut pousser le personnel à manifester un comportement bureaucratique, de sorte que la tâche est exécutée sans référence aux objectifs.

> Autocontrôle et participation vont de pair.

Dès que le personnel perd de vue les objectifs de la tâche, l'autocontrôle devient impossible. Le seul système de contrôle qui puisse alors être utilisé repose sur la surveillance étroite des activités, les mesures disciplinaires et la récompense attribuée pour des comportements conformistes. Ce contrôle a toutefois des effets négatifs sur la motivation.

5.11.5 La délégation d'autorité

La délégation d'autorité est la marque discrétionnaire qui est accordée à une personne et qui lui permet d'exercer son jugement et de prendre des décisions dans un domaine de compétence délimité. L'autorité dans l'entreprise ne peut être concentrée entre les mains d'une seule personne. Il faut absolument qu'il y ait une délégation d'autorité et un partage des sphères d'action.

Les cadres et plusieurs employés aspirent à avoir des champs d'activité dans lesquels ils pourront exercer leurs compétences. On pourrait dès lors concevoir le contrôle des comportements comme le partage de l'autorité. Drucker considère que l'autorité doit être décentralisée et déléguée au niveau le plus près possible de l'information et de l'action (Drucker, 1954).

5.11.6 La gestion participative par objectifs

Plusieurs recherches semblent appuyer les conclusions de Tannenbaum selon lesquelles la participation est une source de motivation et d'efficience. Plus la courbe de contrôle est positive, plus l'efficacité organisationnelle est élevée. La direction a donc avantage à instaurer un type de gestion permettant aux cadres et au personnel de partager l'autorité.

C'est en vue d'assurer cette participation que Drucker a proposé le principe de la gestion participative par objectifs. Celle-ci vise trois buts : 1) l'établissement d'objectifs articulés et intégrés ; 2) la participation des cadres et du personnel au choix des objectifs ; 3) l'engagement profond des cadres et du personnel dans l'atteinte de ces objectifs, de façon que les efforts individuels se fondent en un effort commun.

La gestion participative par objectifs exige d'abord que la direction détermine, d'une façon claire et précise, les objectifs organisationnels et que ces derniers soient communiqués de manière que chaque employé en soit bien informé. Cette opération est suivie d'un dialogue entre supérieur et subordonnés afin que soient établis les objectifs de chaque unité administrative, de chaque tâche ou de chaque employé, compte tenu des objectifs organisationnels. Les objectifs des unités doivent contribuer à la réalisation des objectifs de l'entreprise. Les objectifs se rattachant à chaque tâche doivent, à leur tour, tendre vers l'atteinte des objectifs de l'entreprise et de ceux de l'unité administrative dont le titulaire fait partie.

Cette opération doit se faire de façon que chaque employé se sente personnellement engagé dans la réalisation des objectifs qui le concernent. C'est là son champ d'activité (ou sa marge discrétionnaire), qui lui permet d'exercer son jugement, de prendre des décisions et de mettre en application sa compétence. Sa performance individuelle sera par la suite évaluée en fonction de ses efforts et de ses succès dans l'atteinte des objectifs de son champ d'activité. Cela dit, force est de reconnaître que l'autoévaluation peut être parfois animée par des intentions malveillantes. L'autoévaluation peut effectivement conduire à des dérives, particulièrement lorsque la maximisation des performances a tendance à l'emporter sur la raison. Par exemple, une entreprise peut établir d'un commun accord avec ses employés les objectifs annuels qui leur permettront à la fin de juger de leurs efforts et de leurs succès. Jusque-là, il n'y a rien à redire. Sauf que s'il n'y a pas de système collectif de référence indiquant noir sur blanc ce qui doit être considéré comme des objectifs raisonnables, il risque d'y avoir escalade en ce qui touche aux attentes formulées à l'égard des employés (et paradoxalement par les employés eux-mêmes qui souhaitent ne pas s'écarter de la norme implicite de performance de l'entreprise).

> La gestion par objectifs dans l'économie financiarisée peut entraîner des dérives qui rappellent celles des écoles formelles classiques.

La gestion participative par groupe de travail implique que le supérieur, au lieu de prendre des décisions après avoir consulté chacun de ses subalternes séparément, réunit ces derniers pour discuter avec eux des décisions à prendre. Ce style de gestion est possible dans la mesure où l'éventail de subordination (le nombre d'employés relevant directement d'un supérieur) est assez restreint. Il a aussi pour effet de substituer l'autocontrôle du groupe au contrôle individuel du supérieur, sans que ce dernier renonce pour autant à son droit de décider, en dernier ressort, lorsque les circonstances l'exigent.

5.11.7 Les cercles de qualité

Au début des années 1960, le Japon fit appel à des spécialistes américains afin d'améliorer la qualité des produits fabriqués par les entreprises nippones. Pendant qu'on informait la population, on formait les cadres et les travailleurs aux méthodes de contrôle de la qualité des produits (*voir l'encadré 5.2, p. 348-351*). Plutôt que de dissocier la production du contrôle de la qualité, on intégra ceux-ci au processus même de fabrication. Ainsi naissaient **les cercles de contrôle de qualité** des produits. Vers le milieu des années 1970, lors de leur importation en Amérique, les cercles de contrôle de la qualité devinrent des cercles de qualité et abordèrent alors trois grandes catégories de problèmes : 1) la qualité de vie au travail (conditions matérielles, intérêt pour le travail, sécurité, horaire, etc.) ; 2) l'économie (qualité, productivité, rejets, arrêts-machines, etc.) ; et 3) la technique (amélioration des procédés de fabrication et des équipements, etc.). Aujourd'hui, les cercles de qualité rejoignent non seulement des entreprises manufacturières mais également les entreprises de services comme les banques, les hôpitaux ou les compagnies d'assurances.

Traditionnellement, en Amérique, les modèles organisationnels mettaient l'accent sur l'individualisme, la compétition, la maximisation des profits, la minimisation de la prise de décisions par les travailleurs, selon un principe de hiérarchie en paliers d'autorité. Les travailleurs s'en accommodaient. Aujourd'hui, dans une société de plus en plus scolarisée, les travailleurs réagissent plus consciemment et réclament à juste titre plus de respect de la part des entreprises. Ainsi, le modèle japonais, basé sur le collectivisme, la collaboration, la compétence, la maximisation de la prise de décisions par les travailleurs et la faible hiérarchisation de l'autorité, apporte aux gestionnaires une forme organisationnelle nouvelle. Mais on ne peut

> Attention à adopter le système participatif et sa philosophie

adhérer au modèle sans en même temps se rallier à la philosophie qui lui a permis d'exister. Ainsi, il faut que l'organisation considère l'employé comme une source de talents, d'habiletés, de connaissances et d'idées, qu'elle le respecte et qu'elle lui fournisse la possibilité de personnaliser son travail et d'en être fier (Robin, 1983).

Un cercle de qualité se définit enfin comme un groupe d'employés d'une unité de l'entreprise, doté d'une formation technique et administrative *ad hoc* (procédés de fabrication, méthode d'analyse et de solution de problèmes, conduite de réunions, etc.), qui se réunit volontairement et périodiquement sous la direction du supérieur hiérarchique pour relever, analyser et résoudre les problèmes de travail liés à cette unité. La mise en place de tels cercles de qualité nécessite une attention particulière et une acceptation conjointe de la plate-forme idéologique dont il a été question précédemment. Il faut aussi que les acteurs de l'organisation (employeurs et travailleurs) partagent les objectifs suivants : la contribution au développement et à la croissance de l'entreprise, le respect de l'individualité de chaque membre et la création de conditions permettant aux travailleurs de rendre leur travail significatif, ainsi que l'actualisation du potentiel illimité du développement personnel. On met donc l'accent sur la personne et non sur les outils.

Les cercles de qualité comportent divers avantages. En voici quelques-uns :

- Ils peuvent susciter un haut niveau de productivité et de qualité.
- Ils permettent la mise en place de nouveaux éléments de contrôle.
- Les membres sont appelés à jouer un rôle actif dans la réduction des coûts.
- La participation des employés est de nature à augmenter leur satisfaction et leur fierté par rapport au travail et au produit.
- Ces cercles donnent lieu à la collaboration plutôt qu'à la rivalité et aux conflits.
- Ils permettent à l'organisation de mettre à contribution la pensée créatrice des personnes.

5.11.8 Le changement de culture

La **culture** correspond au produit d'un apprentissage qu'effectue un groupe pendant une période souvent longue et qui, entre autres choses, amène les membres d'une organisation à privilégier un type de réponse donné lorsqu'un événement extérieur se produit. Cette définition de la culture permet de se rendre compte de l'incidence que peut avoir une culture donnée sur le fonctionnement d'une organisation, de comprendre les comportements qu'elle favorise et ceux qu'elle rejette, et de discerner l'évolution susceptible d'être envisagée.

Modifier **la culture organisationnelle, c'est-à-dire les valeurs philosophiques, les façons de faire, etc.,** s'avère une tâche complexe, coûteuse, de très longue haleine et, le plus souvent, ponctuée de nombreux revers (Killman, Saxton et Serpa, 1986). Cette démarche est illusoire si l'on considère qu'on peut manipuler ou imposer « de l'extérieur » cet ensemble de valeurs et de croyances guides, sans qu'elles naissent des personnes elles-mêmes. En outre, cette démarche est particulièrement délicate, en ce qu'elle exige la contribution non seulement des diverses composantes du tissu social mais également de toutes les composantes qui forment l'édifice structurel (buts et objectifs, stratégies, système de gestion, actifs physiques et techniques, système de recrutement, système de motivation, etc.). Bien entendu, nous ne faisons pas allusion ici aux changements superficiels, mais aux changements qui impliquent une transformation radicale du fonctionnement de l'organisation. Des sous-cultures peuvent soutenir la culture des leaders ou, au contraire, s'y opposer.

Une forte culture représente en soi un mécanisme très efficace pour orienter les comportements des personnes. Il importe toutefois de constater que plus la culture est enracinée dans le milieu organisationnel, plus elle peut constituer un obstacle de taille aux changements qu'on souhaite implanter.

Cela dit, le changement de culture comporte diverses exigences que doivent respecter les gestionnaires désireux de recourir à ce mécanisme de régulation et de stimulation des comportements. Par exemple, les gestionnaires doivent être en mesure d'expliciter les nouvelles valeurs que vise à renforcer la direction, ainsi que les causes qui sont à l'origine des changements apportés. Ils doivent rapidement mettre en place un plan de communication qui permettra de renseigner efficacement les acteurs engagés sur les enjeux et les étapes du changement. Les promoteurs du changement doivent par ailleurs instituer des programmes de formation correspondant à la fois aux attentes de l'entreprise et aux besoins des employés. Enfin, ces promoteurs feront bien, chaque fois que l'occasion se présentera, de signaler les progrès accomplis, de soutenir les actions prises par les membres et de faire appel à des moyens appropriés (par exemple, des déclarations dans le journal interne des travailleurs, des discours, des réunions d'information), mettant ainsi en évidence la ferme intention de l'entreprise d'atteindre les objectifs visés, et cela avec la collaboration des membres (Lippitt, 1973).

Section III
Conclusion : du contrôle à l'autoresponsabilisation

En définitive, on constate que le contrôle se présente comme une fonction de gestion qui implique des interventions ciblées. Celles-ci visent à établir des normes de rendement en fonction des objectifs privilégiés aux différents niveaux de l'organisation, à concevoir des systèmes d'information permettant de mesurer l'efficacité de l'organisation, à cerner les écarts et à en évaluer l'ampleur, de même qu'à adopter les mesures appropriées afin d'utiliser les différentes ressources de la manière la plus adéquate et la plus rentable possible. La démarche rationnelle qui se dégage de cette définition ne devrait cependant pas nous laisser penser que le contrôle est strictement une affaire de surveillance ou d'inspection ; elle devrait plutôt nous suggérer qu'il a pour fonction d'amener les employés à intégrer volontairement, voire naturellement, les objectifs supérieurs de l'organisation et à se responsabiliser.

C'est à la direction que revient la tâche de trouver le juste équilibre entre le laisser-faire et la contrainte, entre l'autocratie et la participation. Si le contrôle est perçu comme une menace par rapport à l'autonomie des personnes, les employés risquent fort d'y opposer une résistance, et même de faire obstruction aux objectifs de l'organisation. À l'inverse, ces derniers se montreront disposés à accepter le contrôle s'ils sont informés correctement, mieux, s'ils participent à la conception des normes de contrôle, et s'ils ont les outils nécessaires pour se prendre en main. De plus, il faut garder à l'esprit que la **rationalité limitée** et le temps restreint des personnes en diverses circonstances risquent d'atténuer sérieusement la portée d'un contrôle trop fonctionnel. Il est alors nécessaire de fixer des balises claires et surtout de faire en sorte que les employés comprennent bien ce qu'on attend d'eux pour favoriser leur **autoresponsabilisation.**

La direction doit par conséquent se préoccuper de former et d'informer les personnes afin qu'elles exécutent dans les meilleures conditions possibles les tâches qui leur sont confiées. Là encore, il y a matière pour juger de la **qualité du management** en place. Gérer les savoirs individuels aussi bien que les savoirs collectifs, discerner ceux qui sont déterminants pour la pérennité de l'entreprise et prendre les mesures adéquates pour que les « meilleures pratiques » s'enracinent dans la mémoire collective constituent à n'en pas douter d'autres défis auxquels doivent se consacrer les dirigeants et le conseil d'administration qui les gouverne. Cela passe par une **philosophie du partage des connaissances,** sur laquelle nous reviendrons dans le dernier chapitre de cet ouvrage.

De plus, dans bien des cas, les organisations agissent non pas de façon isolée mais au sein de réseaux d'interactions, d'alliances et de collaborations, comprenant notamment des fournisseurs, des clients, des organisations évoluant dans des secteurs apparentés et même des concurrents. Ces réseaux ont entre autres pour fonction de réduire les coûts, d'obtenir des économies d'échelle, de partager les risques, d'accéder à des technologies innovantes, d'accroître la flexibilité face à des environnements changeants marqués par la complexité, l'interdépendance et le dynamisme. Voilà autant de lieux d'intervention (de surveillance) qui peuvent échapper – en partie du moins – au champ de compétence des dirigeants. Cette réalité qui s'étend à un nombre croissant d'entreprises suscite des questionnements. Ainsi, à quelles formes de contrôle convient-il de recourir dans le cas d'une **organisation en réseau** ? Il s'agit de « passer d'une **coordination** par le **contrôle** à une **régulation** par la **coopération** » (Pesqueux, 2002, p. 220 ; c'est nous qui soulignons), à moyen comme à long terme, au sein du réseau où s'établit dans le temps la **confiance** et où émerge une **finalité commune.**

Quand les partenaires doivent s'efforcer de faire en sorte que leurs activités respectives ne viennent pas perturber celles des autres, l'autoévaluation s'avère-t-elle encore la panacée ? N'y a-t-il pas un danger que les écarts enregistrés chez les uns aient des répercussions chez les autres ? Chose certaine, l'entreprise devra s'efforcer d'adopter une approche lui permettant de gérer les exigences des divers acteurs de son environnement, d'évaluer dans quelle mesure elle trouve son compte dans les diverses collaborations et d'envisager les voies les plus susceptibles de produire une collaboration efficace.

Dans la perspective de la gouvernance, tous les partenaires de l'entreprise ont avantage à ce que chacun d'entre eux maintienne ses activités. Leur intérêt est donc de coopérer plutôt que de subir les coûts engendrés par les conflits. Cette coopération amène alors les dirigeants à considérer l'entreprise comme un équilibre organisationnel résultant d'un jeu de type coopératif. Cet équilibre n'est envisageable que si des contrôles permettant d'évaluer l'efficacité des rapports entre parties prenantes sont effectués de façon permanente.

Enfin, au-delà des frontières des réseaux d'entreprises, ce sont les mécanismes de **gouvernance** territoriale, politique (lois nationales et internationales), sectorielle et professionnelle (codes professionnels, référentiels techniques) qui prennent le relais pour négocier et réguler les comportements acceptables à une échelle nationale ou internationale.

Partie III
La pratique du management à l'ère de la société du savoir

Chapitre 6
Le management de l'innovation : création, invention, exploitation des idées nouvelles

Chapitre 7
De l'économie industrielle à l'économie du savoir : le management des connaissances

Chapitre 6

Le management de l'innovation : création, invention, exploitation des idées nouvelles

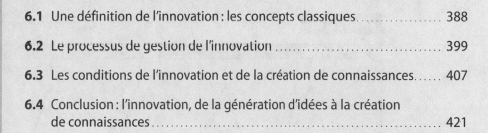

6.1 Une définition de l'innovation : les concepts classiques 388

6.2 Le processus de gestion de l'innovation 399

6.3 Les conditions de l'innovation et de la création de connaissances 407

6.4 Conclusion : l'innovation, de la génération d'idées à la création
de connaissances 421

>> *Que sera cette innovation : une nouveauté éventuellement toute tempo-raire et funeste à une clientèle finalement subjuguée, ou une nouveauté propice à l'augmentation durable du produit réel global mis à la disposition de la collectivité ?* >>

(Perroux, 1964, p. 454)

D ans la perspective schumpétérienne (Foray, 2000 ; Plihon, 2003), le capitalisme est un système qui se transforme constamment par le truchement de longs cycles. Le fondement et le ressort de sa dynamique sont l'innovation et les mutations technologiques. Ainsi, les phases de croissance économique résultent de l'apparition périodique d'innovations technologiques fondamentales, telles qu'illustrées dans la figure 6.1. Celles-ci engendrent des gains de productivité importants pour les entreprises et de nouveaux produits propices à l'établissement de nouveaux pouvoirs de marché dans un univers de concurrence imparfaite. Lorsque le potentiel de développement de ces innovations technologiques s'émousse, une période de crise s'installe et dure jusqu'à ce que d'autres innovations prennent le relais en vertu d'un phénomène de « destruction créatrice ». Cette dynamique de renouvellement serait liée, selon Schumpeter[1], à l'existence d'un groupe social singulier : les entrepreneurs. Poussés, entre autres, par la recherche du profit ou, plus encore, par une volonté de puissance dans une société très inégalitaire entre propriétaires des capitaux et salariés, ces entrepreneurs capitalistes introduiraient sans cesse de nouvelles techniques (ou produits) plus performantes sur le marché et dans la société.

FIGURE 6.1 Les innovations technologiques et les longs cycles du capitalisme

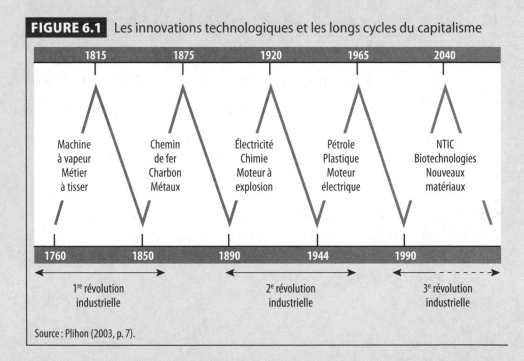

Source : Plihon (2003, p. 7).

Depuis le XIXe siècle, cette théorie de l'innovation, bien que fort controversée[2], s'est imposée chez les économistes, les sociologues et les gestionnaires de l'innovation.

---

1. Joseph Schumpeter (1883-1950), économiste autrichien.

2. Par exemple, la figure de l'entrepreneur fait l'objet d'un débat dans la mesure où, en pratique, « l'entrepreneur » se lance rarement seul en affaires.

Le terme « innovation » est quant à lui très ancien et sa perception, à travers les époques, est empreinte de dualité. L'innovation est en effet une notion éminemment sociale (Alter, 2000 ; Cros, 2002), puisqu'elle touche à la remise en cause de normes ou de règles établies par l'entremise, entre autres, de nouvelles technologies ou de nouveaux produits. Par contre, elle n'est pas nécessairement perçue comme une source de progrès. Il y a là de quoi diviser depuis toujours les tenants du progrès technologique et les gardiens d'un certain ordre social, voire de la tradition (*voir l'encadré 6.1*).

ENCADRÉ 6.1 Des définitions historiques de l'innovation et du progrès

Il est intéressant de décoder dans les définitions de l'innovation, parues dans le premier dictionnaire encyclopédique à la fin du XVIIe siècle, la connotation négative de l'innovation[a] :

Innovation : « Changement d'une coutume, d'une chose établie depuis longtemps. En bonne politique, toutes les innovations sont dangereuses. Les innovations en matière de religion aboutissent à des schismes, à des guerres civiles. »

Innover : « Changer une chose déjà établie pour lui en substituer une nouvelle. Pour vivre en paix, il ne faut rien innover, ni dans l'État, ni dans la Religion. Quand il y a des défenses de passer outre en une affaire, il ne faut rien innover pendant le procès. »

Ces définitions reflètent le débat fondamental, et ce, depuis l'Antiquité, qui a cours entre progrès technique et progrès moral. La perception du progrès aurait changé depuis l'Antiquité. La représentation du monde que se faisaient les Grecs anciens était celle d'un monde stable, et l'évolution y était synonyme de décadence par rapport à un âge d'or décrit par Hésiode au VIIIe siècle av. J.-C. En effet, selon l'œuvre d'Hésiode intitulée *Les travaux et les jours*, au premier âge de l'humanité, hommes et dieux vivaient en parfaite harmonie dans une nature généreuse. La curiosité humaine, la quête des connaissances, qu'incarne Prométhée, demi-dieu qui vola le secret du feu pour le donner aux hommes, était controversée. Thucydide,

l'historien de la Grèce classique, observe au contraire au Ve siècle av. J. C. que le progrès technique est devenu une source d'évolution continue de la société, qui s'en émerveille. Un renversement s'opère ainsi dans la perception du progrès technique, et ce sont les âges anciens qui sont alors perçus comme étant noirs ou barbares. Mais Thucydide est sceptique quant à l'existence d'un progrès moral, en particulier devant les effets dévastateurs des techniques militaires mises au point durant la guerre du Péloponnèse entre Athènes et Sparte. Saint Augustin (354-430), évêque d'Hippone, considère pour sa part que le progrès résulte de la capacité de s'orienter vers le bien et de donner un sens à l'Histoire (et à ses désastres). Il consiste en une croissance spirituelle, par essence harmonieuse, de l'humanité, donc de la personne et de la collectivité. Cette ambivalence à propos du progrès figure dans de nombreux écrits philosophiques. Au XXe siècle, par exemple, le philosophe Hans Jonas, dans *Le principe responsabilité* (1979), utilise la métaphore du mythe de Prométhée pour évoquer les risques inconsidérés qui peuvent être liés aux conséquences de certains comportements humains, et surtout de certains choix techniques sur l'équilibre écologique, social et économique de la planète.

a. Définitions extraites du dictionnaire d'Antoine Furetière (1690), disponible sur le site de la Bibliothèque Nationale de France, [En ligne], http://gallica2.bnf.fr/, projet Gallica, vue 1102 (Page consultée le 1er mars 2010)

Dans ce chapitre, nous décrirons donc l'innovation comme étant « **le processus de création, invention et exploitation des idées nouvelles** » **par et pour les humains dans la sphère socioéconomique** (Morand et Manceau, 2009, p. 32). La première section du chapitre aborde les définitions classiques de l'innovation et ses manifestations, et approfondit certains concepts de base que nous avons vus succinctement dans le chapitre 2 lors de la description de l'environnement technologique de l'entreprise. La deuxième section décompose le processus de gestion de l'innovation. Enfin, la troisième section présente les conditions qui favorisent l'innovation, la création de connaissances, et fournit quelques clés qui seront utiles à la gestion de l'innovation.

6.1 Une définition de l'innovation : les concepts classiques

L'innovation, c'est l'art d'intéresser un nombre croissant d'alliés qui vous rendent de plus en plus fort.

(Akrich, Callon et Latour, 1988a, p. 17)

La qualité des produits ou des services et la maîtrise des coûts ne sont plus des atouts suffisants pour affronter la concurrence (Loilier et Tellier, 1999), en particulier dans les sociétés marquées par l'hypercompétition (D'Aveni, 1994) et dans des environnements techno-économiques turbulents et dynamiques où les marchés évoluent à un rythme accéléré. Dans la société contemporaine, l'innovation, la création de connaissances et la capacité de changement font donc partie des déterminants clés de la compétitivité et de la croissance des entreprises. L'innovation, en particulier, est la seule compétence distinctive, au sens où l'entendent Prahalad et Hamel (1990), permettant de s'affranchir des barrières imposées par les concurrents et de conserver ou de créer des avantages concurrentiels dans des marchés sans cesse renouvelés (Porter et Stern, 2001).

> L'innovation : moteur de la croissance

Il est généralement admis (*voir la figure 6.2*) que l'entreprise, en valorisant les innovations dans les processus ou les produits, est à même d'améliorer la structure de ses coûts relatifs ou la qualité relative de son offre, et donc d'augmenter son capital d'image (sa réputation, son image, la notoriété de ses marques de commerce) tout comme la valeur relative de ses produits et ainsi d'accroître ses parts de marché. À l'ère de l'économie fondée sur la connaissance, l'innovation participe du progrès technique et elle construit et augmente aussi le capital intellectuel de l'entreprise. En effet, la personne reste au cœur de l'innovation, qui est avant tout un processus de création et de partage des connaissances.

FIGURE 6.2   Les liens entre innovation et performance économique

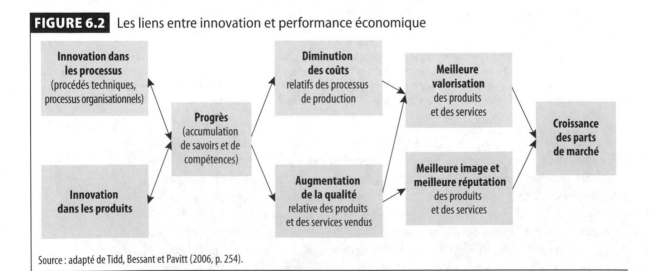

Source : adapté de Tidd, Bessant et Pavitt (2006, p. 254).

6.1.1 L'innovation technologique, commerciale, organisationnelle et stratégique

Dans une perspective stratégique, plusieurs auteurs s'accordent aujourd'hui à rassembler les positions des tenants des deux approches de l'innovation, la décrivant à la fois comme un **résultat** et comme un **processus.** Ce processus peut être rattaché à la création de nouveaux produits, de nouveaux procédés ou services, de nouveaux modèles d'affaires, de nouveaux modes d'organisation ou de nouvelles routines dans l'organisation (Dosi, 1982 ; Teece, 1989 ; Tarondeau, 1994). Il s'agit donc d'un processus de changement (Bernoux, 2004) dans l'articulation des ressources de l'entreprise.

> L'innovation est plus qu'un résultat ; c'est un processus de transformation.

Ainsi, l'innovation consiste souvent en la **mise au point de nouveaux produits,** présentant au moins une caractéristique inédite par rapport à l'offre existante, cette caractéristique étant perçue comme telle par l'utilisateur. Néanmoins, **l'innovation dans les produits** est souvent inséparable de **l'innovation dans les procédés,** c'est-à-dire de la mise au point de nouveaux procédés industriels ou de nouvelles technologies pour réduire les coûts de production des biens et des services associés aux procédés existants ou pour permettre la conception de nouveaux produits, services et procédés. Enfin, l'innovation dans les produits ou les procédés peut aussi être accompagnée d'une **innovation organisationnelle,** à savoir de nouveaux processus d'organisation dans l'entreprise. Ainsi, on peut distinguer quelques grands types d'innovations (Barreyre, 1975), dont les suivants :

- Les **innovations technologiques** comprennent les nouveaux matériaux (par exemple, le formica, l'acier inoxydable et, plus récemment, le polyéthylène extrudé servant au thermoformage des bouteilles en plastique), les nouveaux ingrédients (par exemple, la chitosane extraite de la carapace de la crevette et dotée de multiples applications industrielles, les protéines animales incorporées dans la viande reconstituée), les nouvelles sources d'énergie (par exemple, la bioénergie tirée des traitements de récupération de la biomasse), les nouveaux composants (par exemple, la puce à ADN utilisée pour la recherche génomique), les nouveaux systèmes complexes (par exemple, la communauté de programmation Linux, les jeux électroniques multimédias, l'algorithme de compression audio MP3), les nouvelles combinaisons technologiques de procédés connus (par exemple, le téléphone cellulaire, le laser, le DVD et l'identification par radiofréquence ou RFID), les nouveaux produits finis fondés sur des applications innovantes de quelques principes simples (par exemple, le stylo à bille, l'appareil photo jetable, le rasoir à lames interchangeables, la brosse à dents électrique, la motoneige), les nouveaux modes de conditionnement (par exemple, les produits en tube ou en aérosol, les produits alimentaires solubles, le conditionnement longue durée à ultra-haute température, les aliments surgelés à l'azote liquide) ou encore les nouveaux procédés utilisant de nouveaux équipements de fabrication (par exemple, l'ultrafiltration du lait, l'extrusion, la découpe au laser des matières textiles et alimentaires).

- Les **innovations commerciales** portent sur les fonctions de distribution et de marketing. Elles peuvent consister en de nouveaux modes de présentation d'un produit ou d'un service (des livres en format de poche, des cyberjournaux et de l'information à télécharger, des emballages individualisés, etc.), de nouveaux modes de distribution (la distribution automatique, la livraison à domicile, la location de services ou d'équipements, etc.), de nouvelles applications d'un produit connu (le nylon, la chitosane, etc.), de nouveaux moyens de promotion des ventes (les bannières commerciales, les portails de vente en ligne, etc.), de nouveaux systèmes commerciaux (les systèmes libre-service, les programmes de fidélité des grandes surfaces, le paiement en ligne, etc.).

L'innovation peut être technologique, commerciale, organisationnelle ou stratégique.

- Les **innovations organisationnelles,** comme leur nom l'indique, portent sur l'organisation de l'entreprise, de son processus d'administration aux modalités de son développement (par exemple, les méthodes de gestion qui se sont succédé depuis l'organisation scientifique du travail conçue par Taylor au XIXe siècle, la gestion participative par objectifs et l'instauration de la démocratie participative dans l'entreprise, l'informatique de gestion, la réingénierie avec l'implantation des nouvelles technologies de l'information et de la communication [NTIC] dans l'entreprise, le franchisage appliqué à l'hôtellerie, les organisations en réseau) (*voir également, dans le chapitre 2, la figure 2.7, p. 140*). Précisons qu'une innovation organisationnelle pour une entreprise (par exemple, le passage d'une forme autocratique à une forme démocratique de gestion) peut être une nouveauté pour l'entreprise sans en être une pour d'autres entreprises ni s'appuyer sur des idées radicalement nouvelles. Les innovations organisationnelles peuvent consister en la mise en œuvre d'idées existantes qui ont la capacité de révolutionner les pratiques de l'entreprise ou d'y modifier les rapports sociaux.

- Les **innovations stratégiques dans les modèles d'affaires** sont, pour leur part, une véritable réinvention des choix stratégiques de l'entreprise, et en particulier de ses sources de revenus, au moyen de la redéfinition de sa mission, de ses activités, de ses compétences distinctives et de la structure de ses coûts. Ainsi, comme nous l'avons vu dans le chapitre 2, les compagnies aériennes à bas prix, le journal *Métro* (gratuit et entièrement financé par la publicité), Bixi (un système de location-partage de vélos à Montréal) et Communauto (un système de location-partage de voitures au Québec) sont des innovations dans les modèles d'affaires fondées sur de nouvelles structures de tarification.

6.1.2 L'innovation incrémentale ou radicale

Les différents changements dont il vient d'être question peuvent avoir une intensité variable (Durand, 1992 ; Tidd, Bessant et Pavitt, 2006) dans un continuum allant de l'innovation **incrémentale** (faire ce que l'on sait faire, mais mieux) à l'innovation **radicale** (faire quelque chose de complètement différent ou faire différemment). En effet, les innovations modifient plus ou moins le jeu concurrentiel, les caractéristiques des marchés de consommation, les compétences technologiques et organisationnelles des entreprises en place et plus globalement les institutions sociétales (Abernathy et Clark, 1985). Les innovations relatives ou mineures ou encore les innovations **incrémentales** consistent souvent en une amélioration graduelle des caractéristiques d'un produit, d'un procédé, d'un processus ou de la prestation d'un service. Cette amélioration successive se fait par le truchement de l'intégration répétée des expériences et des apprentissages des concepteurs ou des utilisateurs de cette innovation sans recourir à des compétences ou à des savoir-faire profondément nouveaux, ni impliquer des progrès techniques majeurs. Ces innovations permettent d'entretenir un effet de différenciation de l'offre auprès des consommateurs. On peut valoriser la nouveauté auprès de ces derniers tout en minimisant les risques liés à l'introduction commerciale d'un produit nouveau. Citons à titre d'exemples la variété des formats (l'individualisation des portions), l'amélioration écologique des matériaux d'emballage (les matériaux recyclables), l'augmentation de la capacité de stockage de données des supports numériques (disquette, cédérom, DVD, clé USB, etc.) ou l'accroissement de la puissance des générations successives de microprocesseurs.

À l'autre extrême du continuum, on parle d'une innovation de rupture, d'une innovation majeure ou **radicale.** Cette forme d'innovation consiste à élaborer et à mettre en œuvre des connaissances technoscientifiques et des savoir-faire nouveaux pour révolutionner les performances de l'offre de l'entreprise. Ce genre d'innovation est nettement moins fréquent que l'innovation incrémentale. Par contre, elle est souvent qualifiée d'**innovation de rupture,** car elle peut entraîner des mutations techniques, concurrentielles et sociales considérables. Elle est en effet susceptible de donner naissance à de nouvelles industries (par exemple, l'industrie des processeurs informatiques, d'Internet, des téléphones cellulaires, de la photographie numérique), de modifier les caractéristiques de la demande et des règles du jeu concurrentiel (pensons à l'impact sur les standards de prix du remplacement d'un produit – ou d'une technologie – par un autre, comme les vidéocassettes par les DVD), voire des pratiques sociales (par exemple, la déstructuration des trois repas familiaux traditionnels avec la multiplication des produits alimentaires industriels élaborés et des produits de grignotage, la croissance de la formation scolaire à distance avec l'amélioration des technologies de la communication multimédia ou l'expansion du télétravail avec le développement des NTIC).

> L'innovation peut révolutionner la concurrence et la société.

6.1.3 La dynamique de l'innovation

L'innovation suit une dynamique cyclique où des vagues d'innovations dans les produits et les procédés se succèdent ou agissent en partie concurremment (Utterback, 1994) (*voir la figure 6.3, p. 392*). Aux machines à écrire manuelles se sont substituées les machines à écrire électriques, puis les ordinateurs dotés de logiciels de plus en plus sophistiqués de traitement de texte ; dans le domaine de la réfrigération, à la glace naturelle s'est substituée la glace fabriquée par une machine, puis la réfrigération électromécanique et aujourd'hui le conditionnement aseptique ; dans le domaine de l'éclairage, les lampes à huile et les bougies ont fait place à l'éclairage au gaz, puis à l'éclairage électrique et plus récemment aux lampes fluorescentes ; dans le domaine de la photographie, le daguerréotype est un des ancêtres de la photographie argentique, qui est maintenant supplantée par la photographie numérique, et la liste pourrait s'allonger.

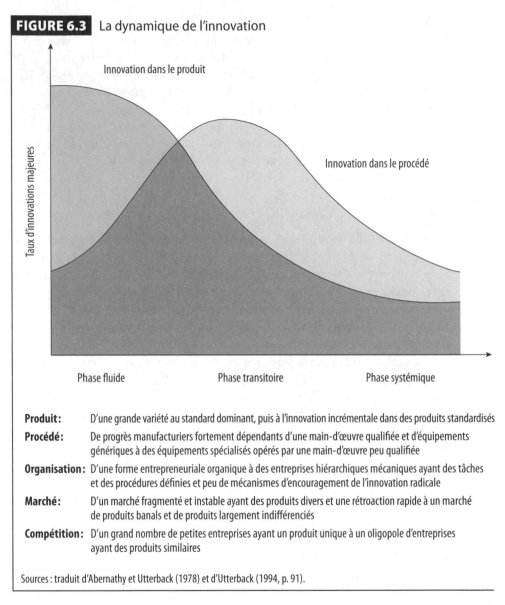

FIGURE 6.3 La dynamique de l'innovation

Produit :	D'une grande variété au standard dominant, puis à l'innovation incrémentale dans des produits standardisés
Procédé :	De progrès manufacturiers fortement dépendants d'une main-d'œuvre qualifiée et d'équipements génériques à des équipements spécialisés opérés par une main-d'œuvre peu qualifiée
Organisation :	D'une forme entrepreneuriale organique à des entreprises hiérarchiques mécaniques ayant des tâches et des procédures définies et peu de mécanismes d'encouragement de l'innovation radicale
Marché :	D'un marché fragmenté et instable ayant des produits divers et une rétroaction rapide à un marché de produits banals et de produits largement indifférenciés
Compétition :	D'un grand nombre de petites entreprises ayant un produit unique à un oligopole d'entreprises ayant des produits similaires

Sources : traduit d'Abernathy et Utterback (1978) et d'Utterback (1994, p. 91).

Les industries suivent des cycles de vie variables selon l'évolution du cycle de vie des produits et du cycle de vie des procédés qui les caractérisent (*voir le chapitre 2*). Bien souvent (mais pas toujours, les deux cycles étant liés), on observe d'abord, en phase d'émergence d'une industrie, des périodes d'innovation intense dans les produits durant lesquelles les entreprises créent et modifient avant tout les fonctionnalités des produits qu'elles commercialisent avant que ne s'établisse un **standard dominant.** C'est le cas, par exemple, du clavier QWERTY, de la norme VHS de JVC (par rapport à la norme Betamax de Sony) pour la vidéo, du système d'exploitation informatique Windows Microsoft (par rapport à Mac OS ou à Open Office), du navigateur Netscape par rapport à Internet Explorer au début d'Internet et, plus récemment, du Blu-ray (par rapport au DVD HD), de l'interface USB ou encore

> Innovation dans le produit et innovation dans le procédé sont liées.

du fichier MP3 pour la musique. Ces phases d'innovations dans les produits sont suivies de périodes d'innovations à caractère technologique qui visent à améliorer la structure des coûts des produits ou des services nouveaux alors que se multiplient le nombre de clients mais aussi le nombre de concurrents dans le marché en cas de succès (*voir le tableau 6.1*).

TABLEAU 6.1 L'émergence du standard dominant : conditions précédant et suivant le design

Conditions	Prédesign dominant	Postdesign dominant
Nombre d'entreprises	Élevé et croissant, car les barrières à l'entrée sont inexistantes ou peu élevées (fluidité concurrentielle)	Tend à décroître rapidement (riqidité des positions concurrentielles)
Axes de concurrence	Recherche du design dominant	Recherche de l'efficience manufacturière
Priorités de la R et D dans les firmes	Vise à trouver une configuration de produit ou service qui plaît au marché et que celui-ci va élire	Vise à améliorer l'efficience du processus de production/servuction afin de réduire les coûts
Technologie	Plusieurs technologies sont en concurrence (= incertitude technologique)	Une technologie a pris le pas sur les autres
Contours de l'offre	Imprécis, en recherche	Figés, stabilisés
Fonctions clés	R et D, et recherche marketing	Industrie et marketing de masse
Moyens de production	Adaptés à de petits volumes, *i.e.* de type plutôt artisanal ou laboratoire	Adaptés à de forts volumes, *i.e.* de type authentiquement industriel
Coûts de production	Critère de concurrence de second plan : ils peuvent varier fortement d'un producteur à l'autre	Premier critère de compétitivité : les écarts entre concurrents restant en lice tendent à se réduire
Segments de clients	Innovateurs précoces (peu sensibles au prix)	Marché de masse (sensible au prix)
Politiques de marketing	Attaque de segments spécifiques et ciblage des innovateurs précoces	Attaque de marchés de masse et ciblage du grand public

Source : Jolly (2008, p. 18).

Abernathy et Utterback (1978) ont ainsi montré que, dans le cas de l'automobile, la compétition initiale portait d'abord sur les fonctionnalités du produit, comme la motorisation (moteur à essence, électrique, à vapeur), la position du moteur (à l'avant ou à l'arrière) ou le nombre de roues (trois, quatre, etc.), avant que le design dominant de la voiture à quatre roues et à moteur à essence placé à l'avant du véhicule ne s'impose avec la Ford T, lancée en 1908. Ce design est aujourd'hui remis en question avec la pression qu'exercent les tenants du développement durable afin que l'on conçoive des modèles plus écologiques. Au début du xxᵉ siècle, c'est ensuite avec l'innovation majeure dans les procédés que constitua la chaîne de montage que Ford s'assura d'une avance concurrentielle en optimisant le coût de construction du standard des automobiles. Bien souvent, lorsque l'industrie est en période de maturité, les industriels, de moins en moins nombreux, se battent sur le terrain de l'innovation dans les procédés pour tenter de dégager le plus d'économies d'échelle et d'envergure possible.

De la même façon, dans le secteur informatique, il y aurait eu plus de 425 fabricants d'ordinateurs personnels entre 1975 et 1988, et de nombreuses innovations dans les fonctionnalités des produits (capacité de la mémoire vive, mode de stockage des données sur cassette, disque souple, clavier intégré ou externe, systèmes d'exploitation propriétaire, etc.) avant que ne s'établisse la norme du microprocesseur Intel PC d'IBM couplé au système d'exploitation Windows de Microsoft (Jolly, 2008). Une fois ce standard établi, c'est ensuite Dell qui a gagné la course dans le marché, à la fin des années 1990, devant IBM avec l'innovation dans les processus. Cette firme avait proposé une offre de PC ciblée pour de gros clients de type entreprises et institutions (éducation et gouvernements), offre également la plus compétitive avec un modèle d'affaires innovant fondé sur l'assemblage personnalisé et en juste-à-temps de composants de faible coût, fournis par des sous-traitants efficients.

> Dans les sociétés du savoir, les sciences se complexifient et le rythme de l'innovation s'accélère.

Dans le domaine du vivant, depuis les années 1990, avec l'avènement de la troisième génération des sciences du génome (génomique, protéomique, etc.), poussée par les progrès de l'informatique et des nanosciences, on constate en outre que le mode d'évolution des connaissances scientifiques est de plus en plus complexe, accéléré et **transdisciplinaire**[3] (Saives, Desmarteau et Seni, 2005). Ainsi, l'industrie pharmaceutique ne cesse de se restructurer autour d'un nouvel acteur qu'est la recherche biotechnologique pour améliorer le processus de découverte des médicaments de l'avenir (Saives *et al.*, 2005). Dans le secteur des télécommunications (Petit, Brousseau et Phan, 1996; Roux, 2000), nous sommes témoins d'un rythme grandissant de substitution par rupture/intégration de nouvelles technologies (téléphonie numérique, par fibre optique, satellitaire, par protocole Internet, etc.). On observe globalement que le **rythme de l'innovation** s'accélère depuis deux siècles. Le temps qui sépare une invention d'une innovation est ainsi passé de

---

3. **Transdisciplinarité :** «Démarche scientifique qui dépasse les frontières d'une discipline.» «En ce qui concerne la transdisciplinarité, il s'agit souvent de schèmes cognitifs qui peuvent traverser les disciplines, parfois avec une virulence telle qu'elle les met en transes» (Morin, 1990a, p. 29).
Interdisciplinarité : «Approche de problèmes scientifiques à partir des points de vue de spécialistes de disciplines différentes», qui dialoguent et échangent des connaissances, des analyses ou des méthodes.
Pluridisciplinarité : addition des contributions «de plusieurs disciplines, plusieurs domaines de recherche» autour d'un thème commun où les spécialistes conservent chacun leurs concepts et leurs méthodes (Source : *Le Trésor de la langue française*).

80 ans en moyenne en 1800[4] à moins de 10 ans en 2000, alors que la durée de vie des produits, qui était de 20 ans en moyenne en 1950, serait à présent de 5 ans (Devalan, 2006). Ces vagues d'innovations s'insèrent dans un processus de changement où l'innovation dans le produit précède souvent l'innovation dans le procédé (*voir la figure 6.3, p. 392*).

La performance d'une entreprise innovante dépend alors de sa capacité de détecter les vagues successives d'innovations, leur force de « **destruction créatrice** » des innovations en place (selon les termes de Schumpeter) ainsi que la **transilience** de ces innovations nouvelles (Abernathy et Clark, 1985), c'est-à-dire leur propension à modifier considérablement, voire à redéfinir, les ressources, les compétences et les relations des entreprises, pour s'y adapter et, mieux, les anticiper. Le **dilemme stratégique** du gestionnaire innovateur (Christensen, 1997) réside dans la difficulté à cerner à quel moment et de quelle manière on peut passer d'un cycle de développement d'une technologie à un autre, notamment pour éviter une obsolescence et un déclin rapides d'une activité menacée par ses substituts (*voir la figure 6.4*).

FIGURE 6.4   Le dilemme stratégique de l'innovateur : cycle de vie d'une technologie et innovation

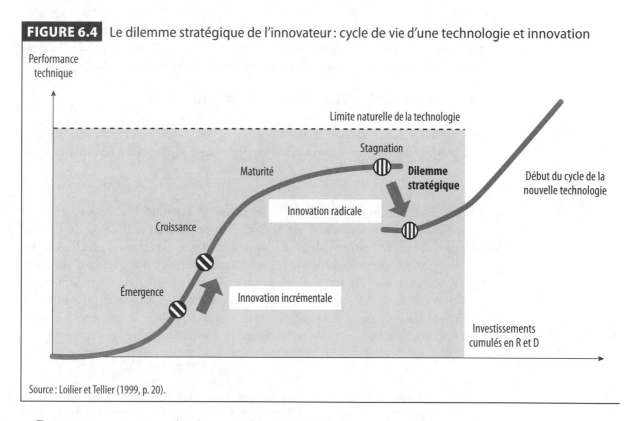

Source : Loilier et Tellier (1999, p. 20).

Pouvait-on prévoir que la photographie, qui était l'apanage de professionnels au XVIIIe siècle, car elle requérait un équipement très dispendieux, allait se démocratiser

---

4. Ainsi, il a fallu plus de 100 ans à l'automobile ou au téléphone inventés au XIXe siècle pour s'imposer auprès de plus de 70 % des foyers américains.

avec l'invention par Eastman de l'appareil Kodak très simple d'utilisation[5] ? Puis que le marché muterait massivement de la photographie argentique à la photographie numérique avant la fin du xxᵉ siècle ? Que le courrier électronique, initialement réservé aux cercles étroits militaires puis universitaires, allait détrôner les services postaux en matière de communication personnelle ? Qu'amazon.com allait révolutionner le métier de libraire traditionnel ? Que Google et les autres moteurs de recherche Internet allaient détrôner les annuaires divers du type *Pages Jaunes* ? Que le glucomètre portatif individuel allait éclipser les services hospitaliers de test sanguin ? Que le plastique, pourtant inférieur en qualité au bois ou au verre, allait supplanter ces deux matériaux dans bien des domaines dont l'emballage ? À titre d'illustration, la valeur en Bourse de certaines compagnies publiques américaines innovantes faisant partie de la liste des « 500 » du magazine *Fortune* repose majoritairement sur la valeur de réalisation de leurs nouveaux investissements plutôt que sur la valeur de leurs actifs existants : la valeur estimée de Dell Computer reposait à 78 % sur de nouveaux investissements en 2002, celle de Johnson & Johnson, dans le domaine pharmaceutique, à 66 %, celle de Procter & Gamble, à 62 %, celle de General Electric, à 60 %, celle de Lockheed Martin, à 59 %, celle d'Intel, à 49 % et celle de Pfizer, à 48 % (Christensen et Raynor, 2003, p. 6). **Ainsi, les entreprises engagent constamment un pari sur l'avenir et développent de nouvelles connaissances pour prévenir leur éviction du marché par des technologies concurrentes.**

6.1.4 Une distinction entre invention et innovation

Ce qui permet à une invention de se développer, de se transformer en innovation, c'est donc la possibilité de la réinventer, de lui trouver un sens adapté aux circonstances spécifiques d'une action, d'une culture, ou d'une économie.

(Alter, 2004, p. 70)

Les idées novatrices ne se transforment cependant pas toutes en un succès commercial. On doit à l'économiste hétérodoxe Schumpeter la définition de l'**innovation comme première introduction commercialement réussie d'une invention** (nouveau produit, nouveau procédé ou nouveau système) ainsi que la distinction entre « innovation » et « invention ». L'**innovation** est en quelque sorte la mise en application fructueuse, la sanction positive ou encore le jugement approbateur de l'utilisateur d'un nouveau concept, d'une découverte ou d'une invention. Quant à l'**invention,** elle consiste en une idée, un projet, un plan, un prototype, un pilote plus ou moins fiable techniquement et pensé comme une solution

---

5. La *simple point and shoot Brownie camera* mise en marché en 1900 consistait en une sorte de boîte noire facile à utiliser avec laquelle les consommateurs pouvaient eux-mêmes prendre des photos. Elle fut conçue dans la foulée de l'invention par Eastman du film photographique en rouleau en 1883. L'entreprise Kodak, fondée par Eastman en 1888, développait ensuite le film photographique argentique, rechargeait l'appareil avec un nouveau rouleau et renvoyait le tout par courrier à ses usagers pour leur éviter de devoir s'équiper d'un matériel de laboratoire et d'une chambre noire. Cela explique le slogan de Kodak à l'époque : « Vous appuyez sur le bouton et nous faisons le reste. »

potentiellement utile ; bref, l'invention, « c'est tout ce qui précède la première et incertaine rencontre avec le client et le jugement qu'il rendra » (Akrich, Callon et Latour, 1988b). Néanmoins, les inventions, bien que leur développement soit une source de coûts, ne sont pas forcément mises en marché, et l'histoire fourmille d'exemples d'inventions dans le monde entier qui n'ont pas dépassé le stade du laboratoire ou du garage de l'inventeur (Baumol, 2002). Dans la perspective capitaliste schumpétérienne, où ce sont les changements technologiques qui modifient principalement la structure et la croissance de l'économie (Scherer, 1999), il n'y a de création de valeur dans l'activité de création technologique que s'il y a une **innovation** permanente, c'est-à-dire une transformation économique soutenue de l'**invention**[6]. L'innovation représente donc l'articulation de deux univers technique et économique, à savoir :

> Celui de la découverte, qui se caractérise par une certaine indépendance vis-à-vis des contraintes externes, et celui de la logique de marché et/ou d'usage social, qui représente le moyen de tirer profit de ces inventions. L'inventeur ou le concepteur (d'un objet ou d'une organisation) peuvent être des génies dénués de sens pratique, mais pas l'innovateur, qui se charge de trouver un marché ou un usage à ces découvertes. Cette articulation est souvent lente, semée d'embûches et parfois erratique (Alter, 2000, p. 8-9).

Précisons d'emblée la signification ambiguë du mot « découverte », qui renvoie à la fois à la science et à la technologie. Si l'invention se fonde souvent sur la technologie, il ne faut pas confondre technologie et science, même si elles sont fortement liées. Selon une perception dominante[7], là où la **science** (et ses chercheurs) vise à **découvrir,** à comprendre et à développer des connaissances (plus ou moins) universelles et des théories du réel (*voir la figure A de l'encadré 6.2, p. 398-399*), la **technologie** (et ses ingénieurs) essaie d'**inventer,** par un double processus de construction et de destruction créatrice de l'existant, de nouveaux produits, procédés ou modèles de création de valeur (Scherer, 1999 ; Baumol, 2002). Comment se rencontrent ensuite la **technologie** et le **marché** ? Au sein d'un environnement économique, politique, social et juridique sélectif (Wiener, 1996), les compétences distinctives des entreprises émergent de leur capacité d'appliquer les concepts inventés, de concevoir une mission stratégique potentiellement utile aux consommateurs et à une société, de contrôler les plans, de rendre routiniers les processus de leur mise en œuvre et, enfin, de spécialiser, d'imposer et d'entretenir leurs connaissances autour de ces technologies pour en faire le fondement pérenne de leurs activités (Saives, Desmarteau et Seni, 2003 ; Saives *et al.*, 2005)[8].

> Toutes les inventions tirées d'idées nouvelles ou réactualisées ne deviennent pas des innovations.

---

6. Voir Scherer (1999), Baumol (2002), ainsi que les théoriciens évolutionnistes des capacités dynamiques, notamment Dosi (1982), Nelson et Winter (1982), Utterback et Suarez (1993).

7. Convenons qu'il s'agit ici de la vision très répandue et dominante d'une science positiviste et qu'il ne faut pas exclure d'autres perspectives de création de connaissances plus constructivistes.

8. Pour contourner ce risque, Apple a créé un modèle de commercialisation des inventions original pour les applications iPhone et iPod. En effet, celles-ci sont conçues et programmées par un réseau de 28 000 développeurs externes auxquels reviennent 7 % des revenus générés par la vente de ces applications téléchargeables en ligne. Voir [En ligne], www.gigaom.com, E. Staff, *The Apple App Store Economy* (Page consultée le 12 janvier 2010)

Dans la perspective schumpétérienne, l'innovation est le fruit de la créativité des entrepreneurs, porteurs de projets particuliers sachant conjuguer les risques avec les idées nouvelles ou «actualisées» pour transformer des découvertes, des inventions et des projets en produits ou en services valables, à force de passion et de motivation. Néanmoins, dans une perspective plus moderne, la gestion de l'innovation et la mise en relation du marché et des nouveautés technologiques sont plus souvent le résultat d'une **activité collective** que le monopole d'une seule personne, aussi inspirée et obstinée soit-elle (Akrich, Callon et Latour, 1988a, p. 5). Aussi, nous décompose-rons dans la prochaine section le processus d'innovation et ses acteurs.

ENCADRÉ 6.2 La distinction entre art, science et technologie

«C'est d'abord un lien logique qui relie la technologie et la science (Seni, 1990) (*voir la figure A*). La science est à la vérité objective ce que la technologie est à la valeur de contrôle. En établissant des liens inattendus (Bronowski, 1958, p. 63) entre idées, la science vise à découvrir des connaissances universelles au moyen de théories de façon à résoudre les questions (de l'ordre du pourquoi?) posées par la réalité objective de la nature. À partir de liens inattendus entre artefacts, la technologie vise la réalisa-tion de progrès spécifiques pour résoudre des problèmes (de l'ordre du comment faire?), au moyen de l'invention de plans (recettes, systèmes de règles) qui puissent être

FIGURE A Des sciences aux technologies

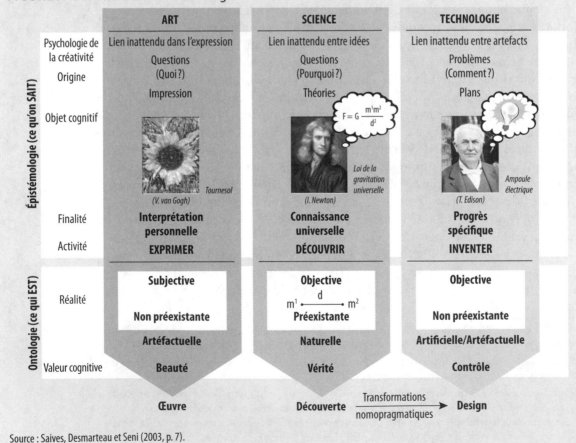

Source : Saives, Desmarteau et Seni (2003, p. 7).

> **ENCADRÉ 6.2 La distinction entre art, science et technologie** (*suite*)

contrôlés. C'est alors une série de transformations logiques dites nomopragmatiques qui permettent le passage logique de la théorie (découverte) au design (Seni, 1990) » (Saives, Desmarteau et Seni, 2003, p. 7-8). »

Classiquement, l'innovation est présentée comme un point de rencontre entre **science, technologie** et **marché** (Le Bas, 2004, p. 40). La technologie ne dérive cependant pas nécessairement de la science. Elle s'est développée parallèlement à la science, parfois en la précédant. Cependant, on constate aujourd'hui que les deux s'emboîtent de plus en plus et se nourrissent mutuellement. Dosi et ses collaborateurs (2006) rappellent ainsi que bien des chercheurs (Freeman, C., 1982 ; Rosenberg, 1982 ; Kline et Rosenberg, 1986 ; Pavitt, 1999) ont montré que :

1) l'innovation technologique a parfois précédé la science dans la mesure où des inventions pratiques sont apparues avant la compréhension scientifique de leur fonctionnement (par exemple, la machine à vapeur, ou encore l'avion par rapport aux propriétés aérodynamiques) ; 2) des avancées scientifiques ont souvent été rendues possibles grâce à des avancées technologiques, en particulier dans le champ des instruments (par exemple, le microscope ou l'accélérateur de particules) ; enfin, 3) il existe une complémentarité entre science et technologie (Pavitt, 1999, p. 7) qui varie considérablement d'un secteur d'application à l'autre, en fonction du degré auquel les résultats de la recherche universitaire sont utilisables, importants et intégrés à la formation.

6.2 Le processus de gestion de l'innovation

L'innovation est un parcours qui de décision en décision vous amène au bon moment sur le bon marché avec le bon produit.

(Akrich, Callon et Latour, 1988a, p. 8)

Peut-on gérer l'innovation ? La tentation est grande de répondre par la négative tant le processus d'innovation peut apparaître comme une reconstruction *a posteriori* ou une rationalisation chemin faisant d'une succession d'actes de création et de décision. Cela est d'autant plus vrai que ces actes interviennent à différents niveaux interconnectés (l'environnement socioéconomique ou le territoire de l'entreprise, l'entreprise elle-même, le projet d'innovation, le produit nouveau et la personne ou le collectif de personnes innovantes) (*voir la figure 6.5, p. 400*).

Selon Dosi, Llerena et Labini (2006), depuis la révolution industrielle, la contribution relative de la science à la technologie a augmenté, son impact devenant de plus en plus saisissant. La capacité d'innover a été renforcée par la richesse de la base de connaissances scientifiques à laquelle les innovations viennent puiser (Mowery et Nelson, 1999 ; Mokyr, 2002 ; Nelson, 2004). Or, cette base scientifique est souvent le résultat d'une recherche universitaire financée par les fonds publics (Niosi, 2000), les connaissances produites étant disponibles pour alimenter des innovations potentielles. Il existe aujourd'hui un lien important entre le progrès technologique et le soutien public de la science, et il est impossible, si l'on veut comprendre la dynamique de l'innovation, d'ignorer le niveau global (macroéconomique et politique) dans lequel elle s'insère (*voir la figure 6.5*), c'est-à-dire les systèmes locaux, régionaux et nationaux d'innovation dans lesquels elle évolue et qui façonnent son milieu (*voir l'encadré 6.3, p. 400-401*).

L'innovation d'une entreprise est encastrée dans un territoire plus large.

FIGURE 6.5 Les différents niveaux d'étude du processus d'innovation

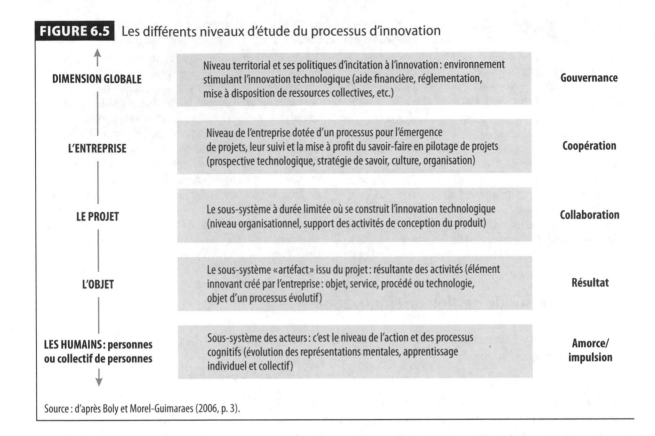

DIMENSION GLOBALE	Niveau territorial et ses politiques d'incitation à l'innovation : environnement stimulant l'innovation technologique (aide financière, réglementation, mise à disposition de ressources collectives, etc.)	**Gouvernance**
L'ENTREPRISE	Niveau de l'entreprise dotée d'un processus pour l'émergence de projets, leur suivi et la mise à profit du savoir-faire en pilotage de projets (prospective technologique, stratégie de savoir, culture, organisation)	**Coopération**
LE PROJET	Le sous-système à durée limitée où se construit l'innovation technologique (niveau organisationnel, support des activités de conception du produit)	**Collaboration**
L'OBJET	Le sous-système «artéfact» issu du projet : résultante des activités (élément innovant créé par l'entreprise : objet, service, procédé ou technologie, objet d'un processus évolutif)	**Résultat**
LES HUMAINS : personnes ou collectif de personnes	Sous-système des acteurs : c'est le niveau de l'action et des processus cognitifs (évolution des représentations mentales, apprentissage individuel et collectif)	**Amorce/ impulsion**

Source : d'après Boly et Morel-Guimaraes (2006, p. 3).

ENCADRÉ 6.3 Les notions de milieu et de système d'innovation

Comme l'exercice de la planification stratégique (voir le chapitre 2) requiert la compréhension de l'environnement concurrentiel de l'entreprise, le fait de comprendre la capacité d'innovation de l'entreprise nécessite de déterminer et de caractériser son environnement technologique, et plus globalement le **milieu** et le **système d'innovation** dans lesquels elle s'insère, qu'ils soient locaux, régionaux, nationaux ou encore sectoriels.

En effet, les innovations en général peuvent émerger d'un ensemble de ressources, de liens et de flux territorialisés (dans un territoire d'envergure locale, régionale ou nationale) où s'opèrent la création et le partage des connaissances, et des apprentissages que facilitent les interactions entre acteurs. Ces interactions se font à l'intérieur de réseaux de personnes (chercheurs, entrepreneurs, employés, etc.) ou d'institutions (éducation, recherche, etc.) ayant un intérêt commun et elles sont favorisées par l'existence de proximités entre les membres de ces réseaux et par des ressources tangibles et intangibles particulières (disponibilité du financement, bâtiments,

infrastructures, personnel qualifié, politiques de subventions de l'innovation, crédits fiscaux pour l'embauche de chercheurs, etc.).

Un **système national d'innovation** (SNI) est ainsi un espace qui influe, à un niveau national, sur l'orientation et la rapidité de l'innovation. C'est «un réseau d'institutions des secteurs public et privé, dont les activités et actions consistent à découvrir, à importer, à modifier et à diffuser de nouvelles technologies» (OCDE, 1994, p. 3). Le système national d'innovation englobe les interactions entre les divers intervenants (les entreprises privées et publiques, les universités et les laboratoires de recherche gouvernementaux) situés à l'intérieur des frontières d'un pays. Ces interactions, qui peuvent être de nature technique, commerciale, juridique, sociale ou financière, visent le développement, la protection, le financement ou la réglementation des processus de production et d'utilisation des nouveautés scientifiques et technologiques (Niosi *et al.*, 1993).

▶ **ENCADRÉ 6.3 Les notions de milieu et de système d'innovation (*suite*)**

Ce système se décline à plusieurs échelles géographiques (nationale, régionale, locale) ou sectorielles (par exemple, l'aéronautique, la biopharmaceutique, les télécommunications au Canada) (Niosi, 2000 ; Niosi et Zhegu, 2005) et comprend un ensemble d'éléments qui sont illustrés dans la figure A.

Cet environnement façonne les caractéristiques du **milieu local** de l'entreprise. Ce milieu est la matrice à la fois « contexte » et « acteur » (Matteaccioli et Tabariés, 2006) de la création de nouveaux produits, services ou processus par l'entreprise. En effet : « L'entreprise innovante ne préexiste pas aux milieux locaux, elle est sécrétée par eux » (Aydalot, 1986, p. 10). Le milieu local est ainsi constitué d'**institutions locales,** qui sont définies comme étant « les organisations publiques et privées telles que les universités, les associations d'affaires, les gouvernements locaux, des organisations moins formelles telles que les groupes de pression, les corporations professionnelles et d'autres forums qui créent et soutiennent des modèles réguliers d'interaction

sociale dans une région » (Saxenian, 1994, p. 7 ; traduction libre), de la **culture locale,** qui consiste dans « les conceptions partagées et les pratiques qui unifient une communauté et qui déterminent toute chose, depuis le comportement du marché du travail jusqu'aux attitudes envers la prise de risque » (Saxenian, 1994, p. 7 ; traduction libre), et de la **structure des interactions** entre les acteurs locaux, qui est définie comme étant « la division sociale de la main-d'œuvre ou le degré d'intégration verticale, ainsi que l'étendue et la nature des liens entre clients, fournisseurs et concurrents dans un secteur particulier ou dans des secteurs complexes liés entre eux » (Saxenian, 1994, p. 7 ; traduction libre). Ces trois éléments s'influencent mutuellement pour donner naissance à des **ressources tangibles** (financement local, infrastructure logistique et main-d'œuvre) et à des **ressources intangibles** (informations, apprentissages, connaissances, proximités, etc.) (Saxenian, 1994 ; Julien, 2005 ; GREMI, 2006) qui favorisent l'innovation dans les organisations du milieu.

FIGURE A Les trois sphères du système régional d'innovation (SRI)

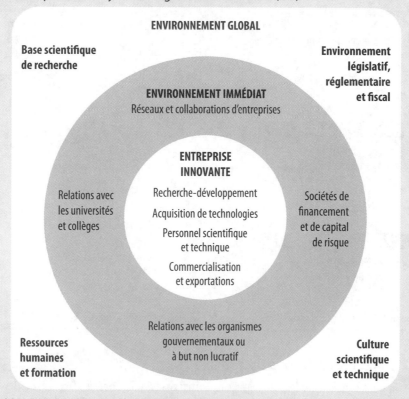

Source : tableau de bord des systèmes régionaux d'innovation du Québec, MDEIE, [En ligne], www.mdeie.gouv.qc.ca/index.php?id=2948 (Page consultée le 25 janvier 2010) © Gouvernement du Québec.

Au niveau de l'entreprise (*voir la figure 6.6*), on trouve différentes propositions pour donner un cadre de lecture des étapes concourant à la mise en marché d'une invention ou d'une découverte.

FIGURE 6.6 Les modélisations du processus d'innovation

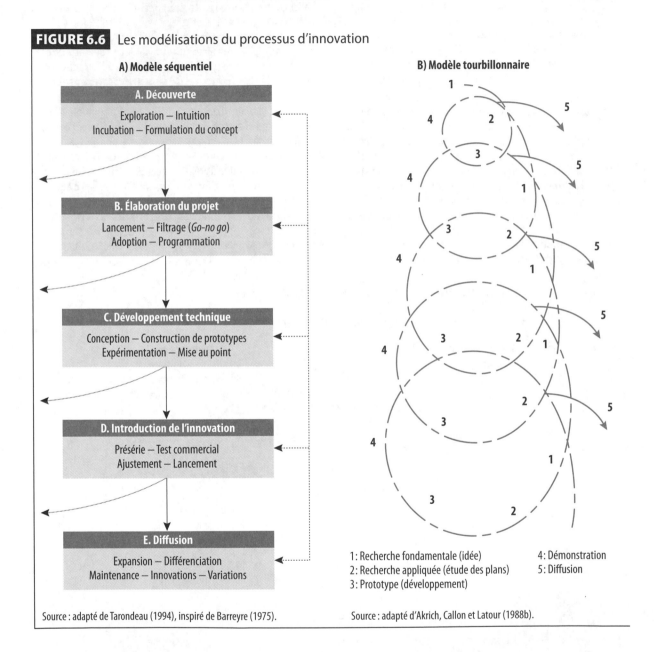

A) Modèle séquentiel

A. Découverte
Exploration — Intuition
Incubation — Formulation du concept

B. Élaboration du projet
Lancement — Filtrage (*Go-no go*)
Adoption — Programmation

C. Développement technique
Conception — Construction de prototypes
Expérimentation — Mise au point

D. Introduction de l'innovation
Présérie — Test commercial
Ajustement — Lancement

E. Diffusion
Expansion — Différenciation
Maintenance — Innovations — Variations

B) Modèle tourbillonnaire

1: Recherche fondamentale (idée)
2: Recherche appliquée (étude des plans)
3: Prototype (développement)
4: Démonstration
5: Diffusion

Source : adapté de Tarondeau (1994), inspiré de Barreyre (1975).

Source : adapté d'Akrich, Callon et Latour (1988b).

6.2.1 Les étapes du processus

Ces étapes, au niveau qui nous intéresse ici, c'est-à-dire celui de l'entreprise, sont représentées dans la figure 6.6 dans deux modèles aujourd'hui classiques du processus d'innovation : le modèle séquentiel et le modèle tourbillonnaire. Le processus d'innovation comme tel n'est pas, loin s'en faut, linéaire. Il suppose le passage par une série d'étapes, parfois à plusieurs reprises, et avec nombre d'allers-retours. Dans la figure 6.6, nous avons tenté d'adapter les modèles proposés par Tarondeau (1994) (inspiré de Barreyre, 1975, p. 94) pour le modèle séquentiel et par Akrich et ses collaborateurs (1988b) pour le modèle tourbillonnaire afin de rendre compte de leur complémentarité. Ces modèles procèdent de la même juxtaposition de phases entre la recherche d'idées nouvelles, la transformation des idées en concepts et en projets, le développement technique et l'expérimentation de prototypes, le test, la démonstration et le lancement du prototype, puis la diffusion commerciale et sociale.

> Le processus d'innovation n'est pas linéaire.

La recherche d'idées repose souvent sur la **recherche fondamentale.** Au stade de la recherche fondamentale, des travaux sont entrepris essentiellement dans la perspective de repousser les limites des connaissances scientifiques et de créer des connaissances nouvelles sans qu'un but pratique soit particulièrement poursuivi.

Les chercheurs s'efforcent de découvrir de nouvelles lois de l'univers ou des éléments scientifiques nouveaux. Cette recherche a souvent lieu dans les universités ou les grands centres gouvernementaux de recherche (par exemple, l'Institut de recherche en biotechnologie ou IRB, l'Institut de recherche aérospatiale ou IRA, l'Institut de technologie de l'information ou ITI). Elle peut aussi se faire dans les grandes entreprises privées dotées de capacités de R et D. Les découvertes et les inventions pourront devenir des innovations à la seule condition que la **recherche appliquée** s'empare de ces lois et applique ces connaissances nouvelles pour concevoir et expérimenter des solutions optimales en vue de résoudre des problèmes pratiques. Alors intervient l'étape du **développement,** lequel est voué à l'établissement et à la mise au point de protocoles efficients de fabrication de prototypes à petite ou moyenne échelle industrielle. Cette étape comprend également tous les essais techniques et industriels visant l'optimisation de la fabrication des prototypes. Elle précède le passage à l'échelle plus massive de la production industrielle. Les étapes de la recherche appliquée et du développement sont plus souvent le fait des entreprises privées qui veulent s'approprier une rente d'innovation et tirer profit de leur expérience pour bâtir leur avance technologique sur les concurrents potentiels (*voir l'encadré 6.4, ci-dessous et p. 404*).

> L'innovation pose la question de l'appropriation (privatisation) des connaissances.

ENCADRÉ 6.4 Un débat sur l'appropriation des connaissances scientifiques et techniques

En principe, les connaissances scientifiques et techniques sont des **biens publics** (non exclusifs, non rivaux). Les brevets d'inventions participaient initialement de la volonté de rendre publiques et disponibles le plus grand nombre de connaissances possible. Toutefois, lorsque les entreprises investissent pour créer des connaissances (au moyen, par exemple, de la R et D), elles s'efforcent d'éviter la diffusion de celles-ci pour en retirer ensuite les bénéfices au moment de la commercialisation de l'innovation née de leur travail de R et D. Les connaissances scientifiques et techniques deviennent alors des biens semi-publics, voire privés, partiellement imitables et réutilisables seulement. Par contre, plus la connaissance est codifiée (livres, manuels, diagrammes, formules, plans, brevets), plus elle devient publique.

Comment l'entreprise qui innove se protège-t-elle de l'imitation des concurrents et s'approprie-t-elle la valeur générée par l'innovation ? Parmi l'ensemble des moyens recensés dans la figure A (*voir p. 404*), le **brevet** est, dans certains secteurs hautement technologiques, un moyen fortement utilisé (mais ce n'est pas le seul) de

> **ENCADRÉ 6.4 Un débat sur l'appropriation des connaissances scientifiques et techniques** (*suite*)

protection à long terme. Il constitue un document légal attribué par un bureau national des brevets qui donne à son inventeur un monopole temporaire lui permettant d'exploiter commercialement son invention. La durée de ce monopole est de 17 ans au Canada et aux États-Unis, et de 20 ans dans certains pays comme le Royaume-Uni ou l'Italie. Au-delà de cette période, l'inventeur ne détient plus de droits spéciaux.

Nombre de questionnements portent actuellement sur les connaissances qu'on peut privatiser ou non (Nelson,

2004), qu'il convient de breveter ou non (par exemple, le génome humain, les semences, les plantes médicinales) au regard du **bien commun,** et ce, pour éviter une monopolisation inéquitable des connaissances scientifiques et de leur fruit économique par les seules personnes capables d'en payer la protection.

La communauté des programmeurs de l'Open Source Initiative s'élève ainsi contre la privatisation des connaissances et des codes de programmation en informatique et commence à connaître des émules dans les sciences de la vie.

FIGURE A Les moyens d'appropriation des bénéfices de la création

SAVOIR/SAVOIR-FAIRE TACITE ET PERSONNEL

Le secret
La sécurité
La loyauté des employés
(hauts salaires, incitations non monétaires)
L'internalisation du savoir dans la firme

SAVOIR/SAVOIR-FAIRE CODIFIÉ ET ACCESSIBLE

Le brevet d'invention
Le droit d'auteur
La marque de commerce
La coopération sélective
(appartenance à des alliances)

MOYENS D'APPROPRIATION

(Combiné avec)
Les avantages sur les concurrents
L'apprentissage et les économies de réseau
Les barrières à l'entrée (coûts irrécupérables, contrôle de ressources rares, etc.)
Les économies d'échelle et d'envergure

Sources : inspiré de De Bresson (1993, p. 89) et de Miller et Olleros (2008).

Au Canada, les principaux secteurs de la recherche industrielle sont l'industrie des services de télécommunication (BCE, Telus, Rogers), l'industrie pharmaceutique et biotechnologique (Apotex, Sanofi-aventis, GlaxoSmithKline, Pfizer Canada, Biovail, Merck Frosst, etc.), l'aéronautique (Pratt & Whitney, Bombardier, CAE, Honeywell, etc.), l'industrie des logiciels et des services informatiques (IBM Canada, Open Text Corporation, CGI Group, etc.), l'équipement automobile (Magna International), les industries des équipements de télécommunication (Nortel Networks Corporation, Ericsson Canada, etc.) et les secteurs de l'énergie primaire (Énergie atomique du Canada, Hydro-Québec, etc.). Remarquons que l'effort de recherche et développement, mesuré par la part des revenus des entreprises consacrés aux dépenses de R et D, est très variable selon les secteurs.

6.2.2 La diffusion de l'innovation

Au dernier stade du processus d'innovation, la **diffusion** est le mécanisme par lequel une innovation est progressivement communiquée aux membres du système social (Rogers, 1962) et se mesure au marché. «Adopter une innovation c'est l'adapter : telle est la formule qui rend le mieux compte de la diffusion» (Akrich, Callon et Latour, 1988b, p. 15).

Il convient de distinguer le modèle classique de la **diffusion,** d'inspiration épidémiologique, de celui de l'**intéressement,** dans une perspective sociotechnique de l'innovation. Dans la perspective classique, l'innovation se propage, telle une maladie, en fonction de ses qualités propres, au moyen de son adoption progressive par les personnes et de son imitation par les concurrents. Elle s'impose peu à peu comme un **standard dominant** par rapport aux offres concurrentes. À titre d'exemples, le modèle automobile de la Ford T, la cassette VHS et le système d'exploitation Windows se sont imposés comme des standards dominants en leur temps (Tushman, Anderson et O'Reilly, 1997). Pour les sociologues, une innovation qui se répand par un effet de démonstration n'est reprise que si elle parvient à **intéresser** les acteurs de plus en plus nombreux du milieu social, qui s'en saisissent alors.

> Le succès d'une innovation peut être expliqué de deux manières différentes suivant que l'on insiste sur ses qualités intrinsèques ou sur sa capacité à susciter l'adhésion de nombreux alliés (utilisateurs, intermédiaires, etc.). Dans le premier cas on fait appel au modèle de la diffusion (l'innovation se répand d'elle-même par contagion grâce à ses propriétés intrinsèques) ; dans le second cas on recourt au modèle de l'intéressement (le destin de l'innovation dépend de la participation active de tous ceux qui sont décidés à la faire avancer) (Akrich, Callon et Latour, 1988b, p. 14)[9].

Selon le modèle de diffusion de l'intéressement, ce n'est pas le « meilleur » produit qui s'impose, mais celui qui est le mieux « médiatisé ».

---

9. Même si ce chapitre n'aborde pas le volet stratégique de l'innovation, précisons que, de fait, ce n'est pas nécessairement le meilleur produit qui s'impose sur le marché, mais c'est le produit le mieux « négocié » et « médiatisé » auprès de ses porte-parole. Il importe aussi de déconstruire deux mythes. Selon le premier mythe, la **stratégie d'innovation,** c'est-à-dire du «premier dans le marché», remporte la palme des profits et, selon le second mythe, l'**imitation** par les concurrents est un processus évident et une menace naturelle. Or, l'histoire foisonne d'exemples d'entreprises dont les innovations pionnières se sont avérées des échecs et n'ont pas obtenu l'avantage au pionnier escompté, tandis que s'imposaient d'autres standards, pas nécessairement plus performants. Par ailleurs, la faisabilité de la **stratégie d'imitation** ne va pas nécessairement de soi, car elle peut, elle aussi, représenter des coûts considérables.

Tout comme la genèse d'une innovation fait intervenir un réseau d'acteurs et non pas un acteur unique incarné par l'entrepreneur schumpétérien, la diffusion de l'innovation est un processus social dont la maîtrise complète est impossible.

Le processus de création technologique est un processus d'**essais et erreurs** dont sont évacuées au fur et à mesure les idées infructueuses, d'où les flèches en pointillées qui ont été ajoutées au modèle séquentiel de l'innovation (*voir la figure 6.6A, p. 402*) à toutes les étapes du processus et pas seulement au stade de la sélection et du filtrage des projets (*go-no go decisions*). C'est aussi un processus itératif et rétroactif de cumul, de combinaison et de recombinaison des savoirs et des expériences afin de mûrir ou d'élaborer de nouveaux projets. C'est pourquoi on trouve dans le schéma du modèle séquentiel une série de flèches rétroactives signifiant l'interaction dans un double sens entre chacune des phases du processus (Barreyre, 1975). C'est aussi pourquoi apparaissent, dans le schéma du modèle tourbillonnaire, des spirales dont la circonférence a été représentée comme étant croissante par rapport au modèle tourbillonnaire original d'Akrich, Callon et Latour (1988b) pour mieux signifier l'augmentation du capital intangible notamment dans l'organisation (savoirs tacites accumulés de l'expérience, capital intellectuel, etc.).

Nous conclurons avec Loilier et Tellier (1999) à la complémentarité du modèle séquentiel, qui se veut un modèle d'organisation, et du modèle tourbillonnaire, qui constitue plutôt un modèle de diffusion de l'innovation. Pour ces auteurs, le processus d'innovation suppose un «double mouvement de transfert d'informations et de connaissances», c'est-à-dire, d'une part, un **transfert vertical,** selon la séquence recherche-développement-industrialisation-commercialisation ou encore invention-innovation-industrialisation (Saives, Desmarteau et Seni, 2003 ; Saives *et al.*, 2005), qui détermine en grande partie l'organisation du processus d'innovation dans l'entreprise, et, d'autre part, un **transfert horizontal,** correspondant au phénomène ancré socialement de la recherche de l'ensemble des parties prenantes et des porte-parole participant de la génération d'idées, des applications nouvelles, des premières utilisations et plus globalement de la «stabilisation progressive des propriétés d'une innovation et de son marché» (Loilier et Tellier, 1999, p. 37). D'aucuns préconisent en ce sens l'**innovation collective** (Aggeri et Hatchuel, 2009, p. 6) sur des thèmes complexes, (par exemple, la «croissance verte») dans la perspective du développement durable.

> L'innovation suppose un transfert de connaissances à la fois vertical et horizontal.

L'innovation a ceci de paradoxal qu'elle crée de l'instabilité et de l'imprévisibilité pour l'entreprise, ce qui la rend difficilement maîtrisable. Il appert qu'une organisation innovante doit composer avec cette instabilité et cette imprévisibilité en favorisant la flexibilité et l'adaptation rapide que rendent possibles l'ouverture aux interactions (Chesbrough, 2003), des allers-retours permanents entre les phases d'innovation et des négociations multiples avec les acteurs de l'innovation (Akrich, Callon et Latour, 1988a). Dans cet environnement incertain et imprévisible, devant ce processus parfois plus intuitif que planifié, quelles conditions participent alors véritablement de la création de connaissances et de l'innovation ? Cette question fait l'objet de la prochaine section.

6.3 Les conditions de l'innovation et de la création de connaissances

Il est probable que l'ère de l'innovation tirée par la consommation touche à sa fin et que nous entrions dans celle de l'innovation tirée par les enjeux sociétaux.

(Georghiou, université de Manchester,
cité dans *Le Monde*, 8 décembre 2009, p. 2)

6.3.1 Avoir des idées : une définition de la créativité

La genèse d'idées nouvelles relève d'une forte créativité. La **créativité** consiste en la production d'idées nouvelles et utiles dans différents domaines. Il est difficile, voire impossible, de programmer la créativité, de la planifier ou de la contrôler (Foray, 2002). Par contre, on peut la stimuler. La créativité dépend en effet de nombreux facteurs individuels, personnels ou environnementaux. Trois composantes en particulier sont nécessaires à la créativité selon Amabile (1988, 1996) ; en effet, celle-ci résulte de la rencontre de l'expertise, de compétences créatrices et d'une forte motivation (intrinsèque ou extrinsèque par rapport à la tâche) (*voir la figure 6.7*).

FIGURE 6.7 Un modèle de la créativité à trois composantes

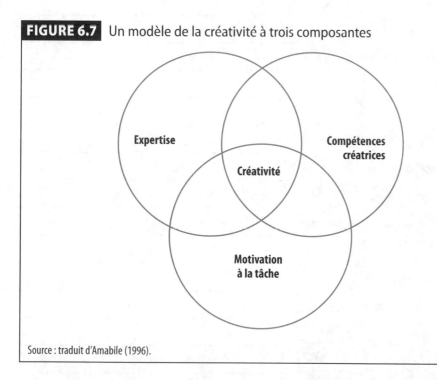

Source : traduit d'Amabile (1996).

Amabile (1988) a montré qu'**un environnement propice à la créativité** a des propriétés particulières. On y observe ainsi une forme de liberté laissant une grande autonomie opérationnelle aux employés, un bon système de gestion de projet, piloté par un leader enthousiaste, des ressources suffisantes, une atmosphère stimulante dépourvue de systèmes d'évaluation menaçants, un climat organisationnel marqué par la coopération et la collaboration entre divisions, où l'innovation est valorisée et où l'échec est réparable, la perception d'une reconnaissance du travail créatif, un sens personnel du défi lié au fait d'innover, un temps suffisant alloué aux activités créatives, etc.

En effet, même si le rythme de l'innovation s'accélère, celle-ci a besoin de beaucoup de temps, en particulier dans les entreprises de haute technologie (*voir le tableau 6.2*). Ce temps est souvent bousculé par les exigences des marchés financiers, qui ont tendance à exercer une pression en vue d'un rendement des investissements à court terme.

TABLEAU 6.2   Des différences intersectorielles en ce qui concerne les délais de développement des produits

Industrie	Pourcentage d'entreprises nécessitant plus de cinq ans pour le développement et la commercialisation d'innovations importantes (par produit)
Toutes les industries	11,0
Industrie pharmaceutique	57,5
Industrie aérospatiale	26,3
Industrie chimique	17,2
Hydrocarbures	13,6
Instrumentation	10,0
Industrie automobile	7,3
Machines et équipements	5,7
Équipements électriques	5,3
Métaux de base	4,2
Production d'énergie	3,7
Verre, ciment et céramique	0
Plastique et résinés	0
Alimentation	0
Équipement de télécommunications	0
Ordinateurs	0
Métaux forgés	0

Sources : d'après Arundel (1995), traduit et cité par Tidd, Bessant et Pavitt (2006, p. 159).

Stimuler la créativité revient à faire des choix organisationnels favorisant l'établissement des conditions propices à la **motivation** des personnes créatives (concept que nous avons largement décrit dans les chapitres 1, 3, 4 et 5). Cela nécessite de repenser la philosophie de gestion de manière à privilégier un management humain des savoirs et des porteurs de savoirs dans la firme. La stimulation de la créativité suppose une entreprise « organique » (Burns et Stalker, 1966) marquée par l'interaction et l'interdépendance systématique des **expertises** (savoirs et savoir-faire) des acteurs de l'innovation (*voir le tableau 6.3*). Le chapitre 7, qui porte sur le management des connaissances, approfondit cet aspect de la création d'idées nouvelles, à plusieurs, supportés par une organisation « innovante » et « apprenante ».

TABLEAU 6.3 L'évolution des compétences dans l'organisation innovante et de la notion d'expertise

Facteur	Ancien contenu de la tâche	Nouveau contenu de la tâche
Formation	Minimisée Ciblée et de surface	Investissement Étendue et importante
Fréquence de la formation	Une fois Investissement unique	Continue Actualisation fréquente
Responsabilité	Comportementale Responsabilité face à l'effort Discipline	Attitudinale Responsabilité face à l'intégrité du processus et aux résultats État d'esprit
Expertise	Expérientielle Manuelle ou « par cœur »	Cognitive Repérage et résolution des problèmes
Interaction	Faible Autonome ou séquentielle	Interdépendance systématique Travail en équipe Coopération entre les fonctions

Source : Adler (1997, p. 396 ; traduction libre).

Les **compétences créatrices** (ou *creativity skills* selon Amabile, 1988) font référence à un style cognitif individuel particulier, obstinément porté à envisager les problèmes sous un jour nouveau[10], à appliquer des techniques connues pour l'exploration de voies nouvelles. Ce style cognitif s'articule autour de traits de personnalité comme l'indépendance, l'imperméabilité au jugement social, la tolérance au risque, la tolérance à l'ambiguïté ou la persévérance face à la frustration. En effet, ainsi que le rappelle Alter (2000, p. 22), l'innovation contient toujours une part de rupture avec le passé et les traditions, et elle ne s'inscrit pas de manière linéaire dans le temps : « […] elle représente la destruction des formes antérieures de la vie sociale et la

10. Pour Foray (2002, p. 251), la créativité, virtuosité ou talent particulier, requiert une aptitude spéciale à « transformer radicalement les données du problème qui se pose afin de ne pas rester enfermé dans un espace limité de solutions ».

La créativité est un mélange d'expertise, de motivation et de compétences créatrices prêtes à s'exprimer dans un environnement propice.

création de nouvelles.» De ce fait, elle se trouve souvent en conflit avec l'ordre établi à un moment donné, et les acteurs de l'innovation doivent savoir composer avec les institutions en place. Aussi, l'innovation est souvent le fait de «déviants[11]», de francs-tireurs, qui, bien que connaissant parfaitement les conventions de leur monde, transgressent les règles, en pensant autrement, de façon à élaborer de nouvelles conventions qui seront peut-être un jour intégrées à la norme. Une entreprise innovante est donc une entreprise qui entretient une capacité d'intégrer, voire d'encourager cette «déviance» en proposant aux esprits créatifs un environnement fertile.

La **créativité,** au sens de l'aptitude à engendrer de la nouveauté, de nouvelles idées, en partie fruit du hasard et de la nécessité, est donc le point de départ nécessaire mais non suffisant de l'innovation. L'innovation est en effet le processus organisationnel de l'application réussie d'idées créatrices. Elle repose sur trois autres piliers (Foray, 2002) que sont **la capacité de résolution de problèmes** (la transformation d'une idée en un produit industriel), **la gestion de connaissances** (la transformation d'une idée individuelle et tacite en un savoir collectif partagé et mémorisé) et **la capacité de valorisation économique de l'innovation** (un arbitrage entre la protection et la diffusion de l'innovation). Selon les secteurs industriels (Pavitt, 1984), l'innovation dépend aussi de la capacité de l'entreprise de mettre en œuvre les idées nouvelles nées à l'interne ou à l'externe (Chesbrough, 2003).

6.3.2 L'accès aux idées

L'innovation sera de plus en plus stimulée par la demande sociétale.

Faute d'idées à l'intérieur de l'entreprise, comment peut-on accéder à de nouvelles idées? Les nouvelles idées qui donnent naissance à l'innovation puisent à l'une ou l'autre des deux sources suivantes[12]: la connaissance des besoins du marché (voire, de plus en plus, de la société), c'est-à-dire de la perception de certains problèmes pratiques à résoudre pour les utilisateurs (*market-pull*) (Schmookler, 1966), ou bien la connaissance des possibilités qu'offrent des développements scientifiques ou technologiques (*technology-push*) (Rosenberg, 1982).

Les sources et les moyens de valorisation de l'innovation sont non seulement internes à l'entreprise mais aussi externes (Chesbrough, 2003). Dans le paradigme récent de l'**innovation ouverte** (*open innovation*): «[…] *open innovation means that valuable ideas can come from inside or outside the company and can go to market from inside or outside the company as well*[13]» (Chesbrough, 2003, p. 43).

---

11. Selon le terme d'Alter (2000, p. 20). Cet auteur reprend l'exemple du jazz, où les créateurs du jazz, qui n'étaient pas du tout étrangers au monde de la musique, puisqu'ils possédaient souvent une culture musicale classique solide, se sont évertués, en transgressant les conventions musicales classiques, à mener un projet non conventionnel de création de ce qui est devenu un nouveau style musical.

12. «*Both the pull of demand and differences in technological opportunity, which determine the specific industries in which inventive activity is concentrated, must be taken into account for an adequate conception of how technological change occurs*» (Scherer, 1982, p. 237).

13. «L'innovation ouverte signifie que des idées valables peuvent germer aussi bien dans l'entreprise elle-même qu'en dehors de l'entreprise et que ces idées peuvent atteindre le marché par l'intermédiaire de l'entreprise elle-même ou d'autres entreprises» (notre traduction).

Le client et plus généralement l'ensemble des partenaires de l'entreprise et de son système d'innovation (universités, écoles, laboratoires publics, etc.) sont ainsi des sources importantes d'idées de produits ou de technologies pour l'entreprise (Von Hippel, 1988 ; Leonard-Barton, 1998 ; Miller et Morris, 1999 ; Von Hippel, Thomke et Sonnack, 2000).

Von Hippel et ses collaborateurs (1988, 2000) insistent, par exemple, sur l'importance des premiers utilisateurs dans le processus de développement de nouveaux produits et sur la nécessité de traquer ces **utilisateurs innovateurs**[14] (*lead users* ou *uti-leaders*) pour éprouver les idées et diffuser les innovations. Pour Alter (2004, p. 71), « une nouveauté ne se diffuse qu'à la condition d'être portée par des innovateurs qui, initialement, transgressent les normes régissant les rapports sociaux à un moment donné ». Ces comportements, initialement conçus comme étant « déviants » par la majorité, deviennent progressivement, si la nouveauté se diffuse, normaux et même normatifs (Alter, 2004, p. 72). Ces utilisateurs aventureux, technophiles, ces consommateurs innovateurs, très peu nombreux, sont aussi les porte-parole initiaux, voire les coconcepteurs de l'innovation dans le processus de sa diffusion auprès de la majorité innovante, puis de la majorité retardataire de consommateurs. Rogers (1962) a en effet relevé différentes catégories d'adeptes de l'innovation et Miller et Morris (1999) font un lien schématique entre cette classification des utilisateurs et le rythme d'adoption du produit ou du service, qui se traduit traditionnellement par la courbe en S du cycle de vie (*voir la figure 6.8, p. 412*).

Les **utilisateurs innovateurs** sont souvent les premiers expérimentateurs des innovations proposées par l'entreprise et une source d'apprentissage pour cette dernière. Il peut s'agir d'entreprises, d'organisations ou de personnes qui se situent bien au-delà des tendances du marché et dont les besoins dépassent largement ceux de l'utilisateur moyen[15].

> Les *uti-leaders*, partenaires clés de la génération d'idées

Von Hippel et ses collaborateurs (2000) soulignent l'importance de détecter ces utilisateurs innovateurs comme sources d'apprentissage, en particulier en ce qui a trait aux innovations radicales. Ils en proposent une illustration avec le cas d'une équipe de développement de produits en imagerie médicale. Dans ce secteur, la

---

14. Selon la traduction de Loilier et Tellier (1999, p. 104-105). Les utilisateurs innovateurs sont des aventuriers curieux et précurseurs qui provoquent le changement, avides de nouveautés technologiques ou autres. Les premiers adeptes sont des leaders d'opinion, des faiseurs de tendances, qui adoptent l'innovation précocement, mais avec une certaine prudence. La majorité précoce suit les tendances après avoir mené une certaine réflexion ; elle est plus ouverte que la moyenne au changement. La majorité tardive adopte l'innovation une fois seulement que d'autres en ont démontré la valeur. Enfin, les traînards ou retardataires sont réfractaires au changement ou à la nouveauté et adopteront l'innovation uniquement lorsqu'elle sera devenue générique ou tradition.

15. Précisons par ailleurs que, selon Moore (1991), le principal défi à relever dans la diffusion d'une innovation consiste à franchir le cap entre les deux profils de consommateurs très différents que sont les premiers adeptes (*early adopters*), souvent des leaders d'opinion qui adoptent l'innovation avec prudence, et la majorité précoce (*early majority*), qui adopte l'innovation après une certaine réflexion. Il importe alors de passer d'un marché de niche à un marché de masse, et les attentes de ces deux types de consommateurs sont tout à fait différentes (attente d'une performance technique pour les premiers adeptes, attente de solutions pratiques et fiables pour la majorité précoce).

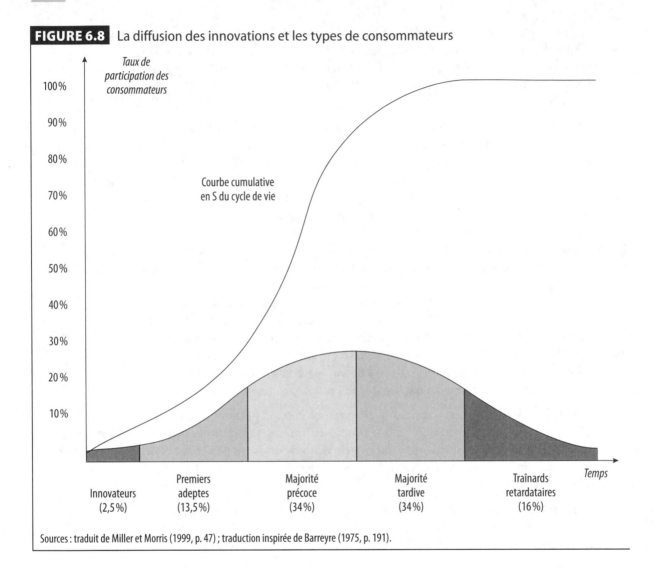

FIGURE 6.8   La diffusion des innovations et les types de consommateurs

Taux de participation des consommateurs

Courbe cumulative en S du cycle de vie

Innovateurs (2,5%) · Premiers adeptes (13,5%) · Majorité précoce (34%) · Majorité tardive (34%) · Traînards retardataires (16%)

Temps

Sources : traduit de Miller et Morris (1999, p. 47) ; traduction inspirée de Barreyre (1975, p. 191).

tendance au développement de machines dotées de capacités de détection d'entités de plus en plus petites (par exemple, des tumeurs à des stades de développement très précoces) est connue.

Pour cerner les problèmes des utilisateurs potentiels de nouvelles technologies d'imagerie médicale, l'équipe de développeurs de l'entreprise a bâti un réseau de relations et repéré quelques radiologues travaillant à résoudre les problèmes les plus complexes dans leur domaine. L'équipe a ainsi découvert que ces utilisateurs de pointe avaient conçu leurs propres innovations, des solutions imaginatives très en avance par rapport aux produits offerts sur le marché. Par un effet de dominos, ces utilisateurs avancés ont aussi communiqué à l'équipe innovante, à la demande de cette dernière, les noms des spécialistes innovateurs dans les champs liés à leur innovation, comme la reconnaissance de formes ou l'imagerie fine. L'équipe biomédicale a ainsi activé un réseau indirect de relations[16]. Les spécialistes dans le domaine militaire, habitués au besoin de reconnaissance fine et informatisée des formes, se sont révélés des atouts majeurs pour le projet. Ces utilisateurs avancés avaient élaboré des moyens pour améliorer la résolution de l'image en adaptant des logiciels de reconnaissance des formes. Ils ont ainsi permis de mieux orienter le projet de l'équipe biomédicale. Initialement, cette équipe cherchait, en effet, un moyen de créer des images ayant une meilleure résolution. L'interaction avec les utilisateurs innovateurs de l'armée l'a conduite à raffiner son but : trouver des méthodes améliorées de reconnaissance de formes médicales significatives dans des images, soit par l'amélioration de la résolution de l'image, soit par d'autres moyens. Dans ce cas, l'équipe biomédicale a poussé plus loin sa compréhension de la nature de la découverte qu'elle cherchait à faire en se confrontant avec ces utilisateurs innovateurs.

Par contre, il est rare qu'une entreprise adopte telle quelle une innovation d'un « utilisateur innovateur ». Le plus souvent, un concept de nouveau produit est basé sur l'information tirée non seulement de l'expérience de plusieurs utilisateurs innovateurs mais aussi de développeurs à l'interne, véritables courroies de transmission, qui ont pour tâche indispensable de traduire et d'absorber des savoirs externes (Cohen et Levinthal, 1990 ; Leonard-Barton, 1998).

En parallèle avec un effet d'apprentissage chez le concepteur (l'entreprise et ses partenaires de R et D) appelé « apprentissage par la pratique » (ou *learning-by-doing* selon Arrow, 1962), il existe donc un effet d'apprentissage auprès des usagers, l'« apprentissage par l'utilisation » (ou *learning-by-using* selon Rosenberg, 1982), tout au long des phases de conception et d'adoption d'un produit sur un marché (*voir la figure 6.8*)[17]. L'utilisateur (ou le consommateur) joue donc un rôle essentiel dans le processus de transformation d'une invention en une innovation commercialement réussie à la fois sur le plan de sa diffusion et sur celui de sa conception ou de sa coconception.

6.3.3 L'accès aux savoir-faire

À l'heure de l'innovation ouverte, non seulement les idées mais les savoir-faire peuvent être exploités en réseau. Dans cette section, nous montrerons ainsi comment l'organisation de la R et D a évolué depuis le début du xxᵉ siècle, puis nous aborderons quelques principes de management de l'innovation ouverte dans l'organisation en réseau.

---

16. Voir Salman et Saives (2005) au sujet du lien existant entre la capacité d'innovation des firmes de biotechnologie, par exemple, et leur position centrale dans un réseau de relations indirect.

17. Comme nous l'avons vu précédemment, certains facteurs déterminent également la vitesse d'adoption d'une nouvelle technologie (ou d'un nouveau produit) par l'utilisateur : l'information et les ressources dont il dispose, le degré d'incertitude concernant cette nouveauté, la dépendance de sentier ou encore l'adaptabilité du produit ou de la technologie à d'autres produits ou technologies existant sur le marché (par exemple, la dépendance des utilisateurs des produits de Microsoft), la taille de l'entreprise et le niveau de son activité en R et D, gage de confiance en sa compétence et sa pérennité, etc. La dépendance de sentier exprime l'idée que les performances et les trajectoires (évolution) des firmes sont largement fonction de leur histoire particulière et des routines qu'elles ont accumulées à travers le temps.

6.3.3.1 De la fonction de R et D au réseau de R et D

L'augmentation considérable du coût de la R et D de même que la tendance actuelle à la réduction de la durée de vie des produits et des technologies[18] expliquent le recours accru à la collaboration et à l'innovation ouverte par les entreprises (Chesbrough, 2007). Ces dernières ont, depuis un demi-siècle, fait évoluer l'organisation de leur fonction de R et D, qui s'apparente désormais à l'une ou plusieurs des cinq générations différentes décrites dans l'encadré 6.5 (*voir ci-dessous et p. 415-416*). De plus en plus, les entreprises innovent au moyen de leur réseau d'alliances et de collaborations (*voir la figure 6.9*), voire au sein de réseaux qui dépassent leurs frontières.

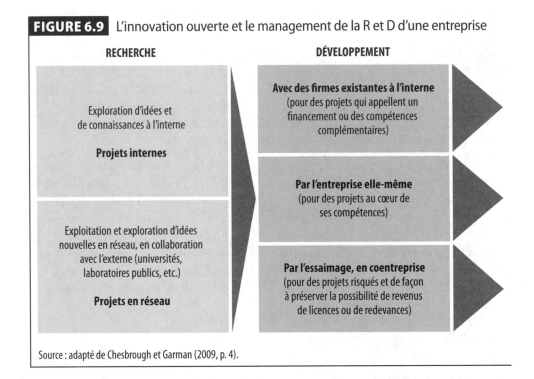

FIGURE 6.9 L'innovation ouverte et le management de la R et D d'une entreprise

Source : adapté de Chesbrough et Garman (2009, p. 4).

ENCADRÉ 6.5 L'évolution du management de la fonction de R et D

Depuis un demi-siècle, l'organisation du processus de recherche et développement a beaucoup évolué (*voir le tableau A*). Le défi pour les entreprises qui veulent rester rentables est plus difficile à relever que jamais. Être un innovateur rapide et précoce en amenant une nouvelle technologie avec succès dans un marché est devenu un facteur déterminant de la capacité concurrentielle d'une entreprise, en particulier dans les marchés où les cycles de vie des produits sont courts et où le rythme du changement technologique est élevé (Nobelius, 2004, p. 371).

---

18. Par exemple, le coût moyen de recherche et développement d'un nouveau médicament par l'industrie pharmaceutique serait passé d'environ 230 millions de dollars américains il y a 20 ans à plus d'un milliard aujourd'hui. Dans le cas de l'industrie informatique (Chesbrough, 2007, p. 24), dans les années 1980, les disques durs avaient une durée de vie moyenne de quatre à six ans avant qu'un nouveau produit ne s'y substitue. À la fin des années 1980, la durée de vie espérée n'était plus que de deux à trois ans. Depuis les années 1990, elle est de seulement six à neuf mois.

▶ **ENCADRÉ 6.5 L'évolution du management de la fonction de R et D** (*suite*)

TABLEAU A Une description de cinq générations de processus de R et D

Génération R et D	Contexte	Caractéristiques du processus	Réponse de l'entreprise	Approche de gestion
Première génération	Demande **« trou noir »** (des années 1950 au milieu des années 1960, croissance d'après-guerre)	R et D = **tour d'ivoire** *technology-push* (poussée par les connaissances technoscientifiques) Vue comme une charge indirecte, avec très peu d'interactions avec le reste de l'entreprise ou avec la stratégie générale	**Laboratoires de recherche corporatifs** (exemples : Bell Labs, Xerox Parc, Lockheed Martin Skunk Works)	• Stimulation des avancées scientifiques • Choix d'implantation géographique en fonction de la localisation des compétences
Deuxième génération	Bataille pour les **parts de marché** (du milieu des années 1960 au début des années 1970, période de diversification)	R et D = **entreprise** *market-pull* (tirée par le marché) Fondée sur une stratégie concurrentielle, encadrée par le management de projet et le concept de client interne	Développement d'**unités d'affaires** internes (ou centre de profit autonome) (exemple : 3M)	• Satisfaction des clients internes • Idées glanées dans le marché
Troisième génération	Efforts de **rationalisation** (du milieu des années 1970 au milieu des années 1980, période des crises pétrolières)	R et D = **portefeuille** • S'écartant de l'approche des projets individuels • En lien avec la stratégie corporative ainsi qu'avec une stratégie concurrentielle • Méthodes bénéfices/risques ou méthodes semblables pour guider l'ensemble des investissements	**Projets de R et D** (exemple : secteur biopharmaceutique)	• Structuration des processus de R et D • Évaluation de stratégies technologiques à long terme • Intégration de la R et D et du marketing
Quatrième génération	Lutte basée sur le **temps** (du début des années 1980 au milieu des années 1990, période de reprise économique)	R et D = **activité intégrative** • Apprentissage auprès des consommateurs et avec eux • De l'accent mis sur le produit à l'accent mis sur le concept total où les activités sont conduites en parallèle par des équipes interfonctionnelles	**Projets interfonctionnels** (exemples : Nissan, Toyota, Sony, Honda et l'idée japonaise de la compétition fondée sur le temps)	• Mise en parallèle des activités • Engagement des fournisseurs et des clients innovateurs (*uti-leaders*) • Intégration de la R et D et de la fabrication
Cinquième génération	**Intégration** des systèmes (des années 1990 à maintenant, l'ère des NTIC)	R et D = **réseau** • Accent mis sur la collaboration dans un large système comprenant des concurrents, des fournisseurs, des distributeurs, etc. • Importance de la capacité de contrôler la vitesse du développement du produit ; séparation pour cela de la recherche et du développement	**Alliances croisées** (exemple : secteur informatique, dont Microsoft, Netscape et Dell)	• Participation du réseau de l'entreprise • Accent mis sur l'intégration de systèmes • Séparation et arrimage de la recherche et du développement

Source : traduit et adapté de Nobelius (2004, p. 370 et 372).

> ## ENCADRÉ 6.5 L'évolution du management de la fonction de R et D (*suite*)

La fonction de R et D aurait pris naissance en Allemagne dans l'industrie chimique au milieu du XIXe siècle. Il s'agissait alors (**première génération**) d'une activité visant l'exploitation systématique des connaissances technoscientifiques (*technology-push*) par des chercheurs dans leur tour d'ivoire sans connectivité avec la stratégie, pour satisfaire une demande alors inextinguible.

Par la suite, alors que la compétition s'intensifie, le rapport entre la R et D et le marché s'inverse (**deuxième génération**). L'effort est surtout placé à court terme dans le marketing pour capter les idées du marché (*market-pull*) et augmenter les volumes vendus des produits existants plutôt qu'à long terme dans le développement par la R et D de technologies nouvelles. On observe l'arrivée des méthodes de gestion de projet visant à réduire l'incertitude, le risque et les coûts indirects de la R et D, qui devient en quelque sorte un centre de service pour le client interne qu'est le marketing.

Dans la **troisième génération** de la R et D, durant la période de saturation des marchés et des crises pétrolières des années 1960-1970, le contrôle et la réduction des coûts sont devenus des éléments clés de la compétition. Un modèle de R et D couplant plus efficacement la R et D et le marketing, rapprochant plus étroitement les capacités technoscientifiques de l'entreprise des besoins du marché, est alors mis au point ainsi que plusieurs méthodes d'estimation des risques et des bénéfices associés aux projets à sélectionner dans le **portefeuille** des possibles de l'entreprise.

Alors que la reprise économique s'opère dans les années 1980, les stratèges, inspirés par la réussite japonaise (Nissan, Toyota, Sony, Honda, etc.), établissent le temps (les délais) comme un élément clé de la compétition. Les entreprises repensent leurs stratégies de diversification pour se concentrer sur leurs compétences distinctives et conçoivent le développement d'un produit comme un tout devant intégrer non seulement la production en juste-à-temps (à l'exemple de l'automobile au Japon) mais aussi la distribution, le service après-vente, etc. La fonction de R et D de cette **quatrième génération** implique alors un ensemble matriciel d'activités de développement parallèle et d'intégration (intégration précoce des fournisseurs dans le processus de développement de nouveaux produits et

intégration des différents services – comme les services du marketing, de la R et D, de l'ingénierie ou de la production – à l'interne, qui travaillent sur les projets de façon simultanée plutôt que séquentielle). Les projets de R et D étant plus complexes et mondialisés, cette **quatrième génération** est marquée par de nouveaux processus de développement des produits impliquant la veille technologique des concurrents à l'échelle mondiale, la flexibilité des plateformes technologiques multiproduits, la coopération avec les fournisseurs et l'organisation des flux de connaissances.

Avec le développement d'une compétition mondialisée, l'accélération du rythme du changement technologique et l'augmentation considérable du coût de développement des nouvelles technologies, on parle depuis le milieu des années 1990 d'une **cinquième génération** de R et D. Ainsi, la R et D devient une fonction de coordination et d'intégration de sous-systèmes provenant d'un réseau de concurrents, de distributeurs, de clients, de fournisseurs, etc. L'industrie du développement des logiciels et des systèmes informatiques est emblématique de cette génération, qu'il s'agisse, par exemple, des firmes Microsoft, Dell ou Netscape. Avec la complexité croissante des connaissances que requièrent les innovations technologiques actuelles, le processus d'innovation est devenu un processus coopératif d'accumulation de savoirs et d'apprentissage (Rothwell, 1994) à la fois pour la recherche et pour le développement de produits, et ce, à l'interne et au moyen d'un réseau d'alliances et de collaborations externes.

Dans certains secteurs émergent aujourd'hui des innovations révolutionnaires interopérables (par exemple, la technologie sans fil). Avec l'idée d'open IP (propriété intellectuelle ouverte), on parle maintenant d'une **sixième génération** de R et D : il s'agit d'abandonner au sein d'un réseau de partenaires la propriété intellectuelle sur la technologie partagée pour profiter plutôt d'économies de réseau au moment de la diffusion des innovations développées à partir de la technologie initiale. L'innovation (et sa diffusion) émane ainsi de véritables réseaux (associations, consortiums, etc.) multitechnologiques, multisecteurs, multifonctionnels et multiprojets d'entreprises moins centrés sur une entreprise que sur une technologie nouvelle. Le réseau Bluetooth SIG ou les consortiums sur la thérapie génique en sont des exemples.

Actuellement, selon les secteurs industriels, une entreprise peut retirer des savoir-faire technologiques nouveaux d'un réseau de relations qu'elle entretient avec son environnement (Pavitt, 1984 ; Venkatraman et Subramaniam, 2002 ; Chesbrough, 2003). L'ensemble des partenaires de la firme sont en effet une source de nouvelles connaissances et d'innovation, à savoir les laboratoires de recherche universitaires et leurs « stars » scientifiques (Audretsch et Stephan, 1996 ; Zucker et Darby, 1997), les laboratoires de recherche publics, les clients, les fournisseurs, les consultants spécialisés, les entreprises concurrentes ou non, etc.

Leonard-Barton (1998) explique qu'il existe de nombreux mécanismes par lesquels on peut accéder aux savoirs des acteurs de l'environnement technologique et concurrentiel de l'entreprise (*voir la figure 6.10*). Ces mécanismes présentent tous des avantages et des inconvénients (*voir le tableau 6.4, p. 418*). Les relations avec ces acteurs s'inscrivent dans un continuum selon le niveau de participation de chacune des parties engagées dans des partenariats d'innovation (axe vertical de la figure 6.10). L'entreprise peut en effet s'engager à des niveaux divers, depuis la veille et le repérage stratégique des pratiques concurrentes (au moyen de l'observation, par exemple) jusqu'à l'absorption de savoirs technologiques (par fusion ou acquisition). Le degré d'engagement des partenaires n'est par contre pas nécessairement corrélé avec le niveau d'intégration des savoirs des entreprises partenaires, lequel dépend plutôt de la qualité des relations des personnes engagées dans la collaboration.

FIGURE 6.10 Les mécanismes d'accès à la technologie

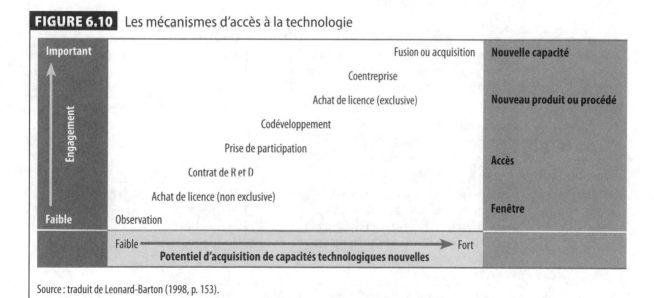

Source : traduit de Leonard-Barton (1998, p. 153).

Par contre, il y a une progression dans le niveau d'engagement du court terme au long terme, allant des pratiques économiques d'observation de technologies aux pratiques d'acquisition d'entreprises et de leurs portefeuilles de technologies spécifiques, d'autre part (Leonard-Barton, 1998). Les mécanismes d'accès à de nouvelles technologies diffèrent aussi selon la nature des savoirs et des compétences qui sont retirés de la collaboration. L'observation, l'achat de licences[19] non exclusives ou les contrats

---

19. Cette formule consiste à acheter le droit d'exploiter, dans des conditions déterminées dans un contrat, des connaissances développées par un innovateur externe (Loilier et Tellier, 1999, p. 71). La licence d'exploitation est ainsi une concession à un tiers du droit d'exploiter une marque de fabrique ou un brevet d'invention, en partie ou totalement, le titulaire du brevet conservant la propriété de son invention.

de sous-traitance de R et D avec des universités, par exemple, ne génèrent habituellement pas de nouvelles capacités dans l'entreprise. Ils fournissent une «fenêtre» de veille sur les technologies émergentes, les savoirs modernes et leurs potentiels.

TABLEAU 6.4 Les formes de collaboration : durée, avantages et inconvénients

Type de collaboration	Définition[a]	Durée typique	Avantages (arguments)	Inconvénients (frais de transaction)
Sous-traitance (relations avec fournisseurs)	« Action qui consiste, pour le donneur d'ordres, à confier un travail à un tiers (le sous-traitant), ce dernier devant l'exécuter selon les directives qui lui sont données, le premier conservant la responsabilité de définir tant les moyens que les résultats. »	Court terme	Réduction des coûts et des risques Réduction du temps de mise en marché	Coûts de recherche sur le produit, la performance et la qualité
Licence	« Convention aux termes de laquelle le titulaire d'un brevet ou d'une marque autorise un tiers à fabriquer ou à exploiter l'article breveté (licence de brevet) ou la marque (licence de marque) pendant une durée ou sur un territoire stipulés. »	Terme fixe	Acquisition de technologies	Coût du contrat et contraintes
Consortium	« Groupe de partenaires qui s'associent afin d'atteindre des objectifs communs [sur des problèmes conjointement sélectionnés] et de réaliser ensemble un certain nombre d'opérations. »	Moyen terme	Compétences Normes Partage du financement	Fuite de connaissances Différenciation ultérieure
Alliance stratégique	« Accord de coopération conclu entre des entreprises concurrentes ou potentiellement concurrentes qui, tout en maintenant leur indépendance, partagent les ressources et les compétences nécessaires pour mener à bien un projet spécifique ou une activité commune. »	Flexible	Faible engagement Accès au marché	Blocage potentiel Fuite de connaissances
Coentreprise (*joint venture*)	« Groupement par lequel au moins deux personnes physiques ou morales s'associent selon des modalités diverses dans le but de réaliser un projet particulier tout en mettant leurs connaissances, leurs technologies ou leurs ressources en commun et en partageant les risques et les bénéfices. »	Long terme	Savoir-faire complémentaire Changement spécialisé	Dérive stratégique Inadéquation culturelle
Réseau	« Système facilitant la mise en relation d'individus, d'associations, d'organismes ou d'entreprises afin qu'ils puissent travailler en liaison les uns avec les autres dans un esprit de coopération. »	Long terme	Dynamique Potentiel d'apprentissage	Inefficacité statique

a. Les définitions fournies proviennent du *Grand dictionnaire terminologique* de l'Office québécois de la langue française.
Source : adapté de Tidd, Bessant et Pavitt (2006, p. 300).

Les accords de coopération consistent à partager l'effort de R et D avec une ou plusieurs entreprises. Ces accords peuvent concerner des entreprises concurrentes (coopération horizontale) ou des entreprises qui entretiennent des relations de clients-fournisseurs (coopération verticale). C'est le cas des grands consortiums de recherche, qui constituent des réseaux de recherche coordonnés regroupant des entreprises et des institutions de recherche (par exemple, le projet de séquençage du génome humain, HUGO, ou le réseau de recherche sur la thérapie génique).

La prise de participation dans une autre entreprise fournit une occasion plus importante de découvrir en profondeur le potentiel d'une nouvelle technologie. Les alliances de codéveloppement passent par des fertilisations croisées entre entreprises partenaires, ce qui peut être une source de nouvelles capacités et d'apprentissage (Doz et Hamel, 1997). Les prises de participation et de contrôle consistent à faire l'acquisition, au moins partielle, d'une autre entreprise innovatrice. Cela permet d'acquérir rapidement des compétences nouvelles, pour combler un écart avec les concurrents, par exemple (Loilier et Tellier, 1999). Ainsi, les coentreprises ou l'achat d'entreprises innovantes sont susceptibles de mener au transfert véritable de connaissances dans l'entreprise, intégrant l'expertise et les savoir-faire liés à la technologie, les équipements, les systèmes de formation et de reconnaissance, le capital intellectuel et les valeurs des employés voués au développement de ces technologies et de ces savoir-faire.

Toutes ces formes d'organisation multipartites ne cessent aujourd'hui de se complexifier.

> Il existe de multiples formes d'organisation activant la richesse des réseaux externes de connaissances et de compétences.

6.3.3.2 Les nouvelles formes d'organisations innovantes et créatrices de connaissances : vers l'organisation en réseau

Selon Foray (2000), l'économie de la connaissance se traduit par une augmentation puissante des externalités de savoir et par un accroissement de la place du changement (au sens des activités consacrées à l'**innovation**) dans l'activité économique. Selon Epingard (1999, p. 21), « la multiplication et l'extension des réseaux, en assurant le stockage et la définition de l'information à grande échelle et à un coût toujours moindre, en effaçant les frontières traditionnelles des organisations, tend à transformer le monde en une immense toile d'araignée informationnelle interconnectée ». Cela entraîne la transformation des organisations par un allègement des structures (*middle management*), par des modes de coordination plus flexibles et par la modification des approches de gouvernance : « Le réseau est alors vu comme le passage d'une coordination par le contrôle à une régulation par la coopération » (Pesqueux, 2002, p. 220).

Dans les secteurs de haute technologie et à l'heure de la société du savoir, la compétitivité des entreprises repose sur leur aptitude à créer, à transférer, à utiliser et à protéger des connaissances. Aujourd'hui, le **lieu de l'innovation** réside dans l'**échange** des savoirs à l'interne et à l'externe par l'entremise du **réseau de valeur** (interconnectivité) (Pisano, 1991, 1994 ; Powell, Koput et Smith-Doerr, 1996 ; Cockburn et Henderson, 1998 ; Powell, 1998 ; De Carolis et Deeds, 1999 ; Parolini, 1999 ; Ingelgard *et al.*, 2002). Les capacités distinctives nouvelles des firmes de biotechnologie, par exemple (Baker, 2003), relèvent surtout, d'une part, de l'articulation des capacités internes d'innovation, au sens de l'absorption et de la conversion de savoirs nouveaux (Cohen et Levinthal, 1990 ; Nonaka, Umemoto et Sasaki, 1998), et, d'autre part, des capacités réticulaires de détection des savoirs (*network capacity*) pour provoquer l'innovation. La clé stratégique est alors la position centrale de l'entreprise au sein de réseaux d'innovation et d'expertise (*voir le tableau 6.5, p. 420*).

TABLEAU 6.5   L'évolution de la stratégie dans une perspective théorique

	Ère 1	Ère 2	Ère 3
Description	Portefeuille d'activités	Portefeuille de capacités	Portefeuille de relations
Déterminants de l'avantage concurrentiel	Économies d'échelle	Économies d'échelle et d'envergure	Économies d'échelle, d'envergure et d'expertise
Ressources clés	Actifs physiques	Compétences organisationnelles pour gérer les synergies entre activités	Position dans un réseau d'expertise
Unité d'analyse	Unité d'affaires	Entreprise	Réseau de relations internes et externes
Concept clé	Tirer parti des imperfections de l'industrie	Tirer parti des ressources intangibles	Tirer parti du capital intellectuel
Questions clés	Quels produits ? Quels marchés ?	Quelles capacités ?	Quels flux d'expertises ?
Approche dominante	Positionnement	Inimitabilité des processus et des routines	Position centrale dans le réseau

Source : traduit de Venkatraman et Subramaniam (2002).

Renouveler les pratiques de management pour innover en réseau

De la nécessité de ces pratiques d'innovation en réseau découlent, selon Leonard-Barton (1998, p. 155), quelques règles nouvelles de management, à savoir :

- **créer des frontières poreuses** pour rendre l'entreprise perméable aux idées circulant à l'externe (notamment dans les communautés scientifiques), pour défier les routines en place et encourager la « sérendipité[20] » ;

- **scruter largement l'environnement,** que ce soit en exploitant les possibilités des technologies de veille informatisée ou bien la richesse des externalités liées à la proximité géographique (et à la proximité organisée[21]) d'expertises clés ;

- **assurer une interaction constante** avec cet environnement pour permettre une actualisation continuelle des connaissances, et non pas ponctuelle et orientée seulement selon un calendrier de projets préétablis ;

- **déterminer et valoriser les experts-veilleurs** à l'interne, soit les détecteurs et les évaluateurs éclairés des savoirs nouveaux à importer dans l'entreprise ;

- **associer au maximum des agents de liaison « traducteurs des savoirs »** dans l'entreprise ; ces agents, qui connaissent les différents univers (et souvent les cultures différentes) des partenaires d'alliance ou de collaboration, sont aptes à traduire les connaissances dans les divers environnements partenaires de façon à maintenir un dialogue effectif et à favoriser l'absorption ou la cocréation de connaissances ;

---

20. Terme anglais signifiant la découverte par chance ou sagacité de résultats qu'on ne cherchait pas, selon le sociologue Merton.

21. Selon Rallet et Torre (2001, 2004, p. 28), « la proximité organisée n'est pas d'essence géographique mais relationnelle ». Par proximité organisée, ces auteurs entendent « la capacité qu'offre une organisation de faire interagir ses membres », l'organisation étant un terme générique qui désigne « tout ensemble structuré de relations sans préjuger de la forme de la structure ». Il peut s'agir d'une entreprise, d'une administration, d'un réseau social, d'une communauté, d'un milieu, etc.

- **lutter contre le syndrome du «non inventé ici»** et la tendance à repousser les idées des autres ou celles qui sont nées à l'extérieur de l'organisation; Chesbrough (2003) insiste sur ce point en montrant combien, tout en se centrant sur ses compétences clés, et avec une politique de gestion de la propriété intellectuelle adéquate, il est possible pour une entreprise ayant cerné tout le potentiel de son «réseau de valeur» d'exploiter des idées nées à l'interne comme à l'externe.

La stratégie s'est également approprié peu à peu l'innovation en tentant de déterminer les multiples stratégies possibles liées au savoir (*knowledge strategies*), stratégies associant l'exploration d'idées nouvelles avec l'exploitation de savoirs connus à l'interne et à l'externe (March, 1991 ; Murray, 2001).

6.4 Conclusion : l'innovation, de la génération d'idées à la création de connaissances

Pour Hannah Arendt, l'étonnement est le point de départ de la pensée. De même, selon la citation célèbre d'Asimov[22] : «En science, la phrase la plus excitante que l'on peut entendre, celle qui annonce de nouvelles découvertes, ce n'est pas "eureka" mais "c'est drôle".» Cela fait écho aux propos du directeur scientifique de Total, rapportés par Morand et Manceau (2009, p. 32) : «La technologie est un capital, la R et D un service, tandis que l'innovation est une culture.»

En effet, sans insister sur la déconstruction des mythes circulant sur l'innovation (est-elle l'apanage des petites ou des grandes entreprises? Faut-il être le premier dans le marché?), nous avons vu que celle-ci est à la fois résultat et, surtout, processus de création et partage de connaissances et d'apprentissage aux fins d'une exploitation socioéconomique d'idées nouvelles. L'innovation repose sur la création constante de liens riches entre idées, savoirs, savoir-faire, porteurs de savoirs et organisations pour réagir à des lendemains possibles ou pour anticiper ces derniers. Elle est souvent dialectique, avec ses ago-antagonismes propres (progrès technique/ progrès social, risque/incertitude, norme/déviance, essais [rarement fructueux]/ erreurs [nombreuses et nécessaires]). Elle est plurielle (économique, technologique, organisationnelle et sociale), dynamique (mais pas forcément révolutionnaire), et surtout collective. On parle de plus en plus aujourd'hui de la nécessité d'insuffler de la **transversalité**[23] dans le processus, c'est-à-dire de faire travailler plus systématiquement ensemble et horizontalement des personnes venant de domaines, de

---

22. Isaac Asimov (1920-1992), chimiste, enseignant et écrivain américain de science-fiction.

23. Dans cette vision plus transversale de l'innovation, Pisano (2006, p. 12) considère que la biopharmaceutique requiert aujourd'hui de plus en plus de recherche translationnelle : «*As the name implies, this kind of research translates basic scientific findings and concepts into specific product opportunities. It connects early basic research with clinical testing, encompassing activities such as target identification and validation, in vitro and in vivo screening, and perhaps some early-stage human clinical trials.*» («Comme son nom l'indique, ce type de recherche traduit des concepts et des découvertes scientifiques basiques en possibilités de produit spécifique. Elle connecte la recherche fondamentale avec les tests cliniques, englobant des activités comme la détermination et la validation de cibles, le criblage *in vitro* et *in vivo*, et peut-être, des essais cliniques humains de premiers stades» (notre traduction).

fonctions ou de services différents pour valoriser très précocement la complémentarité de leurs compétences, qui sait, dans de nouveaux modèles d'affaires. Selon Le Masson et ses collaborateurs (2006, p. 23) : «[…] qu'elle prenne la forme d'une nouvelle technique, d'une nouvelle esthétique, ou d'une nouvelle organisation du travail, l'innovation est d'abord le résultat de l'activité de collectifs qui déterminent sa forme et ses conditions d'acceptabilité.»

L'innovation ne se décrète donc pas ; elle s'organise autour de collectifs humains placés dans une culture et un milieu propices à la créativité et portés par cette culture et ce milieu. Elle remet évidemment en question les frontières des mondes marchand et non marchand, en ce qu'elle repose sur un bien *a priori* commun (les connaissances scientifiques entre autres). Ainsi, dans les perspectives occidentales les plus récentes de la gestion de l'innovation et de la gestion de connaissances, le «capital humain» qui désigne le stock de connaissances susceptibles d'être valorisées économiquement, stock incorporé aux personnes, peut être approprié par la personne qui en est porteuse, contrairement aux autres formes de capitaux (matériels, technologiques, financiers, etc.). La perspective de l'innovation se déplace donc peu à peu vers une approche plus sociocognitive de l'innovation, à savoir que l'innovation peut être enchâssée dans des routines de l'organisation qui en dépassent les frontières traditionnelles. Il s'agit d'une approche plus interactive où le rôle des acteurs et celui du système social dans lequel intervient l'innovation doivent être pris en compte (Akrich, Callon et Latour, 1988a).

L'innovation remet également en question la temporalité et l'essence même du capitalisme financier. Si le moteur de l'innovation est la personne en quête de ruptures avec les technologies ou les routines existantes (Castells, 1996 ; Epingard, 1999), dans un contexte de changement permanent, cette logique de l'innovation repose sur un couple paradoxal formé par la rupture (sauts technoscientifiques, initiative) et la continuité (March, 1991 ; Sennett, 2000 ; Ebrahimi, 2002). En effet, la personne (l'innovateur) n'est portée à innover que si elle peut se forger une identité et se construire un itinéraire dans une organisation (Sennett, 2000) au moyen d'une adhésion volontaire au projet collectif qui s'inscrit dans une continuité et une communauté de destins. Dans cette perspective théorique du capital humain où la connaissance s'incarne dans les personnes, et surtout dans des phénomènes d'apprentissage arbitrés à long terme, dans quelle mesure le management contemporain valorise-t-il l'expérience et la stabilité des personnes qui apportent des aptitudes distinctives à l'entreprise pour renforcer ses compétences en matière d'innovation ?

Nous verrons dans le chapitre 7 combien une philosophie renouvelée de la société du savoir et de la gestion des connaissances peut intégrer cette dynamique des interactions sociales qui est à l'origine de la création de connaissances.

Chapitre 7

De l'économie industrielle à l'économie du savoir : le management des connaissances[1]

Section I : De l'économie industrielle à l'économie du savoir 425

Section II : Du management au management des connaissances[2] 434

Section III : Les principaux modèles de la gestion des connaissances 450

Section IV : Conclusion : le management est management
des connaissances 463

« *Si nous avons chacun un objet et que nous les échangeons, nous avons chacun un objet. Si nous avons chacun une idée et que nous les échangeons, nous avons chacun deux idées.* »

(Proverbe chinois)

---

1. Nous utilisons les mots « connaissance » et « savoir » de façon équivalente. Toutefois, certains ouvrages distinguent ces deux notions. Nous renvoyons le lecteur à la définition de la notion de connaissance dans la section 7.4.1.3 (*voir p. 439*).

2. Nous sommes conscients que les termes « management des connaissances » et « gestion des connaissances » sont utilisés dans la littérature de façon équivalente. Nous ferons de même dans cet ouvrage. Toutefois, selon les débats théoriques, il convient d'apporter des nuances. On parle du management des connaissances quand il s'agit de l'ensemble des pratiques de l'organisation en vue d'une appropriation ou d'une accumulation des connaissances stratégiques pour l'organisation. En ce qui concerne la gestion des connaissances, il s'agit plutôt de la « modélisation des connaissances » (Ferrary et Pesqueux, 2006). Par « modélisation », on entend le repérage, la collecte et le classement des connaissances nécessaires à l'organisation. « La gestion des connaissances est considérée comme le premier pas dans la mise en œuvre d'un management de la connaissance car elle implique une structuration de l'information pour construire les connaissances organisationnelles » (Ferrary et Pesqueux, 2006, p. 41).

D ans le domaine du management, nous nous intéressons particulièrement au fonctionnement des organisations. Nous avons vu à maintes reprises que l'organisation n'est pas un système fermé et qu'elle doit interagir constamment avec son environnement. Or, les changements profonds qui se produisent dans l'environnement influent sur l'organisation à tous les niveaux. Le changement le plus important qui est survenu dans notre univers socioéconomique est l'avènement de l'économie fondée sur le savoir. Ainsi, l'infrastructure et les fondements de l'économie se déplacent de la production industrielle classique vers la création du savoir et de l'expertise qui se matérialisent dans les projets d'innovation de l'organisation. Dans ce changement de fond associé à l'économie du savoir, la connaissance devient la matière première pour la création de la richesse. On peut facilement imaginer les conséquences que ce glissement peut avoir. Il suffit de penser, par exemple, au niveau de scolarité des personnes. Il est évident que, dans une économie fondée sur le savoir, les membres de l'organisation doivent avoir un certain niveau de compétences. Cela bouleverse la finalité du système d'éducation, la place grandissante de la formation, la mise à jour des compétences dans un contexte de mobilité croissante des experts. Pour s'adapter à ce changement, les organisations deviennent des lieux de gestion des connaissances. Ainsi, la gestion des connaissances a pris une énorme importance dans la gestion des organisations. Désormais, la connaissance est considérée comme le principal moteur de la croissance dans ce qu'on appelle « la nouvelle économie » ou « l'économie fondée sur la connaissance ».

Dans ce chapitre, nous nous attarderons d'abord sur les caractéristiques de l'économie du savoir à travers trois périodes de l'évolution économique. Ensuite, nous développerons le concept même de la gestion des connaissances afin de mieux comprendre ses composantes et ses enjeux. Enfin, nous présenterons différents concepts en matière de gestion des connaissances à l'aide des modèles proposés par chaque école de pensée.

Section I
De l'économie industrielle à l'économie du savoir[3]

7.1 Les trois périodes de l'évolution économique des sociétés industrielles

On peut constater trois périodes majeures dans l'évolution économique des sociétés industrielles depuis le milieu du XIXᵉ siècle (Beck, 1994). Il faut souligner que chaque période connaît son propre moteur de croissance, sa domination hégémonique par quelques pays, puissances économiques bien identifiées, et également ses propres méthodes de gestion, directement ou indirectement « induites » d'ailleurs par le cadre de conception et d'action qu'imposent ces « puissances économiques ». Outre les changements sur le plan de l'aménagement du travail, on observe la montée en puissance des emplois et des expertises qui correspondent davantage à la nature de l'activité économique dominante. Une fois le changement en place, on remarque une modification de la structure sociale autour de la nouvelle réalité économique.

La **première période,** qui se situe environ entre 1850 et 1910, est essentiellement orientée vers le transport et le traitement des marchandises et des ressources naturelles. Les secteurs comme l'acier, le charbon, le textile et le chemin de fer constituaient les éléments économiques centraux des pays industrialisés, avec la Grande-Bretagne en tête. À cette époque, le facteur clé de la croissance économique était la possibilité de produire l'acier à un prix bas, puisque ce dernier servait d'élément de base pour toutes les constructions qui ont été faites par la suite. L'infrastructure économique s'appuyait principalement sur les transports ferroviaire et maritime. Les indicateurs économiques, déjà très utilisés à cette époque pour évaluer l'état de santé de l'économie, faisaient référence à la « production de lingot de fonte », au « bénéfice d'exploitation des chemins de fer », à la « production de charbon » et, finalement, à la « consommation de coton ».

Cette époque était considérée comme l'ultime étape de la modernité et de l'efficacité économique de la part des analystes de cette période. Cela a conduit le prince Albert, lors de la Grande Exposition de 1851 à Londres, à faire la déclaration suivante : « Nous vivons une époque de grande et merveilleuse transition, qui tend rapidement vers l'accomplissement de ce noble destin auquel, en effet, toute l'histoire nous convie : la réalisation de l'unité de l'humanité entière » (Beck, 1994, p. 43). Il est intéressant de souligner que plusieurs penseurs de notre époque disent à peu près la même chose quant à Internet et aux réseaux informatiques.

La richesse créée et les progrès technologiques nous conduisent vers la **deuxième période** économique importante. Celle-ci commence environ au début des années

---

3. Certains éléments de cette section sont extraits de Ebrahimi (2001, p. 15-39) et reproduits avec l'aimable autorisation de l'éditeur.

1920 et se poursuit jusqu'au milieu des années 1970. Ainsi, le traitement des marchandises laisse la place à de nouvelles idées, durant cette époque orientée vers la production assistée par des machines de plus en plus sophistiquées. On constate l'apparition des industries importantes dans différents domaines comme l'automobile et la machine-outil.

L'économie fondée sur la connaissance est une nouvelle période de développement des sociétés industrielles avancées.

Un des exemples qui représente bien cette période, c'est l'expérience de Ford à Detroit. On parlait déjà de la **nouvelle économie** basée sur la production «intelligente» des biens. En produisant plus de 250 000 véhicules par an, tout en diminuant le prix d'un modèle T de 950 $ en 1909 à 360 $ en 1917, Ford est devenu l'homme le plus riche des États-Unis. Véritable Bill Gates de l'époque, il est la référence pour toute activité économique, fondée désormais sur l'innovation, sur une nouvelle forme de production à la chaîne et sur la maîtrise de la technologie. Les facteurs clés du succès de l'industrie de cette époque étaient l'accès aux sources énergétiques à bon marché, surtout le pétrole. Avec les nouvelles formes d'organisation dans les fabriques, on voit apparaître la production en grand nombre des automobiles, des appareils électroménagers, de la machinerie lourde, etc. Devant cette nouvelle réalité économique, il fallait modifier les infrastructures, et donc construire des routes, des aéroports, etc. Il fallait également perfectionner tous les outils aidant à améliorer la production et l'accessibilité des produits. Cela a conduit, entre autres, à des progrès importants dans le domaine de la communication : le télégraphe et le téléphone. Les indicateurs économiques sur lesquels on se basait pour évaluer la santé de l'économie étaient alors les suivants : la «production industrielle», les «commandes de machines-outils», les «ventes au détail», la «mise en chantier résidentielle» et la «vente d'automobiles».

Il est très intéressant de s'attarder sur les débats économiques de l'époque : la coexistence des deux économies (l'ancienne et la nouvelle), la dévalorisation de l'ancienne économie et l'encensement de la nouvelle, l'utilisation des nouvelles formes de la production (référence au modèle taylorien de la production, «l'organisation scientifique du travail»), etc. Voilà un autre point de ressemblance avec les débats d'aujourd'hui, si ce n'est totalement sur le plan des contenus, du moins certainement sur celui de la forme. On peut faire un autre grand constat pour cette période, soit celui du déplacement de l'hégémonie économique mondiale vers les États-Unis.

Durant cette deuxième époque, les trois décennies qui ont suivi la Seconde Guerre mondiale furent une période particulièrement prospère pour le monde capitaliste. Les Trente Glorieuses (1945-1975) représentent la croissance de la demande, l'augmentation de la capacité de production industrielle dans les pays avancés, les gains de productivité et la disponibilité énergétique à un coût relativement faible. Pendant cette époque, les pays occidentaux sont largement dominants sur la scène économique mondiale. Ce capitalisme, qu'on qualifie également de «capitalisme fordiste» basé sur l'approche taylorienne de la production, mise essentiellement sur la production de masse répondant à une demande peu exigeante en matière de qualité et d'innovation.

Pour certains auteurs, le choc pétrolier des années 1970 a amorcé le virage vers une économie de nature différente. En effet, l'ère de l'énergie à bon marché, qui était à l'origine d'un formidable essor économique s'appuyant sur la production de masse, et qui avait placé les États-Unis en tête des pays industrialisés, tire à sa fin. Les profits des entreprises diminuent considérablement à la suite d'une décélération des gains de productivité. Cela aboutit à un ralentissement de la croissance et à une augmentation de l'inflation. On voit petit à petit l'émergence, dans les années 1970, de technologies fondamentalement nouvelles à forte concentration en informatique ; on voit aussi pointer la robotique et toutes les nouvelles possibilités offertes par les progrès, aussi rapides que radicaux, dans le secteur des télécommunications.

Il se produit alors un phénomène nouveau très intéressant, qui donne au débat une teneur fort différente de ce que nous avons vu au cours de l'évolution de la société industrielle, et ce, malgré des ressemblances de forme, comme nous l'avons mentionné précédemment. En effet, cette transformation modifie le rapport entre le cerveau humain et la production des objets : l'être humain devient de moins en moins présent dans la fabrication directe des choses, mais de plus en plus indispensable à leur conception.

> Dans la nouvelle économie, l'être humain est plus un concepteur qu'un producteur de biens.

C'est précisément sur ce plan que la **nouvelle économie** se distingue des cycles précédents. Nous entrons ainsi dans la **troisième période.** Selon Rifkin, nous vivons une transformation majeure qui s'accentuera dans les prochaines années :

> […] pendant l'ère industrielle, le travail humain était employé à la production de biens et à la fourniture de services de base. « L'ère de l'accès » voit des machines dites « intelligentes » remplacer l'activité humaine dans les services comme dans les secteurs agricoles et industriels. L'automatisation et l'emploi de logiciels et de biogiciels sont de plus en plus fréquents dans ces trois secteurs […] d'ici à cinquante ans, la sphère marchande aura les moyens technologiques et la capacité organisationnelle de fournir des biens et des services pour une population croissante en n'utilisant qu'une fraction de la main-d'œuvre aujourd'hui nécessaire (Rifkin, 2000, p. 16-17).

Cet extrait significatif de la réflexion de Rifkin représente ce qu'un très grand nombre d'auteurs pensent des transformations profondes que la nouvelle économie nous impose d'ores et déjà.

L'évolution de la répartition des emplois dans les différents secteurs de l'économie des pays industrialisés démontre clairement une tendance forte en direction du secteur de l'information. Déjà en 1992, selon les données analysées par Beck, et seulement aux États-Unis, alors que le secteur agricole, le secteur des services et le secteur industriel perdent des emplois :

> […] l'industrie aérospatiale compte plus d'employés que celles, toutes réunies, de l'automobile, incluant leurs vastes réseaux de fournisseurs. L'industrie de l'ordinateur (matériel, semi-conducteurs, services informatiques) compte plus d'employés que celles, toutes confondues, de l'automobile, des pièces, de la sidérurgie, de l'extraction et du raffinage du pétrole. Les Américains travaillent plus nombreux dans les semi-conducteurs que dans la machinerie de construction, plus nombreux dans l'informatique que dans le raffinage du pétrole (Beck, 1994, p. 95-96).

On constate bien que le monde, autant du point de vue social que du point de vue économique, subit un changement fondamental qui se caractérise par une transformation de la culture matérielle au moyen de la mise en œuvre d'un nouveau paradigme technologique organisé autour des technologies de l'information (plus «immatérielles» et plus «intangibles»).

7.2 La nouvelle économie, un concept contesté

Si les transformations qu'ont connues les sociétés dans les dernières décennies sont évidentes, tous les auteurs ne s'accordent pas pour qualifier ces transformations de «révolution» ou de «nouvelle économie». Il existe essentiellement deux catégories d'objections au concept de nouvelle économie.

7.2.1 La nouvelle économie, un concept idéologique

Certains auteurs, de plus en plus nombreux, n'adhèrent pas au concept de nouvelle économie. Pour eux, il s'agit seulement d'un instrument idéologique pour faire accepter plus facilement l'idéologie néolibérale fortement influencée par la domination de la finance, une sorte de «néolibéralisme *high-tech*» qui met en évidence le nouveau discours libéral technologiste. Selon les tenants de cette tendance :

> [...] l'examen des chiffres et des modèles de la nouvelle économie devrait nous inciter à plus de prudence. Ainsi, personne ne relève les statistiques tronquées concernant la croissance de l'emploi, ni ne s'avise de ce que la «nouvelle» économie n'est qu'un avatar du libéralisme, construite selon les mêmes règles et soumises aux mêmes aléas. L'enthousiasme militant et la désinformation masquent les véritables enjeux des mutations que vivent nos sociétés : voulons-nous soumettre l'organisation du travail et la mondialisation de l'économie aux réseaux de la technologie et de la finance, et les laisser décider de notre sort ? (Gadrey, 2000)

Même si cette position est quelque peu radicale, la grande crise économique et financière de 2007-2009 donne raison à cet auteur dans la mesure où la combinaison de l'univers financier déréglementé avec celui des technologies de l'information a contribué à une dégradation importante de l'économie mondiale. Selon la Réserve fédérale américaine, les pertes associées uniquement aux *subprimes* (titres commerciaux contaminés à haut risque à l'origine de la crise financière et économique de 2007-2009) s'élèvent à 2 000 milliards de dollars (Walter et Pracontal, 2009). Pour comprendre l'ampleur de ces pertes, rappelons que le budget annuel du gouvernement canadien pour l'année 2010-2011 est de 280 milliards de dollars.

7.2.2 L'économie de la connaissance ou l'économie fondée sur la connaissance

Ce deuxième courant mettant en cause le concept de nouvelle économie vient de certains économistes qui ne voient rien de nouveau sous le soleil. Il s'agit, selon eux, de la contribution de la connaissance à la création de la richesse dans les systèmes économiques. En tant que discipline, l'économie de la connaissance n'est pas un phénomène nouveau. Il convient de faire une distinction entre l'« économie de la connaissance » et l'« économie fondée sur la connaissance ». Dans le premier cas, l'objet « est la connaissance en tant que bien économique et son domaine d'analyse est celui des propriétés de celle-ci, des conditions historiques, des technologies et des institutions (telles que les technologies de l'information ou les droits de propriété intellectuelle) qui en déterminent le traitement et la manipulation dans une économie décentralisée » (Foray, 2000, p. 6). Autrement dit, dans cette approche, la connaissance est un bien économique comme n'importe quel autre bien, et à ce titre elle a toujours joué un rôle dans les systèmes économiques.

Distinguer économie de la connaissance d'économie fondée sur la connaissance

Par contre, « l'économie fondée sur la connaissance », à l'instar d'une période historique, peut être considérée comme une rupture avec les périodes précédentes, **dans la mesure où la connaissance prend une place centrale dans le processus de production.** Certains auteurs vont jusqu'à qualifier l'économie fondée sur la connaissance d'« économie de l'intangible » ou d'« économie de l'information ».

La révolution basée sur l'information se distingue de la connaissance des révolutions précédentes par notre rapport à l'information. Aujourd'hui, ce n'est pas le rôle majeur du savoir et de l'information qui nous importe, mais « l'application de ceux-ci aux procédés de création des connaissances et de traitement/diffusion de l'information en boucle de rétroaction cumulative entre l'innovation et ses utilisations pratiques » (Castells, 1996, p. 54).

Nous entrons dans un monde beaucoup plus cérébral et immatériel, comme le précise Rifkin (2000, p. 76), « un monde de forme platonicienne, d'idées, d'images et d'archétypes, de concepts et de fiction », et cette boucle de rétroaction (entre l'introduction de la nouvelle technologie et son utilisation) peut s'appliquer à n'importe quel champ et accélérer l'apparition des nouveaux paradigmes technologiques. Ce rapport nouveau à la technologie, d'une part, et à la connaissance, d'autre part, fait que nous ne sommes plus des utilisateurs d'outils, mais des « développeurs de procédés ».

Utilisateur et acteur ne font désormais plus qu'un. Ce phénomène a comme conséquence une diffusion croissante de la technologie et de la connaissance, qui amplifie sans cesse à son tour le pouvoir de cette technologie… Plus l'utilisateur s'approprie et redéfinit cette technologie, plus le pouvoir de ce dernier devient important. Comme Gusdorf (1990, p. 5) nous le rappelle : « Dès les origines de l'histoire de la civilisation, l'âge des empires atteste l'épanouissement solidaire du pouvoir et du savoir associés dans la prise de possession du réel par la médiation de la technologie parvenue à un haut degré d'efficience. »

« Pour la première fois dans l'histoire, l'esprit humain est une force de production directe, et pas simplement un élément décisif du système de production » (Castells, 1996, p. 55) : voilà précisément ce qui caractérise notre époque et notre relation avec la connaissance. Cela nous semble être ce qui explique le fondement même de la « nouvelle société », dite « du savoir », à la consolidation de laquelle nous assistons.

Dans la production industrielle, il existe une rupture entre la machine et l'être humain. La machine a, en effet, sa propre logique de fonctionnement, souvent rigide et totalement préétablie. La machine **soumet l'être humain** à sa logique. À l'inverse, dans le cas de la société de l'information, la logique de décodage et de programmation, les ordinateurs ainsi que l'ensemble des systèmes de communication existent comme une **extension de l'esprit humain.**

L'idée, l'image, la créativité et la pensée générées par l'utilisateur deviennent des marchandises, des services ou des productions intellectuelles et culturelles. C'est ainsi qu'on peut saisir l'aspect immatériel de cette activité. Précisément, cette **immatérialité de la production permet la connectivité.** Cela explique l'apparition de l'organisation dite « en réseau ».

> Dans un monde gouverné par la logique de l'accès et des réseaux, ce sont les idées qui deviennent la matière première de l'activité économique, et le but suprême est la connaissance universelle. Être capable d'étendre à l'infini sa présence mentale, être universellement connecté afin de pouvoir affecter et façonner la conscience des êtres humains, telle est l'ambition de toute entreprise économique (Rifkin, 2000, p. 76).

Il est très difficile d'adopter une position claire et nette dans ce débat sur la nature de l'économie fondée sur la connaissance. Cette situation est propre à la science et aux débats scientifiques, encore plus dans les domaines économique et managérial, où les idéologies jouent un rôle très important. Toutefois, le consensus qui se dégage de ces débats, c'est que, **depuis trois décennies, une nouvelle économie s'est imposée en investissant massivement dans la connaissance, dans la recherche et le développement, dans l'enrichissement des systèmes d'éducation, dans l'élaboration et l'acquisition des brevets, etc.**

Il est important de souligner que ce changement du visage du capitalisme ne s'est pas opéré de la même manière et à la même vitesse partout au sein des pays capitalistes. Il y a des différences fondamentales dans la façon de conduire ces changements. À titre d'exemple, il est difficile, voire impossible, de comparer les mutations qui se sont produites récemment au Japon avec celles qui ont eu lieu aux États-Unis ou bien en Scandinavie. Chaque région du monde a subi des transformations dans le passage vers l'économie de la connaissance à l'image de ses repères culturels et sociétaux. Il est erroné de penser qu'il y a eu une uniformisation du comportement économique dans les différentes approches du capitalisme lors du passage de l'économie traditionnelle à l'économie du savoir.

7.2.3 De l'économie fondée sur la connaissance à la gestion des connaissances

Durant cette nouvelle phase du capitalisme, on constate aussi des changements profonds dans les habitudes de consommation. Les consommateurs cherchent de plus en plus des produits de meilleure qualité. La concurrence accrue entre les pays industrialisés et le renforcement de la mondialisation par une augmentation sans précédent des échanges commerciaux offrent cette possibilité aux consommateurs. Pour être concurrentielles, les entreprises doivent attirer les clients avec des produits de plus en plus innovants, de meilleure qualité et plus attrayants que ceux des concurrents. Ainsi, l'innovation devient un élément déterminant dans cette nouvelle réalité économique. Certains auteurs démontrent que, pour survivre dans l'économie de la connaissance, il faut trois types de compétences : « l'absorption des connaissances, l'accès et la maîtrise des TIC [technologies de l'information et de la communication] et l'adaptation aux changements rapides de l'environnement » (El Mouhoub et Plihon, 2009, p. 21).

Certains auteurs pensent que la gestion des entreprises est très différente dans une société fortement avancée dans l'économie du savoir par rapport aux sociétés qui se trouvent encore dans la logique de l'économie industrielle. Autrement dit, la logique de la gestion d'une « entreprise de la connaissance » est différente de la logique « industrielle classique », ce qui justifie la réflexion entourant le concept de management des connaissances. Sveby (2000, cité par Ferrary et Pesqueux, 2006) propose le tableau de comparaison suivant (*voir le tableau 7.1*).

TABLEAU 7.1 Une comparaison entre la logique industrielle et la logique du savoir

Rubrique	Logique industrielle	Logique du savoir
Collaborateurs	Générateurs de coûts ou ressources	Générateurs de gains
Source du pouvoir de l'encadrement	Niveau hiérarchique	Niveau de savoir
Conflits potentiels	Travailleurs physiques contre détenteurs du capital	Travailleurs du savoir contre décideurs
Principale tâche de l'encadrement	Superviser les subordonnés	Aider les collaborateurs
Information	Instrument de contrôle	Outil de communication, ressource
Production	Travailleurs physiques transforment des ressources matérielles en produits matériels	Travailleurs du savoir transforment des connaissances en structures immatérielles
Flux d'information	Hiérarchique	Réseaux informels
Forme principale des gains	Matérielle (agents)	Immatérielle (connaissance, nouvelles idées, nouveaux clients, R et D)
Freins à la production	Finances et compétences humaines	Temps et savoir
Forme de la production	Produits matériels	Structures immatérielles
Forme de la production	Mécanique, séquentielle	Induite des réseaux
Relations avec les clients	À sens unique par les marchés	Interactives au moyen des réseaux
Savoir	Outils ou ressources parmi d'autres	Préoccupation majeure de l'organisation
Objectifs de formation	Utilisation de nouveaux outils	Création de nouveaux actifs
Valeur en Bourse	Induite par les avoirs matériels	Induite par les avoirs immatériels
Économie	Rendements décroissants	Rendements croissants et décroissants à la fois

Source : Sveby (2000, cité par Ferrary et Pesqueux, 2006, p. 12).

Même si cette comparaison est intéressante et instructive à propos des différences fondamentales qui existent dans les logiques de gestion des entreprises du « savoir » et des entreprises « classiques », il faut être prudent quant à cette compartimentation dichotomique des sociétés. En réalité, si cette simplification pédagogique nous permet de saisir les différences, elle n'est pas entièrement à l'image de la réalité complexe des sociétés et des systèmes de gestion. Nous nous trouvons davantage dans des systèmes hybrides où les formes anciennes et nouvelles d'organisations cohabitent. Il est erroné de dissocier ces deux formes de capitalisme et de considérer la période actuelle comme une période de transition au terme de laquelle le capitalisme classique disparaîtra. Le capitalisme cognitif (*voir l'encadré 7.1*) ou le capitalisme basé sur la connaissance porte en lui certains axiomes du capitalisme industriel ou classique relatifs au droit de propriété, à la nouvelle division taylorienne du travail, au droit de gestion et de la gouvernance, etc. Selon El Mouhoub et Plihon (2009, p. 62-63) :

> Capitalisme industriel et capitalisme cognitif cohabitent.

ENCADRÉ 7.1 Le capitalisme cognitif

Depuis une trentaine d'années, le développement des nouvelles technologies de l'information et de la communication (NTIC), l'accumulation des connaissances, l'accélération et la permanence de l'innovation, ainsi que les mutations de la nature et du contenu du travail ont entraîné avec eux, selon plusieurs auteurs[a], l'émergence d'une forme nouvelle de capitalisme : **le capitalisme cognitif.**

« Nous désignons par capitalisme cognitif une forme historique émergente de capitalisme dans laquelle l'accumulation, c'est-à-dire la dynamique de transformation économique et sociale de la société, est fondée sur l'exploitation systématique de la connaissance et des informations nouvelles » (Paulré, 2001, p. 10).

Selon Dieuaide et ses collaborateurs (2008, p. 4), la connaissance devient maintenant « l'enjeu clé de la création de valeur et de l'accumulation du capital ». Ainsi, le capitalisme cognitif représente un nouveau système d'accumulation du capital, en rupture avec le capitalisme marchand et industriel, jadis basé sur la transformation, la production et l'échange de biens.

Le tableau A démontre les différents niveaux de la rupture apparente du capitalisme cognitif avec le capitalisme industriel.

TABLEAU A Des distinctions entre le capitalisme industriel et le capitalisme cognitif

	Capitalisme industriel	Capitalisme cognitif
Marchandise	Matérielle, standardisée, reproductible (production de masse)	Immatérielle, virtuelle, sur mesure
Force de travail	Individuelle, subordonnée	Collective (réseaux, alliances)
Type de travail	Manuel et répétitif	Intellectuel et complexe
Moment de « travail » (de production/ création de valeur)	En entreprise (importance de la valeur-temps du travail)	En dehors du salariat et du travail (effritement des frontières entre travail et non-travail)
Lieu de travail	Local (usine, entreprise)	Déterritorialisation (mondialisation)
Type de production	Production de marchandises par des marchandises	Production de connaissances par des connaissances

a. Voir, par exemple, les écrits d'Azaïs, Corsani, Dieuaide, Moulier-Boutang, Palloix et Paulré.

Il ne s'agit pas uniquement d'un problème de coexistence transitoire de deux modèles dont l'un est susceptible de devenir dominant et homogène, comme le prétendent les défenseurs de la thèse du capitalisme cognitif. Il s'agit d'une dualité profondément ancrée dans la nature même de ce nouveau capitalisme articulant de manière complémentaire et contradictoire finance et connaissance au cœur du système productif.

Le lecteur peut se reporter au chapitre 1 pour mieux saisir la relation existant entre la finance et le management.

Il faut innover, réduire les coûts de production et faire face à une concurrence qui est désormais internationale. Voilà le cadre général avec lequel les gestionnaires doivent composer. C'est dans ce contexte que le concept de gestion (et de management) des connaissances prend de l'ampleur au début des années 1990. Deux indicateurs démontrent bien l'engouement pour la gestion des connaissances, l'un étant le niveau des dépenses des entreprises dans l'instauration des systèmes de gestion des connaissances, l'autre étant le nombre de publications scientifiques et professionnelles sur le sujet (*voir les figures 7.1 et 7.2*).

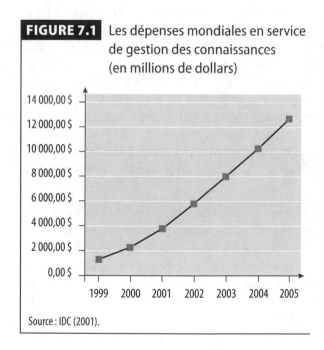

FIGURE 7.1 Les dépenses mondiales en service de gestion des connaissances (en millions de dollars)

Source : IDC (2001).

FIGURE 7.2 Le nombre de publications d'articles scientifiques se référant à la gestion des connaissances

Source : Scopus.

Comme nous pouvons le voir dans les figures 7.1 et 7.2, le volume des investissements en gestion des connaissances a massivement augmenté au cours des dernières années. De même, le nombre de publications scientifiques a connu une explosion à partir du milieu des années 1990.

Le concept de gestion des connaissances est fortement associé, notamment dans ses débuts, au champ des systèmes d'information. Depuis, il se trouve à la frontière de plusieurs disciplines (la théorie des organisations, les sciences économiques, la gestion de la technologie, le management, etc.) et concerne plusieurs niveaux des sociétés (entreprises, organisations, États, international).

Pour Ferrary et Pesqueux (2006, p. 9), trois prises de conscience expliqueront la référence au management des connaissances dans les sociétés actuelles :

[…] – la reconnaissance de la connaissance comme étant centrale dans la vie organisationnelle tout comme dans la vie sociale ;

– la nécessité d'une restructuration des organisations, qu'elles soient publiques ou privées, pour assurer le management de cette connaissance ;

– le renforcement de l'avantage concurrentiel de l'entreprise, de la zone géographique ou bien encore du pays grâce à la connaissance.

Section II
Du management au management des connaissances

Nous l'avons largement répété, la ressource clé des économies avancées est la connaissance. Elle est même qualifiée aujourd'hui de moteur principal de la création de richesse. Il est important de souligner que, par cette affirmation unanimement admise, nous laissons entendre implicitement que c'est désormais le « capital humain » qui se trouve au centre de l'activité de la création de valeur. Cela représente une rupture fondamentale, du moins théorique, avec la littérature économique et managériale traditionnelle. Le couple travail-capital prétend laisser sa place au couple connaissance-capital. On estime aujourd'hui que le capital intangible (connaissance, R et D, formation, etc.) est largement supérieur au stock de capital tangible. Ainsi, l'activité de la création des connaissances paraît une affaire collective, alors que la conception taylorienne de l'organisation place chaque membre dans un univers préétabli et isolé.

> Le couple travail-capital laisse sa place au couple connaissance-capital.

Cela nous conduit vers une situation paradoxale. Depuis ses balbutiements, le capitalisme est basé, d'une part, sur la notion d'appropriation du capital et, d'autre part, sur celle d'exploitation de la force du travail. Les locaux, la machinerie, les outils et les procédés de production appartenaient de façon exclusive au capitaliste. Or, la connaissance est un bien particulier, elle est non exclusive (Foray, 2000). Elle appartient ainsi à l'employé qui en est le porteur premier, et c'est en partie avec elle que l'entreprise crée de la richesse. À lui seul, ce paradoxe bouleverse les principes de l'économie classique. **Comment valoriser et s'approprier ce flux de connaissances qui n'est plus nécessairement le capital à part entière de l'entreprise ?**

7.3 Un détour dans l'histoire récente de la gestion de connaissances

Au début des années 1980, face à la crise qui a commencé avec le choc pétrolier, le management occidental, impuissant à faire face à l'émergence de la concurrence japonaise et nordique, cherche des voies de solution. Un de ces mouvements, par réaction contre les écoles du positionnement en stratégie (*voir le chapitre 2*), propose un renouvellement de la démarche stratégique classique issue de l'analyse industrielle (Porter, 1985). Il s'agit d'un nouveau paradigme avec le « mouvement ressources-compétences ». Selon les tenants de cette approche, la réalité de l'entreprise ne se limite pas à une équation de positionnement entre son produit et son marché, mais elle se définit comme un ensemble de ressources et de compétences à valoriser.

7.3.1 La théorie fondée sur les ressources

Les auteurs qui se sont penchés en premier sur la question sont à l'origine de ce qu'on a appelé la « théorie fondée sur les ressources » (*resource-based view*) (Wernerfelt, 1984 ; Barney, 1986). Ce terme est apparu en 1984 dans le célèbre article de Wernerfelt. L'objectif de cet article était essentiellement de mettre en cause l'approche dominante « structure-comportement-performance » élaborée par Porter. Selon Wernerfelt, inspiré par les travaux plus anciens de Penrose (1959), l'entreprise se distingue de ses concurrents au moyen de ses compétences. Ces dernières font partie de ses **ressources organisationnelles.** Pour les tenants de cette approche, les compétences sont liées fondamentalement à l'expérience accumulée dans le temps et dans l'espace, et confèrent un différentiel fonctionnel à l'entreprise qui en est dépositaire. Barney (1986, 1991) établit un lien entre le concept de ressources et l'avantage concurrentiel durable de l'entreprise. Pour lui, la définition des ressources est très large, car elle inclut tous les actifs, capacités, processus organisationnels, attributs, informations, savoirs, etc., contrôlés par une firme qui lui permettent de concevoir et de mettre en œuvre des stratégies qui améliorent son bon fonctionnement et son efficacité. Dans la mesure où cette définition couvre tout un éventail d'éléments, Barney (1991) classe les ressources en trois catégories : le **capital physique,** le **capital humain** et le **capital organisationnel.** Ainsi, soutient-il, le succès concurrentiel d'une firme dépend de sa capacité à combiner et à mettre en œuvre ses ressources afin d'élaborer une stratégie de création de valeur difficilement imitable par les concurrents actuels et potentiels.

Quelle est, de plus, la source de la pérennité ou « durabilité » de l'avantage concurrentiel découlant de ces ressources organisationnelles ? La théorie des capacités dynamiques fournit une réponse à cette question.

7.3.2 La théorie des capacités dynamiques

La théorie des capacités dynamiques (*dynamic capabilities*) renvoie à deux notions importantes concernant l'univers des organisations, à savoir les **compétences** et les **capacités.** Selon les tenants de cette approche (Nelson et Winter, 1982 ; Stalk, 1992), chaque entreprise possède des **compétences,** c'est-à-dire des **savoirs fondamentaux,** qui se manifestent par les technologies, les procédés et les brevets dont elle dispose. Pour leur part, les **capacités** ont trait aux **savoir-faire** de l'entreprise qui conditionnent la qualité de la **mise en œuvre** des compétences distinctives. L'entreprise doit conjuguer sa capacité à agir dans certains domaines (et donc sa capacité à activer son stock de compétences) avec le fait d'exceller dans les processus d'apprentissage associés à ces domaines. Autrement dit, elle doit posséder des capacités à utiliser ses ressources actuelles pour créer de nouvelles ressources et pour concevoir de nouvelles manières d'utiliser ses ressources en les combinant avec d'autres qui ont été nouvellement intégrées. C'est dans cette dynamique d'un renouvellement constant des ressources que la firme entretient un avantage concurrentiel qui peut être durable. Il existe également, selon cette école, plusieurs moyens de protéger les compétences de l'entreprise pour assurer la durabilité de l'avantage concurrentiel. Par exemple, Winter (2000) montre que la valeur créée par la firme à partir de ces combinaisons de ressources et de compétences dépend de sa capacité à s'approprier le résultat de ces combinaisons, soit par le maintien d'un **temps d'avance** sur les concurrents, soit par la mise en place d'une **barrière à l'entrée légale** (brevet, marque de commerce), soit par une gestion habile des **secrets de fabrication** ou encore par la **maîtrise des actifs complémentaires** (comme le savoir-faire des employés, l'accessibilité à des ressources particulières) nécessaires à la fabrication, à la commercialisation ou à l'utilisation du produit ou du service offert (une gestion éclairée de l'intégration).

7.3.3 La théorie des compétences clés

Au début des années 1990, le débat entourant la question de la capacité organisationnelle s'intensifie en insistant davantage sur les concepts de ressources et de capacités dynamiques élaborés au cours des années 1980. On prend alors en compte de nouveaux aspects de l'interaction complexe des ressources, des capacités, des processus organisationnels, de la perception managériale ainsi que les interactions sociales à l'intérieur de la firme et entre les firmes. On assiste à l'émergence de la notion de **compétence clé** (Sanchez, 2001). Les deux auteurs qui ont marqué ce courant, Hamel et Prahalad (Prahalad et Hamel, 1990 ; Hamel et Prahalad, 1994), s'intéressent essentiellement à la question de l'exploitation des compétences organisationnelles, une fois celles-ci détenues par l'entreprise. Autrement dit se pose la question de savoir de quelle façon l'entreprise valorise et protège ses compétences. Ainsi, l'entreprise cherche à combiner l'ensemble des savoirs et des technologies qu'elle possède pour proposer un avantage particulier à ses clients. Dans cette optique, si elle tente de créer de la valeur, elle doit combiner finement ses ressources et ses compétences à tous les niveaux et les faire converger vers ses objectifs fondamentaux. Pour Sanchez et Heene (1997, p. 303 ; traduction libre, c'est nous qui soulignons) :

> [...] les compétences organisationnelles sont alors intimement liées aux processus de management et aux éléments organisationnels construits **autour de la connaissance et des savoir-faire individuels.** D'un côté, il y a des ingrédients, un patrimoine, des actifs tangibles ou intangibles, et, de l'autre, leur mise en action combinée portée par des personnes et des processus organisationnels, pour atteindre un objectif voulu.

Il convient alors de réfléchir à ces processus d'activation des ressources (Saives, 2002) et aux systèmes de gestion des connaissances adéquats.

Chapitre 7 De l'économie industrielle à l'économie du savoir : le management des connaissances   **437**

7.4 La gestion des connaissances : concepts et définition

Dans une enquête réalisée par la revue *The Economist* en 2005, la question ci-après a été posée aux gestionnaires des grandes entreprises : « Parmi les activités suivantes, lesquelles offrent le meilleur potentiel de gains de productivité d'ici 15 ans ? » (traduction libre). Les personnes avaient à choisir trois activités. La plupart d'entre elles ont placé la gestion des connaissances en tête de liste (*voir la figure 7.3*).

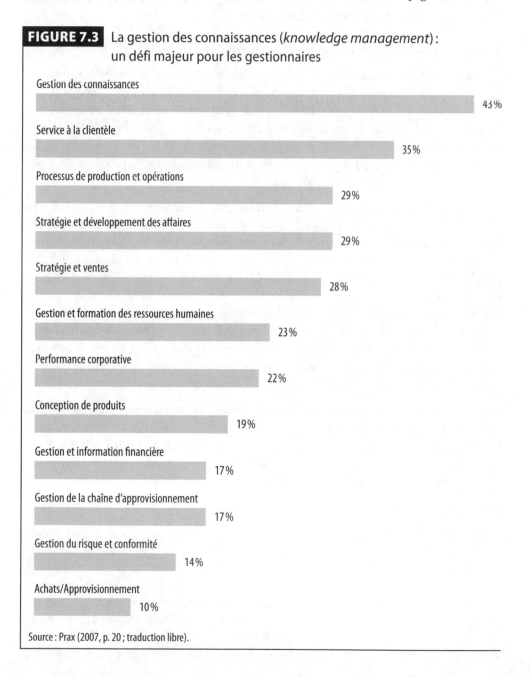

FIGURE 7.3 La gestion des connaissances (*knowledge management*) : un défi majeur pour les gestionnaires

Source : Prax (2007, p. 20 ; traduction libre).

Comme nous l'avons vu dans la section précédente, une économie fondée sur le savoir ramène la personne et le processus organisationnel au cœur du fonctionnement de l'entreprise pour augmenter ses capacités d'innovation et lui assurer une position concurrentielle. **Dès lors, le processus de création de savoirs et de connaissances devient primordial. C'est le management, en tant que discipline, qui s'est le plus penché sur ce processus, ce qui a permis à une discipline basée sur les nouvelles variables socio-écono-technologiques d'émerger: la gestion des connaissances (*knowledge management*).**

7.4.1 Une définition de la gestion des connaissances

Qu'est-ce que la gestion des connaissances (*knowledge management*)? La première étape de toute démarche d'explication et de compréhension doit être, bien entendu, la définition des concepts abordés. Si celle-ci est nécessaire, elle est également risquée, notamment dans le cas des concepts complexes. Il est difficile de choisir entre, d'une part, offrir une définition large qui vise à intégrer tous les points de vue mais qui perd sur le plan de la finesse, et, d'autre part, fournir une définition plus pointue qui ne fait pas l'unanimité.

La gestion des connaissances est un concept très idéologique.

La gestion des connaissances fait partie de ces concepts complexes où l'exercice de définition n'est ni facile ni évident. Nous nous trouvons dans le champ épistémologique de la **gestion,** un champ marqué par l'idéologie où les définitions varient d'une approche idéologique à l'autre en ce qui a trait à la finalité, aux moyens, à la perspective, à la culture, etc. Nous sommes également dans le champ épistémologique de la **connaissance,** cette dernière étant un concept central dans plusieurs champs disciplinaires, comme la philosophie, l'économie, les sciences exactes ou la psychologie. Il est alors ardu d'établir un contour précis pour la notion de connaissance. En ce qui nous concerne, nous abordons ce concept d'un point de vue humaniste n'ayant pour finalité que l'humain, son bien-être et son épanouissement spirituel et matériel en harmonie avec son milieu social et son environnement écologique.

Les progrès technologiques et l'importance grandissante des technologies de l'information dans l'organisation des sociétés nous conduisent, à tort, à confondre le concept de gestion des connaissances avec la circulation de l'information. Aussi, avant de préciser ce que nous entendons par «gestion des connaissances», il convient de distinguer les notions suivantes: données, informations et connaissances.

7.4.1.1 Les données

Distinguer données, informations et connaissances

Une donnée est le résultat d'une mesure obtenue, effectuée à l'aide d'un instrument naturel ou construit. On peut mesurer de façon qualitative (par exemple, la nuit est tombée; le climat organisationnel est bon) ou de façon quantitative (par exemple, le soleil se couche à 18 h 10; la productivité a augmenté de 10%). Généralement, on accorde de l'importance aux données quand on les considère comme objectives. En principe, il n'y a pas là l'expression d'une intention ou d'une volonté quelconque; le phénomène mesuré existe en dehors de notre volonté. Toutefois, si la donnée est réputée objective, Prax (2000, p. 35) nous rappelle que l'instrument de mesure ne l'est pas toujours. « L'intentionnalité de l'observateur peut être tellement forte qu'elle fausse complètement la fiabilité de l'acquisition [...] en fait, c'est dans la relativité que réside l'objectivité de la donnée : lorsque plusieurs données sont acquises de la même façon, alors leur comparaison (*scoring*) offre un renseignement objectif. »

7.4.1.2 Les informations

Une information est un ensemble de données recueillies qui doit être organisé afin de former un message. « La façon d'organiser les données résulte d'une intention de l'émetteur, et est donc parfaitement subjective » (Prax, 2000, p. 63). L'information est également la matière première de la connaissance. Une information est par définition codifiable et s'exprime sous la forme d'un ensemble de propositions. Selon Steinmueller (1999, p. 21, cité par Foray, 2000, p. 46), « la codification est devenue l'essence même de l'activité économique ». Nombreux sont les auteurs qui pensent que cette possibilité de codification est à la base de l'expansion économique des pays industrialisés. La codification, qui est rendue accessible et très performante grâce à la contribution des technologies de l'information, crée l'illusion selon laquelle la gestion des connaissances se limite à cette étape. Nous reviendrons sur ce point un peu plus loin.

> Gérer les connaissances ne se réduit pas à gérer l'information.

7.4.1.3 Les connaissances

Depuis l'apparition des disciplines et tout au long de l'évolution des sciences, la réflexion sur le phénomène de la connaissance a occupé une place importante. On a même conçu une discipline qui s'occupe essentiellement de cet aspect. L'épistémologie tente de répondre aux questions suivantes : qu'est-ce que la connaissance ? Comment est-elle produite ? Quels sont ses fondements ? Comment s'assurer de sa validité ? Ces questions peuvent paraître banales, mais elles nous permettent de distinguer la science de l'opinion, de séparer le cohérent de l'incohérent. Cela ne veut pas dire que la connaissance se situe objectivement en dehors de nos croyances. Pour Platon, les connaissances se trouvent justement à l'intersection des croyances et de la vérité.

En Occident et depuis les philosophes grecs, la quête de la connaissance ne doit aboutir qu'à la recherche de la vérité. Toutefois, la conception même de la connaissance fait l'objet d'un débat très animé et bien nourri depuis ces philosophes, lequel est surtout organisé autour de deux conceptions opposées, soit le **rationalisme** et l'**empirisme.** Pour les rationalistes, la connaissance existe en soi, et l'on ne peut y accéder que par un processus mental. Elle est le résultat d'un raisonnement basé sur une logique rationnelle de manière déductive en mobilisant les concepts, les théories et les principes fondamentaux de chaque discipline. À l'inverse, les empiristes s'intéressent à l'expérimentation comme source de création des connaissances. En effet, pour eux, ce sont nos expériences qui nous permettent d'accéder à la connaissance de façon inductive.

Maintenant que nous avons défini sommairement ces notions importantes, nous pouvons nous engager prudemment sur la voie d'une définition de la gestion des connaissances. Ainsi, **la gestion des connaissances est un processus d'apprentissage, de création, de transformation et de circulation des connaissances explicites et**

tacites dans un contexte donné, effectué par les personnes, intégré dans les différents processus de l'organisation, soumis à la logique managériale en vigueur. Elle est cumulative et non rivale (Ebrahimi et Saives, 2006).

Cette définition met l'accent sur quelques éléments fondamentaux :

- Tout processus de création des connaissances intègre la notion d'**apprentissage.** En effet, chaque fois qu'on s'engage dans une action (production d'un bien ou d'un service), on se place devant une suite d'événements et d'expériences non planifiés, ce qui nous conduit vers des interrogations nouvelles auxquelles on n'avait pas pensé au moment de la conception de notre action. L'effort qu'on déploie pour résoudre ces problèmes met en marche un processus d'apprentissage (*learning by doing*, en faisant, ou *learning by using*, en utilisant). Ces apprentissages, si le contexte le permet, vont faire partie de notre bagage expérientiel, ce qui permettra d'améliorer le processus de production.

> Gérer les connaissances, c'est gérer des savoirs explicites et surtout des savoirs tacites.

- Le processus de création, de transformation et de circulation des savoirs est valable aussi bien pour les connaissances **tacites** que pour les connaissances **explicites** (*voir l'encadré 7.2*). Il est important d'insister sur ce point dans la mesure où les théories dominantes en gestion des connaissances, même si elles acceptent l'importance des connaissances tacites, accordent souvent une plus grande place aux connaissances explicites. La raison en est simple. Les connaissances explicites sont codifiables, exploitables sur des supports informatiques ou dans des documents d'entreprises et elles éliminent le lien entre l'entreprise et l'humain porteur du savoir. Même si la personne n'est plus au sein de l'entreprise, les connaissances nécessaires à l'exercice de ses fonctions restent dans celle-ci. Cela est une illusion, car, comme nous l'avons vu, les connaissances explicites répertoriées qu'on trouve sur différents supports ne sont que la partie visible de l'iceberg, donc une partie infime de l'ensemble du capital intellectuel.

- Le processus de création de savoir est **contextualisé.** Il ne peut pas s'effectuer en dehors d'un milieu sociopolitique avec ses caractéristiques propres intégrant les représentations, les croyances, la culture des personnes, etc. Dans la mesure où l'être humain est partie intégrante du processus, tout ce qui l'influence joue un rôle déterminant dans cette démarche.

- Ce processus de création est à la fois **individuel** et **collectif.** Il intervient dans toutes les sphères du fonctionnement de l'entreprise. Toutefois, il n'est ni automatique ni optimal en soi. C'est la philosophie managériale en vigueur dans l'entreprise qui engendrera des résultats particuliers. Un style de management très hiérarchisé, excessivement rationnel et ne valorisant que les cadres supérieurs de l'entreprise ne peut que ralentir, voire détruire, le processus de création et de circulation de la connaissance. Ce n'est pas un hasard si les organisations dont la structure est plus aplatie, et où les personnes s'expriment dans des lieux de socialisation, ont des résultats plus intéressants en ce qui a trait à l'innovation, à la position concurrentielle et, bien sûr, à la rentabilité.

- Ce processus est **non rival.** Cela signifie que, pour reproduire une action, une personne peut utiliser indéfiniment la même connaissance sans qu'il lui en coûte

(Foray, 2000). De plus, un très grand nombre de personnes peuvent utiliser la même connaissance sans que quiconque n'en soit privé, ce qui a été expliqué dans un langage beaucoup plus poétique que celui des économistes par Jefferson[4] : « Celui qui reçoit une idée de moi reçoit un savoir sans diminuer le mien, tout comme celui qui allume sa bougie à la mienne reçoit la lumière sans me plonger dans la pénombre. » Certains auteurs parlent même de l'« expansion infinie » des connaissances perpétuellement multipliées par ses détenteurs.

- La connaissance est également **cumulative.** Selon Foray (2000, p. 62), une connaissance est le facteur principal de la production de nouvelles connaissances et de nouvelles idées. Une nouvelle connaissance interviendra comme un tremplin pour aller vers d'autres horizons. Cela s'ajoutera à ce que nous savions déjà, et ne prendra pas sa place.

> Le savoir est le seul capital qui augmente quand on le partage.

ENCADRÉ 7.2 Deux types de connaissances : tacites et explicites

Pour comprendre la différence entre les connaissances tacites et les connaissances explicites, il faut d'abord se rendre compte que ce ne sont pas toutes les connaissances qui peuvent être exprimées sous forme de mots (écrits ou parlés) ou de chiffres. Par exemple, avez-vous déjà essayé d'expliquer à quelqu'un comment monter à vélo ? Il s'agit d'une forme de connaissance dite « tacite », qui est expérientielle, personnelle, propre à un contexte, et donc difficile à traduire, à formaliser et à communiquer aux autres[a].

Les **connaissances tacites** peuvent inclure des éléments techniques (un savoir-faire ou une habileté particulière), comme dans l'exemple du vélo ci-dessus, et contenir des éléments cognitifs qui sont eux aussi difficiles à expliquer. Des exemples de connaissances tacites cognitives seraient ce que Johnson-Laird (1983) appelle des « modèles mentaux », qui sont des « schémas, paradigmes, perspectives, croyances ou points de vue » (Nonaka et Takeuchi, 1997, p. 80) – des visions qu'on pourrait avoir de la réalité.

Les **connaissances explicites,** quant à elles, sont « codifiables » et peuvent être facilement articulées sous forme de mots ou de chiffres dans un « langage formel et systématique » (Nonaka et Takeuchi, 1997, p. 79). Ce type de connaissances est transmissible en tant que « documents » réutilisables (par exemple, une encyclopédie ou un manuel de procédures).

Selon Nonaka et Takeuchi (1997, p. 81), « la connaissance tacite et la connaissance explicite ne sont pas totalement séparées mais sont des entités mutuellement complémentaires. Elles interagissent et se transforment dans les activités créatrices des êtres humains ». C'est l'interaction entre connaissance tacite et connaissance explicite qui crée la connaissance – et donc l'innovation – organisationnelle.

a. Pour en savoir davantage sur la « connaissance tacite », voir Polanyi (1966, p. 4), qui a développé ce concept. Cet auteur disait notamment : « Nous pouvons savoir plus que ce que nous pouvons exprimer. »

7.4.2 Les conceptions de la gestion des connaissances

À travers la définition que nous en avons présentée ici, nous pouvons entrevoir la complexité de la notion de gestion des connaissances. Face à cette complexité, deux approches s'offrent à nous pour mieux cerner ce phénomène dans les organisations, soit l'approche technologique et l'approche socialisante ou humaine.

> Deux conceptions de la gestion des connaissances :
> - technologique
> - humaine

7.4.2.1 L'approche technologique

L'approche technologique est une vision de la gestion des connaissances, qualifiée de « représentationniste » (Ferrary et Pesqueux, 2006), qui mobilise largement

---

4. Troisième président des États-Unis, de 1801 à 1809.

l'infrastructure technologique de l'entreprise afin de codifier et de stocker les connaissances nécessaires aux opérations de l'organisation. Ainsi, on procède à des investissements majeurs dans la technologie de l'information, qui, à ce titre, devient le cœur du système de gestion des connaissances dans l'organisation. La stratégie qui découle de cette approche consiste à déterminer les connaissances indispensables, à les traduire en documents et à les emmagasiner dans des bases de données afin que les membres de l'organisation puissent y avoir accès. La codification et son efficacité sont alors les objectifs principaux du système. Cette stratégie se justifie par une possible réduction importante des coûts à la suite de la réutilisation des informations.

L'idée sous-jacente de cette approche, que l'on qualifie de « personne-vers-document », est que la connaissance peut être extraite de la personne, classée dans des bases de données qui appartiennent à l'entreprise et qui peuvent être réutilisées. Cela donne l'occasion à tous les membres de l'organisation de chercher les informations emmagasinées, sans avoir à entrer en contact avec les personnes qui ont créé ces informations, ni à comprendre le contexte de leur création. Ainsi, la connaissance restera la propriété de l'entreprise, et les politiques de l'organisation en matière de gestion des ressources humaines viennent appuyer cette vision. À titre d'exemple, les projets de formation sont orientés vers des formations dans le système d'information plutôt que vers le champ d'expertise de l'organisation. Quant à l'amélioration de la performance du système de gestion des connaissances, il s'agira d'accroître la capacité des logiciels et la performance technique du système. Viola (2005) décrit cette approche comme celle de « l'organisation experte » (*voir la figure 7.4*). Autrement dit, l'essentiel des connaissances de l'organisation se trouve au sein de son système de bases de données, et celle-ci ne dépend plus des personnes qui sont à son service. Son expertise vient de l'ensemble des connaissances codifiées et organisées qui lui appartiennent.

FIGURE 7.4 De l'organisation experte à l'organisation d'experts : l'exemple des firmes de conseil

Ernst & Young	**McKinsey**
• **La codification**	• **La personne**
• Économies de réutilisation	• Différenciation
• *People-to-document*	• *Person-to-person*
• Investissements massifs en TI	• Investissements modérés en TI
• Recrute des titulaires d'un baccalauréat en administration des affaires (BAA)	• Recrute des titulaires d'une maîtrise en administration des affaires (MBA)
• Formation en groupe, informatisée	• Formation par mentor
• Récompense pour utilisation et contribution à la base	• Récompense pour partage de la connaissance
L'organisation experte	**L'organisation d'experts**

Sources : figure conçue par Viola (2005), d'après Hansen, Nohria et Tierney (2003).

Cette approche peut être pratique si, dans l'entreprise, on a besoin de la même information et de façon routinière. Dès qu'on sort de cet environnement, ce qui est de plus en plus la réalité des entreprises évoluant dans le domaine de la nouvelle économie, cette approche ne suffit pas.

Il est important de souligner que, dans cette approche, il y a peu de différence entre le document, l'information et la connaissance dans la mesure où un système informatique traite ces trois éléments de la même manière. Si cette approche comporte quelques avantages (coût, uniformité, accessibilité), toutefois, par sa nature statique, **elle ne contribue pas à l'augmentation des savoirs collectifs de l'organisation. La logique de la création de la connaissance trouve sa dynamique dans la richesse des interactions humaines qui explorent les situations nouvelles.** Ainsi, cette approche impose sa logique technique à la logique humaine de l'apprentissage, de la création et du partage des connaissances.

7.4.2.2 L'approche socialisante ou humaine[5]

Certaines entreprises préfèrent s'orienter vers une approche favorisant les interactions entre les personnes plutôt que le stockage des connaissances. Il ne s'agit pas ici de nier l'importance des technologies de l'information et les possibilités qu'elles offrent. Dans cette approche, « le principal objectif de l'informatique est d'aider les personnes à communiquer la connaissance et non pas à la stocker » (Ferrary et Pesqueux, 2006, p. 14). Deux possibilités s'offrent aux gestionnaires : réduire toute la complexité de la gestion des connaissances à sa seule dimension de codification et de stockage de l'information, et mettre ainsi la technologie au centre des choix stratégiques, ou bien utiliser la technologie parallèlement à d'autres approches pour favoriser les interactions et la communication (Foray, 2000).

L'approche humaine de la gestion des connaissances considère que la connaissance est une affaire humaine. Une organisation ne peut posséder des connaissances. Tout au plus peut-elle avoir des informations stockées dans sa base de données, qui peuvent d'ailleurs devenir rapidement obsolètes. Ce sont les personnes qui forment une organisation et ce sont leurs savoirs qui deviennent le savoir organisationnel. **Autrement dit, la qualité des connaissances organisationnelles dépend de la qualité du réseau humain dans l'organisation.** Il existe un débat important parmi les chercheurs en gestion des connaissances portant sur la nature de la connaissance organisationnelle. Est-ce la somme des connaissances des personnes ? Ou plutôt l'interaction des personnes qui possèdent des connaissances ? Pour Prax (2000), il n'est pas possible de dissocier la création de la connaissance de la personne. Comment peut-on aborder alors le concept de connaissance organisationnelle ? Si la création de la connaissance dépend des personnes, l'expérience et les apprentissages de ces dernières se matérialisent toutefois comme une empreinte dans une série de routines, de façons de faire, de procédures et de règles dans l'entreprise qui font en sorte

> Il est impossible de dissocier la connaissance de la personne.

---

5. L'approche « humaine » ne fait pas référence à la vision humaniste élaborée en philosophie comme école de pensée. Nous entendons par l'approche humaine en gestion des connaissances une vision qui place l'humain au centre de l'élaboration de ce système. C'est l'humain qui est l'acteur majeur, et non un système technique ou informatique.

que, au-delà des personnes, l'organisation se compose une identité propre dans sa manière de faire les choses.

Certains auteurs (Nonaka et Takeuchi, 1997) pensent qu'il n'y a aucune raison de concevoir séparément la connaissance individuelle et la connaissance organisationnelle. En effet, on peut considérer la connaissance organisationnelle comme une connaissance individuelle qui est engagée dans une interaction forte et constructive avec l'organisation.

Un des éléments qui explique le succès des entreprises japonaises en matière d'innovation réside précisément dans cet effort incessant pour créer des **lieux de socialisation** entre les personnes, favorisant ainsi le processus de création des connaissances, en particulier à partir des connaissances tacites.

L'approche humaine de la gestion des connaissances oriente plutôt ses énergies vers la formation et l'augmentation des capacités en misant sur l'**apprentissage** des personnes pour être en mesure de créer de nouvelles connaissances au service de l'organisation. Les efforts de management ne sont pas consacrés à la mise à jour et à la maintenance du système informatique, mais à l'établissement d'un climat propice pour que les personnes partagent leurs connaissances afin d'augmenter la capacité innovatrice de l'organisation. Il est évident que, contrairement à l'approche technique de la gestion des connaissances, l'approche humaine accroît la dépendance de l'organisation envers ses membres. C'est ce que Viola (2005) appelle « l'organisation d'experts » (*voir la figure 7.4, p. 442*).

7.4.3 Les composantes de la gestion des connaissances dans une vision systémique

Plus que jamais, comme nous l'avons souligné à plusieurs reprises dans cet ouvrage, il est impératif de concevoir la gestion dans un esprit systémique. La gestion des connaissances doit absolument émerger des éléments constituants de la vie organisationnelle, mais en même temps faire émerger ceux-ci. Pour Prax (2007, p. 55), il existe quatre dimensions indissociables dans la conception d'un système de gestion des connaissances (*voir la figure 7.5*). Premièrement, il y a la **stratégie de l'entreprise.** Deuxièmement, il y a la **structure de l'organisation** et l'esprit qui règne dans celle-ci. L'essence même de la connaissance change en fonction des règles, de l'histoire, du secteur d'activité, de la culture et de la culture nationale d'une organisation. Troisièmement, peu importe l'approche (technologique ou humaine) choisie par l'organisation quant à son système de gestion des connaissances, les **outils** jouent un rôle important. Dans un cas comme dans l'autre, les outils favorisent le stockage des informations ou facilitent les communications au sein de l'organisation. Quatrièmement, l'**être humain** jouera le rôle principal dans la mesure où sa motivation, ses compétences et son niveau d'engagement dans l'organisation influeront grandement sur la qualité et le fonctionnement du système de gestion des connaissances. En raison de son importance dans la littérature managériale et de son aspect englobant, nous mettons l'accent dans cette section sur la dimension stratégique de ces quatre composantes.

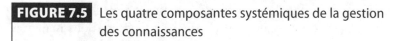

| **FIGURE 7.5** | Les quatre composantes systémiques de la gestion des connaissances |

Source : Prax (2007, p. 55).

7.4.3.1 La connaissance au cœur de la stratégie de l'entreprise

À plusieurs égards, le concept de stratégie est lié à la notion de gestion des connaissances, d'où le foisonnement de nouveaux concepts dans la littérature, comme la gestion stratégique des connaissances, la connaissance stratégique de l'entreprise ou le système de gestion des connaissances au service de l'élaboration de la stratégie de l'organisation.

Pour mieux cerner ce débat, revenons à la raison d'être de l'entreprise. Cette dernière doit assurer sa survie au moyen de l'offre d'un produit ou d'un service. Tout serait simple si l'entreprise était seule sur un marché donné, à l'abri des concurrents et des clients exigeants. Or, cela étant rarement le cas, l'entreprise doit faire face à d'importants concurrents locaux ou internationaux, séduire des clients placés devant des choix entre de multiples produits, et tout cela à travers des incertitudes diverses (l'évolution technologique trop rapide, les crises économiques, les réglementations changeantes, etc.). Cela exerce une forte pression sur l'entreprise pour qu'elle innove, s'améliore et devienne agile ; ainsi, elle doit innover pour survivre. Ce mélange de réalité et d'idéologie est devenu la nouvelle religion managériale dans la société du savoir. Cela conduit les gestionnaires à élaborer des orientations majeures pour leur entreprise par une analyse constante de l'environnement. Dans cette section, nous n'abordons que les dimensions stratégiques concernant la gestion des connaissances. Pour une compréhension plus approfondie du concept de stratégie, voir le chapitre 2.

Une entreprise a bien plus de chances de succès tant qu'elle est en phase avec son environnement. Cela signifie qu'elle est sensible aux signaux, même les plus faibles, pour évaluer et apprécier à leur juste valeur les changements qui s'annoncent dans son environnement. À l'inverse, une entreprise qui prend une distance par rapport à la réalité de son environnement n'est plus en mesure d'offrir à celui-ci ce dont il a besoin. Or, ces changements sont constants, ininterrompus, ce qui nécessite une veille continue afin de les déceler rapidement. Les informations que fournit une analyse, aussi complète soit-elle, perdent de leur pertinence au fur et à mesure que l'environnement se modifie. Si la connaissance fait partie des préoccupations majeures des gestionnaires, un système de gestion des connaissances peut s'avérer très efficace pour faire face à la situation. La connaissance se crée dans l'action et elle permet d'augmenter la sensibilité de l'organisation face à son environnement. Si les signaux faibles émis par l'environnement sont constatés tôt, l'entreprise peut plus facilement et plus rapidement faire face aux éléments contraignants, avant que ces derniers ne deviennent des obstacles majeurs. Ce principe est valable lorsqu'il s'agit d'offrir des produits ou des services innovants plus vite que les concurrents. La stratégie en matière de gestion des connaissances peut être considérée comme « l'eau qui n'a d'autre forme que celle de son contenant. En s'adaptant en permanence, elle demeure liquide, se transforme en glace ou en vapeur selon les conditions, tout en maintenant une composition chimique identique. Il en va de même pour l'entreprise qui se perpétue dans la mesure de son adéquation au cours des circonstances » (Fayard, 2006, p. 81). En observant, en prélevant le maximum de l'information chez tous les membres de l'organisation, en partageant ces informations et en les analysant, l'entreprise vit au rythme de son milieu. Voilà pourquoi un système de gestion des connaissances est nécessaire à l'entreprise d'aujourd'hui, voire vital pour elle.

Deux stratégies de gestion des connaissances :
• **la codification**
• **la personnalisation**

Quelle stratégie en matière de connaissance l'entreprise doit-elle choisir : la codification ou la personnalisation ? Certains auteurs considèrent que « le choix d'une stratégie de gestion du savoir n'a rien d'arbitraire : il dépend de la façon dont l'entreprise sert ses clients, de la situation économique du secteur et du personnel qu'elle emploie. Privilégier la mauvaise stratégie ou essayer d'en suivre deux à la fois peut rapidement miner la santé de l'entreprise, comme l'ont découvert certaines entreprises » (Hansen, Nohria et Tierney, 2003, p. 120). Le choix stratégique est donc fonction de la philosophie de gestion des gestionnaires, du secteur d'activité, de la nature des produits ou des services, du rôle accordé à la technologie et de la disponibilité des ressources. Nous pensons que, au-delà des éléments abordés par ces auteurs, et sans négliger ces éléments, la philosophie de gestion, les valeurs promues par les gestionnaires et la mise en application de ces valeurs sont déterminantes dans le choix des stratégies en matière de connaissance. Nous avons présenté précédemment deux approches en gestion des connaissances, à savoir l'approche technologique et l'approche socialisante ou humaine. Ces approches conduisent vers deux stratégies organisationnelles en matière de gestion des connaissances (*voir la figure 7.4, p. 442*). Pour Hansen et ses collaborateurs (2003, p. 121), il s'agit soit d'une stratégie de codification ou d'une stratégie de personnalisation.

La stratégie de la codification

La stratégie de la codification met l'accent sur les savoir explicites, scientifiques et codifiés. On mise davantage sur la possibilité de la réutilisation à faible coût de l'information par un grand nombre, une fois cette information acquise et emmagasinée dans le système informatique de l'entreprise. Les investissements sont orientés vers la codification efficace de l'information. Une fois l'information codifiée, la stratégie de l'organisation se résume à exploiter le stock d'information à sa disposition. Chaque membre de l'organisation est tenu de produire des rapports et des analyses sur des sujets précis en lien avec la nature de son travail. Ces rapports seront par la suite codifiés selon des principes uniformisés afin que chaque membre de l'organisation puisse y avoir accès si cette information est nécessaire à l'exécution de ses tâches. Ainsi, il s'établit un rapport entre personne et document. Force est de constater que, dans cette approche, la dépendance de l'organisation à l'égard de l'employé diminue considérablement. Le capital humain est remplacé par un capital technique. Selon les tenants de cette approche, on imagine que tous les savoirs dont l'entreprise a besoin pour bien fonctionner se trouvent dans sa base de données. On assiste à une certaine dépersonnalisation des connaissances dans la mesure où cette approche conduit le gestionnaire « à déshumaniser les connaissances par un transfert des compétences productives des travailleurs vers l'organisation du travail ou vers les systèmes d'informations. Cette dimension politique justificatrice de la codification de la connaissance pour transférer le pouvoir qu'elle confère des travailleurs aux managers est ignorée par les économistes qui justifient ce processus par des éléments de rationalité économique » (Ferrary et Pesqueux, 2006, p. 148).

La stratégie de la personnalisation

Selon la stratégie de la personnalisation, les technologies de l'information jouent un rôle secondaire. Elles servent surtout d'outils de communication et de partage de l'information. Il s'établit alors un rapport de personne à personne. Prenant conscience du fait que ce sont les humains qui créent la connaissance, la stratégie organisationnelle est orientée vers la valorisation des personnes et la création de lieux propices afin de les encourager à partager leurs connaissances. La formation, les études avancées et la flexibilité organisationnelle sont au cœur des préoccupations des gestionnaires adoptant cette approche. Les investissements dans les technologies de l'information servant la gestion des connaissances sont minimes. Ici, l'accent est mis sur l'expérience des personnes, leurs connaissances tacites et notamment les interactions entre elles. La capacité à créer des connaissances stratégiques provient du dialogue et des interactions entre les membres de l'organisation, plutôt que de bases de données très sophistiquées. La philosophie de gestion est très différente dans cette approche dans la mesure où la gestion de la technologie laisse la place à la gestion des personnes, avec tout ce que cela comporte. Ici, la priorité n'est pas la mise à jour du système technologique, ni l'augmentation de la capacité d'emmagasinage, ni l'amélioration du système du codage des informations, mais le niveau de motivation et de compétence de tous les membres de l'organisation.

La différence fondamentale entre ces deux stratégies peut se résumer de la façon suivante. Dans la stratégie de la codification, qui est en quelque sorte dans la continuité du management classique, les gestionnaires se préoccupent surtout du contrôle de l'information et de la connaissance. En effet, ces derniers tentent de connaître, voire de contrôler, les échanges aussi bien à l'interne qu'à l'externe. **N'oublions pas que, dans cette approche, les connaissances, en tant que capital générateur de la richesse, n'appartiennent pas aux personnes, et l'entreprise doit les contrôler au même titre que le capital financier ou matériel de l'entreprise.**

Dans la stratégie de la personnalisation, les gestionnaires sont des supports et des facilitateurs de toute initiative de création des connaissances. **Ce sont les personnes, par l'entremise de la mobilisation de leur savoir-faire, qui créent de la richesse. Le rôle du management est de créer une situation où les personnes adhèrent volontairement au projet de l'entreprise et se responsabilisent pour atteindre les objectifs. Ainsi, le contrôle classique perd tout son sens.**

7.4.3.2 Le processus de gestion des connaissances

Gérer les connaissances est un processus continu.

Beijerse (2000, p. 166-167) relève un certain nombre d'activités dans ce qu'on peut appeler un processus de gestion des connaissances dans les organisations. Il s'agit de neuf activités cruciales liées fortement les unes aux autres que nous exposons ici (*voir la figure 7.6*).

1) **La détermination des connaissances nécessaires.** Cette activité consiste à repérer des connaissances qui ont une importance stratégique pour l'entreprise quant à l'atteinte de ses objectifs. Cela signifie que l'entreprise doit posséder ces connaissances afin de consolider sa position sur le marché. Les experts et les dirigeants de l'organisation ont pour rôle de déterminer ces connaissances vitales pour le fonctionnement de l'organisation.

2) **La détermination des connaissances disponibles.** L'entreprise doit évaluer aussi précisément que possible les connaissances dont elle dispose. Il est important qu'elle considère à la fois ses connaissances tacites et ses connaissances explicites.

3) **L'évaluation de l'ampleur de l'écart.** Afin d'orienter ses efforts en matière d'acquisition des connaissances, l'entreprise doit évaluer l'écart qui existe entre les savoirs stratégiques nécessaires à son développement et les savoirs disponibles au sein de l'organisation.

4) **La création de connaissances nouvelles.** À la suite de l'analyse de l'écart existant entre les connaissances nécessaires et les connaissances disponibles, les gestionnaires et les membres de l'organisation doivent se mobiliser afin de combler cet écart. Dans un premier temps, il est possible qu'une partie de ces connaissances manquantes puissent être acquises au sein même de l'entreprise, sans l'aide de l'extérieur.

5) **L'acquisition des connaissances.** Toujours à la suite de l'analyse de l'écart, il se peut que l'on constate qu'une série de connaissances sont nécessaires au développement de l'entreprise, mais qu'il n'est pas possible de les générer à l'interne. Il s'agit alors de procéder à l'acquisition de ces nouvelles connaissances. Cela peut se réaliser, par exemple, par l'engagement de nouveaux employés compétents dans le champ désiré ou l'achat de licences et de brevets.

6) **La conservation des connaissances.** Les connaissances acquises doivent devenir disponibles et utilisables pour toutes les unités concernées.

7) **Le partage des connaissances.** Cette activité est cruciale dans le succès d'une démarche de gestion des connaissances, dans la mesure où il faut s'assurer que les connaissances appropriées sont à portée de la main des personnes qui en ont

besoin et au bon moment. Ce partage doit se réaliser à la fois entre les gestionnaires, entre les gestionnaires et les employés, entre les employés et entre l'entreprise et ses partenaires.

8) **L'utilisation des connaissances.** Tout comme la création des connaissances, l'utilisation de celles-ci reste au cœur du fonctionnement d'un système de gestion des connaissances. On comprend facilement que si les membres de l'organisation n'utilisent pas les connaissances nouvelles, c'est tout le système de gestion des connaissances qui perd sa raison d'être. C'est pourquoi cette activité dépend beaucoup de la culture de l'organisation et du niveau d'adhésion des membres au projet organisationnel.

9) **L'évaluation des connaissances.** Dans la mesure où ce cycle de gestion des connaissances est une activité sans fin, il est important d'évaluer continuellement la qualité et la pertinence des connaissances créées ou acquises afin d'améliorer le processus.

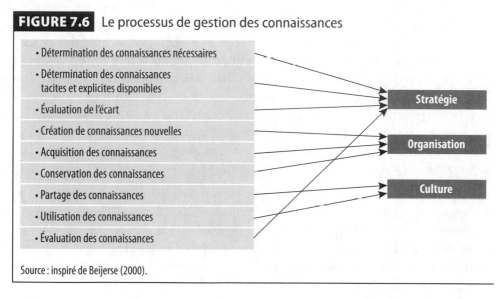

FIGURE 7.6 Le processus de gestion des connaissances

- Détermination des connaissances nécessaires
- Détermination des connaissances tacites et explicites disponibles
- Évaluation de l'écart
- Création de connaissances nouvelles
- Acquisition des connaissances
- Conservation des connaissances
- Partage des connaissances
- Utilisation des connaissances
- Évaluation des connaissances

Stratégie

Organisation

Culture

Source : inspiré de Beijerse (2000).

Dans la mesure où la connaissance est un élément abstrait et intangible, on a parfois l'impression que le processus de gestion des connaissances dans les organisations est également un processus abstrait. Ce que nous venons de voir dans cette section démontre au contraire que ce processus est très concret et qu'il se décompose en plusieurs étapes réalisées à différents niveaux organisationnels. Pour faire un parallèle avec le concept de PODDC (planification, organisation, décision-direction, contrôle), que nous avons examiné précédemment, on constate que certaines activités relèvent du niveau de la planification dans la mesure où il s'agit des orientations majeures de l'organisation. D'autres activités (création des connaissances, acquisition des connaissances, conservation des connaissances) s'exécutent au niveau des instances (organisation) de l'entreprise. Le succès du partage et de l'utilisation des connaissances dépend beaucoup de la philosophie de gestion en vigueur dans l'organisation qui se matérialise dans le style de la direction. Plus la direction réussit à faire du projet de l'entreprise un projet commun, plus le partage et l'utilisation des connaissances prennent de l'importance au sein de l'organisation. En ce qui concerne la dernière activité, soit l'évaluation des connaissances, elle relève du contrôle.

Dans la section suivante, nous exposerons des perspectives de la réalisation du processus de gestion des connaissances qui s'expriment par différents modèles.

Section III
Les principaux modèles de la gestion des connaissances

Il n'existe pas une conception unique d'un modèle de gestion des connaissances. Comme c'est toujours le cas en science, la conception des modèles dépend de la vision des chercheurs, de leurs intérêts, de leur ancrage disciplinaire et surtout de leur idéologie. La finalité que nous poursuivons influe nécessairement sur notre conception des phénomènes. Si notre seul objectif pour l'instauration d'un système de gestion des connaissances est la maximisation des profits ou bien la performance technologique, il est évident que le modèle proposé sera largement teinté par cet objectif. Dans cette section, nous proposerons quelques modèles de la gestion des connaissances issus de différentes approches théoriques et idéologiques.

Quatre types de modèles de gestion des connaissances :
- économique
- technologique
- sociotechnique
- humain

Il est possible de considérer différentes perspectives en matière de gestion des connaissances. À l'instar de Ferrary et Pesqueux (2006), on peut regrouper trois mouvements distincts de gestion des connaissances : 1) le mouvement du système technologique ; 2) le mouvement du système sociotechnique ; et 3) le mouvement du système humain. Ajoutons à ces derniers un quatrième mouvement : 4) le mouvement du système économique. À l'image de la domination de l'économie financière, ce mouvement a tendance à devenir prépondérant, c'est pourquoi nous le présentons en premier dans le texte qui suit.

7.5 Les modèles économiques de gestion des connaissances

Décrivons d'abord ce dernier mouvement. Dans la perspective économique de la gestion du savoir, l'objectif du système que met en place l'organisation est d'augmenter sa valeur financière. Le savoir devient l'instrument du dollar ; il n'est plus un objet en soi, mais un moyen d'accroître l'avoir des actionnaires.

Ainsi, le modèle d'Edvinsson, représenté dans la figure 7.7 fait intervenir le capital humain, le capital structurel et les actifs d'affaires dans le but unique d'améliorer la valeur ajoutée économique (VAE) (*economic value added* ou EVA).

FIGURE 7.7 Le modèle économique de gestion des connaissances d'Edvinsson (1996)

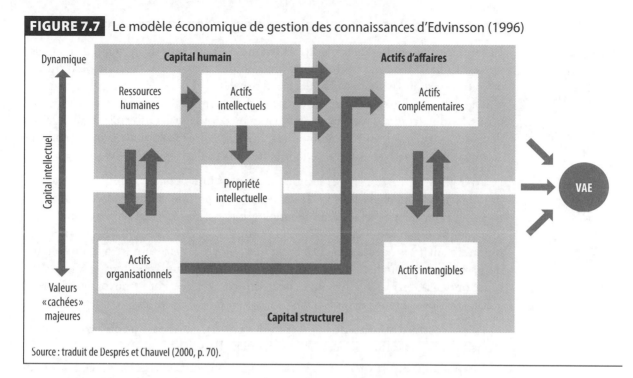

Source : traduit de Després et Chauvel (2000, p. 70).

Le **capital humain** y représente l'ensemble des personnes, qualifiées dans le modèle de « ressources humaines ». Celles-ci possèdent et génèrent des actifs intellectuels, composés de connaissances, de routines organisationnelles, etc., entraînant une propriété intellectuelle, c'est-à-dire des actifs intellectuels protégés par la loi, et que l'entreprise pourra exploiter. Le **capital structurel** est composé des actifs organisationnels qui forment les actifs physiques de la firme (infrastructure, ordinateurs, biens immobiliers, etc.) et des actifs intangibles, comme l'histoire de l'organisation ou la culture d'entreprise. Les **actifs d'affaires** correspondent aux actifs non structurels de la firme, comme les réseaux de distribution ou les processus de suivi.

Dans ce modèle, le capital humain, le capital structurel et les actifs d'affaires se combinent et se complètent pour augmenter la valeur économique de l'entreprise, qui représente l'unique objectif du système. Le savoir et sa gestion sont assujettis à la création de la valeur économique. Autrement dit, le seul élément de mesure de l'efficacité du système, c'est sa capacité à créer un rendement financier pour l'entreprise. Ce rendement est évalué, entre autres, par l'instrument financier qu'est la valeur ajoutée économique.

> Selon les modèles économiques, le savoir doit être source de création de valeur économique.

Toutefois, cela n'est pas sans poser problème : bien souvent, les produits les plus innovants assurant la réussite d'une entreprise amènent celle-ci à prendre des risques importants quant au capital et forment un pari sur la réussite. Ainsi, pour innover et gagner de l'argent à long terme, l'entreprise doit savoir investir et, à l'occasion, perdre de l'argent à court terme. Or, ce mode de gestion basé sur la valeur économique a tendance à restreindre l'innovation et la créativité dans l'entreprise, en empêchant toute prise de risque et tout projet ambitieux.

7.6 Les modèles technologiques de gestion des connaissances

Les modèles technologiques placent la technologie au cœur du système de connaissances. Celle-ci n'est pas un média, un moyen de permettre la création, la diffusion ou le transfert du savoir, mais bien le canal privilégié et considéré comme quasiment obligatoire, dans tous les cas incontournable. Les systèmes technologiques sont composés d'ordinateurs et de serveurs informatiques, ce qui focalise une partie importante de l'énergie sur les choix technologiques, ainsi que sur la gestion de ceux-ci, souvent au détriment des personnes et de la finalité qui est l'échange de savoirs.

Pour illustrer cette catégorie, nous décrirons une version abrégée du modèle présenté par Gottschalk (2005). Il s'agit dans un premier temps de déterminer le rôle que pourra jouer le système technologique de gestion des connaissances, par une analyse organisée sous la forme d'un projet (*voir la figure 7.8*). L'objectif est de répondre aux trois questions suivantes : que voulons-nous atteindre avec le système de gestion des connaissances ? Comment pouvons-nous appliquer celui-ci dans notre organisation ? Quels avantages peut-on en attendre ? Pour trouver des réponses à ces questions, il faut passer à travers les neuf étapes suivantes :

1) **Les objectifs d'affaires de la gestion des connaissances.** La direction formule les buts de la gestion des connaissances dans l'organisation.

2) **Le niveau d'ambition.** En se basant sur les objectifs formulés précédemment, la direction décide du niveau d'ambition que le système de gestion des connaissances doit avoir.

3) **La conception des systèmes de gestion des connaissances.** Un modèle est mis au point afin d'illustrer comment l'information sera collectée, enregistrée, retransmise et communiquée dans l'organisation.

4) **L'intégration des systèmes.** Le modèle est utilisé pour planifier l'intégration des systèmes d'information existant déjà dans l'organisation.

5) **Les logiciels d'application.** Des vendeurs sont contactés pour qu'ils explorent les capacités du système de gestion des connaissances. S'il existe des impossibilités, il faut alors revenir à l'étape 3.

6) **L'infrastructure de la gestion des connaissances.** Une liste de machines et de logiciels à implémenter pour le système de gestion des connaissances est produite.

7) **L'organisation du travail et les fonctions de support.** Il s'agit d'analyser à la fois l'organisation future des travailleurs du savoir et l'organisation du support des technologies de l'information.

8) **L'analyse coûts/bénéfices.** Il s'agit de comparer les bénéfices attendus des étapes 1 et 2 avec les coûts engendrés par les technologies de l'information du système de gestion des connaissances. Si le résultat n'est pas positif, il pourrait alors être nécessaire de modifier le niveau d'ambition (étape 2) pour changer la conception du système (étape 3).

9) **La contribution à la gestion des connaissances.** Une évaluation est réalisée pour vérifier l'atteinte des objectifs d'affaires, et une décision est alors prise quant aux investissements à effectuer dans la gestion des connaissances.

FIGURE 7.8 Les étapes conduisant à la réalisation d'un système technologique de gestion des connaissances

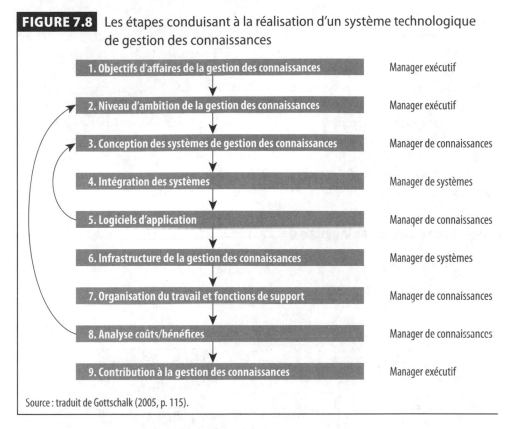

Étape	Responsable
1. Objectifs d'affaires de la gestion des connaissances	Manager exécutif
2. Niveau d'ambition de la gestion des connaissances	Manager exécutif
3. Conception des systèmes de gestion des connaissances	Manager de connaissances
4. Intégration des systèmes	Manager de systèmes
5. Logiciels d'application	Manager de connaissances
6. Infrastructure de la gestion des connaissances	Manager de systèmes
7. Organisation du travail et fonctions de support	Manager de connaissances
8. Analyse coûts/bénéfices	Manager de connaissances
9. Contribution à la gestion des connaissances	Manager exécutif

Source : traduit de Gottschalk (2005, p. 115).

On voit que, dans ce modèle, outre le fait d'adopter une vision basée sur la valeur économique du système (supposant que toute connaissance se mesure et soit prévisible), le système de gestion des connaissances s'appuie fondamentalement sur la technologie, puisque les systèmes d'information matériel et logiciel se trouvent au cœur du système.

Par ailleurs, la conception technologique table sur une évolution et une capacité accrue des systèmes de technologies de l'information à travers le temps, sur une augmentation de la puissance informatique et des algorithmes de traitement des bases de données permettant un accroissement des capacités des machines pour traiter les informations.

Comme l'illustre la figure 7.9 (*voir p. 454*), au fur et à mesure que des progrès se réalisent dans les sciences de l'information, la vision technologique traduit un déplacement de l'information et de la connaissance de la personne vers la machine, en passant par les étapes suivantes. À la première étape, il s'agit d'offrir des outils aux utilisateurs finaux afin de répondre à leurs besoins (fournir, par exemple, un traitement de texte pour créer des documents, un système de sauvegarde de données, une boîte aux lettres électronique). À la deuxième étape, les systèmes d'information permettent de réaliser une cartographie de la connaissance et d'apprendre qui sait quoi dans l'entreprise. Ainsi, le système joue un rôle d'intermédiaire obligatoire, remplaçant la connaissance par un réseau social informatisé de l'entreprise, une sorte de Facebook d'entreprise. Alors que le système informatique vise à lister les connaissances disponibles et à les relier à des personnes, ces dernières étant seules capables d'y répondre, l'objectif est, à la troisième étape, de créer des documents informatiques contenant l'essence même de la réponse. Ainsi, toute la documentation est accessible au moyen du système informatique et, une fois que la connaissance est extraite des personnes, elle devient indépendante de celles-ci, et peut donc être – au moins en théorie – utilisée par d'autres personnes dans d'autres buts. Enfin, la quatrième étape vise à décortiquer à l'aide des systèmes de sémantique le raisonnement même des personnes, afin que le système informatique soit capable de résoudre lui-même les problèmes qu'on lui pose, au moyen du langage technique nécessaire à la compréhension de l'ordinateur.

FIGURE 7.9   Une projection de l'évolution de la gestion des connaissances comme système technologique

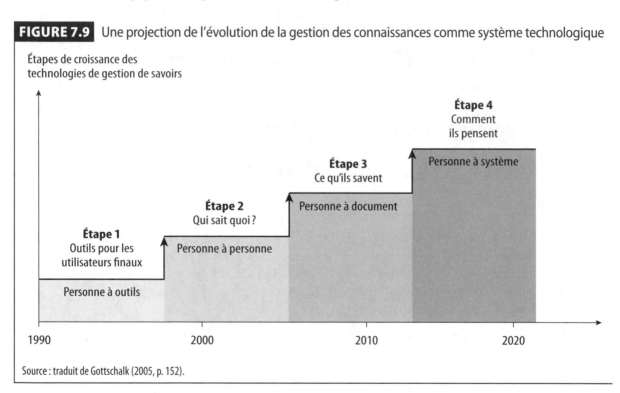

Source : traduit de Gottschalk (2005, p. 152).

Toutefois, cette conception n'est pas non plus sans poser un certain nombre de problèmes. D'abord, en s'appropriant le savoir des personnes, les «ingénieurs de la connaissance» programmant les machines reproduisent le mode d'appropriation du savoir des employés propre au courant tayloriste. Si l'ouvrier, autrefois, n'avait pas nécessairement le choix, en raison de son extrême précarité, ce n'est pas forcément le cas de professionnels ayant fait plusieurs années d'études universitaires. On transforme de la sorte un travail vivant en un travail mort, et cela occasionne des problèmes politiques dans l'entreprise. Aussi, les professionnels se protègent bien souvent en ne donnant qu'une partie de l'information et des connaissances dont ils disposent, afin d'assurer leur emploi et de rester indispensables à l'entreprise. Plus fondamentalement, cette conception repose sur une vision philosophiquement erronée de la connaissance, à savoir que celle-ci peut être extraite de la personne, devenir complètement indépendante de celle-ci. Or, tous les types de connaissances ne sont pas «informatisables» comme cette représentation erronée et simpliste le laisse supposer.

7.7 Les modèles sociotechniques de gestion des connaissances

Dans le courant sociotechnique, à l'aspect technologique, que nous venons de voir, les auteurs ajoutent une représentation de l'organisation comme étant aussi une petite société, dont les acteurs partagent des valeurs sociales. Reposant sur une conception sociologique, la connaissance y est considérée comme le résultat d'interactions sociales entre personnes. Ainsi, l'individu n'est pas le porteur de la connaissance, mais son traducteur, son scribe, celui qui la formalise en un livre, une œuvre, un objet technique. Il n'est pas directement le possesseur de ce savoir, mais un des agents faisant partie de ce système sociotechnique que constitue l'organisation, laquelle est la véritable créatrice de ce savoir. Ce modèle peut être illustré par le cycle de vie de la gestion des connaissances décrit par Maier (2007) et représenté dans la figure 7.10.

> Selon les modèles sociotechniques, le savoir, issu des interactions sociales dans l'organisation, est informatisable.

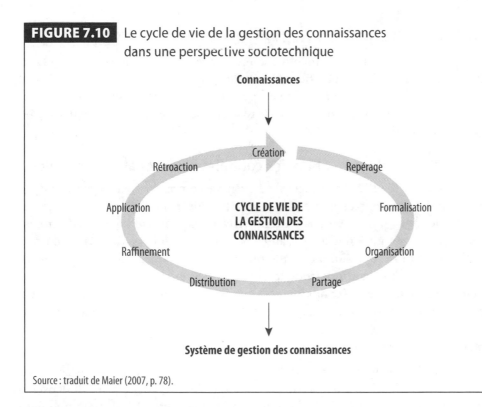

FIGURE 7.10 Le cycle de vie de la gestion des connaissances dans une perspective sociotechnique

Connaissances

Création
Rétroaction   Repérage

Application   Formalisation

CYCLE DE VIE DE LA GESTION DES CONNAISSANCES

Raffinement   Organisation

Distribution   Partage

Système de gestion des connaissances

Source : traduit de Maier (2007, p. 78).

Dans ce cycle, l'organisation puise dans un stock de connaissances, et, par le système social de l'organisation, procède à la création de savoirs, qui sont épurés et reconnus afin d'être compris, puis formalisés afin d'être organisés. Suivent alors le partage de ces savoirs mis en forme, leur distribution à l'intérieur ou à l'extérieur de l'organisation, leur raffinement au fil du temps ainsi que leur application dans les produits ou les services de l'organisation. Finalement, la boucle se referme, puisque, tout au long des processus de ce système, l'entreprise a appris de nouveaux éléments permettant la création de nouvelles connaissances.

Si les modèles sociotechniques représentent une nette avancée par rapport aux représentations économiques et technologiques de la gestion des connaissances, ils ne sont pas pour autant exempts de défauts. Tout d'abord, ces systèmes peuvent devenir extrêmement complexes dans leurs représentations, cherchant à modéliser les flux de savoirs dans une organisation en prenant en compte l'influence politique, sociologique, technologique, psychologique, etc. Si l'intention est louable en ce qui a trait au projet scientifique de connaissances, elle ne donne pas d'outils exploitables par les gestionnaires. Par ailleurs, cette approche tend à mettre l'accent sur la collectivité plutôt que sur la personne. Certes, il est important, voire essentiel, de prendre celle-ci en considération. Toutefois, en procédant de la sorte, on finit par en oublier le rôle indispensable des personnes en tant qu'acteurs du processus de gestion des connaissances. C'est pourquoi nous allons maintenant présenter les systèmes humains de gestion des connaissances.

7.8 Les modèles humains de gestion des connaissances

Jusqu'à maintenant, nous avons présenté l'émergence de l'économie du savoir et du capitalisme cognitif où la compétitivité des entreprises est fondée sur l'acquisition de connaissances et l'innovation continue. Pour clore ce chapitre, nous allons explorer une perspective japonaise : la théorie de la création des connaissances organisationnelles de Nonaka et Takeuchi (1997)[6].

7.8.1 La théorie de la création des connaissances organisationnelles

Nonaka et Takeuchi (1997) considèrent l'entreprise comme un lieu d'apprentissage et de création des connaissances, sur lesquelles elle peut fonder son avantage concurrentiel et assurer sa croissance. Ainsi, avec leur théorie de la création des connaissances organisationnelles, ces auteurs expliquent l'innovation dans l'entreprise. Selon eux, l'**innovation** provient d'un processus en **spirale d'apprentissages permanents et d'interactions sociales «continues et dynamiques» entre les connaissances tacites et les connaissances explicites.** Ce processus, appelé **conversion des connaissances,** implique à la fois **personnes, groupes et organisations** (*voir l'encadré 7.2, p. 441, qui établit la différence entre connaissances tacites et connaissances explicites*). Chacun de ces éléments sera examiné dans cette section.

Nonaka et Takeuchi illustrent leur théorie de la création des connaissances organisationnelles à l'aide d'un schéma comportant deux dimensions, soit une dimension épistémologique sur l'axe vertical et une dimension ontologique sur l'axe horizontal, au milieu desquelles se trouve une «spirale» de création des connaissances (*voir la figure 7.11*). Chacune de ces composantes sera décrite en détail.

> Selon les modèles humains, l'entreprise est un lieu d'apprentissage et de création de connaissances tacites et explicites, individuelles et collectives.

---

6. Le lecteur peut consulter le chapitre 3 du livre de Nonaka et Takeuchi (1997) afin d'approfondir sa compréhension de la théorie de ces deux auteurs.

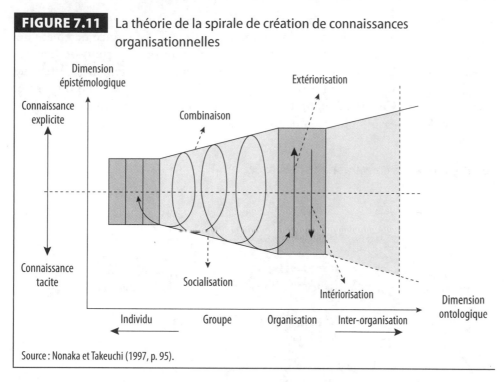

FIGURE 7.11 La théorie de la spirale de création de connaissances organisationnelles

Source : Nonaka et Takeuchi (1997, p. 95).

La dimension ontologique du schéma a trait aux créateurs et aux porteurs de connaissances. Ce peut être des personnes, des groupes, voire une organisation ou un ensemble d'organisations interconnectées. Au départ, les connaissances sont créées par les personnes (le niveau ontologique le plus bas). Elles se déplacent ensuite à travers les autres niveaux ontologiques au moyen des interactions qui s'établissent entre personnes, entre groupes, à l'intérieur d'une organisation et ensuite entre organisations (le niveau ontologique le plus élevé). Quant à la dimension épistémologique du schéma, elle a trait à la nature même des connaissances créées ou partagées. Celles-ci peuvent être plutôt tacites ou plutôt explicites.

7.8.2 La conversion des connaissances

Selon Nonaka et Takeuchi, il existe quatre modes de conversion des connaissances : la socialisation, l'extériorisation, la combinaison et l'intériorisation (*voir la figure 7.12, p. 458*).

La création de connaissances résulte de quatre modes de conversion des savoirs.

7.8.2.1 La socialisation : de la connaissance tacite vers la connaissance tacite

La socialisation est un processus par lequel une personne peut acquérir des connaissances tacites d'une autre personne sans avoir recours au langage verbal ou écrit. Elle y parvient grâce à d'autres moyens comme l'observation, l'imitation ou l'expérience. La socialisation est avant tout un processus de partage d'expériences (apprentissage professionnel, apprentissage « sur le tas », mentorat, fréquentations sociales). Elle permet toutes sortes d'« expériences partagées » entre deux ou plusieurs personnes (par exemple, un maître et son apprenti) et produit des connaissances tacites (un savoir

La socialisation produit des savoirs tacites.

La socialisation nécessite des lieux physiques ou virtuels d'échange.

sympathique). La socialisation nécessite la construction d'un champ d'interactions, d'un lieu d'échange (cercle de qualité, réunion de discussion, séance de créativité, rencontres fortuites, formelles et informelles, etc.) afin que s'y transmettent les expériences, les modèles mentaux, les aptitudes techniques, etc. Elle est rendue possible par la création d'un espace commun qui peut être physique ou virtuel (Schrage, 1995). Cet espace commun va permettre la production d'artéfacts collectifs, appelés à jouer un rôle essentiel dans la création des connaissances.

FIGURE 7.12   Les quatre modes de conversion des connaissances

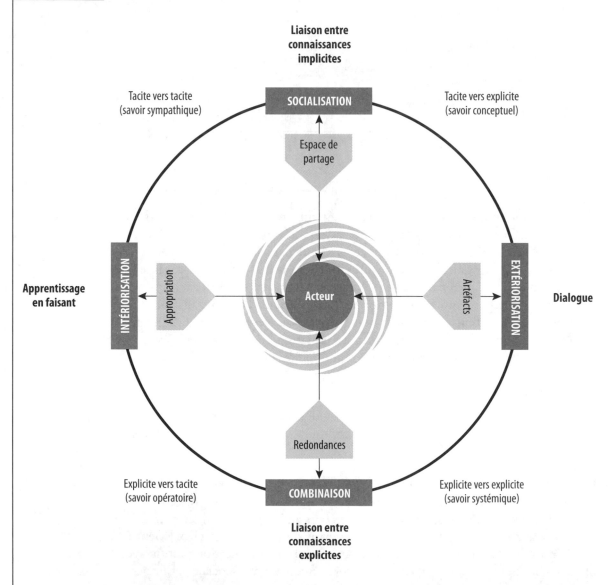

Source : inspiré de Nonaka et Takeuchi (1997).

7.8.2.2 L'extériorisation : de la connaissance tacite vers la connaissance explicite

Au moyen de l'extériorisation, les connaissances tacites sont articulées et conceptualisées en connaissances explicites. L'écriture peut être considérée comme un acte d'extériorisation de connaissances tacites, mais il est possible que le langage simple ne suffise pas pour expliquer une image ou un concept. On peut alors utiliser le langage figuré (métaphores, analogies, etc.) ou encore des hypothèses ou des modèles pour articuler explicitement des connaissances tacites.

L'extériorisation est donc un mode de conversion qui joue un rôle clé dans la création des connaissances parce qu'il engendre à partir de connaissances tacites de nouveaux concepts explicites. Par le dialogue ou l'écriture, ce mode de conversion extériorise à l'ensemble d'une communauté ou d'une organisation le savoir implicite d'un groupe ou d'une personne. L'utilisation d'une métaphore attirante ou d'une analogie peut permettre aux différents intervenants de se comprendre et de renforcer leur adhésion directe au processus créatif. Le dialogue et la réflexion collective vont par la suite permettre l'émergence de nouveaux concepts. Ce processus produit donc une connaissance conceptuelle constituée d'artéfacts, d'objets transactionnels (*boundary objects*) comme des documents écrits, des guides de pratique, des protocoles, des rapports, etc.

> L'extériorisation passe par le langage simple et le langage figuré (métaphores).

7.8.2.3 La combinaison : de la connaissance explicite vers la connaissance explicite

La combinaison implique la « systématisation de concepts en un système de connaissances » (Nonaka et Takeuchi, 1997, p. 89). À travers cette conversion des connaissances, on organise et l'on reconfigure des informations explicites nouvelles ou existantes provenant de différentes sources (documents, conversations, etc.). On établit donc des liaisons entre des connaissances explicites. Un exemple de combinaison serait une base de données informatique dans laquelle la création de nouvelles connaissances vient du fait de pouvoir trier, additionner, combiner et catégoriser des données nouvelles et des données existantes.

> La combinaison, c'est lier des connaissances explicites existantes et nouvelles.

La combinaison correspond donc à un exercice d'organisation, de structuration des connaissances explicites dans un système. Puisqu'il ne s'agit pas de créer une unité de savoir isolé, la connaissance explicite générée au cours de l'extériorisation va être intégrée dans les pratiques et des référentiels communs. Les personnes échangent et combinent les connaissances par le tri, l'addition, la combinaison ou la catégorisation de connaissances explicites. Il s'agit d'une mise en réseau des savoirs récemment créés qui sont intégrés aux connaissances déjà détenues dans une communauté. Pour optimiser ce processus, il s'effectue un recouvrement intentionnel d'informations sur l'objet de connaissance (redondance), qui donne lieu à la création de nouvelles connaissances. La **redondance** fait référence au fait que même dans un contexte de spécialisation poussée, il est important d'avoir des **savoirs communs.** Cette plate-forme commune de savoirs est la base de la synergie, résultante de la circulation des connaissances.

7.8.2.4 L'intériorisation : de la connaissance explicite vers la connaissance tacite

Le processus d'intériorisation représente l'assimilation ou l'« incorporation » (Nonaka et Takeuchi, 1997, p. 91) de concepts explicites par une personne. Il peut se produire au moyen de l'apprentissage par la lecture, de l'apprentissage par l'écoute,

L'intériorisation, c'est l'assimilation opérationnelle du savoir.

de l'apprentissage en faisant (*learning by doing*) ou de l'apprentissage par la réflexion. Lorsque des connaissances sont intériorisées, elles font partie des bases de connaissances tacites soit techniques (formant de nouvelles habiletés ou un nouveau savoir-faire) ou cognitives (sous forme de modèles mentaux partagés).

Le véritable test d'un processus de gestion des connaissances est donc l'appropriation – l'intériorisation dans les mots de Nonaka et Takeuchi – d'une connaissance par les acteurs de l'entreprise qui donnent un sens à cette connaissance, la rendent opérationnelle et l'intègrent à leur pratique. De la même façon, l'organisation produit alors une connaissance dite opérationnelle, et ce, de façon dynamique et incessante.

7.8.3 La spirale de création des connaissances

La création de connaissances est une spirale continue et cumulative.

Au centre du schéma de Nonaka et Takeuchi (*voir la figure 7.11, p. 457*) se trouve la «spirale» de création des connaissances. Cette spirale représente la propulsion et l'amplification des connaissances tacites et explicites des personnes vers une dimension ontologique plus élevée (c'est-à-dire le groupe, l'organisation ou l'inter-organisation) par des alternances entre les quatre modes de conversion décrits précédemment.

Ainsi, pour que la création des connaissances et l'innovation organisationnelle aient lieu, l'entreprise doit être capable de mobiliser les connaissances tacites et explicites des personnes pour qu'elles soient partagées avec les autres membres de l'organisation, de façon dynamique et continue. Nonaka et Takeuchi (1997, p. 96) donnent l'exemple de la collaboration organisationnelle nécessaire au processus de conception d'un nouveau produit. Ainsi, la socialisation est essentielle pour permettre le partage de connaissances tacites entre services (R et D, marketing, production). De plus, l'extériorisation est essentielle pour «relier les connaissances tacites et explicites des individus».

7.8.4 Les conditions nécessaires à la création des connaissances organisationnelles

Cinq conditions rendent possible la création de connaissances.

Comme nous l'avons vu jusqu'à présent, d'après la théorie de la création des connaissances organisationnelles de Nonaka et Takeuchi, le rôle de l'entreprise est d'établir un contexte favorable à la création des connaissances. Ainsi, cinq conditions organisationnelles sont requises pour promouvoir la spirale de connaissances et permettre la création des connaissances et l'innovation dans l'entreprise : l'intention, l'autonomie, la fluctuation et le chaos créatif, la redondance et la variété requise. Nous examinerons chacune de ces conditions.

7.8.4.1 L'intention

L'intention : la vision stratégique partagée

L'intention organisationnelle est «l'aspiration de l'organisation vers ses buts», qui contribue à l'émergence d'une stratégie (Nonaka et Takeuchi, 1997, p. 96). Rappelons que la stratégie est porteuse d'une vision collective des connaissances qui constitue un guide général quant à la pertinence des connaissances générées et surtout qui donne une identité et un sens de la solidarité au groupe de travail ou de projet (par exemple, le leitmotiv de Honda Motor Co., qui a réussi le pari de devenir un fabricant reconnu de voitures mais aussi de petits avions et de jets d'affaires, était « N'imitez pas les autres » et « Recherchez la mobilité de toutes les manières : sur l'eau, sur la route et dans les airs »). Pour créer des connaissances organisationnelles, l'intention stratégique d'une entreprise devrait lui permettre « d'acquérir, de créer, d'accumuler et d'exploiter les connaissances » vers ses buts. L'entreprise doit alors savoir reconnaître le type de connaissances dont elle a besoin et mettre en place des systèmes pour développer ces connaissances au sein de l'organisation.

7.8.4.2 L'autonomie

Lorsqu'une entreprise permet l'auto-organisation (l'autonomie) de ses membres, personnes ou équipes, ceux-ci sont plus aptes à rencontrer des « occasions inattendues » de création de nouvelles connaissances. Ils peuvent définir par eux-mêmes leurs tâches tout en agissant en fonction du but stratégique (l'intention) de l'organisation. Ainsi, les personnes autonomes ont la latitude de penser et d'agir par elles-mêmes, et les idées originales émanent de ces dernières et se propagent à travers l'entreprise.

> L'autonomie et l'auto-organisation

7.8.4.3 La fluctuation et le chaos créatif

La fluctuation et le chaos créatif se réfèrent à « l'interaction entre l'organisation et l'environnement externe » (Nonaka et Takeuchi, 1997, p. 102). Ainsi, c'est en étant ouverte et en réagissant aux changements de l'environnement (telles les crises financières) qu'une entreprise peut demeurer agile et flexible. Cette fluctuation environnementale, l'ambiguïté et le chaos organisationnel qui en découlent demandent aux membres de l'entreprise de s'adapter et de modifier leurs routines, leurs façons de penser et leurs habitudes de travail, ce qui les fait sortir de leur « zone de confort ». Une telle rupture engendre une remise en question de la part des membres, situation qui est propice à la créativité et à la création de nouvelles connaissances. Parfois, les entreprises peuvent intentionnellement provoquer un « sens de la crise » à l'intérieur de l'organisation pour déstabiliser les membres et les mener à réfléchir et à se questionner. Les auteurs nomment ce type de chaos intentionnel le « chaos créatif » (Nonaka et Takeuchi, 1997, p. 103).

> Le chaos organisationnel intentionnel

7.8.4.4 La redondance

La redondance est le chevauchement intentionnel d'informations et de connaissances au sein de l'entreprise et à propos de celle-ci et de ses activités. Ces informations supplémentaires sont partagées dans l'entreprise et aident les individus « à comprendre où ils se trouvent dans l'organisation, ce qui permet de contrôler la direction de la réflexion et de l'action individuelle » (Nonaka et Takeuchi, 1997, p. 105). Avec la redondance, les membres d'une organisation peuvent apprendre à voir un problème, un concept ou un projet à travers plusieurs perspectives, à les interpréter différemment, à en débattre avec les autres, ce qui engendre la créativité et la création de nouvelles connaissances organisationnelles.

> La redondance de connaissances

7.8.4.5 La variété requise

D'après Nonaka et Takeuchi, une entreprise qui veut promouvoir la création des connaissances doit se doter d'une diversité interne pour pouvoir faire face aux ambiguïtés et aux complexités de l'environnement dans lequel elle évolue. Ainsi, pour maximiser la variété interne et la flexibilité de l'entreprise, chaque membre de cette dernière doit avoir un accès rapide et égal à une variété d'informations pertinentes.

Ces cinq conditions, qui sont interdépendantes, facilitent l'apprentissage et la création des connaissances individuelles, de groupe et organisationnelles. Pour évaluer l'engagement de l'entreprise, de ses gestionnaires et de ses membres dans un processus de gestion des connaissances, il faut donc se poser continuellement les questions suivantes :

- La connaissance et sa création occupent-elles une place dans les intentions stratégiques de l'entreprise ?
- Les gestionnaires établissent-ils un lieu propice à la création des connaissances dans l'organisation afin de favoriser la socialisation ?
- L'organisation aide-t-elle les personnes créatives ? (chaos créatif)
- L'organisation contribue-t-elle à hausser la base des connaissances des personnes ? (formation)
- Que fait-on pour capter les connaissances tacites des individus et pour combiner celles-ci avec les connaissances explicites de l'organisation ? (extériorisation)
- Est-ce que l'organisation cherche à amplifier et à diffuser les connaissances créées à travers différents niveaux de l'organisation ? (combinaison)
- Les gestionnaires se rendent-ils compte que la création des connaissances est un processus sans fin ?

Plus les réponses à ces questions sont positives, plus l'entreprise est engagée sur le chemin d'une gestion humaine de la création des connaissances.

L'approche japonaise SECI[7] sur la création des connaissances organisationnelles a pour but d'atteindre l'équilibre entre la création d'idées et de connaissances nouvelles (la créativité) et l'efficacité. La dynamique SECI se manifeste en soi dans des lieux de socialisation, de partage et d'interactions ou encore des «ba» (Nonaka, Umemoto et Sasaki, 1998) : des lieux[8] «existentiels» de partage d'expériences et de création de sens (partage d'émotions, de valeurs, d'actions, de la réflexion, de la reconnaissance, etc.). Ici, le rôle des gestionnaires est très important dans la mesure où ceux-ci doivent montrer de l'empathie et de l'attention afin de construire une relation de confiance et de respect mutuel avec les employés, et encourager ainsi le dialogue ouvert, l'expression des idées et le partage des expériences. Ils doivent aussi établir des milieux propices à tous les niveaux de l'organisation pour que les personnes donnent libre cours à leur créativité (l'élément essentiel pour augmenter les innovations de l'organisation) dans le cadre d'une collectivité. Cela permettra à l'organisation de bâtir un projet collectif auquel tous ses membres adhéreront (*voir la figure 7.13*).

---

7. Cet acronyme désigne les quatre phases des connaissances, soit la socialisation, l'extériorisation, la combinaison et l'intériorisation.
8. Ce peut être des lieux physiques (comme les lieux de réunion formels ou informels) et des lieux virtuels (NetMeeting, Groupware, etc.).

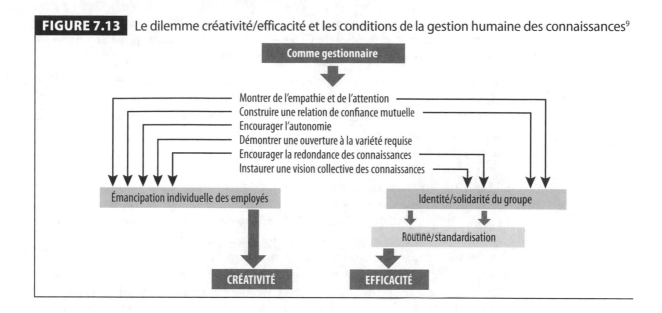

FIGURE 7.13 Le dilemme créativité/efficacité et les conditions de la gestion humaine des connaissances[9]

Section IV
Conclusion : le management est management des connaissances

La fin du XXe siècle et le début du XXIe siècle marquent une rupture avec la littérature économique et managériale traditionnelle. La société de l'information et du savoir valorisant le couple connaissance-capital plutôt que le couple classique travail-capital a remplacé la société industrielle dans les pays développés. L'innovation et la création des connaissances sont les moteurs contemporains de la création de valeur dans des environnements de plus en plus changeants et imprévisibles. Par contre, leur gestion comporte de nombreux défis et suppose une relecture des concepts classiques en gestion de l'innovation. En particulier, le cycle de la création technologique fondé sur le processus séquentiel invention-innovation-industrialisation fait intervenir de plus en plus des réseaux de valeur où interviennent de nombreux acteurs socioéconomiques et un système de management fondé sur la personne, l'ouverture et la connectivité. En replaçant la personne au cœur de la création des connaissances, les approches managériales japonaises prônent plus encore un système de management consensuel.

Dans la logique de l'économie du savoir, il est essentiel de retenir les personnes porteuses du capital intellectuel dans ces lieux de socialisation, par le truchement du consensus et du respect mutuel. La spirale de Nonaka et Takeuchi montre bien que le point de départ de l'innovation, tout comme son point d'arrivée, est la personne. Notons également que le savoir est le seul capital qui augmente quand on le partage.

---

9. Nous remercions notre collègue David Holford qui a conçu cette figure.

Cela implique de renverser les principes managériaux classiques selon lesquels le pouvoir naît du contrôle et de l'asymétrie de l'information pour au contraire favoriser la coconstruction et le partage collectif de savoirs.

La gestion des connaissances, comme sous-discipline du management, est assujettie aux mêmes principes que le management en général. Nous sommes dans l'univers des symboles, des modèles, des théories et des idéologies. Le modèle d'entreprise que nous choisissons finit, en raison de son essence même, par façonner toutes les composantes de l'organisation. La gestion des connaissances n'échappe pas à cette règle. Comme nous avons pu le constater dans les chapitres précédents, il est possible de gérer une organisation par une approche très utilitaire et instrumentale du PODDC, de transformer chacune de ses composantes en un instrument d'autorité, d'exercice du pouvoir, de hiérarchisation et de surveillance. Ainsi, nous élèverons les gestionnaires au rang de demi-dieu tout-puissant qui se donne la légitimité afin de tout décider pour l'organisation. L'autre côté de la médaille de cette approche de gestion, c'est qu'elle réduit les humains au rang d'objets passifs (Sennett, 2000) qui n'ont d'autre choix que d'obéir à la lettre aux règles et aux normes que les dirigeants ont établies. Dans une partie du monde industrialisé, cette approche est toujours en vigueur. Le management devient alors un instrument au service des intérêts d'un groupe (partie prenante) au détriment des autres. Il est évident que, dans cet esprit de gestion, les personnes ne sont pas, et ne peuvent pas être, des éléments actifs de l'apprentissage et de la création des connaissances. Elles n'ont pas l'autonomie ni la motivation nécessaires pour acquérir et créer des connaissances.

Si nous jetons un regard sur la littérature managériale des dernières décennies, un sujet important revient immanquablement : celui sur la motivation des employés. On se demande souvent comment motiver les ressources humaines, on propose des outils et des approches pour ce faire. Il va de soi que la responsabilité de la démotivation est attribuée aux employés. Étrangement, la littérature dominante ne se pose pas la question fondamentale qui est celle-ci : qu'est-ce que les gestionnaires font pour démotiver à ce point les employés ? Poser la question dans ces termes ramène la responsabilité de la situation du côté des gestionnaires. À l'ère de l'économie du savoir, on ne peut se permettre d'entretenir une telle vision du management. Pour pouvoir profiter de la créativité des employés, il faut désormais considérer ces derniers comme des sujets actifs, pensants, qui peuvent parfaitement assumer leurs responsabilités au sein de l'organisation. Nous ne pouvons pas avoir pour système de gestion des connaissances un simple système informatique avec des employés passifs. Un système de gestion des connaissances efficace mise d'abord sur la volonté des personnes d'apprendre et sur leur désir de partager des connaissances. Mais cela nous amène vers une conception différente du rôle du gestionnaire. Celui-ci sera alors un catalyseur de compromis, un créateur de consensus qui, au service de l'organisation et de toutes ses parties prenantes, fera de l'entreprise un lieu où il fait bon travailler et vivre. Une telle vision du management nous dirige non seulement vers des organisations aplaties, interconnectées qui, au lieu d'être un obstacle à l'interaction, la favorisent largement mais surtout vers une conception riche de l'humain, au-delà de l'*Homo œconomicus*, rationnel, conçu par les économistes classiques et néoclassiques.

Conclusion

Les dilemmes et les défis du management aujourd'hui

Le capitalisme monde s'impose désormais comme la civilisation qui se substitue à toutes les autres, sans regard extérieur pour juger de sa pertinence. L'interconnexion économique et culturelle est devenue la règle, et soumet chacun au risque d'un dysfonctionnement global.

(Cohen, 2009, p. 260)

Si l'on examine la création de richesse dans les pays industrialisés et dans les pays en émergence, on constate que le pari de l'**efficacité** économique, à des degrés divers, est gagné. La recherche obsessive de l'efficacité économique nous a peut-être fait perdre de vue le fait que cette création de richesse ne s'effectue pas dans l'harmonie ou l'équité. Les crises économiques et financières prévisibles qui se succèdent et les malaises généralisés qui s'ensuivent dans nos sociétés nous amènent à poser légitimement la question de la responsabilité du management dans les déséquilibres de nos entreprises, de nos institutions et, à certains égards, de nos États.

L'accumulation de la richesse devrait logiquement se traduire, en vertu du mécanisme de sa redistribution, par une amélioration de la qualité et du niveau de vie des citoyens. Or, on constate que cette amélioration n'est réservée qu'à certains. L'accumulation excessive de la richesse par quelques-uns et une paupérisation extrême de nombre d'autres à l'échelle planétaire se profilent aujourd'hui. Dans l'histoire de l'humanité, nous n'avons jamais produit autant de richesse, et autant de non-sens ; pour s'en convaincre, il suffit d'observer la cohabitation de ces deux extrêmes : l'hyperrichesse et l'hyperpauvreté. Même dans les sociétés riches, le malaise est profond et il se traduit par la recrudescence d'actes violents (Cohen, 2009), de suicides, de *burn-outs* (le syndrome d'épuisement professionnel), etc. Cela pose la question de la finalité de cette création de richesse : l'accumulation est-elle devenue une finalité en elle-même ? N'est-elle pas normalement que le moyen de développer les sociétés humaines ?

« Il faut se demander quelle valeur représente l'entreprise pour la collectivité, en quoi elle sert les intérêts civiques plutôt que son seul registre de pertes et de profits » (Sennett, 2000, p. 194).

Il est vrai que les progrès techniques et scientifiques ont considérablement augmenté l'efficacité des entreprises et des économies, mais cette augmentation ne s'est pas traduite par la création d'un lien et d'un sens pour beaucoup de travailleurs et de citoyens. Notre pratique managériale – et la conception rationaliste dominante du management – a grandement favorisé la maximisation de cette efficacité. En se laissant prendre par le mirage de la croissance financière, elle a contribué à accroître le malaise. Si les sciences économiques modernes, surtout les doctrines néoclassiques, se sont réfugiées derrière des concepts abstraits et des modèles mathématiques en réduisant la société humaine et ses membres à un marché et à des agents économiques rationnels, le management ne peut pas se permettre cette approche réductionniste et impersonnelle de la réalité dans la mesure où il fait face à la complexité d'une société humaine (qu'elle soit entreprise, institution ou État) et à ses dilemmes : épanouissement individuel versus intérêt collectif, subjectivité (émotion) versus objectivité (raison et rationalité des outils), créativité individuelle versus bureaucratie organisationnelle, routine versus innovation, autonomie versus contrôle, ancrage local (ici) versus globalisation (l'ailleurs dans l'ici et l'ici dans l'ailleurs). Le management peut ignorer ces contradictions fondamentales s'il se retranche dans une pseudo-rationalité instrumentale. Dans cette approche, le gestionnaire qui se préoccupe seulement des « comment faire » ne remet pas ou ne remet plus en question l'idéologie dont les outils qu'il utilise dans sa pratique sont porteurs.

Comme l'observait déjà Arendt au milieu du XXe siècle :

> [...] l'*homo faber*, le fabricant d'outils, inventa les outils pour édifier un monde et non pas – non pas principalement du moins – pour aider le processus vital. Il ne s'agit donc pas tellement de savoir si nous sommes les esclaves [*homo laborans*] ou les maîtres de nos machines, mais si les machines servent encore le monde et ses objets ou si au contraire avec le mouvement automatique de leurs processus elles n'ont pas commencé à dominer, voire à détruire le monde et ses objets (Arendt, 1983, p. 204).

Dans cet ouvrage, nous ne minimisons pas l'utilité des outils managériaux, mais nous insistons sur la nécessité d'être conscient des fins qu'ils véhiculent. Nous voulons intégrer à la pratique managériale un regard critique sur elle-même et associer les « pourquoi » aux « comment » gérer.

Depuis longtemps, différents penseurs (Aristote, Rousseau, Marx, Weil, Arendt, etc.) ont formulé des critiques à l'égard de la pratique managériale. En son temps, Aristote craignait déjà que la chrématistique[1] ne devienne la finalité première des activités humaines et n'entraîne une déshumanisation de la collectivité. Rappelons-nous aussi la célèbre remarque de Weil (2002, p. 17) à propos du taylorisme dans les années 1930 : « [...] la division en classe ne passe plus aujourd'hui entre ceux qui achètent la force de travail et ceux qui la vendent, mais entre "ceux qui disposent de la machine et ceux dont la machine dispose". » Ajoutons aujourd'hui à la « machine » le « capital financier », et la critique se révèle d'une criante actualité. Le management a-t-il appris de son histoire ?

Les premières écoles formelles et classiques d'administration ancrées dans la perspective rationaliste sont à l'origine de cette raison contradictoire à l'œuvre, car elles ont engendré, entre autres, deux des dilemmes fondamentaux de l'organisation qui perdurent dans certaines entreprises aujourd'hui :

---

1. L'accumulation de la monnaie pour la monnaie elle-même et non pour satisfaire un besoin social.

1. Le fait d'organiser l'efficacité avec rationalité pour l'atteinte des objectifs de rentabilité dans les meilleures conditions possibles exige, selon ces écoles, la hiérarchisation des personnes, le contrôle des activités et la stimulation du rendement, alors que l'idéal communautaire démocratique visant à assurer une meilleure intégration des personnes suggère plutôt l'égalité et l'autoréalisation de celles-ci.

2. L'action rationnelle réalisée par l'établissement de normes, de règles et de méthodes a souvent pour conséquence de réduire la capacité à innover et à s'adapter d'une organisation.

Discipline de l'action, le management a le pouvoir de transformer son objet (l'organisation) et la société tout entière. Il est de fait non seulement une technique mais aussi une pratique sociale et il doit inscrire sa cohérence et sa finalité dans celles de la collectivité. N'est-ce pas le rôle et le devoir du management que d'endosser son habit de la responsabilité ?

L'organisation est une entité constituée d'humains. Aujourd'hui, dans les sociétés occidentales en particulier, c'est une microsociété de personnes qui tentent de « faire société[2] » tout en satisfaisant leur désir d'être, de créer, de connaître et de se reconnaître. Cette entité est façonnée par son contexte, son lieu, son milieu. Le rôle du management est de créer un milieu propice à l'épanouissement de l'humain, à son individuation, c'est-à-dire à la possibilité pour les personnes de se construire et de se différencier comme individus en tant que tels, au sein de leur société. Or :

> […] le soi que nous sommes ne se possède pas, observe le philosophe Hans Georg Gadamer ; on pourrait dire que [le soi] « arrive », au gré des accidents du temps et des fragments de l'histoire […] Tel est le problème du caractère dans le capitalisme moderne. Il y a l'histoire, mais pas de récit partagé de la difficulté et donc aucun destin partagé (Sennett, 2000, p. 209).

Chaque personne cherche en effet à se construire et à s'épanouir. Mais il n'existe pas un modèle unique de développement humain et les trajectoires individuelles sont forcément différentes les unes des autres. Le management doit donc créer un lieu d'expression de cette diversité pour que les personnes donnent un sens à ce qu'elles font dans l'organisation à partir de ce qu'elles se découvrent être et capables de faire elles-mêmes et ensemble.

Le management instrumental néglige cette vision de l'être humain se construisant en permanence dans l'expérience du travail et l'apprentissage. Les personnes ne trouvant plus de sens dans ce qu'elles font se démotivent. Toutefois, la réaction

---

2. Charles et Tavoillot (2007, p. 9-10) réfléchissent à l'individualisme et définissent la société d'aujourd'hui comme une « société d'individus », c'est-à-dire une « société qui produit des individus qui produisent de la société ». Ces auteurs décortiquent un scénario possible d'évolution des sociétés modernes, où « ce que l'individu ancien situait à l'extérieur de lui-même (dans une transcendance du passé et du sacré), il lui faut à présent l'interpréter comme étant intérieur. L'individualisme ne serait ainsi pas seulement une force destructive (de la tradition, de l'autorité et de toute espèce d'altérité), mais également une force de reconstruction produisant, en son sein, du lien, des valeurs, des normes, de la transmission et du sens ».

du management face à la démotivation introduite par ses outils est de tenter de pallier la situation avec d'autres outils de même nature. Or, il s'agit de renouveler profondément notre conception de l'être créatif à l'heure de la société du savoir. Ce management doit abandonner le vocable de la **productivité** pour entrer dans le registre de la **créativité** et de la **responsabilité.** Afin :

> […] non seulement que l'homme sache ce qu'il fait – mais si possible qu'il en perçoive la nature modifiée par lui.
>
> Que pour chacun son propre travail soit un *objet de contemplation* (Weil, 2002, p. 81).

Bibliographie

ABERNATHY, W. J. et K. B. CLARK (1985). «Innovation: Mapping the winds of creative destruction», *Research Policy,* vol. 14, n° 1, p. 3-22.

ABERNATHY, W. J. et J. M. UTTERBACK (juin-juillet 1978). «Patterns of industrial innovation», *Technology Review,* p. 40-47.

ACKOFF, R. (1972). «A note on system sciences», *Interface,* vol. 2, n° 4.

ADAMS, J. S. (novembre 1963). «Toward an understanding of equity», *Journal of Abnormal and Social Psychology,* p. 422-436.

ADAMS, J. S. (1965). «Inequity in social exchange», dans L. BERKOWITZ (dir.), *Advances in Experimental Social Psychology,* vol. 2, p. 267-300.

ADLER, P. (1997). «Managing flexible automation», dans M. L. TUSHMAN et P. ANDERSON (dir.), *Managing Strategic Innovation and Change: A Collection of Readings,* New York, Oxford University Press, p. 385-401.

ADNER, R. et C. E. HELFAT (2003). «Corporate effects and dynamic managerial capabilities», *Strategic Management Journal,* vol. 24, p. 1011-1025.

AGGERI, F. et A. HATCHUEL (8 décembre 2009). «Pas de progrès sans innovation collective», *Le Monde,* p. 6.

AH CHONG, L. M. et D. C. THOMAS (1997). «Leadership perceptions in cross-cultural context: Pakehaand Pacific islanders in New Zealand», *Leadership Quarterly,* n° 8, p. 275-293.

AKRICH, M., M. CALLON et B. LATOUR (juin 1988a). «À quoi tient le succès des innovations. Premier épisode: L'art de l'intéressement», *Annales des Mines, Gérer et Comprendre,* p. 4-17.

AKRICH, M., M. CALLON et B. LATOUR (septembre 1988b). «À quoi tient le succès des innovations. Deuxième épisode: L'art de choisir les bons porte-parole», *Annales des Mines, Gérer et Comprendre,* p. 14-29.

AKTOUF, O. (1990). «Le symbolisme et la "culture d'entreprise"», dans J.-F. CHANLAT (dir.), *L'individu dans l'organisation: les dimensions oubliées,* Québec, Les Presses de l'Université Laval et Éditions ESKA, p. 553-588.

AKTOUF, O. *et al.* (2006). *Le management entre tradition et renouvellement,* 4ᵉ éd., Montréal, Gaëtan Morin Éditeur.

ALDERFER, C. P. (1972). *Existence, Relatedness and Growth: Human Needs in Organizational Settings,* New York, The Free Press.

ALDRICH, H. E. (1979). *Organizations and Environments,* Englewood Cliffs, N.J., Prentice-Hall.

ALFORD, L. P. (1934). *Henry Lawrence Gantt, Leader in Industry,* New York, Harper & Row.

ALLAIRE, Y. et M. FIRSIROTU (1982). «Turn around strategies as cultural revolutions», *Paper,* Montréal, Université du Québec à Montréal, Centre de recherche en gestion.

ALLAIRE, Y. et M. FIRSIROTU (1984). «Theories of organizational culture», *Organization Studies,* vol. 5, n° 3.

ALLAIRE, Y. et M. FIRSIROTU (1988). «Les théories de la culture organisationnelle», dans H. ABRABANEL *et al.* (dir.), *La culture organisationnelle: aspects théoriques, pratiques et méthodologiques,* Boucherville, Gaëtan Morin Éditeur, p. 3-48.

ALLAIRE, Y. et M. FIRSIROTU (1993). *L'entreprise stratégique: penser la stratégie,* Boucherville, Gaëtan Morin Éditeur.

ALLAIRE, Y. et M. FIRSIROTU (2003). «La stratégie commerciale et industrielle», chapitre 9 dans M. BÉDARD et R. MILLER, *La direction des entreprises: une approche systémique, conceptuelle et stratégique,* 2ᵉ éd., Montréal, Chenelière/McGraw-Hill, p. 601-651.

ALLAIRE, Y. et M. FIRSIROTU (2004). *Stratégies et moteurs de performance: les défis et rouages du leadership stratégique,* Montréal, Chenelière/McGraw-Hill.

ALLISON, G. (1971). *The Essence of Decision,* Boston, Little Brown.

ALPANDER, G. (1982). *Pour une stratégie des ressources humaines,* Paris, Chotard et Associés.

ALTER, N. (2000). *L'innovation ordinaire,* Paris, Presses universitaires de France.

ALTER, N. (2004). «Les composantes d'un processus d'innovation», dans B. FERRANDON (dir.), *Croissance et innovation,* Cahiers Français, n° 323, Paris, La Documentation française, p. 70-73.

ALTER, N. (2009). *Donner et prendre. La coopération en entreprise,* Paris, La Découverte.

AMABILE, T. M. (1988). «A model of creativity and innovation in organizations», dans B. M. STAW et L. L. CUMMINGS (dir.), *Research in Organizational Behavior,* Greenwich, Conn., JAI Press, vol. 10, p. 123-167.

AMABILE, T. M. (1996). *Creativity and Innovation in Organizations,* Boston, Harvard Business School Press.

AMABLE, B. (2005). *Les cinq capitalismes,* Paris, Éditions du Seuil.

ANDERSON, S. W., D. DALY et M. F. JOHNSON (printemps 1999). «Why firms seek ISO 9000 certification: Regulatory compliance for competitive advantage», *Production and Operations Management.*

ANDREWS, K. R. (1971). *The Concept of Corporate Strategy,* New York, Dow-Jones Irwin.

ANDREWS, K. R. (1980). *A Concept of Corporate Strategy,* 2ᵉ éd., Homewood, Ill., Dow-Jones Irwin.

ANSHEN, M. (dir.) (1974). *Managing the Socially Responsible Corporation,* New York, Macmillan Publishing.

ANSOFF, H. I. (1965). *Corporate Strategy,* New York, McGraw Hill.

ANSOFF, H. I. (1989). *Stratégie du développement de l'entreprise,* Paris, Les Éditions d'Organisation.

ANTHONY, R. N. et J. DEARDEN (1980). *Management Control Systems,* Homewood, Ill., Richard D. Irwin.

ANTHONY, W. P. (1978). *Participative Management,* Reading, Mass., Addison-Westley.

ARCHAMBAULT, J.-P. et M. A. ROY (1993). *Initiation au droit des affaires,* Montréal, Éditions Études Vivantes.

ARENDT, H. (1983). *Condition de l'homme moderne,* Paris, Calmann-Lévy, coll. « Pocket Agora ».

ARGYRIS, C. (1957). *Personality and Organization,* New York, Harper & Row.

ARGYRIS, C. et D. A. SCHÖN (1978). *Organizational Learning: A Theory of Action Perspective,* Reading, Mass., Addison-Wesley.

ARRÈGLE, J. (septembre-octobre 1995). « Le savoir et l'approche Resource Based : une ressource et une compétence », *Revue Française de Gestion*, p. 84-94.

ARROW, K. J. (1962). « The economic implications of learning by doing », *Review of Economic Studies,* vol. XXIX, p. 155-173.

ASTLEY, W. G. (1984). « Toward an appreciation of collective strategy », *Academy of Management Review,* vol. 9, n° 3, p. 526-533.

AUBERT, N. et V. de GAULEJAC (2007). *Le coût de l'excellence,* Paris, Éditions du Seuil.

AUDRETSCH, D. B. et P. E. STEPHAN (1996). « Company-scientist locational links: The case of biotechnology », *The American Economic Review,* vol. 86, n° 3, p. 641-651.

AVENIER, M.-J. (1997). *La stratégie « Chemin faisant »,* Paris, Economica.

AYDALOT, P. (dir.) (1986). *Milieux innovateurs en Europe,* Paris, Groupe de Recherches sur l'Énergétique des Milieux Ionisés (GREMI).

AZAÏS, C., A. CORSANI et P. DIEUAIDE (dir.) (2001). *Vers un capitalisme cognitif : entre mutations du travail et territoires,* Paris, L'Harmattan.

BABBAGE, C. (1832). *On the Economy of Machinery and Manufactures,* Londres, Charles Knight.

BAKER, A. (juin 2003). « Biotechnology's growth-innovation paradox and the new model for success », *Journal of Commercial Biotechnology,* vol. 9, n° 4, p. 286-288.

BALES, R. F. (1958). « Task roles and social roles in problem-solving groups », dans E. MACCOBY (dir.), *Readings in Social Psychology,* New York, Holt, Rinehart and Winston.

BARBE, R. (1985). *Les entreprises publiques,* Montréal, Wilson & Lafleur.

BAREL, Y. (1973). *La reproduction sociale, systèmes vivants, invariances et changements,* Paris, Anthropos.

BARNARD, C. (1938). *The Functions of the Executive,* Cambridge, Mass., Harvard University Press.

BARNEY, J. B. (1986). « Strategic factor markets: Expectations, luck and business strategy », *Management Science,* vol. 32, n° 10, p. 1231-1241.

BARNEY, J. B. (1991). « Firm resources and sustained competitive advantage », *Journal of management,* vol. 17, p. 99-120.

BARREYRE, P.-Y. (1975). *Stratégie d'innovation dans les moyennes et petites entreprises,* Suresnes, Fr., Éditions Hommes et Techniques.

BASS, B. M. (1985). *Leadership and Performance beyond Expectations,* New York, The Free Press, 1985.

BAUMOL, W. (2002). *The Free-market Innovation Machine. Analyzing the Growth Miracle of Capitalism,* Princeton, N.J., Princeton University Press.

BECK, N. (1994). *La nouvelle économie,* Montréal, Transcontinental.

BÉDARD, M. G. (1991). *Contexte de propriété et culture d'entreprise : le cas de la SAQ,* Boucherville, Gaëtan Morin Éditeur.

BÉDARD, M. G., D. DESBIENS et P. DELL'ANIELLO (2005). *La méthode des cas. Guide orienté vers le développement des compétences,* Montréal, Gaëtan Morin Éditeur.

BÉDARD, M. G. et R. MILLER (2003). *La direction des entreprises : une approche systémique, conceptuelle et stratégique,* 2ᵉ éd., Montréal, Chenelière/McGraw-Hill.

BEERS, S. (1972). *The Brain of the Firm: The Managerial Cybernetic of Organization,* Londres, Allen Lane The Penguin Press.

BEIJERSE, R. P. (2000). « Knowledge management in small and medium-sized companies: Knowledge management for entrepreneurs », *Journal of Knowledge Management,* vol. 4, n° 2, p. 162-179.

BELLMAN, C. *et al.* (1957). « On the construction of a multi-stage, multi-person business game », *Operations Research,* vol. 5, p. 469-503.

BENNIS, W. et B. NANUS (1985). *Leaders: The Strategies for Taking Charge,* New York, Harper & Row.

BERLE, A. (1957). *Le capital américain et la conscience du roi : le néo-capitalisme aux États-Unis,* Paris, Armand Colin, p. VIII.

BERLINER, J. S. (1956). « A problem in Soviet Union administration », *Administrative Science Quarterly,* vol. 1, n° 1, p. 86-101.

BERNOUX, P. (2004). *Sociologie du changement dans les entreprises et les organisations,* Paris, Éditions du Seuil.

BESSON, B. et J.-C. POSSIN (2001). *Du renseignement à l'intelligence économique,* 2ᵉ éd., Paris, Dunod.

BLAKE, R. R. et J. S. MOUTON (1978). *The Managerial Grid,* Houston, Gulf Publishing.

BLAU, P. M. *et al.* (1976). «Technology and organization in manufacturing», *Administrative Science Quarterly,* p. 20-40.

BLAU, P. M. et W. R. SCOTT (1963). *Formal Organizations: A Comparative Approach,* Londres, Routledge & Kegan Paul.

BLUMBERG, M. et C. D. PRINGLE (octobre 1982). «The missing opportunity in organizational research: Some implications for a theory of work performance», *Academy of Management Review,* vol. 7, n° 4, p. 560-569.

BOIRAL, O. (2006). «L'environnement en management et le management environnemental : enjeux et perspectives d'avenir», chapitre 13 dans O. AKTOUF *et al.* (dir.), *Le management entre tradition et renouvellement,* 4ᵉ éd., Montréal, Gaëtan Morin Éditeur, p. 419-450.

BOLY, V. et L. MOREL-GUIMARAES (2006). «Définition des niveaux d'action pour piloter l'innovation et contribution à une métrique de l'innovation», chapitre 2 dans S. AÏT-EL-HADJ et O. BRETTE (dir.), *Innovation, management des processus et création de valeur,* Paris, L'Harmattan, p. 29-42.

BOULANGER, P. (1995). *Organiser l'entreprise en réseau,* Paris, Nathan.

BOULDING, K. E. (1956). *The Image,* Ann Arbor, University of Michigan Press.

BOYER, R. (2004). *Une théorie du capitalisme est-elle possible ?,* Paris, Éditions Odile Jacob.

BRÉCHET, J.-P. (1996). *Gestion stratégique. Le développement du projet d'entreprendre,* Paris, Éditions ESKA.

BRÉCHET, J.-P. et A. DESREUMAUX (1998). «Le thème de la valeur en sciences de gestion. Représentations et paradoxes», dans *Valeur, marché et organisation,* actes des XIVᵉˢ Journées Nationales des I.A.E., tome 1, Nantes, Presses Académiques de l'Ouest, p. 27-52.

BRÉCHET, J.-P. et A. DESREUMAUX (2004). «Pour une théorie de l'entreprise fondée sur le projet», *Revue Sciences de Gestion,* n° 45, p. 109-148.

BRÉCHET, J.-P. et A. DESREUMAUX (2005). «Note critique sur le projet au fondement de l'action collective», *Sociologies Pratiques,* n° 10, p. 123-136.

BRÉCHET, J.-P. et A. DESREUMAUX (2006). «Le projet dans l'action collective», contribution à l'*Encyclopédie des ressources humaines,* 2ᵉ éd., Paris, Vuibert.

BRESSAND, A. et C. DISTLER (1995). *La planète relationnelle,* Paris, Flammarion.

BRONOWSKI, J. (1958). «The creative process», *Scientific American,* septembre, vol. 199, n° 3, p. 59-65.

BROWN, L. D. (1983). «Managing Conflict Among Groups», dans D. A. KOLB, I. M. RUBIN et J. MCINTYRE (dir.), *Organizational Psychology, Englewood Cliffs,* N.J., Prentice-Hall.

BRUYNE, P. de. (1966). *Esquisse d'une théorie générale de l'administration,* Louvain, Belg., Vander.

BRYMAN, A. (1996). «Leadership in organizations», chapitre 2.2 dans S. R. CLEGG, C. HARDY et W. R. NORD (dir.), *Handbook of Organization Studies,* Londres, Sage Publications.

BUNGE, M. (1981). «Systems all the way», *Nature and Systems,* vol. 3.

BURNS, T. et G. M. STALKER (1961). *The Management of Innovation,* Londres, Tavistock.

BURNS, T. et G. M. STALKER (1966). *The Management of Innovation,* 2ᵉ éd., Londres, Tavistock.

BUZZELL, R. D. (1987). «Note on market definition and segmentation», *Harvard Business Review.*

CABIN, P. (1999). *Les organisations. État des savoirs,* Paris, Éditions Sciences humaines.

CAMP, R. C. (1992). *Le benchmarking,* Paris, Les Éditions d'Organisation.

CAMPBELL, D. T. (1969). «Variation and selective retention in socio-cultural evolution», *General Systems,* vol. 16, p. 69-85.

CAPRON, M. et F. QUAIREL-LANOIZELÉE (2004). *Mythes et réalités de l'entreprise responsable,* Paris, La Découverte.

CARRÉ, J. J., E. DUBOIS et E. MALINVAUD (1973). *Abrégé de la croissance française : un essai d'analyse économique causale de l'après-guerre,* Paris, Éditions du Seuil.

CARTWRIGHT, D. et A. ZANDER (dir.) (1968). *Group Dynamics,* New York, Harper & Row.

CASTELLS, M. (1996). *La société en réseaux,* Paris, Fayard.

CERTEAU, M. de (1990). «Récits d'espaces», chapitre IX dans *L'invention du quotidien,* Paris, Gallimard, coll. «Folio Poche».

CHANDLER, A. D. (1962). *Strategy and Structure: Chapters in the History of the American Industrial Enterprises,* Cambridge, Mass., Harvard University Press.

CHANDLER, A. D. (1989). *Stratégies et structures de l'entreprise,* Paris, Les Éditions d'Organisation.

CHARLES, S. et P.-H. TAVOILLOT (2007). *Qu'est-ce qu'une société d'individus ?,* Montréal, Liber.

CHARREAUX, G. (1997). «Vers une théorie du gouvernement des entreprises», dans *Le gouvernement des entreprises : corporate governance, théories et faits,* Paris, Economica, p. 421-469.

CHARREAUX, G. et P. WIRTZ (2006). *Gouvernance des entreprises. Nouvelles perspectives,* Paris, Economica.

CHARREIRE, S. et I. HUAULT (dir.) (2002). *Les grands auteurs en management,* Paris, Éditions EMS.

CHESBROUGH, H. W. (2003). *Open Innovation: The New Imperative for Creating and Profiting from Innovation,* Boston, Harvard Business School Press.

CHESBROUGH, H. W. (2006). *Open Business Models: How to Thrive in the New Innovation Landscape,* Boston, Harvard Business School Press.

CHESBROUGH, H. W. (hiver 2007). «Why companies should have open business models», *MIT Sloan Management Review,* vol. 48, n° 2, p. 22-28.

CHESBROUGH, H. W. et A. R. GARMAN (décembre 2009). «How open innovation can help you cope in lean times», *Harvard Business Review,* vol. 87, n° 12, p. 68-76.

CHRISTENSEN, C. M. (1997). *The Innovator's Dilemma: When New Technologies Cause Great Firms to Fail,* Boston, Harvard Business School Press.

CHRISTENSEN, C. M. et M. E. RAYNOR (2003). *The Innovator's Solution,* Boston, Harvard Business School Press.

COCKBURN, I. M. et R. M. HENDERSON (1998). «Absorptive capacity, coauthoring behavior, and the organization of research in drug discovery», *The Journal of Industrial Economics,* vol. 46, n° 2, p. 157-182.

COHEN, D. (2009). *La prospérité du vice,* Paris, Albin Michel, p. 260.

COHEN, M. D., J. C. MARCH et J. P. OLSEN (1972). «A garbage can model of organizational choice», *Administrative Science Quarterly,* vol. 17, n° 1, p. 1-25.

COHEN, W. M. et D. A. LEVINTHAL (1990). «Absorptive capacity: A new perspective on learning and innovation», *Administrative Science Quarterly,* vol. 35, p. 128-152.

COLE, A. H. (1959). *Business Enterprise in Its Social Setting,* Cambridge, Mass., Harvard University Press.

CORIAT, B. (1979). *L'atelier et le chronomètre,* Paris, Christian Bourgois éditeur.

CÔTÉ, M. *et al.* (2008). *La gestion stratégique. Une approche fondamentale,* 2e éd., Montréal, Gaëtan Morin Éditeur.

COULON, A. R. (1996). *La désorganisation compétitive,* Paris, Éditions Maxima.

CRONSHAW, S. F. et R. G. LORD (1987). «Effects of categorization, attribution and encoding processes on leadership perceptions», *Journal of Applied Psychology,* n° 72, p. 97-106.

CROS, F. (2002). «L'innovation en éducation et en formation: topiques et enjeux», chapitre 8 dans N. ALTER (dir.), *Les logiques de l'innovation,* Paris, La Découverte, p. 213-240.

CROZIER, M. (1963). *Le phénomène bureaucratique,* Paris, Éditions du Seuil.

CROZIER, M. et E. FRIEDBERG (1977). *L'acteur et le système,* Paris, Éditions du Seuil.

CYERT, R. M. et J. G. MARCH (1963). *A Behavioral Theory of the Firm,* Englewood Cliffs, N.J., Prentice-Hall.

DARDOT, P., C. LAVAL et M. EL MOUHOUB (2007). *Sauver Marx ?,* Paris, La Découverte.

D'AVENI, R. (1994). *Hypercompetition: Managing the Dynamics of Strategic Manoeuvring,* New York, The Free Press.

DAVENPORT, T. (1993). *Process Innovation: Reengineering Work through Information Technology,* Cambridge, Mass., Harvard Business School.

DE BRESSON, C. (1993). *Comprendre le changement technique,* Ottawa, Les Presses de l'Université d'Ottawa.

DE CAROLIS, D. M. et D. L. DEEDS (1999). «The impact of stocks and flows of organizational knowledge on firm performance: An empirical investigation of the biotechnology industry», *Strategic Management Journal,* vol. 20, n° 10, p. 953-968.

DEJOURS, C. (1990). «Nouveau regard sur la souffrance humaine dans les organisations», dans J.-F. CHANLAT (dir.), *L'individu dans l'organisation, les dimensions oubliées,* Paris, Presses universitaires de France et Éditions ESKA, p. 687-708.

DELAMOTTE, Y. (1972). *Recherche en vue d'une organisation plus humaine du travail industriel,* Paris, La Documentation française.

DEMING, W. E. (1982). *Quality, Productivity and Competitive Position,* Cambridge, Mass., MIT Center for Advanced Engineering Study.

DEMING, W. E. (1988). *Qualité: la révolution du management,* Paris, Economica.

DEMING, W. E. (1991). *Hors de la crise,* Paris, Economica.

DEMING, W. E. et W. A. SHEWHART (1989). *Les fondements de la maîtrise de la qualité,* Paris, Economica.

DENIS, J.-P. (avril 2008). «Spéculations autour de l'OPA de la finance sur la stratégie», *Revue Française de Gestion,* n° 183, p. 73-94.

DENNISON, E. F. (1967). «Why growth rates differ», *The Brooking Institution,* Washington, D.C.

DÉRY, R. (2009). *Le management,* Montréal, JFD Éditions.

DESMARTEAU, R. H. (1997). *Découvrir de la démocratie tocquevillienne dans un hôpital de l'est de Montréal, en modélisant: la pratique de la réciprocité morale comme étant à la fois un instrument de performance et un avantage stratégique,* thèse de doctorat en administration, Montréal, Université du Québec à Montréal.

DESMARTEAU, R. H. et A.-L. SAIVES (28-31 mai 2008). «Opérationnaliser une définition systémique et dynamique du concept de modèle d'affaires: cas des entreprises de biotechnologie au Québec», actes de la XVIIe Conférence internationale de l'AIMS, Nice.

DESMARTEAU, R. H et A.-L. SAIVES (2009). «Les capacités organisationnelles, un élément clé dans la représentation d'un modèle d'affaires. Une illustration dans le cas des entreprises de biotechnologie au Québec», *Cahier de recherche 12-2009,* Montréal, Université du Québec à Montréal, École des sciences de la gestion.

DESPRÉS, C. et D. CHAUVEL (2000). *Knowledge Horizons: The Present and the Promise of Knowledge Management,* Washington, D.C., Butterworth-Heinemann.

DESS, G. G., G. T. LUMPKIN et A. B. EISNER (2007). *Strategic Management: Text and Cases,* 3ᵉ éd., New York, McGraw-Hill et Irwin.

DESS, G. G., G. T. LUMPKIN et T. PERIDIS (2006). *Strategic Management. Creating Competitive Advantage,* Toronto, McGraw-Hill.

DESSLER, G., F. A. STARKE et D. J. CYR (2004). *La gestion des organisations : principes et tendances au XXIᵉ siècle,* Montréal, Éditions du Renouveau Pédagogique Inc.

DEVALAN, P. (2006). «Favoriser l'innovation de rupture», chapitre 1 dans S. AÏT-EL-HADJ et O. BRETTE (dir.), *Innovation, management des processus et création de valeur,* Paris, L'Harmattan, p. 15-28.

DEVINE, R. (1977). *Industrial Economics,* Londres, Allen and Uncor.

DE WOOT, P. (1968). *Pour une doctrine de l'entreprise,* Paris, Éditions du Seuil.

Dictionnaire Gaffiot, latin-français (1934), Paris, Hachette.

DIEMER, H. (1924). «The principles underlying good management», *Industrial Management,* vol. 67, p. 280-283.

DIEUAIDE, P., B. PAULRÉ et C. VERCELLONE (dir.) (2008). *Le capitalisme cognitif : un nouveau système historique d'accumulation,* Paris, Matisse-I.S.Y.S., UMR Université Paris 1, Centre national de la recherche scientifique (CNRS), [En ligne], [http://halshs.archives-ouvertes.fr/docs/00/22/64/09/PDF//Le_capitalisme_cognitif._Un_nouveau_systeme_historique_d_accumulation.pdf] (Page consultée le 15 juin 2010)

DORSEY, P. (2008). *The Little Book that Builds Wealth: Morningstar's Knockout Formula for Finding Great Investments,* Hoboken, N.J., John Wiley & Sons.

DOSI, G. (1982). «Technological paradigms and technological trajectories», *Research Policy,* vol. 11, n° 3, p. 147-162.

DOSI, G., P. LLERENA et M. S. LABINI (2006). «Relationships between science, technologies and their industrial exploitation: An illustration through the myths and realities of the so-called "European Paradox"», *Research Policy,* vol. 35, n° 10, p. 1450-1464.

DOZ, Y. et G. HAMEL (1997). «The use of alliances in implementing technology strategies», dans M. L. TUSHMAN et P. ANDERSON (dir.), *Managing Strategic Innovation and Change: A Collection of Readings,* New York, Oxford University Press, p. 556-580.

DRUCKER, P. F. (1954). *The Practice of Management,* New York, Harper & Row. (Traduction française : *La pratique de la direction des entreprises,* Paris, Les Éditions d'Organisation, 1954.)

DRUCKER, P. F. (1966). *The Effective Executive,* New York, Harper & Row.

DRUCKER, P. F. (1970). *Bien connaître votre affaire et réussir,* Paris, Les Éditions d'Organisation.

DRUCKER, P. F. (1993). *Managing in Turbulent Times,* New York, Harper Collins Publishers.

DUNCAN, R. (hiver 1979). «What is the right organization structure? Decision tree analysis provides the answer», *Organizational Dynamics.*

DUPUIS, J.-P. (1990). «Anthropologie, culture, organisation», dans J. F. CHANLAT (dir.), *L'individu dans l'organisation : les dimensions oubliées,* Québec, Les Presses de l'Université Laval et Éditions ESKA, p. 533-552.

DURAND, T. (1992). «Dual technologies trees: Assessing the intensity and strategic significance of technology change», *Research Policy,* vol. 21, n° 4, p. 361-380.

DURAND, T. (janvier-février 2000). «L'alchimie de la compétence», *Revue Française de Gestion,* vol. 127, p. 84-118.

DURKHEIM, É. (1984). *Les règles de la méthode sociologique,* 16ᵉ éd., Paris, Presses universitaires de France (1967).

DUSSAUGE, P. et B. GARETTE (1999). *Cooperative Strategy-competing Succesfully through Strategic Alliance,* New York, John Wiley & Sons.

DUSSAUGE, P. et B. RAMANANTSOA (1987). *Technologie et stratégie d'entreprise,* Montréal, McGraw-Hill, Éditeurs, coll. «Stratégie et management».

DYER, W. et G. DYER (février 1986). «Organization development: System change or culture change?», *Personnel.*

EBRAHIMI, M. (2001). «La nouvelle économie : promesses, réalités et tendances», dans *Nouvelle économie, nouveaux enjeux de formation,* Montréal, Isabelle Quentin Éditeur, p. 15-39.

EBRAHIMI, M. (2002). *Management et gouvernance dans le secteur de la nouvelle économie : le cas d'une importante entreprise canadienne de télécommunication,* thèse de doctorat, Montréal, HEC Montréal.

EBRAHIMI, M. et A.-L. SAIVES (2006). «Le management de l'innovation et des connaissances : de l'ère industrielle à celle du savoir et de l'intangible», chapitre 14 dans O. AKTOUF *et al.* (dir.), *Le management entre tradition et renouvellement,* 4ᵉ éd., Montréal, Gaëtan Morin Éditeur, p. 451-486.

Les Échos (29 juin 2009), n° 20454, p. 15, [En ligne], [www.lesechos.fr/] (Page consultée le 16 juin 2010)

EL AKREMI, A., S. GUERRERO et J.-P. NEVEU (dir.) (2006). «Comportement organisationnel : justice organisationnelle, enjeux de carrière et épuisement professionnel», *Méthodes & Recherches,* vol. 2.

ELKINGTON, J. (1999). *Cannibals with Forks. The Triple Bottom Line of 21st Century Business,* Oxford, Capstone Publishing, p. 70-96.

ELLUL, J. (1954). *La technique ou l'enjeu du siècle,* Paris, Armand Colin.

EL MOUHOUB, M. et D. PLIHON (2009). *Le savoir et la finance, liaisons dangereuses au cœur du capitalisme contemporain,* Paris, La Découverte.

EMERY, F. E. (1969). *Systems Thinking,* Harmondsworth, Angl., Penguin.

EMERY, J. C. (1969). *Organizational Planning and Control Systems,* New York, Macmillan.

Encyclopédie ou Dictionnaire raisonné des sciences, des arts et des métiers, [En ligne], [http://portail.atilf.fr/encyclopedie/Formulaire-de-recherche.htm] (Page consultée le 16 juin 2010)

EPINGARD, P. (1999). *L'investissement immatériel,* Paris, CNRS Éditions.

ETZIONI, A. (1961). *Comparative Analysis of Complex Organizations,* New York, The Free Press.

EVANS, M. G. (mai 1970). « The effect of supervisory behavior on the path-goal relationship », *Organizational Behaviour and Human Performance,* p. 277-298.

FAHEY, L. et V. K. NARAYANAN (1986). *Macroenvironmental Analysis for Strategic Management,* St. Paul, Minn., West Publishing Company.

FAHEY, L. et V. K. NARAYANAN (1997). *Macroenvironmental Analysis for Strategic Management,* Florence, Ky., Thomson Learning.

FARRELL, G. (2009). « Responsabilité individuelle et collective : le droit à prendre des risques et à s'engager », chapitre 20 dans M. KALIKA (dir.), *Les hommes et le management : des réponses à la crise,* Paris, Economica, p. 312-325.

FAYARD, P. (2006). *Le réveil du samouraï,* Paris, Dunod.

FAYOL, H. (1916). *Administration industrielle,* Paris, Bulletin de la Société de l'industrie minérale.

FAYOL, H. (1962). *Administration industrielle et générale,* Paris, Dunod.

FERRARY, M. et Y. PESQUEUX (2004). *L'organisation en réseau, mythes et réalités,* Paris, Presses universitaires de France.

FERRARY, M. et Y. PESQUEUX (2006). *Management de la connaissance : knowledge management, apprentissage organisationnel et société de la connaissance,* Paris, Economica.

FIEDLER, F. E. (1967). *A Theory of Leadership Effectiveness,* New York, McGraw-Hill.

FLEISHMAN, E. A. *et al.* (1955). *Leadership and Supervision in Industry,* Columbus, Ohio State University.

FOLLET, M. P. (1918). *The New York State,* Londres, Longmans.

FORAY, D. (2000). *L'économie de la connaissance,* Paris, La Découverte.

FORAY, D. (2002). « Ce que l'économie néglige ou ignore en matière d'analyse de l'innovation », chapitre 9 dans N. ALTER (dir.), *Les logiques de l'innovation,* Paris, La Découverte, p. 241-274.

FORD, H. (1927). *Ma vie, mon œuvre,* Paris, Fayot.

FORRESTER, J. W. (1961). *Industrial Dynamics,* Cambridge, Mass., MIT Press.

FOSTER, R. (septembre 1982). « The management of research and development », *McKinsey Quarterly.*

FOX, A. (1971). *A Sociology of Work in Industry,* Londres, Collier-Macmillan.

FREEMAN, C. (1982). *The Economics of Industrial Innovation,* Londres, Francis Pinter.

FREEMAN, J. (1982). « Organizational life cycles and natural selection processes », dans B. M. STAW et L. L. CUMMINGS (dir.), *Research in Organizational Behavior,* Greenwich, Conn., JAI Press.

FREEMAN, R. E. (1984). *Strategic Management: A Stakeholder Approach,* Boston, Pitman.

FRENCH, R. P. et B. RAVEN (1959). « The bases of social power », dans D. CARTWRIGHT (dir.), *Studies of Social Power,* Ann Harbor, Mich., Institute for Social Research, p. 150-167.

FRENCH, R. P. et B. RAVEN (1960). « The bases of social power », dans D. CARTWRIGHT et A. F. ZANDER (dir.), *Group Dynamics: Research and Theory,* New York, Harper & Row, p. 607-623.

FRIEDMAN, M. (13 septembre 1970). « The social responsibility of business is to increase its profits », *The New York Times Magazine.*

FULD, L. M. (1994). *The New Competitor Intelligence: The Complete Resource for Finding, Analyzing, and Using Information about your Competitors,* New York, John Wiley & Sons.

FUSE, E. F. (1980). *The Modern Manager,* Saint Paul, Minn., West Publishing.

GADREY, J. (2000). *Nouvelle économie, nouveau mythe ?,* Paris, Flammarion.

GALBRAITH, J. K. (1967). *The New Industrial State,* Londres, Hamish Hamilton.

GALBRAITH, J. K. (1971). « Matrix organization designs: How to combine functional and project form », *Business Horizons,* vol. 14, p. 29-40.

GALBRAITH, J. K. (1977). *Organization Design,* Reading, Mass., Addison-Wesley.

GALBRAITH, J. K. (1992). *Brève histoire de l'euphorie financière,* Paris, Éditions du Seuil.

GALE, B. T. (1994). *Managing Consumer Value-creating Quality and Service that Customer Can See,* New York, The Free Press.

GAULEJAC, V. de (2005). *La société malade de la gestion,* Paris, Éditions du Seuil.

GÉLINAS, A. (1975). *Organismes autonomes et centraux,* Québec, Presses de l'Université du Québec.

GEORGHIOU, L., université de Manchester, cité dans *Le Monde,* 8 décembre 2009, p. 2.

GHISELLI, E. E. (octobre 1963). «Managerial talent», *American Psychologist,* p. 631-641.

GHOSHAL, S. (2005). «Bad management theories are destroying good management practices», *Academy of Management Learning & Education,* vol. 4, n° 1, p. 75-91.

GILBRETH, F. B. (1911). *Motion Study,* New York, Van Nostrand.

GLASSER, W. (1997). *Contrôler ou influencer. Le leader qualité,* Montréal, Les Éditions Logiques.

GODET, M. L. (janvier 2000). «La prospective en quête de rigueur : portée et limites des méthodes formalisées», *Futuribles,* n° 249.

GORTNER, H. F. , J. MAHLER et J. BELL NICHOLSON (1993). *La gestion des organisations publiques,* traduit par A. DUMAS et D. MALTAIS, Québec, Presses de l'Université du Québec, 1993.

GORZ, A. (2003). *L'immatériel. Connaissance, valeur et capital,* Paris, Galilée.

GOTTSCHALK, P. (2005). *Strategic Knowledge Management,* Hershey, Penn., Idea Group Publishing.

GOULDNER, A. W. (1973). «Reciprocity and autonomy in functional theory», dans *For Sociology,* Harmondsworth, Angl., Penguin.

GRAEN, G. B. et M. UHL-BIEN (1995). «Relationship- based approach to leadership: Development of Leader-Member Exchange (LMX) theory of leadership over 25 years: Applying a multi-level multi-domain perspective», *Leadership Quarterly,* vol. 6, n° 2, p. 219-247.

GRANT, R. M. (1991). «The resource-based theory of competitive advantage: Implications for strategy formulation», *California Management Review,* vol. 33, n° 3, p. 114-135.

GREMI (Groupe de Recherches sur l'Énergétique des Milieux Ionisés) (2006). *Milieux innovateurs : théorie et politiques,* textes réunis par R. CAMAGNI et D. MAILLAT, Paris, Economica et Anthropos.

GRIMA, F. (2002). «Michel Crozier. Acteurs et systèmes : l'analyse stratégique des organisations», chapitre XV dans S. CHARREIRE et I. HUAULT (dir.), *Les grands auteurs en management,* Paris, Éditions EMS, p. 231-240.

GULICK, L. et L. URWICK (1937). *Papers in the Science of Administration,* New York, Columbia University, Institute of Public Administration.

GUSDORF, G. (1990). *Science et pouvoir,* Montréal, Centre d'études en administration internationale (CETAI).

HACKMAN, J. R. et G. R. OLDHAM (1975). «Development of the job diagnostic survey», *Journal of Applied Psychology,* vol. 60, n° 2, p. 159-170.

HAFSI, T., F. SÉGUIN et J.-M. TOULOUSE (2000). *La stratégie des organisations : une synthèse,* 2e éd., Montréal, Les Éditions Transcontinental.

HAFSI, T. et F. YOUSSOFZAI (avril 2008). «Dirigeants d'entreprises, focaliser sur les actionnaires n'est pas légitime !», *Revue Française de Gestion,* n° 183, p. 111-130.

HALL, R. (1992). «The strategic analysis of intangible resources», *Strategic Management Journal,* vol. 13, p. 135-144.

HALL, R. (1993). «A framework linking intangible resources and capabilities to sustainable competitive advantage», *Journal of Strategic Management,* vol. 14, p. 607-618.

HAMEL, G. et C. K. PRAHALAD (juillet-août 1994). «Competing for the future», *Harvard Business Review,* p. 122-128.

HAMMER, M. (1996). *Beyond Reengineering: How to Process: Centered Organization Is Changing Our Work and Our Life,* New York, Harper Collins Publishers.

HAMMER, M. et J. CHAMPY (1993). *Reengineering the Corporation: A Manifesto for Business Revolution,* New York, Harper Collins Publishers.

HAMMER, M. et J. CHAMPY (1996). *Beyond Reengineering: How to Process. Centered Organization Is Changing Our Work and Our Life,* New York, Harper Collins Publishers.

HAMPTON, D. *et al.* (1982). *Experience in Management and Organizational Behavior,* New York, John Wiley & Sons.

HANNAN, M. T. et J. H. FREEMAN (1977). «The population ecology of organizations», *American Journal of Sociology,* vol. 82, p. 929-964.

HANSEN, M. T., N. NOHRIA et T. TIERNEY (2003). «Quelle est votre stratégie de gestion du savoir ?», dans *Le management du savoir en pratique,* Paris, Les Éditions d'Organisation.

HARRINGTON, J. H. (1991). *Business Process Improvement,* New York, McGraw-Hill.

HARTLEY, R. F. (1983). *Management Mistakes,* Columbus, Ohio, Grid Publishing.

HARVEY, E. (1968). «Technology and the structure of organizations», *American Sociological Review,* p. 247-259.

HASTINGS, C. (1993). *The New Organization,* Londres, McGraw-Hill.

HAWLEY, A. H. (1968). «Human ecology», dans D. SILLS (dir.), *International Encyclopedia of the Social Sciences,* New York, Macmillan, p. 328-337.

HAX, A. C. (1990). «Redefining the concept of strategy and the strategy formation process», *Planning Review,* vol. 18, n° 3, p. 34-40.

HAX, A. C. et N. S. MAJLUF (1988). «The concept of strategy and the strategic formation process», *Interfaces,* vol. 18, n° 3, p. 99-109.

HEDBERG, B., P. C. NYSTRÖM et W. H. STARBUCK (1976). « Camping on seasaws: Prescriptions for a self-designing organization », *Administrative Science Quarterly,* vol. 21, p. 41-65.

HEILBRONER, R. H. (2001). *Les grands économistes,* Paris, Éditions du Seuil, coll. « Points ».

HELFAT, C. E. (2007). « Dynamic capabilities foundation », dans C. E. HELFAT *et al., Dynamic Capabilities: Understanding Strategic Change in Organizations,* New York, Blackwell Publishing.

HELFAT, C. E. et M. A. PETERAF (2003). « The dynamic resource-based view: Capability lifecycle », *Strategic Management Journal,* vol. 24, p. 997-1010.

HELFAT, C. E. et M. A. PETERAF (2009). « Understanding dynamic capabilities: Progress along a developmental path », *Strategic Organization,* vol. 7, n° 1, p. 91-102.

HERSEY, P. et K. BLANCHARD (1982). *Management of Organizational Behavior,* 4e éd., Englewood Cliffs, N.J., Prentice-Hall.

HERZBERG, F. (1966). *Work and the Nature of Man,* New York, The Mentor Executive Library.

HERZBERG, F. *et al.* (1959). *The Motivation to Work,* New York, John Wiley & Sons.

HEYDEBRAND, W. V. (1973). « Autonomy, complexity and non-bureaucratic coordination in professional organizations », dans *Comparative Organizations,* Englewood Cliffs, N.J., Prentice-Hall.

HODGETTS, R. M. (1996). *Implementing TQM in Small & Medium-sized Organizations: A Step by Step Guide,* New York, Amacom.

HOFER, C. W. et D. SCHENDEL (1978). *Strategy Formulation: Analytical Concepts,* New York, West.

HOFSTEDE, G. (1991). *Culture and Organizations,* New York, McGraw-Hill.

HOLDAWAY, E. A. *et al.* (1975). « Dimensions of organizations in complex societies: The educational sector », *Administrative Science Quarterly,* p. 37-58.

HOMANS, G. C. (1950). *The Human Group,* New York, Harcourt, Brace.

HOROVITZ, J. (2000). *Seven Secrets of Service Strategy,* New York, Prentice-Hall.

HOROVITZ, J. et J. P. PISTOL-BELIN (1984). *Stratégie pour la PME,* Montréal, McGraw-Hill, coll. « Stratégie et management ».

HOUSE, R. J. (septembre 1971). « A path-goal theory of leadership effectiveness », *Administrative Science Quarterly,* p. 321-338.

HUNT, J. W. (1972). *The Restless Organization,* New York, Wiley International.

IDC (International Data Corporation) (2001). *U.S. and Worldwide Knowledge Management Market Forecast and Analysis, 2000-2005.*

INGELGARD, A. *et al.* (2002). « Dynamic learning capability and actionable knowledge creation: Clinical R&D in a pharmaceutical company », *The Learning Organization,* vol. 9, n° 2, p. 65-77.

JACQUEMIN, A. (1967). *L'entreprise et son pouvoir de marché,* Québec, Les Presses de l'Université Laval.

JANIS, I. L. (1982). *Groupthink: Psychological Studies of Policy Decisions and Fiascos,* 2e éd., Boston, Houghton Mifflin.

JARRAR, Y. F. et M. ASPINWALL (juillet 1999). « Integrating total quality management and business process reengineering: Is it enough? », *Total Quality Management,* Abington, Penn.

JOHANSSON, H. J. (1993). *Business Process Reengineering,* New York, John Wiley.

JOHNSON, G. *et al.* (2008). *Stratégique,* Paris, Pearson Education.

JOHNSON, H. R. (1976). « A new conceptualization of source of organizational climate », *Administrative Science Quarterly,* vol. 21, p. 95-103.

JOHNSON, M. W., C. M. CHRISTENSEN et H. KAGERMANN (décembre 2008). « Reinventing your business model », *Harvard Business Review,* vol. 86, n° 12, p. 51-59.

JOHNSON-LAIRD, P. N. (1983). *Mental Models,* Cambridge, Mass., Cambridge University Press.

JOLLY, D. (2008). « À la recherche du design dominant », *Revue Française de Gestion,* vol. 2, n° 182, p. 13-31.

JONAS, H. (1979). *Le principe responsabilité : une éthique pour la civilisation technologique,* traduit de l'allemand en 1990, Paris, Flammarion.

JONES, G. R. (1983). « The life history methodology and organizational analysis in beyond method: A study of organizational research strategy », dans G. MORGAN (dir.), *Beyond Method: Strategies for Social Research,* Beverly Hills, Calif., Sage.

JOUISON-LAFFITTE, E. et T. VERSTRAETE (février 2008). « Business model et création d'entreprise », *Revue Française de Gestion,* vol. 34 , n° 181, p. 175-197.

JULIEN, P.-A. (2005). *Entrepreneuriat régional et économie de la connaissance. Une métaphore des romans policiers,* Québec, Presses de l'Université du Québec, coll. « PME et entrepreneuriat ».

JULIEN, P-A. et M. MARCHESNAY (1996). *L'entrepreneuriat,* Paris, Economica.

JURAN, J.-M. (1989). *Planifier la qualité*, Paris, Association française de normalisation, AFNOR Gestion.

KAPLAN, A. (1964). *The Conduct of Inquiry,* New York, Harper & Row.

KERR, S. et J. M. JERMIER (décembre 1978). « Substitutes for leadership: Their meaning and measurement », *Organizational Behavior and Human Performance,* vol. 22, n° 3, p. 375-403.

KETS DE VRIES, M. F. R. et D. MILLER (1985). *L'entreprise névrosée,* Paris, McGraw-Hill.

KILLMAN, R., M. SAXTON et R. SERPA (hiver 1986). « Issues in understanding and changing culture », *California Management Review,* vol. 28, n° 2, p. 87-94.

KINGDON, D. R. (1973). *Matrix Organizations,* Londres, Tavistock.

KIRKPATRICK, D. (1985). *How to Manage Change Effectively,* San Francisco, Jossey-Bass.

KLER, G. J. (1969). *An Approach to General Systems Theory,* New York, Van Nostrand Reinhold.

KLINE, S. J. et N. ROSENBERG (1986). « An overview of innovation », dans *The Positive Sum Strategy: Harnessing Technology for Economic Growth,* Washington, D.C., National Academy Press, p. 275-306.

KNIGHTS, D., H. WILLMOTT et C. D. COLLISON (1985). *Job Redesign Critical Perspectives on the Labour Process,* Aldershot, Angl., Gower.

KOLODNY, H. (mars 1981). « Managing in a matrix », *Business Horizons,* p. 17-24.

KOTLER, J. et L. SCHLESINGER (mars-avril 1979). « Choosing strategies for change », *Harvard Business Review.*

KUTTNER, R. (1999). *Everything for Sale: The Virtues and Limits of Markets,* Chicago, University of Chicago Press.

LEARNED, E. P. *et al.* (1965). *Business Policy: Text and Cases,* Homewood, Ill., Irwin.

LE BAS, C. (2004). « L'innovation dans la théorie économique », dans B. FERRANDON (dir.), *Croissance et innovation,* Cahiers Français, n° 323, Paris, La Documentation française, p. 36-41.

LE CHATELIER, H. (1928). *Le taylorisme,* Paris, Dunod.

LECLERRE, R. (1968). *Les méthodes d'organisation et d'enginee-ring,* Paris, Presses universitaires de France.

LECOCQ, X., B. DEMIL et V. WARNIER (hiver 2006). « Le business model, un outil d'analyse stratégique », *L'Expansion Management Review*, p. 96-108.

LE MASSON, P., B. WEIL et A. HATCHUEL (2006). *Les processus d'innovation : conception innovante et croissance des entreprises,* Paris, Hermès Lavoisier.

LEONARD-BARTON, D. (1998). *Wellsprings of Knowledge,* Boston, Harvard Business School Press.

LESCA, N., N. PASQUET et A. PELLISSIER-TANON (2007). « L'entreprise face à la contingence de son environne-ment », chapitre 12 dans A.-C. MARTINET (dir.), *Sciences du management. Épistémique, pragmatique et éthique,* Paris, Vuibert, p. 243-259.

LEWIN, K. (1947). « Frontiers in human dynamics », *Human Relations,* vol. 48, p. 5-41.

LEWIN, K. (1967). *Psychologie dynamique,* Paris, Presses universitaires de France.

LIKERT, R. (1967). *New Patterns of Management,* New York, McGraw-Hill.

LINDBLOM, C. E. (1959). « The science of muddling through », *Public Administration Review,* vol. 19, n° 2, p. 79-88.

LINDBLOM, C. E. (1968). *The Policy Making Process,* Englewood Cliffs, N.J., Prentice-Hall.

LIPPITT, G. (1973). *Visualizing Change: Model Building and the Change Process,* Fairfax, Va., NTL Learning Resources.

LITWIN, G. H. et R. A. STRINGER Jr. (1968). *Motivation and Organizational Climate,* Boston, Harvard Business School, Division of Research.

LIVIAN, Y.-F. (2001). *Organisation : théories et pratiques,* 2e éd., Paris, Dunod.

LOCKE, E. (1968). « Toward a theory of task motivation and incentives », *Organizational Behavior and Human Performance,* vol. 3, p. 157-189.

LOILIER, T. et A. TELLIER (1999). *Gestion de l'innovation,* Paris, Éditions Management et Société.

LORSCH, J. W. et P. R. LAWRENCE (1967). *Organizations and Environments,* Boston, Harvard Graduate School of Business, Division of Research.

LORSCH, J. W. et J. MORSE (1974). *Organizations and their Members,* New York, Harper & Row.

MAGRETTA, J. (2002). « Why business models matter », *Harvard Business Review,* vol. 80, n° 5, p. 86-92.

MAIER, R. (2007). *Knowledge Management Systems,* 3e éd., Heidelberg, All., Springer.

MALRAUX, A. (1996). « Antimémoires », dans *Oeuvres complètes,* tome III, Paris, Gallimard, NRF, « Bibliothèque de la Pléiade », p. 10.

MANGANELLI, R. L. et M. M. KLEIN (1994). *The Reengineering Handbook,* New York, Amacom.

MANSFIELD, E. (1968). *Industrial Research as a Technological Innovation,* New York, Norton.

MARCH, J. G. (1962). « The business form as a political coalition », *Journal of Politics,* vol. 24, p. 662-678.

MARCH, J. G. (février 1991). « Exploration and exploitation in organizational learning », *Organization Science,* vol. 2, n° 1, p. 71-87.

MARCH, J. G. et J. OLSEN (1979). « Organizational choice under ambiguity », dans *Ambiguity and Choice in Organizations,* 2e éd., Bergen, Norv., Universitets forlaget.

MARCH, J. G. et H. A. SIMON (1958). *Organizations,* New York, John Wiley & Sons.

MARCHESNAY, M. (31 décembre 2007). « Gestion, stratégie, management. Papiers pédagogiques non publiés », *Cahiers de l'ERFI,* vol. 13, n° 2.

MARIOTTI, F. (2005). *Qui gouverne l'entreprise en réseau ?,* Paris, Les Presses de Sciences Po.

MARTEL, L. (1986). *Mastering Change,* New York, Simon and Schuster.

MARTINET, A.-C. (1984). *Management stratégique : organisation et politique,* Montréal, McGraw-Hill, Éditeurs, coll. «Stratégie et management».

MARTINET, A.-C. (1997). «Pensée stratégique et rationalités : un examen épistémologique», *Management international,* vol. 2, n° 1, p. 67-75.

MARTINET, A.-C. (2000). «Épistémologie de la connaissance praticale : exigences et vertus de l'indiscipline», chapitre 4 dans A. DAVID *et al.* (dir.), *Les nouvelles fondations des sciences de gestion,* Paris, Vuibert, p. 111-124.

MARTINET, A.-C. (2007). «Gouvernance et management stratégique :"fin de l'histoire"ou régénération du politique?», chapitre 5 dans *Sciences du management. Épistémique, pragmatique et éthique,* Paris, Vuibert, p. 85-112.

MARTINET, A.-C. (4 juin 2009). «Le management stratégique et la crise», XVIIIe Conférence internationale de management stratégique (AIMS), Grenoble.

MARTINET, A-C. et M.-A. PAYAUD (printemps 2007). «Frénésie, monotonie et atonie dans les organisations liquéfiées : régénérer les formes et rythmes de la politique d'entreprise», *Management international,* vol. 11, n° 3, p. 1-16.

MASLOW, A. H. (1943). «A theory of human motivation», *Psychological Review,* vol. 50, p. 370-396.

MASLOW, A. H. (1970). *Motivation and Personality,* New York, Harper.

MATTEACCIOLI, A. et M. TABARIÉS (2006). «Historique du GREMI : les apports du GREMI à l'analyse territoriale de l'innovation», dans *Milieux innovateurs : théorie et politiques,* textes réunis par R. CAMAGNI et D. MAILLAT, Paris, Economica et Anthropos, p. 3-19.

MAYO, E. (1933). *The Human Problems of an Industrial Civilization,* New York, Macmillan.

MAYO, E. (1945). *The Social Problems of Industrial Civilization,* Cambridge, Mass., Harvard University Press.

McCLELLAND, D. C. (1961). *The Achieving Society,* New York, The Free Press, 1961.

McCLELLAND, D. C. et D. H. BURNHAM (mars-avril 1976). «Power is the great motivator», *Harvard Business Review,* p. 100-110.

McGREGOR, D. (mai-juin 1957). «An uneasy look at performance appraisal», *Harvard Business Review,* p. 89-94.

McGREGOR, D. (1960). *The Human Side of Enterprise,* New York, McGraw-Hill.

McGREGOR, D. (1970). *La dimension humaine dans l'entreprise,* Paris, Gauthier-Villar.

McKELVEY, B. et H. E. ALDRICH (1983). «Populations, natural selection and applied organizational science», *Administrative Science Quarterly,* vol. 28, p. 101-128.

McKINSEY & CO. (1993). *Emerging Exporters. Australia's High Value-added Manufacturing Exporters,* Melbourne, McKinsey & Company and the Australian Manufacturing Council.

McSHANE, S. L. et C. BENABOU (2008). *Comportement organisationnel,* Montréal, Chenelière/McGraw-Hill.

MEIER, O. (2002). «F. Taylor, le management scientifique des entreprises», chapitre IV dans S. CHARREIRE et I. HUAULT (dir.), *Les grands auteurs en management,* Paris, Éditions EMS, p. 53-66.

MÉLÈSE, J. (1980). *La gestion par les systèmes,* Paris, Éditions Hommes et Techniques.

MERTON, R. K. (1949). *Social Theory and Social Structure,* New York, The Free Press.

MILES, R. H. (1980). *Macro-organizational Behavior,* Santa Monica, Calif., Goodyear.

MILES, R. H. et C. C. SNOW (1978). *Organizational Strategy, Structure and Process,* New York, McGraw-Hill.

MILLER, L. M. et L. MORRIS (1999). *4th Generation R&D: Managing Knowledge, Technology, and Innovation,* New York, John Wiley & Sons.

MILLER, R. (avril 1981). «Les stratégies d'adaptation de l'entreprise», *Gestion,* vol. 6, n° 2.

MILLER, R. (janvier 1985). «La stratégie et les ressources humaines», *Relations industrielles,* p. 17-45.

MILLER, R. et X. OLLEROS (mai-juin 2008). «To manage innovation, learn the architecture», *Research Technology Management,* p. 17-27.

MINTZBERG, H. (1973). «Strategy-making in three modes», *California Management Review,* vol. 16, n° 2, p. 44-53.

MINTZBERG, H. (1977). «Policy as a field of management theory», *Academy of Management Review,* p. 88-103.

MINTZBERG, H. (1979). *Structuring of Organization,* Englewood Cliffs, N.J., Prentice-Hall.

MINTZBERG, H. (1982). *Structure et dynamique des organisations,* Paris et Montréal, Les Éditions d'Organisation et Les Éditions Agence d'Arc.

MINTZBERG, H. (1987). «The strategy concept 1: Five Ps for strategy», *California Management Review,* vol. 30, n° 1, p. 1-24.

MINTZBERG, H. (1990a). «Strategy formation, schools of thought», dans J. W. FREDRICKSON (dir.), *Perspectives on Strategic Management,* New York, Harper & Row, p. 105-235.

MINTZBERG, H. (1990b). *Le management : voyage au centre des organisations,* Paris, Les Éditions d'Organisation.

MINTZBERG, H. (2004). *Le management : voyage au centre des organisations,* 2ᵉ éd., Paris, Les Éditions d'Organisation.

MINTZBERG, H., B. AHLSTRAND et J. LAMPEL. (1998). *Strategy Safari: A Guided Tour through the Wilds of Strategic Management,* New York, The Free Press.

MINTZBERG, H., B. AHLSTRAND et J. LAMPEL. (1999). *Safari en pays stratégie,* Paris, Éditions Village Mondial.

MIRVIS, P. et D. BERG (1978). *Failures in Organization Development and Change,* New York, John Wiley & Sons.

MOKYR, J. (2002). *The Gifts of Athena: Historical Origins of the Knowledge Economy,* Princeton, N.J., Princeton University Press.

MONKS, J. G. (1982). *Operations Management: Theory and Practice,* 2ᵉ éd., New York, McGraw Hill.

MOONEY, J. C. et A. P. REILFY (1931). *Onward Industry,* New York, Harper & Row.

MOORE, G. A. (1991). *Crossing the Chasm Marketing and Selling Technology Products to Mainstream Customers,* New York, Harper Business.

MORAND, P. et D. MANCEAU (avril 2009). *Pour une nouvelle vision de l'innovation,* Paris, ESCP Europe.

MORGAN, G. (1989). *Images de l'organisation,* Québec, Les Presses de l'Université Laval et Éditions ESKA.

MORGAN, G. (1999). *Images de l'organisation,* Québec, Les Presses de l'Université Laval.

MORGAN, G. (2007). *Images de l'organisation,* 2ᵉ éd., Québec, Les Presses de l'Université Laval.

MORIN, E. (1990a). « De l'interdisciplinarité », dans *Carrefour des sciences,* actes du colloque, Paris, CNRS.

MORIN, E. (1990b). *Science avec conscience,* Paris, Éditions du Seuil, coll. « Points ».

MORRIS, D. et J. BRANDON (1993). *Reengineering Your Business,* New York, McGraw-Hill.

MOULIER-BOUTANG, Y. (2007). *Le capitalisme cognitif,* Paris, Éditions Amsterdam, coll. « Multitudes/Idées ».

MOWERY, D. C. et R. R. NELSON (1999). *Sources of Industrial Leadership,* Cambridge, Mass., Cambridge University Press.

MURRAY, F. (2001). « Following distinctive paths of knowledge: Strategies for organizational knowledge building within science-based firms », dans I. NONAKA et D. J. TEECE (dir.), *Managing Industrial Knowledge,* Londres, Sage, p. 182-201.

MUSIL, R. (1973). *L'homme sans qualités,* tome II, Paris, Gallimard, coll. « Folio ».

NANDA, A. (1996). « Resources, capabilities and competencies », dans B. MOINGEON et A. EDMONDSON (dir.), *Organization Learning and Competitive Advantage,* Thousand Oaks, Calif., Sage Publications, p. 93-120.

NELSON, R. R. (2004). « The market economy, and the scientific commons », *Research Policy,* vol. 33, nº 3, p. 455-471.

NELSON, R. R. et S. WINTER (1982). *An Evolutionary Theory of Economic Change,* Boston, Belknap Press.

NEWCOMB, T. M. (1950). *Social Psychology,* New York, Dryden Press.

NEWMAN, W. H. (1951). *Administrative Action,* Englewood Cliffs, N.J., Prentice-Hall.

NEWMAN, W. H. (hiver 1971). « Strategy and management structure », *Journal of Business Policy,* vol. 1, p. 56-66.

NEWMAN, W. H. (1974). *Constructive Control,* Englewood Cliffs, N.J., Prentice-Hall.

NIOSI, J. (2000). *Canada's National System of Innovation,* Montréal, McGill-Queen's University Press.

NIOSI, J. *et al.* (1993). « National systems of innovation: In search of a workable concept », *Technology in Society,* New York, Elsevier Science, vol. 15, nº 2, p. 207-227.

NIOSI, J. et M. ZHEGU (2005). « Aerospace clusters: Local or global knowledge spillovers? », *Industry and Innovation,* vol. 12, nº 1, p. 5-29.

NOBELIUS, D. (2004). « Towards the sixth generation of R&D management, Volvo Cars Corporation, Gothenburg, Sweden », *Project Management,* vol. 22, p. 369-375.

NOHRIA, N. (30 juin 1995). « Note on organization structure », *Harvard Business School.*

NOLLET, J. et J. HAYWOOD-FARMER (1992). *Les entreprises de service,* Boucherville, Gaëtan Morin Éditeur.

NONAKA, I. et H. TAKEUCHI (1997). *La connaissance créatrice : la dynamique de l'entreprise apprenante,* Bruxelles, De Boeck.

NONAKA, I. et R. TOYAMA (2005). « The theory of the knowledge-creating firm: Subjectivity, objectivity and synthesis », *Industrial and Corporate Change,* vol. 14, nº 3, p. 419-436.

NONAKA, I. et R. TOYAMA (2007). « Strategic management as distributed practical wisdom (phronesis) », *Industrial and Corporate Change,* vol. 16, nº 3, p. 371-394.

NONAKA, I., K. UMEMOTO et K. SASAKI (1998). « Three tales of knowledge-creating companies », dans G. VON KROGH, J. ROOS et D. KLEINE (dir.), *Knowing in Firms,* Londres, Sage Publications, p. 146-172.

NORMANN, R. (1971). « Organizational Innovativeness: Product Variation and Reorientation », *Administration Science Quarterly,* vol. 16, nº 2, p. 203-215.

Le Nouveau Petit Robert, Dictionnaire de la langue française (2007), Le Robert.

NYE, J. L. et D. R. FORSYTH (1991). « The effects of prototype-based biases on leadership appraisals: A test of leadership categorization theory », *Small Group Research,* n° 22, p. 360-379.

OCDE (Organisation de coopération et de développement économiques) (1994). *National Systems of Innovation: General Conceptual Framework,* Paris, OCDE.

OCDE (Organisation de coopération et de développement économiques) (2001). *Le nouveau visage de la mondialisation industrielle,* Paris, OCDE, p. 99.

OHNO, T. (1983). *Maîtrise de la production et méthodes Kanban : le cas Toyota,* Paris, Les Éditions d'Organisation.

OQLF (Office québécois de la langue française). *Le grand dictionnaire terminologique,* [En ligne], [www.oqlf.gouv. qc.ca/ressources/gdt.html] (Page consultée le 16 juin 2010)

ORTSMAN, O. (1978). *Changer le travail,* Paris, Dunod.

OSTERWALDER, A. (2004). *The Business Model Ontology: A Proposition in a Design Science Approach,* thèse de doctorat, Université de Lausanne.

OVIATT, B. M. et P. P. McDOUGALL (1994). « Towards a theory of international new ventures », *Journal of International Business Studies,* vol. 25, p. 45-64.

PALLOIX, C. (2001). « Postface », dans C. AZAÏS, A. CORSANI et P. DIEUAIDE (dir.), *Vers un capitalisme cognitif : entre mutations du travail et territoires,* Paris, L'Harmattan, p. 279.

PARETO, V. (1917). *Traité de sociologie générale,* Paris et Genève, Librairie Droz.

PAROLINI, C. (1999). *The Value Net,* New York, John Wiley & Sons.

PASQUERO, J. (2003). « L'environnement sociopolitique de l'entreprise », chapitre 4 dans M. BÉDARD et R. MILLER, *La direction des entreprises : une approche systémique, conceptuelle et stratégique,* 2ᵉ éd., Montréal, Chenelière/ McGraw-Hill, p. 171-215.

PASQUERO, J. (2005). « La responsabilité sociale de l'entreprise comme objet des sciences de gestion : un regard historique » et « La responsabilité sociale de l'entreprise comme objet des sciences de gestion : le concept et sa portée », dans M.-F. TURCOTTE et A. SALMON (dir.), *Responsabilité sociale et environnementale de l'entreprise,* Sainte-Foy, Presses de l'Université du Québec, p. 80-111 et 112-143.

PATTEE, H. H. (1974). *Hierarchy Theory: The Challenge of Complex Systems,* New York, George Brazillier, 1974.

PAULRÉ, B. (2001). « Le capitalisme cognitif. Un nouveau programme de recherche », dans C. AZAÏS, A. CORSANI et P. DIEUAIDE (dir.), *Vers un capitalisme cognitif : entre mutations du travail et territoires,* Paris, L'Harmattan.

PAVITT, K. (1984). « Sectoral patterns of technical change: Towards a taxonomy and a theory », *Research Policy,* vol. 13, p. 343-373.

PAVITT, K. (1999). « The objectives of technology policy. Science and Public Policy », dans *Technology, Management and Systems of Innovation,* Northampton, Elgar, p. 3-14.

PENROSE, E. (1959). *Theory of the Growth of the Firm,* New York, Wiley.

PÉREZ, R. (2003). *La gouvernance de l'entreprise,* Paris, La Découverte.

PERROUX, F. (1964). *L'Économie du xxᵉ siècle,* 2ᵉ éd., Paris, Presses universitaires de France.

PERROW, C. (avril 1967). « A framework for the comparative analysis of organization », *American Sociological Review,* vol. 32, p. 194-208.

PERROW, C. (1970). *Organizational Analysis: A Sociological View,* Belmont, Calif., Wadsworth.

PESQUEUX, Y. (2002). *Organisations : modèles et représentations,* Paris, Presses universitaires de France.

PETERAF, M. A. (1993). « The cornerstone of competitive advantage: A resource-based view », *Strategic Management Studies,* vol. 14, p. 179-191.

PETERS, T. J. et R. H. WATERMAN (1982). *In Search of Excellence,* New York, Harper & Row.

PETERS, T. J. et R. H. WATERMAN (1983). *Le prix de l'excellence,* Paris, InterÉditions.

PETIT, P., E. BROUSSEAU et D. PHAN (1996). *Mutation des télécommunications, des industries et des marchés,* Paris, Economica.

Le Petit Robert, Dictionnaire de la langue française (2000). Le Robert.

Le Petit Robert, Dictionnaire de la langue française (2007). Le Robert.

PFEFFER, J. (1977). « The ambiguity of leadership », *Academy of Management Review,* n° 2, p. 102-112.

PFEFFER, J. (1982). *Organizations and Organization Theory,* Toronto, Pitman.

PFEFFER, J. et A. R. SALANCIK (1978). *The External Control of Organizations: A Resource Dependence Perspective,* New York, Harper & Row.

PISANO, G. P. (1991). « The governance of innovation: Vertical integration and collaborative arrangements in the biotechnology industry », *Research Policy,* vol. 20, n° 3, p. 237-249.

PISANO, G. P. (hiver 1994). « Knowledge, integration, and the locus of learning: An empirical analysis of process development », *Strategic Management Journal,* vol. 15, p. 85-100.

PISANO, G. P. (2006). « Can science be a business? Lessons from biotech », *Harvard Business Review,* vol. 84, n° 10, p. 114-125.

PLIHON, D. (2003). *Le nouveau capitalisme,* Paris, La Découverte.

PLUYETTE, J. (1971). *Hygiène et sécurité,* Paris, Lavoisier.

PODSAKOFF, P. M. *et al.* (1993). «Do substitutes for leadership really substitute for leadership? An empirical examination of Kerr and Jermier's situational leadership model», *Organizational Behavior and Human Decision Processes,* vol. 54, p. 1-44.

POLANYI, K. (1966). *The Tacit Dimension,* Londres, Routledge & Kegan Paul.

PORTER, L. W. et E. E. LAWLER (1968). *Managerial Attitudes and Performance,* Homewood, Ill., Richard D. Irwin.

PORTER, M. E. (1980). *Competitive Strategy,* New York, The Free Press.

PORTER, M. E. (1982). *Choix stratégiques et concurrence,* Paris, Economica.

PORTER, M. E. (1985). *The Competitive Advantage,* New York, The Free Press.

PORTER, M. E et S. STERN (été 2001). «Innovation: Location matters», *MIT Sloan Management Review,* vol. 42, n° 4.

POWELL, W. W. (1998). «Learning from collaboration: Knowledge and networks in the biotechnology and pharmaceutical industries», *California Management Review,* vol. 40, n° 3, p. 228-240.

POWELL, W. W., K. W. KOPUT et L. SMITH-DOERR (1996). «Interorganizational collaboration and the locus of innovation: Networks of learning in biotechnology», *Administrative Science Quarterly,* n° 41, p. 116-145.

PRAHALAD, C. K. et G. HAMEL (mai-juin 1990). «The core competence of the corporation», *Harvard Business Review,* vol. 68, n° 3, p. 79-91.

PRAX , J.-Y. (2000). *Le Guide du knowledge management,* Paris, Dunod.

PRAX , J.-Y. (2007). *Le manuel du Knowledge management,* 2e éd., Paris, Dunod.

PRICE, J. L. (1968). *Organizational Effectiveness,* Homewood, Ill., Irwin-Dorsey.

PUGH, D. S. *et al.* (1968). «Dimensions of organizational structure», *Administrative Science Quarterly,* p. 65-105.

PUGH, D. S., D. J. HICKSON et C. R. HININGS (1969). «An empirical taxonomy of work organizations», *Administrative Science Quarterly,* vol. 14, p. 115-126.

QUINN, J. B. (1980). *Strategies for Change: Logical Incrementalism,* Homewood, Ill., Irwin.

RALLET, A. et A. TORRE (2001). «Proximité géographique ou proximité organisationnelle ? Une analyse spatiale des coopérations technologiques dans les réseaux localisés d'innovation», *Économie Appliquée,* tome LIV, vol. 1, p. 147-171.

RALLET, A. et A. TORRE (mars-avril 2004). «Proximité et localisation», *Économie Rurale,* n° 280, p. 25-41.

REIMANN, B. C. (1973). «On the dimensions of bureaucratic structure: An empirical reappraisal», *Administrative Science Quarterly,* p. 462-476.

REVELLI, C. (2000). *Intelligence stratégique sur Internet,* Paris, Dunod.

RHÉAUME, J. (2002). «Changement», dans J. BARUS-MICHEL, E. ENRIQUEZ et A. LÉVY (dir.), *Vocabulaire de psychosociologie, références et positions,* Paris, Érès, p. 65-72.

RHENMAN, E. (1973). *Organisation Theory for Long-Range Planning,* London, Wiley.

RICE, A. K. (1963). *The Enterprise and its Environment: A System Theory of Management Organization,* Londres, Tavistock.

RIFKIN, J. (2000). *L'âge de l'accès : survivre à l'hyper-capitalisme,* Montréal, Boréal.

Le Robert, Dictionnaire historique de la langue française (2000). Tomes I, II et III, Le Robert.

ROBIDOUX, J. et P. DELL'ANIELLO (1980). *Les crises administratives dans les PME en croissance,* Chicoutimi, Gaëtan Morin Éditeur.

ROBIN, R. (juin-juillet 1983). «Management et cercles de qualité», *Revue Française de Gestion,* n° 41.

ROETHLISBERGER, F. J. et W. J. DICKSON (1939). *Management and the Worker,* Cambridge, Mass., Harvard University Press.

ROGERS, E. M. (1962). *Diffusion of Innovations,* New York, The Free Press.

ROGERS, E. M. (1983). *Diffusion of Innovations,* 2e éd., New York, The Free Press.

RONDEAU, A. *et al.* (2001). *Transformez votre organisation grâce aux TI,* Montréal, Guides IQ.

ROSENBERG, N. (1982). *Inside the Black Box: Technology and Economics,* Cambridge, Mass., Cambridge University Press.

ROSNAY, J. de (1975). *Le macroscope,* Paris, Éditions du Seuil.

ROTHWELL, R. (1994). «Towards the fifth-generation innovation process», *International Marketing Review,* vol. 11, n° 1, p. 7-31.

ROULEAU, L. (2007). *Théories des organisations,* Québec, Presses de l'Université du Québec.

ROUX, D. (2000). *La convergence des télécommunications,* Paris, Descartes.

RUMELT, R. P. (2009). «Strategy in a "structural break"», *McKinsey Quarterly,* n° 1, p. 35-42.

SAINSAULIEU, R. (1973). *Les relations de travail à l'usine,* Paris, Les Éditions d'Organisation.

SAIVES, A.-L. (2002). *Territoire et compétitivité de l'entreprise,* Paris, L'Harmattan.

SAIVES, A.-L. *et al.* (mars-avril 2005). « Les logiques d'évolution des entreprises de biotechnologie », *Revue Française de Gestion,* vol. 31, n° 155, p. 153-171.

SAIVES, A.-L., R. H. DESMARTEAU et N. SCHIEB-BIENFAIT (2008). « Des proximités localisée, mondialisée et globalisée. Cas des TPE de biotechnologie du pôle atlanpolitain », dans A. JAOUEN et O. TORRÈS (dir.), *Les très petites entreprises, un management de proximité,* Paris, Hermès Lavoisier, p. 269-303.

SAIVES, A.-L., R. H. DESMARTEAU et D. SENI (2003). *Y a-t-il des bio-industries ? Fondements et représentations,* document 21-2002, CRG, Université du Québec à Montréal, École des sciences de la gestion.

SAIVES, A.-L., R. H. DESMARTEAU et D. SENI (2005). « Vers une conception des bio-industries », *Économies et Sociétés,* série « Dynamiques agroalimentaires », vol. 27, n° 5, p. 957-968.

SALMAN, N. et A.-L. SAIVES (2005). « Indirect networks: An intangible resource for biotechnology innovation », *R&D Management,* vol. 35, n° 2, p. 203-215.

SAMUEL, Y. et B. F. MANNHEIM (1970). « A multidimensional approach toward a typology of bureaucracy », *Administrative Science Quarterly,* p. 216-228.

SANCHEZ, R. (2001). *Knowledge Management and Organizational Competence,* New York, Oxford University Press.

SANCHEZ, R. et A. HEENE (juin 1997). « Reinventing strategic management: New theory and practice for competence-based competition », *European Management Journal,* vol. 15, n° 3, p. 303-317.

SAVAGE, C. M. (1990). *5th Generation Management,* Bedford, Mass., Digital Press.

SAVALL, R. (1978). *Enrichir le travail humain : l'évaluation économique,* Paris, Dunod.

SAXENIAN, A. L. (1994). *Regional Advantage: Culture and Competition in Silicon Valley and Route 128,* Boston, Harvard University Press.

SCARBROUGH, H. et J. M. CORBETT (1992). *Technology and Organization,* Londres et New York, Routhledge.

SCHEID, J. C. (1999). *Les grands auteurs en organisation,* Paris, Dunod.

SCHERER, F. M. (1970). *Industrial Market Structure and Economic Performance,* Chicago, Rand McNally College Publishing.

SCHERER, F. M. (1982). « Demand-pull and technological invention : Schmookler revisited », *The Journal of Industrial Economics,* vol. 30, n° 3, p. 225-237.

SCHERER, F. M. (1999). *New Perspectives on Economic Growth and Technological Innovation,* Washington, D.C., Brookings Institution Press.

SCHERMERHORN, J. R. *et al.* (2006). *Comportement humain et organisationnel,* 3e éd., Montréal, Éditions du Renouveau Pédagogique Inc.

SCHMOOKLER, J. (1966). *Invention and Economic Growth,* Boston, Harvard University Press.

SCHRAGE, M. (1995). *No more teams! Mastering the Dynamics of Creative Collaboration,* New York, Currency.

SCHUMPETER, J. A. (1939). *Business Cycles. A Theoretical, Historical and Statistical Analysis of the Capitalist Process,* New York, McGraw-Hill, [En ligne], [http://classiques.uqac.ca/classiques/Schumpeter_joseph/business_cycles/business_cycles.html] (Page consultée le 16 juin 2010)

SCHUMPETER, J. A. (1942). *Capitalism, Socialism, and Democracy,* New York et Londres, Harper & Brothers. (Traduction française : *Capitalisme, socialisme et démocratie,* Paris, Payot, coll. « Bibliothèque historique », 1942.)

SCHUMPETER, J. A. (1950). *Capitalism, Socialism, and Democracy,* 3e éd., New York, Harper & Row.

SCOPUS, [En ligne], [http://infoscopus.com] (Page consultée le 3 mars 2009)

SCOTT, W. R. (1981). *Organizations: Rational, Natural, and Open Systems,* Englewood Cliffs, N.J. et New York, Prentice-Hall.

SELZNICK, P. (1957). *Leadership in Administration: A Sociological Interpretation,* Evanston, Ill., Harper & Row.

SEN, A. (2008). *Éthique et économie,* 3e éd., Paris, Presses universitaires de France et Quadrige.

SENI, D. (1990). « The sociotechnology of sociotechnical systems: elements of a theory of plans », dans P. WEINGARTNER, et G. DORN (éd.), *Studies on Mario Bunge's Treatise,* Amsterdam, Rodopi Press, p. 431-454.

SENGE, P. (1990). *The Fifth Discipline: The Art and Practice of the Learning Organization,* New York, Doubleday.

SENNETT, R. (2000). *Le travail sans qualités,* Paris, Albin Michel.

SÉRIEYX, H. (1999). *Le zéro mépris,* Paris, Dunod.

SÉRIEYX, H. et H. AZOULAY (1996). *Mettez du réseau dans vos pyramides,* Paris, Éditions Village Mondial.

SHIBA, S., A. GRAHAM et D. WALDEN (1997). *Quatre révolutions du management par la qualité totale,* Paris, Dunod.

SHOSTAK, A. B. (1996). « Impact of changing employment », *Annals of the American Academy of Political and Social Science,* numéro spécial, p. 544.

SIMON, H. A. (1947). *Administrative Behavior,* New York, MacMillan.

SIMON, H. A. (1957). *Administrative Behavior,* 2e édition, New York, MacMillan.

SIMON, H. A. (1977). *The New Science of Management Decision,* Englewood Cliffs, N.J., Prentice-Hall.

SIMON, H. A. (1983). *Administration et processus de décision,* Paris, Economica.

SIMPSON, M., D. KONDOULI et P. H. WHAI (juillet 1999). « From benchmarking to business process re-engineering: A case study », *Total Quality Management,* Abington, Penn.

SKINNER, B. F. (1938). *Behavior of Organism: An Experimental Analysis,* New York, Appleton-Century-Crofts.

SKINNER, B. F. (1953). *Science and Human Behavior,* New York, Macmillan.

SKINNER, B. F. (1971). *Beyond Freedom and Dignity,* New York, Knopf.

SMITH, A. (1937). *An Inquiry into the Nature and Causes of the Wealth of Nations,* New York, Modern Library Edition.

SMITH, A. (1976). *Recherches sur la nature et les causes de la richesse des nations,* Paris, Gallimard, coll. « Idées ». (Traduction de *The Wealth of Nations,* Londres, Stration and Cadell, 1776.)

STALK, G. (septembre-octobre 1992). « Time-based competition and beyond: Competing on capabilities », *Planning Review,* vol. 20, n° 5, p. 27-29.

STARBUCK, W. H. (1965). « Organizational growth and development », dans J. G. MARCH (dir.), *Handbook of Organizations,* Chicago, Rand-McNally.

STEINMUELLER, W. E. (février 1999). *Networked Knowledge and Knowledge-based Economies,* Delft, P.-B., Telematica Institut.

STINCHCOMBE, A. (1965). « A social structure and organization », dans J. G. MARCH (dir.), *Handbook of Organizations,* Chicago, Rand-McNally.

STODGHILL, R. M. (janvier 1948). « Personal factors associated with leadership: A survey of the literature », *Journal of Applied Psychology,* p. 35-71.

STODGHILL, R. M. (1974). *Handbook of Leadership: A Survey of Theory and Research,* New York, Free Press.

SVEBY, K. E. (2000). *Knowledge Management. La nouvelle richesse des entreprises : savoir tirer profit des actifs immatériels de sa société,* Paris, Les Éditions d'Organisation.

TANNENBAUM, A. S. (1962). « Control in organizations », *Administrative Science Quarterly,* vol. 7, n° 1, p. 236-257.

TANNENBAUM, A. S. (1966). *Social Psychology of the Work Organization,* Londres, Tavistock.

TANNENBAUM, R. et W. H. SCHMIDT (1951). « How to choose a leadership pattern », dans D. LERNER et H. D. LASSEL (dir.), *The Policy Science,* Palo Alto, Calif., Stanford University Press, p. 193-202.

TANNENBAUM, R. et W. H. SCHMIDT (mai-juin 1973). « How to choose a leadership pattern », *Harvard Business Review,* p. 162-180.

TAPSCOTT, D. (1996). *The Digital Economy,* New York, McGraw-Hill.

TARONDEAU, J.-C. (1994). *Recherche et développement,* Paris, Vuibert, coll. « Gestion ».

TAYLOR, F. W. (1911). *Principles of Scientific Management,* New York, Harper & Row.

TEECE, D. J. (printemps 1989). « Inter-organizational requirements of the innovation process », *Managerial and Decision Economics,* Chichester, Angl., p. 35-42.

TEECE, D. J. (2007). « Explicating dynamic capabilities: The nature and microfoundations of (sustainable) enterprise performance », *Strategic Management Journal,* vol. 28, p. 1319-1350.

TEECE, D. J., G. PISANO et A. SHUEN (1997). « Dynamic capabilities and strategic management », *Strategic Management Journal,* vol. 18, n° 7, p. 509-533.

TESSIER, R. (1973). *Changement planifié et développement des organisations* (sous la direction de R. TESSIER et Y. TELLIER), Montréal, Éditions FG-EPI, p. 21 et suivantes.

THORELLI, H. (1977). *Strategy, Structure, Performance,* Bloomington, Indiana University Press.

THURSTON, P. E. (novembre-décembre 1963). « Le concept de système de production », *Harvard Business Review.*

TIDD, J., J. BESSANT et K. PAVITT (2006). *Management de l'innovation,* Bruxelles, De Boeck.

TOULOUSE, J.-M. et R. POUPART (novembre 1976). « La jungle des théories de la motivation au travail », *Gestion,* vol. 1, n° 1, p. 54-59.

Le Trésor de la langue française (TLF). [En ligne], [http://atilf.atilf.fr/tlf.htm] (Page consultée le 16 juin 2010)

TRIST, E. L. (1976). « A concept of organizational ecology », *Australian Journal of Management,* vol. 2.

TURNBULL, S. (printemps 2000). « Corporate governance: Theories, challenges and paradigms », *Gouvernance : revue internationale,* vol. 1, n° 1, p. 11-43.

TUSHMAN, M. L., P. ANDERSON et C. O'REILLY. (1997). « Technology cycles, innovation streams, and ambidextrous organizations: Organization renewal through innovation streams and strategic change », dans M. L. TUSHMAN et P. ANDERSON (dir.), *Managing Strategic*

Innovation and Change: A Collection of Readings, New York, Oxford University Press, p. 3-23.

UNESCO (Organisation des Nations Unies pour l'éducation, la science et la culture) (2005). *Vers les sociétés du savoir,* rapport mondial, Paris, Éditions UNESCO.

UTTERBACK, J. (1994). *Mastering the Dynamics of Innovation,* Boston, Harvard Business School Press.

UTTERBACK, J. et F. F. SUAREZ (1993). « Innovation, competition and industry structure », *Research Policy,* vol. 22, n° 1, p. 1-21.

VAN GIGCH, J. P. (1974). *Applied General Systems Theory,* New York, Harper & Row.

VENKATRAMAN, N. et M. SUBRAMANIAM. (2002). « Theorizing the future of strategy: Questions for shaping strategy research in the knowledge economy », dans A. PETTIGREW, H. THOMAS et R. WHITTINGTON (dir.), *Handbook of Strategy and Management,* Londres, Sage, p. 461-473.

VERGARA, F. (2001). « Les erreurs et confusions de Louis Dumont », *L'économie politique,* vol. 3, n° 11, p. 76-98.

VERSTRAETE, T. et E. JOUISON-LAFFITTE (2009). *Business Model pour entreprendre. Le modèle GRP : théorie et pratique,* Bruxelles, De Boeck, coll. « Petites Entreprises & Entrepreneuriat ».

VIOLA, J.-M. (2005). « La gestion des transferts de connaissances entre générations », *BBF,* n° 3, p. 5-10.

VON BERTALANFFY, L. (décembre 1951). « General systems theory: A new approach to unity of science », *Human Biology.*

VON HIPPEL, E. (1988). *The Sources of Innovation,* New York, Oxford University Press.

VON HIPPEL, E., S. THOMKE et M. SONNACK (juillet- août 2000). « Creating breakthroughs at 3M », *Health Forum Journal,* vol. 43, n° 4, p. 20-27.

VROOM, V. H. et P. W. YETTON (1973). *Leadership and Decision Making,* Pittsburgh, Penn., University of Pittsburgh Press.

VROOM, W. (1964). *Work and Motivation,* New York, Wiley.

WALL, T. D., C. W. CLEGG et N. J. KEMP. (1987). *The Human Side of Advanced Manufacturing Technology,* Chichester, Angl., John Wiley & Sons.

WALTER, C. et M. PRACONTAL (2009). *Le virus B,* Paris, Éditions du Seuil.

WATERMAN, R. (1987). *The Renewal Factor,* New York, Bantom Books.

WEBER, M. (1904-1905). *L'éthique protestante et l'esprit du capitalisme. Suivi d'un essai,* Paris, Librairie Plon, coll. « Recherches en sciences humaines : série jaune », [En ligne], [http://classiques.uqac.ca/classiques/Weber/ ethique_protestante/Ethique_protestante.pdf] (Page consultée le 19 avril 2010)

WEBER, M. (1925). *Économie et Société,* Paris, Plon.

WEBER, M. (1995). *Économie et société,* Paris, Plon, coll. « Pocket », 2 tomes, tome 1 : *Les catégories de la sociologie.*

WEICK, K. (1969). *The Social Psychology of Organizing,* Reading, Mass., Addison-Wesley.

WEIL, S. (2002). *La condition ouvrière,* Paris, Gallimard.

WELSH, G. A. (1964). *Budgeting-profit Planning and Control,* Englewood Cliffs, N.J. et New York, Prentice-Hall.

WERNERFELT, B. (1984). « A resource-based view of the firm », *Strategic Management Journal,* vol. 5, p. 171-180.

WHITTINGTON, R. (2006). « Completing the practice turn in strategy research », *Organization Studies,* vol. 27, n° 5, p. 613-634.

WHYTE, W. F. (1955). *Money and Motivation,* New York, Harper & Row.

WHYTE, W. F. (1972). « Models for building and changing organization », dans J. M. THOMAS et W. G. BENNIS, *Management of Change and Conflict, Select Readings,* coll. Penguin modern management readings, Harmondsworth, Angl., Penguin Books, p. 227.

WIENER, N. (1996). *Invention: The Care and Feeding of Ideas,* Cambridge, Mass., MIT Press.

WILLIAMSON, O. E. (1985). *The Economic Institutions of Capitalism,* New York, The Free Press.

WINTER, S. (2000). « Appropriating the gains from innovation », dans G. DAY et P. J. H. SHOEMAKER (dir.), *Wharton on Managing Emerging Technologies,* Hoboken, N.J., John Wiley & Sons, p. 242-266.

WOODWARD, J. (1965). *Industrial Organization: Theory and Practice,* Londres, Oxford University Press.

ZADEH, L. A. et E. POLAK (1969). *Systems Theory,* New York, McGraw-Hill.

ZMUD, R. et J. COX (juin 1979). « The implementation process: A change approach », *MIS Quarterly,* vol. 3, n° 2.

ZUCKER, L. G. et M. R. DARBY (février 1997). « Individual action and the demand for institutions: Star scientists and institutional transformation », *The American Behavioral Scientist,* vol. 40, n° 4, p. 502-513.

Index

A

Absentéisme, 66, 286, 295, 304, 321, 339, 357, 368, 372
Accès
    à la technologie, 417
    aux idées, 410-413
    aux savoir-faire, 413-421
Accident de travail, 371
Accomplissement, 294
Accord(s)
    de coopération, 236
    économiques, 139-140
    intersectoriel, 235
Achat
    capacité d', 136
    d'entreprise innovante, 419
Acheteur(s), 130
    de produits, 128
    de services, 128
    individuel, 128
    industriel, 128
    innovateurs, 158
    pouvoir de négociation des, 153
Acquisition des connaissances, 448
Acteurs
    de l'environnement technologique, 129-130
    diversité des, 181-182
    nouveaux, 147
Actifs d'affaires, 450-451
Action rationnelle
    en finalité, 47
    en valeur, 47
Actionnaires, 15, 22-23, 171, 257-258
Actions, rémunération par, 22
Activité(s), 191
    administratives, 76, 204
    commerciales, 360
    de contrôle, 340-341
    de décision, voir Décision
    de service, 252-254
    managériale, 324
    ordonnancement des, 278
    spéculatives, 18
    stratégiques, 171
Adhocratie, 97, 223-225
Administration, 54
    classique, 40-47
    conception de l', 324
    fonction d', 43-45
    opérations d', 43-44
    processus d', 80

Affectations
    à des fins externes, 171
    à des fins internes, 170
Affrontement, 304
Âge de l'entreprise, 244-245
Agent
    de changement, 240
    de liaison, 208, 325, 420
    économique, 126
    intelligent, 123
    responsable de l'implantation du design organisationnel, 182
Ajustement mutuel, 206
Aliénation des employés, 38, 62
Alliance(s), 129
    complémentaire, 235
    de co-intégration, 235
    de collaboration industrielle, 131
    de complémentarité, 131
    de pseudo-concentration, 235
    économique, 139
    préconcurrentielle, 131
    réseau d', 381
    stratégique, 232, 234-237, 418
    technologique, 131-132, 139
Amélioration
    continue, 349
    itérative, 348
    radicale, 351
Analogie
    cybernétique, 70, 73
    mécanique, 70
    organique, 70
Analyse
    coûts/bénéfices, 452-453
    de marché, 274
    des écarts, 341, 343-344
    du point mort, 278
    dynamique de la concurrence, 153-154
    impartiale, 123
    stratégique de l'environnement, 124-127
    systémique, 71-72
Ancrage psychologique, 280
Aplatissement des structures, 241
Application des correctifs, 341, 345
Apprentissage, 95, 228-229, 233, 302, 440, 443-444, 459-460
    approche de l', 95
    des consommateurs, 146
    par l'utilisation, 413
    par la pratique, 413
    processus d', 440
    réseau d', 233

Approche(s)
    analytique, 72
    behavioriste, 27-28, 51-69
    configurationnelle, 97
    contingentes, 78
    culturelle, 96
    de l'apprentissage, 95
    de l'intégration successive des buts personnels, 316, 318
    décisionnelles néorationalistes, 45
    des parties prenantes de la RSE, 115-117
    descriptive du leadership, 310
    du garbage can, 272, 279-281
    du regroupement des préférences individuelles, 272, 277, 279
    écologique, 78-79
    environnementale, 96-97
    fondée sur la création de sens, 329
    formelle, 27-51
    incrémentale de décision, 272, 277
    néoclassique de la RSE, 115
    par processus centrée sur l'apport de valeur axé sur les clients, 351
    politique, 96
    prescriptive du leadership, 310
    rationnelle de décision, 272-277
    socialisante de la gestion des connaissances, 443-444
    sociologique néo-institutionnelle de la RSE, 115
    systémique, 69-75, 79-80
    technologique de la gestion des connaissances, 441-443
Arbre de décision, 278
Art, 398
Artisan, 13
Ascétisme, 30
Association de protection des consommateurs, 132
Attentes
    de l'employé, 292-293
    de l'entreprise, 323
    des parties prenantes, 115-117
    du consommateur, 138, 430
Autoactualisation, 60
Autocontrôle, 369, 376-377
Autoévaluation, 378
Automatisation, 12, 251, 427
Autonomie, 61, 321, 461
    opérationnelle, 407
Autonomisation, 241
Autorégulation, 251
Autoresponsabilisation, 381

Autoritarisme, 63-65, 313
Autorité, 41-42, 65, 321
    centralisée, 54, 312
    décentralisée, 377
    décisionnelle, 204
    déléguée, 42-43, 46, 64, 314, 370, 377
    du dirigeant, 308
    formelle, 208, 309
    légitime, 48
    partage de l', 205, 377
    personnelle, 41
    répartition de l', 204
    statutaire, 41
    types d'_ selon Weber, 48
Avancement, 294
Avantage(s)
    concurrentiel, 95, 107, 113, 435-436
    par les coûts, 107
    sociaux, 293

B

Balkanisation, 228, 229
Barrière
    à l'entrée, 126, 128-129, 143, 151-152, 156-157, 436
    à la mobilité, 151
    à la sortie, 152
Besoin(s), 284
    d'accomplissement, 290, 292, 295
    d'actualisation de soi, 60-61
    d'affiliation, 60-61, 290-291
    d'estime de soi, 60-61, 289-290, 295
    de changement, 302
    de développement, 294
    de direction, 228-229
    de leadership, 228
    de pouvoir, 290-291
    de réalisation, 289
    de sécurité, 60-61, 288
    déficitaires, 294
    du marché, 410
    hiérarchie des _ de Maslow, 60-61, 289-290, 294-295
    motivation et, 288-290, 367-368
    physiologiques, 60-61, 288
    satisfaction des, 54-55, 60-61, 290
    sociaux, 289
Brevet, 20, 151, 403-404
Budget
    à base zéro, 357
    élaboration du, 356
    rationalisation des choix budgé-
        taires, 357
    rôles du, 355-356
But(s)
    de l'employé, 291

de l'entreprise, 105, 112, 162, 164-165
du contrôle, 345
motivation et, 291-292

C

Cadres, 36, 46, 66, 68, 152, 161, 198, 207-209, 211, 213, 217, 224, 231, 293, 303, 323-325, 349-350, 356, 376-378
    fonctionnels, 197
    fonctionnels dirigeants, 111, 199
    formation à la pratique du changement chez le, 307-308
    intermédiaire, 182, 205, 226, 228, 254
    opérationnel, 222, 226
    supérieur, 46, 48, 59, 62, 182, 217, 219, 303, 349, 440
Calvinisme, 30
Capacité(s), 435-436
    d'achat, 136
    d'innovation, 24, 399, 419, 438
    de contrôle, 345
    de réalisation, 300
    de résolution de problèmes, 410
    de valorisation économique de l'innovation, 410
    dynamiques, 109
    organisationnelle, 95, 109, 436
    sociale, 54
Capital
    humain, 435, 447, 450-451
    intellectuel, 463
    organisationnel, 435
    physique, 435
    structurel, 450-451
    technique, 447
Capitalisme, 426, 434
    cognitif, 17-18, 26, 432-433
    financier, 12, 17-18, 23, 26
    fordiste, 426
    industriel, 12-15, 23, 432
    libéral, 31
Centralisation, 41
    d'une organisation, 179-180
    de l'autorité, 54, 312
    degré de, 41, 204
    des décisions, 126
    des pouvoirs décisionnels, 204-205
    des structures, 204-205
    du contrôle, 335-336
Centre
    de profits, 198, 203, 231
    de recherche, 204
    opérationnel, 199
Cercle
    de qualité, 378-379

vicieux bureaucratique, 50
Certification, 350
Changement
    agent de, 240
    besoin de, 302
    de culture, 379-380
    dialectique, 301
    dynamique du, 301-302
    étapes du, 301-302
    formation au, 307
    incrémental, 301
    insécurité et, 302
    instauration du, 302
    leadership et, 319
    modèle du _ planifié, 302
    organisationnel, 183, 185, 283, 301-302
    radical, 301
    refus de, 302
    résistance au, 302-305, 307
    technologique, 194, 397
    traditions psychosociologiques du, 301
Chaos créatif, 461
Choc pétrolier, 16, 427
Choix
    budgétaire, 357
    d'une structure, 184-185
    de la forme d'organisation, 184-185
    stratégique, 120-121, 162
    stratégique générique, 165
Climat organisationnel, 284, 298-300, 314, 370
    créativité et, 407
    perception du, 370
Codification, 439-440, 442-443, 446-447
Coentreprise, 235, 418-419
Collaboration, 131, 228-229, 233
    en recherche et développement, 414, 418
    par alliance stratégique, 232, 234-237, 418
    par coentreprise, 418-419
    par consortium, 418
    par licence, 418
    par sous-traitance, 418
    réseau de, 233, 381, 414, 418
Collecte de l'information, 341, 343
Combinaison, 458-459
Commandite, 257
Communication, 213-214, 310, 313-314, 321
    plan de, 380
    réseau de, 213-214, 238
Compagnie, 255, 257-259
    privée, 258
    publique, 258

Compensation, 294
Compétence(s), 108-110, 435
    clé, 436
    créatrices, 409
    de l'employé, 61, 180, 300, 357, 444
    de l'entreprise, 436
    développement des, 168
    distinctive, 95, 162, 168
    fondamentale, 95
    organisationnelles, 436
    stratégiques, 95
    technologique, 151
Complexité des tâches, 192-193
Comportement
    affectuel, 47
    bureaucratique, 362
    de résistance au changement, 304
    leadership et, 312-316
    opportuniste, 363
    renforcement d'un, 293-294
    traditionnel, 47
Concentration, 228-229
    économique, 150
    globale, 150
    par branche d'activité, 150
    par produit, 150
Conception
    organisationnelle, 336
    systémique, 70
Concertation interpersonnelle, 206
Concurrence, 126, 149, 430
    basée sur les prix, 159
    directe, 128
    effort de, 138
    imparfaite, 126
    indirecte, 128
    internationale, 128, 130, 139-140, 230
    libre, 32-33
    locale, 128, 130
    monopolistique, 155-156
    nationale, 128
    nouvelle, 129
    quasi parfaite, 155-156
    régionale, 130
Conditionnement opérant, 293
Conditions de travail, 171, 287, 294,
    370-371
Configuration
    d'entreprise, 97
    organisationnelle, 246
    structurelle, 244
Conflit(s), 326
    entre personnes et organisation,
        61-62
    industriels, 68
Connaissance(s), 18-20, 24-25, 357,
    424, 434, 438-441, 443, 445, 455

    acquisition des, 448
    conditions nécessaires à la création
        des, 460-463
    conservation des, 448
    conversion des, 456-460
    création des, 434
    dépersonnification des, 447
    des besoins du marché, 410
    des possibilités, 410
    disponibles, 448
    économie de la, 17-20, 24, 419,
        428-431
    économie fondée sur la, 141, 388,
        424, 426, 428-430
    évaluation des, 449
    explicite, 440-441, 457-460
    gestion des, *voir* Gestion des
        connaissances
    individuelles, 444
    management des, 431, 433-434
    nécessaires, 448
    nouvelles, 448
    organisationnelles, 444
    partage des, 123, 374-375, 381, 443,
        448-449
    réseau de, 234
    scientifiques, 403-404
    spirale de création des, 460
    stratégique, 445-447
    tacite, 440-441, 444, 447, 457-460
    techniques, 193, 403-404
    technoscientifiques, 416
    transfert horizontal des, 406
    transfert vertical des, 406
    utilisation des, 449
Conseil d'administrateurs, 111, 197
Consensus, 279
Conservation des connaissances, 448
Considérations
    externes, 78
    particulières au système, 78
Consommateurs
    apprentissage des, 146
    attentes des, 138, 430
    innovateurs, 411-413
    préférences des, 138, 360
Consortium, 418
Constructeur d'appareil, 130
Consultation, 63
Contacts
    directs, 207
    informels, 207
Contingence
    facteurs de, 244
    leadership et, 316-319
Contrat
    de concession, 236

    de licence, 232
Contrôle, 80-81, 332-334, 366, 380-382
    a posteriori, 262, 348, 354-355, 361
    a priori, 262, 358, 360
    activités de, 340-341
    adéquat, 366
    axé sur l'avenir, 365
    axé sur la participation, 366
    budgétaire, 355-357
    but du, 345
    capacité de, 345
    centralisé, 335-336
    complet, 365
    conception du, 335
    concurrent, 346, 348, 364-365
    de la qualité, 16, 352-353
    de la recherche et du développe-
        ment, 358
    de la stratégie, 361
    de qualité, 378
    décentralisé, 335-336, 364-365
    définition du, 334, 340-341
    des activités commerciales, 360
    des coûts, 360
    des dépenses, 354
    des dirigeants, 66
    des entreprises, 22
    des investissements, 354
    des projets, 358-360
    des ressources humaines, 357
    du temps, 360
    effets pervers du, 361-364
    externe, 345, 361
    financier, 354-357
    flexible, 365
    interne, 345, 361
    mécanismes de, 337
    modéré, 366
    motivation et, 369
    niveaux de, 335-338
    normes de, 341-343, 365
    objectifs de, 338-340
    opérationnel, 335-336, 338, 342
    organisationnel, 335-336, 338, 342
    outils de, 351-361
    par exceptions, 353
    performance et, 367
    politique de, 352
    préventif, 341, 346-347, 364-365
    processus de, 341-345
    propriété d'un bon, 364-366
    rapide, 364
    règles de, 365
    rentable, 365
    résistance à accepter le, 381
    rétroactif, 346-348
    stratégique, 335-338, 342

types de, 345-351
valide, 364
Conversion des connaissances, 456-460
Coopération
    horizontale, 418
    verticale, 418
Coopérative, 255, 260
Coordination, 271
Correctifs, application des, 341, 345
Couple
    classique travail-capital, 434, 463
    connaissance-capital, 434, 463
Courant de pensée, *voir* Pensée
Courbes d'apprentissage et d'expérience, 152
Court-termisme, 23-24
Coûts
    avantage par les, 107
    contrôle des, 360
    d'exploitation à l'étranger, 151
    de complexité, 144-145
    de croissance, 144-145
    de délégation, 144-145
    de fabrication, 144
    de l'amélioration des conditions de travail, 171
    de l'innovation, 171
    de la recherche, 171
    de la responsabilité sociale, 171
    de modification, 158
    de production, 13, 144-145
    de service, 144
    de substitution, 144-145, 152
    de transaction, 144-145
    de transport, 203
    des activités stratégiques, 171
    des mesures de contrôle, 365
    irrécupérables, 144-145, 151
    marginaux, 146
    physiologiques du travail, 371
    variation des, 144-146
Création, 443
    de savoir, 140, 438, 455
    de sens, 329
    de valeur, 19, 102, 110, 194, 238, 303, 397, 432, 434-436, 463
    des structures, 196
    processus de, 440
Création des connaissances, 434
    conditions nécessaires à la, 460-463
    nouvelles, 448
    spirale de, 460
Créativité, 407, 410, 421-422, 430, 462-463, 468
    composantes de la, 407
    environnement propice à la, 407

idées, *voir* Idées
    modèle de la, 407
    stimulation de la, 358, 409
Crise de croissance, 246-248
    de continuité, 247-248
    de délégation, 247-248
    de financement, 247-248
    de lancement, 247
    de leadership, 247-248
    de liquidité, 247
    de prospérité, 247-248
Croissance
    coûts de, 144-145
    crise de, 246-248
    de la demande, 135
    produits en, 250
    stade de, 157-158
Culte de la performance, 24, 368
Culture, 96, 379
    changement de, 379-380
    d'entreprise, 96, 187
    locale, 401
    organisationnelle, 314, 379-380, 444
    sociale, 321
Cycle de vie, 136-137, 392, 395

D

Décentralisation, 179-180, 209, 263-264
    de l'autorité, 377
    des pouvoirs décisionnels, 204-205
    des structures, 204-205
    du contrôle, 335-336, 364-365
Décisions, 80, 268-269
    administratives, 271
    caractéristiques de la, 269
    centralisation de la, 126
    courantes, 271
    de groupe, 281
    définition de la, 269-270
    déléguée, 185
    influence de l'organisation sur la, 281
    méthodes de prise de, 272-281
    non programmées, 271
    outils d'aide à la, 276-278
    pouvoir de, 204, 228
    programmées, 271
    stratégiques, 271
    types de, 271
Déclin, 157, 159-160
Découpage
    horizontal, 196, 198-204
    sur la base des fonctions, 200, 202
    sur la base des procédés, 200, 202
    sur la base des produits, 200, 203
    sur la base des projets, 201, 203

    sur la base des regroupements institutionnels, 201, 203-204
    sur la base régionale, 201, 203
    vertical, 196-198
Décristallisation, 302
Décroissance de la demande, 135
Degré
    de centralisation, 41, 204
    de changement, 133
    de complexité, 133
    de formalisation des tâches, 192
    de standardisation, 253
Délégation, 313, 321
    coûts de, 144-145
    crise de croissance de, 247-248
    de l'autorité, 42-43, 46, 64, 314, 370, 377
    des décisions, 185
    des responsabilités, 314, 316
    des tâches, 217
    du pouvoir, 328, 369
Demande, évolution de la, 135-138
Démotivation, 464
    management et, 467-468
Déploiement stratégique, 120-121
Design organisationnel, 170, 176-178, 182, 240-241
    caractéristiques du, 177-186
    conditions de réussite de l'implantation du, 305-308
    instruments du, 186
    mécaniste, 180
    objectifs du, 184
    organique, 180
    processus de, 182-186
Désinvestissement, 147
Destruction, 157, 160
Détournement, 304
Développement
    durable, 113, 352
    organisationnel, 170, 302
    personnel, 294
Diagnostic, 124
    stratégique, 44, 97-98, 120-122
Diagramme de Gantt, 358-359
Dialectique organisationnelle, 307
Différences
    culturelles, 321
    de perception, 279-280
Différenciation, 107, 146, 165
    des produits, 137, 146, 150, 152, 155-156, 158, 164-165
    des services, 152
    efforts de, 146, 198
    structurelle, 178, 197-198, 200
    verticale, 196-197

Différentiel de valeur, 102
Diffusion, 405
  de l'information, 131
  de l'innovation, 405-406, 412
  des valeurs, 310
  technologique, 141
Dilemme
  créativité/efficacité, 463
  stratégique, 395
Directeur général, 182, 208
Direction, 80, 217, 245, 268, 281, 283
  autocratique, 315
  besoin de, 228-229
  composantes de la, 282
  démocratique consultative, 316
  démocratique participative, 316
  laisser-faire, 316
  leadership de la, 240
  paternaliste, 315
  styles de, 266, 315-317
Dirigeant, 111, 328
  autoritaire, 321
  autorité du, 308
  caractéristiques du, 314
  charisme du, 308
  influence du, 310
  personnalité du, 308
  pouvoir du, 308-309
  résistance au changement chez le, 303
  rôles du, 324-327
  styles de, 198, 315-316
  tâches du, 327
Dirigeant-entrepreneur, 215-216
Discipline, 41
Discontinuité technique, 142
Distributeur, 128
Distribution
  contrôle de la, 360
  du pouvoir, 196
  réseau de, 140, 147, 159
Diversification, 106-107, 151
  d'entreprises, 147
  liée, 106
  non liée, 106
Diversité des acteurs, 181-182
Dividendes, 171
Division du travail, 13, 33-35, 40, 54, 249
Domination
  charismatique, 48
  rationnelle-légale, 48
  traditionnelle, 48
Données, 122, 438-439
Droit de propriété intellectuelle, 19-20
Dynamique
  concurrentielle, 128
  de groupe, 54

de l'innovation, 391-396
de la population, 137
des industries, 156
du changement, 301-302
Dysfonction bureaucratique, 362

E

e-stratégie, 108
Échelonnage concurrentiel, 242
Éco-efficience, 114
École(s)
  cognitive, 92, 94-95
  configurationnelle, 93
  culturelle, 93
  de l'apprentissage, 93
  de la planification, 91-92
  de pensée en stratégie, 91-99
  de positionnement, 92-94
  descriptive, 91, 100, 310-311
  du design, 91-92
  du positionnement, 113
  entrepreneuriale, 92, 94
  environnementale, 93
  formelle d'administration, 14
  politique, 93
  prescriptive, 91, 100, 310-311
Éco-logique, 97
Économie(s)
  d'échelle, 144-146, 152, 250
  d'envergure, 144-145
  de l'information, 429
  de la connaissance, 17-20, 24, 419, 428-431
  de réseau, 144-145, 152
  du savoir, 24, 103, 229, 233-234, 424, 430-431, 456, 463-464
  financière, 23
  fondée sur la connaissance, 141, 388, 424, 426, 428-430
  fondée sur le savoir, 1, 438
  industrielle, 23
  keynésienne, 14
  nouvelle, 16-17, 426-429
Effervescence technique, 251
Effets
  d'apprentissage, 144-146
  de groupe, 58-59
  de Thorndike, 293-294
  dynamique, 200
Efficacité, 338-340, 462-463
  critères d', 338
  économique, 465
  organisationnelle, 467
Efficience, 228-230, 339-340
  participation et, 377

Efforts
  de concurrence, 138
  de différenciation, 146, 198
Élargissement des tâches, 373
Émergence, 156-157
  produit en, 250
Empirisme, 439
Employé(s)
  aliénation des, 38, 62
  attentes de l', 292-293
  besoins des, 54
  but de l', 291
  capacité de réalisation de l', 300
  compétences de l', 61, 180, 300, 357, 444
  engagement de l', 444
  expérience de l', 443, 447
  hétérogénéité des, 198
  motivation de l', 444, 464
  objectif de l', 292
  satisfaction des, 53-54
  volonté de l', 300
Engagement, 298, 368, 444
  leviers pour accroître l', 370-380
Enrichissement des tâches, 373-374
Entrepreneur, 215
Entreprise(s), 124
  âge de l', 244-245
  attentes de l', 323
  buts de l', 105, 112, 162, 164-165
  collaboratrices, 131
  configuration d', 97
  contrôle des, 22
  culture d', 96, 187
  d'ingénieurs-conseils et de consultation, 131
  de distribution, 128
  de haute technologie, 17, 20, 251, 408, 419
  de service, 253-254
  de technique de pointe, 130
  de technologie, 252
  en démarrage, 97
  environnement de l', *voir* Environnement
  genèse de l', 244
  globale, 230
  histoire de l', 244
  individuelle, 254-256, 259
  innovante, achat d', 419
  intermédiaire, 128
  mixte, 254-255, 264-265
  modèle d', 108, 110
  multinationale, 203, 230-233
  objectifs de l', 112, 162, 164-165
  privée, 254-261

publique, 254-255, 261-264
responsabilité sociale des, 113-119
rivalité entre, 153
rôles de l', 117
stratégie d', 105
taille de l', 198, 244-245, 314
Environnement, 78, 97, 124, 445-446
analyse stratégique de l', 124-127
concurrentiel, 110, 126, 135, 147,
153, 198
conditions de base de l', 126-127
dynamique, 200
économique, 126, 145
évolution dynamique de l', 134-147
externe, 80, 97, 104, 110-111, 124,
136
général, 110
hétérogène, 200
influence sur les formes d'organisation, 178-181
instable, 223
interne, 97, 104, 110, 124
intervenants dans l', 127-133
macrosociétal, 134-135
PESTEL, 111, 120, 125, 127-133
propice à la créativité, 407
sociopolitique, 126
stable, 180, 200
technologique, 126, 129-130
turbulent, 180
types d', 133
Épuisement professionnel, 368
Épuration, 157, 159
Équipe interfonctions, 208
Équité, 42, 114, 297-298
intergénérationnelle, 114
intragénérationnelle, 114
Ergonomie, 371
Esprit d'équipe, 283
Étalonnage concurrentiel, 350
compétitif, 350
de la performance, 350
fonctionnel, 350
générique, 350
interne, 350
stratégique, 350
États financiers, 357
Éthique
individuelle, 328
sociétale, 328
Études sur les préférences des
consommateurs, 360
Évaluation
de la stratégie formelle, 166
des connaissances, 449
des connaissances nécessaires et
disponibles, 448

des résultats, 341, 343-344
des résultats financiers, 356
du personnel, 357
Évolution économique, 425-434
Expérience des employés, 443, 447
Expériences, 300
de Hawthorne, 52-54, 56-57
partage d', 457
Expertise, 228-229, 409
réseau d', 419-420
Exportation
directe, 232
indirecte, 232
Extériorisation, 458-460
Externalisation, 110, 235
Extrants, 76-77

F

Facteurs
d'hygiène, 294-295
d'insatisfaction, 294-295
de contingence, 244
de satisfaction, 294-295
endogènes, 136
exogènes, 136
Facteurs de motivation, 60-61, 294-296
extrinsèques, 60-61
intangibles, 286-287
intrinsèques, 60-61
tangibles, 286-287
Faillite, 147
Falsification des données, 363-364
Fidélisation des consommateurs, 360
Filiale, 232, 234
Filière, 106
Financement, 258
Flexibilité organisationnelle, 462
Fluctuation organisationnelle, 461
Focalisation, 107, 165
Fonction(s), 191, 193
classiques dans l'entreprise, 193-195
d'administration, 43-45
de l'entreprise, 202
de la recherche et du développement, 414-416
de support logistique, 199
découpage des, 196
Fordisme, 13, 35, 38
Formalisation
administrative, 54
des règles, 228
des tâches, 192
Formation, 357, 374-375, 444
technique, 310
Forme organisationnelle, 215, 245
bureaucratique, 254

divisionnaire, 219-221, 227, 246
entrepreneuriale, 215-216, 226-227,
246
fonctionnelle, 217-219, 227, 246
hybride, 228
innovatrice, 223-227, 246
matricielle, 227
mondiale, 230-233
professionnelle, 222-223, 226-227
Formule de la motivation selon Vroom,
293
Fournisseurs, 129
pouvoir de négociation des, 153
Franchisage, 232
Franchise, 236, 260-261
Fusion, 235

G

Garbage can, 272, 279-281
Genèse de l'entreprise, 244
Gestion, *voir aussi* Management
centrée sur la tâche, 315
de l'innovation, 399-406, 422
de la qualité dans toute l'entreprise,
348-349
de la qualité totale, 16, 349
de la technologie, 194
de type anémique, 315
de type club social, 315
de type intermédiaire, 315
des opérations et de la production,
184, 193
des relations de travail, 194
des relations et des affaires
publiques, 194
des ressources humaines, 194
des systèmes d'information et de
communication, 194
du marketing, 193
du savoir, 450-451
environnementale, 352
financière, 193
instruments de, 8-9
internationale, 194
par le travail en équipe, 315
participative par groupe, 63
participative par objectifs, 377-378
responsabilités de, 196
stratégique des connaissances, 445
styles de, 54
Gestion des connaissances, 410, 422,
424, 433-441, 464
approche socialisante de la,
443-444
approche technologique de la,
441-443

composantes de la, 444-450
contribution à la, 452-453
définition de la, 439-440
infrastructure de la, 452-453
modèles économiques de, 450-451
modèles humains de, 456-463
modèles sociotechniques de,
    455-456
modèles technologiques de,
    452-455
objectifs d'affaires de la, 452-453
processus de, 448-450
Gestionnaire, 15, 22-23, 194, 209, 281,
    288, 314, 322, 346, 380, 462
face au changement, 307
résistance au changement chez le, 303
rôles du, 324-327
Globalisation, 108, 233
Gouvernance, 15, 20-21, 335-337, 382
d'entreprise, 15, 21
d'une organisation, 15
financière, 22-23, 26
Grossiste, 128
Groupe, 58
autonome de travail, 373-374
d'innovation, 224
d'intérêts, 59-60
de commande, 59-60
de confrontation, 375
de tâches, 59-60
de travail, 66, 208
décision de, 281
dynamique de, 54
effet de, 58-59
entrepreneurial, 215
fondé sur l'amitié, 59-60
formalisation de, 60
influence de, 58
normes de, 55
organisationnel, 203-204
pensée de, 281
primaire, 55
stratégique, 148-149, 154
temporaire, 66

H

Habiletés, 300
Haute direction, 102, 111, 174, 209,
    217, 351, 356
Hétérogénéité du personnel, 198
Hiérarchie, 41-42
Hiérarchie des besoins de Maslow,
    60-61, 289-290, 294-295
Histoire de l'entreprise, 244
Homogénéité des produits, 31, 128,
    139, 152, 155-156

I

Idées, 430
accès aux, 410-413
nouvelles, 410
Idéo-logique, 98
Immatérialité, 24
Impartition, 241
Implantation, 120-121
Indicateurs économiques, 425-426
Industrie, 110, 230
caractérisation de l', 150-161
connexe, 147
définition de l', 147-148
dynamique de l', 156
fragmentée, 155-156
nouvelle, 142
oligopolistique, 156
performances de l', 160-161
stades d'évolution de l', 156-160
structure de l', 126
Influence, 308, 310
de groupe, 58
découlant de la fonction, 309
du dirigeant, 310
personnelle, 309
Information, 19, 120-122, 126, 439
codification de l', 439-440, 442-443,
    446-447
collecte de l', 341, 343
diffusion de l', 131
économie de l', 429
opérationnelle, 213
pouvoir d', 309
relationnelle, 213
révolution basée sur l', 429
stratégique, 122
technologie de l', 16-17, 108, 148,
    194, 206, 212-213, 230, 238-239,
    241, 351, 428-429, 431-432,
    438-439, 442-443, 453
validité de l', 364
Iniquité, 297-298
Initiative, 42
Innovation, 17, 120-121, 138, 142, 161,
    224, 351, 386-389, 396-399, 421-422,
    431-432, 456, 463
administrative, 140
brevet d', 20, 151, 403-404
capacité d', 24, 399, 419, 438
collective, 406
commerciale, 140, 389-390
coûts de l', 171
dans l'offre, 142-143
dans les procédés, 389
dans les procédés techniques, 143

dans les processus organisationnels,
    143-144
dans les produits, 389
de rupture, 391
diffusion de l', 405-406, 412
dynamique de l', 391-396
gestion de l', 399-406, 422
groupe d', 224
incrémentale, 390-391
milieu d', 400-401
modèles d', 402-403, 406
organisationnelle, 389-390, 460
ouverte, 410, 414
performance et, 388
processus de gestion de l', 399-406
radicale, 142, 390-391, 411
réseau d', 419-420
rythme de l', 394, 408
stratégie d', 419-420
stratégique, 161, 390
stratégique dans les modèles
    d'affaires, 144
système d', 400-401
technique, 140
technologique, 128-130, 386, 389, 399
vagues d', 391-393, 395
valorisation de l', 410
Insatisfaction, 294-295, 354
iniquité et, 298
Institution locale, 401
Instrumentalité, 292-293
Instruments de gestion, 8-9
Intégration
horizontale, 106-107, 211
verticale, 106-107, 147, 211
Intelligence stratégique, 121-124
Intention organisationnelle, 460-461
Intériorisation, 458-460
Internalisation, 110
Internationalisation, 108
Internet, 17, 108, 143, 233-234
Interventionnisme, 14
Intrants, 75, 77
Intrapreneurs, 209
Invention, 396-397
Investissements dans les technologies
    et procédés de fabrication, 171

J

Jeux d'entreprise, 278
Juste-à-temps, 10
Justice
distributive, 297-298
interactionnelle, 297-298
organisationnelle, 297-298
procédurale, 297-298

L

Laboratoire
de recherche appliquée, 131
de recherche fondamentale, 131
Leader, 322
qualité, 321
vrai, 321
Leadership, 58-59, 282-284, 300, 308, 311, 322, 369
approches du, 310
autocratique, 312-313, 318
autoritaire, 64-65, 313
axé sur la direction, 318
besoin de, 228
centré sur la production, 313
centré sur les relations humaines, 314-315
centré sur soi-même, 314
changement et, 319
collectif, 318
comportement et, 312-316
consultatif, 318
contingence et, 316-319
crise de, 247-248
de la direction, 240
démocratique, 64-65, 312
directif, 369
fondé sur les réalisations, 318
misant sur le soutien, 318
motivateur, 310
orienté vers la tâche, 59
participatif, 318, 369
phronétique, 173
relationnel, 320-321
situationnel, 317
socioémotif, 59
styles de, 59, 283, 312-318, 369
substituts du, 321-323
théories classiques du, 310-319
traits de caractère et, 311-312
transactionnel, 319
transformationnel, 319-320
Libéralisation des marchés, 139
Libéralisme, 20-21
économique, 29-33
Libre concurrence, 32-33
Licence, 418
Lieu de socialisation, 444, 447, 458, 462
Ligne hiérarchique, 199
Limites de la rationalité humaine, 279-280
Lobbying, 171
Logiciels d'application, 452-453
Logique de gestion
du savoir, 431-432
industrielle, 431

Logiques du diagnostic stratégique, 97-98
Loi(s), 110, 132, 255, 258, 382
de l'effet de Thorndike, 293-294
implicites des marchés, 25
régissant les conflits, 68, 116
sur les compagnies du Québec, 257, 260
sur les coopératives, 260
sur les corporations canadiennes, 257, 260

M

Macroenvironnement, 111, 136
Maladie, 371
Management, 8, 81, 83, *voir aussi* Gestion
à l'ère industrielle, 25
à l'ère spéculative, 25
approches du, *voir* Approche(s)
de la recherche et du développement, 414-416
définition du, 8
démotivation et, 467-468
des connaissances, 431, 433-434
en tant que système, 79-81
responsabilité du, 465-468
rôle du, 9, 467
stratégique, 113
système de, 21
Mandat, 310
Marché(s), 399
analyse de, 274
besoins du, 410
du point de vue des clients, 139
global, 166
libéralisation des, 139
libre, 32-33
mutation des, 139
national, 230
part de, 150, 156, 160
positionnement de, 162
segment de, 128, 143
spécialisé, 166
stratégie de, 162
Marketing
gestion du, 193
mix, 193
Marque commerciale, 152
Matrice, 209
des gains, 278
Maturation, 157, 159
Maturité, 250, 316, 369
Mauvaise définition des problèmes, 280
Maximalisme, 24
Mécanisation, 38, 371

Mécanisme(s)
d'accès à la technologie, 417
de contrôle, 337
de gouvernance, 382
Mécanisme(s) de coordination, 189
formel, 238, 310
informel, 238
opératoires, 206-207, 210-214
structurels, 206-209
Médias, 132
Mémoire, 123
Métamoteur de recherche, 123
Méthode(s)
de choix des investissements, 278
de contrôle de la qualité, 16
de réorganisation, 241-243
décisionnelles, 272-281
des groupes de confrontation, 375
PDCA, 348
PERT, 278, 347, 358-359
stochastiques, 360
Mètis, 99-100
Microenvironnement, 110, 136, 138
Milieu
d'innovation, 400-401
local, 401
Mission, 103, 162, 164
Mobilisation des ressources, 166
Mode(s)
de production, 248-254
de propriété, 254-266
entrepreneurial, 166
technocratique, 166
Modèle(s)
classique de la diffusion, 405
d'affaires, 108, 110, 144
d'analyse stratégique de l'environnement, 124-127
d'organisation traditionnels du travail, 290
de contrôle des stocks, 278
de diffusion de l'intéressement, 405
de l'administration classique, 40-47
de l'amélioration continue de Baldrige, 349
de l'organisation bureaucratique, 47-51
de l'organisation du travail, 14
de la contingence, 78
de la créativité, 407
de Porter, 153-154, 293
de simulation, 278
décisionnel de Vroom et Yetton, 316, 318
définition de, 74
des relations humaines, 52-57
du changement planifié, 302

économiques de gestion des connaissances, 450-451
fordiste, 14
garbage can, 272, 279-281
humains de gestion des connaissances, 456-463
intégré de la motivation, 288
managérial, 14
participatif, 57-67, 288-289
scientifique de l'organisation du travail, 35-40
séquentiel d'innovation, 402-403, 406
sociotechniques de gestion des connaissances, 455-456
technologiques de gestion des connaissances, 452-455
tourbillonnaire d'innovation, 402-403, 406
Mondialisation, 139-140, 229-233, 430
Monopole, 150, 154-155
Monopolisation, 147
Monotonie du travail, 38
Motivation, 265-266, 282-284, 310, 334, 367-368, 409
autocontrôle et, 376
besoins et, 288-290, 367-368
buts, objectifs et, 291-292
climat organisationnel et, 284, 299
de l'employé, 444, 464
extrinsèque, 288, 367
facteurs de, 60-61, 286-287, 294-296
force externe de la, 300
force interne de la, 300
formule de la, 293
intrinsèque, 288, 367
justice et, 298
participation et, 377
rendement et, 293
renforcement des comportements et, 293-294
restructuration et, 295
résultats escomptés et, 292-293
théories de la, 284-286, 296
variables intervenant dans la, 286-288
Mouvement
de l'assurance qualité, 349
des relations humaines, 52-57
participatif, 58
ressources-compétences, 435
Mutation des marchés, 139

N

Négation de l'économie réelle, 24
Négociation, 304

Niveau de planification, 90
général, 90
opérationnel, 90
structurel, 90
Niveau hiérarchique de pouvoir
administratif, 196-198
opérationnel, 196-198
stratégique, 196-197
Niveau(x)
d'ambition, 452-453
de contrôle, 335-338
de résistance au changement, 305
de satisfaction, 369
stratégiques, 105-106
Noo-logique, 98
Normes
concernant les relations interpersonnelles, 298
de contrôle, 341-343, 365
de groupe, 55
de rendement, 36
ISO, 350
sociales, 310
standardisation des, 206
Nouveau(x)
acteurs, 147
entrants, 129, 153
produit, 142-143
segment de marché, 143
service, 143
Nouvelle(s)
économie, 16-17, 426-429
idées, 410
industrie, 142
Nouvelles technologies de l'information et de la communication (NTIC), 16-17, 108, 230, 241, 269, 390, 431-432

O

Objectif(s)
d'affaires de la gestion des connaissances, 452-453
de contrôle, 338-340
de l'employé, 292
de l'entreprise, 112, 162, 164-165
définition des, 341
du design organisationnel, 184
motivation et, 291-292
opérationnels, 271
organisationnels, 377
stratégique, 105
Objectivité des données, 439
Offre
de produits, 138, 142-143, 146
de services, 138, 142-143, 146

innovation dans l', 142-143
Oligopole, 150, 156
différencié, 155
homogène, 155
Opérations, 76
Opérations administratives
commerciales, 43
de comptabilité, 44
de sécurité, 43
financières, 43
techniques, 43
Ordonnancement des activités, 278
Ordre, 42
matériel, 42
social, 42
Organisation, 9, 80, 124, 176-177
administration classique de l', 40-47
axée sur la participation, 57-67, 180, 313
bureaucratique, 47-51, 254
capacité d', 109
centralisée, 179-180
décentralisée, 179-180, 209
dématérialisée, 238-239
divisionnalisée, 97, 226-227, 246
du travail, 13-14
du travail stimulante, 287
en réseau, 234, 239, 419, 430
entrepreneuriale, 97, 215-216, 226-227, 246
fonctionnelle, 203, 246
forces dynamiques de l', 228-229
formelle, 178, 188-190
influence de l'environnement sur les formes d', 178-181
influence sur le processus de décision, 281
informelle, 188-190
innovante, 97, 419
innovatrice, 226-227, 246
matricielle, 203, 227
mécanique, 97
mécaniste, 226-227
missionnaire, 226
par projet, 203
parties de base selon Mintzberg, 199
processus de transformation de l', 76
professionnelle, 97, 226-227
scientifique du travail, 14, 35-40, 371-372, 426
sous-systèmes de l', 76
temporaire, 203
virtuelle, 232
Organisme(s)
à vocation sociale ou politique, 255, 262-264

décentralisés, 263-264
gouvernementaux de réglementa-
    tion, 132
public axé sur le profit et la
    rentabilité, 255, 261-262
sans but lucratif, 255, 259-260
Orientations stratégiques, 105
Outil(s)
d'aide à la décision, 276-278
de contrôle, 351-361
de coordination et d'évaluation, 310

P

Part de marché, 150, 156, 160
Partage
d'expériences, 457
de l'autorité, 205, 377
de valeur, 110
des connaissances, 123, 374-375,
    381, 443, 448-449
du savoir, 95, 464
Partenaires, réseau de, 110, 166-167
Partenariat, 232, 234
de commercialisation, 128-129
vertical, 235
Participation, 58, 63, 204
contrôle axé sur la, 366
effet positif de la, 63-65
gestion participative par objectifs,
    377-378
organisation axée sur la, 57-67, 180,
    313
satisfaction et, 64-65
Paternalisme, 63-64
Pensée
behavioriste, 27-28, 51-69
de groupe, 281
formelle, 27-51
libérale classique, 29-33
managériale classique, 27-28
stratégique, 89-113, 172-174
systémique, 69-75, 79-80
taylorienne, 13, 35-39, 426
Perception
d'une reconnaissance, 408
de l'importance du travail, 295
du climat organisationnel, 370
Perfectionnement, 374-375
Performance, 25, 249, 293, 339, 368
contrôle et, 367
culte de la, 24, 368
de l'industrie, 160-161
économique, 388
innovation et, 388
variables de, 169-170

Personnalisation, 446-448
des produits, 143
Perspective
descriptive, 324
libérale classique, 29-33
systémique, 79, 120, 302
Petites et moyennes entreprises (PME),
    105, 128, 161, 164, 233-234, 246-247
Phase
de croissance, 137
de déclin, 137
de lancement, 137
de maturité, 137
de saturation, 137
Phronèsis, 99-100
Physiologie du travail, 371
Plan
de communication, 380
de planification, 210
Planification, 80, 89
école de, 91-92
niveaux de, 90
par réseaux, 347
plans de, 210
programmes de, 210
stratégique, 91, 120-121, 173
systèmes de, 210-211
PODDC, 44, 46, 80-81, 449, 464
Politique(s)
de contrôle, 352
de travail, 210
Population, dynamique de la, 137
Positionnement
de marché, 162
des produits, 158
Pouvoir, 309, 369
administratif, 196-198
besoin de, 290-291
coercitif, 309, 369
d'action, 329
d'information, 309, 369
de décision, 204, 228
de négociation, 153
de récompense, 309, 369
de référence, 309, 369
de relation, 309, 369
délégué, 328, 369
des entreprises, 134
distribution du, 196
du dirigeant, 308-309
hiérarchique, 180
légitime, 309, 369
lié à l'expertise, 309, 369
opérationnel, 196-198
public, 153
stratégique, 196-197

types de, 369
Préférences des consommateurs, 138, 360
Prévoyance, 89
Prise de décisions, *voir* Décision(s)
Prix
concurrence basée sur les, 159
concurrentiel, 139
contrôle du, 360
des produits, 138
des services, 138
stratégie de, 165
Processus, 349
d'activation des ressources, 436
d'administration, 80
d'apprentissage, 440
d'essais et erreurs, 406
de contrôle, 341-345
de création, 440
de création technologique, 406
de décision participatif, 350
de décision rationnel, 275
de design organisationnel, 182-186
de gestion de l'innovation, 399-406
de gestion des connaissances,
    448-450
de planification stratégique,
    120-121
de production, 440
de recherche et développement, 415
de régulation systémique, 75
de transformation, 76
motivationnel, 291
Producteur marginal, 159
Production
à l'unité ou artisanale, 249-250
coûts de, 13, 144-145
de masse, 249, 251-252, 427
en mode continu, 249, 252
en petites séries de biens identi-
    ques, 249-251
industrielle, 426, 430
intellectuelle, 430
leadership centré sur la, 313
modes de, 248-254
optimisée, 10
processus de, 440
Productivité, 14, 34-35, 53-54, 249, 368
autocontrôle et, 376
Produit(s)
acheteurs de, 128
complémentaires, 138
concentration par, 150
contrôle du, 360
cycle de vie des, 136-137
demande des, 135

différenciés, 137, 146, 150, 152, 155-156, 158, 164-165
en croissance, 250
en émergence, 250
homogènes, 31, 128, 139, 152, 155-156
imitateurs ou améliorés, 158
liés, 138
nouveau, 140-143
offre de, 138, 142-143, 146
personnalisation des, 143
positionnement des, 158
prix des, 138
substitutifs, 126, 128, 138-139, 146, 153, 156, 159-160
tests de, 274
Programmation linéaire, 278
Programme
d'action, 276
de planification, 210
Progrès, 13
scientifique, 13
technique, 13, 140, 142
technologique, 12, 142, 399, 425
Projet, 203
contrôle d'un, 358-360
en réseau, 414
interne, 414
Promotion, 158-159
contrôle de la, 360
Propriété
mixte, 254-255, 264-265
mode de, 254-266
privée, 254-261
publique, 254-255, 261-264
titres de, 22
Publicité, 158-159
Punition, 293-294, 312

Q

Qualification, 265
Qualité, 139, 352
cercles de, 378-379
contrôle de, 16, 352-353, 378
totale, 10, 16, 349
Quasi-intégration, 110

R

Rajeunissement, 157, 160
Rationalisation, 47
des choix budgétaires, 357
des ressources, 146
du travail, 29, 38
Rationalisme, 439
Rationalité, 29, 35

limitée, 172-173, 270, 381
organisationnelle, 50
Recherche
appliquée, 403
d'options, 275
fondamentale, 403
opérationnelle, 274
Recherche et développement (R & D), 24, 108, 358, 413-414
collaboration en, 414, 418
fonction de la, 414-416
management de la, 414-416
processus de, 415
réseau en, 414
Recommandation des dépenses, 354
Récompense, 287, 290-292, 294, 313
extrinsèque, 293, 313
intrinsèque, 293, 313
traditionnelle, 290
Reconception des processus, 351
Reconfiguration des structures, 241
Reconnaissance, 294, 313, 408
d'ordre social et symbolique, 287
Recristallisation, 302
Récupération, 304
Redondance, 459, 461
Réforme, 29-30
Refus de changement, 302
Règles
cohérence des, 298
de commercialisation, 139
de contrôle, 365
de travail, 210
formalisation des, 228
standardisation des, 228
Regroupement des préférences individuelles, 272, 277, 279
Régulation systémique, 75
Réingénierie, 241-242, 350-351
Relation(s)
entre personnes et organisation, 61-62
humaines, leadership centré sur les, 314-315
interpersonnelles, 294, 298, 310, 316
patronale-ouvrière, 132
préférentielles, 321
sociales, réseau des, 234
Remue-méninges, 277
Rémunération, 41, 287
non économique, 54
par actions, 22
Rendement, 292, 295, 300, 367
motivation et, 293
normes de, 36

Renforcement
des comportements, 293-294
négatif, 294
positif, 294
théories du, 293-294
Renseignement, 122
Rentabilité comparative, 161
Réorganisation, 371
méthodes de, 241-243
Répartition de l'autorité, 204
Réseau(x)
complémentaire de valeur, 153
contractuels, 236
d'alliance, 236, 381
d'apprentissage, 233
d'expertise, 419-420
d'information, 130
d'innovation, 419-420
de collaboration, 233, 381, 414, 418
de communication, 213-214, 238
de connaissances, 234
de distribution, 140, 147, 159
de partenaires, 110, 166-167, 234
de relations sociales, 234
de renseignement, 123
économie de, 144-145, 152
en recherche et développement, 414
fédérés, 235
intégrés, 235
Internet, 17, 108, 143, 233-234
maillés, 236
organisation en, 234, 239, 419, 430
planification par, 347
projet en, 414
Résistance
à accepter le contrôle, 381
au changement, 302-305, 307
Résolution de problèmes, 273-275, 410
Responsabilisation, 118-119
leviers pour accroître la, 370-380
Responsabilité(s), 41, 43, 294, 328
de gestion, 196
délégation des, 314
du management, 465-468
sentiment de, 295
sociale des entreprises (RSE), 113-119
sociale interpellée, 118
sociale, coûts de la, 171
Ressources, 108-110, 189-190
développement des, 168
humaines, 141, 357
humaines, gestion des, 194
intangibles, 401
intellectuelles, 141
mobilisation et déploiement des, 166
naturelles, 151

organisationnelles, 435
rationalisation des, 146
tangibles, 401
Restrictions juridiques, 151
Restructuration, motivation et, 295
Résultats
escomptés et motivation, 292-293
évaluation des, 341, 343-344
financiers, évaluation des, 356
mesure des, 341, 343
Retrait, 304
de concurrents, 147
Rétribution tangible, 287
Rétroaction, 77-78, 291, 333
Révolution
basée sur l'information, 429
industrielle, 12
technologique, 30
Riposte, 304
Ristourne, 260
Rivalité entre entreprises, 153
Rôle(s)
d'agent de liaison, 325
d'arbitre-régulateur, 326
d'entrepreneur, 326
d'informateur-diffuseur, 325
d'observateur-veilleur, 325
de figure de proue, 324-325
de liaison, 207-208
de meneur d'hommes, 325
de négociateur, 326-327
de porte-parole, 325
de relation, 209
de répartiteur, 326
décisionnels, 326-327
du budget, 355-356
du management, 467
informationnels, 325
intégrateurs, 208-209
interpersonnels, 324-325
Rotation des tâches, 373
Rythme de l'innovation, 394, 408

S

Salaire, 290, 293-294
Sanction, 41, 312-313
Satisfaction, 62, 282-284, 287-288, 291,
334, 368-369
des besoins, 54-55, 60-61, 290
des consommateurs, 360
des employés, 53-54
intrinsèque, 62
motifs de, 294-295
motivation et, 369
niveaux de, 369

participation et, 64-65
théories de la motivation et de la,
284-286
Saturation, 157, 159
Savoir(s), 15, 19-20, 24, 38, 41, 75-76,
81, 95, 100, 108-109, 122, 124, 131,
140, 152, 187, 206, 212, 222, 233-234,
238, 275, 284, 300, 352, 375, 381, 406,
409, 417, 419-421, 440, 447, 451-452,
454-457, 459
collectif, 381, 410, 443
conceptuel, 458
création de, 140, 438, 455
explicites, 440, 446
externes, 413
fondamental, 435
gestion du, 450-451
logique de gestion du, 431-432
opératoire, 458
organisationnel, 443
partage du, 95, 464
stratégique, 448
sympathique, 458
systémique, 458
tacites, 100, 406, 440, 457
technique, 140
technologique, 417
Savoir-faire, 38, 43, 97, 108-109, 123,
168, 192-193, 203, 222, 238, 374, 391,
409, 413-421, 435-436, 448, 460
Science, 398-399
Sécurité d'emploi, 294
Segment de marché, 128, 143
Sentiment
d'accomplissement, 295
d'estime, 54
de justice, 297
de reconnaissance, 54
de responsabilité, 295
Service(s)
à la clientèle, 158
acheteurs de, 128
activités de, 252-254
compétitifs, 139
coûts de, 144
cycle de vie des, 136-137
demande des, 135
différenciation des, 152
entreprise de, 253-254
imitateurs ou améliorés, 158
nouveau, 143
offre de, 138, 142-143, 146
prix des, 138
spécialisé, 204
substitutifs, 128, 146, 156
Siège social, 203-204, 219, 224

Socialisation, 457-458, 460
Société, 255-257, 259
commerciale, 257
de l'information, 430
de portefeuille, 220-221
du savoir, 1, 3, 100, 112, 117, 127,
129, 140-141, 173-174, 226, 234,
236, 328, 419, 429, 445, 463, 468
en commandite, 256-257
en nom collectif, 256-257
Socio-logique, 97
Sommet
hiérarchique, 111, 204
stratégique, 199
Sondages, 274
Sous-traitance, 232, 418
de capacité, 237
pyramidale, 237
stratégique, 235
Spécialisation du travail, 33-34
Spéculation, 18
Spirale de création des connaissances, 460
Stabilité du personnel, 42
Stade
d'émergence, 156-157
d'épuration, 157, 159
de croissance, 157-158
de déclin, 157, 159-160
de destruction, 157, 160
de maturation, 157, 159
de rajeunissement, 157, 160
de saturation, 157, 159
de turbulence, 157, 159
Standard, 341
dominant, 392-393, 405
Standardisation, 253
de la qualification, 206
degré de, 253
des normes, 206
des procédés de travail, 206
des règles, 228
des résultats, 206
Statut, 294
Stimulation de la créativité, 358, 409
Stratège, 111
Stratégie(s), 100, 113, 444-448
collective, 234
contrôle de la, 361
d'affaires, 107, 162
d'affaires électroniques, 108
d'avantages dominants, 164
d'entreprise, 105
d'envergure, 164
d'innovation, 419-420
de créneaux, 164
de la codification, 446-447

de la personnification, 446-448
de marché (concurrentielle), 162
de prix, 165
des industries connexes, 147
écoles de pensée en, 91-99
formelle, 162, 166-168
formulation de la, 162-166
générique de marché, 164
internationales, 108-109
liées au savoir, 421
multidomestique, 108
transnationale, 108
Structure(s), 189
aplatissement des, 241
centralisée, 204-205
choix d'une, 184-185
création des, 196
de l'industrie, 126
décentralisée, 204-205
des interactions, 401
formelle, 188, 310
horizontale, 196, 198-204
industrielle, types de, 154-156
matricielle, 209, 238
organisationnelle, 444
reconfiguration des, 241
sociale, 188-189
systémique, 74
verticale, 196-199
Styles
de direction, 266, 315-317
de gestion technocratiques, 54
de leadership, voir Leadership
Suicide au travail, 368
Supériorité technologique, 151
Supervision, 294
directe, 206
Surplus économique, 169-171
Syndicalisme, 54, 68-69, 132
Système capitaliste
anglo-américain, 11-12
cognitif, 17-18, 26
financier, 17-18, 23, 26
industriel, 12-15, 23
libéral, 31
Système(s), 71
automatisé d'autorégulation, 251
autoritaire, 63, 313
composantes d'un, 75-79
concept de, 71-73
consultatif, 63, 313
d'ajustement mutuel, 238
d'information, 343
d'information en temps réel, 343
d'innovation, 400

de contrôle, voir Contrôle
de gestion des connaissances, 436,
    442, 444-446
de gestion selon Likert, 63-64
de gouvernance, 15, 20-21
de management, 21
de planification, 210-211
définition d'un, 71, 73
économique, 10-12
environnement d'un, 78
informatique, 454
intégration des, 452-453
management en tant que, 79-81
managérial, 10-12, 25, 80, 83
mécanique, 179-181
national d'innovation (SNI), 400
organique, 179-181
organisationnel, 73
ouvert, 77-79
participatif par groupe, 63-64
paternaliste, 63, 313
politique d'ajustement mutuel,
    211-212
régional d'innovation (SRI), 401
sociopolitique, 10-12
sociotechnique de gestion des
    connaissances, 455
structure d'un, 74
technologique de gestion des
    connaissances, 452-454

T

Tâches, 188-189, 191
artisanales, 193
catégories de, 192-193
clés, 191
de recherche ou de conception, 193
définition des, 310
élargissement des, 373
enrichissement des, 373-374
propriétés des, 192
rotation des, 373
routinières, 192-193
techniques, 193
Taille de l'entreprise, 198, 244-245, 314
Taylorisme, 13, 35-39, 426
Technique(s)
d'évaluation et de révision des
    programmes (PERT), 278, 347,
    358-359
de décision, 278
de Delphi, 277
de planification par réseaux, 347
du budget à base zéro, 357
Techno-logique, 97-98

Technologie, 198, 253, 398-399, 452
accès à la, 417
artisanale, 250
de l'information, 16-17, 108, 148,
    194, 206, 212-213, 230, 238-239,
    241, 351, 428-429, 431-432,
    438-439, 442-443, 453
Technostructure, 199
Téléo-logique, 97
Tendances
culturelles, 135
économiques et technologiques, 134
institutionnelles, 134
lourdes, 134-135
sociodémographiques, 135
Tests de produits, 274
Théorie(s)
classiques du leadership, 310-319
de l'iniquité, 297
de la contingence, 316
de la création des connaissances
    organisationnelles, 456-457
de la motivation et de la satisfac-
    tion, 284-286, 296
des capacités dynamiques, 435-436
des compétences clés, 436
des files d'attente, 278
des imperfections du marché, 33
des relations leader-employé, 321
des styles de leadership selon Blake
    et Mouton, 313, 315
du continuum des styles de
    leadership, 313-314
du cycle de vie, 316
du leadership relationnel, 320
du renforcement, 286, 293-294
économique du marché du contrôle
    des entreprises, 22
fondée sur les ressources, 435
X, 64-65, 312
Y, 64-65, 312
Titres de propriété, 22
Traditions psychosociologiques du
    changement, 301
Traits
de caractère, 311-312
de personnalité, 409
Transfert de connaissances
horizontal, 406
vertical, 406
Transversalité, 421
Travail
accident de, 371
conditions de, 171, 287, 294,
    370-371

division du, 13, 33-35, 40, 54, 249
groupe de, 66, 208
monotonie du, 38
organisation du, 13-14
organisation scientifique du, 14,
   35-40
perception de l'importance du, 295
politiques de, 210
rationalisation du, 29, 39
règles de, 210
satisfaction au, *voir* Satisfaction
spécialisation du, 33-34
standardisation du, 206
valeur économique du, 34
Trente Glorieuses, 16, 426
Turbulence, 157, 159

 U

Union du personnel, 42
Unité(s)
   de commandement, 41
de direction, 41
fonctionnelles, 196
spécialisées, 198
stratégique, 204
Utilisateurs innovateurs, 411-413

 V

Vagues d'innovation, 391-393, 395
Valence, 292-293
Valeur(s), 108
   ajoutée économique (VAE), 450-451
   collectivistes, 10
   création de, 19, 102, 110, 194, 238,
      303, 397, 432, 434-436, 463
   d'échange, 102
   d'usage, 102
   différentiel de, 102
   diffusion des, 310
   économique du travail, 34
   espérée, 278
   partage de, 110
pour l'actionnaire, 102
pour le client, 102, 110
travail, 102
Validité de l'information, 364
Valorisation
   de l'innovation, 410
   personnelle, 314, 447
Variables
   individuelles, 191
   organisationnelles, 188-189
Variation des coûts, 144-146
Variété
   des tâches, 192
   requise, 461-462
Veille stratégique, 122, 124
Vérification comptable, 356-357
Vision, 103-104, 162, 168
Volonté, 300

 Z

Zéro défaut = zéro contrôle, 16